LAROUSSE

EL GRAN LIBRO DE

PREGUNTAS y RESPUESTAS

LAROUSSE

Av. Diagonal 407 Bis-10　　Dinamarca 81　　21 Rue du Montparnasse　　Valentín Gómez 3530
08008 Barcelona　　México 06600, D. F.　　75298 París Cedex 06　　1191 Buenos Aires

**Editor en jefe de la versión
en lengua española para América Latina:**
Aarón Alboukrek

Editora Asociada:
Gabriela Pérez Tagle

Traducción-Adaptación:
Ediciones Larousse Latinoamérica

Tipografía y arte:
Salvador Martínez

Lectura de pruebas:
María de Jesús Hilario

Apoyo técnico:
Rocío Alonso

Editoras:
Rosie Alexander,
Kate Miles,
Angela Royston

**Editoras
asistentes:**
Susanne Bull,
Lynne French

Diseño:
Smiljka Surla

**Investigación
de ilustraciones:**
Yannick Yago

**Coordinadora
de producción:**
Caroline Davis

© Larousse plc
   Elsley House, 24-30 Great Titchfield Street
   London W1P 7AD

"D. R." © MCMXCIX, por Ediciones Larousse, S. A. de C. V.
                    Dinamarca núm. 81
                    México 06600, D. F.

*Esta obra no puede ser reproducida, total o
parcialmente, sin autorización escrita del editor.*

PRIMERA EDICIÓN — III / 99

ISBN 0-7534-0144-4 (Larousse plc)
ISBN 970-607-928-9 (Ediciones Larousse, S.A. de C.V.)

**Larousse y el Logotipo Larousse son
marcas registradas de Larousse, S. A.**

Impreso en México — Printed in Mexico

AGRADECIMIENTOS

Los editores agradecen a los artistas que contribuyeron a la creación de este libro. Entre ellos cabe mencionar a las siguientes personas:

Susanna Addario; Hemesh Alles; Marion Appleton; Hayward Art Group; Craig Austin; David Barnett; Peter Bull; Vanessa Card; Tony Chance; Kuo Kang Chen; Harry Clow; Stephen Conlin; Peter Dennis; Richard Draper; Eugene Fleury; Chris Forsey; Mark Franklin; Terry Gabbey; Sheila Galbraith; Mark George; Jeremy Gower; Ruby Green; Ray Grinaway; Nick Harris; Nicholas Hewetson; Adam Hook; Christian Hook; Christina Hook; Richard Hook; Tony Kenyon; Mike Lacey; Claire Littlejohn; Mick Loates; Bernard Long; Alan Male; Shane Marsh; Jamie Medlin; Nicki Palin; Alex Pang; Roger Payne; Mel Pickering; Maurice Pledger; Bryan Poole; Sebastian Quigley; Claudia Saraceni; Guy Smith; Tony Smith; Michael Steward; Simon Tegg; Ian Thompson; Ross Watton; Steve Weston; Linda Worrall; David Wright; Gerardo Cunillé

Fotografías

Los editores agradecen a las siguientes personas e instituciones por las fotografías que ilustran este libro:

Page 14 (BC) Corbis; 20 (TR) Corbis; 21 (BC) Rich Kirchner/ NHPA; 25 (BR) Corbis; 26 (TR) Corbis; 29 (B) ZEFA; 33 (BC) ZEFA; 34 (BR) David Frazier/ Science Photo Library; 45 (TR) ZEFA; 49 (TR) NHPA; 50 (TR) Corbis; 62 (C) Mehau Kulyk/ Science Photo Library; 65 (CL) Firework Ltd; 68 (T) ZEFA; 71 (TL) Jerome Yeats/ Science Photo Library; 73 (TR) Geoff Tompkinson/ Science Photo Library; 75 (BC) Corbis; 78 (TL) Yves Baulieu/ Publiphoto Diffusion/ Science Photo Library; 81 (TL) Corbis; 96 (CR) Ford; 111 (T) Henry Ausloos/ NHPA; 116 (TL) Bill Coster/ NHPA; 122 (BC) Kevin Cullimore/ Tony Stone Images; 123 (TL) David B. Fleetham/ Oxford Scientific Films; 126 (BR) G.I. Bernard/ Oxford Scientific Films; 131 (B) Hans Reinhard/ Bruce Coleman Ltd.; 136 (C) Georgette/ Douwma/ Planet Earth Pictures; 139 (BL) Stan Osolinski/ Oxford Scientific Films; 142 (BR) Eric Soder/ NHPA; 145 (CR) Alain Compost/ Bruce Coleman Ltd.; 146 (TC) Linda Burgess/ The Garden Picture Library; 146 (C) John Glover/ The Garden Picture Library; 147 (R) Tim Ridley/ Larousse Archives; 149 (TL) E.A. Janes/ NHPA; 149 (CR) Jerry Pavia/ The Garden Picture Library; 150 (TR) Michael Tweddie/ NHPA; 150 (B) David Middleton/ NHPA; 151 (TR) Jerry Pavia/ The Garden Picture Library; 163 (BR) Science Photo Library; 167 (TR) Simon Fraser/ Science Photo Library; 167 (BR) Jeremy Mason/ Science Photo Library; 179 (TL) Will & Deni McIntyre/ Science Photo Library; 182 (BL) Ian West/ Bubbles; 183 (TL) Jeremy Bright/Robert Harding Picture Library; 183 (BL) Robert Harding; 188 (BL) David Hanson/ Tony Stone Worldwide; 189 (TR) Capital Pictures; 189 (BL) Andy Cox/ Tony Stone Images; 191 (TR) AKG Photo; 193 (BL) Donna Day/ Tony Stone Images; 194 (BR) Tony Stone Images; 195 (BR) David Joel/ Tony Stone Worldwide; 198 (BR) F. Rombout/ Bubbles; 199 (TL) St. Bartholomews Hospital/Science Photo Library; 199 (R) Dave Bartruff/Corbis; 202 (TL) Peter Lambert/ Tony Stone Worldwide; 202 (BR) The Hutchison Library; 203 (TR) c 1996 Corel Corp.; 204 (TL) c 1996 Corel Corp.; 204 (TR) Christine Osborne Pictures; 206 (BR) Jean-Leo Dugust/ Panos Pictures; 207 (BL) Carla Signorini Jones/ Images of Africa Photobank; 207 (BR) Jeremy A. Horner/The Hutchison Library; 209 (TL) Hugh Sitton/ Tony Stone Images; 209 (BR) Spectrum Colour Library; 210 (TL) Oldrich Karasck/ Tony Stone Images; 212 (CL) Paul Harris/ Tony Stone Images; 212 (BR) c 1996 Corel Corp.; 213 (TL) Alain le Garsmeur/ Panos Pictures; 214 (BC) Paul Chesley/ Tony Stone Worldwide; 215 (TR) c 1996 Corel Corp.; 216/7 (CR) Spectrum Colour Library; 218 (TL) ZEFA; 218 (BL) Spectrum Colour Library; 219 (CR) Spectrum Colour Library; 222 (BL) Rohan/ Tony Stone Images; 223 (TL) ZEFA; 225 (TR) ZEFA; 225 (BR) D. Saunders/ Trip; 228 (CR) c 1996 Corel Corp.; 231 (TR) ZEFA; 231 (BL) Jaemsen/ ZEFA; 232 (BR) Spectrum Colour Library; 235 (C) ZEFA; 237 (CR) Spectrum Colour Library; 238 (BR) The Hutchison Library; 238 (BL) ZEFA; 239 (BR) Paul Chesley/Tony Stone Worldwide; 239 (BL) Jeff Britnell/Tony Stone; 241 (TR) Luc Delahaye/ Sipa Press/ Rex Features; 242 (TC) Sipa Press/ Rex Features; 242 (BR) John Lamb/ Tony Stone Images; 242 (BL) Persuy/ Sipa Press/ Rex Features; 243 (TL) Spectrum Colour Library; 245 (BL) Images Colour Library; 245 (CR) Marian Morrison/ South American Pictures; 246 (CL) Eric Lawne/ The Hutchison Library; 247 (TL) Robert Harding Picture Library; 247 (BR) Jon Burbank/The Hutchison Library; 254 (CR) Andrew Hill/ The Hutchison Library; 260 (C) Palais de Versailles, Musee Historique AKG Photo; 260 (BR) Peter Newark's Historical Pictures; 261 (TL) Peter Newark's American Pictures; 261 (C) Popperfoto; 261 (BC) Popperfoto; 266 (TR) The Hulton Getty Picture Collection Ltd.; 268 (CR) Corbis; 271 (BR) Simon Krectmem/Reuter Popperfoto; 275 (BL) AKG Photo; 278 (CT) E.T. Archive; 278 (B) AKG Photo; 279 (CT) AKG Photo; 279 (BL) E.T. Archive; 279 (BR) Popperfoto; 281 (TL) The Hulton Getty Picture Collection Ltd.; 281 (BL) Mary Evans Picture Library; 281 (BR) AKG Photo; 282 (BR) Mary Evans Picture Library; 282 (CL) Disney Video; 283 (TC) The Bettman Archive/ Corbis; 284 (BR) Ancient Art & Architecture Collection Ltd.; 285 (BR) Leipzig Museum/ AKG Photo; 286 (CT) Peter Newark's American Pictures; 286 (BR) Corbis; 286 (CL) Peter Newark's American Pictures; 288 (CL) Steve Etherington/ EMPICS; 288 (BR) Mike Blake/ Reuters Popperfoto; 289 (TL) The Times/ Rex Features; 289 (BR) Popperfoto; 293 (TL) Nelson Museum, Monmouth; E.T. Archive 293 (R) AKG Photo London; 294 (BL) BFI Stills, Posters & Designs; 295 (TL) Peter Newark's American Pictures; 295 (BC) Peter Newark's American Pictures.

CONTENIDO

LA TIERRA Y EL ESPACIO
La Tierra 9
Geografía 14
La Constante Transformación de la Tierra 16
Los Paisajes Naturales 20
La Atmósfera y el Clima 24
Los Océanos, los Ríos y los Lagos 30
El Medio Ambiente y los Recursos Naturales 34
El Universo 38
El Sol 40
La Luna 42
Los Planetas 44
Las Estrellas y las Galaxias 50
Exploración del Espacio 53
Cuestionario 56

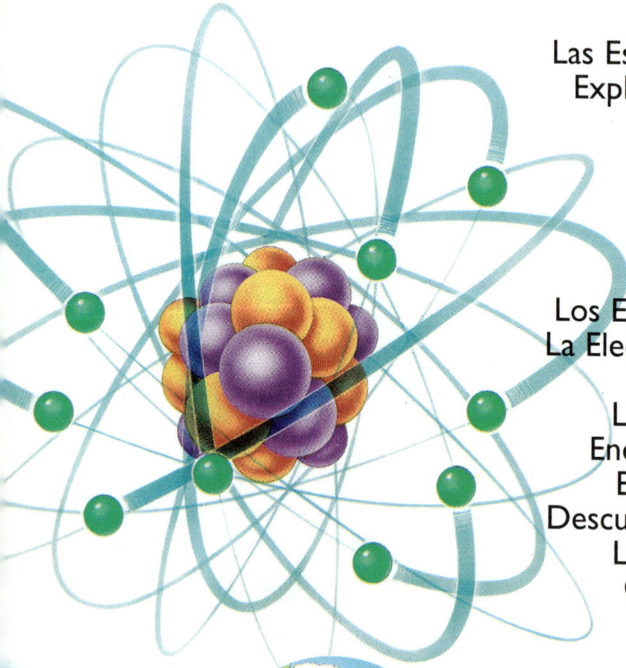

CIENCIAS
Los Átomos 57
Los Elementos y la Materia 61
La Electricidad, el Magnetismo y la Electrónica 66
La Luz y el Sonido 72
Energía y Movimiento 79
Espacio y Tiempo 85
Descubrimientos e Inventos 92
Los Transportes y las Comunicaciones 99
Cuestionario 104

ANIMALES Y PLANTAS
El Reino Animal 105
Los Mamíferos 109
Las Aves 113
Los Reptiles y los Anfibios 117
Los Peces 121
Los Insectos 125
Animales en Peligro de Extinción 129
El Reino Vegetal 133
Cómo Crecen las Plantas 138
Nombres de las Plantas 142
Las Plantas y la Gente 144
Los Árboles 146
Plantas Insólitas 150
Cuestionario 152

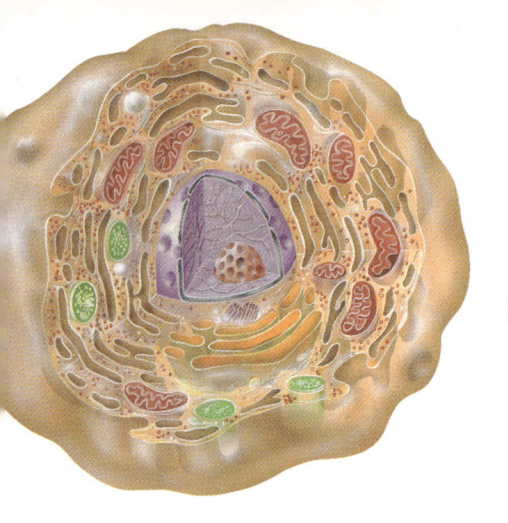

CUERPO HUMANO
Datos Básicos
del Cuerpo Humano 153
El Esqueleto y el
Movimiento 156
Los Pulmones y el Corazón 162
Alimentos y Desechos 168
La Piel y el Cabello 172
Los Nervios y los
Sentidos 174
La Reproducción y el
Crecimiento 180
El Cerebro y la Mente 186
La Salud y la Medicina 192
Cuestionario 200

PUEBLOS Y PAÍSES
África 201
Asia 208
Norteamérica, México,
Centroamérica y el Caribe 216
Sudamérica 224
Europa 230
Australasia y el
Pacífico 236
El Gobierno 241
Religiones y Costumbres 244
Cuestionario 248

HISTORIA
Primicias 249
Los Exploradores 252
Gobernantes y Dirigentes 256
La Antigüedad 262
Acontecimientos
Famosos 266
¿Cómo Vivía la Gente? 272
Arquitectura, Pintura
y Escultura 276
La Literatura y el Teatro 280
Música, Baile y Cine 284
Deportes 287
Mitos, Leyendas
y Héroes 291
Cuestionario
296

GLOSARIO
GENERAL 297

ÍNDICE
ALFABÉTICO
307

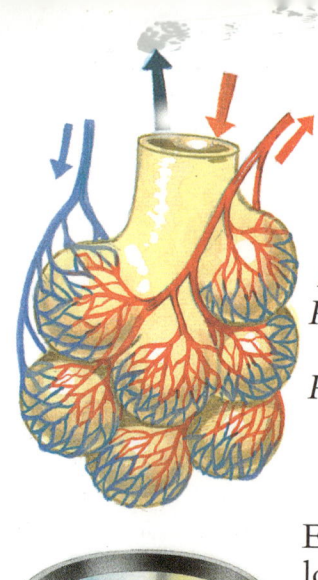

INTRODUCCIÓN

Pregunta: ¿Cuál es la mejor forma de investigar algo? *Respuesta*: Preguntar sobre el tema. *Pregunta*: ¿Cuál es la mejor forma de continuar con la investigación? *Respuesta*: Buscar el tema en un libro. *Pregunta*: ¿Cuál es el mejor libro donde puedes buscar los temas? *Respuesta*: La *Enciclopedia de Preguntas y Respuestas*.

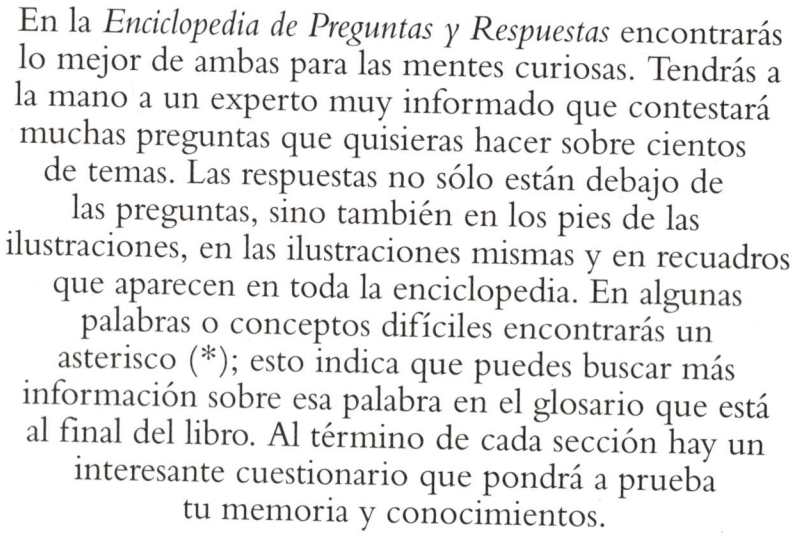

En la *Enciclopedia de Preguntas y Respuestas* encontrarás lo mejor de ambas para las mentes curiosas. Tendrás a la mano a un experto muy informado que contestará muchas preguntas que quisieras hacer sobre cientos de temas. Las respuestas no sólo están debajo de las preguntas, sino también en los pies de las ilustraciones, en las ilustraciones mismas y en recuadros que aparecen en toda la enciclopedia. En algunas palabras o conceptos difíciles encontrarás un asterisco (*); esto indica que puedes buscar más información sobre esa palabra en el glosario que está al final del libro. Al término de cada sección hay un interesante cuestionario que pondrá a prueba tu memoria y conocimientos.

Las palabras no siempre pueden explicar ideas complejas, por eso la *Enciclopedia de Preguntas y Respuestas* contiene cientos de ilustraciones. Hay fotografías, diagramas, tablas y mapas para mostrarte cómo son las cosas, ayudarte a entender cómo funcionan e indicarte dónde se encuentran los distintos lugares. Busca también los pequeños recuadros cómicos que proporcionan información y a la vez divierten.

Encontrarás secciones sobre la Tierra y el Espacio, Ciencias, el Cuerpo Humano, Animales y Plantas, Pueblos y Países, e Historia. La enciclopedia no abarcará todas las preguntas que pudieras hacer sobre estos temas, pero es un buen punto de partida.

Disfruta de este libro, entérate de cientos de cosas ¡y sigue preguntando!

LA TIERRA Y EL ESPACIO

LA TIERRA

¿De qué tamaño es la Tierra?

La circunferencia de la Tierra (el contorno del planeta) mide 40 091 km en el ecuador. El diámetro en el ecuador es de 12 756 km. El diámetro que une los polos es un poco más pequeño (12 713 km), de modo que la Tierra no es una esfera perfecta. Si fuera posible colocar el planeta en una balanza, pesaría casi 6 000 millones de millones de millones de toneladas.

▼ Este corte de la Tierra muestra la capa rocosa superior o litosfera. La corteza que hay bajo los océanos es mucho más delgada que la que está bajo los continentes.

¿De qué está hecha la Tierra?

La Tierra es una gran bola de roca. Su capa exterior se llama corteza terrestre*, y tiene apenas 6 km de espesor* debajo de los océanos. Le sigue otra capa gruesa de roca conocida como manto, que llega casi a la mitad de la distancia hacia el centro del planeta. Conforme se desciende hacia el centro, el calor aumenta porque debajo del manto hay una capa de roca líquida caliente llamada núcleo* externo. Por último, en el centro de la Tierra está una gran bola de roca caliente pero sólida: es el núcleo interno. Éste se encuentra a 5 000 km por debajo de nuestros pies, y se cree que en él la temperatura llega a los 4 500°C. Los científicos conocen la Tierra gracias al estudio de los sismos, la comparación con meteoritos, y la observación de su tamaño y forma.

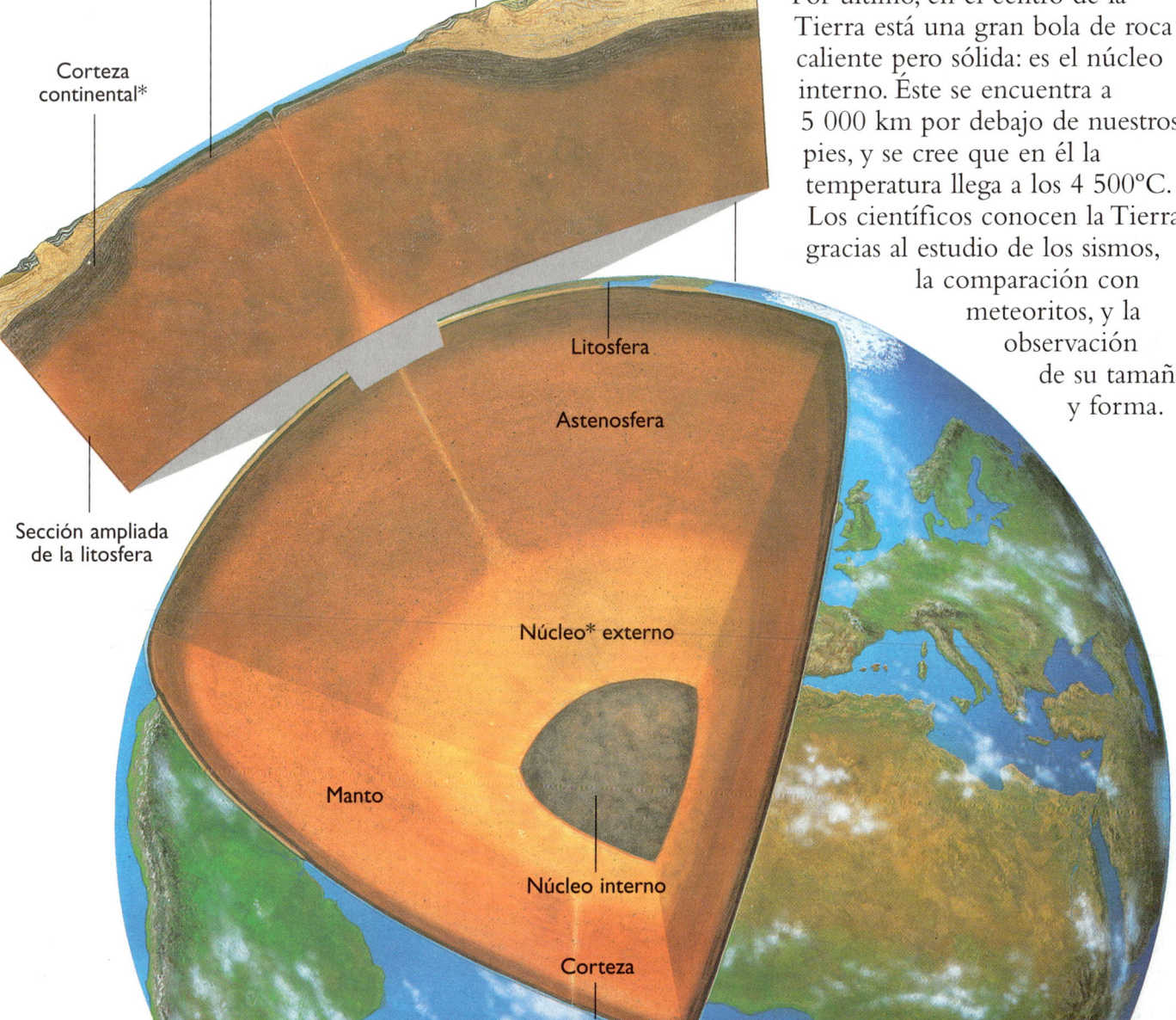

Corteza oceánica*

Corteza continental*

Sección ampliada de la litosfera

Litosfera

Astenosfera

Núcleo* externo

Manto

Núcleo interno

Corteza

LA TIERRA Y EL ESPACIO

Formación del Sol

Tierra

▲ **La Tierra se formó al mismo tiempo que el Sol. La materia que giraba alrededor del Sol se enfrió y chocó, lo cual formó cuerpos que con el tiempo se convirtieron en planetas.**

¿Cuántos años tiene la Tierra?

El Universo comenzó a formarse hace más de 15 000 millones de años. La Tierra es mucho más joven: tiene cerca de 4 600 millones de años. Los científicos han calculado esto mediante el estudio de rocas de meteoritos que han caído a nuestro planeta desde el espacio exterior. Los meteoritos son aglomeraciones* de roca que se formaron al mismo tiempo que la Tierra. Los científicos también han calculado la edad de la Tierra a partir del tiempo que le toma descomponerse y convertirse en plomo a los elementos del metal radiactivo* llamado uranio.

¿Por qué es redonda la Tierra?

El mundo es redondo por el mismo motivo que son redondas una gota de lluvia o una burbuja. Si nada se lo impide, los líquidos adoptan naturalmente la forma de una esfera. Cuando la Tierra se formó estaba caliente y era líquida; se hizo redonda por estar flotando en el espacio. Al enfriarse, la roca líquida se endureció y se hizo sólida, y la Tierra conservó su forma redonda. En realidad, la Tierra no es perfectamente redonda, sino que está ligeramente achatada en los polos. Esto se debe a la enorme velocidad con que gira.

Hasta donde se sabe, la Tierra es el único planeta que tiene suficiente oxígeno para los seres vivos. Con la luz del Sol, las plantas liberan el oxígeno que mantiene vivo al planeta.

¿La Tierra es sólida?

La corteza es sólida, pero las rocas del manto tienen una temperatura tan alta que están parcialmente derretidas, como una melcocha* caliente. El núcleo* externo es más caliente aún (entre 2 200°C y 5 000°C) y está completamente fundido. En el centro mismo hay una bola de roca caliente, tan comprimida que es sólida. El núcleo es demasiado caliente y sólido para perforarlo.

¿De qué están hechas las rocas?

La corteza terrestre* está hecha de roca. Las rocas son aglomeraciones* sólidas de minerales (sustancias químicas compuestas de cristales). Por ejemplo, en las rocas de granito se encuentran minerales de cuarzo, feldespato y mica.

¿Es la Tierra un planeta único?

Ningún otro planeta en órbita alrededor del Sol es como la Tierra. Sólo ella tiene las condiciones necesarias para que haya vida como la conocemos.

¿Qué es la biosfera?

La biosfera es la "piel" de la Tierra, formada por los suelos, el agua y el aire. En ella viven todas las plantas y los animales del planeta. Ningún otro planeta del Sistema Solar tiene una biosfera semejante.

¿Por qué gira la Tierra alrededor del Sol?

Como los otros planetas, la Tierra mantiene su camino, u órbita, alrededor del Sol. La gravedad del Sol es la fuerza que mantiene nuestro planeta en su sitio. La Tierra recorre 958 millones de km en 365 días, 6 horas y 9 minutos. Esto se llama año.

LA TIERRA Y EL ESPACIO

¿Cuánto mide la tierra firme*?

Menos de una tercera parte de nuestro planeta es tierra firme. Ésta es más vieja que los océanos. La piedra de las masas rocosas* más grandes (los continentes) tiene hasta 3 800 millones de años de edad, mientras que las rocas más antiguas del océano tienen menos de 200 millones de años. El 71% de la superficie de la Tierra es agua; esto incluye los océanos, el hielo y el vapor de agua de la atmósfera.

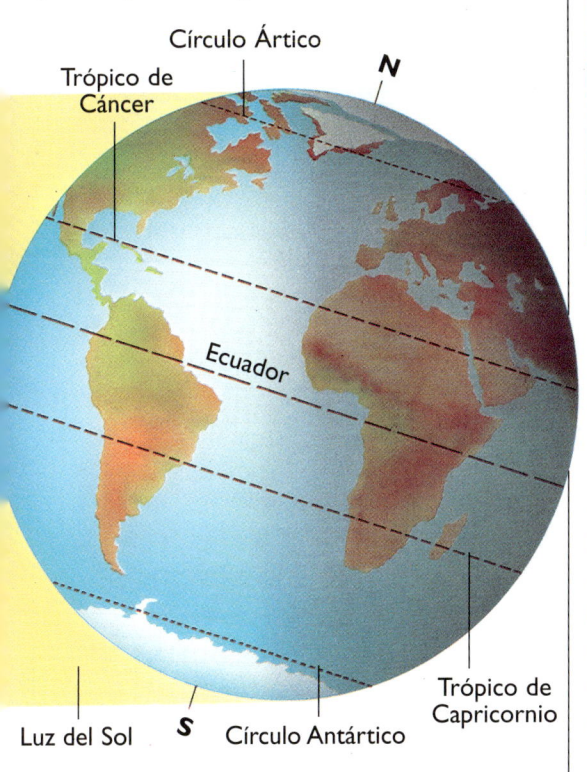

¿Dónde está el ecuador?

El ecuador es una línea imaginaria que pasa por el centro de la Tierra. Es la línea de 0 grados de latitud. La parte más ancha de la Tierra está precisamente debajo del ecuador, donde el planeta es más abultado.

¿Dónde está el polo Norte?

El polo Norte está cerca de la mitad del Océano Ártico. Es el punto del mapa donde se encuentran todas las líneas de longitud. El polo Sur está en la Antártida (o Antártica).

DATOS SOBRE LA TIERRA

- Diámetro: 12 713 km en los polos; 12 756 km en el ecuador.
- Circunferencia: 40 091 km.
- Superficie: 510 millones de km².
- Superficie cubierta de agua: 71%.
- Antigüedad: 4 600 millones de años.
- Rocas más antiguas: 3 800 millones de años.
- Espesor de la corteza: 20 km (promedio).
- Temperatura del núcleo*: 4 500°C.
- Distancia del Sol: 150 millones de km (promedio).
- Distancia de la Luna: 385 mil km (la mínima).

◀ Esta ilustración de la Tierra muestra los trópicos, los círculos polares y el ecuador. La Tierra gira sobre su eje (una línea imaginaria trazada entre los polos Norte y Sur). Llega más luz del Sol al ecuador que a los polos.

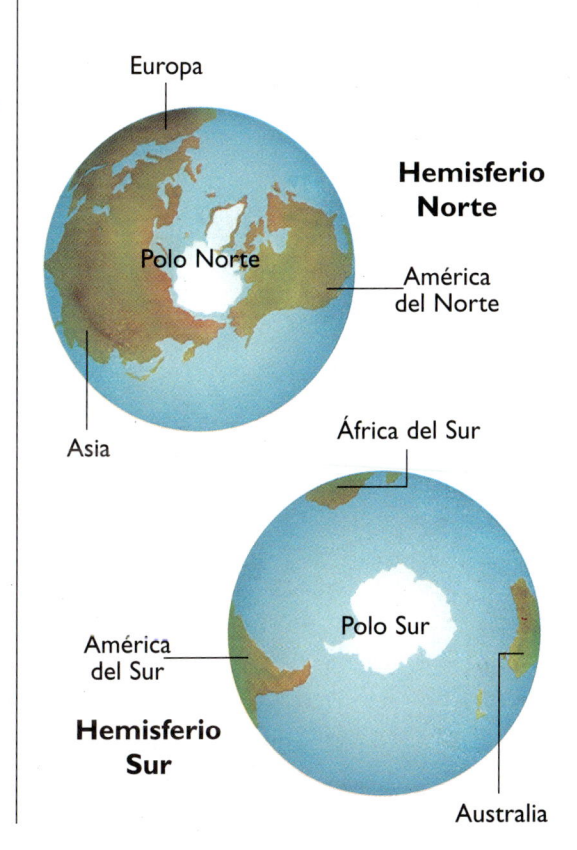

▶ Asia, América del Norte y Europa están en el hemisferio Norte. Australia, al sur de África y la mayor parte de Sudamérica están en el hemisferio Sur.

¿Dónde están los trópicos?

Los trópicos son las regiones de la Tierra que están al norte y al sur del ecuador. Cada uno de los trópicos tiene 2 600 km de ancho. El Trópico de Cáncer está a 23°27' al norte del ecuador, y el Trópico de Capricornio está a 23°27' al sur del mismo. Estas dos líneas de latitud (líneas imaginarias en la superficie terrestre) señalan los límites de una región donde los rayos del Sol caen perpendicularmente.

¿Qué son los hemisferios?

Un hemisferio es la mitad de un globo. En los mapas y en los globos terráqueos, el ecuador (cero grados de latitud) divide el planeta en dos mitades: los hemisferios Norte y Sur. Otra línea imaginaria que va del polo Norte hasta el polo Sur (la línea de 0 grados de longitud) divide los hemisferios Oriental y Occidental.

11

LA TIERRA Y EL ESPACIO

¿Qué es el eje de la Tierra?

Toma una naranja y atraviésale un palito por la mitad: ese palo marca el eje de la naranja. Desde luego, no hay un palo que atraviese la Tierra; el eje terrestre es una línea imaginaria que corre entre los polos y tiene una inclinación de 23.5° aproximadamente respecto a la vertical.

¿Por qué hay día y noche?

Conforme da la vuelta al Sol, la Tierra gira sobre su eje, de modo que parte de la Tierra está iluminada (día) mientras que la otra parte está en la sombra (noche). Como la Tierra gira constantemente, el día y la noche se suceden uno al otro continuamente. La aurora o amanecer señala el inicio del día, y el ocaso o atardecer, la llegada de la noche.

A mediados de verano siempre es de día en el Ártico (de frente al Sol), en el norte de Europa y América los días son largos y en la Antártida (o Antártica) siempre es de noche. A mediados del invierno sucede al revés: la Antártida tiene luz del día siempre, el Ártico está en la oscuridad, y el norte de Europa y América tienen días cortos de invierno.

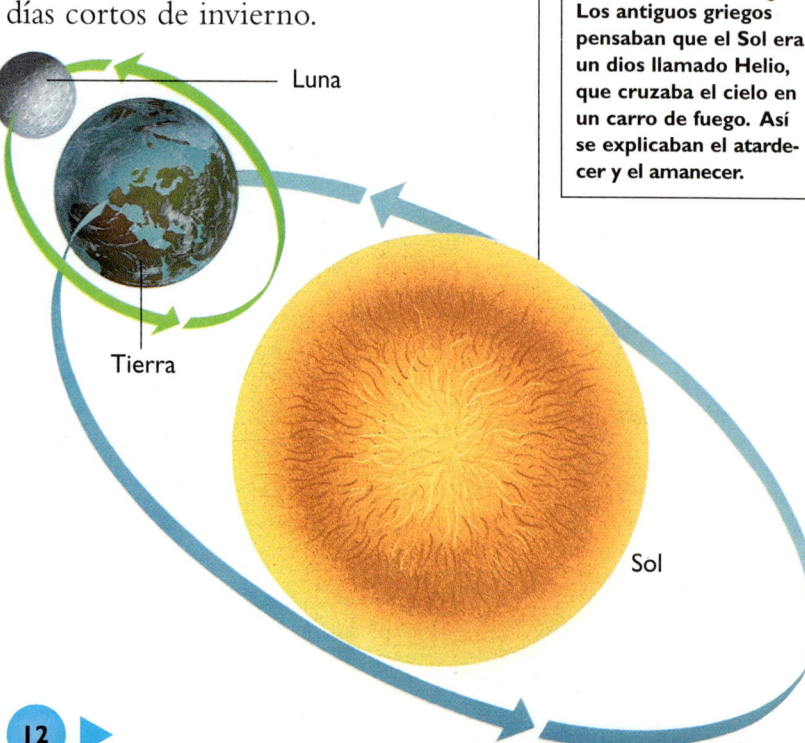

Eje de la Tierra

▲ Las estaciones se deben a la forma en que la Tierra gira alrededor del Sol. Debido a que la Tierra está inclinada, primero un polo se aproxima al Sol y después el otro.

Los antiguos griegos pensaban que el Sol era un dios llamado Helio, que cruzaba el cielo en un carro de fuego. Así se explicaban el atardecer y el amanecer.

¿Por qué hay estaciones?

Las estaciones (primavera, verano, otoño, invierno) ocurren porque la Tierra está inclinada sobre su eje. Conforme la Tierra gira alrededor del Sol, el hemisferio inclinado hacia él recibe más rayos solares y, por consiguiente, tiene más calor y está en verano. Las personas que están en ese hemisferio ven pasar el Sol más alto por el cielo, y el día es más largo. Mientras tanto, en la parte alejada del Sol es invierno porque hay menos calor, y los días son más cortos. En el ecuador varía muy poco la duración del día.

◄ La Luna gira en órbita alrededor de la Tierra (flecha verde). La Tierra gira en órbita en torno al Sol (flecha azul). Los tres giran como trompos al mismo tiempo.

Luna
Tierra
Sol

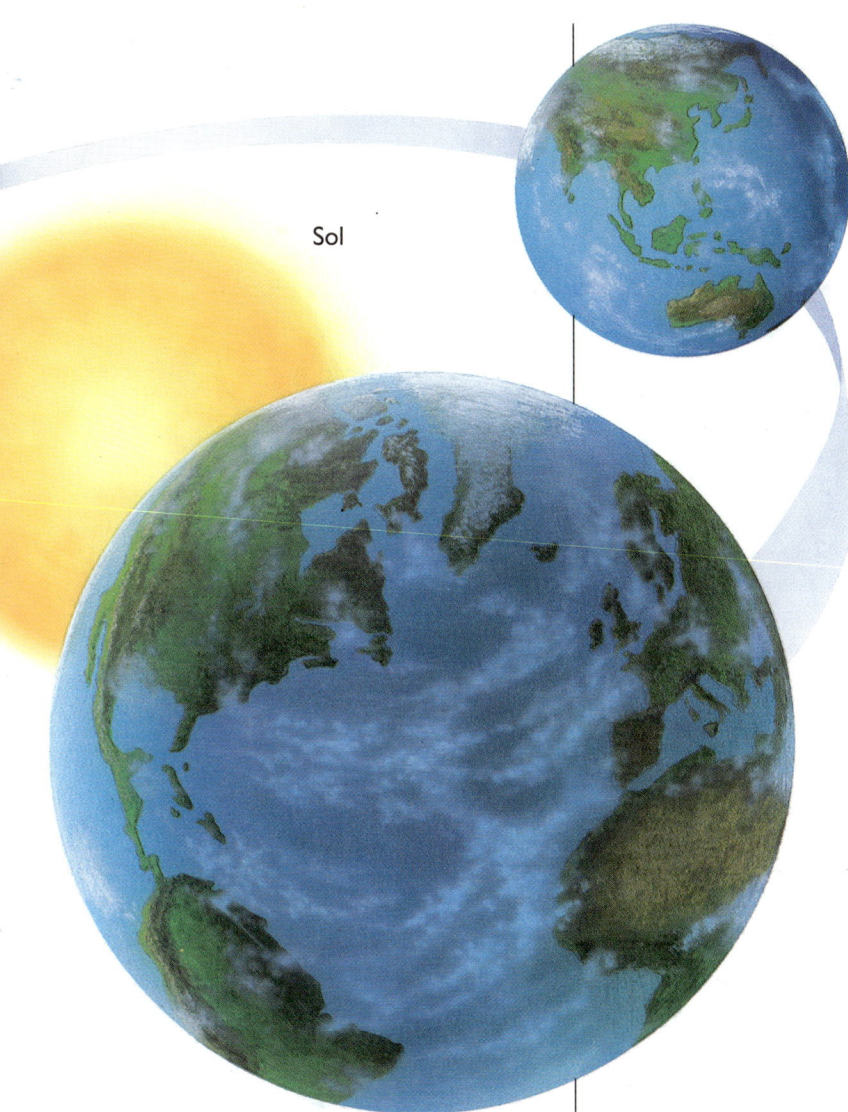

LA TIERRA Y EL ESPACIO

¿La aguja de una brújula apunta al polo Norte?

No. La aguja magnetizada de una brújula siempre gira y apunta al polo norte magnético de la Tierra, pero el polo norte magnético no es el mismo que el polo Norte geográfico.

Cambios en el campo magnético* de la Tierra hacen que los polos varíen sus posiciones, siguiendo trayectorias circulares con diámetros de alrededor de 160 km, pero nunca se desvían mucho de los polos geográficos Norte y Sur. El polo norte magnético está en el norte de Canadá, y el polo sur magnético está en la Antártida (o Antártica). Hace unos 450 millones de años, el polo sur magnético estaba en lo que hoy es el desierto del Sahara.

Los polos se invierten cada 200 ó 300 mil años. El norte se convierte en el sur y viceversa.

▼ El campo magnético de la Tierra rodea el planeta y se extiende hacia el espacio. La Tierra, como todos los imanes, tiene polos norte y sur.

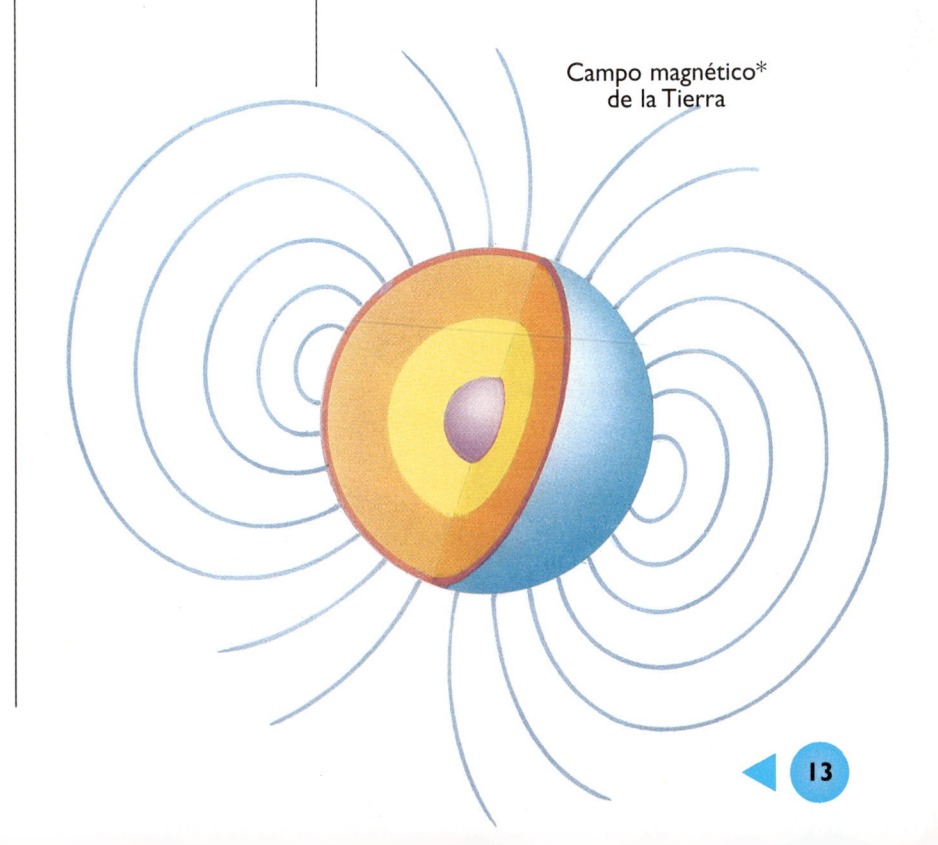

Sol

Campo magnético* de la Tierra

▲ Como el eje de la Tierra está inclinado, los hemisferios forman ángulos diferentes respecto al Sol. En el hemisferio que está inclinado hacia el Sol los días duran más y por eso son más largos en el verano.

¿Por qué la Tierra es como un imán?

La Tierra es como un gigantesco dinamo*. Los movimientos que hay en su interior producen corrientes eléctricas que forman un campo magnético* con los polos norte y sur, como un imán de barra. El campo magnético de la Tierra se extiende por el espacio hasta una distancia de alrededor de 60 000 km. El Sol y otros planetas también tienen campos magnéticos.

LA TIERRA Y EL ESPACIO

GEOGRAFÍA

¿Qué hacen los geógrafos?

Los geógrafos estudian la Tierra y sus características, y también a los seres vivos. Observan los paisajes de la Tierra: donde viven las personas, animales y plantas. Analizan rasgos como los ríos y los desiertos, investigan dónde se construyen las ciudades, qué producen las industrias, cómo los seres humanos y la naturaleza modifican el paisaje. Con equipo de investigación, miden con cuidado los accidentes de la Tierra y elaboran diversos tipos de mapas exactos. Los geógrafos ayudan a planear las ciudades y el campo que habitamos.

¿Cuándo se midió por primera vez la Tierra?

Alrededor del año 200 a.C., el científico griego Eratóstenes midió la circunferencia de la Tierra. Tomó el ángulo de los rayos del Sol en distintos lugares cuya distancia entre sí fuera conocida, y usó la geometría para obtener una medida de la circunferencia de la Tierra: 252 mil estadios (unos 46 mil km). Sus cálculos no fueron muy exactos: de hecho, la cifra moderna de la circunferencia más grande de la Tierra es de 40 091 km.

¿Cuándo se trazaron los primeros mapas?

Probablemente la gente dibujó mapas de sus propias tierras hace unos 5 000 años. Una tablilla de barro hecha alrededor del año 2500 a.C., encontrada en Babilonia (que hoy forma parte de Iraq) parece mostrar el valle de un río rodeado de montañas.

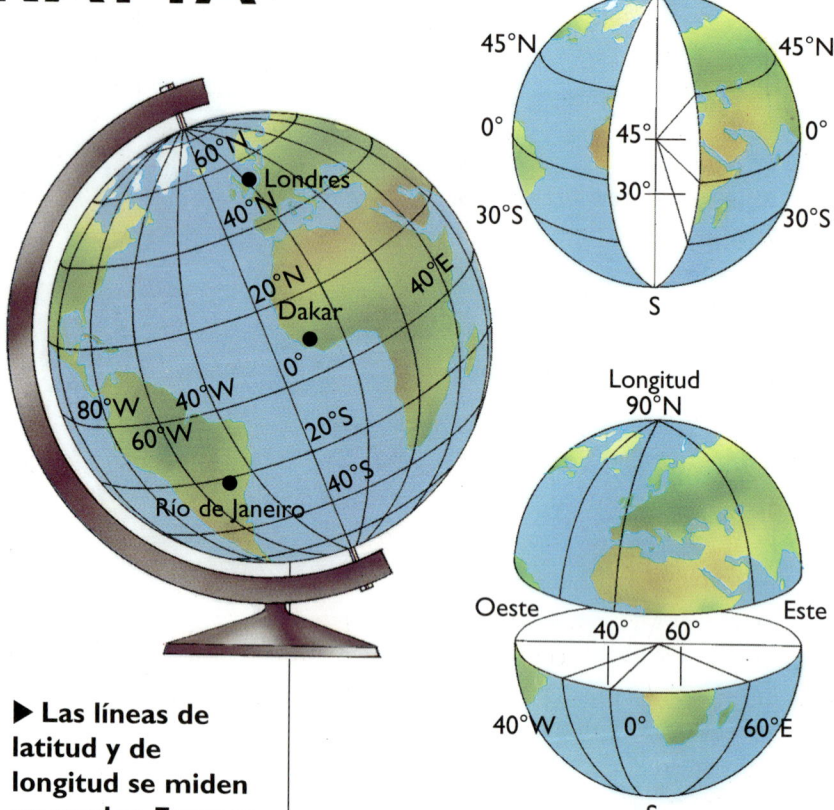

▶ **Las líneas de latitud y de longitud se miden en grados. Forman una red que se puede utilizar para encontrar sitios precisos. La ciudad de Greenwich (Londres) está en la longitud 0° y el ecuador está en la latitud 0°.**

¿Qué son las líneas de latitud y de longitud?

Un mapa tiene una red de líneas que lo cruzan. Las que van del este al oeste se llaman líneas de latitud o paralelos, y las que van del norte al sur son líneas de longitud o meridianos. Gracias a ellas es más fácil encontrar los lugares en el mapa. Tolomeo, el geógrafo griego de la antigüedad, fue el primer cartógrafo* o "hacedor de mapas" que trazó esas líneas.

◀ **Los primeros mapas razonablemente exactos se trazaron en el siglo XVI. Casi todos se basaban en los relatos de los marinos y viajeros que recorrían grandes distancias.**

14

LA TIERRA Y EL ESPACIO

¿Cuándo apareció América por vez primera en los mapas?

Antes del año 1500, América no aparecía en los mapas hechos en Europa. Fue desconocida para los europeos hasta que Cristóbal Colón atravesó el Océano Atlántico en 1492. Pronto, los cartógrafos* comenzaron a mostrar las costas del este de América. El nombre de América se usó por vez primera en un mapa alemán de 1507.

¿Cuándo usaron mapas por primera vez los marineros?

Las primeras cartas de navegación (mapas marítimos) se elaboraron en Europa en el siglo XIV. Se llamaban cartas portulanas y mostraban las costas del Mediterráneo con cierto detalle. Una red de líneas unía los distintos puertos mostrados en el mapa. Así, los marineros podían reconocer las bahías y los promontorios (cabos), y encontrar su rumbo.

¿Cómo se muestra la altura en los mapas?

Es difícil representar la altura en un mapa plano. El sombreado muestra las zonas que están a la misma altura sobre el nivel del mar. Las curvas de nivel también sirven para mostrar la altura; mientras más cercanas están entre sí, indican que la pendiente es mayor.

¿Qué es la proyección cartográfica*?

Un mapa plano no es totalmente exacto, porque la Tierra es curva. La proyección cartográfica sirve para llevar la superficie curva a un mapa plano: es como envolver un globo con un cilindro de papel. El cartógrafo* flamenco Gerardus Mercator (1512-1594) popularizó este método, aunque él no lo inventó.

▶ Una forma de elaborar mapas es tomar fotografías aéreas. Las fotos se toman traslapadas*, como ves aquí. Al observar pares de fotografías juntas se obtiene una imagen en tercera dimensión, y así se pueden trazar los contornos.

▼ Dos proyecciones cartográficas* comunes son las de Mercator, y la cenital o acimutal. En la proyección cenital, el papel está plano y toca el globo en un punto.

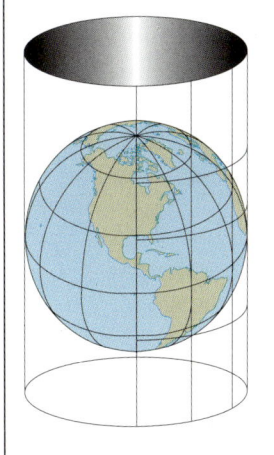

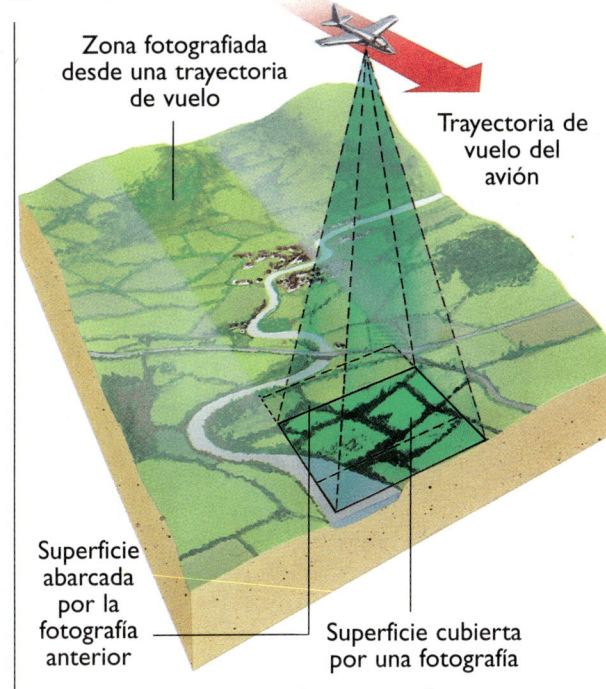

Zona fotografiada desde una trayectoria de vuelo

Trayectoria de vuelo del avión

Superficie abarcada por la fotografía anterior

Superficie cubierta por una fotografía

¿Cómo se elaboran los mapas modernos?

Casi todos los mapas se elaboran con fotografías tomadas desde aviones o satélites que giran alrededor de la Tierra. Muestran con gran detalle la tierra firme* y el mar.

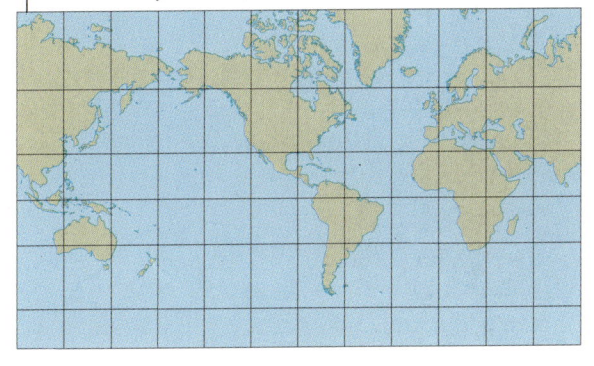

Proyección de Mercator (cilíndrica)

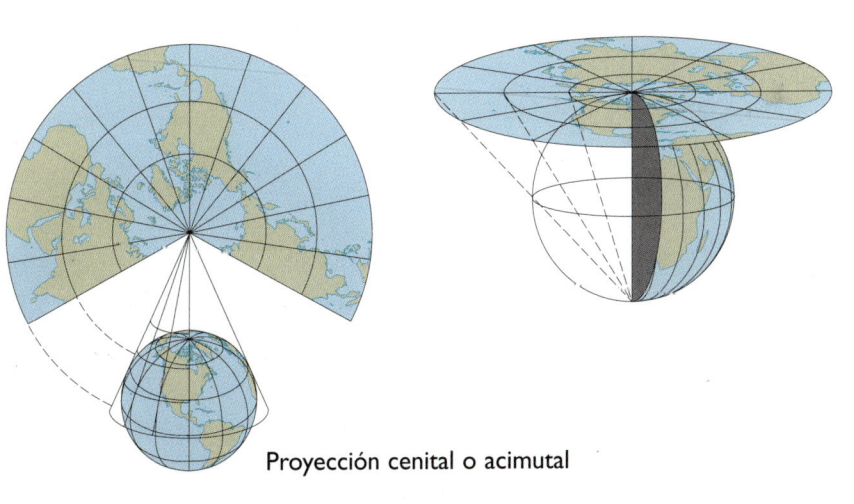

Proyección cenital o acimutal

LA TIERRA Y EL ESPACIO

LA CONSTANTE TRANSFORMACIÓN DE LA TIERRA

¿Por qué la Tierra siempre está cambiando?

Desde que se formó la Tierra hace más de 4.6 billones de años, ha cambiado mucho. Algunos cambios son tan lentos que no es posible percibirlos durante la vida de una persona; en contraste, los sismos y los volcanes pueden modificar el paisaje en unas horas. Los glaciares, los ríos y los océanos también cambian el aspecto de la Tierra, pero les puede tomar miles de años.

¿Por qué los continentes se mueven?

La corteza de la Tierra está formada por una serie de placas curvas independientes. Estas placas flotan como balsas gigantescas en una masa pastosa de roca fundida. El calor que viene del centro de la Tierra envía corrientes que pasan por esa "pasta" y hacen que se muevan las placas. Al moverse las placas, también los continentes que están sobre ellas se desplazan.

Los cinco continentes que hay actualmente en la Tierra (Oceanía, Europa, África, América y Asia) alguna vez fueron parte de un solo continente enorme llamado Pangea, que luego se dividió.

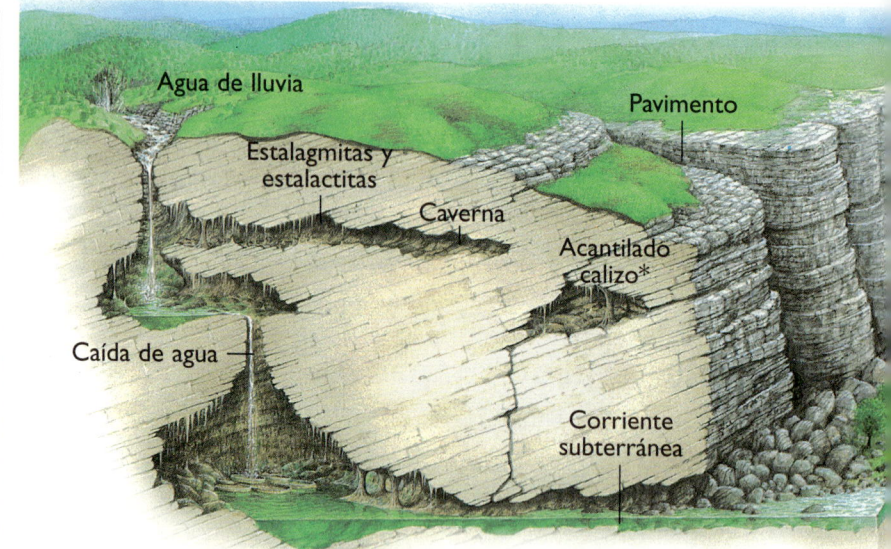

Hace 100 millones de años

Hace 200 millones de años

▲ Las grutas, cavernas y cuevas han sido formadas por agua que desgasta las suaves rocas calizas. Los escurrimientos de agua con cal forman las estalactitas y estalagmitas.

▼ La Pangea comenzó a fracturarse hace unos 200 millones de años; de ella se formaron los continentes que hoy conocemos.

Hoy en día

Agua de lluvia
Pavimento
Estalagmitas y estalactitas
Caverna
Acantilado calizo*
Caída de agua
Corriente subterránea

¿Cómo se forman las cavernas?

Casi todas las cavernas son roca ahuecada por agua subterránea. Ésta se infiltra desde la superficie de la Tierra disolviendo parte de la roca para formar pequeños pasajes y aberturas. El bióxido de carbono del aire puede hacer ligeramente ácida el agua, y este ácido carcome* la roca. También pueden fluir arroyos a través de la caverna, haciéndola más grande.

¿Por qué ocurren derrumbes?

Los derrumbes son avalanchas de rocas y lodo que se desprenden de una montaña o de la ladera de una colina. A menudo los causan sismos o erupciones volcánicas. El movimiento de la superficie hace que el material suelto o húmedo se desprenda y caiga: un enorme derrumbe puede enterrar todo un valle. Las lluvias torrenciales pueden hacer que el lodo se deslice colina abajo. El riesgo de este tipo de derrumbes es mayor cuando en las laderas de la montaña se derriban árboles; en algunos países en desarrollo éste es un grave problema.

16

LA TIERRA Y EL ESPACIO

¿En qué se distinguen las estalactitas de las estalagmitas?

Las estalactitas y las estalagmitas se forman en las cavernas calizas. El agua que constantemente se infiltra del techo contiene el mineral llamado calcita. El agua se seca, pero la calcita que queda poco a poco forma una columna. Las estalactitas crecen desde el techo de la cueva hacia abajo y las estalagmitas crecen desde el suelo hacia arriba; a veces las dos se encuentran y forman una sola columna.

¿Por qué las cumbres de las montañas son nevadas?

Las cumbres de las montañas están rodeadas de aire muy frío, ya que la temperatura disminuye 5°C por cada 1 000 m de altura. Las montañas más altas están cubiertas de nieve todo el año. Las cimas más elevadas del mundo forman parte de extensas cordilleras como el Himalaya (en Asia), los Andes (América del Sur), las Rocallosas o Rocosas (América del Norte) y los Alpes (Europa).

¿Qué son los glaciares?

Los glaciares son "ríos" de hielo en movimiento que se forman en las regiones polares y en las montañas altas. Esto sucede cuando la cantidad de nieve que cae en invierno es mayor que la que se derrite o evapora en el verano. La masa de hielo lentamente se desliza hacia abajo dando forma al paisaje, aplanando colinas y moldeando valles. Cuando los glaciares llegan al mar en las regiones más frías, se rompen grandes bloques de hielo flotante y se forman los icebergs; los más grandes del mundo están en el Océano Glacial Antártico.

▶ Las estalactitas y las estalagmitas parecen largas columnas de piedra o hielo. Las estalactitas bajan del techo de la cueva y las estalagmitas se elevan desde el suelo.

DATOS SOBRE EL HIELO Y LAS CUEVAS

- En las montañas del este de Italia hay una cueva conocida como Recinto de las Velas. Está llena de estalagmitas blancas que parecen velas.
- No conviene sentarse a ver cómo se forma una estalactita. ¡Puede tardar mil años en aumentar un centímetro!
- Durante el último Período Glaciar, el 28% de la Tierra estaba cubierta de hielo. Hoy en día, sólo alrededor del 10% está cubierta.
- El glaciar más grande del mundo es el Lambert, que está en el Océano Glacial Antártico y mide más de 400 km de longitud.
- La gruta más profunda del mundo está en Rousseau Jean Bernard (Francia) y tiene 1 535 m de profundidad.
- Las grutas de mayor longitud están bajo la cueva Mammoth, en Kentucky (Estados Unidos) y tienen una longitud de por lo menos 530 km.
- La Cámara de Sarawak, en Indonesia, es la caverna más grande del mundo. Tiene 700 m de largo, 300 m de ancho y 70 m de altura.

▶ El glaciar erosiona la entrada de un valle y la forma hundida que adquiere se llama circo. En los glaciares comúnmente se forman hendiduras. Las rocas que arrastra el montón de hielo se acumulan y forman una morrena.

¿Qué es una avalancha?

La avalancha es una caída repentina de nieve y hielo que se desliza por la ladera de una montaña. Es muy peligrosa porque puede enterrar y matar a la gente; sucede cuando nieva tanto que las capas nevadas de la ladera se hacen muy pesadas y de repente se desprenden y resbalan. Las avalanchas también ocurren en primavera, cuando el calor comienza a derretir la nieve y ésta se resbala fácilmente. Los sismos, y hasta ruidos inesperados muy fuertes, pueden producir avalanchas.

▶ En ocasiones, un volcán explota con violencia y vacía la lava que contiene en su cámara. Expide cenizas y humo, también salen fumarolas de gases y vapor y queda una cavidad llamada caldera.

Cenizas y humo
Cráter del volcán
Géiser
Caldera
Fumarola
Capas de cenizas y lava
Escape o cono central
Escape o cono lateral
Corriente de lava
Cámara

¿Qué produce los sismos y los volcanes?

Los sismos y los volcanes a menudo parecen producirse juntos. Suelen presentarse en lugares donde se encuentran dos placas de la corteza terrestre*. Las rocas son empujadas hacia arriba y forman montañas o cordilleras, o se sumen en el manto terrestre* y crean fosas. Este movimiento hace inestable la superficie de la Tierra y permite que se produzcan sismos o que surjan volcanes. Los científicos pueden decir dónde es probable que tiemble o que nazca un volcán, pero no pueden pronosticar la fecha con exactitud.

En la antigua China se creía que la Tierra estaba en equilibrio sobre el lomo de un buey gigantesco. Los sismos ocurrían cuando el buey se pasaba el planeta de un hombro al otro.

¿Por qué los géisers arrojan agua caliente?

Un géiser es una fuente de la que brotan agua caliente y vapor. Los géisers están en zonas de actividad volcánica, como Islandia. Las rocas volcánicas calientan el agua subterránea, que emerge como agua termal. Si el agua más profunda se calienta más, se convierte en vapor y empuja hacia fuera el agua fría que está encima: así se forma un géiser. El géiser *Old Faithful* (en Estados Unidos) arroja agua cada 76 minutos desde hace 80 años.

LA TIERRA Y EL ESPACIO

¿Por qué algunos volcanes hacen erupción?

Cuando un volcán hace erupción, surge el magma (roca fundida) desde las profundidades de la Tierra. Por la boca del volcán sale la ardiente lava (nombre del magma cuando cae sobre la tierra); también arroja humo y cenizas que oscurecen el cielo.

Un volcán en erupción arroja lava espesa que se eleva muy lentamente y puede formar un tapón que cierre el volcán. Si esto sucede, se junta presión en el interior hasta que los gases y las cenizas explotan, y la punta del volcán salta en una gran explosión.

DATOS SOBRE LOS FENÓMENOS TERRESTRES

- El volcán más grande es el Mauna Loa, en las islas Hawai. Su base mide 119 km de ancho.
- Cuando el volcán Krakatoa hizo erupción en 1883, el estallido se escuchó en Australia, a 5 000 km de distancia.
- Existen más de 500 volcanes activos.
- En 1201 hubo un terrible sismo en el este del Mediterráneo. Tal vez murieron más de un millón de personas.
- En 1906 el terremoto de San Francisco causó incendios que destruyeron gran parte de la ciudad.
- En 1972, un terremoto sacudió Managua, capital de Nicaragua, dejándola casi en ruinas.
- En 1985, dos fuertes terremotos causaron graves daños en la Ciudad de México.

¿Qué sucede en un sismo?

En un sismo, la tierra comienza a agitarse durante unos segundos o minutos. Los edificios pueden sacudirse, agrietarse y derrumbarse. Se abren grietas en los campos y en las rocas. Trozos enteros de suelo pueden hundirse inesperadamente.

Los sismos suceden en sitios donde hay grandes grietas o fallas en las rocas debajo del suelo. Estos lugares están en las orillas de las grandes placas o secciones de la corteza terrestre*. Las placas se mueven lentamente, rebasándose o acercándose entre sí. Cuando dos de ellas se encuentran, las rocas de las orillas se enciman y esto puede hacer temblar la tierra.

¿Dónde ocurren los sismos más fuertes?

Algunos de los peores sismos han sucedido en China. En 1556, un temblor en Shensi mató a más de 800 mil personas. En 1976 se repitió la historia, cuando a causa de un sismo en Tangshan murieron cerca de 750 mil personas. Se trata del peor desastre sísmico de la época moderna.

▶ Las ondas expansivas se irradian desde el centro de un terremoto. El epicentro* es el punto donde la superficie queda más dañada.

LA TIERRA Y EL ESPACIO
LOS PAISAJES NATURALES

¿Qué es un desierto?
Un desierto es una región que recibe menos de 25 cm de lluvia al año. Los desiertos cubren entre una séptima y una octava parte de la Tierra. Los desiertos calientes se ubican entre los 20° y los 30° a ambos lados del ecuador. También hay desiertos fríos, que siempre están cubiertos de nieve y de hielo. Éstos ocupan una sexta parte de la superficie terrestre.

¿Qué es un oasis?
Un oasis es una porción de desierto cubierta de vegetación. Las plantas crecen ahí porque hay agua de un pozo o de un manantial subterráneo. El agua se acumula en las profundidades, entre las rocas que hay bajo el desierto. La gente que habita en el oasis puede cultivar palmas y hortalizas. En algunos oasis hay ciudades muy grandes.

¿Cuál es el desierto más grande?
El desierto del Sahara en el norte de África es el más grande del mundo. Observa en un mapa de África que el Sahara abarca una gran parte del norte del continente. Cubre un territorio de 9.1 millones de km². Es más extenso que toda Australia.

¿Dónde hay mares de arena?
En algunos desiertos calientes pueden formarse mares de arena. El más grande es el *Grand Erg Oriental*, en Argelia y Túnez: cubre una superficie de 196 000 km², tiene dunas* de 300 m de alto.

DATOS SOBRE LOS DESIERTOS
- El Valle de la Muerte, en el desierto Mojave de California (EU), es la región más caliente de Norteamérica; con temperaturas de hasta 56.7°C.
- El Sahara no siempre estuvo seco. En imágenes prehistóricas aparece como un territorio fértil con pasto y ríos.
- En el desierto, el Sol es una fuente barata de energía. En Arabia Saudita hay teléfonos públicos que funcionan con energía solar para la gente que viaja por el desierto.
- Las avestruces del desierto comen arena. Tal vez les ayuda a digerir sus alimentos.
- De noche hace frío en el desierto, y en invierno la temperatura suele ser helada.
- Australia tiene grandes zonas desérticas. Los dos desiertos más grandes de ese país son el Gibson y el Gran Victoria.
- Sólo un 15% de los desiertos del mundo son de arena.

▲ En los desiertos de arena el viento que sopla forma dunas* que parecen olas. Éstas se mueven y adquieren formas distintas.

¿Qué es la arena?
La arena son rocas fracturadas y desmoronadas por la erosión. Está formada por diminutos granos de minerales; los más grandes miden sólo 2 mm. El mineral más común en la arena es el cuarzo. Sin embargo, no todos los desiertos son de arena. Sólo una quinta parte de los desiertos calientes están cubiertos de arena; otros son de roca, piedras o de matorrales.

¿Todos los desiertos son calientes?
Muchos desiertos están en países de clima cálido, pero no todos. Uno de los desiertos de tipo pedregoso más grandes del mundo es el desierto de Gobi de Asia Central; tiene inviernos fríos y cortos veranos calientes. La Antártida (o Antártica) es un desierto congelado.

LA TIERRA Y EL ESPACIO

¿Cómo se forman las islas?
Algunas islas son trozos de tierra que se separaron de los continentes. Las Islas Británicas, por ejemplo, alguna vez estuvieron unidas a Europa. Otras son volcanes que sobresalen del mar, como las islas de Japón.

¿Cómo se forman los arrecifes de coral?
Los pequeños animales de coral que viven en los mares cálidos forman uno de los paisajes más espectaculares del océano: los arrecifes de coral. Los restos calizos de esos animales van formando muros y escollos de coral. En el arrecife llegan a vivir otras especies de animales y vegetales. Los arrecifes sólo existen en los océanos tropicales porque los animalillos del coral no pueden vivir en aguas frías.

Al noreste de Australia está el arrecife *Great Barrier* que es el más grande del mundo. Tiene más de 2 000 km de longitud.

¿Qué es un atolón?
Un atolón es una isla de coral en forma de aro. Primero se forma un arrecife de coral en el borde externo de una isla volcánica que se esté hundiendo lentamente en el océano. Al pasar el tiempo, el lodo y la arena se van amontonando en lo alto del arrecife y comienza a crecer la vegetación. Al hundirse por completo la isla volcánica queda solo el círculo del arrecife. Hay muchos atolones de coral en el Océano Pacífico.

¿Cómo es el polo Sur?
Las regiones polares del Ártico y la Antártida (o Antártica) son enormes desiertos congelados. En el polo Sur no hay vida de ningún tipo; la mitad del año permanece en la oscuridad. Ahí la nieve y el hielo tienen miles de metros de espesor*.

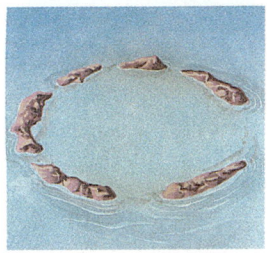

▲ Los atolones se forman cuando una isla volcánica sobresale del mar y alrededor de ella se produce un arrecife de coral. Éste forma un anillo, el atolón, que permanece después de que se ha hundido la isla.

¿Qué espesor* tiene el hielo de la Antártida (o Antártica)?
La parte más gruesa de hielo que hay en la Antártida (o Antártica) alcanza 4 800 m de profundidad. Es diez veces más alto que el rascacielos más alto del mundo. La Antártida mide unos 14 millones de km^2, es más grande que Europa o Australia. Sin embargo, hoy en día su territorio es menor que el de Australia. Su gran tamaño se debe a la enorme masa de hielo que lo cubre. La Antártida contiene casi nueve décimas partes de todo el hielo de la Tierra.

¿De qué tamaño ha sido el iceberg más grande?
Los icebergs más grandes son enormes desprendimientos planos que se separan de la placa de hielo de la Antártida (o Antártica). A lo largo de las orillas del Acantilado de Ross, en la Antártida, el ascenso y descenso de las mareas agrieta el hielo y se desprenden los icebergs. El más grande que se ha conocido tenía más de 31 000 km^2, superficie mayor que la de Belice o Haití.

◀ **El polo Sur es uno de los sitios más fríos y desolados de la Tierra. Ahí existe un centro permanente de investigaciones científicas, donde los exploradores polares pueden encontrar una cálida bienvenida.**

21

LA TIERRA Y EL ESPACIO

¿Cuánta superficie de la Tierra es bosque?

En la Prehistoria, la gente no destruía bosques para fundar ciudades, haciendas y fábricas. Entonces, un 60% de la Tierra estaba cubierta de bosques; actualmente, sólo lo está el 30%.

¿Qué bosques tienen más árboles?

Los bosques más ricos de la Tierra son las selvas tropicales. En América del Norte y en Europa, un pequeño bosque común puede tener diez variedades de árboles. La misma superficie de una selva tropical de Brasil o de Indonesia puede contener más de 100 tipos distintos de árboles.

¿Dónde está la bóveda de una selva?

Las puntas de los árboles más altos de la selva forman una bóveda. Ésta recibe la mayor cantidad de luz solar y se vuelve espesa. Puede formar un techo muy denso*, que da sombra a la vegetación de abajo. Los árboles más altos crecen rebasando las capas bajas en busca de la luz del Sol. En la bóveda de la selva viven muchos animales, como simios, aves e insectos.

¿Qué es la tundra?

Es una zona cercana al Ártico donde el clima es demasiado frío y seco para los árboles. Casi toda la tundra está cubierta de nieve gran parte del año; la única vegetación que puede crecer en ella son los musgos, los líquenes y pastos muy resistentes que aparecen brevemente en el verano.

▶ La vegetación de la tundra es pequeña. Sus raíces apenas pueden hundirse 30 cm antes de llegar al terreno congelado. Muchas plantas florecen en el corto verano.

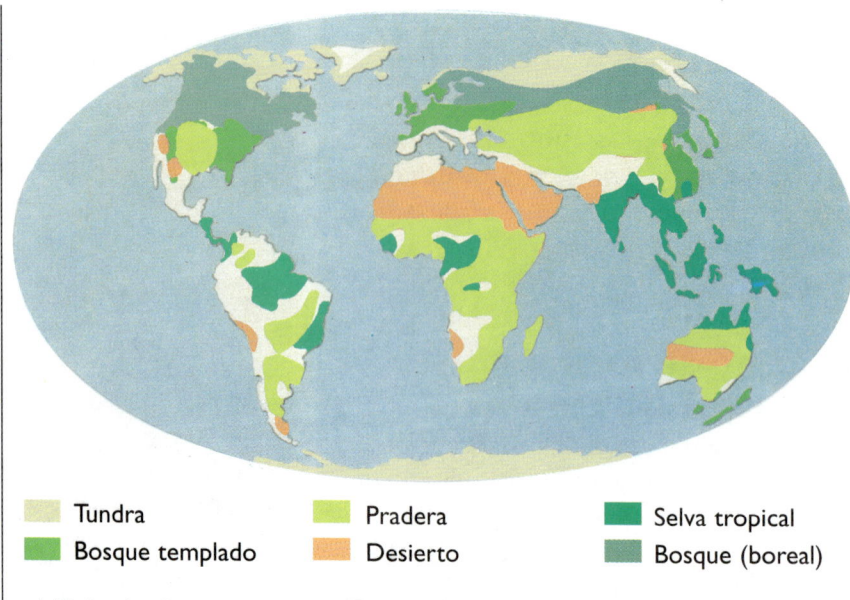

▲ Principales zonas del mundo de acuerdo a su tipo de vegetación.

- Tundra
- Bosque templado
- Pradera
- Desierto
- Selva tropical
- Bosque (boreal)

En las selvas llueve casi todos los días. El clima se vuelve cada vez más caliente y sofocante hasta que en la tarde cae una tormenta y luego el ambiente vuelve a secarse.

¿Dónde está la pradera más grande?

La gran pradera del centro-occidente de los Estados Unidos alguna vez se extendió desde el sur de Texas hasta Canadá. Era la más grande de la Tierra y en algunos lugares el pasto era tan alto como una persona. Hoy queda poco de esa pradera original. Desde el siglo XIX la gente ha arado esas tierras para cultivar trigo. Esto también significa que quedan pocos animales propios de las praderas.

Liquen

LA TIERRA Y EL ESPACIO

¿Dónde está el Gran Cañón?

El Gran Cañón está en Arizona, Estados Unidos. Mide 29 km de ancho y en algunas partes tiene 1 700 m de profundidad. Es el desfiladero más grande del mundo, con 349 km de longitud. El Río Colorado formó el Gran Cañón, tallando la roca profundamente.

¿Qué cordillera tiene las cumbres más altas?

Las 20 montañas más elevadas del mundo están en la cordillera Himalaya-Karakoram de Asia, que tiene más de 8 000 m de altura.

La montaña más alta sobre el nivel del mar es el Monte Everest, que está en el Himalaya. Es difícil calcular con exactitud la altura de esas grandes montañas en regiones remotas. En 1860, unos investigadores calcularon que el Everest tenía 8 840 m de altura; en 1973, la cifra se corrigió a 8 848 m, y en 1987, las medidas tomadas por satélite establecieron que el Everest mide 8 863 m.

▲ **El Gran Cañón es una de las maravillas naturales del mundo.**

▼ **Estas son las montañas más altas de los cinco continentes, clasificadas por su altura.**

¿Por qué hay fiordos en Escandinavia?

Durante las Glaciaciones (Períodos Glaciares), Escandinavia estaba cubierta de glaciares y de placas de hielo. Al moverse, éstas trituran y cortan el terreno por donde pasan. Los glaciares buscan los caminos más fáciles para bajar de la montaña, por ejemplo, los valles de los ríos. El hielo hace más hondos esos valles y cuando se derrite, el agua del mar los inunda. Estas ensenadas profundas y estrechas se llaman fiordos. También hay fiordos en Chile y en Alaska.

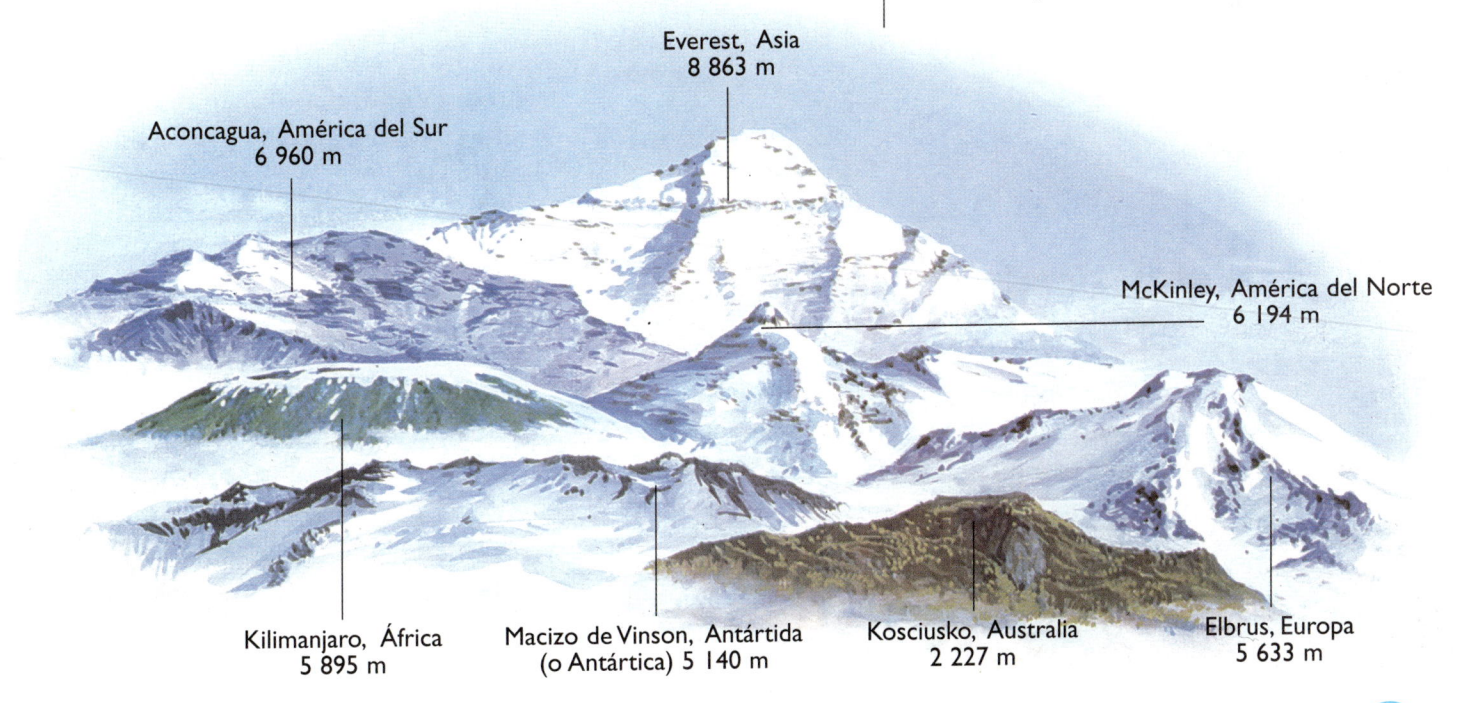

Everest, Asia
8 863 m

Aconcagua, América del Sur
6 960 m

McKinley, América del Norte
6 194 m

Kilimanjaro, África
5 895 m

Macizo de Vinson, Antártida
(o Antártica) 5 140 m

Kosciusko, Australia
2 227 m

Elbrus, Europa
5 633 m

LA TIERRA Y EL ESPACIO
LA ATMÓSFERA Y EL CLIMA

Auroras (luces en el norte y en el sur)

Meteoritos (estrellas fugaces)

Termosfera por encima de 80 km

Mesosfera 48 a 80 km

Estratosfera 16 a 48 km

Troposfera 0 a 16 km

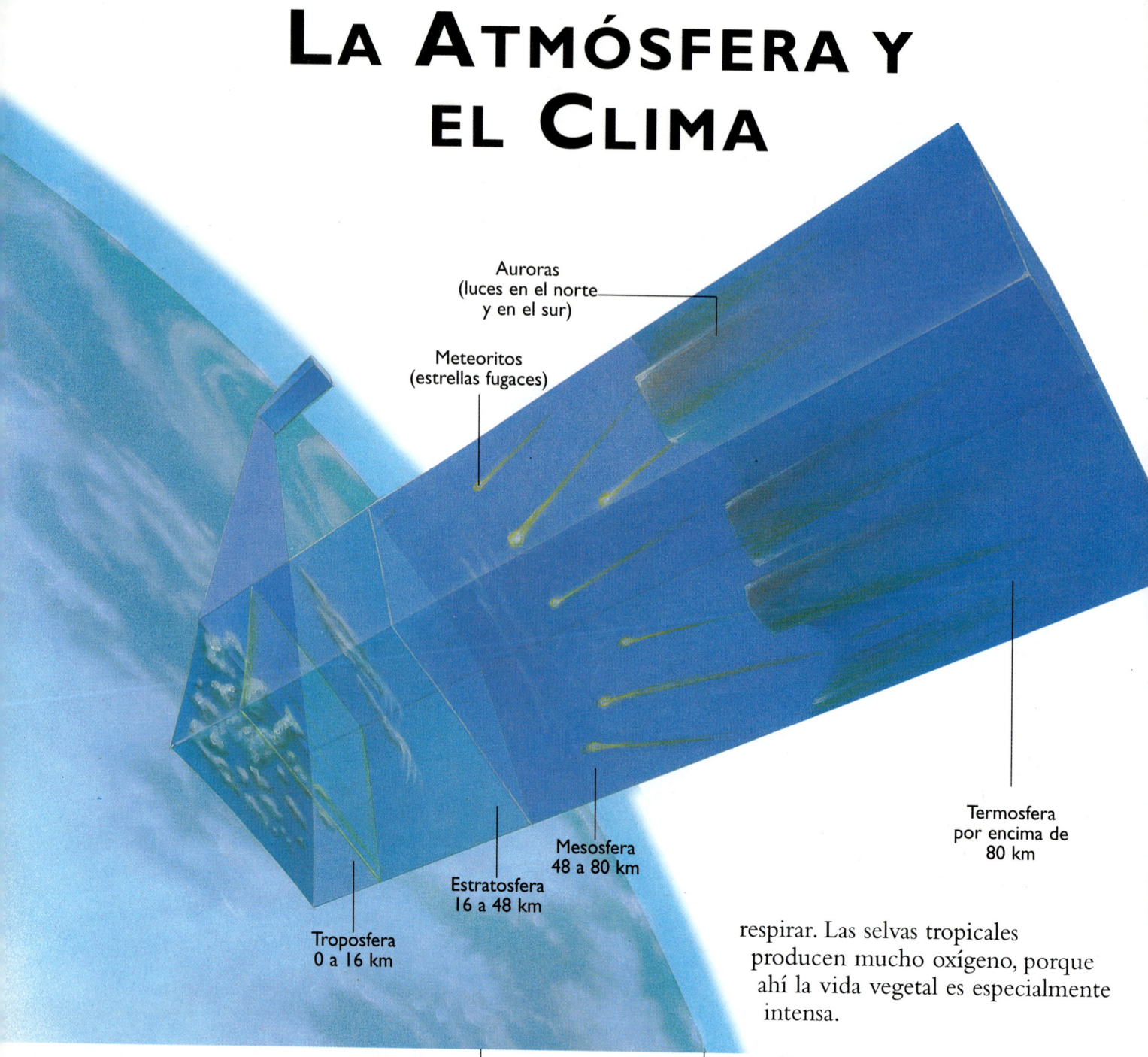

¿Qué es la atmósfera?
La atmósfera es la capa de gases que rodea la Tierra. Esta capa es asombrosamente delgada, pero sin ella no habría vida en el planeta. Cuando la Tierra era joven, la atmósfera estaba compuesta sobre todo de gases venenosos. Las plantas (que producen oxígeno durante la fotosíntesis) crearon una atmósfera que permite la vida animal; sin ellas no habría aire para respirar. Las selvas tropicales producen mucho oxígeno, porque ahí la vida vegetal es especialmente intensa.

▲ **El aire rodea la Tierra como un cascarón transparente, y las capas de la atmósfera nos protegen de muchos rayos peligrosos del Sol.**

¿Dónde está la estratosfera?
La atmósfera tiene cuatro capas: la troposfera es la más baja, con un espesor de 16 km. Encima está la estratosfera, que alcanza unos 48 km de altura: más arriba aún, a unos 80 km, se halla la mesosfera. La capa superior se llama termosfera y tiene dos partes, la ionosfera y la exosfera. Las diferencias de temperatura marcan los límites entre las capas.

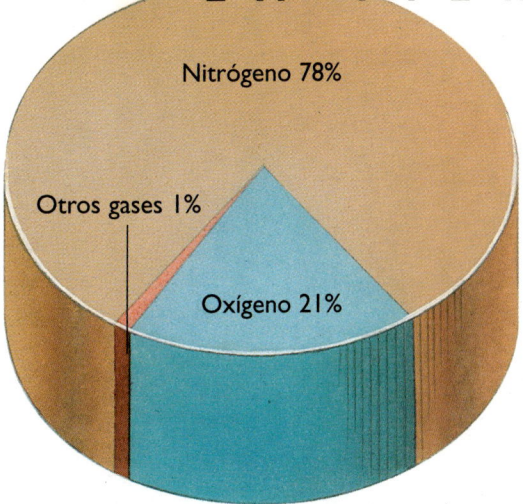

LA TIERRA Y EL ESPACIO

Nitrógeno 78%
Otros gases 1%
Oxígeno 21%

◀ **Nuestro aire está compuesto sobre todo del gas nitrógeno (casi cuatro quintas partes); otra quinta parte del aire es el oxígeno que necesitamos para respirar. El resto lo forman otros gases y vapor de agua.**

¿Qué es el aire?
El aire es una mezcla de gases. Los más abundantes son el nitrógeno (78%) y el oxígeno (21%). El 1% restante está compuesto de vapor de agua y cantidades muy pequeñas de ozono, bióxido de carbono, argón y helio.

¿Por qué el cielo es azul?
La luz que llega a la Tierra desde el Sol parece blanca, pero en realidad es una mezcla de todos los colores del arco iris. Cuando los rayos solares cruzan la atmósfera, algunos se dispersan por las partículas de polvo y agua que hay en el aire. Los rayos azules se dispersan más que cualquier otro color y nos llegan desde todos los ángulos: esto hace que el cielo se vea azul.

¿Por qué los atardeceres son rojos?
Al atardecer, el Sol está en la parte baja del cielo, más alejado de nosotros. Sus rayos tienen que atravesar más capas de aire para llegar a nosotros, esto hace que se dispersen todos los colores de la luz excepto el rojo. Sólo estos rayos llegan directamente a nuestros ojos y por eso vemos el atardecer de ese color.

DATOS SOBRE LA ATMÓSFERA

■ Los fenómenos climáticos suceden en la capa más baja de la atmósfera.

■ Los aviones vuelan por encima de las nubes: ahí el cielo está despejado y el aire es ligero.

■ El aire es más pesado de lo que crees. El aire que hay en una habitación común pesa más de 45 kg, o sea, ¡como 20 sacos de papas!

■ La capa de ozono está en la estratosfera.

■ En la mesosfera, entre 50 y 80 km arriba de nuestras cabezas, hace un frío de hasta -80°C.

■ La capa exterior de la termosfera se llama exosfera. Termina a 8 000 km de altura y es muy caliente, por encima de los 2 200°C.

▶ **"El cielo rojo de noche es delicia de los pastores". Este antiguo verso británico significa que un atardecer rojo y brillante (con pocas nubes) anuncia buen tiempo al día siguiente.**

¿Dónde está la capa de ozono?
El ozono es un tipo de oxígeno que se crea en la atmósfera cuando el oxígeno reacciona por influencia de la luz solar. Casi todo el ozono se forma cerca del ecuador. Los vientos lo mueven por todo el planeta. La capa de ozono es una pantalla invisible que filtra los dañinos rayos ultravioleta del Sol. Los científicos han descubierto agujeros en la capa de ozono arriba de la Antártida (o Antártica) y del Ártico. Se cree que son producidos por los gases dañinos de aerosoles, neveras o refrigeradores y fábricas.

¿Quién subió en un globo aerostático para estudiar el aire?
Antes de que se inventaran los globos aerostáticos, nadie había explorado la atmósfera. El químico francés Joseph Louis Gay-Lussac (1778-1850) realizó vuelos en globo sobre París para estudiar el aire. Descubrió que el aire tiene la misma composición a diferentes alturas, aunque la presión, la temperatura y la humedad cambian conforme se asciende.

25

LA TIERRA Y EL ESPACIO

¿Qué son la aurora boreal* y la aurora austral?

La aurora boreal (o luces del Norte) es un espectáculo hermoso de luces de colores en el cielo, como una gigantesca exhibición de rayos láser. Se puede observar en el Ártico o cerca de éste. La aurora austral (luces del Sur) se ve cerca de la Antártida (o Antártica). Las luces son producidas por partículas eléctricas del Sol que chocan contra la atmósfera y emiten chorros de luz.

¿Por qué la luz del Sol broncea la piel?

La luz solar contiene rayos ultravioleta. Aunque no se ven, son vitales para la salud porque permiten que las células del cuerpo produzcan vitamina D. Sin embargo, dañan la capa superior de la piel. El cuerpo reacciona produciendo un pigmento color marrón (o café) llamado melanina, que oscurece la piel. La capa de ozono funciona como un filtro solar, protegiéndonos de la mayor parte de los rayos ultravioleta.

¿Qué es el clima?

El clima es la temperatura usual de un lugar durante un largo período; puede variar de un día a otro, aunque generalmente permanece estable. La Tierra tiene cinco zonas climáticas principales: polar (fría), bosques fríos (inviernos fríos), templada (inviernos suaves), desértica (seca) y tropical lluviosa (cálida y húmeda).

¿Cómo se forma la lluvia?

El calor del Sol evapora el agua de los océanos, lagos, ríos y plantas; este gas o vapor de agua se queda en el aire. El aire sube cuando se calienta, cuando es impulsado por encima de los montes y también cuando el aire frío (más pesado) lo empuja hacia arriba. Conforme asciende, el aire caliente y húmedo se enfría y el vapor de agua se condensa en gotas que se juntan para formar nubes. Mientras más aire se eleva, más vapor se convierte en agua y las nubes crecen. Cuando las gotas de agua son demasiado grandes para que el aire las soporte, caen en forma de lluvia y el ciclo comienza otra vez.

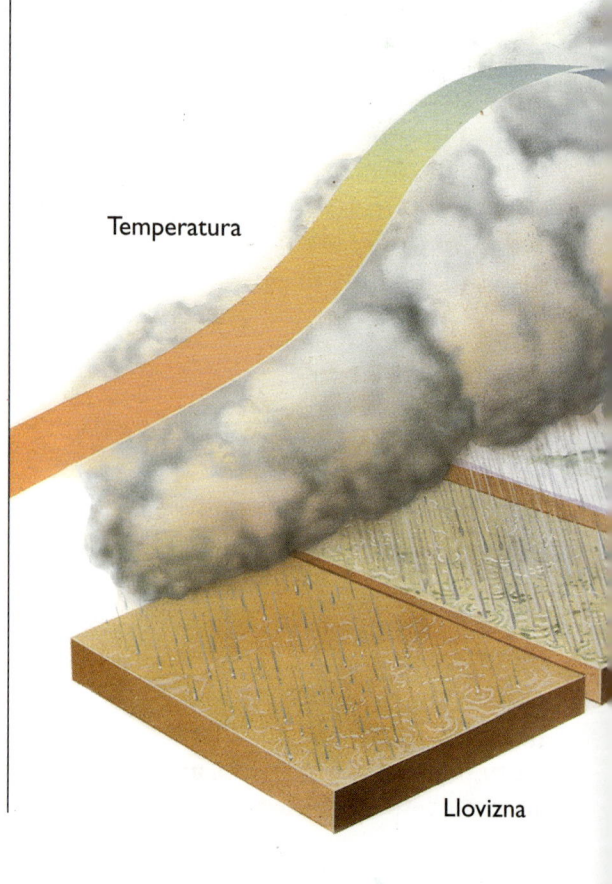

▶ **Las auroras boreales* producen un brillante espectáculo luminoso en el cielo cuando partículas cargadas de energía chocan contra la atmósfera.**

Algunas personas no poseen el pigmento* melanina, que broncea la piel: se llaman albinos y los hay en todas las razas. Su piel y su cabello son muy claros y como el iris de sus ojos no tiene color, se pueden ver sus vasos sanguíneos. Los albinos no pueden lograr un bronceado que los proteja, así que tienen que evitar asolearse.

DATOS SOBRE EL TIEMPO

- El polvo y el humo de incendios forestales pueden hacer que el Sol se vea verde o azul.
- Cada copo de nieve es un cristal único de seis lados, hecho de moléculas congeladas de agua.
- Aún en verano, las nubes tienen hielo. Casi todo el hielo se derrite al caer, salvo en las raras granizadas veraniegas.
- Uno de los sitios más húmedos del mundo es Cherrapunji, en la India, donde caen casi 11 000 mm de lluvia al año.
- El polo Sur es el sitio más seco: recibe apenas 40 mm de lluvia al año. Algunas regiones de Chile y Argentina reciben entre 0 y 250 mm.

Temperatura

Llovizna

26

LA TIERRA Y EL ESPACIO

¿Cuáles son las nubes más altas?

Entre las nubes más altas están las llamadas cirros, cirroestratos y cirrocúmulos; están formadas principalmente de cristales de hielo. Los cirros son poco densos y pueden formarse a una altura hasta de 10 000 m. Las raras nubes de color nacarado pueden formarse a 20 000 m de altura.

¿Por qué hay monzones en algunos lugares?

El monzón es un viento que en el verano sopla del mar a la tierra, y en invierno, de la tierra al mar. En las regiones cálidas cercanas al ecuador el aire se calienta durante el verano y sube. El aire fresco y húmedo del océano se mueve tierra adentro para sustituir al aire caliente que sube; a menudo esto produce lluvias torrenciales. En la India, los monzones duran tres o cuatro meses y causan lluvias en el verano. En invierno llueve mucho menos.

Lluvia de noviembre a abril
Vientos de enero (invierno)

Lluvia de junio a octubre
Vientos de julio (verano)

Milímetros de lluvia
Más de 1 800
1 000–1 800
500–1 000
250–500
120–250
25–120
Menos de 25

▲ El subcontinente indio recibe vientos cargados de lluvia del Océano Índico durante la estación de los monzones; en invierno, los vientos soplan en la dirección contraria.

¿Sabes que pueden llover ranas y peces? A veces, son arrastrados de sus estanques por vientos muy fuertes y luego caen con la lluvia.

¿Cómo se forma el arco iris?

La luz del Sol es una mezcla de colores. Cuando los rayos solares atraviesan las gotas de lluvia que caen, estas gotas doblan y dispersan la luz en todos sus colores como pequeños espejos o prismas de vidrio. Puedes ver el arco iris cuando el Sol está detrás de ti y la lluvia enfrente. En un día soleado, haz tu propio arco iris con el agua de una regadera o manguera.

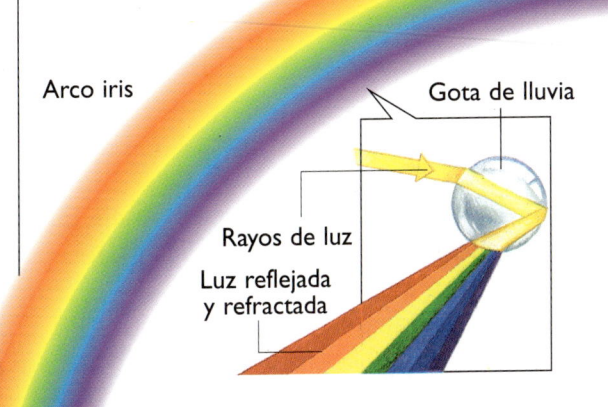

▶ El arco iris se forma cuando la luz del Sol cae sobre una pantalla de gotas de agua. Los rayos de luz se refractan, se reflejan y se vuelven a refractar conforme chocan con cada gota.

Nieve húmeda
Nieve seca
Aguanieve
Lluvia

◀ Dependiendo de la temperatura del aire y de la tierra, el agua puede caer como llovizna, lluvia, aguanieve (mezcla de nieve y lluvia) o nieve.

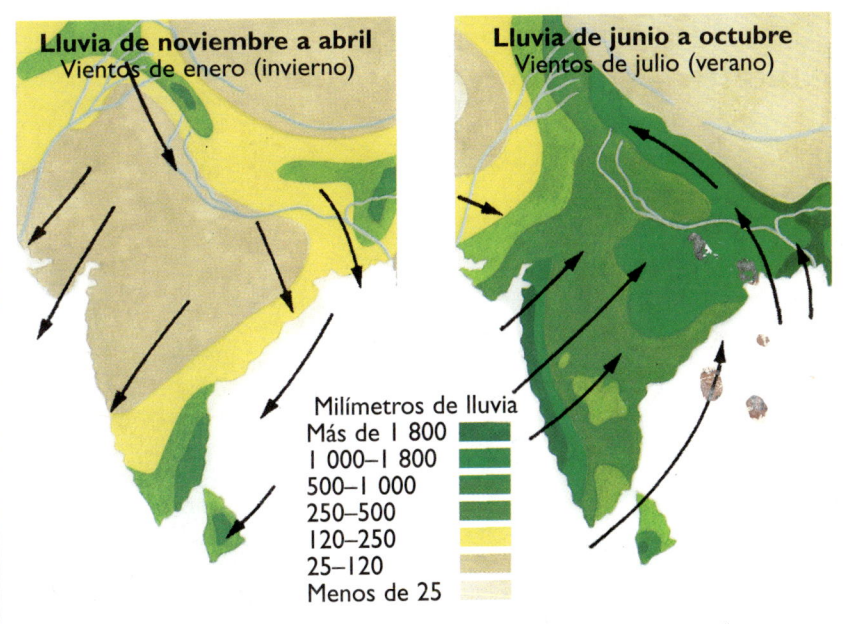

Arco iris
Gota de lluvia
Rayos de luz
Luz reflejada y refractada

LA TIERRA Y EL ESPACIO

¿Dónde está el lugar más caliente de la Tierra?

Las regiones más calientes están cerca del ecuador, donde los rayos del Sol son más fuertes. En 1922 se registró una temperatura de 58°C en el desierto de Libia, al norte de África. Otro lugar muy caliente es el Valle de la Muerte en California, Estados Unidos, donde en 1913 se registró una temperatura de 56.7°C.

¿Dónde hace más frío, en el polo Norte o en el polo Sur?

El polo Sur se enfría más que el polo Norte. El sitio más frío de la Tierra está en la base de Vostok, en la Antártida (o Antártica), cerca del polo Sur. En julio de 1983, la temperatura descendió a –89.2°C.

¿Qué es la escarcha?

La capa de hielo blanco que cubre el suelo en las mañanas frías se debe a la humedad del aire. En las noches frías, el vapor de agua que está en el aire se congela al tocar el terreno frío, y una capa delgada de cristales de hielo forma la escarcha.

¿Qué produce los relámpagos?

Un relámpago es una enorme chispa eléctrica. Durante una tormenta se acumulan cargas eléctricas muy grandes dentro de las nubes y en la tierra. Esas cargas van creciendo hasta que un relámpago se dispara en el aire entre ellas. El relámpago puede ir de una nube a la tierra o producirse entre dos nubes.

El relámpago es una secuencia de destellos: el primero zigzaguea* hacia el suelo y después salta desde abajo. Luego pueden seguir otros rápidos destellos.

DATOS SOBRE EL TIEMPO

- Las nubes de truenos más elevadas están a 16 km de altura, casi el doble de la altura del Monte Everest.
- No es fácil pronosticar el tiempo. ¡Una pequeña variación del aire en el Ártico puede producir un huracán en el trópico!
- La fuerza del viento se mide con la escala de Beaufort, inventada en 1806 por un almirante inglés. Según esta escala, el 0 corresponde al tiempo sereno y el 12, a un huracán.
- El aire cálido y seco que desciende por la ladera de una montaña puede elevar la temperatura repentinamente. Esos vientos se denominan chinooks.

Durante una tormenta, nunca te refugies bajo un árbol porque podría caerle un rayo. Estás más seguro bajo un techo.

¿Qué es un trueno?

Antes se creía que el ruido de los truenos significaba la ira de los dioses. En realidad, un trueno es el ruido que hace el aire al expandirse por el calor de una centella o de un relámpago. Vemos los relámpagos casi al mismo tiempo que suceden, pero el sonido del trueno viaja más lentamente y lo escuchamos un poco después.

Cuanto más cerca estés de la tormenta, más cercanos entre sí te parecerán el relámpago y el trueno. Cuenta los segundos que hay entre ambos, divide ese número entre tres y sabrás aproximadamente a cuántos kilómetros de distancia está la tormenta.

¿Por qué soplan los vientos?

Cuando el Sol calienta al aire se producen los vientos. El aire caliente se expande y es más ligero que el aire frío; al ser más ligero se eleva y el aire frío ocupa su lugar. El calor del Sol es más fuerte en el ecuador: ahí el aire caliente sube y al subir se enfría y se desplaza. Otro aire más fresco se coloca debajo y así se forman los vientos del mundo. El viento avanza a velocidades distintas: un viento lento es una brisa y un viento rápido es un ventarrón, tan fuerte que puede dañar casas.

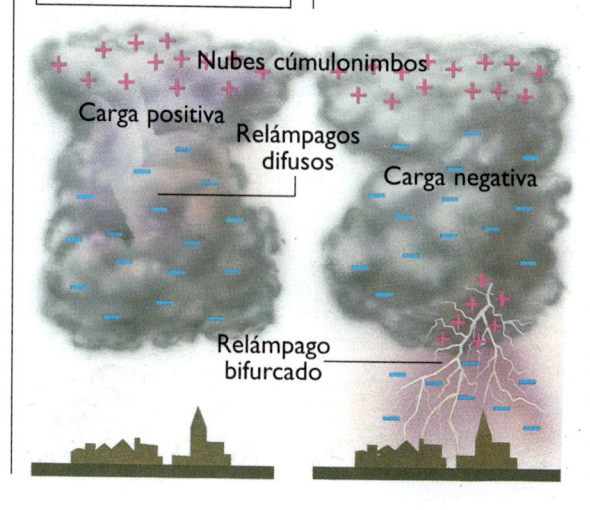

◀ Las cargas eléctricas positivas se acumulan en la parte superior de las nubes; las cargas negativas, en la inferior. Los relámpagos difusos se descargan en el interior de las nubes o entre ellas. Los relámpagos ramificados se dirigen a la tierra.

Nubes cúmulonimbos
Carga positiva
Relámpagos difusos
Carga negativa
Relámpago bifurcado

LA TIERRA Y EL ESPACIO

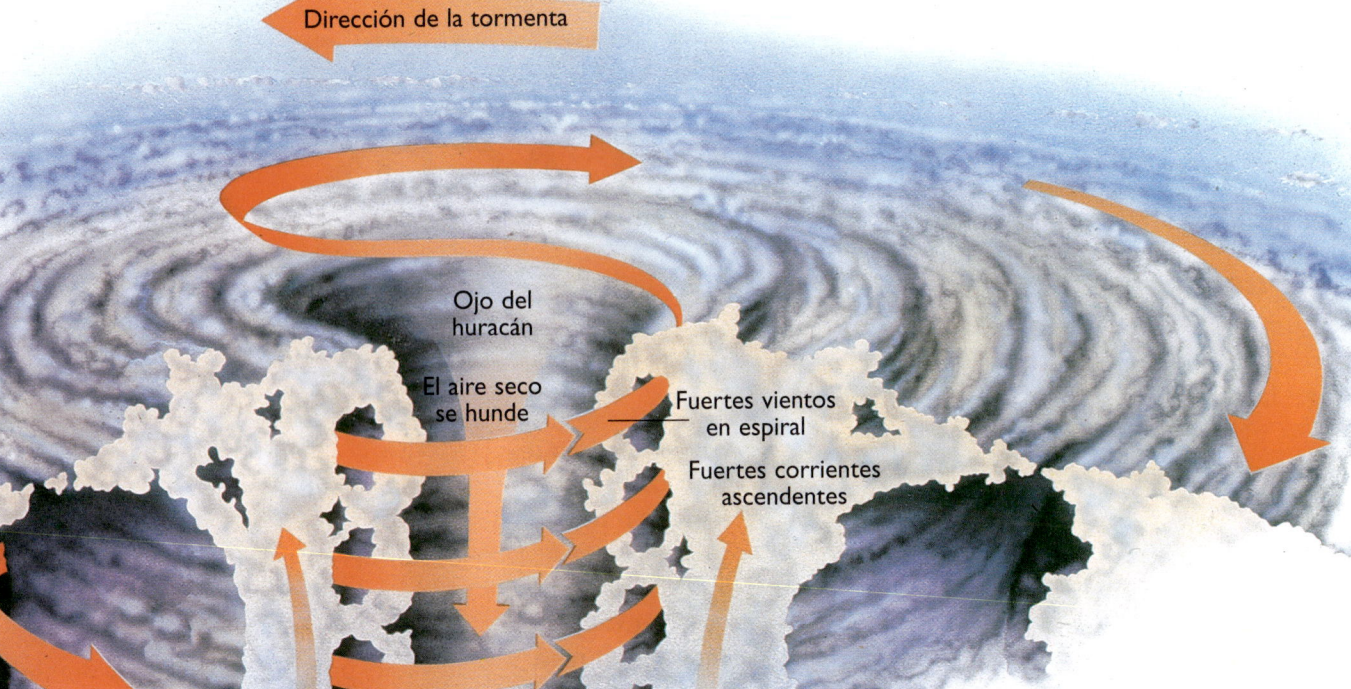

Dirección de la tormenta

Ojo del huracán
El aire seco se hunde
Fuertes vientos en espiral
Fuertes corrientes ascendentes
Aire caliente y húmedo
Baja presión en el centro
Vientos que soplan hacia adentro
Dirección predominante del viento
Mar cálido
Lluvia

◀ En el ojo del huracán, el viento es suave y el cielo está claro. Sin embargo, vientos fuertes y rápidos giran alrededor del ojo. El huracán gira como un trompo sobre el mar.

¿Por qué los huracanes comienzan en el mar?

Un huracán es una violenta tormenta tropical, en la que el viento gira muy rápido en espiral. Se forma en el mar cerca del ecuador, donde el aire es muy caliente y húmedo. Ese aire caliente sube con rapidez; el aire más fresco se coloca debajo del caliente y comienza a moverse como un trompo gigantesco. Los huracanes se forman en el Océano Atlántico. En el Océano Pacífico las tormentas similares se llaman tifones y en el Océano Índico se denominan ciclones. El diámetro de los huracanes suele ser de unos 650 km; en ellos, el viento viaja hasta 200 km/h. Los huracanes se dan con mayor frecuencia a fines del verano y en el otoño.

▼ Los tornados pueden causar enormes daños al avanzar girando por el campo.

¿Qué es un tornado?

Un tornado es un torbellino parecido a un huracán. Se forma en la tierra cuando enormes masas de nubes se encuentran y comienzan a girar en círculo; al unirse, forman un enorme embudo. La punta del embudo desciende hasta el suelo, donde absorbe todo lo que encuentra a su paso. Los tornados del centro de los Estados Unidos se desplazan a 50 km/h y se pueden oír a 40 km de distancia.

29

LA TIERRA Y EL ESPACIO
LOS OCÉANOS, LOS RÍOS Y LOS LAGOS

¿Qué es una corriente?

Una corriente es un flujo de agua que se mueve a través del océano; las hay en la superficie y en las profundidades. Las grandes corrientes de la superficie llevan agua caliente del ecuador. El agua se enfría y se mezcla con agua más fría mientras se aleja del calor de la región ecuatorial; cuando la corriente vuelve de nuevo al ecuador, su agua es muy fría. Las corrientes submarinas son causadas por las mareas. Los vientos producen las enormes corrientes que circulan en los océanos siguiendo patrones constantes. La Corriente del Golfo es de agua caliente: nace en el Golfo de México y viaja al noreste, hacia Europa.

▼ Los vientos mueven las corrientes marinas en patrones constantes. Cerca del ecuador, las corrientes principales fluyen hacia el oeste, y cerca de los polos, corren hacia el este.

➡ Agua caliente

➡ Agua fría

¿Qué tan grandes pueden ser las olas?

Cada ola está formada por partículas de agua que se mueven en círculo. El viento la empuja hacia arriba y se forma la cresta*; luego la gravedad tira de ella hacia abajo para hundirla. Ese movimiento ascendente y descendente de las olas se ha utilizado para generar energía. En una tormenta, las olas llevadas por fuertes vientos pueden elevarse 12 m o más en mar abierto. La ola más alta, vista y registrada desde un barco durante un huracán en 1933, medía 34 m de altura. La ola más alta medida con instrumentos fue de 26.2 m en el año 1872 en el Atlántico Norte. Es raro ver olas tan grandes.

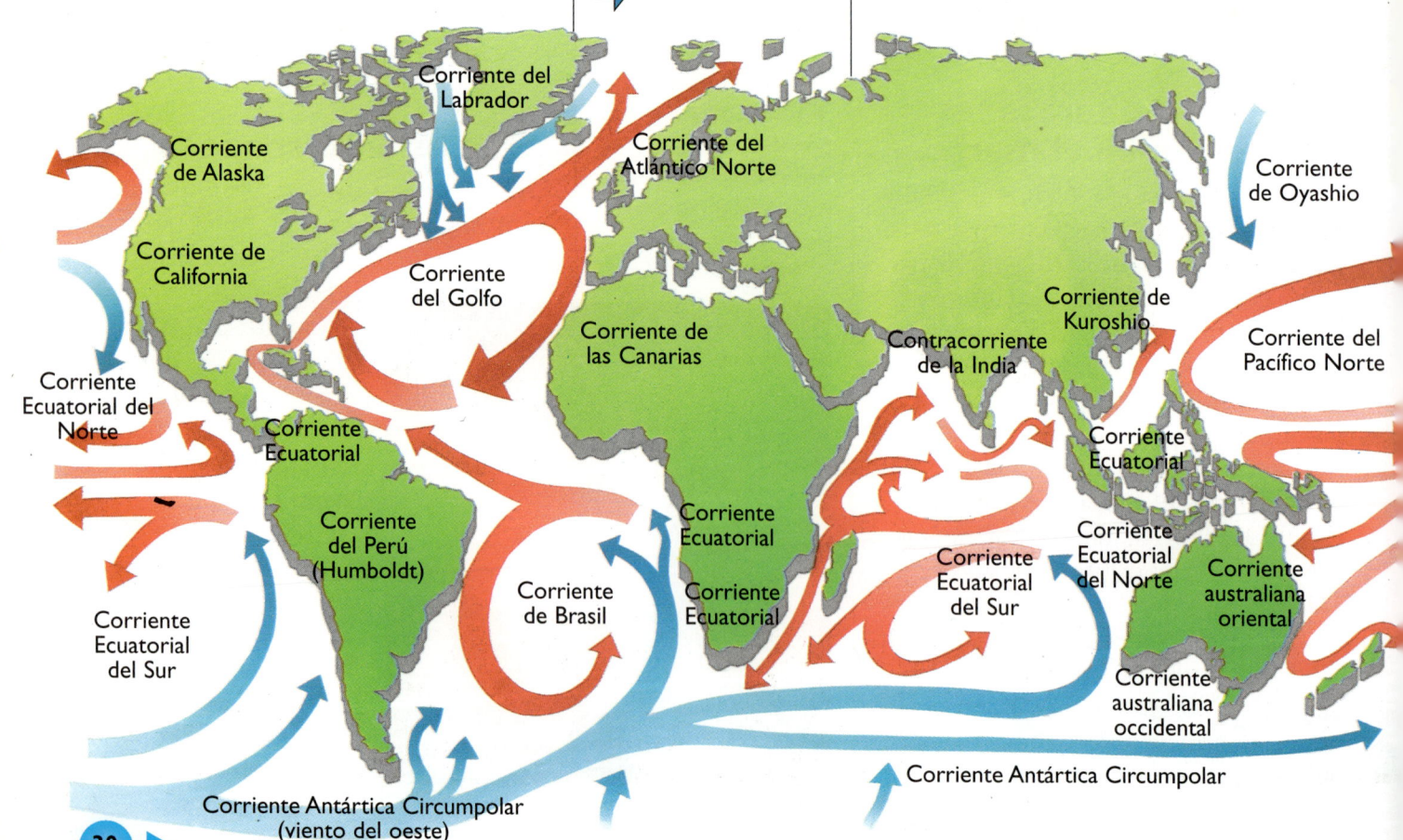

- Corriente del Labrador
- Corriente del Atlántico Norte
- Corriente de Oyashio
- Corriente de Alaska
- Corriente de California
- Corriente del Golfo
- Corriente de Kuroshio
- Corriente del Pacífico Norte
- Corriente de las Canarias
- Contracorriente de la India
- Corriente Ecuatorial del Norte
- Corriente Ecuatorial
- Corriente Ecuatorial
- Corriente del Perú (Humboldt)
- Corriente Ecuatorial
- Corriente Ecuatorial del Norte
- Corriente Ecuatorial del Sur
- Corriente australiana oriental
- Corriente de Brasil
- Corriente Ecuatorial
- Corriente Ecuatorial del Sur
- Corriente australiana occidental
- Corriente Ecuatorial del Sur
- Corriente Antártica Circumpolar (viento del oeste)
- Corriente Antártica Circumpolar

LA TIERRA Y EL ESPACIO

¿Por qué el agua de mar es salada?

El agua de mar es salada por los minerales que llegan a ella desde la tierra; en su trayecto, los ríos disuelven los minerales de las rocas y los arrastran hasta el mar. El mineral que más abunda en el agua de mar es el cloruro de sodio (sal común).

¿Por qué las mareas suben y bajan?

Las mareas suben (pleamar) y bajan (bajamar) aproximadamente dos veces cada 24 horas. Las mareas son causadas por la gravedad del Sol y de la Luna, que atraen hacia sí los océanos terrestres. También atraen a la Tierra, pero el agua se mueve más fácilmente y forma una ola gigantesca. Conforme la Tierra gira, la ola viaja de un lado a otro y causa las mareas.

Lejos de la costa, casi todo el fondo del océano desciende hasta unos 4 km, ¡como la altura de una montaña alta!

▼ El suelo marino tiene valles (zanjas), montañas y volcanes. La plataforma continental desciende poco a poco.

¿Dónde está el lugar más profundo de los océanos?

El punto más hondo del mar es el fondo de una zanja, la Fosa de las Marianas, en el Pacífico. Sus medidas han variado de 11 034 m a 10 916 m debajo de la superficie.

¿Dónde está la plataforma continental?

Casi en ningún lugar, la tierra se acaba de pronto en la costa. Va descendiendo poco a poco por debajo del mar, hasta una profundidad de cerca de 180 m. Este suelo submarino se llama plataforma continental; donde termina la plataforma comienza el talud continental, que es más empinado y conduce a lo más profundo del suelo oceánico: el abismo.

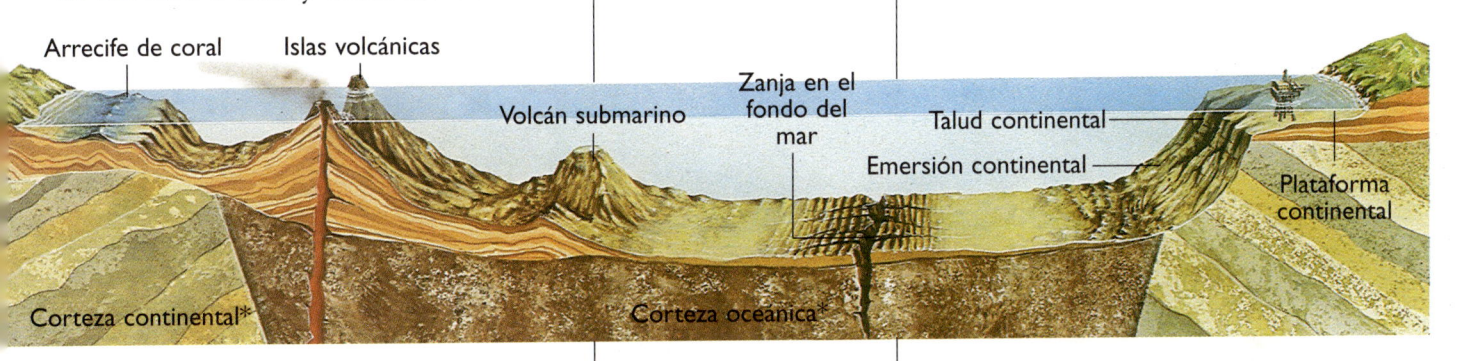

Arrecife de coral   Islas volcánicas   Volcán submarino   Zanja en el fondo del mar   Talud continental   Emersión continental   Plataforma continental

Corteza continental*   Corteza oceánica*

¿Cuál es el océano más grande?

Los tres océanos mayores son el Pacífico, el Atlántico y el Índico. El Océano Pacífico es, sin duda, el más grande de la Tierra: cubre más de 166 millones de km².

Océano Pacífico 166 242 500 km²
Océano Atlántico 106 000 000 km²
Océano Índico 73 500 000 km²
Océano Glacial Antártico 32 248 000 km²
Océano Ártico 14 350 000 km²

▼ Comparación de los cinco océanos del mundo: el Pacífico es, sin duda, el más grande.

¿Cómo es el fondo del océano?

Las profundas cuencas del fondo oceánico son de una roca pesada llamada basalto. Capas de lodo recubren las profundas zanjas del océano y nivelan el suelo del fondo del mar. En algunos lugares tienen cientos de metros de profundidad. Algunas capas lodosas, llamadas légamos, contienen restos de plantas y animales muertos. Debajo de los océanos también hay grandes cordilleras. Muchas montañas submarinas son volcanes, cuyas cimas forman islas en la superficie.

LA TIERRA Y EL ESPACIO

¿Cómo puede hacerse potable el agua de mar?

El agua de mar es unas siete veces más salada que el agua potable. Si alguien bebiera sólo agua de mar, moriría: su cuerpo se secaría al tratar de eliminar la sal. Se han probado muchos procesos distintos para quitarle la sal al agua marina. El más sencillo es destilarla; esto se logra hirviendo el agua de mar en un recipiente, y conduciendo el vapor a una botella fría. La sal se queda en el recipiente y el agua dulce se condensa en la botella. Grandes plantas destiladoras eliminan la sal del agua de mar y producen agua potable, pero su funcionamiento es muy costoso y producen cantidades relativamente pequeñas de agua dulce.

DATOS SOBRE EL AGUA

- En 1960, el batiscafo Trieste se sumergió en la parte más profunda del Océano Pacífico, la Fosa de las Marianas, a unos 11 000 m de profundidad.
- El río más largo es el Nilo, en África, tiene 6 670 km de longitud.
- El segundo río más largo es el Amazonas, en América del Sur, con 6 448 km de longitud.
- El delta más grande del mundo está formado por los ríos Ganges y Brahmaputra. Mide 480 km de largo y 160 km de ancho.
- El Río Amazonas arroja tanta agua dulce al mar que a 180 km de las costas, mar adentro, aún se puede percibir.

¿Qué es un delta?

Los deltas se forman cuando el río llega al mar. El río comienza a fluir con mayor lentitud y deposita lodo, arena y hasta rocas grandes, que al acumularse forman un nuevo suelo. El delta tiene forma de triángulo y su nombre viene de la letra Δ (delta) del alfabeto griego.

¿Cómo se forman los cañones?

Un cañón es un valle profundo ahuecado por un río. Un cañón estrecho con laderas rocosas empinadas se llama barranco o desfiladero. El cañón más grande del mundo es el Gran Cañón de Arizona, Estados Unidos.

¿Cuál es el río más largo?

El Río Nilo en África y el Amazonas en América del Sur compiten por el título del río más largo del mundo. Casi todas las mediciones establecen que el Nilo es el más largo (ver recuadro).

◀ El curso de un río pasa por distintas etapas, desde el manantial hasta la desembocadura.

¿Dónde nace un río?

El agua de los ríos viene de la lluvia, de los lagos y manantiales, y del hielo y la nieve al derretirse. Los ríos comienzan como arroyos pequeños. Donde nacen se llama manantial y suele estar en una montaña. Todos los ríos comienzan en un territorio elevado y fluyen hacia abajo, atraídos por la gravedad de la Tierra.

Glaciar
Agua de deshielo
Salto de agua
Rápidos
Arroyo
Río
Corriente tributaria
Recodo del río
Meandro
Terreno aluvial
Estuario
Desembocadura

32

LA TIERRA Y EL ESPACIO

¿Cómo se forman los pantanos?

Cuando un río avanza lentamente pasando por tierras bajas puede formar un pantano. Los pantanos tienen más plantas leñosas que las marismas. Cerca del mar, el agua salada y el agua dulce a menudo se mezclan en los pantanos, que siempre están inundados. Las marismas sólo están cubiertas de agua parte del tiempo a causa de la marea que entra a ellas.

— Turba

¿Dónde está la cascada más alta?

Las cascadas se encuentran en la parte más alta del curso de un río, donde éste corre sobre roca dura. Esta piedra se desgasta más lentamente que la roca suave que hay río abajo, y forma un "escalón" que poco a poco se hace más profundo. El agua cae por ese escalón y se forma un salto de agua. En las Cataratas del Ángel, en el río Churún, Venezuela, el agua cae 807 m de golpe: son las más altas del mundo. Si se suman todas sus secciones, la altura total de la caída del agua es de 979 m.

DATOS SOBRE LOS LAGOS

- Los Grandes Lagos de América del Norte se formaron por movimientos de la corteza terrestre*.
- El lago Baikal, en Rusia, es el más profundo. En su punto más hondo tiene casi 2 km de profundidad.
- El lago Victoria es el más grande de África y el tercero más grande del mundo.
- El lago subterráneo más grande del mundo se descubrió en una caverna en Namibia, África, en 1986. Tiene una superficie de 25 100 km².
- El lago más grande de América del Sur es el Maracaibo, en Venezuela. Tiene una superficie de 13 300 km² y es una de las zonas más ricas del mundo en petróleo.

◀ Cuando caen hojas en un lago poco profundo forman una capa de lodo en el fondo. Este lodo se hace más grueso y así se crea una ciénaga* o pantano.

¿Cómo se forman los lagos?

Casi todos los lagos están en lugares donde alguna vez hubo glaciares. El glaciar cava profundos valles conforme avanza. Al derretirse el hielo, la tierra y las rocas que arrastró se depositan y forman una barrera; el agua del glaciar derretido llena el valle y forma el lago. Otros lagos se forman en los cráteres de volcanes extintos o en lugares por donde pasaban ríos.

¿Dónde están los Grandes Lagos?

Los Grandes Lagos de América del Norte forman el mayor grupo de lagos de agua dulce del mundo. El Lago Superior es el más grande, con una extensión de 82 000 km². Los otros Grandes Lagos son el Hurón, el Michigan, el Erie y el Ontario.

¿Cuál es el lago más grande del mundo?

El Mar Caspio, en los límites entre Rusia, Azerbaiyán, Turkmenistán, Kazajstán e Irán, es el lago más grande del mundo. Su superficie es de alrededor de 372 000 km² (aunque se sabe que se está reduciendo); mide 1 200 km de longitud. Su agua es salada, por eso se le considera un mar más que un lago. Un canal lo conecta con el Mar Negro.

◀ Las Cataratas del Ángel fueron descubiertas en 1935 por el piloto estadounidense Jimmy Angel.

33

LA TIERRA Y EL ESPACIO
EL MEDIO AMBIENTE Y LOS RECURSOS NATURALES

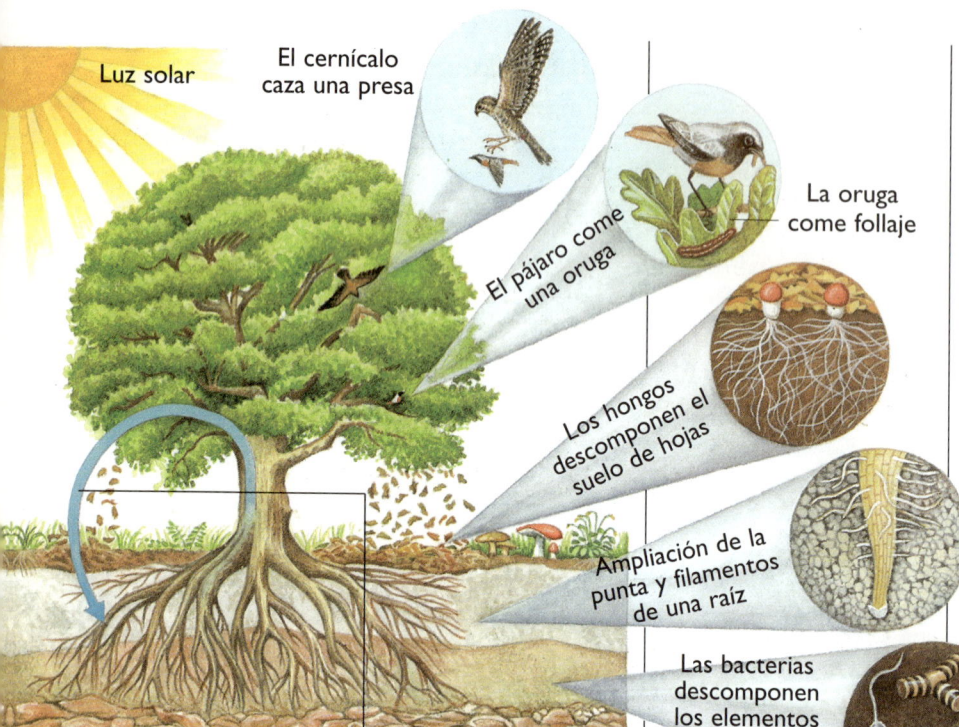

Luz solar

El cernícalo caza una presa

El pájaro come una oruga

La oruga come follaje

Los hongos descomponen el suelo de hojas

Ampliación de la punta y filamentos de una raíz

Las bacterias descomponen los elementos nutritivos

Las hojas que caen se descomponen y sus elementos nutritivos penetran en el suelo

◀ La energía solar es aprovechada por las plantas y pasa a los animales cuando se alimentan de ellas. Las bacterias y las plantas absorben la energía de los animales muertos.

¿Por qué son importantes las especies animales y vegetales?

La pérdida de una especie animal o vegetal es una tragedia; cuando ha desaparecido, no hay forma de recuperarla. Todas las especies almacenan recursos genéticos importantes. Por ejemplo, las medicinas elaboradas con pervinca rosada, una planta de los bosques de Madagascar, se utilizan para el tratamiento de niños con leucemia (una forma de cáncer). Si esta planta se hubiera extinguido, su importancia no se conocería. Los científicos temen que en el año 2050 la mitad de las especies animales y vegetales estén extintas.

¿Hay equilibrio en la naturaleza?

Las plantas y los animales se necesitan unos a otros en distintas formas, todos dependen de su medio ambiente. Esto se llama "equilibrio natural" y es muy delicado porque en él participan muchos seres vivos. Alterar una parte de su estructura, por ejemplo, por la caza excesiva de un animal, o por introducir otra especie animal, puede perturbar este equilibrio. Al grupo de seres vivos (plantas y animales) que viven juntos en un lugar específico se le llama ecosistema.

▼ Todas estas especies corren peligro de extinción. El tilacino, un marsupial de Tasmania, tal vez ya haya desaparecido.

Cóndor de California

Caimán del Mississippi o aligátor

Venado de las pampas

Raflesia

Ave calva de las rocas

Tilacino

Águila devoradora de simios

Orquídea

34

LA TIERRA Y EL ESPACIO

Peñascal o pedregal · Viento · Viento · Lluvia · Terreno polvoso · Glaciar · Lago · Río · Cavernas · Mar

¿Qué medio ambiente es más rico?

Hay lugares donde existe mayor riqueza natural. Las selvas tropicales poseen el mayor número de especies. Un bosque de 10 km² de superficie puede alojar más de 2 000 especies de vegetales, 400 tipos de aves, 150 de mariposas, 100 de reptiles y 60 de anfibios. ¡Hay tantos insectos que nadie puede contarlos!

¿Cuál fue el primer parque nacional?

Los parques y bosques de caza reservados para los reyes fueron formas antiguas de reservas naturales. Los animales estaban protegidos (salvo de los propios reyes) y la gente no podía entrar. El primer parque nacional verdadero se creó tanto para proteger la naturaleza y la vida salvaje, como para disfrute del público: fue el Parque Nacional de Yellowstone en Wyoming, Estados Unidos, fundado en 1872.

¿Podría haber vida sin los suelos?

Gran parte de la superficie del planeta está cubierta de tierra. La vida, como la conocemos, depende de ella. Los suelos son una mezcla de minerales y partículas orgánicas (vivas), materia vegetal y animal muerta, aire y agua. La mayor parte de las plantas crecen en los suelos, de donde toman su alimento. A su vez los animales se comen las plantas.

▲ **El viento y el agua son potentes fuerzas de erosión. Los ríos y glaciares arrastran rocas y tierra desde las zonas más altas, depositándolas en las partes bajas.**

DATOS SOBRE LOS PARQUES NACIONALES

■ En 1576, el gobierno holandés apartó una reserva boscosa. Fue el primer parque natural del mundo.

■ Los grandes parques nacionales de África incluyen el Tsavo (en Kenya), el Serengeti (Tanzania) y el Kruger (Sudáfrica).

■ El primer parque nacional de la India fue el Corbett, donde actualmente protegen a los tigres.

■ En 1909, Suecia creó el primer parque nacional de Europa.

¡Prohibido el paso!

Posiblemente los parques naturales se estén volviendo demasiado populares. Si los visita demasiada gente, la vida salvaje que ahí habita puede ponerse en riesgo.

¿Qué es la erosión?

Fenómenos naturales como la erosión y el desgaste afectan a la roca y el suelo. La lluvia puede arrastrar la fértil capa superior del suelo y los vientos pueden llevarse los suelos dejando desnudas las rocas, donde las plantas no pueden crecer. Esto se llama erosión, y puede hacer que se formen nuevos desiertos. El calentamiento y enfriamiento alternado de las rocas puede fracturarlas en piezas pequeñas que la lluvia y los ríos arrastran; aun las montañas, al paso de millones de años, se desgastan. El agua de la lluvia también puede reaccionar con los materiales y disolver la roca. Esta corrosión se llama desgaste.

¿Qué mantiene fértiles los suelos?

Un suelo fértil es rico en humus, que es una materia orgánica fina formada de microbios o bacterias que están en el suelo y descomponen las plantas muertas y los desechos animales. Los microbios de los suelos funcionan mejor donde hay calor y ventilación, donde abunda el manto de hojas o pasto. Un suelo fértil necesita cantidades adecuadas de minerales y agua. La vegetación contribuye a que la tierra se conserve fértil. Si los campos arados se quedan sin cultivar durante la estación seca, el suelo se hace polvoso y los vientos pueden levantarlo. Los árboles y setos protegen los suelos de la erosión del viento.

35

LA TIERRA Y EL ESPACIO

¿Por qué la contaminación es un problema?

Los seres humanos siempre han contaminado su medio ambiente (por ejemplo, con basura o humo). El problema actual es que contaminamos y echamos a perder nuestro mundo de muchas maneras: echamos gases y humo al aire, envenenamos el agua, dañamos los suelos con sustancias químicas, tiramos basura, cubrimos los campos de concreto y hacemos mucho ruido. La contaminación puede enfermar a las personas y matar la vida salvaje.

¿Qué es el esmog?

Es una mezcla de elementos contaminantes que forma una especie de niebla sobre las ciudades. El esmog aumenta donde hay muchos automóviles o fábricas cercanas al centro de la ciudad, porque emiten sustancias químicas y humo. Entre las ciudades con mucho esmog están Los Ángeles, la Ciudad de México, Atenas, Pekín, Teherán y Lagos. Se cree que respirar aire con esmog es tan dañino como fumar 40 cigarrillos diarios.

¿Cómo empezó a calentarse la Tierra?

Antiguamente, el clima de la Tierra se calentaba y se enfriaba a lo largo de millones de años. Sin embargo, desde hace algunos siglos el hombre ha acelerado el cambio del clima. Con la Revolución Industrial, iniciada en el siglo XVIII, aparecieron fábricas, ferrocarriles, automóviles y ciudades que crecen rápidamente. Los combustibles que usan las fábricas, hogares y vehículos arrojan bióxido de carbono y otros gases a la atmósfera. Este cambio, surgido con la Revolución Industrial, está calentando la Tierra y alterando su clima.

▶ **Las fábricas y las centrales eléctricas emiten gases de desecho. Las sustancias químicas de esos gases hacen que la lluvia sea más ácida.**

Gases de desecho de la industria

Los gases reaccionan con las nubes

Lluvia ácida

Bosques y lagos dañados por la lluvia ácida

Gases de desecho y vapor

Si la Tierra se calentara demasiado, parte del hielo de los polos podría derretirse. Los mares se elevarían e inundarían muchas ciudades de las costas bajas.

¿Por qué hay lluvia ácida?

Toda la lluvia es ligeramente ácida, pero esta acidez se ha incrementado. Las fábricas y los combustibles que se usan en las centrales eléctricas aumentan la cantidad de sustancias químicas en el aire. La lluvia ácida puede caer lejos de donde se originó y dañar el medio ambiente. La acción química de sus ácidos puede matar a los árboles, impedir que los peces vivan en los lagos y erosionar los edificios.

▶ **Vista de Los Ángeles (EU) en un día con mucho esmog. El esmog es una niebla oscura y sulfurosa que contiene polvo y partículas de carbón. Contamina la atmósfera de muchas ciudades industriales.**

LA TIERRA Y EL ESPACIO

¿Adónde va la basura?

La mayor parte de la basura que tiramos se vacía en hoyos cavados en la tierra o se tira al mar. En algunos países se quema en incineradores. Sólo una muy pequeña parte se recicla o se procesa para que los materiales que contiene (papel, vidrio, metal y plásticos, por ejemplo) puedan volver a usarse.

¿Qué es reciclar?

Reciclar significa usar de nuevo materiales como papel, latas de metal y frascos de vidrio. Es bueno hacerlo. Guardar periódicos viejos no protege a los árboles vivos, pero sí permite ahorrar energía. Así como los productores de cereales cultivan trigo, la industria papelera cultiva árboles para producir papel. La producción de papel reciclado utiliza sólo una tercera parte del agua y la mitad de la energía que se usa para hacer papel de madera nueva. En cambio, el papel que tiramos en los basureros se descompone lentamente y emite gas metano, que contribuye al calentamiento del planeta.

Se quema en un incinerador
El gas metano se usa para producir energía eléctrica
Se entierra
Se usa como abono
Se recicla para fabricar nuevos productos

▲ **Eliminación de la basura. Al descomponerse, los desechos emiten gas metano, que puede ser útil para producir electricidad. Los desechos producidos en la cocina y el jardín se pueden aprovechar como abono. Otros materiales se pueden reciclar.**

¿Cómo se forma una mancha de petróleo?

Los tanques de los buques que transportan petróleo son lavados antes de llenarlos de nuevo. Al accidentarse, un buque petrolero puede causar un enorme derrame o mancha de petróleo. Si este derrame llega a las playas, las ensucia y mata aves marinas, peces y otros animales. Los detergentes y las sustancias químicas empleados en limpiar las playas pueden resultar tan dañinos como el petróleo mismo.

¿Los volcanes pueden alterar el clima?

El humo y las cenizas arrojadas por un volcán se van a la atmósfera y forman nubes que pueden cubrir el Sol, haciendo que la Tierra se enfríe. Esto sucedió en 1991, cuando hizo erupción el volcán Pinatubo, en las Filipinas.

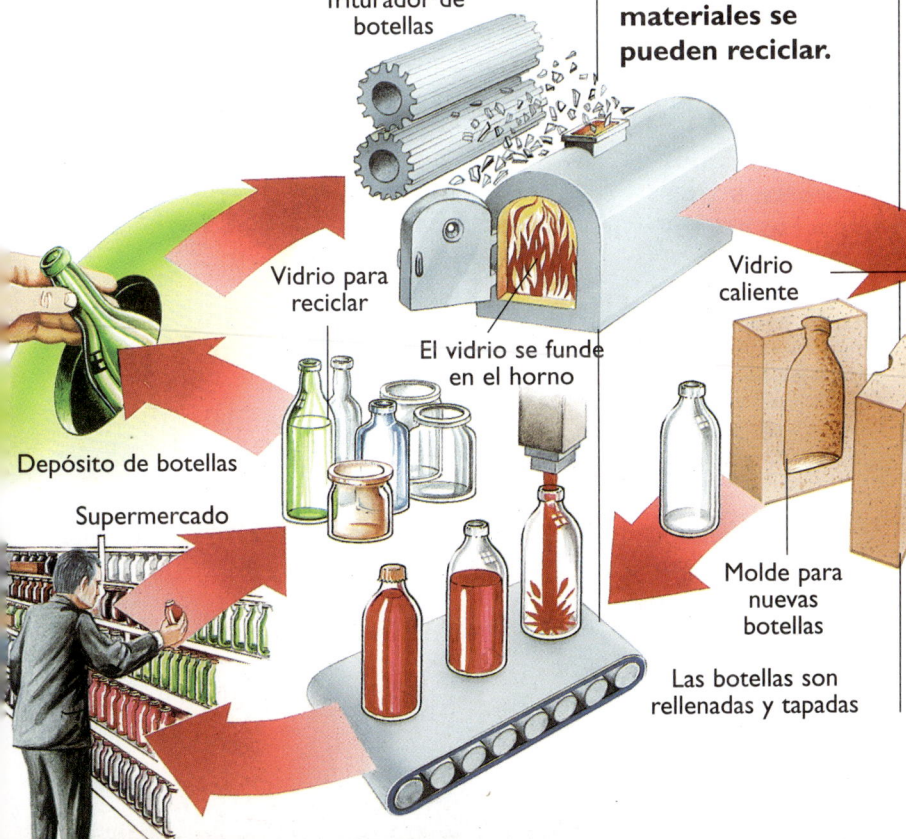

Triturador de botellas
Vidrio para reciclar
El vidrio se funde en el horno
Vidrio caliente
Depósito de botellas
Supermercado
Molde para nuevas botellas
Las botellas son rellenadas y tapadas

◀ **Es fácil reciclar el vidrio. El vidrio usado se junta, se limpia, se rompe en trozos pequeños y luego se funde. Con él se hacen botellas nuevas, que pueden llenarse y usarse otra vez.**

LA TIERRA Y EL ESPACIO
EL UNIVERSO

Un universo en continua expansión

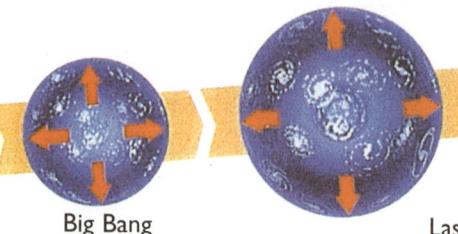

Big Bang

Las galaxias se apartan después del Big Bang

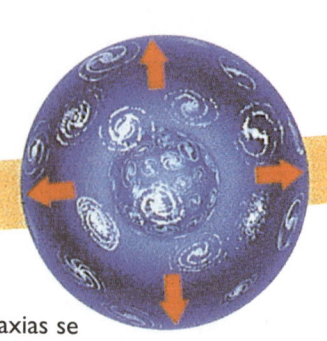

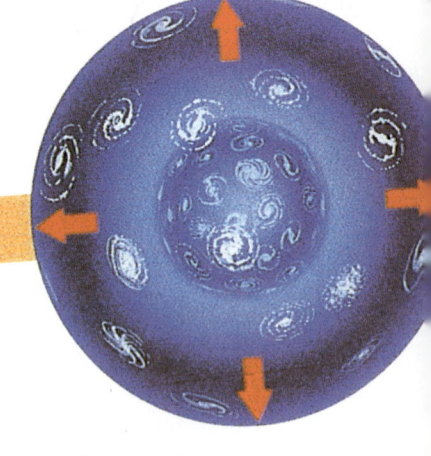

La gravedad no p[uede] detener la expan[sión] del Universo

Un universo finito*

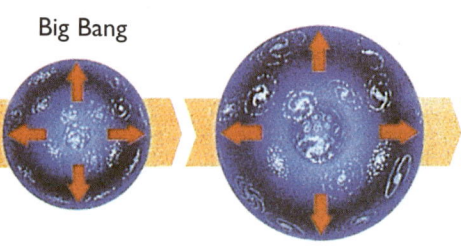

Big Bang

La gravedad detiene la expansión del Universo

¿Qué es el espacio?
El espacio no es nada... o casi nada. Es la distancia que hay entre la Tierra y la Luna, entre los planetas del Sistema Solar, y entre las estrellas. El espacio está casi vacío, no contiene aire. En una porción de espacio del tamaño de una casa habría unos cuantos átomos de gases y tal vez algunas partículas de polvo.

¿Qué mantiene unido el Universo?
El Universo se mantiene unido gracias a la misma fuerza que nos hace estar de pie en la Tierra: esa fuerza se llama gravedad. La gravedad existe entre los planetas, entre las estrellas y entre las galaxias (grupos de estrellas). Mantiene unidos a los planetas del Sistema Solar y a las estrellas de las enormes galaxias.

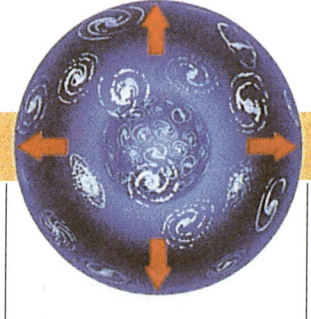

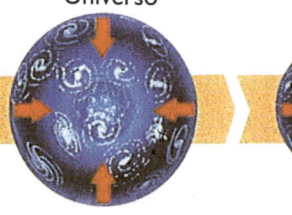

▲ El Universo puede seguir expandiéndose y las galaxias continuar alejándose más y más. O éstas pueden juntarse y producir un Big Crunch ("gran crujido") y comenzar un Universo nuevo.

Para que entiendas cómo se expande el Universo, toma un globo (que representa una galaxia), píntale manchas y ve cómo crecen cuando lo inflas.

¿Cuándo se formó el Universo?
Hace mucho tiempo, todas las galaxias del Universo estuvieron comprimidas en un espacio muy pequeño. Tal vez hubo una gran explosión que las hizo dispersarse. Esta explosión, llamada Big Bang (gran explosión), puede haber ocurrido hace unos 15 mil millones de años.

¿Qué tan grande es el Universo?
Nadie sabe con certeza de qué tamaño es el Universo. Puede tener regiones que nuestros telescopios no alcancen a observar. Además, los astrónomos no están seguros de que la luz procedente de los objetos más distantes del Universo nos llegue en línea recta. La trayectoria podría ser curva; en ese caso, los objetos estarían más cerca de lo que parecen. Aun así, podrían estar hasta a unos 15 mil millones de años luz.

LA TIERRA Y EL ESPACIO

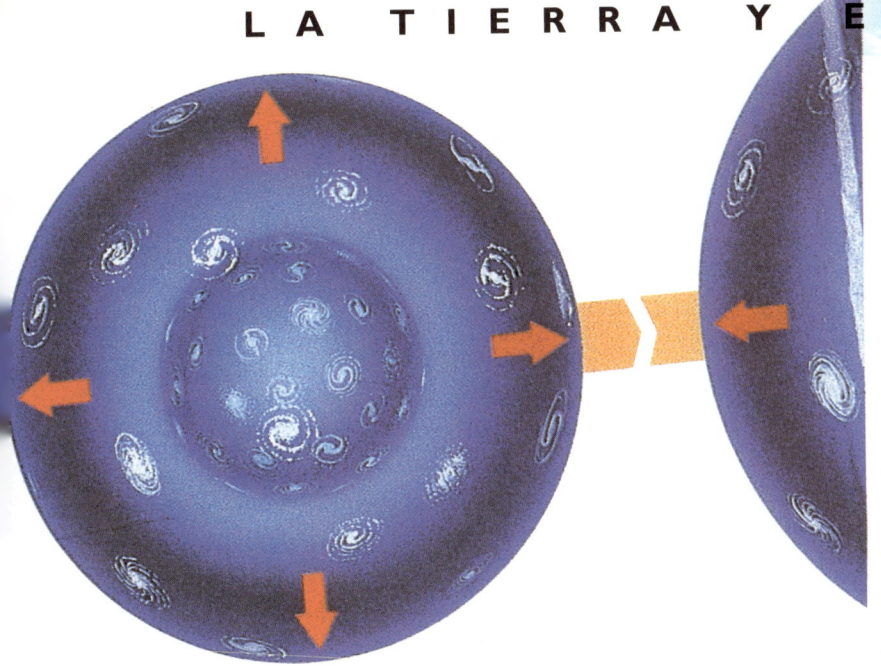

Una serie de universos
Nace un Universo completamente nuevo

Big Crunch Big Bang

¿Cómo sabemos que el Universo se está expandiendo?

Los astrónomos pueden medir la velocidad a la que se mueven las estrellas y galaxias. Casi todas ellas se están alejando de nosotros. Mientras más lejos está una galaxia, parece moverse más rápido. Esto significa que el Universo está creciendo: nadie sabe con seguridad si alguna vez dejará de crecer.

¿En qué parte del Universo estamos?

El Universo es todo lo que existe: todos los planetas, lunas, estrellas y galaxias juntos. El Universo se extiende en todas direcciones y como quizá algunas partes no se alcancen a ver con telescopios, no podemos saber con exactitud en qué región del Universo estamos.

DATOS SOBRE EL UNIVERSO

- En 1965, los científicos descubrieron un calor muy suave en el espacio. Eso es todo lo que queda del intenso calor producido por el Big Bang.

- Imagina que los límites del Universo (como lo conocemos) son una pelota hueca del tamaño de la Tierra. En esta escala, la galaxia Vía Láctea mediría 40 m. ¡La Tierra sería tan pequeña que no se podría ver ni con un microscopio!

- Se llama cosmología al estudio de cómo se formó el Universo.

- Los científicos creen haber encontrado por lo menos un planeta del tamaño de la Tierra que gira alrededor de una estrella lejana. Ese planeta está a 30 mil años luz de distancia.

¿Hay diferencia entre un planeta y una estrella?

Una estrella es una gran bola de gas radiante, como el Sol, pero un planeta es un mundo como la Tierra. El Sol y las estrellas producen su propia luz, mientras los planetas son iluminados por el Sol. En el cielo nocturno no se pueden distinguir los planetas de las estrellas. Como están lejos, todos parecen pequeños puntos de luz. Sin embargo, los planetas están más cerca de nosotros que las estrellas. Con un telescopio muy potente se puede ver que los planetas son otros mundos. Las estrellas están tan lejanas que, aunque se use el telescopio más potente, siguen viéndose como puntos de luz. Los astrónomos creen que algunas estrellas tienen planetas que giran alrededor de ellas, como sucede con el Sol.

¿Cuál estrella es la más cercana a la Tierra?

La estrella Próxima, de la constelación Centauro, es la más cercana a nosotros; está a una distancia de 4.2 años luz. Las estrellas cercanas que siguen son Alfa, de Centauro (a 4.3 años luz) y Barnard (a 6 años luz).

¿Cómo pueden los astrónomos asomarse al pasado?

La luz que nos llega de las estrellas, aun de las más próximas, ha necesitado muchos años para atravesar las enormes distancias del espacio. La estrella más cercana a nosotros está a más de 4 años luz de distancia, así que su luz se tarda cuatro años en llegarnos. Esto significa que esa luz que vemos hoy se produjo hace cuatro años. Otras estrellas están a millones de años luz de distancia. Por eso cuando los astrónomos estudian la luz de las estrellas, la están viendo como era hace millones de años.

LA TIERRA Y EL ESPACIO

EL SOL

¿De qué tamaño es el Sol?
El Sol tiene 1 392 500 km de ancho, o sea, 109 veces el diámetro de la Tierra. Su peso es de 333 mil veces el de la Tierra. Su volumen es tan inmenso que cabrían 1 millón 300 mil Tierras dentro de él. Si la Tierra fuera del tamaño de una pelota de tenis, el Sol sería tan grande como una casa.

¿De qué está hecho el Sol?
El Sol es una enorme bola luminosa formada por gases muy calientes. Su temperatura es tan alta que despide un brillo blanco y emite luz y calor. El Sol está principalmente compuesto de gas hidrógeno; dentro del Sol, éste se convierte lentamente en gas helio. Al convertirse, produce muchísimo calor. La brillante superficie del Sol se llama fotosfera.

¿Cuándo comenzó a brillar el Sol?
El Sol comenzó a brillar hace unos 5 000 millones de años. Se formó a partir de una nube de gas y polvo que flotaba en el espacio. Poco a poco esa nube se fue volviendo más chica y más densa. Al encogerse, su centro se calentó tanto que comenzó a brillar y así nació el Sol. El resto de la nube formó el Sistema Solar, con sus planetas, lunas, asteroides y cometas.

▼ **Si pudieras cortar una rebanada de Sol, verías capas de hidrógeno debajo de su superficie. El Sol también tiene manchas solares y enormes corrientes de gas brillante que forman arcos de fuego llamados protuberancias.**

¿El Sol se mueve?
Aparentemente, el Sol se desplaza por el cielo desde el amanecer hasta el atardecer, pero este movimiento se debe a que la Tierra gira. El Sol parece moverse, pero en realidad nosotros somos los que nos movemos. Sin embargo, el Sol sí se mueve. Gira sobre su eje al igual que la Tierra, aunque más lentamente. Como está hecho de gas, sus distintas partes giran a velocidades diferentes: el ecuador lo hace más rápido que los polos. Además, así como la Tierra y la

Manchas solares

Fotosfera

Capa de hidrógeno

Núcleo* de helio

El calor atraviesa la capa exterior de hidrógeno y llega a la fotosfera

Protuberancia

40

LA TIERRA Y EL ESPACIO

Luna rodean al Sol, el Sol se desplaza alrededor del centro de la galaxia llevando consigo a la Tierra y al resto del Sistema Solar.

¿Qué sucede durante un eclipse de Sol?

Durante un eclipse solar, la Luna pasa entre la Tierra y el Sol, la luz disminuye y el Sol parece hacerse más pequeño, como otra Luna. En un eclipse total, el Sol desaparece por un breve tiempo, se oscurece y hace frío. Durante un eclipse lunar, la Luna parece hacerse más pequeña y puede desaparecer de la vista. Esto se debe a que la Tierra pasa frente al Sol y la sombra terrestre cae sobre la Luna.

¡CUIDADO!

- Es muy peligroso ver directamente el Sol.
- Mirar directamente el Sol con binoculares o con un telescopio puede causar ceguera permanente.
- NUNCA mires de frente el Sol. Utiliza unos binoculares para proyectar la imagen del Sol en una tarjeta.

Tarjeta blanca   Tarjeta perforada   Tapa de la lente

¿Qué son las manchas solares?

Las manchas solares parecen parches oscuros que aparecen y desaparecen de la superficie del Sol. Los astrónomos chinos las estudiaron desde el año 300 a.C. Los investigadores europeos se asombraron al ver estas manchas pues pensaban que el Sol era una "esfera perfecta", y no podían aceptar que tuviese "imperfección" alguna.

¿Qué parte del Sol es más caliente?

El centro es la parte más caliente, pues ahí suceden constantes reacciones nucleares que hacen brillar al Sol. La temperatura del centro es de 15 millones de grados centígrados; en cambio, en la superficie es de 6 000°C, es decir, ¡60 veces la temperatura del agua hirviendo!

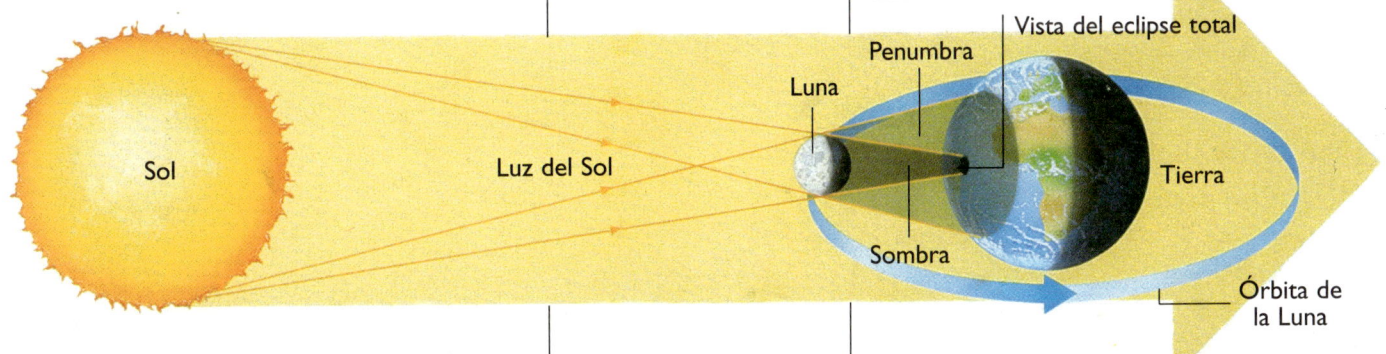

Sol — Luz del Sol — Luna — Penumbra — Vista del eclipse total — Tierra — Sombra — Órbita de la Luna

¿El Sol va a calentarse o a enfriarse?

La temperatura de la superficie solar es de unos 6 000°C. El Sol es una estrella "común y corriente" en tamaño y luminosidad. Dentro de miles de millones de años, va a expandirse y se convertirá en una estrella "gigante roja", quizás cientos de veces más grande que ahora. La Tierra misma podría ser devorada por ese Sol gigantesco. Después de un tiempo, va a contraerse en una estrella muy densa llamada "enana blanca". Hacia el final de su vida, se irá enfriando poco a poco y se hará invisible.

▲ Cuando la Luna pasa entre el Sol y nuestro planeta, arroja su sombra sobre la Tierra y causa un eclipse. La parte central de esa sombra, llamada umbra, oculta al Sol por completo.

¿Quién fue el primero que afirmó que la Tierra gira alrededor del Sol?

En 1543, el astrónomo polaco Nicolás Copérnico publicó un libro que cambió las ideas de mucha gente sobre el Universo. Él declaró que era equivocada la vieja teoría de que la Tierra es el centro del Universo. En su libro mostró un dibujo del Sistema Solar, con el Sol en el centro y los cinco planetas entonces conocidos girando a su alrededor. Estas ideas alarmaron a muchas personas, pero la astronomía moderna se construyó sobre las bases establecidas por Copérnico.

LA TIERRA Y EL ESPACIO

LA LUNA

¿De qué tamaño es la Luna?
La Luna mide 3 476 km de diámetro, o sea, casi la mitad de la longitud de los Andes. Su superficie total es un poco más grande que el tamaño de Estados Unidos de Norteamérica.

¿De dónde surgió la Luna?
Cuando el Sistema Solar se formó hace unos 4 600 millones de años, también se formaron la Luna y la Tierra.

▶ La Luna puede haber nacido cuando un cuerpo del tamaño de un planeta chocó con la Tierra (1). Los restos formaron una nube que giró en órbita alrededor de la Tierra (2 y 3) y finalmente dio lugar a la Luna sólida (4).

¿Por qué la Luna está cubierta de cráteres?
En la Tierra y en la Luna los cráteres son causados por volcanes y por el choque de meteoritos que vienen del espacio. La acción del clima aplana casi todos los cráteres de la Tierra. Como en la Luna no hay clima, sus cráteres nunca cambian.

¿Por qué la Luna se mantiene en el cielo?
La Luna es atraída por la gravedad de la Tierra como cualquier cosa que cae al piso, y gira alrededor de ella siguiendo una órbita casi circular. De este modo, siempre guarda más o menos la misma distancia de nuestro planeta, es decir, unos 385 000 km (30 veces el diámetro de la Tierra). Si la Tierra fuera como una pelota de tenis, la Luna sería del tamaño de una bolita o canica y estaría como a 2 m de distancia.

▶ El lado de la Luna que vemos desde la Tierra es el más cercano. Tiene enormes cráteres e inmensos llanos denominados maria ("mares", en latín) formados por inundaciones de lava volcánica.

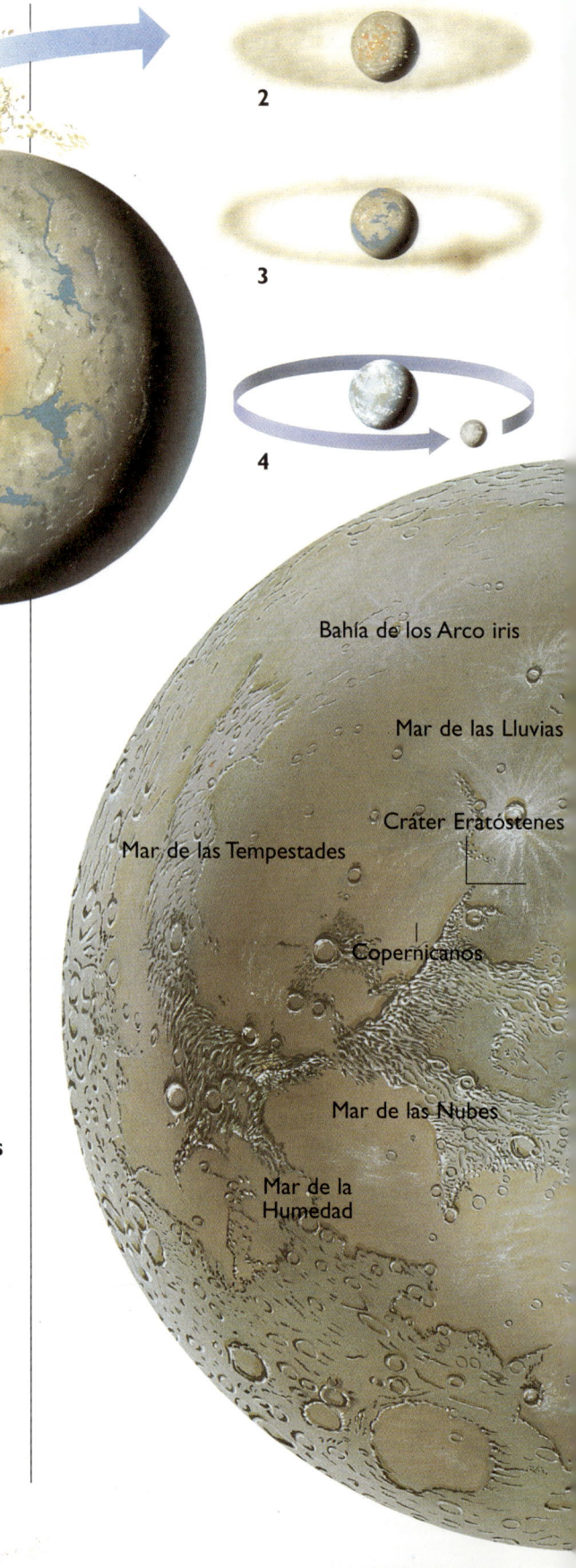

- Bahía de los Arco iris
- Mar de las Lluvias
- Cráter Eratóstenes
- Mar de las Tempestades
- Copernicanos
- Mar de las Nubes
- Mar de la Humedad

LA TIERRA Y EL ESPACIO

¿Por qué la Luna parece cambiar de forma?
Cada cuatro semanas, la Luna pasa de la forma de cuarto creciente hasta aparecer completa (Luna llena), para luego reducirse y empezar de nuevo. Estas etapas se llaman fases. Pero en realidad la Luna no cambia. Al girar alrededor de la Tierra, el Sol ilumina distintas zonas lunares, y nosotros sólo vemos la parte que recibe la luz.

¿Qué tan alto se puede brincar en la Luna?
En la Luna podrías brincar más alto que en la Tierra porque allá tu cuerpo pesaría seis veces menos. Esto se debe a que la gravedad lunar es seis veces menor que la terrestre. Pero esto no significa que pudieras brincar seis veces más alto que en la Tierra, porque para sobrevivir allá necesitarías usar un traje espacial pesado y estorboso.

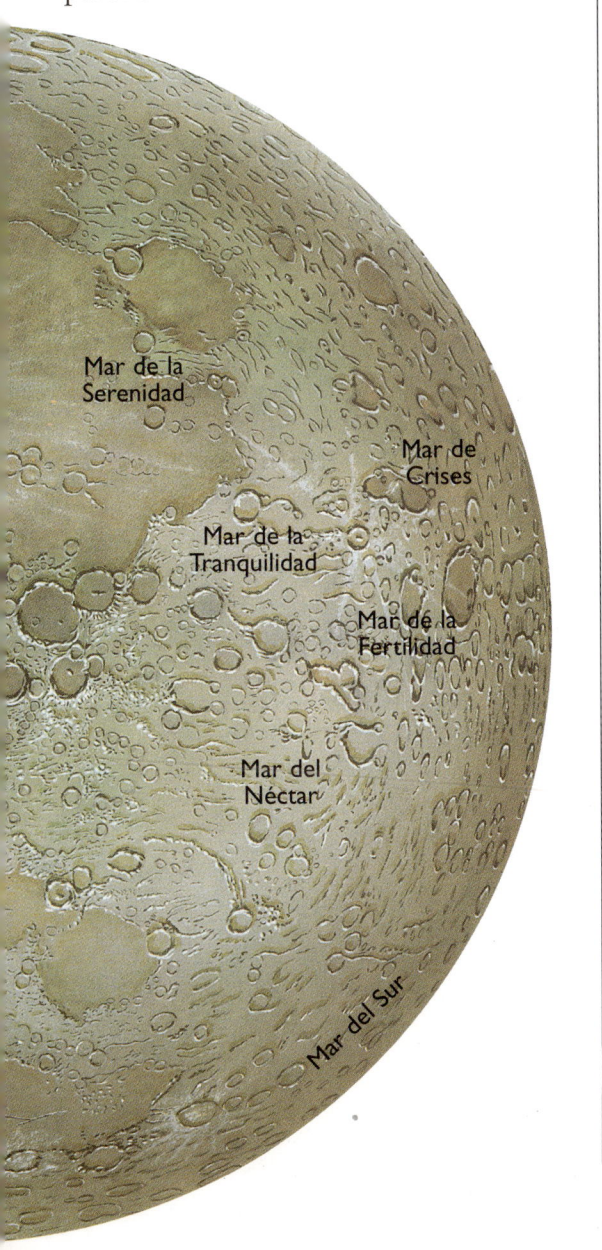

La gravedad de la Luna no es tan fuerte como la de la Tierra. Allá pesarías unas seis veces menos, así que podrías saltar seis veces más alto... ¡pero sólo si no llevaras traje espacial!

¿Por qué no hay vida en la Luna?
La Luna sólo tiene 3 476 km de ancho; su gravedad es demasiado débil para retener los gases que quedaron en su atmósfera cuando se formó. Estos se dispersaron en el espacio, dejando a la Luna muerta y sin aire.

¿A qué velocidad gira la Luna?
El tiempo que tarda la Luna en darle la vuelta a la Tierra es el mismo que tarda en dar una vuelta completa sobre su eje. Ambos movimientos los realiza cada 29.25 días.

¿Podemos ver toda la Luna?
Un lado de la Luna siempre está oculto a la Tierra: es el lado oscuro de la Luna. Cuando la Luna recién formada se enfriaba, la gravedad terrestre la atrajo. Esto provocó que girara con mayor lentitud e hizo surgir una saliente en su lado más cercano a la Tierra. Como la Luna gira sobre su eje cada vez que le da vuelta a la Tierra, siempre nos muestra una misma cara.

¿Cómo afecta la Luna a la Tierra?
La atracción de la Luna hace subir y bajar las mareas; la Luna también puede tapar la luz del Sol durante un eclipse. Cuando esto ocurre, una sombra negra cubre parte de la Tierra y la oscurece.

DATOS SOBRE LA LUNA

- Antes de que las naves espaciales volaran alrededor de la Luna, nadie había visto su lado oculto.

- Como la Luna no tiene viento ni clima, las huellas que dejaron los astronautas permanecerán intactas para siempre.

- Los cráteres lunares se formaron cuando cuerpos más pequeños chocaron contra ella. En el lado lejano de la Luna hay muchos más cráteres que en el lado cercano a la Tierra.

- Las rocas lunares son más antiguas que cualquier roca conocida de la Tierra. Los astronautas de la nave Apolo 12 trajeron de su viaje un pedazo de roca de hace 4 600 millones de años.

- La Luna es bastante pequeña. Mide apenas 3 476 km de diámetro. Es menos ancha que los Estados Unidos.

Mar de la Serenidad
Mar de Crises
Mar de la Tranquilidad
Mar de la Fertilidad
Mar del Néctar
Mar del Sur

LA TIERRA Y EL ESPACIO

LOS PLANETAS

¿Cómo se formaron los planetas?

El Sol y sus planetas se formaron más o menos al mismo tiempo. Un torbellino de gas y polvo se creó en el espacio. La gravedad comprimió el gas y el polvo y la nube se hizo cada vez más densa. La mayor parte de la nube formó el Sol, y con el resto se formaron los planetas.

¿En honor a quién se dio nombre a los planetas?

Todos los planetas, menos uno, tienen nombres de dioses y diosas de las mitologías griega o romana. Por ejemplo, Júpiter, el planeta más grande, lleva el nombre del rey de los dioses romanos. La excepción es nuestro planeta, la Tierra. Esto se debe a que antes se creía que los otros planetas estaban en el cielo, como correspondía a los dioses, mientras que nuestro planeta estaba debajo, en la tierra. Cinco planetas pueden verse a simple vista y recibieron sus nombres hace miles de años. Son: Júpiter, Saturno, Marte, Venus y Mercurio. Urano fue descubierto en 1781; Neptuno en 1846, y Plutón en 1930.

Si la Tierra fuera del tamaño de una naranja, la Luna sería como una cereza.

▼ **Los nueve planetas del Sistema Solar giran en órbitas a diferentes distancias del Sol. Los planetas más grandes son los gigantes Júpiter y Saturno. Cuatro planetas tienen anillos.**

¿Qué diferencia hay entre un planeta y una luna?

Un planeta es un mundo que gira alrededor del Sol. Una luna es un mundo más pequeño que da vueltas alrededor de un planeta. Todos los planetas del Sistema Solar (menos Mercurio y Venus) tienen lunas. La Tierra y Plutón sólo tienen una luna, mientras que Júpiter tiene 16.

¿Qué es el Sistema Solar?

El Sistema Solar está formado por el Sol y los cuerpos celestes que giran alrededor de él. Estos cuerpos son los planetas con sus lunas, los asteroides o planetas menores, los meteoritos y los cometas. Todos siguen una órbita o ruta específica alrededor del Sol.

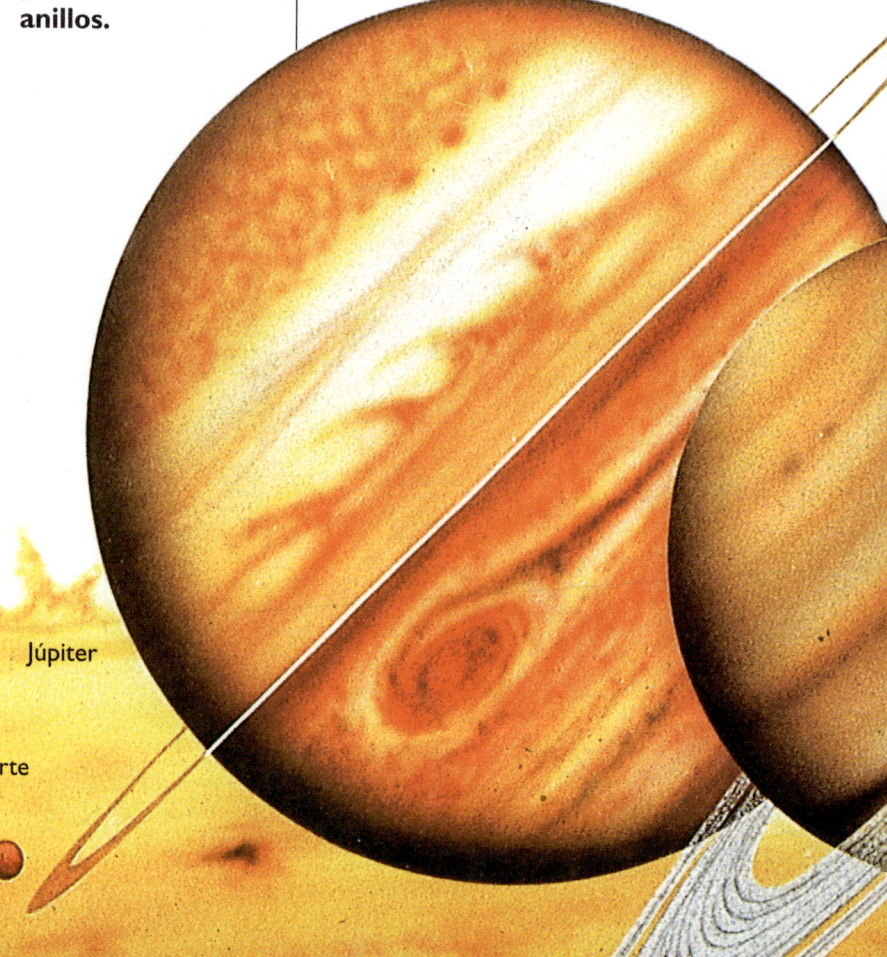

Sol
Mercurio
Venus
Tierra
Marte
Júpiter

Como el Sol es más grande que ellos, la gravedad solar los mantiene en su lugar.

¿Cuántos planetas existen?

El Sol tiene nueve planetas: Mercurio (el más próximo al Sol), Venus, Tierra, Marte, Júpiter, Saturno, Urano, Neptuno y Plutón. Plutón es generalmente el planeta más lejano, pero actualmente está más cerca del Sol que Neptuno y seguirá así hasta 1999.

¿Cuál es el planeta más pequeño?

Plutón es el planeta más pequeño. Tiene un diámetro de 2 250 km, es decir, alrededor de dos terceras partes del tamaño de nuestra Luna y apenas el doble que el asteroide más grande.

▶ *Io* es una pequeña luna de Júpiter y tiene volcanes activos. Se conocen otras 15 lunas de Júpiter.

Luna

Plutón

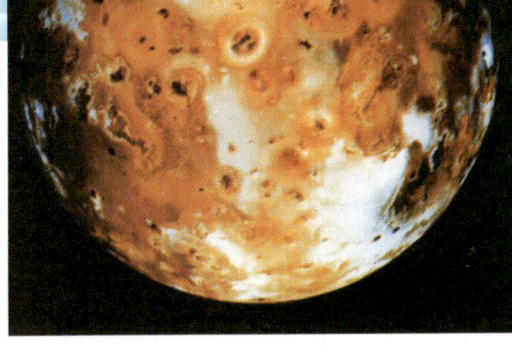

¿Cuál planeta es el más grande?

El planeta más grande es Júpiter: su diámetro es de 142 800 km (más de once veces el diámetro de la Tierra). En volumen, ¡Júpiter es 1 300 veces mayor que la Tierra! Es tan enorme que pesa dos veces y media más que los otros ocho planetas juntos.

¿Qué planeta tiene más lunas?

Saturno tiene al menos 18 lunas. Una luna es un mundo pequeño que gira alrededor de un planeta, y se mantiene en órbita gracias a la gravedad del planeta.

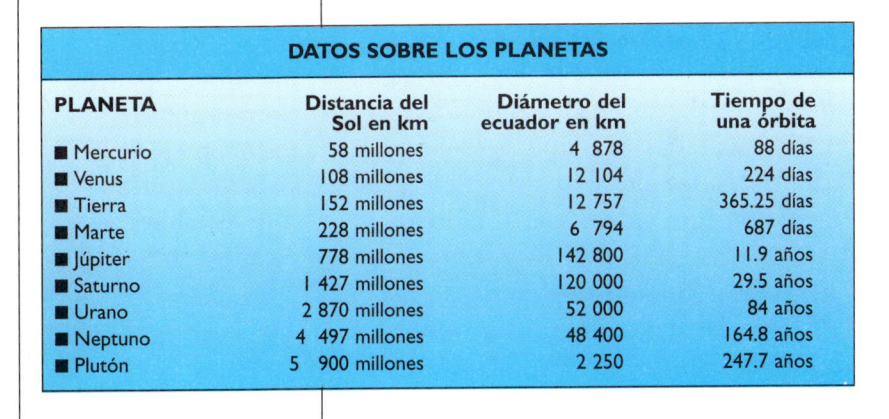

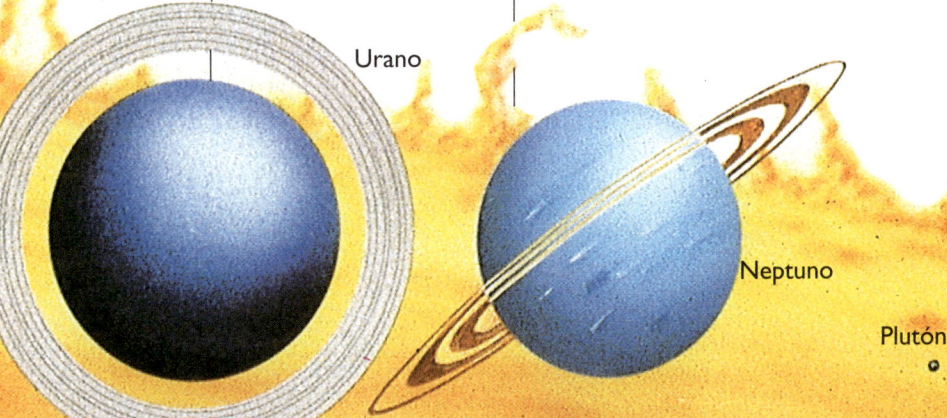

DATOS SOBRE LOS PLANETAS

PLANETA	Distancia del Sol en km	Diámetro del ecuador en km	Tiempo de una órbita
■ Mercurio	58 millones	4 878	88 días
■ Venus	108 millones	12 104	224 días
■ Tierra	152 millones	12 757	365.25 días
■ Marte	228 millones	6 794	687 días
■ Júpiter	778 millones	142 800	11.9 años
■ Saturno	1 427 millones	120 000	29.5 años
■ Urano	2 870 millones	52 000	84 años
■ Neptuno	4 497 millones	48 400	164.8 años
■ Plutón	5 900 millones	2 250	247.7 años

Saturno

Urano

Neptuno

Plutón

LA TIERRA Y EL ESPACIO

¿Dónde termina el Sistema Solar?

Suele considerarse que Plutón, el planeta más lejano, está en el borde del Sistema Solar. Su órbita lo lleva a una distancia media de 5 900 millones de km del Sol. Sin embargo, se cree que algunos cometas viajan hasta la mitad de la distancia que hay hasta la estrella más próxima (como dos años luz). Si se considera esto, el Sistema Solar tendría cerca de cuatro años luz de extensión, lo que equivale a casi 40 millones de millones de km.

La palabra planeta viene del griego *planetes*, que significa *errante*. Los griegos veían estrellas "errantes" en el cielo nocturno.

¿Cuáles son los planetas interiores y cuáles los exteriores?

Los planetas interiores son los cuatro más cercanos al Sol: Mercurio, Venus, Tierra y Marte. Todos ellos están hechos de roca y metal. Los otros cinco planetas se llaman exteriores: Júpiter, Saturno, Urano, Neptuno y Plutón. Todos ellos son gaseosos, menos Plutón.

▼ **Los planetas y asteroides giran alrededor del Sol en círculos aplanados o elipses.**

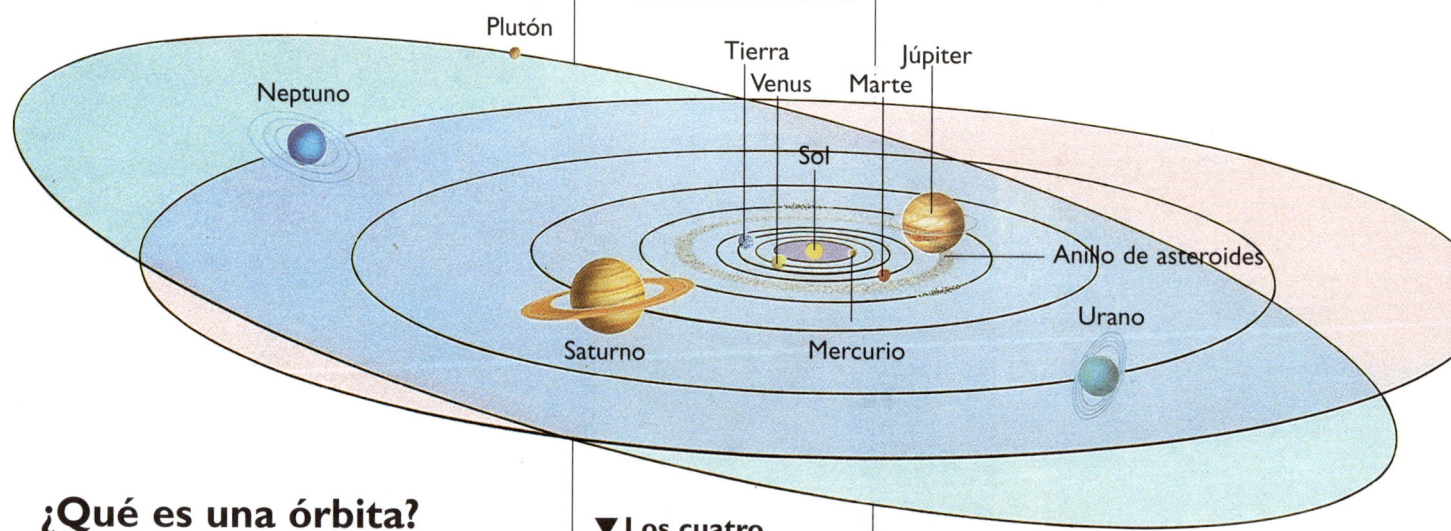

Plutón • Neptuno • Tierra • Venus • Marte • Júpiter • Sol • Anillo de asteroides • Urano • Saturno • Mercurio

¿Qué es una órbita?

Una órbita es la trayectoria elíptica* o circular que sigue un cuerpo al viajar por el espacio. Los planetas se desplazan en órbitas alrededor del Sol, y las lunas giran en torno a los planetas. Los satélites rodean la Tierra. Para entrar en órbita alrededor de la Tierra, las naves espaciales tienen que volar al espacio más allá de la atmósfera, donde quedan más o menos libres de la gravedad de nuestro planeta.

¿Qué planetas tienen anillos circundantes?

Júpiter, Saturno, Urano y Neptuno tienen anillos circundantes, es decir, delgados cinturones de rocas que orbitan alrededor de esos planetas. Los anillos de Saturno hacen que sea el planeta más bello del cielo.

▼ **Los cuatro planetas gigantes tienen anillos; Saturno tiene el sistema anular más grande.**

Júpiter • Saturno • Urano • Neptuno

46

LA TIERRA Y EL ESPACIO

¿Qué planeta es tan caliente que el plomo se fundiría en él?

Mercurio es el planeta más cercano al Sol. Pero el más caliente es Venus, el segundo más cercano. En Venus hace mucho calor porque, a diferencia de Mercurio, éste tiene una atmósfera que funciona como un invernadero y, por lo tanto, calienta la superficie del planeta. Ahí la temperatura es aproximadamente de 475°C, calor suficiente para fundir muchos metales, como el estaño, el plomo y el cinc. Ninguna planta o animal podría vivir en esa superficie rocosa y ardiente.

¿Qué planeta gira tan despacio que un día ahí dura casi dos meses?

Mercurio está tan cerca del Sol que éste ha vuelto muy lenta su rotación. Mercurio gira tan despacio que un día completo (de un amanecer al siguiente) tarda 58 días terrestres. Cada año en ese planeta dura 88 días de la Tierra.

¿Los planetas deben ser más grandes que las lunas?

Las lunas siempre son más pequeñas que los planetas en cuyo derredor giran. Un cuerpo menor siempre gira alrededor de otro mayor porque la gravedad de éste último es más fuerte. Sin embargo, no todas las lunas son más pequeñas que los planetas. Nuestra Luna y otras seis de los planetas más lejanos son más grandes que el pequeño planeta Plutón. Se cree que Plutón fue alguna vez una luna de Neptuno.

DATOS SOBRE LOS PLANETAS

- Mercurio destaca por dos cosas: es el planeta que tiene el día más largo y el año más corto.
- Marte tiene dos lunas rocosas y pequeñas: Deimos y Fobos.
- En Marte hay valles que parecen lechos secos de antiguos ríos.

▶ Marte es un planeta de roca que parece no tener vida. Lo cubre una capa de hielo, montañas y cráteres.

▼ Mercurio es el planeta más cercano al Sol. Tiene una superficie muy irregular, llena de cráteres que tal vez se formaron hace muchos millones de años.

¿Cuál es el "planeta rojo"?

Marte, el cuarto planeta a partir del Sol, es el "planeta rojo" porque al aproximarse a la Tierra, aparece como una luminosa estrella roja en el cielo. Se ve rojo porque su superficie está hecha de tierra y rocas rojas; el polvo rojo que flota en su atmósfera hace que su cielo sea rojo.

¿Qué planeta gira más rápido?

Júpiter es el planeta que gira más rápidamente y también es el más grande. Da una vuelta cada 9 horas y 50 minutos: es 2.5 veces más veloz que la Tierra. Un punto del ecuador de Júpiter se mueve en torno al centro del planeta a más de 45 000 km/h. Gira tan rápido que su centro está abultado.

¿Dónde está la montaña más alta del Sistema Solar?

En Marte alguna vez hubo volcanes. El Monte Olimpo (en Marte), es la montaña volcánica más alta del Sistema Solar: tiene una altura de 23 km sobre el nivel del suelo.

47

LA TIERRA Y EL ESPACIO

▶ Puedes ver una lluvia de estrellas cuando la Tierra pasa por una nube de meteoroides (partículas arrojadas por el núcleo* desmoronado de un cometa).

¿Qué planeta podría flotar en agua?

Si pudieras tomar los planetas y colocarlos en un gran océano, todos se hundirían inmediatamente, menos uno. Se trata de Saturno, el segundo planeta más grande del Sistema Solar. Como está hecho casi por completo de gases y líquido, es menos denso* y más ligero que el agua, por lo que podría flotar en ella. Los otros planetas son más densos* que el agua.

¿Hay seres vivos en otros planetas?

Ni nuestra Luna ni los planetas con sus lunas tienen aire como nuestro mundo; además, son muy calientes o muy fríos. En ellos no podrían vivir las personas, las plantas o los animales que habitan la Tierra. Los astronautas que fueron a la Luna no encontraron vida en ella, ni las sondas espaciales Vikingo que aterrizaron en Marte. En 1996, algunos científicos se entusiasmaron cuando creyeron descubrir en Marte bacterias fósiles, aunque otros dudaron.

Es muy poco probable que haya vida en otra parte del Sistema Solar.

¿Hay planetas más allá de Plutón?

Los astrónomos creen que puede haber un planeta desconocido más allá de Plutón. Lo han buscado con telescopios, pero no lo han podido encontrar. Si el planeta existe, podría alterar la ruta de las sondas espaciales que viajan entre los planetas exteriores y más allá de ellos. Con esta pista, los astrónomos podrían descubrirlo.

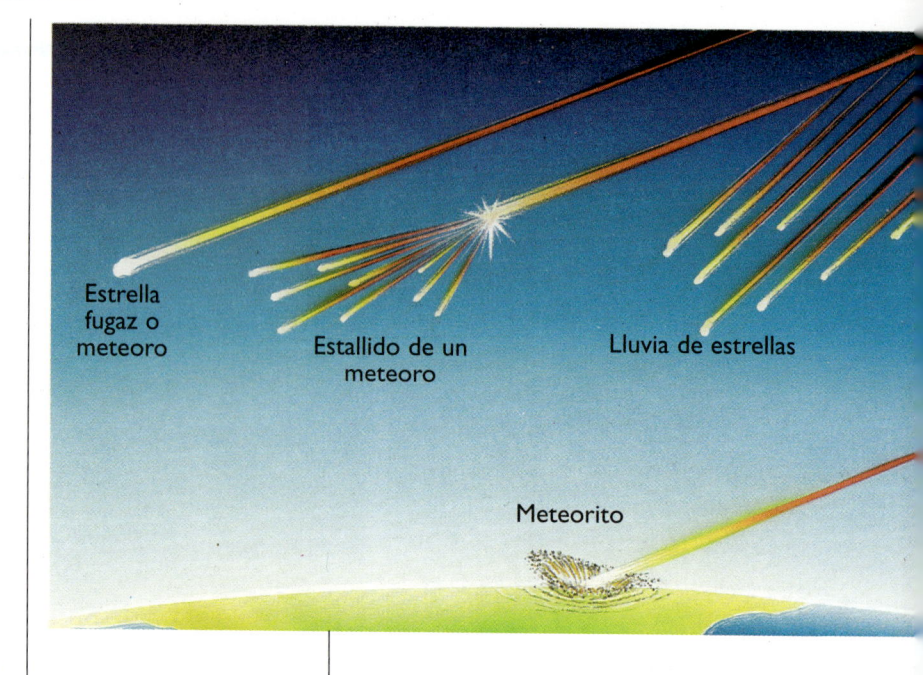

Estrella fugaz o meteoro

Estallido de un meteoro

Lluvia de estrellas

Meteorito

DATOS SOBRE LOS COMETAS

■ Algunos cometas tardan miles de años en darle una sola vuelta al Sol.

■ El cometa Encke, visto por primera vez en 1786, le da la vuelta al Sol ¡en apenas poco más de tres años!

■ El cometa más famoso recibió su nombre del científico inglés Edmund Halley (1656-1742).

■ Halley creía que los cometas vistos en 1531, 1607 y 1682 eran en realidad uno mismo. Predijo que regresaría en 1758 y así fue: el cometa Halley volvió ¡el día de Navidad!

¿Qué son las estrellas fugaces y los meteoritos?

Una estrella fugaz parece un astro que de repente atraviesa el cielo nocturno. Dura apenas uno o dos segundos y luego desaparece. En realidad no es una estrella, sino una partícula de roca procedente del espacio que choca con la atmósfera de la Tierra. Viaja tan rápido que se calienta al atravesar el aire y, antes de consumirse, irradia un intenso calor blanco. Una partícula o un trozo de roca que viaja en el espacio se llama meteoroide y, si se incendia en la atmósfera terrestre, es llamada estrella fugaz o meteoro. Algunos meteoroides son tan grandes que no se consumen al incendiarse durante su caída y chocan en el suelo. A éstos se les llama meteoritos.

¿Qué es un cometa?

Se cree que un cometa está compuesto de rocas pequeñas y partículas de polvo comprimidas por gases congelados y hielo. Gira alrededor del Sol y parece flotar en el cielo como la Luna. En realidad, viaja en el espacio, más o menos a la misma velocidad que los planetas alrededor del Sol.

LA TIERRA Y EL ESPACIO

¿Los cometas son peligrosos?
No hay razón para temer a los cometas. Incluso la Tierra ha atravesado la cola del cometa Halley sin daño aparente.

¿Dónde están los asteroides?
Los asteroides son pequeños mundos que giran en órbita alrededor del Sol, igual que los planetas. También se les llama planetas menores. Hay miles de asteroides, casi todos de apenas unos kilómetros de extensión. Están en una amplia banda alrededor del Sol, entre Marte y Júpiter.

¿Un asteroide podría chocar con la Tierra?
Algunos asteroides siguen órbitas que los acercan a la Tierra, de modo que sería posible una colisión. Ciertos científicos creen que hace unos 65 millones de años un asteroide golpeó la Tierra produciendo los cambios climáticos que hicieron desaparecer a los dinosaurios.

▶ **El cinturón de asteroides entre Marte y Júpiter contiene unos 100 000 cuerpos de más de 1 km de extensión. En esta ilustración puedes ver las órbitas de algunos asteroides poco comunes.**

▶ **El cometa Halley atraviesa la órbita de la Tierra una vez cada 76 ó 77 años. La última vez que se acercó a nosotros fue en 1986.**

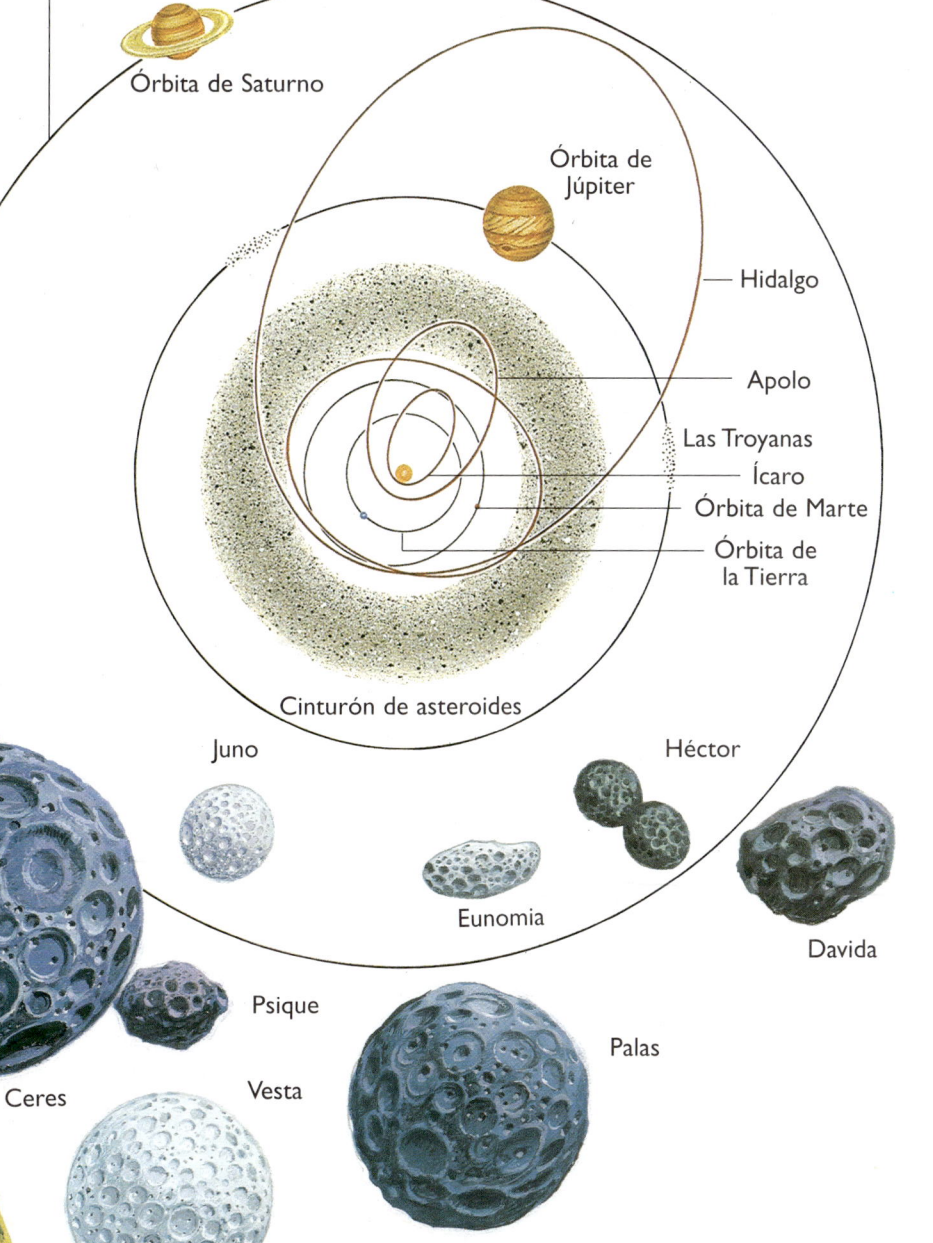

Órbita de Saturno
Órbita de Júpiter
Hidalgo
Apolo
Las Troyanas
Ícaro
Órbita de Marte
Órbita de la Tierra
Cinturón de asteroides

Nuestra luna (a escala)
Ceres
Juno
Psique
Vesta
Eunomia
Palas
Héctor
Davida

49

LA TIERRA Y EL ESPACIO

Las Estrellas y las Galaxias

¿Dónde se forman las estrellas?

Las estrellas se forman dentro de nubes de gas y polvo, igual que sucedió con el Sol. En el espacio remoto hay enormes nebulosas, es decir, nubes de gas y polvo. Algunas son luminosas y en ellas se forman las estrellas. Seguramente ahora mismo una estrella está naciendo.

¿A qué distancia está la estrella más próxima?

La estrella más cercana a la Tierra es el Sol. Está a 152 millones de km de distancia, equivalentes a 12 000 veces el diámetro de la Tierra.

¿A qué distancia está la estrella más lejana?

Nuestro Sol es una de las aproximadamente 100 000 millones de estrellas que hay en nuestra galaxia. Las más lejanas, que están al otro lado de la galaxia, están a unos 80 000 años luz de distancia respecto al Sol. Sin embargo, hay millones de galaxias mucho más distantes, y cada una tiene millones de estrellas.

¿Cuál es la estrella más brillante?

La estrella más brillante del cielo es el Sol, que supera en luminosidad a todas las demás porque está más cerca de nosotros. La estrella más brillante de noche es Sirio, que emite 25 veces más luz que el Sol. Hay otras estrellas aún más brillantes y pueden ser hasta millones de veces más luminosas que el Sol, aunque se ven más tenues que Sirio porque están mucho más lejos.

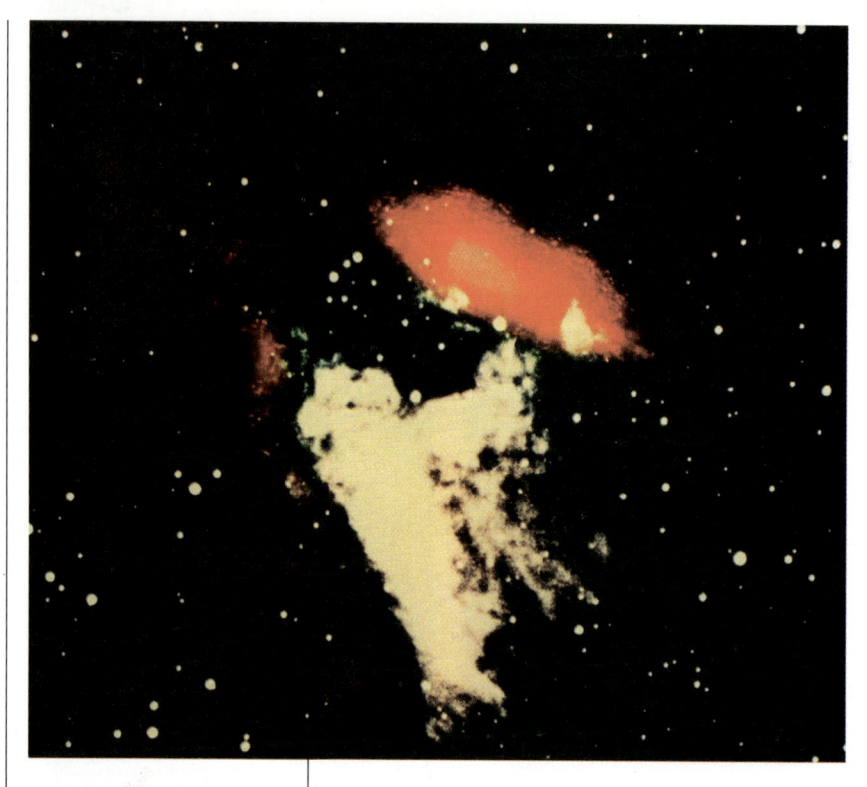

▲ **Fotografía infrarroja* de la Nebulosa del Cisne**, nube de estrellas jóvenes y gas que está en la constelación de Sagitario.

¿Sabías que constantemente nacen estrellas? Las estrellas más jóvenes inician su vida en unos criaderos o racimos de estrellas.

¿Cuántas estrellas hay en el cielo?

En una noche muy clara, lejos de la ciudad, puedes contar unas 2 000 estrellas en el cielo. Desde todos los puntos de la Tierra se pueden ver en total unas 6 000 estrellas. Con un telescopio se aprecian muchas estrellas más tenues. En el Universo hay millones de millones de estrellas.

¿El Sol es un tipo especial de estrella?

Para nosotros que estamos en la Tierra, el Sol parece enorme y muy brillante, pero esto es porque vivimos tan cerca de él. Comparándolo con casi todas las estrellas, es de tamaño y luminosidad media y no tiene nada de especial. Hay millones de "soles", muchos de ellos más grandes y mucho más brillantes que el nuestro.

LA TIERRA Y EL ESPACIO

¿Qué es una supernova?

Una supernova es una estrella que de pronto se incendia y se vuelve millones de veces más luminosa. Brilla mucho, tanto que se puede ver de día, pero se apaga pronto. Es muy raro ver una supernova, porque es la explosión que señala el fin de una estrella grande. En 1604, Kepler observó la última supernova que se ha visto en nuestra galaxia.

¿Por qué titilan las estrellas?

La luz de una estrella atraviesa la atmósfera antes de llegar a nosotros. La atmósfera contiene capas de aire en movimiento constante; esas capas alteran o "doblan" la luz de la estrella, y por eso parece que ésta titila. En realidad, las estrellas brillan sin interrupción.

▼ Mapa estelar de las constelaciones de los hemisferios Norte y Sur. Las constelaciones más importantes tienen nombres. Algunos aparecen en la lista del recuadro.

Algunas constelaciones del hemisferio Norte

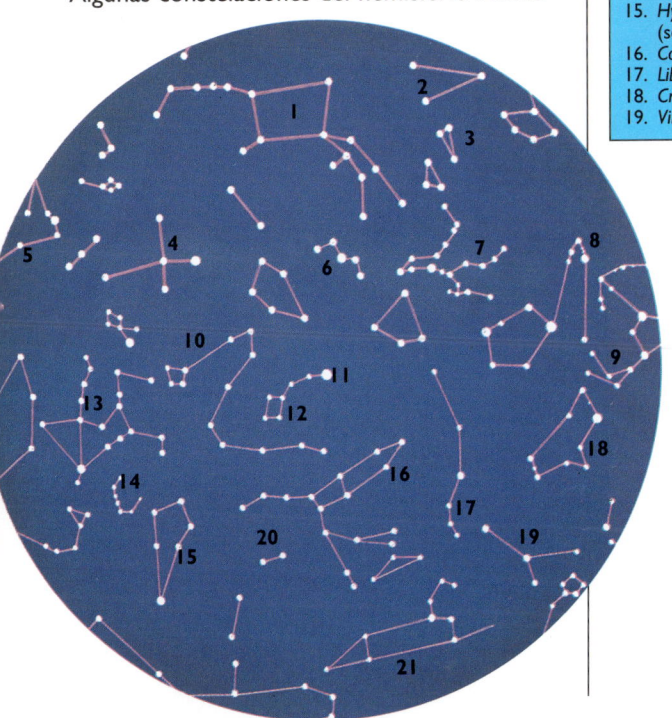

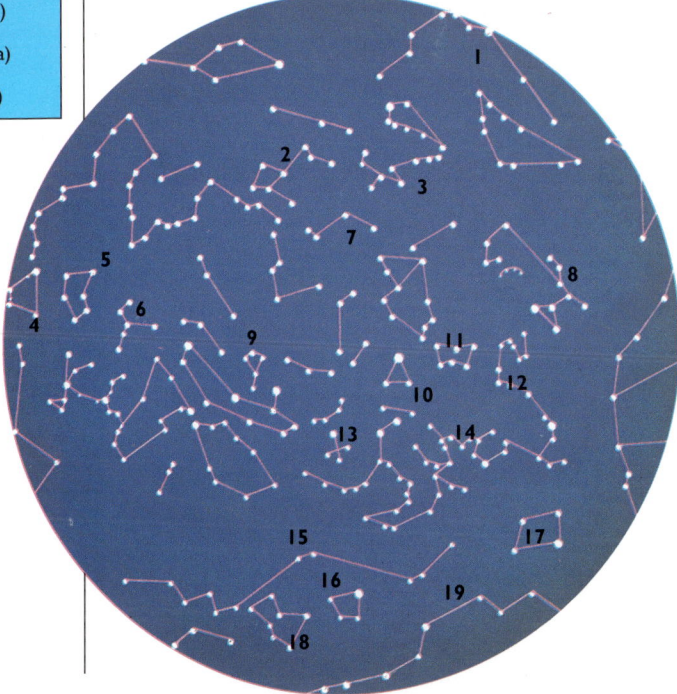

DATOS SOBRE ALGUNAS CONSTELACIONES

Hemisferio Norte
Latín – Español

1. *Pegasus*, Pegaso (caballo volador)
2. *Pisces*, Piscis (peces)
3. *Aries*, Aries (carnero)
4. *Cygnus*, Cisne
5. *Aquila*, Águila
6. *Cassiopeia*, Casiopea (mujer en una silla)
7. *Perseus*, Perseo (campeón)
8. *Taurus*, Tauro (toro)
9. *Orion*, el cazador
10. *Draco*, Dragón
11. *Polaris*, Estrella polar
12. *Ursa Minor*, Osa Menor
13. *Hercules*, Hércules
14. *Corona Borealis*, Corona Boreal
15. *Bootes*, Boyero
16. *Ursa Major*, Osa Mayor
17. *Lynx*, Lince
18. *Gemini*, Géminis (gemelos)
19. *Cancer*, Cáncer (cangrejo)
20. *Canes Venatici*, Lebreles (perros de caza)
21. *Leo*, Leo (león)

Hemisferio Sur

1. *Aquarius*, Acuario (portador de agua)
2. *Phoenix*, Fénix
3. *Grus*, Grulla
4. *Orion*, Cazador
5. *Lepus*, Liebre
6. *Columba*, Paloma
7. *Tucana*, Tucán
8. *Sagittarius*, Sagitario (arquero)
9. *Volans*, Pez Volador
10. *Triangulum Australe*, Triángulo Austral
11. *Ara*, Altar
12. *Scorpius*, Escorpio (escorpión)
13. *Crux*, Cruz
14. *Lupus*, Lobo
15. *Hydra*, Hidra hembra (serpiente acuática)
16. *Corvus*, Cuervo
17. *Libra*, Libra (balanza)
18. *Crater*, Copa
19. *Virgo*, Virgo (virgen)

▲ Muy pocas estrellas semejan las formas de sus nombres, pero Leo sí parece un león.

¿Qué son las constelaciones?

En el cielo nocturno, las estrellas forman figuras que nunca cambian. Estas figuras se llaman constelaciones. Hace mucho tiempo a la gente le pareció que tenían forma de animales, objetos conocidos, personas o dioses, y por eso les pusieron nombres como Cisne, Escorpión, el Arado, y Orión el Cazador. Hoy seguimos usando los mismos nombres para esas constelaciones. Algunos de esos nombres están en latín, por ejemplo "Cygnus", el Cisne.

Algunas constelaciones del hemisferio Sur

51

LA TIERRA Y EL ESPACIO

¿Qué es la Vía Láctea?
Vía Láctea es el nombre de la gran franja de estrellas que se extiende por el cielo nocturno. Al mirarla, estamos observando el enorme grupo de millones de estrellas que forman nuestra galaxia.

¿Qué es una galaxia?
Una galaxia es un grupo de millones de estrellas. Nuestra galaxia, la Vía Láctea, tiene forma de disco aplanado con brazos en espiral formados de estrellas. Su extensión es de unos 100 000 años luz. En el Universo hay millones de galaxias que forman grupos y también grandes conglomerados.

¿Por qué las estrellas sólo se ven de noche?
Las estrellas no se pueden ver de día debido a la intensa luz del Sol que se extiende por todo el cielo y lo hace parecer azul. Las estrellas siguen ahí, en el cosmos, pero nuestra vista se ajusta al azul del cielo y no puede distinguir las estrellas ya que su luminosidad es más suave. Al amanecer y al atardecer, cuando la luz del Sol es pálida, las estrellas más brillantes y los planetas pueden apreciarse con bastante claridad.

▲ La Vía Láctea se extiende en el cielo como una nube lechosa que gira en el espacio.

▲ Los quasares son increíblemente brillantes. Quizá un hoyo negro en el centro de esas lejanas y misteriosas galaxias absorbe estrellas, emite materia que gira y desprende una enorme energía.

¿Qué es un quasar?
Los quasares son misteriosas galaxias descubiertas por los astrónomos en 1960. Son fuentes de luz o de ondas de radio y son los objetos más lejanos que se conocen.

¿Cuál es el objeto más lejano que se puede ver sin telescopio?
La enorme galaxia espiral de Andrómeda puede verse en el espacio como una tenue nebulosa. Es una galaxia espiral, como la Vía Láctea, formada por millones de estrellas. Andrómeda está a 2.2 millones de años luz de distancia y es el objeto más lejano que se puede ver desde la Tierra a simple vista.

¿En qué lugar de la galaxia estamos?
El Sol es sólo una de las millones de estrellas que componen la Vía Láctea. Si imaginas la galaxia como una rueda tirada en el piso, el Sol está aproximadamente a dos terceras partes del centro, en dirección al borde.

LA TIERRA Y EL ESPACIO

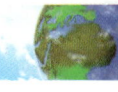

EXPLORACIÓN DEL ESPACIO

¿Quién utilizó por primera vez un telescopio para estudiar el cielo?

El científico italiano Galileo Galilei conocía el invento del telescopio y alrededor del año 1610 hizo uno. Con él descubrió un Universo mucho más grande de lo que nadie había imaginado. Pudo ver "diez veces más estrellas" y encontró cuatro lunas de Júpiter. Además, al ver nuestra Luna con su telescopio, encontró que tenía una superficie desigual, llena de cráteres.

¿Qué planeta se descubrió primero?

Desde la Prehistoria se conocían los cinco planetas más próximos a nosotros: Mercurio, Venus, Marte, Júpiter y Saturno. En 1781, el astrónomo británico Sir William Herschel descubrió por accidente un nuevo planeta mientras buscaba estrellas con su telescopio. Este planeta recibió el nombre de Urano; de hecho, puede verse a simple vista, pero nadie se había dado cuenta de que era un planeta.

▲ **Galileo Galilei (1564-1642) fue uno de los más grandes científicos de su tiempo. Fabricaba sus propios telescopios para estudiar el cielo nocturno.**

◄ **William Herschel (1738-1822) descubrió el planeta Urano con un telescopio casero.**

¿Quién tomó las primeras fotografías de la Luna?

En 1840, John Draper, de los Estados Unidos, tomó las primeras fotografías astronómicas de la Luna. La invención de la fotografía era muy reciente. Hoy en día, los astrónomos observan las estrellas lejanas con potentes computadoras y cámaras de televisión.

Una placa fotográfica expuesta durante varias horas puede captar la luz tenue de una estrella remota, demasiado lejana para verse con el telescopio óptico más grande.

¿Quién fue el primer hombre que fue al espacio?

Un cosmonauta (astronauta) ruso llamado Yuri Gagarin realizó el primer viaje espacial tripulado por hombres. Fue lanzado al espacio en la nave *Vostok 1* el 12 de abril de 1961; le dio una vuelta a la Tierra y aterrizó 1 hora y 48 minutos después.

◄ **Yuri Gagarin fue el primer astronauta.**

¿Quién fue la primera persona que pisó la Luna?

El 21 de julio de 1969, el astronauta estadounidense Neil Armstrong, comandante de la nave *Apolo 11*, fue la primera persona que pisó la Luna. Al bajar del módulo lunar y pisar la Luna, dijo las ahora famosas palabras: "Este es un paso pequeño para un hombre, pero un gran salto para la humanidad". Edwin Aldrin, el otro astronauta de la misión, lo siguió poco después.

53

LA TIERRA Y EL ESPACIO

¿Cuándo fue al espacio la primera nave?

En 1949 un cohete estadounidense fue el primero en salir de la atmósfera y llegar al espacio. Pero, en realidad, la primera nave espacial fue el primer satélite que orbitó alrededor de la Tierra. Se trató del satélite ruso *Sputnik 1*, lanzado al espacio el 4 de octubre de 1957. No llevó tripulación, pero envió información por radio a la Tierra. El segundo satélite, el *Sputnik 2*, transportó una perra al espacio.

¿A qué velocidad viajan las naves espaciales?

Para que llegue a la Luna o a cualquier planeta, una nave espacial tiene que ser lanzada fuera de la Tierra a una velocidad llamada "velocidad de escape". Ésta es de 11 km/s, ó 40 000 km/h, suficiente para darle una vuelta al mundo en una hora. Esta velocidad se alcanza lejos del suelo y luego la nave sigue su viaje por el espacio hasta su destino. Si la nave no puede alcanzar la velocidad de escape, cae a la Tierra o entra en órbita.

¿Qué hacen los satélites?

Un satélite es cualquier objeto que gira alrededor de otro. Sin embargo, muchas veces se usa esta palabra para referirse a los objetos artificiales que giran alrededor de la Tierra. Estos satélites realizan observaciones científicas del espacio y de la Tierra; por ejemplo, envían fotografías que nos ayudan a pronosticar el clima. Los satélites también mandan programas de televisión y llamadas telefónicas de un continente a otro.

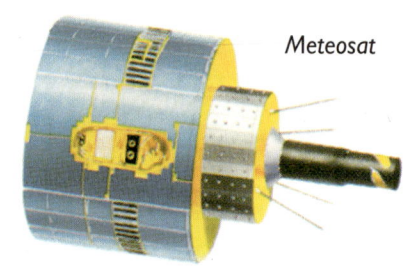

Meteosat

DATOS SOBRE NAVES Y SONDAS ESPACIALES

- *Luna 2* (URSS, 1959) chocó en la Luna.
- *Luna 9* (URSS, 1966) fue la primera nave espacial que aterrizó en la Luna.
- *Venera 4* (URSS, 1967) aterrizó en Venus.
- *Salyut 1* (URSS, 1971) fue la primera estación espacial del mundo.
- *Vikingo 1 y 2* (EU, 1976) hicieron los primeros aterrizajes en Marte.
- *Viajero 1* (EU) pasó cerca de Júpiter en 1979, y de Saturno en 1980.
- *Viajero 2* (EU) pasó cerca de Urano en 1986, y de Neptuno en 1989.
- *Sonda Galileo* (EU) entró en la atmósfera de Júpiter en 1995.

▼ Ilustración de tres satélites: *Meteosat*, para pronosticar el tiempo; *IRAS*, estudiaba los cometas; *Solar Max*, que observó el Sol.

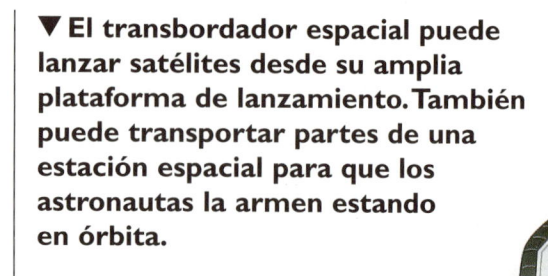

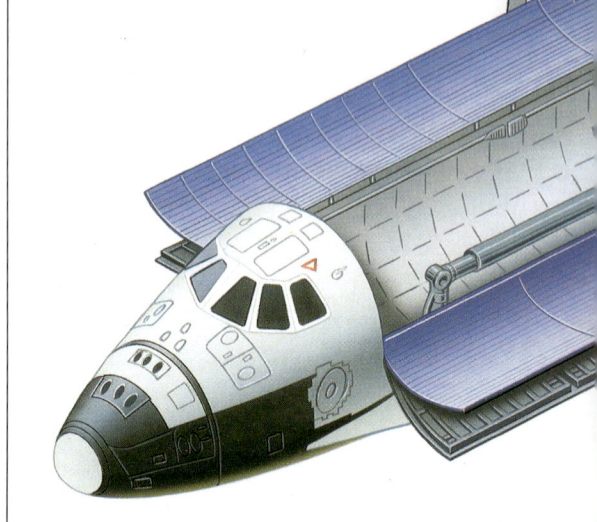

IRAS

▼ El transbordador espacial puede lanzar satélites desde su amplia plataforma de lanzamiento. También puede transportar partes de una estación espacial para que los astronautas la armen estando en órbita.

¿Qué hace un Transbordador Espacial*?

A diferencia de las primeras naves espaciales, el transbordador espacial puede utilizarse una y otra vez. Sale de la Tierra como un cohete, pero aterriza como un avión; no puede ir a la Luna ni a los planetas sino que orbita alrededor de la Tierra. Una vez ahí, su tripulación puede realizar actividades científicas como poner satélites en órbita o visitar satélites y estaciones espaciales que ya estén en órbita. El primer transbordador espacial fue lanzado en 1981.

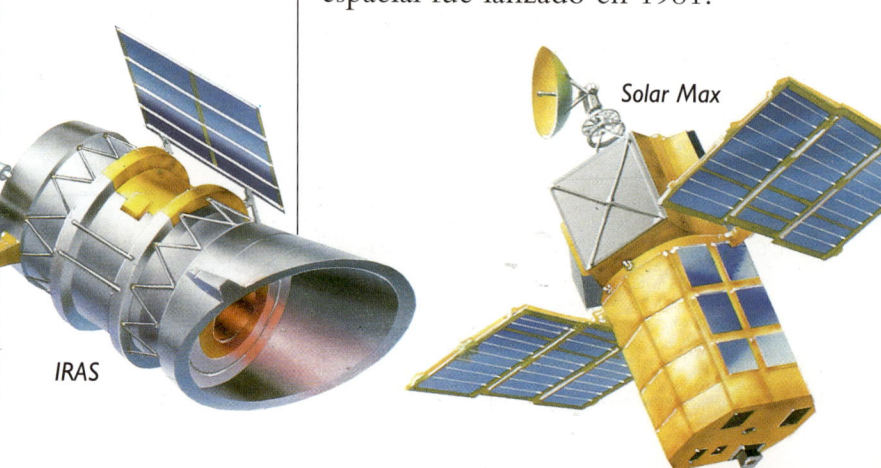

Solar Max

54

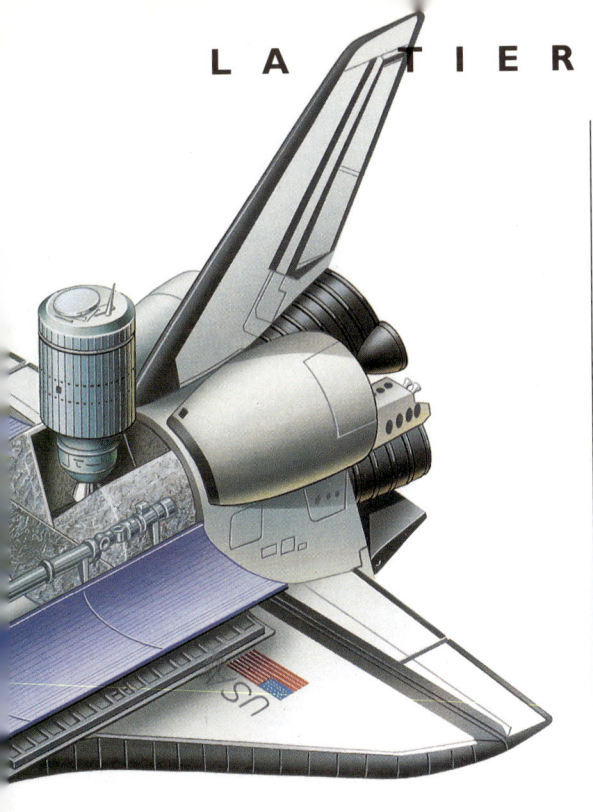

LA TIERRA Y EL ESPACIO

Cuando los astronautas usan el inodoro necesitan cinturones de seguridad. En estos inodoros el agua no corre, los desechos son lanzados hacia fuera.

▼ Un traje espacial está hecho de varias capas de plástico. Le proporciona al astronauta oxígeno para respirar y le permite trabajar con comodidad fuera de la nave.

15 capas de plástico

¿Cuánto pesarías en el espacio?

Si viajaras al espacio ¡no pesarías nada durante gran parte del vuelo! Sólo tendrías peso mientras están encendidos los motores al principio o al final del viaje. El resto del tiempo flotarías en la cabina de la nave. Esto se debe a que no hay gravedad que atraiga tu cuerpo al piso de la nave.

¿Cómo puede vivir en el espacio una persona?

En el espacio no hay aire, ni agua ni alimentos para que una persona pueda vivir. Sin protección, cualquier persona moriría en pocos segundos. Dentro de la nave espacial, los astronautas tienen aire, agua y comida. Fuera de la nave necesitan trajes espaciales que tienen reservas de oxígeno, algo para beber, una cámara y computadoras. Estos trajes también tienen sistemas para regular la temperatura, porque en el espacio puede hacer mucho calor o mucho frío.

¿Qué es una estación espacial?

Una estación espacial es un laboratorio que gira en órbita alrededor de la Tierra. Partes de la estación son transportadas por cohetes al espacio, donde posteriormente se arman. Grupos de astronautas y científicos pueden vivir en una estación espacial hasta por un año.

¿Cuántas personas han pisado la Luna?

En 1969, el *Apolo 11* realizó el primer e histórico descenso humano en la Luna. De 1969 a 1972, los estadounidenses mandaron siete expediciones a la Luna en diversas naves llamadas Apolo. El *Apolo 13* no logró aterrizar en la Luna pero volvió a salvo, aunque tuvo una explosión. Las otras seis misiones tuvieron éxito. En total, 12 astronautas han pisado la Luna.

¿Cuál fue el primer cohete espacial de verdad?

El primer cohete que alcanzó velocidad y altura para llegar al espacio fue el misil alemán V2. Fue lanzado por primera vez en 1942, a una distancia de 200 km y aterrizó a 4 km de su objetivo. Después de la Segunda Guerra Mundial, los estadounidenses y los rusos usaron algunos V2 capturados durante la guerra. Así dieron inicio a sus programas de exploración del espacio y construcción de misiles.

¿Qué le pasa a una persona en el espacio?

Algunos astronautas han estado en el espacio cerca de un año; al volver a la Tierra son un poco más altos. Como en el espacio hay menos gravedad sus huesos se comprimen menos.

LA TIERRA Y EL ESPACIO

CUESTIONARIO SOBRE LA TIERRA Y EL ESPACIO

- ¿El centro de la Tierra es sólido o líquido? (*pág. 9*)
- ¿Qué antigüedad tiene la Tierra: 15 mil millones de años, 4 600 millones de años o un millón de años? (*pág. 10*)
- La mayor parte de la Tierra está cubierta de agua: ¿es cierto o falso? (*pág. 11*)
- ¿Cuál era el dios griego que se creía que atravesaba el cielo en un carro de fuego? (*pág. 12*)
- ¿La aguja de una brújula siempre señala al polo Norte? (*pág. 13*)
- ¿Cuándo se trazaron los primeros mapas más o menos precisos? (*pág. 14*)
- ¿Qué muestran las curvas de nivel de los mapas? (*pág. 15*)
- ¿Qué era la Pangea? (*pág. 16*)
- ¿Las estalactitas crecen hacia arriba o hacia abajo? (*pág. 17*)
- ¿Qué arroja agua caliente y vapor cada 76 minutos? (*pág. 18*)
- ¿En qué países los sismos han matado a muchas personas? (*pág. 19*)
- ¿En qué continente está el Desierto del Sahara? (*pág. 20*)
- ¿Dónde está el arrecife de coral más grande del mundo? (*pág. 21*)
- ¿Cuáles son los bosques más ricos de la Tierra? (*pág. 22*)
- ¿Cuál es la montaña más alta del mundo? (*pág. 23*)
- ¿Dónde está la troposfera? (*pág. 24*)
- ¿Cuál es el gas más abundante en el aire? (*pág. 25*)
- ¿Cuántos lados tiene un copo de nieve? (*pág. 25*)
- ¿Qué son los cirros y los cirrocúmulos? (*pág. 27*)
- ¿Dónde está el lugar más frío de la Tierra? (*pág. 28*)
- ¿Qué viaja más rápido: el trueno o el relámpago? (*pág. 28*)     
- ¿Es cierto que los huracanes son tormentas del Océano Pacífico? (*pág. 29*)
- ¿De dónde viene la sal del mar? (*pág. 31*)
- ¿Dónde hay recodos y meandros? (*pág. 32*)
- ¿Cuál es el lago más profundo del mundo? (*pág. 33*)
- ¿Qué es (o era) un tilacino? (*pág. 34*)
- ¿Por qué ha comenzado a calentarse la Tierra desde el siglo XVIII? (*pág. 36*)
- ¿Cómo se reciclan las botellas? (*pág. 37*)
- ¿Qué nos mantiene de pie en la Tierra? (*pág. 38*)
- ¿Los planetas tienen luz propia? (*pág. 39*)
- ¿Desde hace cuánto tiempo brilla el Sol? (*pág. 40*)
- ¿Por qué nunca hay que mirar directamente el Sol? (*pág. 41*)
- ¿Hay clima en la Luna? (*pág. 42*)
- ¿Cómo se formaron los cráteres de la Luna? (*pág. 43*)
- ¿Cuántos planetas no tienen lunas? (*pág. 44*)
- ¿Plutón es más grande o más chico que nuestra Luna? (*pág. 45*)
- ¿Qué significa la palabra "planeta"? (*pág. 46*)
- ¿Cuál es el planeta rojo? (*pág. 47*)
- ¿Cuál es el cometa más famoso? (*pág. 48*)
- ¿De qué tamaño son los asteroides? (*pág. 49*)
- ¿Qué es una supernova? (*pág. 51*)
- ¿Qué forma tiene la Vía Láctea? (*pág. 52*)
- ¿Qué vio Galileo con su telescopio? (*pág. 53*)
- ¿Cuándo voló el primer transbordador espacial? (*pág. 54*)

56

CIENCIAS

LOS ÁTOMOS

Electrón
Neutrones
Núcleo*
Órbita del electrón
Protones

¿Qué es un átomo?

El átomo es la unidad más pequeña que puede ser reconocida como parte de un elemento químico, por ejemplo, el hierro o el cobre. Los científicos pueden distinguir los átomos de los distintos elementos gracias a que cada uno tiene una estructura diferente. Los átomos son los principales componentes de los elementos que forman la materia del Universo.

En el centro del átomo está el núcleo*, formado de partículas muy pequeñas llamadas protones y neutrones. Alrededor del núcleo giran otras partículas denominadas electrones, cuyas cargas eléctricas hacen que el electrón gire sin salirse de su órbita. En cada átomo es diferente la distribución de los protones, los neutrones y los electrones.

¿De qué tamaño son los átomos?

Los átomos son tan pequeños que no podemos verlos a simple vista, pero los científicos han podido fotografiarlos con potentes microscopios electrónicos en los que se ven como borrosas manchas blancas.

El tamaño del núcleo es 10 000 veces más pequeño que el del átomo

▲ El núcleo* o centro de un átomo está formado por pequeños protones y neutrones. Las partículas que giran alrededor del núcleo se llaman electrones.

▼ Los átomos son muy pequeños. Si un átomo fuera tan grande como una de tus uñas, ¡podrías tomar la Tierra con la mano!

mismo, y los electrones son todavía más pequeños.

¿Cuántos tipos de átomos existen?

En la naturaleza se han encontrado 92 elementos químicos diferentes. Los científicos han producido en el laboratorio algunos otros elementos y átomos. Un átomo de uranio es doscientas veces más pesado que uno de hidrógeno, pero en general casi todos los átomos son aproximadamente del mismo tamaño. En el grosor de esta página caben cerca de 2 millones de átomos.

57

CIENCIAS

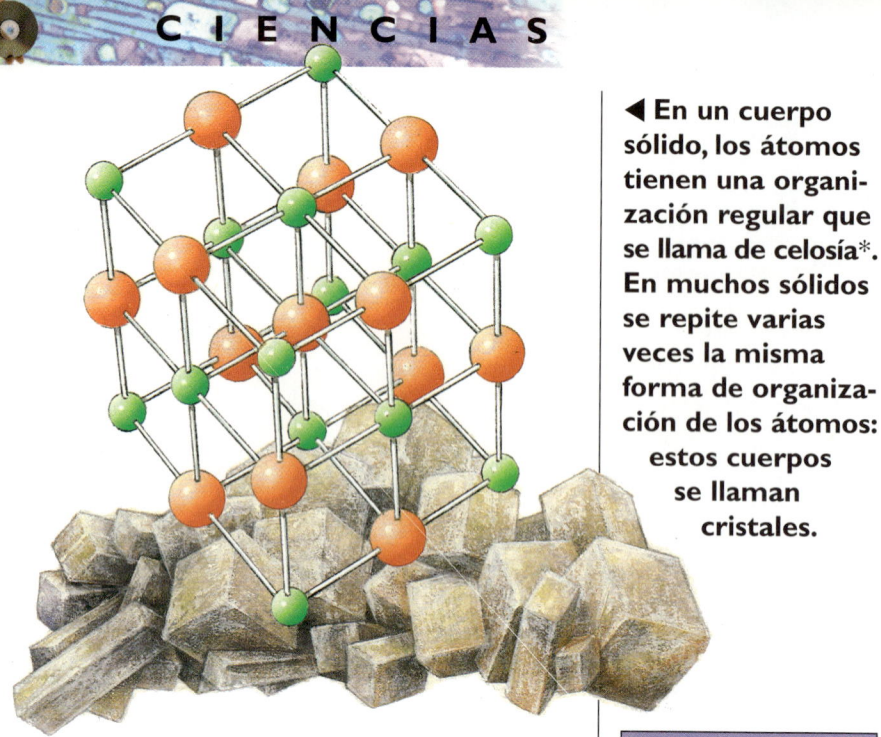

◀ **En un cuerpo sólido, los átomos tienen una organización regular que se llama de celosía*. En muchos sólidos se repite varias veces la misma forma de organización de los átomos: estos cuerpos se llaman cristales.**

¿Qué son las moléculas?

La molécula es la parte más pequeña de una sustancia que conserva sus características. Por ejemplo, en el grueso de una página de este libro hay aproximadamente 100 000 moléculas de papel. Si esas moléculas se separaran ya no habría papel, sino sólo un grupo desorganizado de átomos. Todas las moléculas de una sustancia tienen la misma cantidad de átomos unidos, ordenados siempre de la misma manera.

Las moléculas son muy pequeñas: una cucharita llena de agua tiene por lo menos el mismo número de moléculas de agua que el número de cucharitas de agua que se necesitarían para llenar el Océano Atlántico.

¿Quién pesó los átomos por primera vez?

El químico británico John Dalton (1766-1844) descubrió que una molécula de agua siempre contiene la misma proporción de oxígeno e hidrógeno. Él pensó que los átomos de oxígeno eran más pesados que los de hidrógeno y así es: el de oxígeno pesa 16 veces más que el de hidrógeno.

DATOS SOBRE LOS ÁTOMOS

■ En los años 400 a.C., el científico griego Demócrito llamó "átomo" a lo que creía que era la partícula más pequeña de la materia.

■ En 1818, el químico sueco Jons Berzelius clasificó 45 sustancias diferentes de acuerdo con su peso atómico*.

■ Berzelius también sugirió nombrar los elementos con la primera letra o letras de sus nombres, por ejemplo: O = oxígeno.

■ Los átomos son increíblemente ligeros. ¡En un gramo hay cerca de 602 000 billones de trillones de átomos de hidrógeno!

■ Los electrones giran a una velocidad increíble. Mientras rodean el núcleo*, cambian de posición constantemente, recorriendo su órbita billones de veces en apenas una millonésima de segundo.

¿Quién descubrió los electrones?

Sir Joseph John Thomson, un científico británico, descubrió los electrones en 1895. Él trabajaba en el Laboratorio de Cavendish, en la Universidad de Cambridge, Gran Bretaña, investigando los rayos que se producen cuando una corriente eléctrica atraviesa el vacío. Por su descubrimiento recibió el Premio Nobel de Física de 1906.

Sir Joseph John Thomson

¿Quién dividió por primera vez un átomo?

Hasta los primeros años del siglo XX nadie conocía la composición del átomo. Sir Joseph John Thomson creía que el átomo parecía una especie de budín de ciruelas, con los electrones organizados alrededor como pasas decorativas. Ernest Rutherford en 1911, y Niels Bohr en 1913, propusieron ideas diferentes.

Rutherford, de Nueva Zelanda, descubrió el núcleo* del átomo y mostró que los electrones son muy ligeros. Bohr, un físico danés, elaboró el modelo de "sistema solar" para describir las partículas que giran en órbita alrededor del núcleo del átomo. Hoy, casi todos los científicos aceptan esta teoría.

Rutherford logró lo que los antiguos griegos creían imposible: dividió el átomo y al hacerlo transformó una sustancia en otra. Bombardeó átomos de gas nitrógeno con partículas alfa*; los átomos de nitrógeno se convirtieron en átomos de oxígeno y de hidrógeno. Logró por primera vez esta hazaña en 1919, cuando trabajaba en la Universidad de Cambridge, Gran Bretaña.

CIENCIAS

¿Por qué se libera tanta energía al dividirse un átomo?

El gran científico Albert Einstein elaboró una fórmula para explicar por qué si se suma la masa de cada una de las partes de un átomo dividido por un neutrón, el resultado es menor que la masa original del átomo sumada con la masa del neutrón. La fórmula de Einstein fue $E = mc^2$, que significa: E = energía liberada; m = masa perdida; c^2 = velocidad de la luz al cuadrado. La energía que se libera en una reacción nuclear es igual a la masa que se pierde, multiplicada por c^2. Y c^2 es enorme, porque la luz viaja ¡a 300 000 km/s! Aunque m (la masa perdida) sea diminuta, E (la energía) será inmensa. ¡El valor de c^2 es 300 000 multiplicado por 300 000!

▼ **En 1919, el científico Ernest Rutherford logró dividir el átomo: bombardeó nitrógeno con partículas alfa*, y lo transformó en oxígeno. Este importante paso condujo al desarrollo de la energía nuclear.**

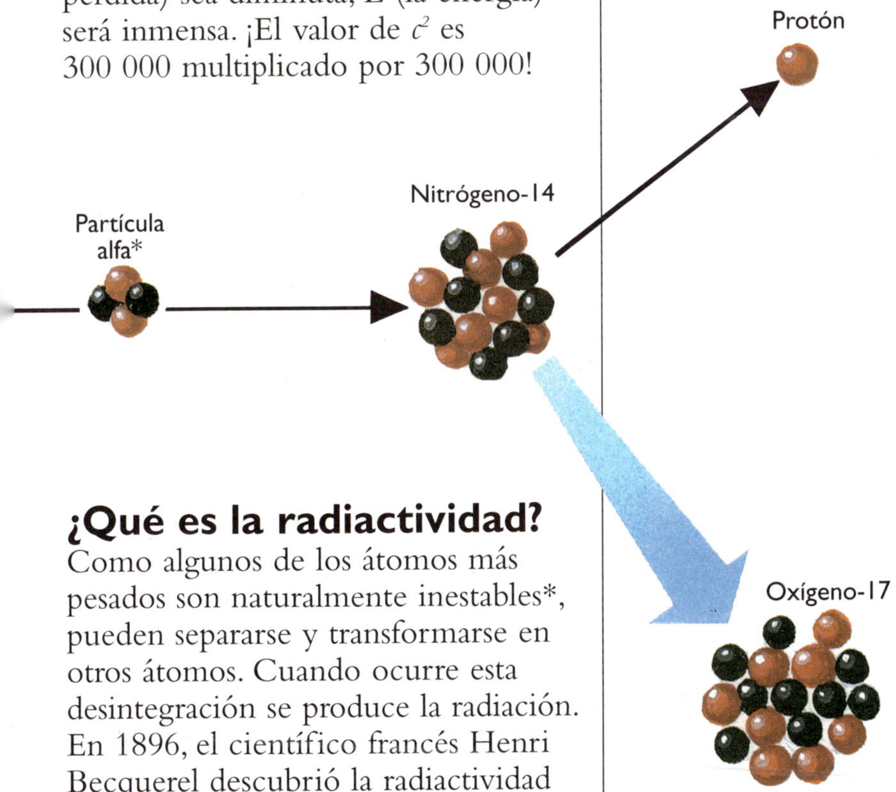

Partícula alfa*

Nitrógeno-14

Protón

Oxígeno-17

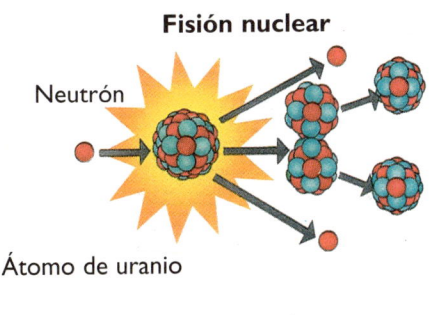

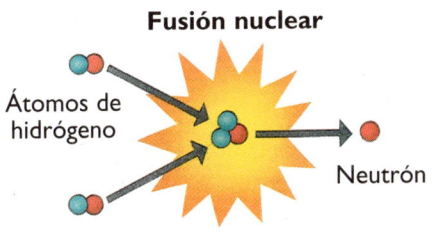

▶ **En la fisión nuclear, un neutrón divide un átomo y se inicia una reacción en cadena*. En la fusión nuclear se unen núcleos ligeros para formar un átomo y un neutrón.**

¿Qué es la radiactividad?

Como algunos de los átomos más pesados son naturalmente inestables*, pueden separarse y transformarse en otros átomos. Cuando ocurre esta desintegración se produce la radiación. En 1896, el científico francés Henri Becquerel descubrió la radiactividad del uranio. La radiactividad existe en la naturaleza, y también la obtienen los científicos cuando dividen los átomos. Los rayos radiactivos* son peligrosos para la salud porque afectan el funcionamiento de las células del cuerpo; pueden causar padecimientos por la radiación y provocar enfermedades como el cáncer o la leucemia*.

¿Por qué se llama así la "energía nuclear"?

La palabra "nuclear" viene de "núcleo*". El núcleo es el centro del átomo y cuando sufre algún cambio se libera un tipo de energía llamada nuclear. La energía nuclear existe de forma natural en el Sol, las estrellas y la Tierra. Los científicos pueden producir este tipo de energía en una central de energía nuclear o en un arma nuclear.

¿Qué diferencia hay entre la fisión y la fusión nuclear?

Ambas son reacciones nucleares. En la fisión nuclear se divide el núcleo de un átomo pesado (por lo general, uranio). La fisión es usada en las centrales de energía nuclear y en las bombas atómicas. La fusión nuclear resulta cuando se unen núcleos ligeros y producen una reacción termonuclear*. La fusión es la fuente de energía más potente que se conoce, y se utiliza en las bombas de hidrógeno. Tal vez un día esta poderosa energía se pueda producir usando el deuterio, un combustible parecido al hidrógeno, que se encuentra en el agua de mar.

Fisión nuclear

Neutrón

Átomo de uranio

Fusión nuclear

Átomos de hidrógeno

Neutrón

Átomo de helio

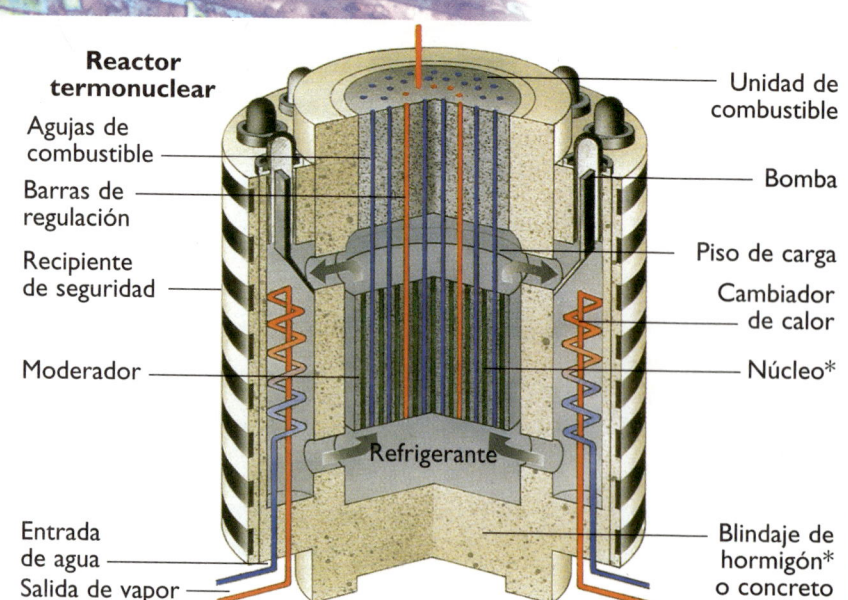

CIENCIAS

Reactor termonuclear

- Agujas de combustible
- Barras de regulación
- Recipiente de seguridad
- Moderador
- Entrada de agua
- Salida de vapor
- Unidad de combustible
- Bomba
- Piso de carga
- Cambiador de calor
- Núcleo*
- Refrigerante
- Blindaje de hormigón* o concreto

¿Cómo produce electricidad un reactor?

Las centrales nucleares trabajan del mismo modo que las centrales eléctricas que funcionan con carbón o petróleo: ambas calientan agua y producen el vapor que acciona las turbinas*. El calor que se necesita para producir vapor se obtiene de la gran cantidad de energía liberada por una reacción en cadena* que se da dentro del reactor de la central nuclear.

¿Qué pasó en Chernobil?

En abril de 1986 hubo un grave accidente en la central nuclear de Chernobil, en Ucrania (que era parte de la URSS*). Un reactor explotó y la radiactividad liberada contaminó las plantas y los animales. Algunas personas murieron y otras fueron trasladadas a nuevos hogares lejos del área. Finalmente, el reactor fue sellado con hormigón o concreto para siempre.

▲ El centro de los reactores termonucleares contiene agujas de uranio. El calor de la fisión del combustible convierte el agua en vapor que mueve los turboalternadores* y genera electricidad.

Un aparato nuevo llamado **TAC** (tomógrafo axial computarizado) sirve para estudiar el cuerpo. El aparato gira alrededor del cuerpo y emite rayos X del grueso de un lápiz. En una computadora se ven los resultados: una rebanada de cuerpo.

¿Qué es un isótopo?

Casi todos los elementos tienen dos o más átomos de pesos diferentes. A los átomos del mismo elemento que tienen pesos diferentes se les llama isótopos. Por ejemplo, el hidrógeno tiene tres isótopos llamados protio, deuterio y tritio.

Algunos isótopos radiactivos* se emplean en la industria y la medicina. Por ejemplo, la radiación del isótopo del Cobalto 60 se utiliza en vez de los rayos X para tomar fotografías que, al atravesar metales, detectan grietas y fallas. Los médicos usan los isótopos radiactivos para explorar el cuerpo humano y estudiar sus órganos.

¿Por qué los submarinos nucleares pueden estar tanto tiempo bajo el agua?

Los submarinos nucleares avanzan gracias a turbinas* accionadas por el vapor que genera un reactor nuclear. Este reactor consume tan poco combustible que los submarinos casi nunca tienen que volver al puerto para reabastecerse. El primer submarino nuclear fue el *Nautilus*, del ejército de los Estados Unidos (1955). Un trozo de combustible de uranio del tamaño de una bombilla o foco le dio a este submarino suficiente energía para recorrer 100 000 km. En 1960, el buque estadounidense *Tritón* recorrió las profundidades del mar durante tres meses sin volver a cargar combustible.

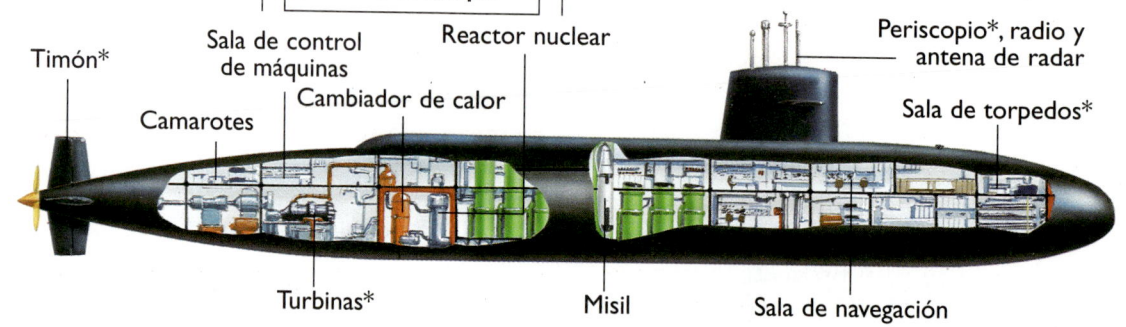

▶ El reactor de un submarino nuclear calienta agua para producir el vapor que acciona las turbinas del barco.

- Timón*
- Camarotes
- Sala de control de máquinas
- Cambiador de calor
- Turbinas*
- Reactor nuclear
- Misil
- Periscopio*, radio y antena de radar
- Sala de torpedos*
- Sala de navegación

CIENCIAS

LOS ELEMENTOS Y LA MATERIA

¿Qué son los elementos?

Un elemento es una sustancia formada por un solo tipo de átomos que tienen el mismo número atómico*. Por eso es imposible descomponer el átomo en partes con propiedades químicas diferentes.

En la naturaleza existen 92 elementos; otros solamente se pueden crear en el laboratorio por medio de reacciones atómicas. En total hay 109 elementos oficialmente descubiertos, aunque algunos científicos afirman haber hallado otros dos.

El elemento más abundante en la corteza de la Tierra es el oxígeno (alrededor del 50% por peso); luego sigue el silicio (cerca de 28% por peso). Cada elemento tiene un símbolo que representa su nombre. Por ejemplo: He (helio), Cu (cobre), Zn (cinc), Fe (hierro). Esto facilita la escritura de largas fórmulas químicas.

▶ **Las pruebas con fuego sirven para identificar los elementos**, ya que alambres de elementos diferentes producen distintos colores al calentarse con un mechero de Bunsen*.

▼ **La tabla periódica muestra los elementos ordenados según su número atómico*.** Los elementos con átomos de estructuras y propiedades similares se agrupan juntos. Los principales grupos son los **No metales**, los **Metales alcalinos**, los **Metales de transición**, y los **Lantánidos y Actínidos**.

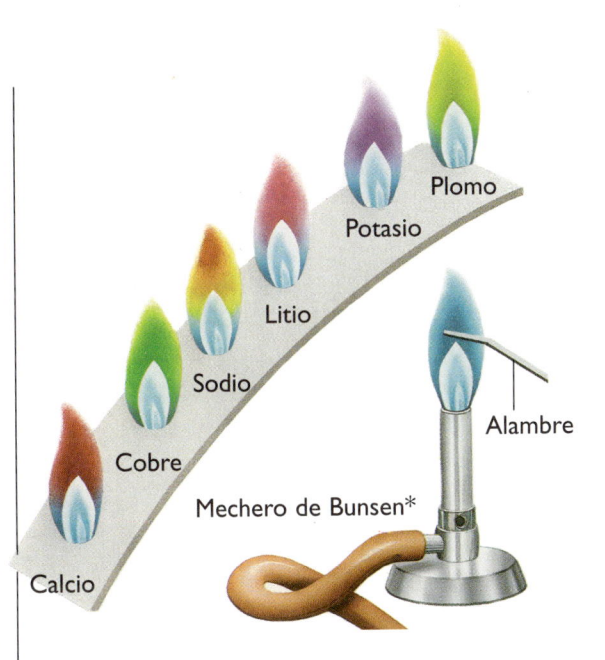

Plomo, Potasio, Litio, Sodio, Cobre, Calcio

Alambre

Mechero de Bunsen*

¿Qué es un mineral?

El oro, la plata y el mercurio son ejemplos de elementos puros. Casi todos los elementos químicos reaccionan junto con otros tan fácilmente que no se encuentran en estado puro, sino que se combinan y forman minerales. Hasta hoy se conocen unos 3 000 minerales.

3 Litio Li	4 Berilio Be		Metales alcalinos		Metales de transición		1 Hidrógeno H					5 Boro B	6 Carbono C	7 Nitrógeno N	8 Oxígeno O	9 Flúor F	2 Helio He 10 Neón Ne
11 Sodio Na	12 Magnesio Mg		No metales		Lantánidos y Actínidos							13 Aluminio Al	14 Silicio Si	15 Fósforo P	16 Azufre S	17 Cloro Cl	18 Argón Ar
19 Potasio K	20 Calcio Ca	21 Escandio Sc	22 Titanio Ti	23 Vanadio V	24 Cromo Cr	25 Manganeso Mn	26 Hierro Fe	27 Cobalto Co	28 Níquel Ni	29 Cobre Cu	30 Cinc Zn	31 Galio Ga	32 Germanio Ge	33 Arsénico As	34 Selenio Se	35 Bromo Br	36 Kriptón Kr
37 Rubidio Rb	38 Estroncio Sr	39 Itrio Y	40 Circonio Zr	41 Niobio Nb	42 Molibdeno Mo	43 Tecnecio Tc	44 Rutenio Ru	45 Rodio Rh	46 Paladio Pd	47 Plata Ag	48 Cadmio Cd	49 Indio In	50 Estaño Sn	51 Antimonio Sb	52 Telurio Te	53 Yodo I	54 Xenón Xe
55 Cesio Cs	56 Bario Ba	57-71 Serie de Lantánidos	72 Hafnio Hf	73 Tantalio Ta	74 Tungsteno W	75 Renio Re	76 Osmio Os	77 Iridio Ir	78 Platino Pt	79 Oro Au	80 Mercurio Hg	81 Talio Tl	82 Plomo Pb	83 Bismuto Bi	84 Polonio Po	85 Ástato At	86 Radón Rn
87 Francio Fc	88 Radio Ra	89-103 Serie de Actínidos	104 Rutherfordio Rf	105 Hahnio Ha	106 Elemento 106	107 Elemento 107	108 Elemento 108	109 Elemento 109									

57 Lantano La	58 Cerio Ce	59 Praseodimio Pm	60 Neodimio Nd	61 Prometio Pm	62 Samario Sm	63 Europio Eu	64 Gadolinio Gd	65 Terbio Tb	66 Disprosio Dy	67 Holmio Ho	68 Erbio Er	69 Tulio Tm	70 Iterbio Yb	71 Lutecio Lu
89 Actinio Ac	90 Torio Th	91 Protactinio Pa	92 Uranio U	93 Neptunio Np	94 Plutonio Pu	95 Americio Am	96 Curio Cm	97 Berkelio Bk	98 Californio Cf	99 Einstenio Es	100 Fermio Fm	101 Mendelevio Md	102 Nobelio No	103 Laurencio Lr

61

CIENCIAS

¿Cuáles son los tres estados de la materia?

La materia se presenta en tres estados: sólido, líquido y gaseoso. Los sólidos tienen forma y volumen porque sus moléculas están fuertemente unidas. Los líquidos también tienen volumen, pero carecen de forma; sus moléculas están unidas menos íntimamente, así que los líquidos se adaptan a la forma del recipiente que los contiene. Los gases no tienen volumen ni forma; sus moléculas tienen libertad de movimiento y por lo tanto llenan cualquier recipiente que los contenga.

Cuando secas tu cabello, el aire caliente que sale del secador de pelo convierte el agua del pelo en vapor, y el aire absorbe ese vapor. La ropa húmeda extendida se seca de la misma forma.

¿La materia puede cambiar de estado?

Muchas sustancias cambian de estado fácilmente al calentarse o enfriarse. El agua es líquida a la temperatura ambiente, pero al calentarse se convierte en gas (vapor de agua), y al enfriarse se hace sólida (hielo). Al calentar el hielo, primero se convierte en agua y luego en vapor.

¿Qué es la evaporación?

Un líquido se convierte en vapor cuando se calienta. Por ejemplo: el vapor que sale de una tetera es agua convertida en gas. Pasa lo mismo cuando el Sol calienta una carretera húmeda, ya que se puede ver el vapor que sube del suelo: esto se llama evaporación. La evaporación puede usarse para quitarle la sal al agua salada: el agua se evapora al hervir y los cristales de sal quedan en el fondo.

▲ Si vacías agua caliente (líquida) sobre hielo (sólido), puedes ver subir el vapor de agua (gas). El agua es el único compuesto líquido que existe en forma natural.

¿Por qué explota un globo al apretarlo?

Si se infla un globo y luego se le oprime, el volumen de aire que tiene dentro se reduce y la presión aumenta. A veces la presión es tanta que el globo estalla. Esta es una prueba del comportamiento de los gases, descubierta en 1662 por el científico Robert Boyle.

¿Cómo se forman los cristales?

Los cristales son sólidos que se encuentran en la naturaleza en una enorme variedad de formas y tamaños. La mayor parte de la materia sólida es cristalina; esto incluye casi todos los minerales y los metales. Puedes ver cómo se forman cristales en una solución de azúcar. Si disuelves azúcar en agua se forma una solución de agua dulce; al hervir esa solución, el agua comienza a evaporarse y conforme se evapora va quedando cada vez más azúcar. Al final, el agua restante estará "saturada" y comenzarán a formarse cristales de azúcar.

▼ Estas figuras de colores son cristales que se forman en una solución de silicato de sodio (vidrio líquido).

CIENCIAS

¿Qué es una reacción química?

Cuando se ponen juntas dos o más sustancias, éstas pueden mezclarse como el agua y la arena en un recipiente, aunque siguen siendo sustancias distintas. Sin embargo, por medio de una reacción química pueden transformarse y convertirse en una sustancia diferente. Por ejemplo, si se mezclan cinc y ácido clorhídrico ocurre una reacción química que produce gas hidrógeno y cloruro de cinc.

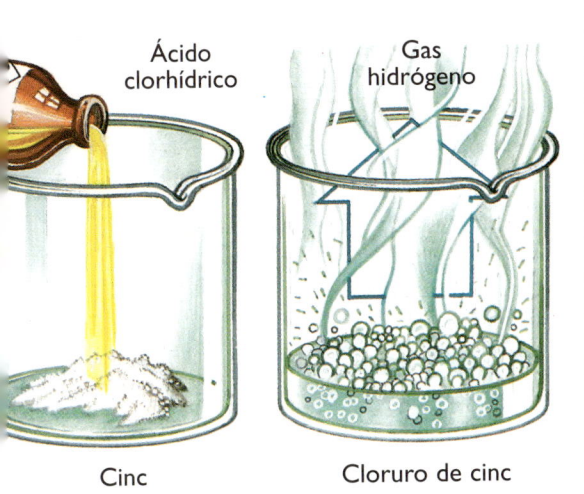

Ácido clorhídrico

Gas hidrógeno

Cinc

Cloruro de cinc

¿Qué es un compuesto?

Un compuesto es una sustancia formada por dos o más elementos que no se pueden separar por medios físicos. Por ejemplo, el agua es un compuesto de hidrógeno y oxígeno. Cada molécula de agua tiene dos átomos de hidrógeno y uno de oxígeno unidos por fuerzas invisibles llamadas "enlaces".

¿Por qué se oxida el hierro?

Un pedazo de hierro sin pintar se oxida cuando está al aire libre y hay humedad. El óxido puede desgastar objetos de metal como la carrocería de los automóviles. El óxido es un ejemplo de reacción química: el hierro de la carrocería se combina

▶ Una cadena de hierro se oxida por el contacto con el aire o el agua, ya que ambos contienen oxígeno, elemento que fácilmente le quita electrones a los átomos del hierro y forma un compuesto llamado óxido de hierro, que tiene un característico color rojizo.

◀ El cinc es un metal y el ácido clorhídrico es un líquido. Al mezclarlos, el ácido reacciona con el metal y se forma una sal llamada cloruro de cinc.

La sal acelera la oxidación. Puedes comprobarlo poniendo trozos de fibra metálica en dos recipientes. Llena uno con agua del grifo y el otro con agua y sal. Fíjate en cuál se oxida primero la fibra. Haz el mismo experimento usando agua hervida; al hervir el agua, el aire se elimina. ¿Qué le pasa a la fibra metálica si no está en contacto con el aire?

Agua

Oxígeno

Metal oxidado

con el oxígeno del aire. Esta reacción se llama oxidación y, como su nombre lo dice, produce óxido. Una capa de pintura o de un metal que no se oxide (como el cromo) impide la oxidación al evitar que el oxígeno alcance al hierro.

¿Qué descubrió Lavoisier?

Antoine Lavoisier, científico francés que vivió de 1743 a 1794, fue uno de los fundadores de la química moderna. Su mayor descubrimiento fue encontrar que la materia no se destruye durante una reacción química, aunque su aspecto cambie. Ésta es una ley básica de la ciencia y se llama "ley de la conservación de la masa": significa que la cantidad de materia producida por una reacción química siempre es igual a la cantidad de materia que intervino en la reacción. Lavoisier murió ejecutado en la guillotina* durante la Revolución Francesa.

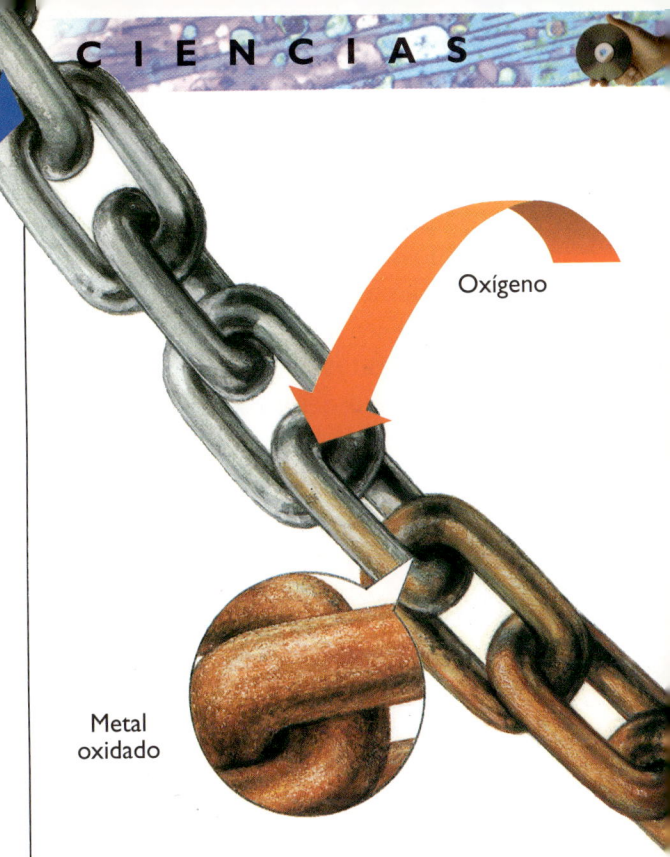

CIENCIAS

¿Por qué hay tantos compuestos de carbono?

El carbono es el único elemento con átomos que pueden unirse y formar cadenas, anillos y enlaces más complejos. Esto significa que hay muchos compuestos orgánicos (de carbono): se conocen casi 4 millones de ellos.

¿De qué están hechos los diamantes?

El diamante es un tipo de carbono. Es la sustancia más dura que se conoce. Los diamantes naturales (sin tallar) son opacos y sin brillo. Los brillantes o joyas muy valiosas se obtienen al cortar y pulir cuidadosamente los diamantes.

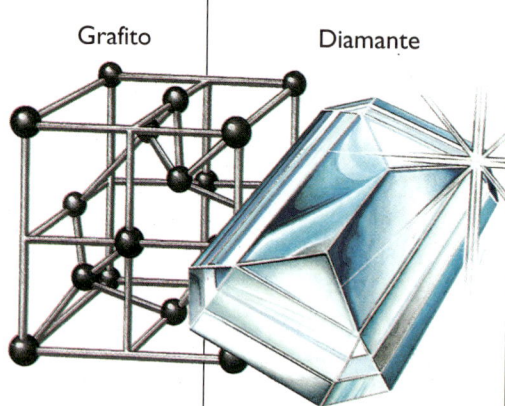

¿Qué son los ácidos?

Un ácido es un compuesto químico que contiene hidrógeno y por lo menos otro elemento. Así, el ácido sulfúrico (H_2SO_4) está compuesto de hidrógeno (H), azufre (S) y oxígeno (O). Normalmente, los ácidos son líquidos.

Algunos ácidos, llamados orgánicos, se encuentran en los vegetales comestibles. Por ejemplo, los limones y naranjas tienen ácido cítrico, y las manzanas y ciruelas tienen ácido málico.

¿Por qué algunos ácidos son peligrosos?

Algunos ácidos son tan fuertes que queman la piel y pueden disolver metales cuando están concentrados. Al diluirlos con agua se vuelven menos dañinos.

▼ El carbono existe en tres formas: de celosía*, cuando sus átomos están ordenados regularmente (como en el diamante), en capas (como en el grafito), y el carbón amorfo, cuando la acomodación de átomos no sigue un patrón regular.

Grafito   Diamante

DATOS SOBRE LOS ÁCIDOS

■ Algunos ácidos pueden corroer* el vidrio, por eso hay que guardarlos en recipientes especiales.

■ El cuerpo humano produce un ácido clorhídrico poco agresivo que ayuda en la digestión al descomponer los alimentos.

■ El ácido sulfúrico quizá sea el compuesto químico más importante. Tiene docenas de aplicaciones, entre ellas la elaboración de fertilizantes y medicinas.

■ Cuando en 1914 comenzó la Primera Guerra Mundial, se necesitaba mucho ácido nítrico para fabricar explosivos como la nitroglicerina. El químico alemán Fritz Haber inventó una nueva forma de producir este ácido al calentar juntos amoníaco y aire.

¿Cómo saber si un líquido contiene algún ácido?

Una prueba sencilla es sumergir un trozo de un papel tornasol en el líquido que se desee investigar. Este papel especial, llamado indicador, está teñido* con una sustancia azul producida por un hongo. Si el papel toca algún ácido, el tinte se vuelve rojo.

¿Qué es una base?

Una base es una sustancia que reacciona con un ácido para formar una sal y agua. Casi todas las bases son óxidos o hidróxidos de metales, es decir, son producto de reacciones con oxígeno e hidrógeno. Una de las reglas químicas más fáciles de recordar es la de los ácidos y las bases. Dice: ácido + base = sal + agua. Cuando esto ocurre, se dice que el ácido y la base se *neutralizan* mutuamente.

¿Qué es un metal?

Los elementos se clasifican en dos grupos básicos: los metales y los no metales. A los metales se les puede sacar brillo, conducen fácilmente el calor y la electricidad, y son "maleables" (se pueden modelar con algunos golpes o se les puede convertir en alambres). Más de 70 elementos conocidos en la actualidad son metales.

¿Qué es una aleación*?

Una aleación se produce cuando se mezclan dos o más metales o cuando se combina un metal con otra sustancia. Por ejemplo, el cobre es un metal puro. Cuando el cobre y el estaño (otro metal puro) se mezclan calentándolos hasta fundirse, forman el bronce. Es la aleación más antigua que se conoce. Al fundirse el cobre y el cinc se forma el latón; la aleación de hierro y carbono produce el acero.

CIENCIAS

¿Qué metal conduce mejor la electricidad?

La plata es el mejor conductor de electricidad de entre todos los metales conocidos; además, es muy valiosa por su belleza. Como es fácil trabajarla y tiene un acabado brillante que refleja la luz, se le ha utilizado desde la antigüedad para hacer joyas, monedas y adornos.

¿Cuál es el metal que más abunda en la Tierra?

El metal más abundante es el aluminio, que ocupa el 8% de la corteza terrestre*. No existe en estado puro, sino en un mineral llamado bauxita.

El calor nunca se queda quieto, siempre está en movimiento. Al agitar una bebida caliente con una cuchara, el calor pasa de la bebida a la cuchara y por eso ésta se calienta.

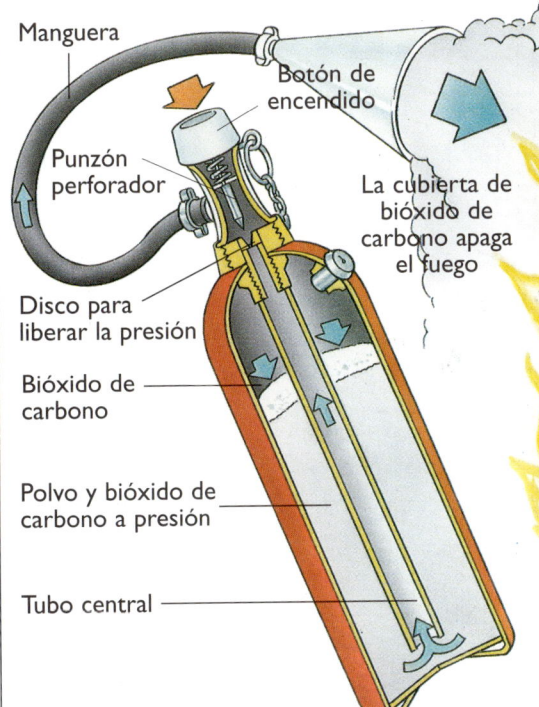

▶ Un extinguidor de incendios apaga el fuego con gas bióxido de carbono. El fuego se extingue sin oxígeno.

◀ Las personas que fabrican fuegos artificiales saben que ciertos metales producen diferentes colores al quemarse, por eso los ponen dentro de los cohetes.

Manguera
Botón de encendido
Punzón perforador
La cubierta de bióxido de carbono apaga el fuego
Disco para liberar la presión
Bióxido de carbono
Polvo y bióxido de carbono a presión
Tubo central

¿Por qué el bióxido de carbono apaga incendios?

El gas bióxido de carbono no se quema. En su estado puro es más pesado que el aire, por eso, al rociarlo sobre el fuego con un extintor se forma una cubierta que elimina el oxígeno que hace arder las llamas.

¿Qué metales dan color a los fuegos artificiales?

El estroncio produce luz roja cuando arde; el cobre, azul; el sodio, amarilla; el bario, verde, y el magnesio arroja una brillante luz blanca.

¿Cuál es el principal elemento del aire?

Alrededor del 78% del volumen del aire es nitrógeno, cerca del 21% es oxígeno, y el resto está formado de bióxido de carbono, vapor de agua, helio y otros gases.

▲ Una aeronave moderna es llenada con el gas helio, que no es tan ligero como el hidrógeno, pero es más seguro porque no se incendia.

¿Cuál es el gas más adecuado para los globos y las aeronaves?

El hidrógeno es el gas más ligero. Fue usado en los primeros globos y aeronaves, pero tiene la gran desventaja de ser muy inflamable*: muchas naves grandes que funcionaban con hidrógeno explotaron, matando a muchas personas. Después del hidrógeno, el helio es el segundo gas más ligero. Como el helio no se incendia, es mucho más seguro y hoy en día se usa en las aeronaves modernas más ligeras. El helio y el hidrógeno forman la mayor parte de la materia del Sol y de las estrellas.

CIENCIAS

LA ELECTRICIDAD, EL MAGNETISMO Y LA ELECTRÓNICA

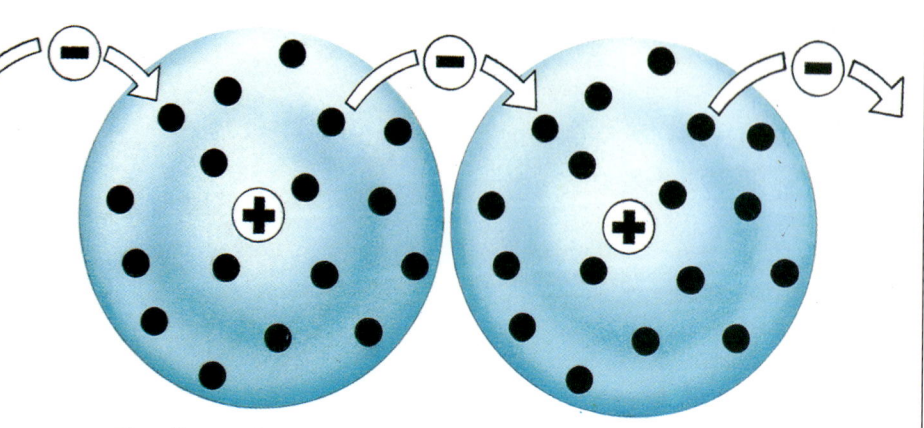

¿Qué es la electricidad?

La electricidad es una forma de energía que se produce cuando unas diminutas partículas atómicas llamadas electrones pasan de un átomo a otro. Aunque los científicos sabían que existía esta misteriosa energía, no se supo cómo funcionaba hasta que hace un siglo se comenzaron a conocer los secretos del átomo.

Sin electricidad, nuestra vida sería muy diferente. No tendríamos radio, televisión, teléfonos ni computadoras. Las calles y las casas estarían iluminadas con lámparas de petróleo o de gas, y no tendríamos muchos aparatos que hoy nos parecen normales.

¿Quién demostró que los rayos son fenómenos eléctricos?

En 1752, el científico estadounidense Benjamín Franklin quiso averiguar si había relación entre la electricidad y los rayos. Para ello hizo un experimento muy peligroso: tomó un barrilete o una cometa y la unió a una varilla metálica; luego ató el extremo de la cuerda del barrilete a una llave de cerradura y salió a la tormenta. Al acercar el barrilete hacia una nube cargada de electricidad, vio saltar chispas: el relámpago pasó por el barrilete y la cuerda, hasta la llave. Pero, ¡cuidado! ¡Nunca trates de hacer este experimento!

Después de esto, Franklin construyó y probó el primer pararrayos*. Hoy, todos los edificios altos tienen pararrayos que captan la electricidad de las tormentas. El cable de conexión conduce la electricidad a salvo hasta la tierra, evitando daños a los edificios.

▲ Los protones de los átomos tienen carga positiva (+) y atraen a los electrones, de carga negativa (-). La electricidad fluye cuando los electrones tienen libertad de moverse entre un átomo y otro.

▼ En el experimento de B. Franklin, el relámpago mandó una carga eléctrica por el barrilete o la cometa hasta la llave, produciendo una chispa.

66

CIENCIAS

◀ **Frota un globo con una prenda de lana o de nailon y producirás electricidad estática en la superficie del globo. Coloca el globo en la pared y verás que se pega a ella.**

¿Qué es un superconductor?

Al enfriarse mucho, algunas sustancias casi no oponen resistencia a la electricidad, convirtiéndose así en superconductores. Este fenómeno se observó por primera vez en 1911 al enfriar el mercurio. Más de 25 metales, incluyendo el cobre y diversas aleaciones*, se comportan igual. Las bobinas superconductoras permiten que la corriente eléctrica pase por ellas sin estorbo; por ello son usadas en los "aceleradores de partículas". Actualmente se están desarrollando nuevos materiales que "superconduzcan" la electricidad a temperatura ambiente.

Hace unos 100 años pocas personas tenían electricidad en sus casas. Los primeros aparatos eléctricos eran peligrosos, y los sirvientes domésticos a veces arriesgaban su vida al usarlos.

¿Qué es un aislante?

Un aislante es un material que no conduce la electricidad. Algunos buenos aislantes son los diamantes, el vidrio, el papel, el plástico, el caucho o hule y muchos gases. Por eso, los alambres de un cable eléctrico están cubiertos de caucho o hule, y también el tomacorriente o enchufe que está al final del alambre. Al tocar un cable o tomacorriente, el material aislante nos protege de los choques eléctricos porque no conduce fácilmente la electricidad.

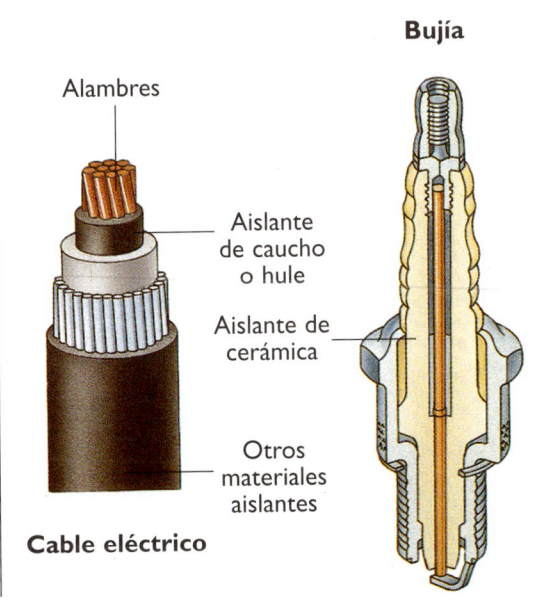

¿Cómo se carga de electricidad un objeto?

Toda la materia está compuesta de átomos. Normalmente, cada átomo tiene la misma cantidad de electrones y protones (ver pág. 57). La carga positiva de los protones y la negativa de los electrones se cancelan mutuamente, pero si este equilibrio cambia, el objeto se carga de electricidad. Por ejemplo, al frotar un globo con una tela, pasan electrones de la tela al globo. Éste se carga negativamente y la tela, al perder electrones, se carga positivamente. Como las cargas distintas se atraen, la tela se pega al globo.

¿Qué es un conductor?

Un conductor es un material a través del cual puede pasar la electricidad. Ésta corre con mayor facilidad por unos materiales que por otros: los metales son buenos conductores. Los pararrayos* están hechos de cobre, que conduce fácilmente la electricidad.

▶ **El caucho o hule es un buen aislante ya que tiene pocos electrones libres, de modo que no conduce bien la electricidad. El plástico, la cerámica y el vidrio tampoco son buenos conductores y se utilizan como aislantes en los equipos eléctricos.**

Cable eléctrico
- Alambres
- Aislante de caucho o hule

Bujía
- Aislante de cerámica
- Otros materiales aislantes

67

CIENCIAS

¿Cómo se transmite la electricidad?

Si colocas fichas de dominó acostadas en hilera y tocándose en los extremos, puedes hacer un experimento para ver cómo viaja la electricidad por un cable. Jala hacia atrás la primera ficha, luego hazla chocar bruscamente contra la que sigue y verás lo que pasa. Todas las fichas avanzan un poco, pero la última sale disparada. Los electrones se mueven de igual forma en un cable. Cuando un extremo es "impulsado" por una fuerza eléctrica, significa que todos los electrones del cable avanzaron un poco y en conjunto enviaron una señal rápida y fuerte hasta la punta.

¿Qué es un circuito eléctrico?

Para que la corriente eléctrica avance tiene que abrirse paso a lo largo de un circuito. Por ejemplo, para que un timbre funcione hay que conectar una de sus terminales a una pila con un cable, y luego conectar otro cable de la segunda terminal a la batería. Así se completa el circuito y el timbre puede sonar.

¿Quién fabricó la primera pila?

Alessandro Volta (1745-1827) fue un científico italiano interesado en la electricidad. En 1799, utilizó discos de cinc y de cobre separados por papel húmedo para hacer una "celda" que produjo corriente eléctrica. Al poner muchas celdas una sobre otra, descubrió que se producía una corriente más fuerte; luego mejoró esta "pila voltaica" usando un ácido o una solución salada para humedecer el papel. Ésa fue la primera pila.

¿Qué es una pila seca?

Una pila seca es la que utiliza una linterna. Tiene un recubrimiento de cinc (carga negativa), y dentro una pasta química que rodea una barra de carbono (carga positiva). En realidad, esta pila no está seca: su pasta tiene suficiente humedad para que funcione la celda. Las pilas de níquel y cadmio, que se utilizan en las máquinas de afeitar, son secas y pueden recargarse.

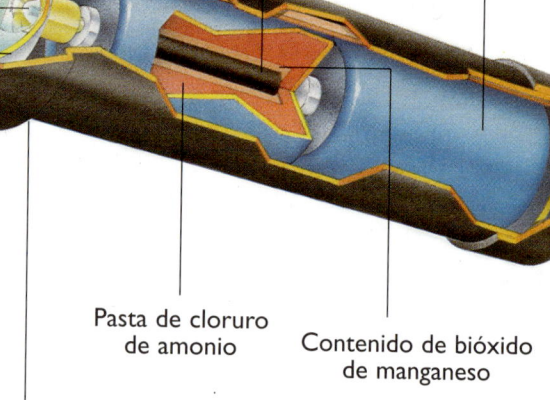

▲ La electricidad viaja desde las centrales eléctricas a través de cables.

▶ La reacción química de la pila seca de una linterna produce suficiente electricidad para encender una bombilla o foco pequeño. El reflector y el lente esparcen la luz que da el bulbo.

Interruptor
Barra de carbón
Envase de cinc
Lente
Bombilla o foco
Reflector
Pasta de cloruro de amonio
Contenido de bióxido de manganeso

¿Qué es un imán?

Un imán es un trozo de metal que atrae otras sustancias; se pueden hacer buenos imanes con el hierro y el acero. Los imanes tienen dos polos en sus extremos: el norte y el sur. Los polos distintos (norte y sur) se atraen, como los electrodos* contrarios (+) y (-). Los polos iguales (norte y norte o sur y sur) se repelen. Trata de juntar dos imanes y verás lo que pasa. ¿Puedes adivinar cuáles son los polos iguales del imán?

CIENCIAS

¿Por qué la magnetita indica una dirección?

En la antigüedad se descubrió que la magnetita (un mineral con propiedades magnéticas) atraía pequeños trozos de hierro. Si se hacía girar una barra de este mineral, siempre apuntaba al norte. Esta característica hizo de ella un valioso instrumento de orientación: fue la primera brújula magnética. Se dice que los chinos ya utilizaban brújulas de magnetita desde el año 2000 a.C.

¿Quién descubrió el electromagnetismo?

En 1820, el danés Hans Christian Oersted descubrió el efecto magnético mientras trabajaba con una pila y un circuito eléctrico. Notó que si tomaba un alambre por el que estuviera pasando corriente y lo acercaba a la brújula, la aguja de la brújula saltaba; al desconectar el alambre de la pila, la aguja seguía saltando. El descubrimiento de la relación entre el magnetismo y la electricidad, y de que pueden producirse uno al otro, fue muy importante para la ciencia.

¿Qué aspecto tiene un campo magnético?

Para ver un campo magnético se necesita limadura o polvo de hierro, una tarjeta delgada y un imán. Esparce la limadura en la tarjeta, coloca el imán debajo y golpea suavemente la tarjeta. La limadura formará un dibujo que señalará el campo magnético. Nota cómo éste se concentra más cerca de los polos del imán.

◀ **Una magnetita es una piedra naturalmente imantada. Antes se creía que la magnetita era mágica porque podía recoger clavos y otros objetos de hierro.**

¿SABÍAS QUE...?

■ El magnetismo se llama así en honor a un lugar llamado Magnesia, donde se descubrió la magnetita.

■ Se dice que los antiguos chinos ya utilizaban magnetitas como brújulas en el año 2000 a.C.

■ Si se corta un imán a la mitad, cada mitad se convierte en otro imán, con sus respectivos polos norte y sur.

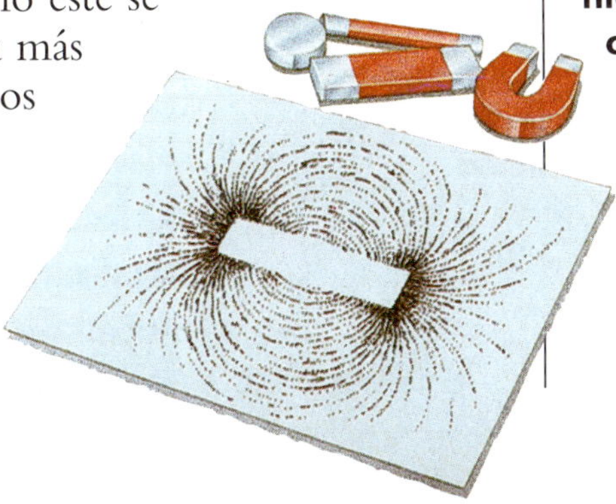

◀ **Al poner limadura (polvo) de hierro en un papel colocado sobre un imán, aparece la figura del campo magnético del imán.**

¿Cómo funciona un dinamo* sencillo?

Un dinamo es un generador que convierte la energía mecánica en energía eléctrica. Tiene una armadura (bobina que puede girar sobre su eje) colocada entre los polos de un imán. Al girar, fluye la corriente en la bobina cada vez que ésta atraviesa el campo magnético del imán.

Un motor eléctrico funciona de manera contraria: convierte la energía eléctrica en energía mecánica. Cuando pasa corriente por la bobina, la armadura gira y continúa moviéndose mientras la corriente siga pasando.

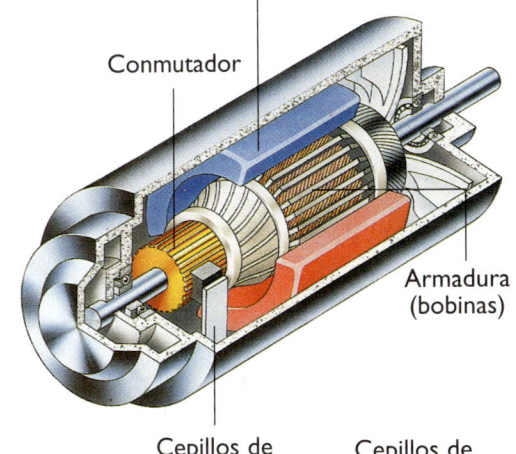

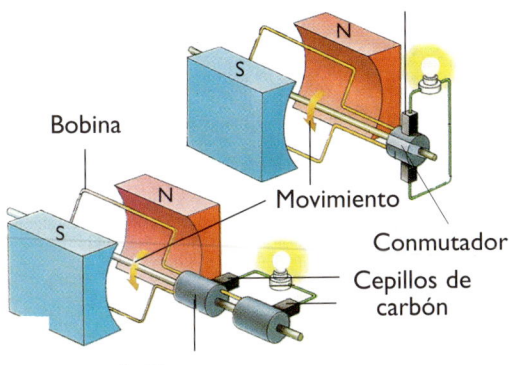

Estructura del campo (imán)
Conmutador
Armadura (bobinas)
Cepillos de carbono
Cepillos de carbono
Bobina
Movimiento
Conmutador
Cepillos de carbón
Anillo que roza

▲ **Los dinamos (arriba) son generadores que producen electricidad a partir del movimiento mecánico. Pueden producir corriente alterna (abajo a la izquierda) o corriente directa (abajo a la derecha).**

69

CIENCIAS

¿De dónde viene la electricidad que usamos?

La electricidad que empleamos se produce en los gigantescos generadores o dinamos* de las centrales eléctricas. Las estaciones de energía térmica convierten el calor en electricidad, es decir, queman combustible para hervir agua y así producir el vapor que acciona las turbinas* de los generadores. El combustible utilizado puede ser petróleo, carbón o combustible nuclear (uranio). Otro tipo de central eléctrica, la central hidroeléctrica, usa la fuerza del agua en movimiento para accionar los generadores.

▶ **En las bombillas o focos la corriente viaja por el filamento. Éste tiene una gran resistencia eléctrica, por ello se calienta tanto que brilla intensamente.**

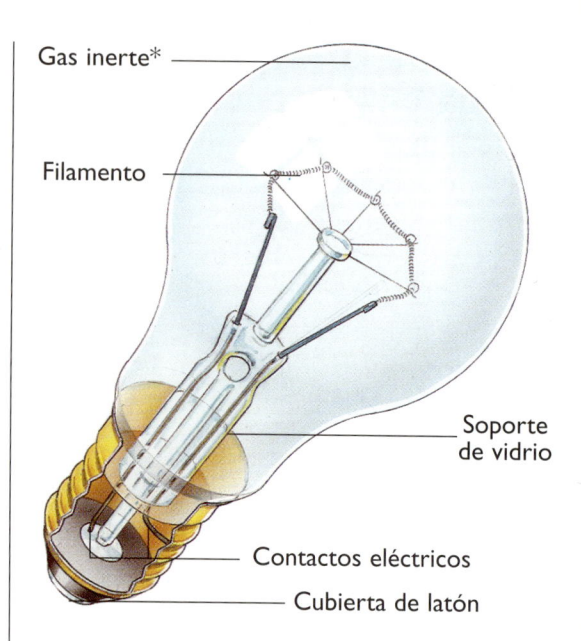

Gas inerte*
Filamento
Soporte de vidrio
Contactos eléctricos
Cubierta de latón

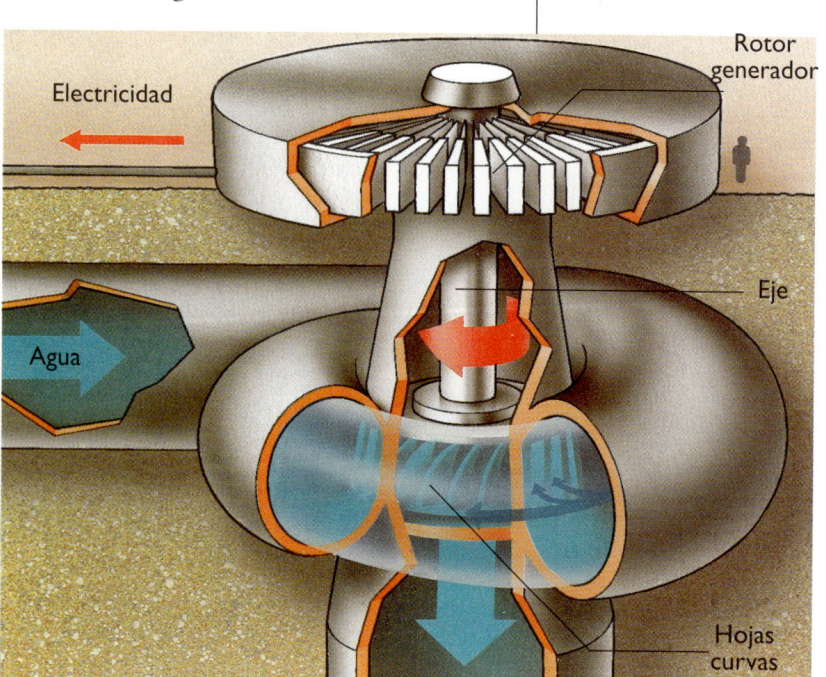

Electricidad
Agua
Rotor generador
Eje
Hojas curvas

¿Por qué un fusible es un elemento de seguridad?

Cuando algo funciona mal, los fusibles interrumpen el suministro de electricidad de un circuito. Dentro del fusible hay un alambre capaz de transmitir sólo una carga eléctrica segura. Si un aparato se calienta de más, comienza a consumir más electricidad. El delgado alambre del fusible del aparato, que normalmente está en el tomacorriente o enchufe, se calienta y se derrite. Así se rompe el circuito y se interrumpe el paso de electricidad.

▲ **Un turbogenerador hidroeléctrico convierte la energía del agua que corre en electricidad. El agua acciona las turbinas* que hacen girar el eje del rotor generador.**

¿Qué hace brillar a una bombilla o foco?

El delgado filamento que está dentro de la bombilla resiste el flujo de corriente eléctrica que lo atraviesa. Cuando la corriente fluye, el filamento se calienta y da luz. Para evitar que el filamento se queme por completo, la bombilla o foco se llena previamente con una mezcla de gases inertes* (generalmente argón y nitrógeno). Casi siempre el filamento está hecho de tungsteno.

¿Cómo funcionan los sensores u "ojos electrónicos"?

Cuando la luz choca contra ciertas sustancias, se produce un efecto eléctrico conocido como fotoelectricidad. El "ojo mágico" que abre automáticamente una puerta cuando uno se aproxima o que acciona una alarma contra robo, funciona por medio de la fotoelectricidad. Un rayo de luz alumbra una celdilla fotoeléctrica, y al interrumpirse ese rayo (cuando alguien lo atraviesa), se activa el circuito eléctrico. Este circuito puede encender un motor para abrir una puerta o, en el caso de una alarma, hacer sonar un timbre.

CIENCIAS

¿Qué es un circuito integrado?

Un circuito integrado es un complejo conjunto de transistores y otros elementos puestos dentro de un microprocesador (chip), fabricado con material semiconductor. El primer circuito integrado se elaboró en 1958. Al hacer circuitos cada vez más pequeños es posible almacenar una gran cantidad de capacidad electrónica en un espacio diminuto. En un circuito integrado del tamaño de una letra de esta frase caben cientos de componentes electrónicos.

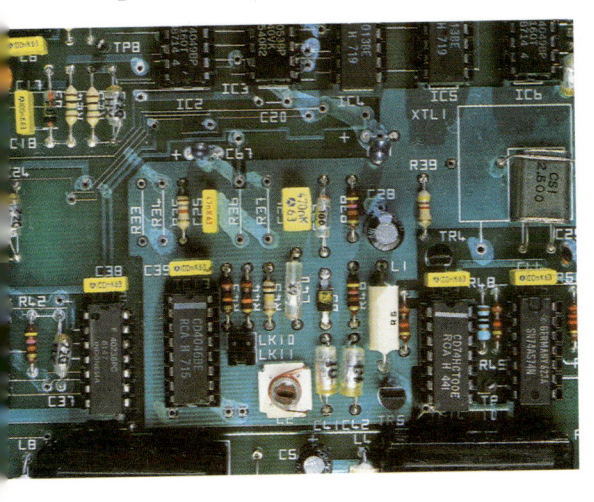

¿Por qué los microprocesadores (chips) son tan rápidos?

Los componentes que integran un microprocesador están colocados en un espacio muy pequeño. Las cargas eléctricas pueden trasladarse de un lado a otro casi sin perder tiempo, por eso un chip es tan veloz.

¿Cuál fue la primera computadora electrónica?

Fue una enorme máquina llamada ENIAC terminada en 1946 en los Estados Unidos, era capaz de hacer muchas operaciones matemáticas. El nombre ENIAC es la abreviación de *Electronic Numerical Integrator and Calculator* (Integradora y Calculadora Numérica Electrónica).

VOCABULARIO ÚTIL

Bit: dígito binario*; un número binario (0 ó 1).

Byte: espacio de la memoria de una computadora ocupado por una letra o un número.

Data: información procesada por la computadora.

Hardware: partes físicas de la computadora.

Network: varias computadoras conectadas entre sí, por ejemplo con un módem (teléfono).

Software: programas de la computadora.

◄ En muchos tipos de aparatos puede haber tarjetas electrónicas, por ejemplo, en las computadoras, los automóviles y las lavadoras de ropa. Estas tarjetas conectan elementos como microprocesadores, diodos, condensadores y transistores.

¿Cómo funciona la memoria de una computadora?

Las computadoras tienen cuatro partes principales, que son la unidad central procesadora o "cerebro", la unidad de entrada que da la información (por lo general, un tablero), y la unidad de salida que produce el trabajo terminado (por ejemplo, papel impreso). El cuarto componente es la memoria, donde la computadora almacena la información que necesita para funcionar. Esta información es guardada en forma de cargas eléctricas en discos magnéticos.

¿Cómo funcionan los códigos de barras*?

En los supermercados, la máquina registradora automática "lee" los artículos con un escáner electrónico que pasa por encima de unas barras blancas y negras impresas en cada paquete. Esta figura se llama código de barras y contiene información que pasa automáticamente a la computadora principal de la tienda, registrando cada producto que se vende.

Código de cerca

Código de barras horizontales

Número de control que confirma que el código ha sido leído correctamente

Número de catálogo

El código comienza con el dígito que indica el país de origen

Número que indica la empresa productora del artículo

▲ Los códigos de barras aparecen en muchos productos que compramos. Tienen información actualizada de las existencias y precio de los artículos.

CIENCIAS
LA LUZ Y EL SONIDO

¿Qué es la luz?

Nadie sabe en realidad de qué está hecha la luz. En el siglo XVII, Sir Isaac Newton pensó que estaba formada de partículas parecidas a balas que llamó corpúsculos; el científico holandés Christian Huygens creía que estaba hecha de latidos u ondas que viajaban en el espacio. La ciencia moderna considera que ambas teorías tienen algo de cierto. Sin duda, la luz se propaga en ondas, pero también se comporta como si estuviera hecha de partículas que los científicos llaman "fotones".

La luz es una forma de energía parecida al calor, y es el único tipo de energía que podemos ver. La luz viene de una estrella, como el Sol, y se propaga en el espacio. Las estrellas brillan a consecuencia de su inmensa energía nuclear.

Las ondas de luz más cortas que podemos ver son azules o violetas, y las más largas son rojas. Existen ondas más cortas o largas, que nosotros no vemos pero algunos animales sí. Las abejas ven colores de longitud de onda más corta que el violeta, pero ven negros los objetos rojos.

▶ La luz es un tipo de radiación electromagnética. Se desplaza como una onda compuesta por un campo eléctrico y por un campo magnético que se encuentran en ángulo recto, en la misma dirección que el movimiento de la onda.

◀ Los tres colores primarios de la luz son el rojo, el verde y el azul; si los tres se unen producen el blanco. En cambio, los pigmentos* de pinturas producen mezclas distintas. Sus colores primarios son el amarillo, el azul y el rojo; al revolverlos dan el marrón o café.

¿A qué velocidad viaja la luz?

La luz viaja excesivamente rápido, recorriendo aproximadamente 300 000 km en un segundo. A esta velocidad, la luz del Sol tarda más de ocho minutos en llegar a la Tierra. La primera persona que midió la velocidad de la luz con precisión fue Olaf Roemer, de Dinamarca, en 1676. Nada viaja más rápido que la luz.

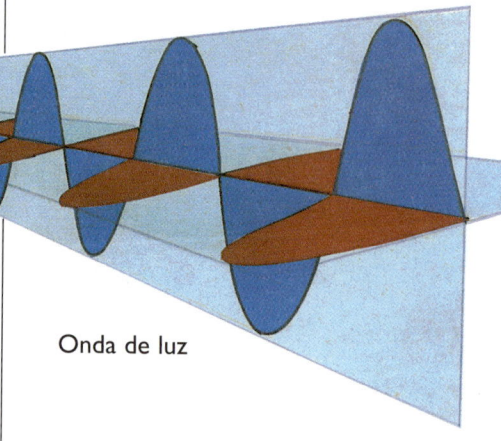

Onda de luz

¿Qué son las ondas de luz?

Si tiras una piedra en un estanque, produce ondas. La luz también viaja en ondas. En 1873, tras 20 años de investigación, el científico británico James Clerk Maxwell descubrió la estructura de las ondas de luz. Demostró que la luz está hecha de ondas vibratorias de campos eléctricos y magnéticos. Las vibraciones ocurren en ángulo recto a la dirección del movimiento de la onda, y también entre sí. Maxwell fue el primer científico en señalar que la luz es una forma de radiación electromagnética. Además, afirmó que seguramente existen otros tipos de rayos, invisibles a simple vista.

¿Qué hace que la luz "se doble"?

La luz se "dobla" cuando choca contra una superficie, como un espejo: a esto se le llama reflexión. La luz también se dobla al viajar de una superficie transparente a otra: este doblamiento es la refracción. Esto explica porqué cuando metes la mitad de un lápiz en el agua, se ve como si estuviera roto.

¿Cómo se forman los colores del arco iris?

El arco iris es el espectro de la naturaleza. Cuando caen las gotas de lluvia, se comportan como pequeños prismas que descomponen la luz blanca del Sol en los colores del arco iris.

La primera persona que demostró que la luz blanca es una mezcla de colores fue Sir Isaac Newton. Entre 1665 y 1666, hizo una serie de experimentos en un cuarto oscuro. Puso un prisma de vidrio frente a un rayo de luz que entraba por un pequeño hoyo de la pared, y vio cómo se dividía en los colores del arco iris: rojo, anaranjado, amarillo, verde, azul, índigo o añil y violeta. Al poner un segundo prisma en el rayo de colores, vio que éste se hacía blanco de nuevo.

▼ Cuando la luz atraviesa un prisma de vidrio se divide en los colores del arco iris: rojo, anaranjado, amarillo, verde, azul, índigo o añil y violeta. Esto se conoce como espectro.

▶ Al mirarte en un espejo, tu lado izquierdo aparece a la izquierda. Si miras a otra persona, su lado izquierdo aparece a tu derecha. La luz siempre viaja en línea recta; por eso, el espejo refleja hacia tu izquierda los rayos de luz que vienen de tu lado izquierdo.

DATOS SOBRE LENTES Y ESPEJOS

■ Los primeros espejos estaban hechos de metales muy pulidos, como el bronce.

■ Hasta el siglo XVII se perfeccionó la fabricación de espejos cubriendo un lado del vidrio con plata para que reflejara la luz.

■ Un lente más delgado de en medio que de los bordes se llama cóncavo.

■ Un lente más grueso de en medio que de los bordes es convexo.

■ El lente cóncavo difunde la luz que lo atraviesa y los objetos se ven más chicos. El lente convexo concentra la luz y hace parecer más grandes las cosas.

■ Los árabes ya conocían la lupa alrededor del año 1000. Los primeros anteojos se hicieron poco después.

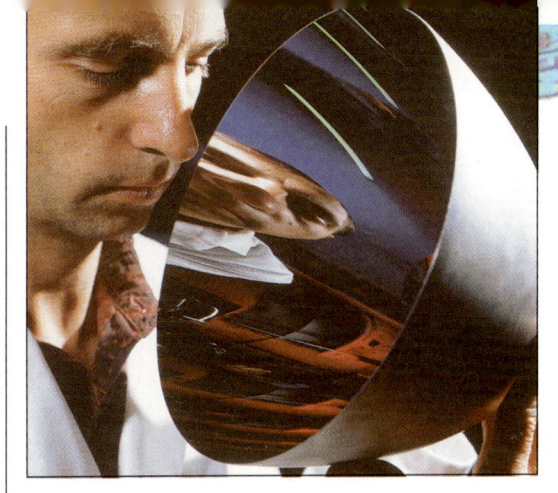

¿Por qué los espejos reflejan las imágenes?

Todas las cosas reflejan la luz, aun las páginas de este libro, pero como casi todas las superficies son ásperas, la luz reflejada se dispersa. Por eso puedes ver las páginas de este libro desde donde te pares en la habitación. La superficie lisa y brillante de los espejos devuelve la luz con mayor precisión en forma de rayos paralelos y eso produce una imagen clara.

¿Quién inventó el telescopio?

Los lentes son discos de vidrio o de plástico capaces de hacer que los objetos se vean más grandes o más pequeños. Alrededor del año 1600, el fabricante holandés de anteojos Hans Lippershey juntó dos lentes y miró la veleta de una iglesia lejana. Le asombró lo grande que ésta se veía: acababa de construir el primer telescopio. Pronto comenzaron a producirse telescopios por toda Europa.

Espectro

Prisma de vidrio

CIENCIAS

¿Cómo funcionan los periscopios*?

Se puede hacer un periscopio simple con dos espejos planos, colocados en un ángulo de 45°. La luz se refleja del espejo superior al inferior. Así puedes ver por encima de un muro o por encima del agua desde un submarino sumergido.

¿Quién inventó el microscopio?

A principios del siglo XVII se inventó el microscopio y varias personas se atribuyen su creación, entre ellos Zacarías Janssen de Holanda. Lo sorprendente es que desde más de 300 años antes se fabricaban lentes, pero a nadie se le había ocurrido combinarlos para componer un microscopio o un telescopio.

¿Cuáles son los microscopios más potentes?

El mejor microscopio óptico no puede agrandar un objeto más de 2 000 veces, pero un microscopio electrónico lo puede ampliar más de un millón de veces. Los "lentes" de estos microscopios son campos electromagnéticos*: un hilo de alambre caliente manda un chorro de electrones que choca con el objeto observado. Las zonas más densas del objeto impiden el paso a algunos electrones, pero el resto avanza y choca con una pantalla de televisión o una placa fotográfica. Así se produce una "imagen de sombra" del objeto.

▶ A fines del siglo XIX era tan lento tomar una fotografía que las personas necesitaban un apoyo para no moverse. Los ojos aparecían borrosos si la persona fotografiada parpadeaba.

Los submarinos tienen periscopios* para poder ver por encima del agua mientras la nave está sumergida y oculta. A menudo, cuando un submarino navega sólo se ve su periscopio. Pero el periscopio más grande del mundo está en tierra firme: tiene 27 m de longitud y se usa en un laboratorio de los Estados Unidos para que los científicos estudien los reactores nucleares sin exponerse a las radiaciones peligrosas.

¿Cuándo se tomó la primera fotografía?

La fotografía más antigua que se conoce fue tomada por el científico francés Joseph Niepce en 1826. Se tomó sobre una placa de peltre cubierta de asfalto: muestra un paisaje desde una ventana. La exposición requirió ocho horas.

En las décadas de 1830 y 1840 se inventaron dos procedimientos fotográficos. Fueron el daguerrotipo, del francés L.J.M. Daguerre, y el calotipo, del inglés W.H. Fox Talbot. El daguerrotipo utilizaba una placa de plata y cobre en vez de vidrio: tomaba un minuto exponer la placa. En 1888, el estadounidense George Eastman inventó la cámara Kodak, que utilizaba un rollo de película en lugar de placas.

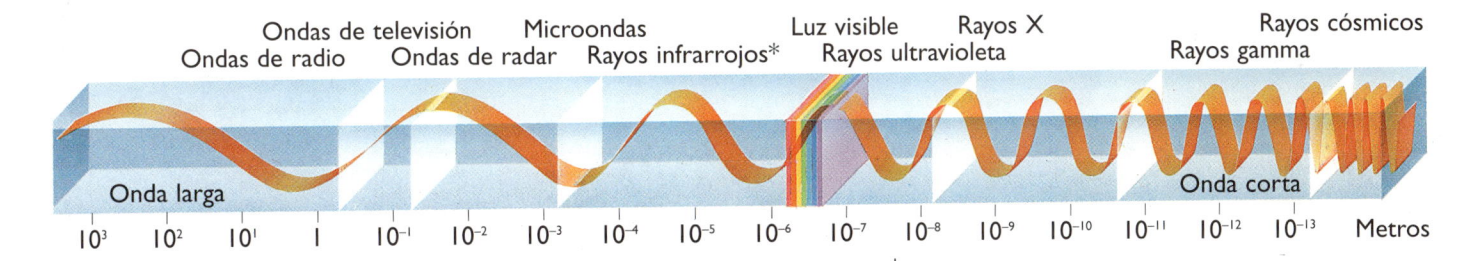

CIENCIAS

Ondas de radio | Ondas de televisión | Microondas | Ondas de radar | Rayos infrarrojos* | Luz visible | Rayos ultravioleta | Rayos X | Rayos gamma | Rayos cósmicos

Onda larga — Onda corta

10^3 10^2 10^1 1 10^{-1} 10^{-2} 10^{-3} 10^{-4} 10^{-5} 10^{-6} 10^{-7} 10^{-8} 10^{-9} 10^{-10} 10^{-11} 10^{-12} 10^{-13} Metros

¿Existen rayos invisibles?

En la década de 1870, James Clerk Maxwell predijo que había otras formas de radiación más allá del espectro visible, es decir, radiaciones invisibles. El espectro electromagnético* es una banda de radiación compuesta, entre otras cosas, por la luz. Los rayos viajan en el espacio en ondas de diversas longitudes. Podemos ver los rayos de luz, pero hay otras partes del espectro que no podemos ver a simple vista. De un lado del espectro visible (donde está el color rojo) están los rayos infrarrojos*, las microondas, las ondas de radar, las de televisión y las de radio. Del otro lado del espectro (violeta) están los rayos ultravioleta, los rayos X, los gamma y los rayos cósmicos.

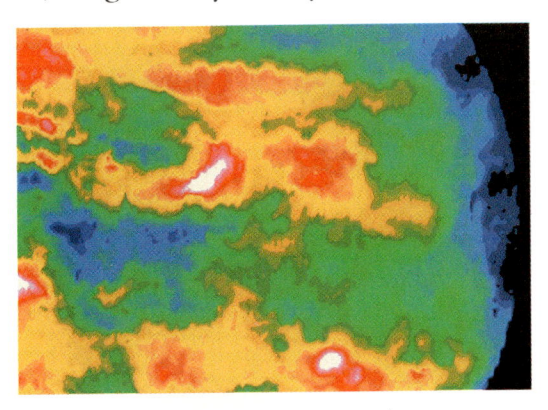

¿Qué puede mostrar la fotografía infrarroja*?

Percibimos los rayos infrarrojos al estar frente a un radiador y sentir el calor "radiante" que emite. Más de la mitad de la energía del Sol nos llega en forma de rayos infrarrojos. La fotografía infrarroja tomada desde el espacio puede detectar pequeños cambios de temperatura en la Tierra.

▲ **El espectro electromagnético* abarca desde las largas ondas de radio y de luz, hasta las ondas cortas de los rayos gamma. Todas las ondas electromagnéticas viajan a la velocidad de la luz.**

Venus está envuelto en una densa nube, y para poder hacer el mapa de su superficie se utilizó un radar. En 1990, la nave *Magallán* mandó una imagen de radar de Venus, en la que aparecían sus volcanes activos y sus cráteres.

◀ **Mapa casi infrarrojo* de la nube que envuelve a Venus, tomado por la sonda espacial Galileo en 1990. Las fotografías infrarrojas de la Tierra pueden mostrar cultivos enfermos en los campos, y detectar las corrientes calientes y frías de los océanos.**

¿Quién descubrió los rayos X?

El científico alemán Wilhelm Roentgen descubrió por accidente los rayos X en 1895. Estaba haciendo experimentos con un tubo de rayos catódicos* y vio que los cristales de la habitación brillaban al encenderse el tubo. Incluso cuando llevó los cristales a otra habitación, seguían brillando. Roentgen se dio cuenta de que unos rayos invisibles estaban causando ese brillo. Esos rayos podían atravesar las paredes. Los llamó rayos X (o sea, desconocidos).

¿Cómo se inventó el radar?

El radar se inventó en la década de 1930. Funcionaba transmitiendo un enlace de radio desde el nivel del suelo. Cualquier objeto que atravesaba ese enlace (como un avión) producía un "eco" que podía recibirse en tierra y utilizarse para deducir la altura y posición del avión.

¿De dónde viene el nombre "láser"?

El científico estadounidense Theodore H. Maiman inventó el primer láser en 1960. El nombre viene de las iniciales en inglés de palabras que significan "amplificación de luz por emisión inducida de radiación". Un láser emite un rayo de luz tan potente que puede perforar el metal. A diferencia de la luz de una linterna, un rayo láser casi no se dispersa.

CIENCIAS

¿Qué es un holograma?
La palabra griega *holos* significa *todo*: un holograma es una "fotografía total", o imagen tridimensional. Para producir un holograma se ilumina un objeto con rayos láser; cuando ese mismo objeto emite un láser del mismo color o longitud de onda se produce la imagen tridimensional. El principio del holograma fue formulado por el físico húngaro Dennis Gabor en 1948, pero no fue posible hacer hologramas antes de que se inventara el láser.

¿Cómo se usa la luz para llamar por teléfono?
En un teléfono, los sonidos se transforman en señales eléctricas que se envían a través de cables. En 1966, los científicos lograron utilizar rayos láser para hacer llamadas telefónicas convirtiendo las señales eléctricas en pulsaciones luminosas. En lugar de cables usaron fibra óptica (hilos muy largos y delgados de vidrio). Las pulsaciones de luz corren por esas fibras cubiertas por una especie de espejo que mantiene las pulsaciones en su curso. Al final del cable, éstas se convierten de nuevo en sonido.

▼ Una sola fibra óptica puede transportar cientos de conversaciones telefónicas en forma de pulsaciones que viajan por los hilos de vidrio.

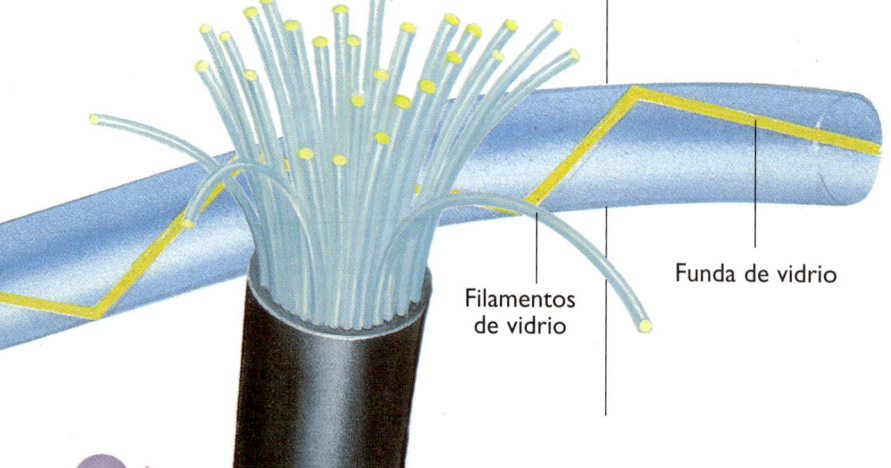

Filamentos de vidrio

Funda de vidrio

Dennis Gabor

Las tarjetas bancarias y las tarjetas de crédito tienen hologramas que dificultan su falsificación. Los hologramas se usan en joyería y en anuncios de publicidad; también sirven para detectar defectos en lentes, neumáticos y alas de aviones.

▶ **El volumen del sonido tiene que ver con la fuerza con que las ondas sonoras llegan a nuestros oídos. El volumen se mide en decibeles. Los sonidos de más de 140 decibeles pueden lastimarnos.**

¿Cómo se produce el sonido?
Hay una gran variedad de sonidos, como el estruendo de los motores de un avión, la música de una orquesta y el canto de un ave, pero todos los sonidos se producen de la misma forma. Cuando vibra un objeto (moviéndose hacia delante y atrás), produce sonido.

El sonido es una forma de energía. Se propaga en ondas igual que la luz, pero el sonido necesita de un medio para desplazarse. No puede hacerlo en el vacío del espacio.

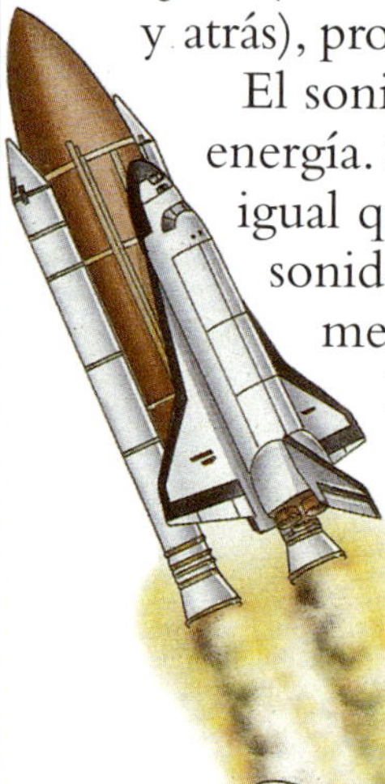

Despegue de un cohete
150 – 190 decibeles

Despegue de un jet
120 – 140 decibeles

Trueno
95 – 115 decibeles

Motocicleta
70 – 90 decibeles

Aspiradora
60 – 80 decibeles

Orquesta
50 – 70 decibeles

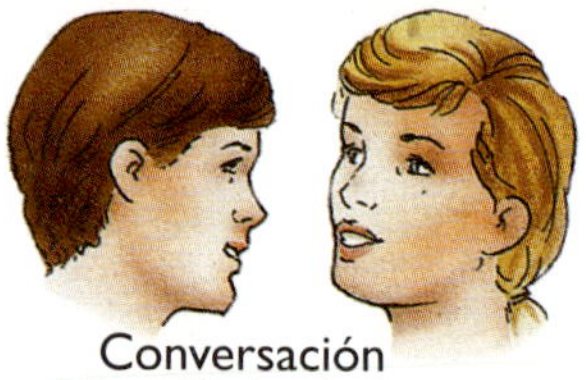

Conversación
30 – 60 decibeles

Murmullo
20 – 30 decibeles

Hojas al caer
20 decibeles

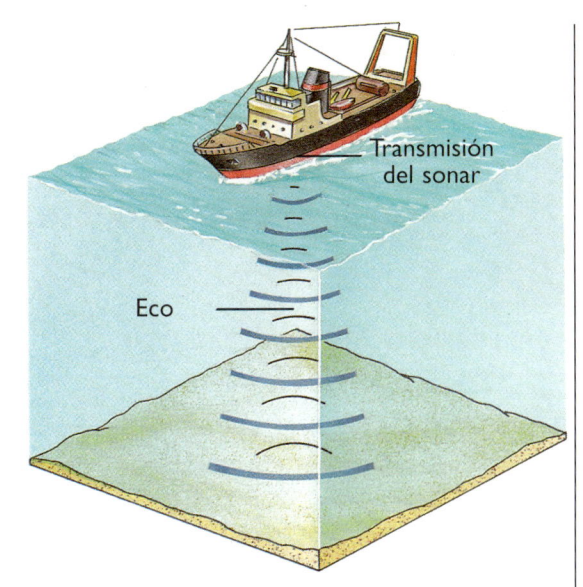

CIENCIAS

◀ Los barcos usan sonares para saber a qué profundidad está el fondo del mar. El eco rebota desde ahí, y de esta forma un barco de inspección puede trazar el mapa del fondo del mar.

▼ La frecuencia de un sonido consiste en el número de veces que vibra por segundo, y se mide en hercios (Hz). Los humanos podemos escuchar sonidos que van desde los 16 hasta los 20 000 Hz. Algunos animales emiten y reciben frecuencias mucho mayores que las que nosotros podemos escuchar.

¿Cómo se produce el eco?

¿Alguna vez has entrado en una antigua catedral y escuchado cómo rebota tu voz desde los gruesos muros de piedra? Lo mismo ocurre en una caverna, o donde hay riscos o muros altos. El eco se produce cuando las ondas de sonido rebotan en un muro sólido. El sonido regresa al oído y se escucha el eco de la voz.

Los barcos utilizan sonadores acústicos, unos artefactos que envían pulsaciones de sonido para conocer la profundidad del agua. Esta técnica se denomina "sonar" (abreviación en inglés de palabras que significan "navegación y medición por sonido").

¿Por qué la Luna es un mundo silencioso?

Debajo del agua puedes escuchar sonidos. De hecho, el sonido viaja más rápido en el agua que en el aire; el sonido también puede correr por un metal, como el acero. Pero ningún sonido es capaz de viajar en la superficie lunar, carente de aire. Los astronautas que exploraron la Luna se comunicaban por radio. No había ningún otro sonido, ni siquiera cuando golpeaban una roca con un martillo. El sonido no puede propagarse en el vacío del espacio exterior.

¿Realmente existe una barrera del sonido?

Hacia fines de la década de 1940, ningún avión había volado más rápido que el sonido, y la gente se preguntaba si existía una "barrera del sonido". La invención de los aviones de motor a reacción demostró que era posible superar esa barrera. Estos aviones volaban más rápido que el sonido sin despedazarse ni lastimar a sus pilotos. Hoy, el avión supersónico Concorde transporta pasajeros volando al doble de la velocidad del sonido.

¿Existen sonidos que no podamos percibir?

El oído humano es muy sensible a los sonidos que están alrededor de la frecuencia de los 2 000 hercios (Hz). El sonido más bajo o grave que podemos escuchar es de unos 16 Hz, y el más alto (agudo) es de 20 000 Hz. Los perros pueden oír sonidos más agudos. Algunos silbatos son demasiado agudos para nosotros pero los perros pueden escucharlos.

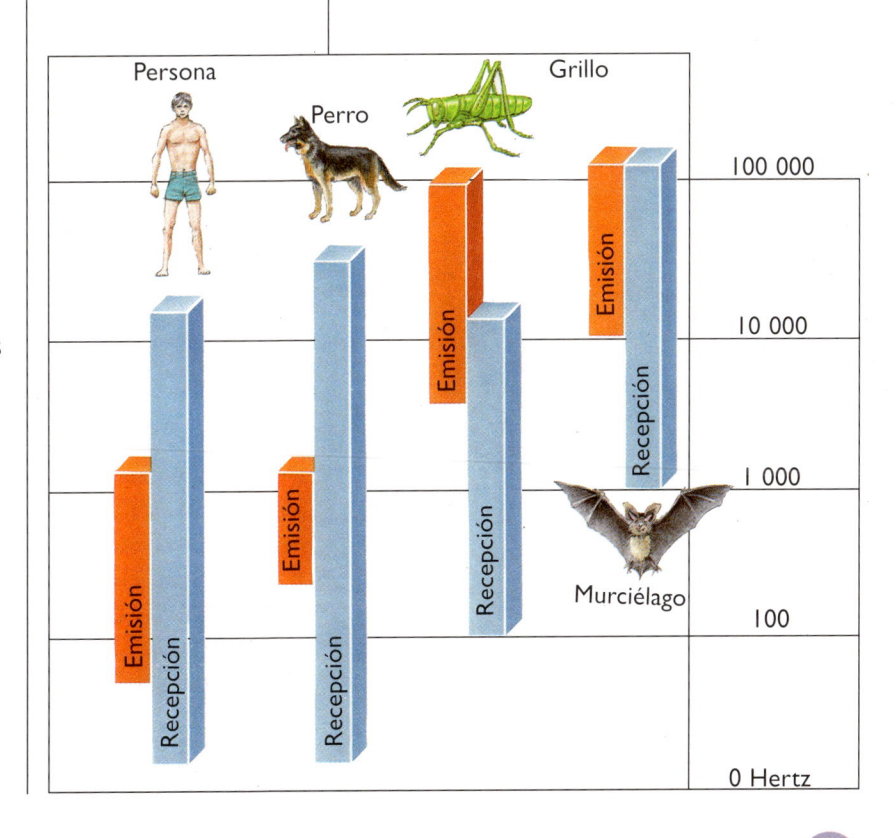

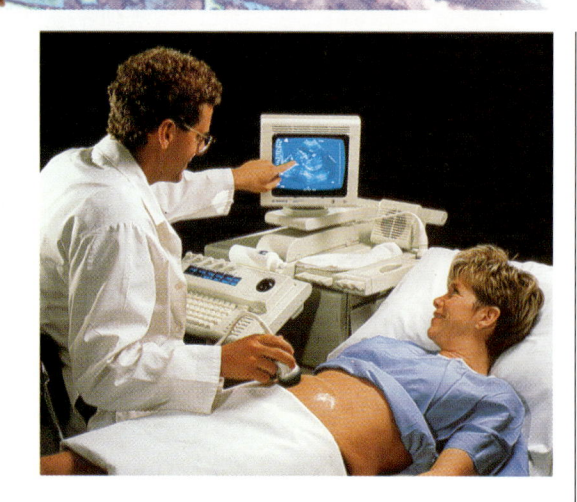

CIENCIAS

◄ Un escáner ultrasónico muestra cómo se desarrolla un bebé en el vientre de su madre.

◄ La grabadora inventada por Valdemar Poulsen no se parece a los estereofónicos portátiles de hoy. El sonido se almacenaba en un alambre metálico, en vez de hacerlo en cintas de plástico.

¿Cómo se usa el ultrasonido para ver a bebés no nacidos?

Las ondas ultrasónicas penetran la carne y otras partes suaves del cuerpo igual que los rayos X, y se usan para obtener imágenes del interior del cuerpo. Como las ondas del sonido no tienen efectos negativos, los médicos utilizan un escáner ultrasónico para examinar a las mujeres embarazadas. Al tomar la imagen del bebé, se sabe si está sano y si se desarrolla correctamente.

¿Cuándo se grabaron por primera vez los sonidos?

En 1877, el inventor estadounidense Thomas Alva Edison grabó sonidos por primera vez en una máquina que llamó fonógrafo. Una membrana vibradora recogía los sonidos, y con las vibraciones, una aguja tallaba surcos en espiral en un cilindro cubierto con papel de aluminio. Al pasar otra aguja por esos surcos, se reproducían los sonidos mediante otra membrana vibradora y se amplificaban por una bocina.

▼ El fonógrafo de Tomás A. Edison (1877) grababa los sonidos en surcos tallados en un cilindro cubierto con una lámina de metal. Los discos planos se inventaron en 1887.

► En la grabación digital, las señales se transforman en pulsaciones eléctricas que se encienden y apagan. La grabación analógica crea una "imagen" continua del sonido.

¿Cuándo se utilizó por primera vez la cinta magnética?

Los primeros experimentos de grabación de sonidos en cinta los realizó el inventor danés Valdemar Poulsen en 1898: empleó alambre de metal magnetizado. En la década de 1930 se produjeron cintas de papel, y las grabadoras de carretes aparecieron en los años 40. Actualmente, las grabadoras utilizan cintas de plástico recubiertas de material magnético.

¿Qué es la grabación digital?

En los antiguos sistemas de grabación, las señales eléctricas se guardaban como un patrón de onda continua. Esto constituía una réplica o análogo de los sonidos originales. En la grabación digital, como la de los discos compactos, las ondas sonoras se convierten en pulsaciones eléctricas codificadas como series de números (o dígitos) binarios*. Las grabaciones digitales ofrecen una reproducción más exacta, porque almacenan mucha más información de los sonidos que se graban.

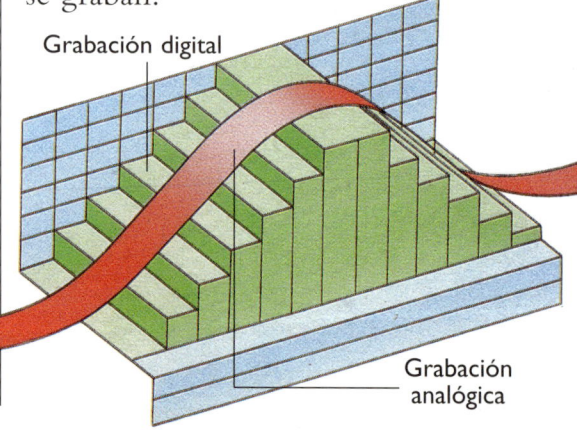

Grabación digital

Grabación analógica

78

Energía y Movimiento

¿Qué es la energía?

La energía es la capacidad o fuerza necesaria para realizar una actividad. Cuando subes las escaleras y aun cuando descansas, tu cuerpo trabaja y usa energía. El resorte del mecanismo de un reloj proporciona la fuerza para que el mecanismo se mueva. La pila de una linterna le da la energía necesaria para que se encienda la bombilla o foco. La energía del Sol hace crecer las plantas. En realidad, todo ser vivo obtiene la energía del Sol. La energía no se puede crear ni destruir.

¿De dónde viene la energía?

La energía viene de la materia. Todo lo que existe en el Universo está hecho de materia, así que en todas partes hay energía. Incluso las partículas atómicas más pequeñas pueden transformarse en energía. La materia puede convertirse en energía y al contrario.

¿Hay distintos tipos de energía?

La energía almacenada se llama energía potencial. El agua contenida en una presa y la cuerda de un arco tensada hacia atrás y lista para disparar son dos ejemplos de esta energía. El agua que cae y la flecha disparada por un arco tienen energía cinética. Tanto la energía potencial como la cinética son variantes de la energía mecánica. Existen otras formas de energía: la térmica o de calor, la química, la atómica o nuclear y la radiante.

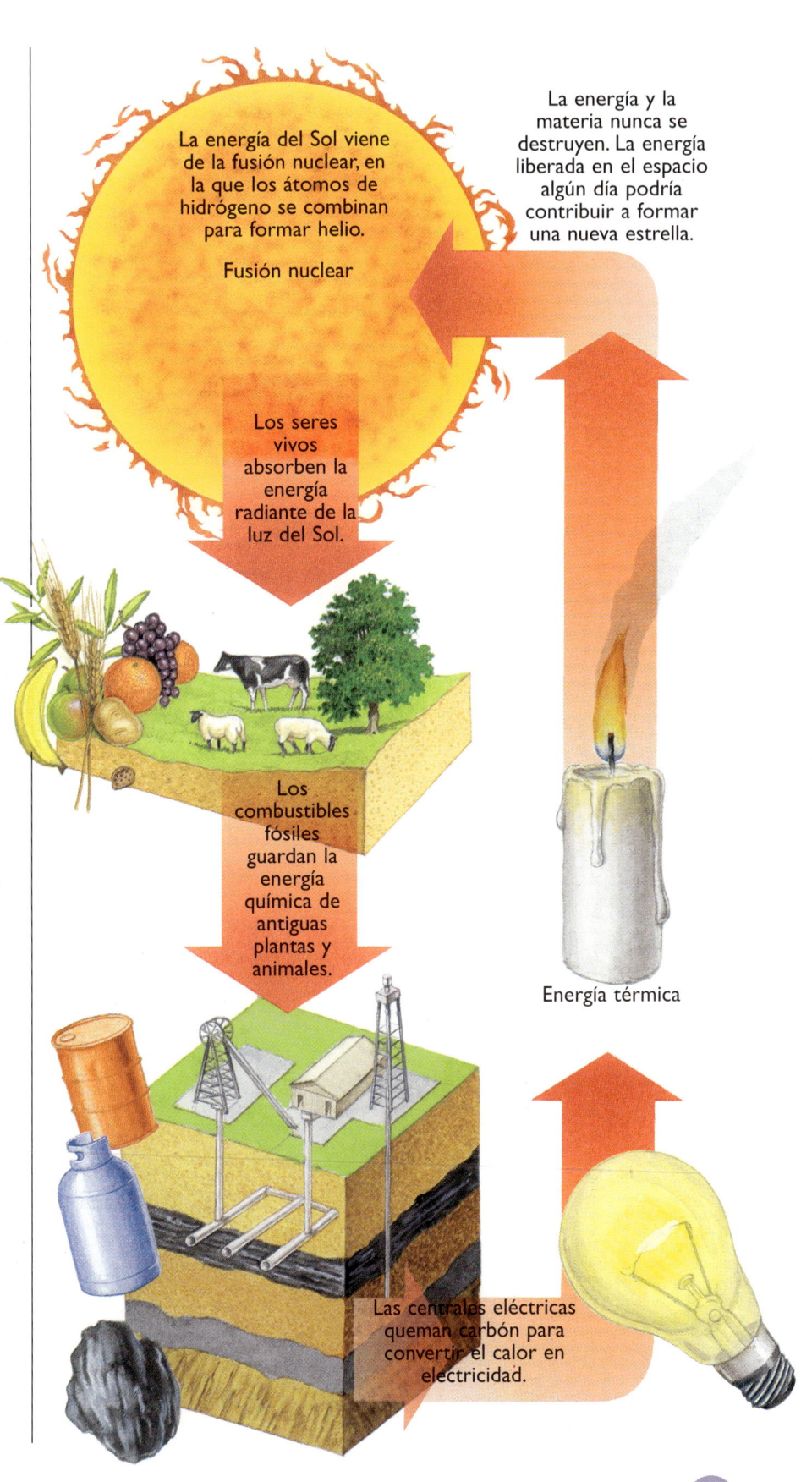

La energía del Sol viene de la fusión nuclear, en la que los átomos de hidrógeno se combinan para formar helio.

Fusión nuclear

La energía y la materia nunca se destruyen. La energía liberada en el espacio algún día podría contribuir a formar una nueva estrella.

Los seres vivos absorben la energía radiante de la luz del Sol.

Los combustibles fósiles guardan la energía química de antiguas plantas y animales.

Energía térmica

Las centrales eléctricas queman carbón para convertir el calor en electricidad.

CIENCIAS

¿Qué son los combustibles fósiles?

Gran parte de la energía que utilizamos en la casa y el trabajo se obtiene quemando los llamados combustibles fósiles, como el carbón, el petróleo y el gas. Estos combustibles se formaron hace millones de años, a partir de restos vegetales y animales.

¿Por qué se calientan las cosas?

El calor es la transmisión de energía de una sustancia a otra. Al frotar un pedazo de tela con la mano, la tela comenzará a calentarse como resultado de la fricción*.

¿Cómo se transmite el calor?

De muchas maneras. El calor que sientes al sostener una cacerola por el asa se transmite por conducción. La energía calorífica que hay dentro de una tetera eléctrica viaja por convección. Un radiador con un reflector brillante envía ondas calientes por medio de la radiación. A las sustancias que transmiten bien el calor se les llama buenos conductores. Los metales son los mejores conductores, por eso usamos cacerolas metálicas en la cocina.

En la escala de temperatura celsius o centígrada, el agua hierve a 100 grados. Los científicos también utilizan otra escala, llamada Kelvin, donde el agua hierve a 373 grados; en esta escala, el punto de congelación está en los 273 grados.

▼ A la izquierda: el aire caliente de un radiador sube y aire frío entra por debajo creando una corriente de convección. Al centro: las moléculas de aire se mueven al calor del fósforo y transmiten ese calor. A la derecha: cuando una cuchara de metal se calienta, las moléculas del extremo caliente se mueven más rápido y chocan contra las otras, haciendo que también se muevan.

Convección

Radiación

¿Quién inventó la escala centígrada de temperatura?

La primera escala para medir la temperatura la creó el holandés Gabriel Fahrenheit a principios de 1700. Esta escala, llamada como su creador, coloca el punto de congelación del agua en 32 grados, y el de ebullición, en 212 grados. En 1742, un sueco llamado Anders Celsius propuso otra escala en la que el punto de congelación del agua estaría en los 0 grados.

¿Cuál es la temperatura más fría que puede existir?

Al calentarse una sustancia, sus moléculas se mueven con mucha rapidez; al enfriarse, su movimiento se hace más lento. En el punto más frío que pueda existir, las moléculas se detendrán; esto ocurre a una temperatura de menos 273 grados Celsius (-273°C), o "cero absoluto". Los científicos no han logrado producir una temperatura de cero absoluto, pero se han aproximado.

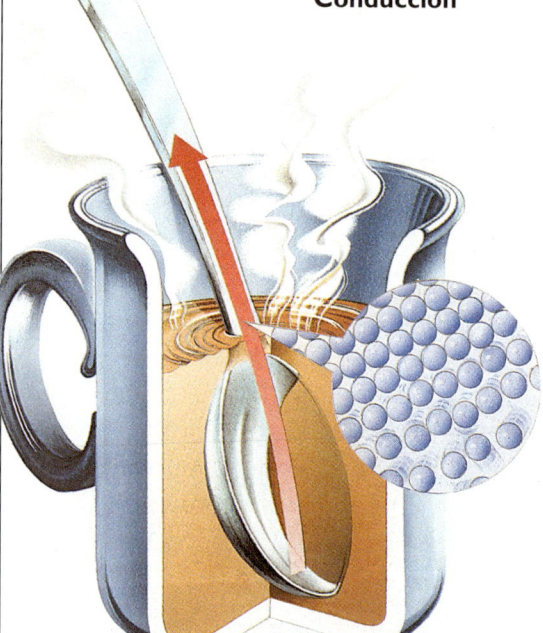

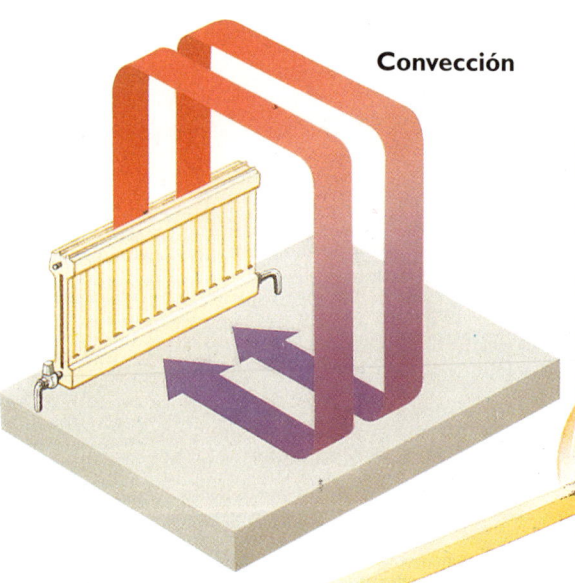

Conducción

CIENCIAS

◀ El hielo de un iceberg es menos denso* que el agua que lo rodea, por eso flota. El agua se expande (pierde densidad*) al enfriarse a menos de 4°C.

¿Por qué flota un iceberg?

A diferencia de los demás líquidos, el agua se expande al congelarse y se hace menos densa. Por eso, un cubo de hielo flota en un vaso con agua. Esto explica por qué flotan los grandes icebergs y por qué no se congelan los ríos en invierno. En la superficie de los ríos se forma una capa de hielo que impide que el agua que hay debajo se congele; si esa capa de hielo se hundiera, el río se congelaría rápidamente.

¿Cuáles son las máquinas más antiguas que se conocen?

Una máquina es un artefacto que se usa para trabajar. La cuña, la palanca y el plano inclinado son las máquinas más antiguas y simples que se conocen. Se usaron en la Edad de Piedra, hace 100 000 años, y no se sabe quién las inventó. La rueda se descubrió después, y no se usó de manera regular sino hasta hace unos 5 000 años.

DATOS SOBRE EL HIELO

- El agua salada se congela a una temperatura más baja que el agua dulce.
- El hielo más grueso del mundo cubre la Antártida o Antártica; tiene una profundidad de 4 800 m.
- Sólo la punta de un iceberg sobresale del agua. Cerca del 80% de los icebergs (o aún más) está oculto dentro del agua.
- Los icebergs más grandes se desprenden de la capa de hielo de la Antártida. El más grande que se conoce medía 320 km de longitud y 97 km de ancho.

¿Cómo funcionan las palancas?

Una palanca es un instrumento sencillo que mueve objetos. El tipo más común se llama palanca de primera clase. El objeto que se va a mover se llama carga, y lo que se necesita para moverlo se llama esfuerzo. La palanca necesita un punto de apoyo llamado fulcro. Si usamos una rama como palanca, apoyada en una roca pequeña (fulcro), podremos levantar un peso mucho mayor. Al descubrir esto, los hombres de la Edad de Piedra inventaron una de las máquinas básicas: la palanca.

▼ En los lugares donde se construyen casas puedes observar tres objetos sencillos que funcionan como palancas: una varilla metálica larga y resistente, una carretilla y un martillo. En el martillo el punto de apoyo o fulcro está en los hombros del trabajador, y la carga es la cabeza del martillo.

Martillo

Carga

Punto de apoyo o fulcro

Varilla metálica

Carretilla

Avance logrado por el esfuerzo = 4

Ventaja mecánica = 4

Distancia movida por la carga = 1

Esfuerzo

Carga

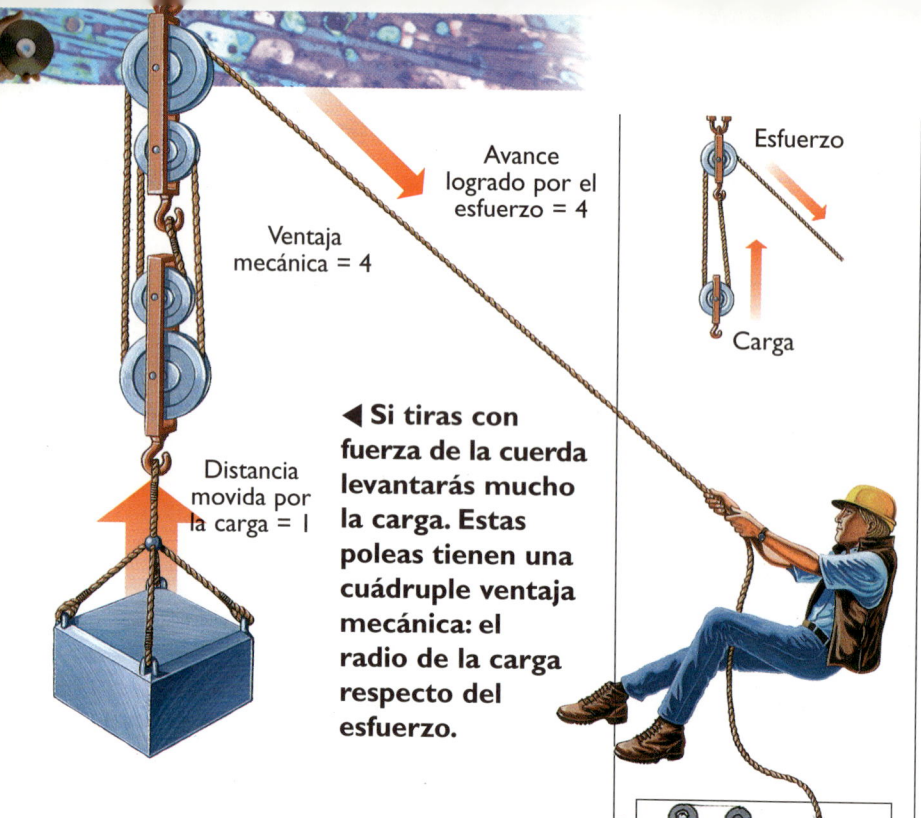

◀ **Si tiras con fuerza de la cuerda levantarás mucho la carga. Estas poleas tienen una cuádruple ventaja mecánica: el radio de la carga respecto del esfuerzo.**

¿Cómo reducen el esfuerzo las poleas?

Las poleas son aparatos útiles para cambiar la dirección de una fuerza. Por ejemplo, al tirar hacia abajo la cuerda de una polea se levanta una carga. Si se unen varias poleas por medio de una cuerda se obtiene mayor ventaja mecánica y se puede levantar una carga más grande con el mismo esfuerzo.

¿Cuándo comenzaron a usarse grúas para construcción?

Los romanos utilizaron por primera vez la grúa, una máquina que sirve para levantar cargas usando el principio de la polea. Estas grúas funcionaban con una especie de noria* tirada por esclavos, quienes producían la fuerza necesaria para levantar las piedras para los edificios.

Hace más de 2 000 años el rey Hierón de Siracusa retó a Arquímedes: lo desafió a demostrar lo que podían hacer las máquinas más sencillas. El científico griego construyó un sistema de poleas. Sin ayuda, ¡levantó un barco que estaba en el agua y lo puso en tierra!

▼ **La inercia en acción. Un automóvil se está quieto o avanza en línea recta a menos que lo detenga otra fuerza, como el muro de ladrillos de la ilustración.**

¿Cómo funcionan los engranajes?

Un engranaje es una rueda con dientes en el borde; esos dientes se ajustan a los de otras ruedas iguales. Al girar una de las ruedas hace girar a las demás. Los engranajes pueden utilizarse para cambiar la dirección de un movimiento o para aumentar la velocidad y la fuerza de una máquina. Por ejemplo, si trabajan juntas una rueda grande de 40 dientes y una pequeña de 10, la grande girará a una cuarta parte de la velocidad de la otra, pero tendrá el cuádruple de fuerza. Un automóvil que se mueve en la primera velocidad avanza lentamente, pero tiene más fuerza para arrancar y para subir una pendiente.

¿Qué es la inercia?

Para hacer que un objeto se mueva es necesaria una fuerza. Al patear una pelota, ésta comienza a moverse y sigue haciéndolo hasta que la detiene otra fuerza. La pelota tiene inercia: rodará mientras no la frene tu pie, un muro o la fricción* del suelo. Todos los objetos en movimiento tienen inercia: intentan seguir moviéndose hasta que se les opone una fuerza. ¿Has estado alguna vez de pie en un autobús cuando éste frena repentinamente? La gente es lanzada hacia adelante por la inercia que afecta sus cuerpos.

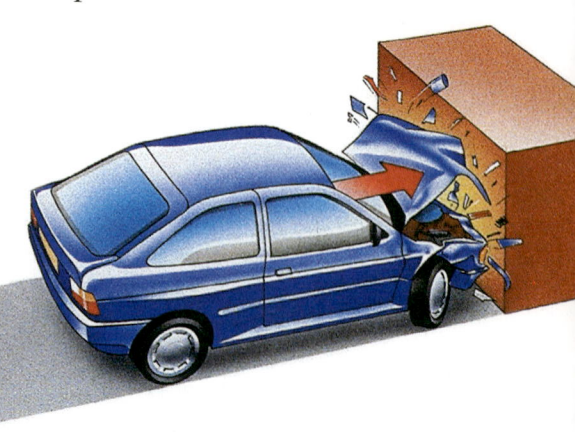

CIENCIAS

¿Por qué oscilan los péndulos?

Se puede fabricar un péndulo sencillo sujetando un peso al final de un trozo de cuerda. Sostén la cuerda de modo que el peso cuelgue verticalmente; cuando lo empujas, el péndulo se mueve y oscila en respuesta a tu fuerza. Al cruzar la vertical no deja de moverse sino que sigue su camino. Debido a la inercia continúa moviéndose hasta que otra fuerza mayor (la gravedad) lo detiene y el péndulo regresa de nuevo a la posición vertical.

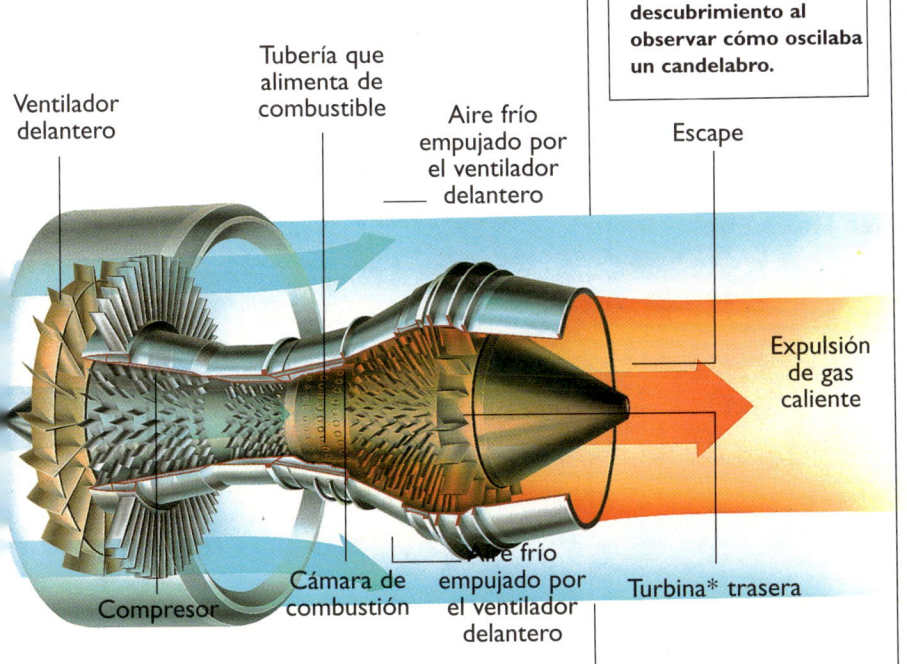

El científico italiano Galileo Galilei (1564-1642) hizo muchos descubrimientos. Uno de ellos fue que el tiempo que tarda un péndulo en oscilar (a esto se le llama período) no depende de su peso sino de su longitud. Se dice que Galileo hizo este descubrimiento al observar cómo oscilaba un candelabro.

¿Por qué flotan los barcos de hierro?

Un objeto hueco tiene poca densidad* porque está principalmente lleno de aire. Los barcos de hierro flotan en el agua porque tienen aire dentro. Pero si se perfora el casco del barco, el agua entra y expulsa el aire del interior. Esto hace que la densidad general del barco sea mayor que la del agua en la que flota y, por lo tanto, que la embarcación se hunda.

¿Por qué algunos objetos flotan en el aire?

El aire es un fluido como el agua, pero tiene tan poca densidad que pocos objetos logran flotar en él. El hidrógeno es más ligero que el aire, por eso un globo lleno con este gas se eleva: su densidad es menor que la del aire. En algún momento alcanza una altura donde el aire es tan ligero como el hidrógeno, y el globo no puede seguir subiendo.

¿Por qué las cosas se caen al suelo?

La gravedad es una de las fuerzas que actúan sobre nosotros y sobre todas las cosas, ésta nos atrae hacia la Tierra. Es la causante de que la lluvia caiga en vez de elevarse, y explica por qué al arrojar un balón al aire, éste regresa al piso. Un avión que atraviesa la atmósfera avanza gracias a sus motores, pero se mantiene volando por la presión que el aire ejerce bajo sus alas y que se opone a la fuerza de gravedad.

La gravedad de la Tierra ejerce una fuerza de atracción sobre todas las cosas. Los cuerpos más pequeños actúan de igual modo, ya que entre dos objetos existe la fuerza de gravedad.

¿Cómo funciona el motor de un avión a reacción?

Un motor a reacción funciona por medio de una causa y una consecuencia. Arroja una gran cantidad de gas caliente que al empujar fuertemente en una dirección, produce una fuerza equivalente en dirección contraria. Por cada acción (en este caso el gas caliente que sale hacia atrás), hay otra reacción igual y opuesta (el avión que vuela hacia adelante). Sir Isaac Newton descubrió esto y formuló la Tercera Ley del Movimiento mucho antes de que existieran los aviones a reacción.

Ventilador delantero — Tubería que alimenta de combustible — Aire frío empujado por el ventilador delantero — Escape — Expulsión de gas caliente — Compresor — Cámara de combustión — Aire frío empujado por el ventilador delantero — Turbina* trasera

▲ Los motores a reacción absorben aire por un ventilador. Ese aire se comprime y entra a la cámara de combustión, ahí se rocía con combustible y se quema. El gas caliente en expansión hace girar una turbina* trasera que mueve el compresor y el ventilador. Por último, los gases estallan por el escape e impulsan la nave.

83

CIENCIAS

¿Por qué un planeta gira constantemente en su órbita?

Los planetas no han dejado de girar desde que se formó el Sistema Solar. Recibieron su impulso inicial hace millones de años y desde entonces han estado en movimiento. La enorme fuerza de gravedad del Sol mantiene a los planetas en órbita a su alrededor. Éstos siguen girando porque no hay otra fuerza en el Sistema Solar capaz de detenerlos, ni existe fricción* que se les oponga.

¿Cuánto pesarías en la Luna?

El peso de un objeto depende de la fuerza de gravedad que actúe sobre él. En realidad, el peso se mide en neutonios (el neutonio es una unidad que se usa para medir la fuerza). La masa de un objeto se mide en kilogramos (o en libras) y nunca cambia, pero si viajaras a la Luna pesarías mucho menos que aquí, porque allá sólo hay una sexta parte de la gravedad que hay en la Tierra.

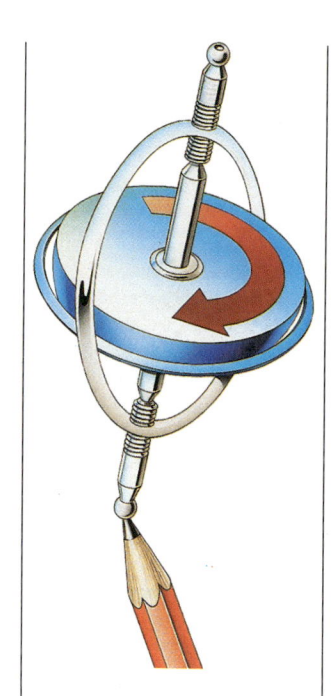

¿Qué se siente no tener peso?

Dentro de las naves espaciales que giran alrededor de la Tierra las personas flotan, como si nadaran en el aire. No hay gravedad terrestre que tire de ellos hacia abajo. Si un astronauta suelta una herramienta, flota en lugar de caer al piso. ¡Imagínate lo que sería comer de un plato!

▲ Un giroscopio de juguete se mantiene en equilibrio mientras esté girando con suficiente velocidad. El eje de la rueda constantemente apunta hacia su dirección inicial.

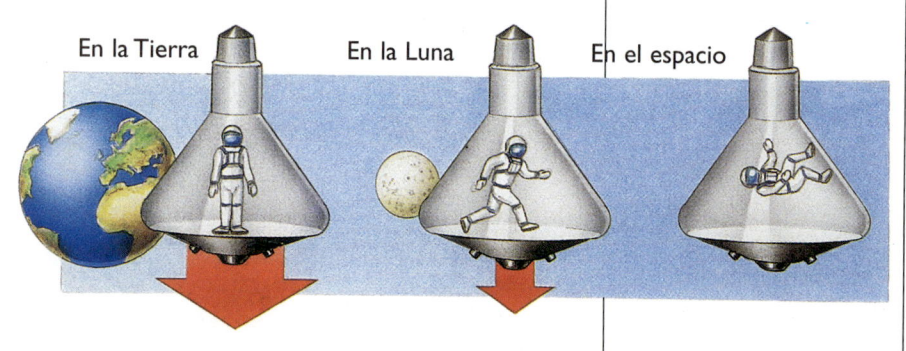

▲ Los astronautas pierden su peso al salir de la gravedad de la Tierra. En la Luna hay tan poca gravedad que pueden rebotar. En el espacio, los astronautas flotan.

¿Cómo se equilibra un giroscopio sobre la punta de un lápiz?

Los giroscopios parecen trompos encerrados en una especie de circunferencia. Cuando comienzan a girar no cambian de dirección. Si están en equilibrio en la punta de un lápiz, no se caen mientras sigan dando vueltas sobre sí mismos. A la atracción de la gravedad (que trata de perturbar al giroscopio) se opone otra fuerza llamada precesión, que actúa en los cuerpos que giran. Esto hace que el giroscopio gire en la punta del lápiz como si estuviera en órbita.

¿Qué produce la fricción*?

La fricción se da cuando dos superficies se frotan una contra otra. Como se puede ver en el microscopio, hasta las superficies lisas tienen pequeñas perforaciones y salientes. La fricción produce calor, por eso un fósforo que se frota contra su caja produce fuego. Hay fricción incluso entre las superficies con menos sustancia, como el aire y el agua.

¿Por qué los trenes no tienen neumáticos de caucho o hule como los automóviles?

Hacer que un vehículo camine sobre vías es más eficiente que hacerlo avanzar en una carretera. Una rueda sólida, como la de un tren, produce menos fricción* que un neumático lleno de aire (como el de un automóvil), ya que la rueda sólida no se aplana por la presión. Por esta razón, es más fácil trasladar una carga pesada por ferrocarril que por carretera. Pero si las ruedas del tren no tuvieran cierta fricción sobre las vías, girarían sin detenerse y sin tener cómo asirse.

CIENCIAS

ESPACIO Y TIEMPO

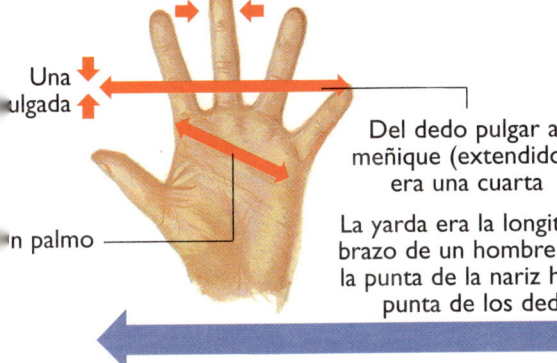

Una pulgada

Un palmo

Del dedo pulgar al meñique (extendidos) era una cuarta

La yarda era la longitud del brazo de un hombre, desde la punta de la nariz hasta la punta de los dedos

Dos palmos = una cuarta
Cuatro palmos = un codo

El ancho de un dedo se convirtió en la pulgada

El codo era la longitud de los dedos al codo

Una braza era la longitud de ambos brazos del hombre

¿Cuándo se usó por primera vez el número cero?

No podríamos contar si no tuviéramos una cifra que representara la nada o el cero. Una forma sería dejar el espacio en blanco, pero los antiguos matemáticos pronto se dieron cuenta de que necesitaban un símbolo especial: el 0. El cero se utilizó en la India y en Asia Sudoriental hacia el siglo VII., y tal vez mucho antes en China. En Mesoamérica, los mayas del período clásico (300 – 900 d.C.) conocían el valor del cero.

¿Quién inventó el sistema decimal?

Tenemos diez dedos en las manos y diez en los pies, por eso es natural contar de diez en diez (sistema decimal). Pero se puede contar de otras maneras. En el año 1400 a.C., los chinos usaban números decimales: escribían el número 365 como "tres cientos más seis décadas (diez) más cinco días". El sistema decimal llegó a Europa en el siglo X d.C.

▲ **En la antigüedad se usaban partes del cuerpo como unidades de medida. Según la Biblia, el gigante Goliat medía seis codos y un palmo de altura, o sea, unos 3.25 m de estatura.**

Un paso = una yarda

¿Cómo se usaba el cuerpo humano para medir?

Las civilizaciones antiguas dependían de las "medidas corporales". La unidad de longitud más pequeña era el "dedo" o "pulgar". Un codo, o sea, la distancia desde el codo hasta las puntas de sus dedos, era igual a 30 dedos (más o menos 50 cm modernos). Actualmente, el ancho de una mano, que en general mide cuatro pulgadas (10 cm), sigue siendo la unidad con que se mide la altura de los caballos.

¿Dónde se adoptó oficialmente el sistema decimal?

El sistema métrico (decimal) de pesos y medidas se adoptó en Francia después de la Revolución Francesa (1789), y hoy en día se utiliza en casi todo el mundo. Antes, los europeos usaban distintos sistemas de medidas.

Un pie

CIENCIAS

¿Qué es la geometría?

La geometría es la rama de las matemáticas que se ocupa de las formas y los tamaños. Su nombre viene del griego y significa "medición de la Tierra"; con ayuda de esta ciencia, los matemáticos griegos calcularon por primera vez el tamaño del planeta. La geometría ha contribuido al progreso de la ciencia, porque sin ella no sería posible realizar mediciones precisas. Cerca del año 300 a.C., el griego Euclides escribió un libro titulado *Los elementos*, donde reunió muchos de los descubrimientos de los griegos sobre geometría. Desde entonces, el libro de Euclides ha inspirado a los matemáticos.

¿Cuántas veces puede salir el seis al tirar los dados?

Desde hace mucho tiempo los matemáticos han tratado de resolver problemas con factores imprevisibles*, como los resultados de los dados. Usando unos dados, el francés Blas Pascal formuló en 1642 las "leyes básicas de la probabilidad". El problema más simple relacionado con estas leyes dice: un dado tiene seis caras, cada una con un valor distinto. Al tirar los dados, todas las caras tienen las mismas probabilidades de quedar hacia arriba. Por eso, la probabilidad de cada cara es de 1 entre 6.

DATOS SOBRE LAS MATEMÁTICAS

- Desde el año 3000 a.C. los egipcios ya utilizaban la geometría para medir pedazos de tierra y para la construcción.

- Los árabes inventaron el álgebra en el siglo IX.

- Los números negativos como -1, -2, -3 y demás se conocieron en Europa hasta el siglo XVI, aunque los chinos los usaban desde mucho tiempo antes.

- Muchos agricultores siguen utilizando el acre para medir las tierras. En la Edad Media, un acre inglés era la superficie que podía labrar un buey en un día: 22 surcos (largos) o estadios.

- El matemático francés del siglo XVII, Pierre Fermat, descubrió un sistema secreto y casi instantáneo para encontrar los números primos.

- Existe una cantidad infinita de números primos. Hay más de 660 000 entre el número 1 y el 10 millones.

Euclides consideraba que el número 6 era "perfecto". Los números 1, 2 y 3 dividen exactamente al 6 y si los sumas el resultado es 6. Euclides decía que otros números perfectos eran el 28, 496 y 8 128. Los demás números perfectos ¡son muy grandes!

La probabilidad de tirar un número mayor que dos
Resultados posibles

Resultados correctos

La probabilidad de tirar un número mayor que dos es de cuatro entre seis

¿De dónde vienen los números arábigos?

Los números arábigos que utilizamos hoy en día se usaron por primera vez en la India y llegaron a Europa alrededor del año 1000 d.C. Un libro escrito en el año 1202 por el matemático italiano Leonardo Fibonacci convenció a los científicos europeos de que el uso de los números arábigos contribuiría al progreso de las matemáticas.

¿Quién mostró que los ángulos de un triángulo siempre suman 180 grados?

La geometría fascinaba a los antiguos griegos; ellos sabían que los círculos se componen de 360 grados, número que tal vez determinaron los babilonios. No importa su forma, los ángulos de un triángulo siempre suman 180 grados. Euclides lo demostró por primera vez alrededor del año 300 a.C.

¿Por qué los matemáticos buscan los números primos?

Un número primo es el que sólo puede dividirse entre sí mismo y entre 1. Por ejemplo, el 11 sólo se puede dividir entre 1 y entre 11. Por otra parte, el 12 no es un número primo, porque se puede dividir entre 1, 2, 3, 4 y 6. Lo que intriga a los matemáticos es que los números primos no siguen un patrón regular. En el siglo III a.C., el griego Eratóstenes creó un método lento pero eficaz para encontrar los números primos.

◀ **Al tirar un dado, ¿qué probabilidad hay de que salga un número mayor que dos? Cuatro de los seis números posibles son mayores que 2, de modo que la probabilidad es de 4 entre 6 ó de 2 entre 3.**

86

CIENCIAS

▲ Hace cientos de años, los aztecas de México elaboraron un calendario. Es una enorme piedra tallada con forma de Sol; los signos de los días están grabados en el contorno.

¿Quién contaba con "soles" y con "noches"?

Siempre ha habido diversos métodos para contar el tiempo. Antiguamente se contaban los días (desde el amanecer hasta el atardecer), pero no todos los pueblos utilizaban el "día" como unidad. Los comanches de América del Norte contaban con "soles", y la gente de Groenlandia, con "noches".

¿Quién midió el año por primera vez?

Hace más de 3 000 años, los sacerdotes de Babilonia sabían de astronomía y tenían un registro exacto del paso de las estaciones. Calcularon el tiempo que la Tierra se tardaba en darle una vuelta completa al Sol: el resultado fue de 365 días con 6 horas, 15 minutos y 4 segundos. En el cálculo moderno sólo se añadieron 26 minutos y 55 segundos.

Las personas que nacen en año bisiesto, es decir un 29 de febrero, tienen que esperar cuatro años para celebrar su cumpleaños "especial". Un año bisiesto siempre se puede dividir entre cuatro sin que le sobre nada. Los años 1996, 2000 y 2004 son bisiestos.

¿Por qué se establecieron los años bisiestos?

El calendario romano se basaba en las fases de la Luna; al principio tenía 360 días, y luego se redujo a 355. Como ese calendario poco a poco dejó de corresponder a las estaciones, Julio César ordenó que se hiciera otro calendario de 365.25 días. Cada cuatro años se sumaba un día más, para aprovechar los "cuartos de día": así se creó el año bisiesto. Antes de que este nuevo calendario se empezara a usar, se necesitó un año más largo para arreglar las cosas; el año 46 a.C. tuvo 445 días. Con toda razón, se le llamó el "año de la confusión".

¿Cuándo protestó el pueblo porque le habían robado 11 días?

Julio César ordenó un calendario (llamado juliano), que se empleó hasta alrededor del año 1500. Para entonces ya estaba muy desfasado: la Pascua caía en verano, en vez de en primavera. El Papa Gregorio XIII, jefe de la Iglesia Católica Romana, ordenó que a partir del año 1582 se utilizara un nuevo calendario. Gran Bretaña mantuvo el antiguo calendario hasta 1752. En ese año, después del 2 de septiembre vino el 14 de septiembre. ¡La gente salió a la calle para protestar porque les habían robado 11 días de sus vidas!

¿Qué civilización usaba dos calendarios?

Los mayas fueron una civilización de Mesoamérica (entre los años 1500 a.C. y 1500 d.C. aproximadamente) que usaba dos calendarios diferentes. Uno tenía 365 días divididos en 18 meses de 20 días cada uno y cinco días "nefastos" al final del año. También usaban un calendario sagrado de 260 días para señalar las fiestas de sus dioses.

87

CIENCIAS

Reloj de agua

Reloj de sol

¿Los primeros relojes tenían manecillas?
Los primeros relojes sólo pretendían "hacer sonar" las horas con una campana. Eran muy poco exactos y perdían hasta 15 minutos diarios, pero a la gente no le interesaba los minutos: sólo quería saber la hora. Los relojes marcaban cada cuarto de hora y con eso bastaba; después de todo, no había autobuses ni trenes que tomar. Hasta el siglo XVII se hicieron comunes los relojes con manecillas y cuadrantes* de 12 horas.

▲ En un reloj egipcio de agua, ésta escurría lentamente de un recipiente a otro; los egipcios también usaron relojes solares. En Babilonia, los cuadrantes* de los relojes solares tenían 12 horas. El reloj de la ilustración tiene números romanos.

¿Cuándo se usaron los relojes de sol y de agua?
Los relojes de sol (o de sombra) se emplearon en Babilonia hace más de 3 000 años. Funcionan así: un palo en posición vertical arroja sombra conforme los rayos del Sol cambian de posición durante el día (recuerda: esto se debe a que la Tierra se mueve, no el Sol). Alrededor de ese palo hay un cuadrante* con las horas marcadas.

Los antiguos egipcios y griegos utilizaban relojes de agua. Había de muchos tipos, pero todos funcionaban con el mismo principio. El agua goteaba de un recipiente a otro, y al reducirse el nivel del agua, también bajaba un flotador que había en la superficie. El flotador tenía unida una aguja que marcaba en una escala el paso del tiempo.

¿Cómo encontraban su ruta los antiguos marinos?
Pocos marineros de la antigüedad se alejaban de las costas. Los griegos inventaron un aparato parecido a un reloj solar, llamado astrolabio, que servía para determinar la longitud (posición entre el este y el oeste) y calcular la hora del día. El astrolabio llegó al norte de Europa mucho después, en el siglo XIV. Más tarde, los marinos utilizaron unos instrumentos llamados ballestilla simple y cuarto de cuadrante mejorado (en 1595) para conocer la latitud (posición entre el norte y el sur). Esta referencia se obtenía al medir el ángulo exacto del Sol sobre el horizonte.

¿Cuándo se inventaron los relojes mecánicos?
Los monjes medievales necesitaban saber la hora en que debían rezar. En el siglo XIV se inventó un mecanismo que lo hizo posible; consistía en un reloj con una campana que sonaba a intervalos regulares. La campana se hacía sonar por medio de pesas, cuya caída se regulaba con un mecanismo denominado "escape". Ese movimiento producía el clásico sonido del tictac.

▲ En los años 1700, John Harrison hizo los primeros cronómetros, o relojes para barco confiables. Tenían dentro un resorte que se desenrollaba, y así marcaba el paso del tiempo.

▶ La ballestilla y el cuarto de cuadrante son antiguos instrumentos náuticos.

Ballestilla

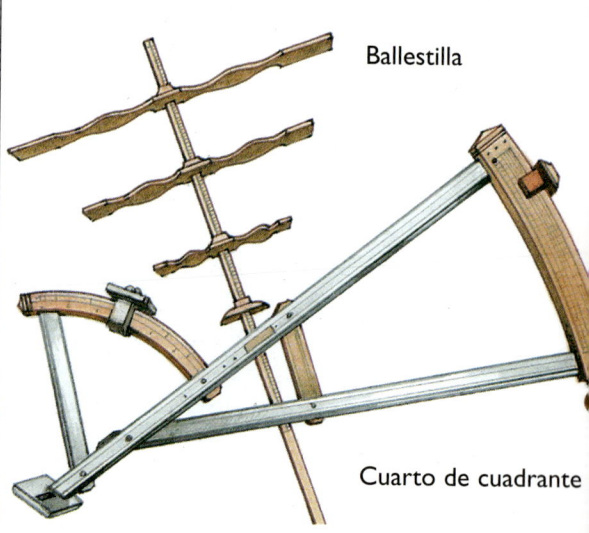

Cuarto de cuadrante

88

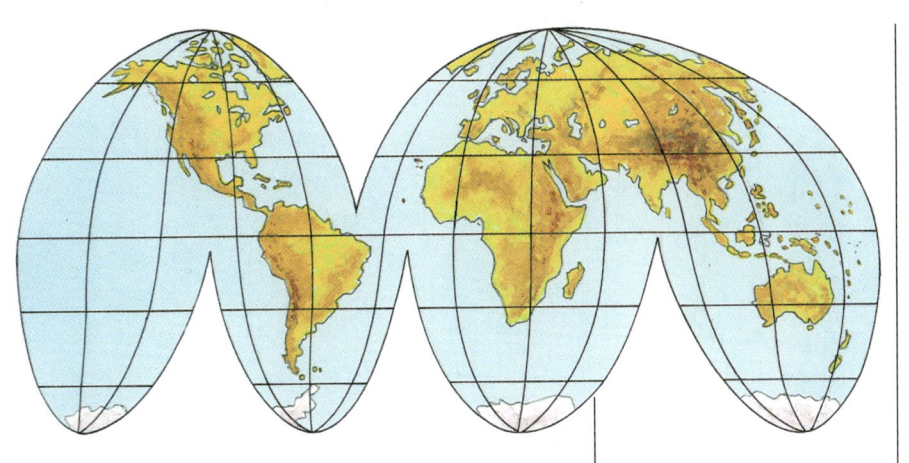

CIENCIAS

¿Cuándo se comenzaron a utilizar las fechas a.C. y d.C.?

Hay muchos sistemas para establecer las fechas. Los musulmanes cuentan el tiempo a partir de la Hégira (622 d.C.), cuando Mahoma huyó de La Meca. El calendario cristiano se usa hoy en casi todo el mundo y comienza con el nacimiento de Jesucristo. A las fechas anteriores a ese día se les pone a.C. (antes de Cristo); y a las posteriores d.C. (después de Cristo) o A.D. (por *Anno Domini*, que en latín significa "Año de Nuestro Señor"). Un monje-matemático llamado Dionysius Exiguus sugirió la forma "A.D." en el año 525 d.C. Mucho después, en el siglo XVII, comenzó a utilizarse la forma "a.C".

¿Por qué los mapas planos no son muy exactos?

Los mapas de los libros siempre son planos, pero la Tierra es redonda. Su contorno irregular no se puede describir con precisión en una superficie plana. Pela una naranja y verás que no es posible aplanar la cáscara sobre una mesa sin que se rompa. Los mapas se dibujan de modo que algún rasgo sea exacto (como la superficie), pero otros (como las formas) son menos precisos. A esto se le llama proyección.

▲ Existen distintos tipos de proyección cartográfica*. La de Mercator suele usarse en los mapas que aparecen en los atlas.

¿Cómo miden el tiempo los arqueólogos?

Los arqueólogos descubren el pasado al analizar la corteza terrestre* capa por capa. La fecha de un objeto encontrado se determina con el método del carbono 14*, que mide la cantidad de carbono 14 radiactivo* que hay en la madera, el carbón o en los huesos de animales. También se puede calcular la antigüedad por los anillos de la corteza de los árboles, en especial del pino *bristlecone* de California, que llega a vivir hasta 4 600 años. Gracias a estos anillos se han podido corregir errores de fechas establecidas por el carbono 14.

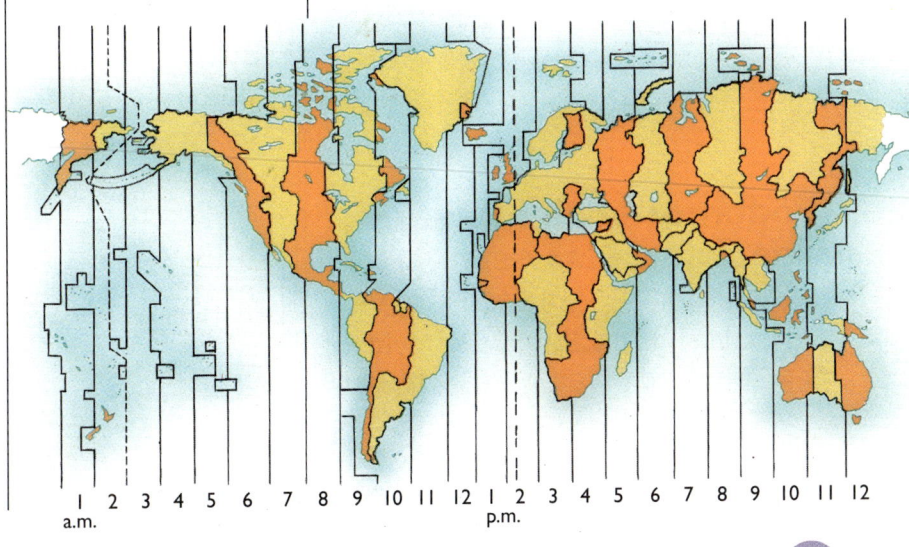

¿Por qué hay que cambiar la hora de los relojes al viajar por avión?

El mundo está dividido en 24 zonas o husos horarios y entre cada huso hay una hora de diferencia. Hacia el este de Greenwich, en Inglaterra (donde está la hora meridiano de Greenwich, llamada GMT), es más tarde; al oeste de Greenwich es más temprano. Cuando en Greenwich es mediodía, en Nueva York son las 7 a.m. (5 horas antes), y las 3 p.m. en Moscú (3 horas más tarde). En los Estados Unidos hay cinco husos horarios: Atlántico, Este, Central, de la Montaña, del Pacífico. Las personas que viajan al Oeste retrasan sus relojes al aterrizar; quienes van al este, los adelantan. Así, un viaje de Londres a Nueva York dura cinco horas y aterrizas a la misma hora en que despegaste.

▼ Desde 1884 el mundo tiene una hora común: la hora del Meridiano de Greenwich. La hora es distinta en cada zona o huso horario. Quienes al viajar atraviesan la línea internacional de cambio de fecha ganan o pierden un día.

89

CIENCIAS

¿Cuáles son los relojes más exactos?

Los relojes atómicos marcan el tiempo con la mayor exactitud; funcionan a partir de la velocidad a la que vibran ciertos átomos. Casi todos los relojes atómicos utilizan las vibraciones de un átomo de cesio para regular los cristales de cuarzo. Es increíble, pero algunos relojes científicos se retrasan apenas un segundo en 1 millón de años.

¿Puede hacerse lento el tiempo?

Albert Einstein (1879-1955) publicó en 1905 su obra *La teoría de la relatividad*. Él pensaba que el movimiento afecta la longitud, la masa y el tiempo, y que nada podía viajar más rápido que la luz. Cerca de la velocidad de la luz, la masa se volvería infinita, la longitud sería de cero y el tiempo se haría tan lento que casi se detendría.

¿Qué son los años luz y los parsecs?

El espacio es tan inmenso que las unidades comunes de medición, como el kilómetro, casi no sirven de nada. Los científicos miden el Universo en años luz y parsecs. Un año luz es la distancia que recorre la luz en un año, es decir, cerca de 10 millones de millones de km. Un parsec es igual a 3.25 años luz (un parsec es igual a 3×10^{13} km).

¿Podemos enviar naves espaciales a las estrellas?

Las estrellas están tan lejos que es imposible ir hasta ellas, por lo menos en el futuro cercano. La nave espacial más veloz que se ha construido necesitaría 150 mil años para llegar a la estrella más cercana.

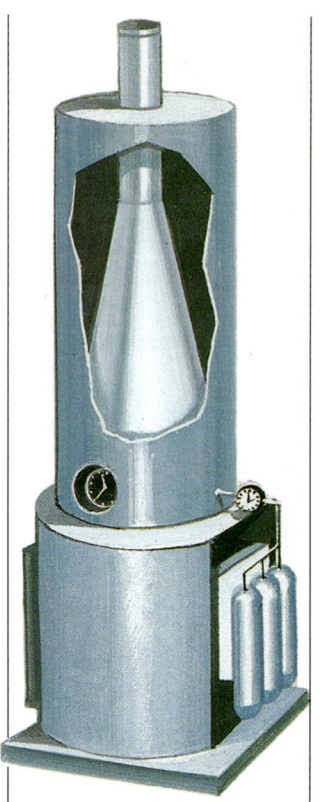

▲ Este reloj atómico cuenta las vibraciones de luz emitidas por algunos átomos. Se atrasa menos de un segundo ¡en un millón de años!

En los relojes de 24 horas, las nueve de la mañana se dice 9:00 hrs, y las nueve de la noche se dice 21:00 hrs. Los horarios de los trenes utilizan este sistema para evitar la confusión entre los horarios de la mañana y la tarde.

¿Se puede viajar en el tiempo?

En la literatura y en el cine se han creado historias emocionantes de personas que viajan al pasado y al futuro, pero esas aventuras siguen siendo ciencia ficción. Nadie ha conseguido fabricar una máquina del tiempo, y los científicos creen que jamás será posible.

¿Qué es una cápsula de tiempo?

A veces las personas entierran recipientes con objetos diversos como testimonio de su época. Esas cápsulas pueden contener ropa, fotografías, cintas de sonido, juguetes, libros y hasta comida. La idea es que en el futuro, los historiadores las encuentren y estudien su contenido. ¡En los Estados Unidos hay una cápsula tan grande que tiene dentro un automóvil y una motocicleta!

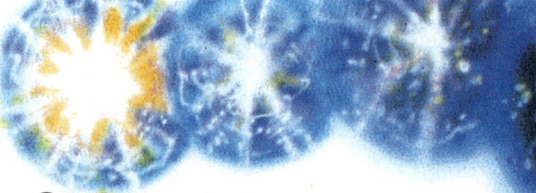

¿Qué es el tiempo biológico?

Las plantas y los animales tienen ritmos y ciclos naturales como sueño y vigilia (o vela), noche y día. Las actividades de algunos animales marinos incluso concuerdan con las mareas. Por ejemplo, existe un pez americano que se aproxima a la costa cada 14 días para reproducirse; este ritmo coincide con el de las mareas altas.

Otro tipo de tiempo es el geológico, que se mide por millones de años; desde el origen del Sistema Solar y a lo largo de las edades de la Tierra.

CIENCIAS

¿Qué edad tiene el Universo?

El Universo tiene cerca de 15 000 millones de años. Los científicos calculan esa cifra según el tiempo que le ha tomado a las estrellas lejanas enfriarse desde que nació el Universo. Algunos científicos piensan que las estrellas se enfrían más lentamente de lo que se pensaba, así que el Universo podría ser mucho más antiguo.

¿Cuándo se descubrió que el Universo está cambiando?

En el siglo XX, los científicos han demostrado que el Universo se está transformando; antes se pensaba que siempre había sido idéntico. En 1948, un grupo de científicos propuso la idea de un Universo "constante", que siempre ha existido y siempre existirá. Hoy esa idea tiene pocos seguidores.

DATOS SOBRE EL ESPACIO

El tiempo y las distancias del espacio son impresionantes:

- El Sistema Solar (el Sol y sus planetas) es como 1 millón de veces más grande que el diámetro terrestre.
- Nuestra galaxia, la Vía Láctea, es 100 millones de veces más grande que el Sistema Solar.
- La galaxia de Andrómeda es el grupo de estrellas más lejano que se pueda ver sin telescopio.
- Andrómeda está a 2 millones de años luz. Esto significa que la luz que recibimos de esa galaxia comenzó a viajar a la Tierra hace más de 2 millones de años.
- Los astrónomos utilizan una medida de tiempo denominada año cósmico. Se refiere al tiempo que le toma al Sol y sus planetas darle una vuelta al centro de la Vía Láctea, es decir, 225 millones de años.

¿Cómo nació el Universo?

Actualmente, casi todos los científicos creen que el Universo nació de una gran explosión llamada "Big Bang". Esa explosión hizo estallar la materia, y desde entonces el Universo ha seguido expandiéndose. Los astrónomos especializados en radiactividad han detectado radiaciones de origen desconocido dispersas en el Universo. Creen que se produjeron en el Big Bang.

¿Quién pensó que Venus es un león?

Los pueblos antiguos inventaban historias fabulosas sobre el Universo. Para los babilonios, Venus era un brillante león que recorría el Universo. Cada amanecer, el gran dios llamado "El" mataba al león, que volvía todas las noches.

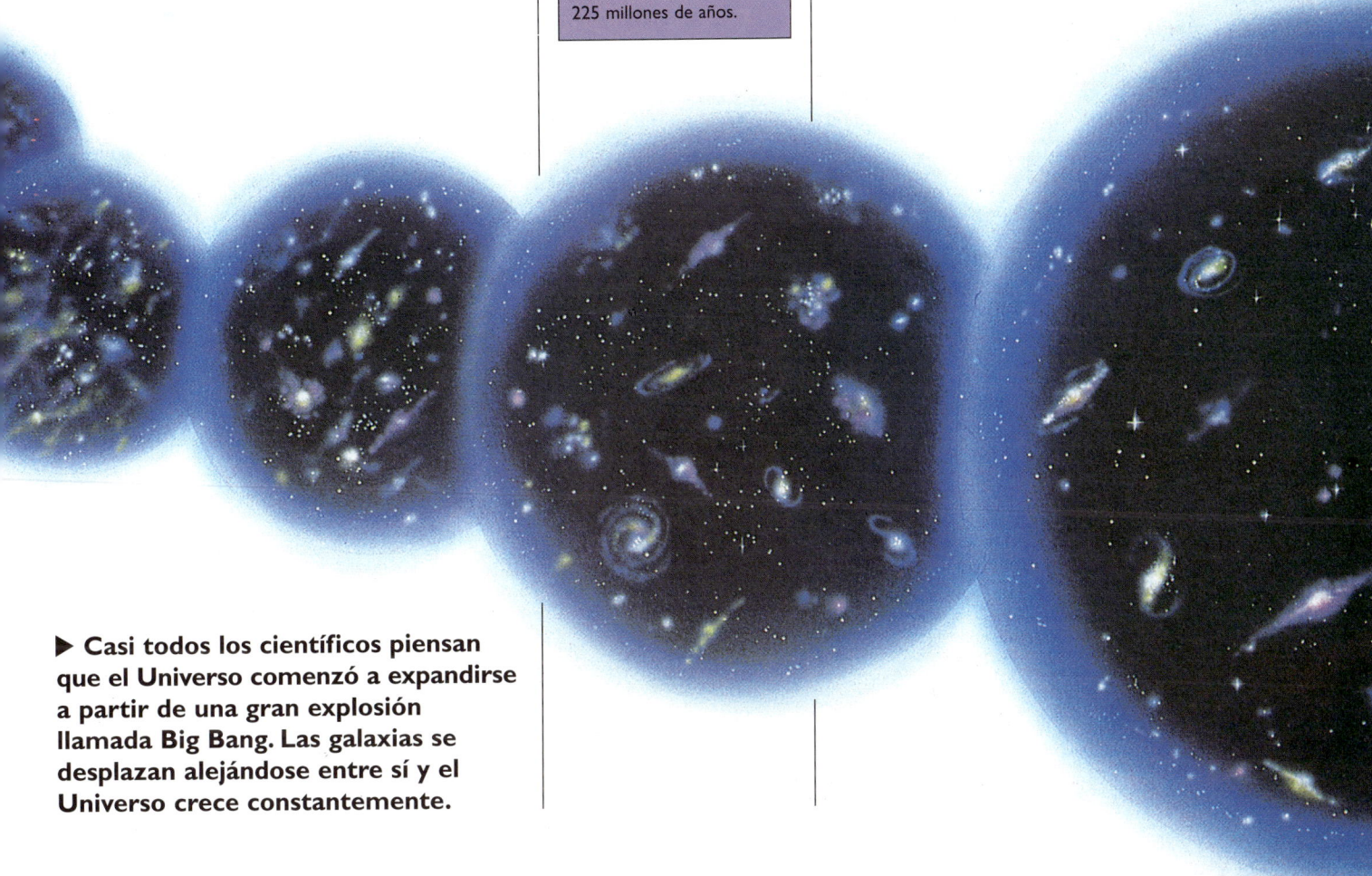

▶ Casi todos los científicos piensan que el Universo comenzó a expandirse a partir de una gran explosión llamada Big Bang. Las galaxias se desplazan alejándose entre sí y el Universo crece constantemente.

CIENCIAS

DESCUBRIMIENTOS E INVENTOS

¿Cuándo se inventaron las primeras herramientas?

Mucho tiempo antes de que aparecieran los seres humanos había criaturas parecidas a simios. Los científicos los llaman *Australopitecus*; usaban palos y piedras como armas, y sus restos se han encontrado en el sur y en el este de África. Los científicos han encontrado herramientas simples de piedra fabricadas por esos seres primitivos hace más de 2 millones de años.

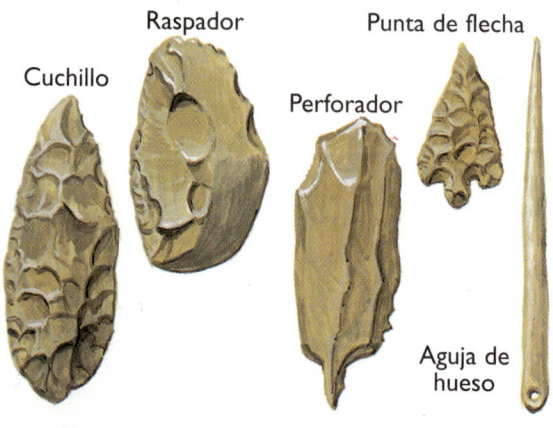

▲ Antes de que se inventara la rueda, la gente usaba troncos para mover piedras grandes para la construcción. Por eso no es sorprendente que las primeras ruedas fueran de madera.

◀ Los hombres antiguos usaban piedras para fabricar herramientas como cuchillos, raspadores, perforadores y puntas de flecha. Las agujas se hacían de hueso de animal.

¿Cómo se descubrió el fuego?

Los pueblos primitivos tenían miedo al fuego y huían de los incendios forestales causados por rayos. Seguramente alguien, en algún lugar, tuvo el valor de coger una rama ardiente; con ella encendió una fogata para calentarse o protegerse de los animales salvajes que también huían del fuego. Esas primeras fogatas se mantenían siempre prendidas, porque nadie sabía como hacer fuego de nuevo.

¿Quién inventó la rueda?

Nadie sabe cuándo ni dónde se usó la rueda por primera vez, pero es uno de los inventos más importantes de la humanidad. Se cree que la rueda se inventó antes del año 3000 a.C., tal vez en diversos lugares. Posiblemente se utilizó primero para hacer ollas de arcilla; luego se aplicó a las carretas y revolucionó el transporte. Las primeras carretas tenían dos ruedas sólidas, hechas de piezas de madera amarradas juntas. Las ruedas de rayos, como las que se usaron en los carros de guerra, fueron mucho más ligeras y significaron un gran avance.

◀ La gente producía fuego con un taladro de arco. Al girar con rapidez el taladro, la fricción* producía suficiente calor para encender lana o musgo seco.

¿Cuándo se recogieron las primeras cosechas?

Los arqueólogos han encontrado en Israel hoces de piedra (herramientas para cortar el grano) de hace más o menos 13 000 años. Un examen microscópico hace pensar que se usaban para cosechar cereales cultivados, no silvestres. De ser así, la agricultura comenzó muchos años antes de lo que se creía. Hasta ahora, los científicos habían encontrado evidencia de cultivo de cereales en Siria hace aproximadamente 11 000 años.

¿Cómo se funde el hierro?

El hierro se obtuvo por primera vez calentando mineral de hierro dentro de un horno con carbón y piedra caliza. Al quemarse el carbón, el hierro fundido se escurría; al enfriarse se hacía sólido. Luego, ese "lingote" se martillaba y se recalentaba para purificar el hierro. Este proceso se llama fundición. La "Edad del Hierro" comenzó en el Medio Oriente alrededor del año 1500 a.C.

Uno de los inventos más importantes de todos los tiempos son los anteojos. El primer registro de su existencia lo hizo Roger Bacon en el año 1268, al escribir sobre el uso de lentes en los anteojos.

▶ Vaciado de un horno de hierro fundido. Todos los metales provienen de minerales sacados de la tierra. El mineral se calienta hasta que se funde el metal, luego se vacía en moldes para que se enfríe y se endurezca.

¿Cuándo se produjo acero por primera vez?

Los romanos sabían producir cierto tipo de acero, y los herreros chinos y de otros lugares probablemente también lo obtuvieron por accidente. En la Edad Media eran famosas las espadas de acero de Toledo, en España. Pero esta aleación* no pudo producirse a gran escala sino hasta la invención del proceso industrial. Esto sucedió en 1856, cuando Sir Henry Bessemer inventó un "convertidor" para producir acero.

¿Cuándo se usaron velas por primera vez?

Las velas se han utilizado por lo menos desde hace 3 000 años. Son mencionadas en el Antiguo Testamento (en la Biblia), y los romanos tenían velas de lino cubiertas de cera y brea*. También se fabricaban con cera de abejas y sebo (grasa animal).

◀ Más de la mitad del acero del mundo se produce mediante el proceso básico del oxígeno, ilustrado aquí. El arco eléctrico y el horno de crisol abierto son otros procesos comunes para producir acero.

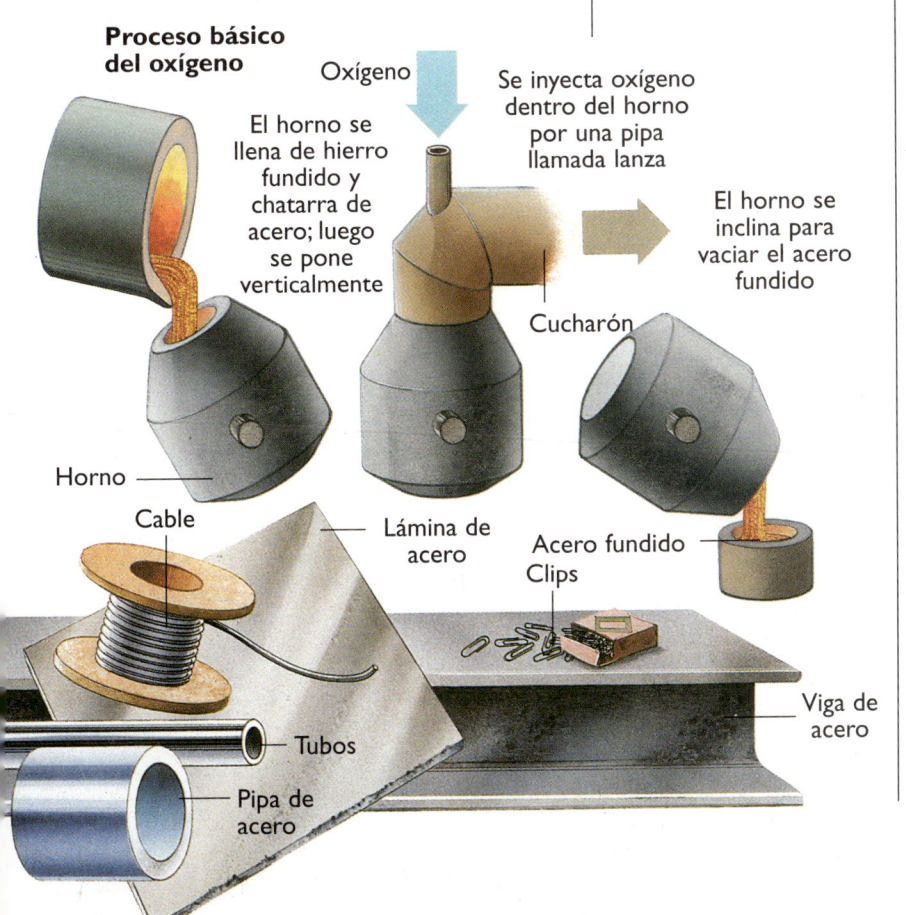

Proceso básico del oxígeno

- El horno se llena de hierro fundido y chatarra de acero; luego se pone verticalmente
- Se inyecta oxígeno dentro del horno por una pipa llamada lanza
- El horno se inclina para vaciar el acero fundido

Oxígeno · Cucharón · Horno · Cable · Lámina de acero · Acero fundido · Clips · Tubos · Pipa de acero · Viga de acero

93

CIENCIAS

¿Quiénes tenían calefacción central hace 2 000 años?

Los romanos ricos vivían en grandes casas con calefacción debajo del piso, llamada hipocausto. Los esclavos ponían combustible en una chimenea que emitía aire caliente y circulaba por debajo del piso de la casa. El aire caliente también corría por unos tubos a lo largo de los muros; por ellos se desechaba el humo. Los romanos que vivían en lugares alejados de la soleada Italia seguramente agradecieron este lujo. El fuego también se utilizaba para calentar el agua del baño.

¿Desde cuándo se usan las balanzas?

Las balanzas exactas son fundamentales para la ciencia y también para el comercio y los negocios. Los antiguos egipcios tenían balanzas de brazos iguales, muy parecidas a las que se utilizan hoy en día. ¡Esas balanzas se han usado desde hace unos 7 000 años!

En el antiguo Egipto pocos iban a la escuela. Algunos muchachos estudiaban para ser escribas: tenían que aprender más de 700 jeroglíficos. ¡Los exámenes de ortografía eran una pesadilla!

▼ Egipcios haciendo papiro. Éste se hace de un tipo especial de junco. A través de un proceso, el junco se convierte en una especie de papel suave para escribir.

¿Quiénes usaron primero el papel?

El papel se elaboró por primera vez en China hace unos 2 000 años. Antes de que se inventaran las máquinas para producir papel (en el siglo XIX), cada hoja de papel se hacía a mano y por separado. Las únicas máquinas que se usaban eran los martillos de báscula, movidos por ruedas hidráulicas. Estas máquinas molían tela mezclada con agua para hacer una pulpa que se metía en un recipiente. Ahí se sumergía una fina red de acero que recogía una capa delgada de la pulpa. Ésta se sacaba, se sacudía y se colocaba sobre fieltro o pañolenci; luego se metía en una prensa para exprimirle el agua. A continuación la hoja se separaba del fieltro y se colgaba a secar.

1. Los productores de papel cortan y pelan los papiros.

2. Rebanan finamente los tallos y colocan las rebanadas en hileras, unas encima de otras.

3. Las golpean con un martillo hasta que los pegajosos jugos vegetales las unen entre sí.

LA COMUNICACIÓN

■ En la Prehistoria, la gente se mandaba mensajes usando tambores, fuego y señales de humo.

■ La primera escritura era de imágenes, así que las personas hacían dibujos para contar algo.

■ Los sumerios, en Mesopotamia, inventaron una escritura con imágenes alrededor del año 3500 a.C.

■ Transportar rollos grandes era incómodo, así que para enviar mensajes se utilizaban tablillas de cera. Se escribía en la cera con un pequeño palo puntiagudo.

■ Los antiguos romanos leían las noticias. Una hoja de noticias escrita a mano en el año 59 a.C. fue la precursora* de los periódicos modernos.

5. Finalmente, todas las piezas del papel papiro se unen para formar una tira larga que se enrolla.

4. Con una piedra suave o una herramienta especial frotan la superficie del papiro para suavizarlo.

94

CIENCIAS

¿Cuándo se usaron por primera vez cañones en las batallas?

Los chinos inventaron los cohetes de pólvora, pero los cañones no se usaron en Europa sino hasta el siglo XIV. Las primeras pistolas eran torpes y disparaban balas sólidas, por lo que sus barriles de metal solían explotar por la fuerza de la pólvora causando más daños a quien las disparaba que al enemigo.

¿Por qué no pudo volar el avión de Da Vinci?

Entre 1452 y 1519, el italiano Leonardo da Vinci ideó inventos adelantados por muchos siglos a su época. Trazó los planos de un submarino, un paracaídas, un vehículo armado parecido a un tanque, un helicóptero y un avión. Nunca se construyó ese avión, porque los motores como tales no existían. Faltaba mucho tiempo para que aparecieran los motores ligeros y potentes.

¿Para qué se utilizó la primera máquina de vapor?

En 1698, un ingeniero inglés llamado Thomas Savery diseñó "una bomba que elevaba agua y además, podía accionar una fábrica". Su motor se utilizó para bombear agua de unos pozos de minas de estaño ubicadas en Cornualles, Inglaterra. Funcionaba enfriando el vapor para que se condensara y creando un vacío parcial que "absorbía" el agua por medio de una tubería.

▶ James Watt mejoró la bomba de vapor de Newcomen y la hizo más potente. Este es su modelo de 1775, que rápidamente se aplicó en las fábricas de toda Gran Bretaña.

▲ Este antiguo cañón del siglo XV disparaba balas de roca sólida. No llegaban muy lejos, pero podían derribar los muros de los castillos.

En 1482, Leonardo da Vinci le escribió al Duque de Milán diciéndole que era capaz de construir puentes portátiles, cañones, barcos, catapultas y ¡hasta vehículos armados!

¿Quién es llamado el "Padre de la Era del Vapor"?

Se cuenta que al mirar hervir una tetera, el ingeniero escocés James Watt (1736-1819) se inspiró para mejorar el motor de vapor. En 1764 estaba tratando de reparar un motor de vapor como el que inventó Thomas Newcomen (1663-1729). Cuando vio la poca eficiencia del motor, Watt le añadió otro condensador para darle más potencia. También logró hacer rotatorio* (en vez de vertical) el movimiento del motor, lo que es más adecuado para la maquinaria. Esto le hizo merecer el título de "Padre de la Era del Vapor".

CIENCIAS

¿Quién construyó la primera segadora?
En la década de 1830 Cyrus Hall McCormick, de los EU, inventó una máquina tirada por caballos para cortar cereales. A la segadora mecánica le siguió la primera cosechadora, en la década de 1850.

¿Cuándo comenzaron a usarse los fertilizantes?
Los agricultores siempre han usado el abono animal para rehabilitar los suelos. En el siglo XIX comenzaron a utilizarse los fertilizantes químicos. En 1842 John Bennet Lawes, de Gran Bretaña, logró producir superfosfatos de roca y así se inició la industria de los fertilizantes químicos.

¿Qué profundidad tenía el primer pozo petrolero?
Los chinos lograron extraer petróleo del subsuelo hace 2 000 años, pero el primer pozo petrolero moderno se taladró en Pennsylvania (EU), en 1859. El responsable de la excavación fue Edwin L. Drake, que taladró 21 m de roca para llegar al petróleo. Esto sucedió 30 años antes de que existiera el primer automóvil. El petróleo se utilizaba para encender linternas.

¿Quién ha sido el inventor más creativo?
El título tal vez le corresponda al inventor estadounidense Thomas Alva Edison (1847-1931), que realizó más de mil inventos. Entre ellos están la bombilla o foco, la cámara de cine y el fonógrafo, que fue antecesor del tocadiscos.

▶ El Ford modelo T apareció por primera vez en 1908 y fue el automóvil más popular de los EU.

El deporte que dura sólo un día y tiene la mayor asistencia en el mundo es la carrera de automóviles Indianápolis 500. Se llama así porque los automóviles deben recorrer 500 millas. La pista con forma de óvalo se construyó con 3.2 millones de ladrillos, y por eso ahora le dicen "el patio de ladrillos".

¿Cuándo se construyeron por primera vez automóviles en una cadena de montaje*?
Hasta 1914 los automóviles se hacían uno por uno, como antes las carretas. Cuando un grupo de obreros terminaba uno, comenzaban el siguiente. El industrial estadounidense Henry Ford transformó esto al introducir la primera cadena de montaje en su fábrica. Los automóviles pasaban por un sistema de cinta transportadora automática. Cada pieza (los asientos, el motor, los neumáticos y demás) se iban colocando conforme la transportadora pasaba cargando el esqueleto del automóvil. Con la nueva cadena de montaje se requería de sólo hora y media para producir un Ford modelo T en vez de tomar 13 horas. Con eso bajó el costo de los automóviles.

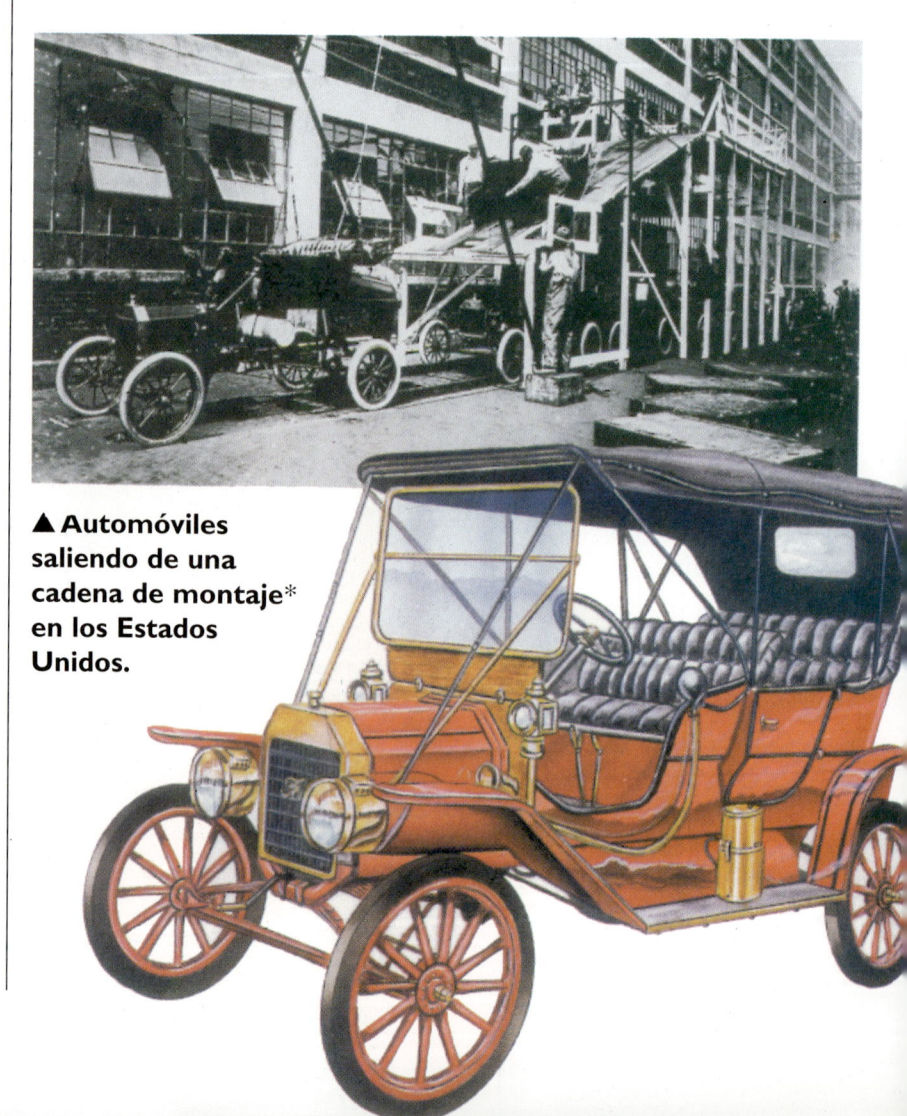

▲ Automóviles saliendo de una cadena de montaje* en los Estados Unidos.

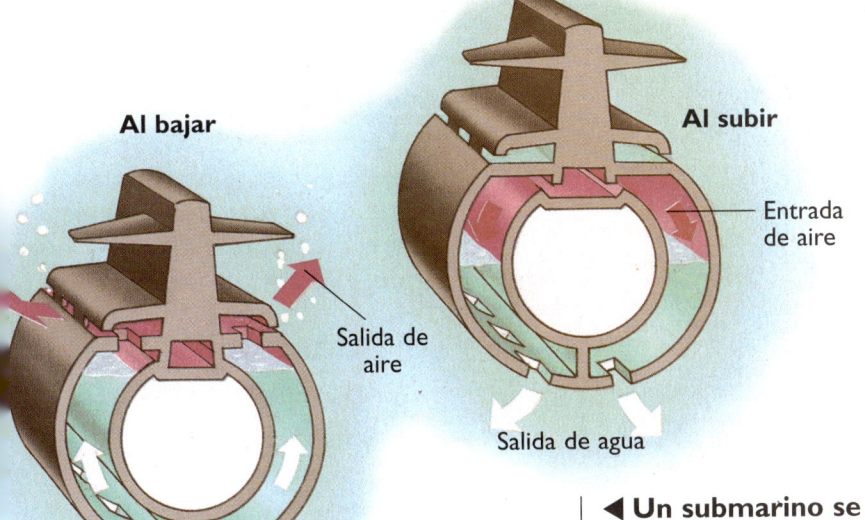

CIENCIAS

Al bajar — Salida de aire — Entrada de agua

Al subir — Entrada de aire — Salida de agua

¿Cómo se sumerge un submarino?

Los submarinos se sumergen inundando de agua sus tanques de lastre, es decir, espacios huecos entre los cascos interno y externo de la nave. Cuando el submarino está a punto de zambullirse, se abren unas válvulas que dejan entrar agua de mar a los tanques. El submarino pierde flotabilidad y se sumerge. Para subir a la superficie, se expulsa el agua de los tanques inyectándoles aire comprimido. Esto hace que el submarino flote.

¿Qué es un pulmón acuático?

Desde la antigüedad, los hombres se han sumergido en el mar, pero antes sólo podían zambullirse mientras se lo permitiera su respiración. Los buzos que usan equipo pesado reciben aire que les envían por una manguera. En la década de 1930, Jacques Cousteau, de Francia, inventó el equipo autónomo o pulmón acuático. Con él, el buzo lleva aire en tanques sujetos a la espalda, y lo recibe por las válvulas de su máscara de buceo.

◀ **Un submarino se sumerge (izquierda) cuando el agua que entra saca el aire. Cuando el aire expulsa el agua, el submarino sube (derecha).**

Si no existiera el ascensor o elevador, los rascacielos modernos no se hubieran construido. El *World Trade Center* de Nueva York tiene 244 ascensores, que viajan a una velocidad de hasta 485 m por minuto, o sea, 30 km/h.

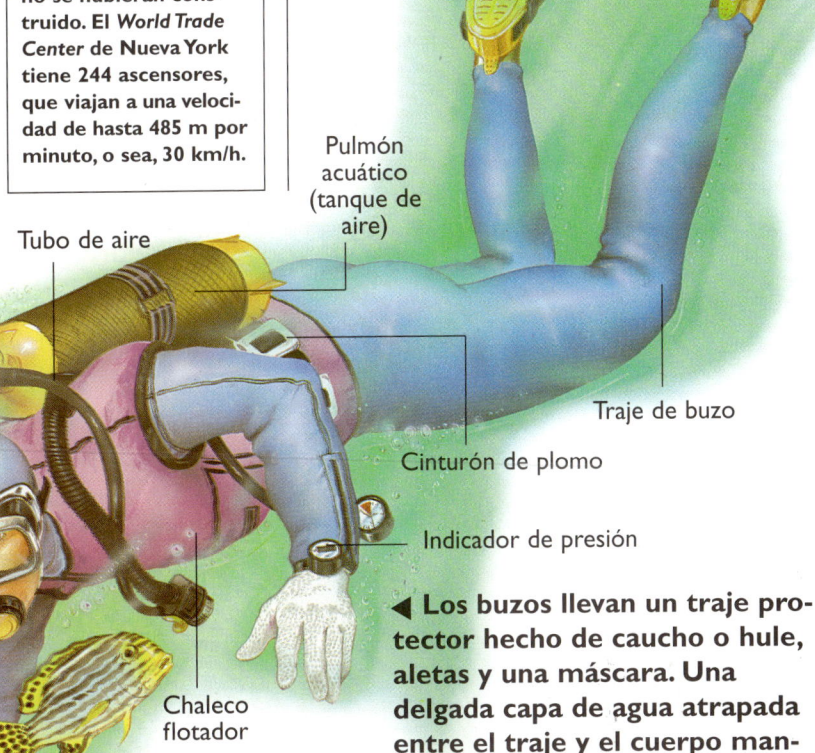

¿Por qué no había rascacielos antes de la década de 1880?

Mientras más alto es un edificio de piedra, necesita muros más gruesos en su base para poder sostener su enorme peso. La altura de los edificios estuvo limitada hasta la década de 1880, cuando se probaron por primera vez las estructuras de acero. El edificio *Home Insurance*, en Chicago (1885) fue el primero con muros que no cargaban su peso. Estaba sostenido por una estructura de vigas metálicas y, aunque sólo tenía diez pisos, fue el precursor* de los rascacielos que han hecho famosas algunas ciudades de los Estados Unidos. En la década de 1930, ya fue posible construir edificios de 100 pisos, como el *Empire State* de Nueva York.

Tubo de aire — Aletas — Pulmón acuático (tanque de aire) — Traje de buzo — Cinturón de plomo — Indicador de presión — Chaleco flotador — Máscara de buceo

◀ **Los buzos llevan un traje protector hecho de caucho o hule, aletas y una máscara. Una delgada capa de agua atrapada entre el traje y el cuerpo mantiene la temperatura del buzo.**

CIENCIAS

¿Por qué se mantiene fría una nevera o refrigerador?

Cuando un líquido se evapora (o sea, se transforma en vapor o en gas), absorbe el calor que le rodea. Las neveras tienen una tubería llena de gas, por ejemplo, amoníaco. Este gas se calienta y al enfriarse, se hace líquido. Al pasar por la tubería de la nevera, ese líquido absorbe el calor y se convierte en gas nuevamente. Cada vez que este ciclo se repite, la nevera se enfría.

La comida se descompone por la actividad de pequeñas bacterias que se reproducen con mucha rapidez cuando la temperatura es mayor de 10ºC. Con temperaturas más bajas, las bacterias se reproducen más lento y los alimentos se conservan frescos por más tiempo.

¿Cuándo comenzaron a venderse los alimentos congelados?

Hace mucho tiempo las personas se dieron cuenta de que la nieve y el hielo mantienen frescos los alimentos. Antes de 1800 no había forma de producir hielo. Se cortaban bloques del hielo del invierno y se almacenaban, pero para el verano ya se habían derretido. En 1834, Joseph Perkins descubrió cómo fabricar hielo artificialmente.

Alexander Graham Bell inventó el teléfono, pero también fabricó un barrilete o una cometa que podía transportar personas. En 1917 construyó un hidrodeslizador (o *hidrofoil*) que se desplazaba a 113 km/h.

▼ **El vendedor de hielo era un personaje común antes de que existieran neveras y congeladores en los hogares.**

◄ **El plástico moderno es ligero y fuerte, ideal para los juguetes infantiles. Se pueden hacer millones de ejemplares con un solo molde, y casi de cualquier color.**

¿Cuál fue el primer plástico?

En 1862, durante una exposición en Londres, el químico Alexander Parkes mostró un nuevo descubrimiento. Había obtenido una nueva sustancia, el nitrato de celulosa, que llamó "parkesina". Fue el primer plástico, un material resistente. La parkesina luego se llamó celuloide y fue desarrollada por el estadounidense John Wesley Hyatt.

¿Cuándo comenzaron a usarse los primeros aerosoles?

El rociador de aerosol fue inventado en 1941 por el estadounidense Lyle D. Goodhue. El recipiente (que puede tener pintura o fijador para pelo) también incluye un propelente (gas a presión). El contenido del recipiente mezclado con el gas, sale a presión cuando se oprime el botón. Es importante que los aerosoles sólo tengan gases que no dañen la atmósfera.

LOS TRANSPORTES Y LAS COMUNICACIONES

¿Cuál fue el primer vehículo?

Tal vez el vehículo más antiguo sea el trineo. Ya se utilizaba en la Edad de Piedra, y no sólo sobre nieve. Era más fácil arrastrar el trineo si se le ponía una carga encima (como un animal muerto), porque la madera suave ejercía menos fricción* contra el terreno áspero. Con patines, el trineo se deslizaba aún más fácilmente. Un día alguien le puso ruedas y construyó la primera carreta.

¿Quién hizo el primer vehículo de vapor?

Un soldado francés llamado Nicolás Cugnot construyó en 1763 un carro movido por una máquina de vapor. Tenía tres ruedas y Cugnot pensó que serviría para transportar cañones pesados, pero era muy lento y después de algunas pruebas, perdió el control y se volcó. Sus jefes decidieron seguir usando la artillería tirada por caballos y la fallida máquina de Cugnot se guardó por razones de seguridad.

¿Cómo venció la Rocket a sus rivales?

Las locomotoras de vapor, capaces de moverse por su propia fuerza (por carretera o sobre rieles), se inventaron a principios de 1800. En 1829, los precursores* ingleses se reunieron para hacer competir sus locomotoras de vapor en las carreras de Rainhill. La locomotora Rocket de George Stephenson jalaba un tren de 20 toneladas a una velocidad máxima de más de 55 km/h. Los tres rivales de Rocket no le hicieron competencia, y ésta luego se utilizó para el ferrocarril Liverpool-Manchester. George Stephenson fue el ingeniero de los numerosos ferrocarriles que de pronto surgieron.

▲ **Rocket, la locomotora de Stephenson, fue la más rápida de su época. En su caldera había cinco tubos para poder calentar mucha agua y producir así suficiente vapor para mover los pistones.**

¿Cuándo se estrenó el primer tren eléctrico del mundo?

En 1879 se inauguró en Berlín, Alemania, un tramo de 274 m del tranvía eléctrico creado por Werner von Siemens. Cuatro años más tarde, su hermano Wilhelm inauguró un tren eléctrico en Irlanda del Norte. En la década de 1920 había trenes eléctricos en todo el mundo y actualmente están tan avanzados que el tren francés TGV corre a más de 500 km/h.

CIENCIAS

¿Cuándo apareció la bicicleta moderna?

En el siglo XIX se fue mejorando el diseño de la bicicleta, hasta que alcanzó su forma actual. Los pedales, que antes estaban en la rueda de enfrente, se colocaron entre las ruedas y se añadió una transmisión de cadena*. Otros cambios importantes fueron las ruedas de rayos, los asientos con resortes, los engranajes o velocidades, los cojinetes de bolas y un manubrio* autónomo; por último, se le añadieron las ruedas neumáticas (llenas de aire).

¿Quién construyó el primer motor de combustión interna?

En 1863, un francés llamado Etienne Lenoir diseñó un motor que quemaba gas de carbón: lo utilizó para mover una carreta. En 1864, el austríaco Siegfried Marckus construyó un motor parecido que consumía vapor de nafta o gasolina y creó un sistema de encendido eléctrico.

¿Cuándo se utilizó el primer vehículo de motor?

El primer vehículo que usó un motor de petróleo fue un triciclo construido en 1885 por Karl Benz, un joven ingeniero alemán. En su primera prueba en el "carruaje sin caballos", se accidentó al chocar contra un muro. Ese mismo año Gottfried Daimler, que trabajaba a menos de 100 km de distancia, construyó una motocicleta. En 1886 Daimler fabricó su primer automóvil, que tenía un motor de un solo cilindro y alcanzaba una velocidad máxima de 29 km/h.

▶ Karl Benz hizo su primer automóvil en 1885. Tenía tres ruedas como de carreta y se dirigía con la rueda delantera.

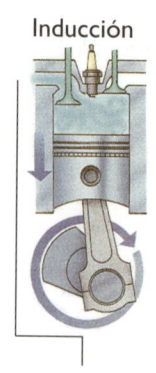

Inducción — Se mezclan el combustible y el aire

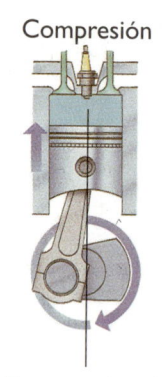

Compresión — Se comprime la mezcla y la chispa hace que se encienda

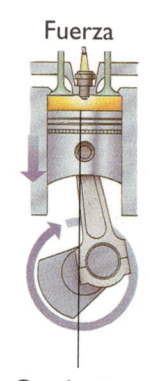

Fuerza — Combustión (explosión)

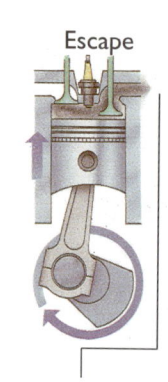

Escape — Expulsión de los gases de desecho por la válvula

▲ Interior de un motor de nafta o gasolina de cuatro tiempos. El movimiento vertical del pistón se convierte en rotación* del eje conectado a las ruedas.

En 1865, cuando aparecieron los automóviles de vapor en las carreteras, el Parlamento Inglés aprobó la "Ley de la bandera roja." ¡Decía que cada automóvil debía llevar enfrente a una persona con una bandera roja!

¿Qué hace avanzar al motor de un automóvil?

La fuerza del motor de un automóvil viene de una explosión. Ésta se produce mezclando nafta o gasolina con aire y encendiéndola con una chispa. En el motor de combustión interna esa explosión se controla dentro de unos cilindros: cada explosión empuja hacia abajo un pistón. Los pistones están conectados a una serie de ejes que a su vez están conectados a las ruedas del automóvil y las hacen girar.

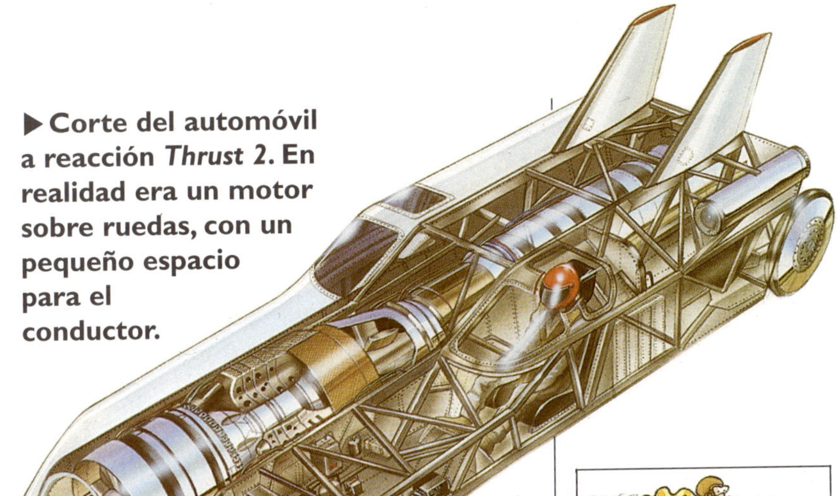

CIENCIAS

▶ Corte del automóvil a reacción *Thrust 2*. En realidad era un motor sobre ruedas, con un pequeño espacio para el conductor.

El primer automóvil capaz de correr a más de 100 km/h se llamó *La Jamais Contente* y no consumía nafta o gasolina, sino tenía una batería. Lo sorprendente es que eso fue hace unos 100 años, en 1899.

Hidrodeslizador sobre la superficie

Hidrodeslizador con las aletas sumergidas

▲ Los hidrodeslizadores pueden moverse a más de 110 km/h; hay dos tipos de hidrodeslizadores, cada uno con distintas aletas.

¿A qué velocidad puede correr un automóvil?

Los automóviles equipados con motores de cohete o motores a reacción son mucho más veloces que los que usan motores normales de nafta o gasolina. En 1983, Richard Noble estableció un nuevo récord, alcanzando una velocidad de 1 047 km/h con su *Thrust 2* de motor a reacción.

¿Cómo eran los primeros barcos?

Tal vez el primer bote haya sido un tronco flotante. Las personas aprendieron a construir balsas atando leños o juncos, y ahuecaban los troncos de los árboles para hacer canoas. Los primeros botes se movían por medio de remos; luego se inventaron las velas.

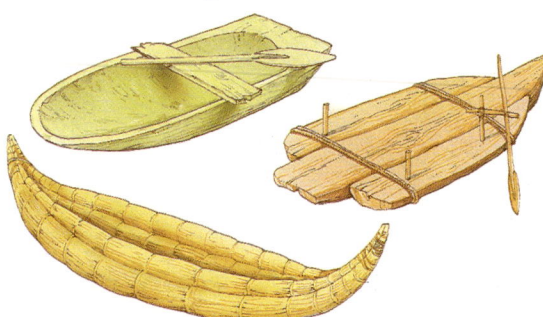

▲ Las primeras embarcaciones eran canoas hechas con troncos de árboles huecos, balsas de junco y barcas hechas de láminas de madera.

¿Cuándo comenzaron a tener timón* los barcos?

Los primeros barcos se dirigían con un gran remo que salía por la popa. Las embarcaciones chinas probablemente fueron las primeras que utilizaron un timón, y hacia el año 1200 aparecieron en Europa los barcos de timón.

¿Quién hizo el primer barco de vapor?

A fines de 1700, los inventores de diversos países experimentaban con la nueva fuerza del vapor para mover los barcos. En 1783, un noble francés, el Marqués de Jouffroy d'Abbans, construyó un bote con remos que se movían por medio de un motor de vapor. Lo llamó *Pyroscaphe* (que significa "barco de fuego") y lo probó con éxito en un río. Fue el primer barco de vapor.

¿Quién inventó la turbina* de vapor?

El motor de vapor de alta velocidad se debe a Sir Charles Parsons, un ingeniero británico que inventó la turbina en 1884. El vapor pasaba por las hojas de una serie de rotores mientras giraban, convirtiendo la fuerza del vapor en un veloz movimiento circular. Parsons construyó la *Turbinia*, una lancha con turbina de vapor que asombró a los expertos navales en 1884.

¿Por qué un hidrodeslizador es más veloz que una lancha?

El hidrodeslizador tiene unas aletas especiales bajo su casco. Cuando no se mueve, flota como cualquier barco, pero cuando viaja a gran velocidad se alza sobre sus aletas y esto reduce la fricción* del casco con el agua.

101

CIENCIAS

¿Quiénes fueron las primeras personas en volar?
Por siglos, muchos aventureros valientes pero equivocados trataron de volar. No se sabe de nadie que lo lograra antes del 21 de noviembre de 1783, cuando dos hombres, Pilatre de Rozier y el Marqués d'Arlandes, volaron sobre París en un globo aerostático *Montgolfier*. Este vuelo histórico duró 25 minutos.

¿Por qué Orville Wright iba tendido boca abajo durante su primer vuelo en avión?
Los hermanos Wilbur y Orville Wright fueron los primeros en volar en un aparato de motor: el *Flyer 1* despegó el 17 de diciembre de 1903. Sobre el ala derecha llevaba un motor a nafta o gasolina hecho en casa. Para darle estabilidad al avión, el piloto (Orville) tenía que acostarse en el ala izquierda.

¿Puede un avión volar sin motor?
Un planeador es un avión sin motor que se mantiene en el aire flotando en ángulo horizontal, o elevándose sobre las corrientes de aire caliente que suben.

▲ Los hermanos Joseph y Etienne Montgolfier construyeron el primer globo aerostático del mundo que trasladó gente por aire. Lo contemplaron desde tierra.

Quizá los paracaídas se utilizaron desde 1400; dibujos de esa época muestran gente suspendida bajo toldos con forma de cono.

¿Cuándo volaron por primera vez los jets?
Los motores de pistones no funcionaban bien a mucha velocidad ni a grandes alturas, donde el aire es ligero. Hacía falta un nuevo tipo de motor. Aunque el primer jet que voló fue el alemán *Heinkel He 178*, probado en 1939, a principios de 1930 el ingeniero británico Frank Whittle ya había patentado un modelo de motor a reacción. Poco tiempo después, durante la Segunda Guerra Mundial, los jets británicos y estadounidenses comenzaron a volar.

¿Por qué los helicópteros pueden volar hacia atrás?
Las hélices de los helicópteros sirven como alas y como propulsores. Las hélices se mantienen planas para sostenerse en el aire o para subir. Para avanzar, se inclinan de modo que "muerdan" el aire, y para retroceder se inclinan hacia la cola del aparato.

¿Cómo funcionan los aviones de despegue vertical?
El *Harrier* es un ejemplo de avión de despegue y aterrizaje vertical. Tiene cuatro toberas o bocas giratorias que dirigen los gases del escape de los motores.

Tobera del escape

Turboventilador

◄ El *Harrier* despega y aterriza con sus toberas dirigidas hacia abajo. Para volar de frente, el piloto simplemente dirige las toberas para que el impulso del avión vaya hacia atrás.

CIENCIAS

¿Quién mandó el primer mensaje de radio a través del Atlántico?

Guglielmo Marconi, un ingeniero italiano, creó la telegrafía sin cables. Envió por radio mensajes en clave Morse. Las señales se producían mediante una serie de ondas electromagnéticas de choque. El primer mensaje que mandó en clave Morse al otro lado del Océano consistió en una sola letra: la "S".

¿Quién inventó el teléfono?

Ya en el siglo XVII se sabía que era posible hablar por medio de un cable; une dos latas con una cuerda y podrás comprobarlo. Pero el teléfono moderno lo creó Alexander Graham Bell en 1876. Su equipo utilizaba dos electroimanes que captaban, en una delgada lámina de hierro (el diafragma), las vibraciones producidas por las ondas sonoras de la persona que hablaba. Convertir las ondas sonoras en señales eléctricas es el principio del funcionamiento del teléfono.

¿Quién hizo las primeras películas?

En las primeras cámaras, las placas fotográficas necesitaban un tiempo muy largo de exposición (hasta 15 minutos por imagen). Para hacer cine, la película tenía que exponerse a mayor velocidad, más o menos a 16 encuadres (o exposiciones) por segundo. En 1877, Eadweard Muybridge colocó 12 cámaras a lo largo de una pista de carreras para definir una apuesta. El propietario de un caballo quería saber si éste alzaba al mismo tiempo las cuatro patas mientras galopaba. Las cámaras de Muybridge demostraron que sí lo hacía: dispuso las imágenes fijas en una rueda en movimiento y las proyectó con una linterna mágica para que pareciera que el caballo galopaba.

¿Quién usó cámaras de cine fuera de un estudio?

En Francia, en la década de 1890, los hermanos Lumière fueron los primeros en usar la filmación en exteriores. Sus cámaras se cargaban fácilmente por ser ligeras y el rollo se hacía girar por medio de una manija. Redujeron la exposición de la película a 16 encuadres por segundo, en vez de los 48 que habían usado otros pioneros, como Edison. Esto ahorraba película y evitaba el parpadeo de la imagen. El cine pronto se hizo popular.

¿Cómo se mandaron imágenes de televisión a través del Atlántico?

En 1962, el satélite de comunicaciones *Telstar* transmitió por primera vez películas de televisión entre los Estados Unidos y Europa. Hoy, una red de satélites de comunicación con cobertura mundial en vivo gira en órbita alrededor de la Tierra.

¿Cuándo se grabaron los primeros vídeos?

Antes de que se inventaran las cintas de vídeo en la década de 1950, los programas de televisión tenían que guardarse en películas. Los vídeos almacenan las imágenes en secuencias de señales magnéticas. Gracias a las cintas de vídeo fue posible mostrar las repeticiones de los eventos deportivos. Las grabadoras de vídeo se popularizaron en la década de 1970.

◀ **Un antiguo modelo de teléfono. Su inventor, Alexander Graham Bell, lo usó por primera vez para llamar a su asistente que estaba en la habitación de junto.**

FECHAS IMPORTANTES
Innovaciones en comunicación

- 1826, Joseph Niepce (Francia) inventó la fotografía.
- 1837, Samuel Morse (EU) inventó el telégrafo eléctrico.
- 1876, Alexander Graham Bell (Escocia / EU) inventó el teléfono.
- 1878, David Edward Hughes (Inglaterra / EU) inventó el micrófono.
- 1888, George Eastman (EU) inventó la cámara Kodak.
- 1895, Guglielmo Marconi (Italia/Inglaterra) inventó la radiotelegrafía.
- 1927 apareció la primera película de cine con sonido: *The Jazz Singer* (EU).
- 1929, Vladimir Zworykin (EU) inventó el sistema de televisión electrónica.
- 1956, A. Poniatoff (EU) patentó la grabación de vídeos.
- 1962 se transmitieron a través del Atlántico las primeras imágenes de televisión por el *Telstar* (EU).
- 1979, las compañías Sony (Japón) y Philips (Países Bajos) presentaron el disco compacto.

103

CIENCIAS

CUESTIONARIO SOBRE CIENCIAS

- ¿Un átomo es visible? (*pág.* 57)
- ¿Qué son los electrones? (*pág.* 57)
- ¿Qué es la energía nuclear? (*pág.* 59)
- ¿Cómo permanecen tanto tiempo en el mar los submarinos nucleares? (*pág.* 60)
- ¿Cuál es el elemento más común en la Tierra? (*pág.* 61)
- ¿Qué son los cristales? (*pág.* 62)
- ¿Qué es el óxido? (*pág.* 63)
- ¿Quién descubrió que la materia no se destruye durante una reacción química? (*pág.* 63)
- ¿Cómo se produce el bronce? (*pág.* 64)
- ¿Por qué las aeronaves están llenas de helio? (*pág.* 65)
- ¿Por qué Benjamín Franklin voló un barrilete o una cometa? (*pág.* 66)
- ¿Por qué están recubiertos de caucho o hule los cables eléctricos? (*pág.* 67)
- ¿De verdad son secas las "pilas secas"? (*pág.* 68)
- ¿Qué es la magnetita? (*pág.* 69)
- ¿Qué hace que las bombillas o focos alumbren? (*pág.* 70)
- ¿Cuál fue la primera computadora electrónica? (*pág.* 71)
- ¿Por qué las tiendas usan códigos de barras? (*pág.* 71)
- ¿Cuáles son los colores primarios de la luz? (*pág.* 72)
- ¿Por qué aparecen de cabeza las imágenes de los espejos? (*pág.* 73)
- ¿Cómo se descubrieron los rayos X? (*pág.* 75)
- ¿Qué hace más ruido: un cohete o un trueno? (*pág.* 76)
- ¿Se puede cantar en la Luna? (*pág.* 77)
- ¿Quién inventó el fonógrafo? (*pág.* 78)
- ¿De dónde obtienen los seres vivos su fuerza? (*pág.* 79)
- ¿Por qué se calienta el mango de una cacerola? (*pág.* 80)

- ¿Dónde está el hielo más grueso del mundo? (*pág.* 81)
- ¿Qué tipo de máquinas se usaron en la Edad de Piedra? (*pág.* 81)
- ¿Quién sacó un barco del mar con poleas? (*pág.* 82)
- ¿Por qué no se hunden los barcos de hierro? (*pág.* 83)
- ¿En la Luna pesarías más o menos que en la Tierra? (*pág.* 84)
- ¿Por qué contamos en decenas? (*pág.* 85)
- ¿Qué son los números perfectos? (*pág.* 86)
- ¿Por qué hay años bisiestos? (*pág.* 87)
- ¿Por qué los primeros relojes no tenían manecillas? (*pág.* 88)
- ¿Por qué los arqueólogos observan los árboles antiguos? (*pág.* 89)
- ¿Cuánto tiempo tomaría viajar a la estrella más cercana? (*pág.* 90)
- ¿La Vía Láctea es más grande que el Sistema Solar? (*pág.* 91)
- ¿Cuándo comenzó la Edad de Hierro? (*pág.* 93)
- ¿Cómo calentaban sus casas los antiguos romanos? (*pág.* 94)
- ¿Qué inventó Thomas Savery? (*pág.* 95)
- ¿Quién inventó la bombilla o foco? (*pág.* 96)
- ¿Quién desarrolló el pulmón acuático? (*pág.* 97)
- ¿Cuál fue el primer plástico? (*pág.* 98)
- ¿Cuándo viajó el primer automóvil en carretera? (*pág.* 100)
- ¿Quién hizo el primer barco de vapor? (*pág.* 101)
- ¿Cuánto duró el primer vuelo tripulado en globo? (*pág.* 102)
- ¿Quién hizo la primera llamada telefónica? (*pág.* 103)
- ¿Cuándo se pudieron grabar por primera vez programas de televisión? (*pág.* 103)

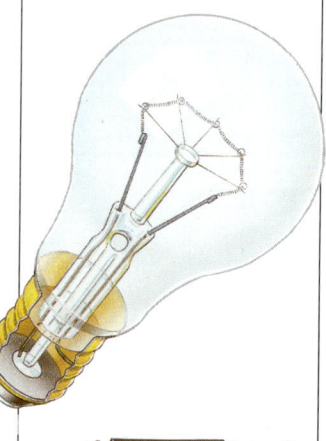

ANIMALES Y PLANTAS

EL REINO ANIMAL

¿Cómo se inició la vida?
La Tierra tenía por lo menos 3 000 millones de años de existencia cuando aparecieron los primeros signos de vida. La atmósfera se formó al enfriarse el planeta, las lluvias llenaron los océanos y en ellos se inició la vida. No se sabe bien cómo empezó: quizá la energía de un relámpago desató las reacciones químicas* del primitivo "caldo" de elementos del joven planeta. Tal vez los minerales de las rocas formaron y volvieron a formar muchas veces nuevas combinaciones químicas. Como haya sido, apareció una combinación química extraordinaria: una célula* viva capaz de alimentarse y reproducirse por sí misma. A lo largo de millones de años, las células vivas evolucionaron lentamente en plantas y animales.

Todos los animales se mueven, incluso la lapa (molusco) que avanza apenas unos 2 cm en toda su vida. Los animales aprovechan su capacidad de desplazarse para comer plantas.

▼ La evolución* de las especies animales se muestra en el "árbol de la vida", que resume la prehistoria de la Tierra dividida en eras* que duran varios millones de años cada una.

¿Qué diferencia hay entre un animal y una planta?
La diferencia principal es que un animal puede moverse de un lugar a otro y una planta se queda siempre en el mismo lugar. Otra diferencia es que los animales se alimentan de otros animales o vegetales, mientras que casi todas las plantas producen su propio alimento.

¿Qué es una familia de animales?
Cuando los expertos hablan de familias de animales, no se refieren a padres e hijos, sino a animales diferentes pero que tienen cuerpos parecidos. Éstos se clasifican en un mismo grupo. Los gatos salvajes como los leones, tigres y leopardos, así como los gatos domésticos*, pertenecen a la familia de los félidos o felinos. En el grupo de los osos están los polares, los pardos, los mapaches y otros.

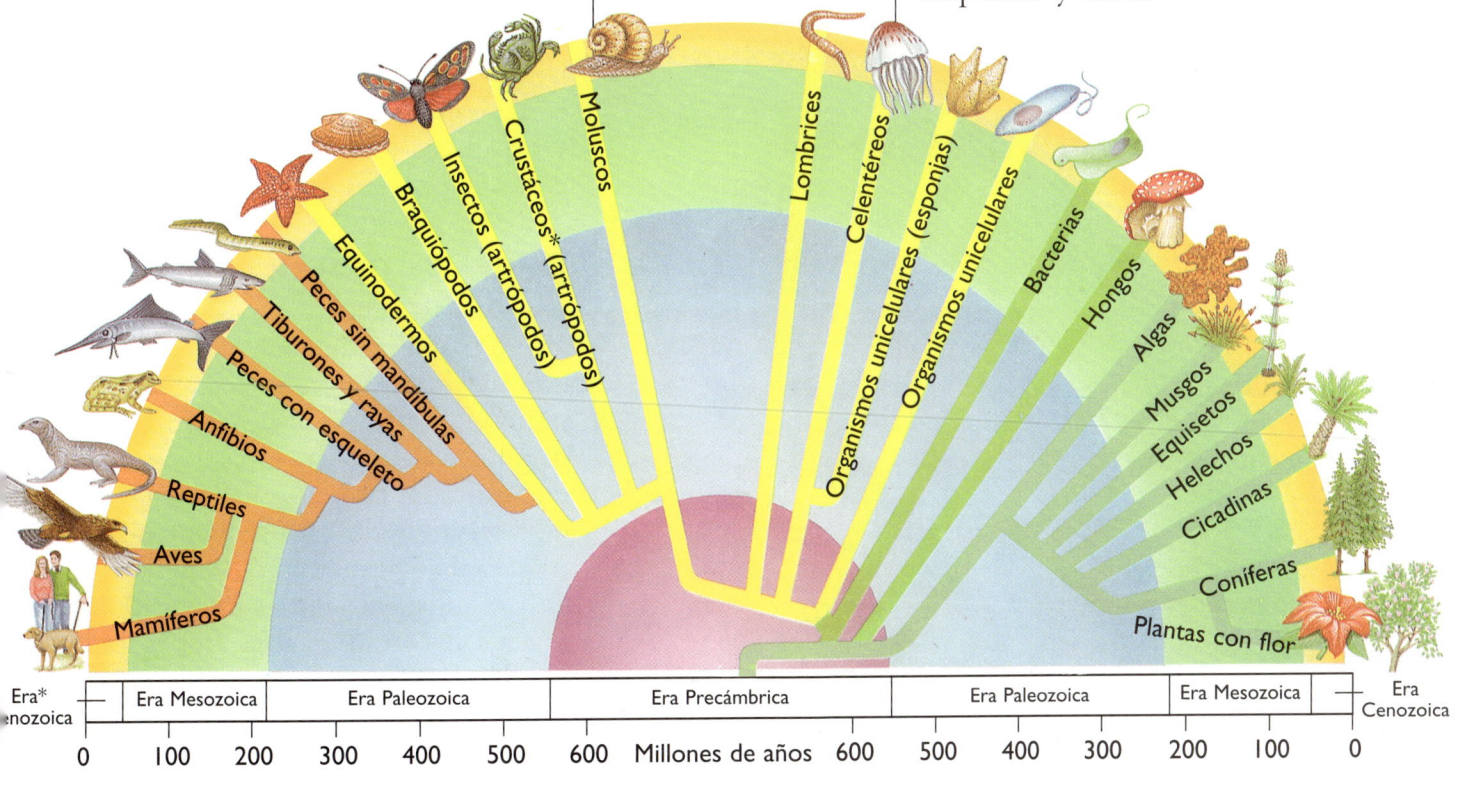

105

ANIMALES Y PLANTAS

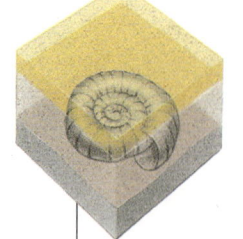

¿Qué son los fósiles?
Los fósiles son restos endurecidos de vegetales o de animales que alguna vez vivieron en la Tierra; se encuentran en rocas como las areniscas*, que en otro tiempo fueron arena suave o barro (lodo). Los fósiles más frecuentes son conchas, dientes o huesos de animales, o la parte exterior (más resistente) de algunas plantas. Normalmente, las partes suaves de los seres vivos no se conservan.

¿Cuáles fueron los primeros animales terrestres?
Los animales más antiguos eran invertebrados, es decir, no tenían huesos y eran suaves (medusas), o tenían caparazón* (trilobites). Los primeros animales con esqueleto (vertebrados) fueron los peces. Las primeras criaturas que salieron a la tierra fueron los antepasados de los insectos y las arañas de hoy en día; se alimentaban de las primeras plantas terrestres y también se comían entre sí. Los anfibios, animales capaces de vivir en la tierra y en el agua, aparecieron hace unos 900 millones de años. Tal vez evolucionaron de peces que se arrastraban sobre la tierra y

▶ Los peces más antiguos estaban cubiertos por una armadura* ósea*. El *dunkleosteus* era un carnívoro gigante con enormes dientes para atrapar a su presa.

▲ Se han encontrado fósiles de animales marinos extintos como el amonites. Su dura concha estuvo enterrada en barro y arena que se hicieron piedra. Millones de años después, el fósil se formó.

Los dinosaurios dominaron la Tierra durante muchos años. Los primeros aparecieron hace aproximadamente 250 millones de años, y los últimos murieron unos 160 millones de años después.

respiraban aire; sus aletas óseas* se convirtieron en patas y dientes.

¿Cuándo dominaron la Tierra los dinosaurios?
Durante unos 160 millones de años (desde hace 225 millones de años hasta hace 65 millones de años), un grupo de reptiles llamados dinosaurios fueron los animales más fuertes de la Tierra. Algunos eran pequeños y otros gigantescos.

¿Cuáles eran los dinosaurios más temibles?
Los dinosaurios carnívoros más temibles eran criaturas como el *Allosaurus*, que vivió en la era* Jurásica (hace 180 a 130 millones de años), y el *Tyrannosaurus rex* del período Cretácico (hace 130 a 65 millones de años). Estos últimos medían hasta 12 m de largo y sus mandíbulas estaban llenas de dientes muy filosos. Otros dinosaurios cazadores tenían garras enormes, como cuchillos.

¿Qué les pasó a los dinosaurios?
Ya no hay dinosaurios vivos, se cree que todos murieron al final del período Cretácico (hace 65 millones de años). Algunos investigadores creen que quizá las plantas que comían los dinosaurios herbívoros se extinguieron, o que tal vez un cometa o meteorito chocó contra la Tierra provocando una explosión que arrojó nubes de polvo a la atmósfera. Este polvo tapó la luz del Sol, la oscuridad mató a las plantas y, por lo tanto, a los dinosaurios.

ANIMALES Y PLANTAS

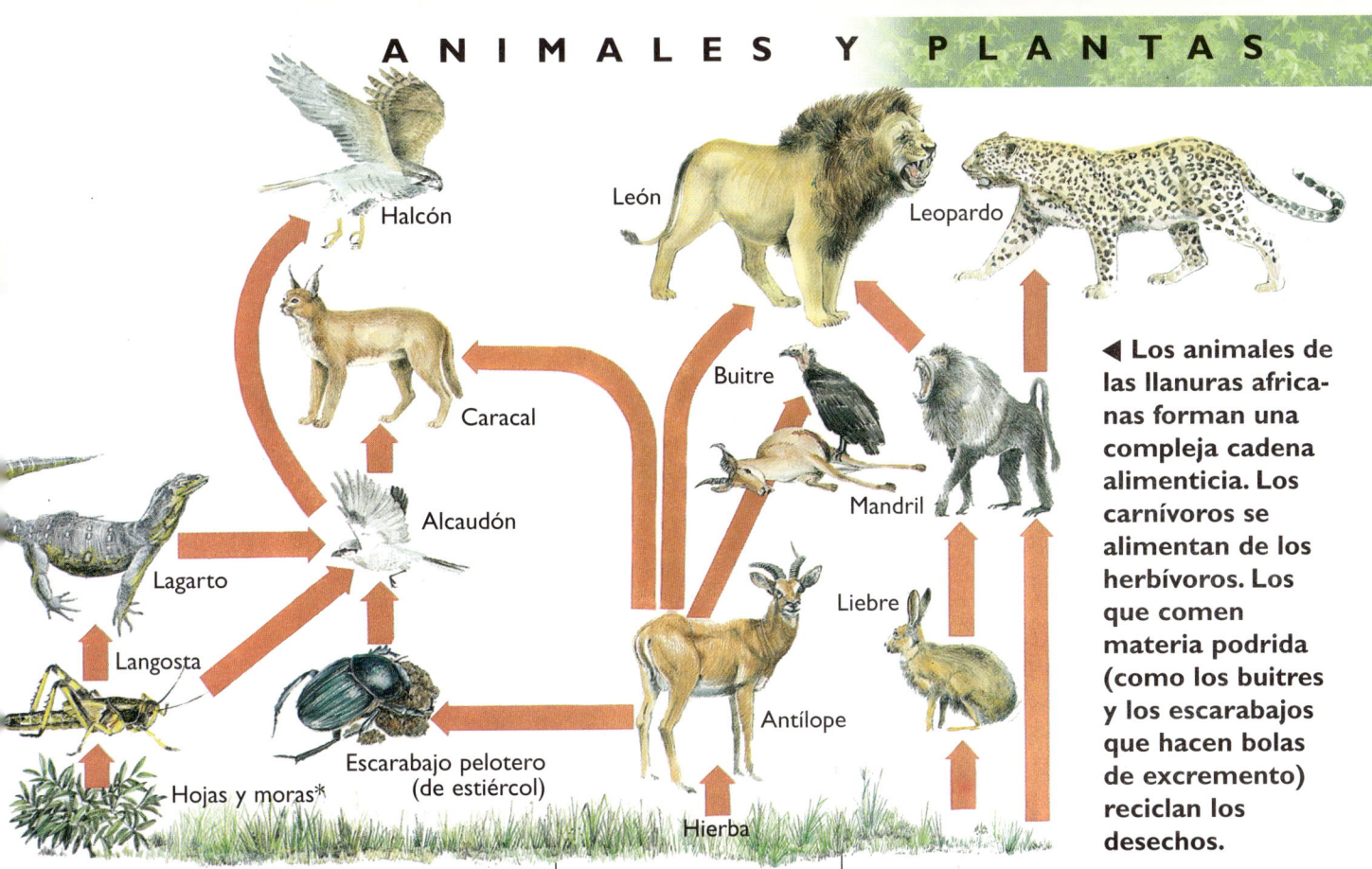

◀ Los animales de las llanuras africanas forman una compleja cadena alimenticia. Los carnívoros se alimentan de los herbívoros. Los que comen materia podrida (como los buitres y los escarabajos que hacen bolas de excremento) reciclan los desechos.

Diagrama de cadena alimenticia: Halcón, León, Leopardo, Caracal, Buitre, Mandril, Alcaudón, Lagarto, Liebre, Langosta, Antílope, Escarabajo pelotero (de estiércol), Hojas y moras, Hierba.*

¿Qué es una especie?

Una especie es el grupo más reducido de animales capaces de reproducirse entre sí y no con miembros de otras especies; sus crías también se pueden reproducir. Los miembros de la misma especie se parecen mucho. Todos los seres humanos forman parte de la especie *Homo sapiens*.

¿Qué es una cadena alimenticia?

Es una forma simple de describir cómo pasa la energía de un ser vivo a otro. Por ejemplo: el pasto de las praderas crece gracias a la energía solar. Los conejos y ratones de campo se comen la hierba, y ellos son devorados por los coyotes y halcones.

▶ Las jirafas pueden llegar más alto que otros animales que se alimentan de hojas; desde esa altura también pueden percibir un peligro lejano.

DATOS SOBRE LOS ANIMALES

■ Actualmente existen cerca de 1.3 millones de especies en la Tierra.

■ Alrededor del 96% son invertebrados (animales sin huesos).

■ Algunos expertos piensan que puede haber hasta 30 millones de especies más.

■ Existen unos 4 000 tipos de mamíferos. ¡Qué pequeño número frente a las más de 50 000 especies de arañas y sus similares!

■ Hay unas 8 600 especies de aves.

■ Existen cerca de 6 000 especies de reptiles.

■ Hay unos 4 000 tipos de anfibios y cerca de 21 000 especies de peces.

■ El animal que vive más tiempo quizá sea un tipo de almeja, marisco que llega a vivir hasta 220 años.

¿Cuál es el animal más grande del mundo?

El animal más grande que jamás haya vivido es la ballena azul. Puede medir más de 30 m de largo y pesar unas 160 toneladas. Los cazadores balleneros las han matado en exceso y hoy en día sobreviven pocas.

¿Cuál es el animal más alto?

El animal más alto es la jirafa. Puede medir hasta 6 m de altura (como una casa de dos pisos). Sin embargo, en su largo cuello tiene igual número de huesos que cualquier otro mamífero: siete.

ANIMALES Y PLANTAS

¿Cuántos tipos de animales pueden volar?

Tres tipos: las aves, los murciélagos y los insectos voladores. Los pterosaurios o pterodáctilos, ahora extintos, fueron otro grupo de animales (reptiles) capaces de volar. Hay animales que planean* en vez de volar: así pueden desplazarse grandes distancias sin aletear como los verdaderos animales voladores. Entre los animales planeadores hay ardillas, lémures, lagartijas y ranas. Todos tienen grandes aletas que les ayudan a descender lentamente.

¿Qué es un depredador?

Un depredador es un animal que mata a otros (sus presas) para alimentarse. Los que comen vegetales se llaman herbívoros, los que se alimentan de otros animales son carnívoros y los que comen todo tipo de alimentos, como los humanos, se llaman omnívoros.

¿Qué animales están vivos cuando salen de su madre?

Nacen vivos los mamíferos, como los perros, los gatos, los simios y los canguros. Pero las crías de otros animales, como algunos peces, serpientes, insectos y estrellas de mar, también nacen vivas. Ellas son la excepción a la regla.

Las plantas carnívoras producen una sustancia dulce que atrae a los insectos. Éstos son devorados cuando caen en el interior de la planta.

▼ Los moluscos son animales de cuerpo blando, a menudo protegidos por duras conchas. Los pulpos son moluscos sin concha.

Ostión

◄ Los seres humanos y los ratones son mamíferos. Sus crías se alimentan con la leche de sus madres. Sólo los mamíferos nutren así a sus hijos.

Ratones

Seres humanos

¿Cuál es el animal más simple?

Los protozoarios están compuestos por una sola célula*. Una gota de agua estancada, vista al microscopio, puede contener cientos de estas diminutas criaturas. Se conocen más de 50 000 tipos diferentes de protozoarios y ¡es probable que haya más!

¿Qué son los moluscos?

Los moluscos son animales cuyo cuerpo blando está cubierto por una membrana gruesa llamada manto. Esta cubierta frecuentemente segrega una concha que puede estar fuera del cuerpo, como en los caracoles, o dentro, como en las jibias*. Conforme los moluscos crecen, su concha crece con ellos.

Caracol

Pulpo

¿Qué animales abundan más?

De los animales que se pueden ver sin microscopio, los insectos son los más abundantes por un amplio margen. Algunos científicos han calculado que existen un billón* de billones. ¡Por cada persona viva hoy existen unos 200 millones de insectos!

ANIMALES Y PLANTAS

Los Mamíferos

¿Cuántos mamíferos existen?

Hay unas 4 000 especies de mamíferos en el mundo. Son animales de sangre caliente, es decir, utilizan parte de sus alimentos para mantenerse calientes. Su cuerpo está parcial o totalmente cubierto de pelo. Además, las hembras paren a sus crías vivas y las alimentan con la leche que producen sus glándulas* mamarias (por eso se llaman mamíferos).

¿Por qué algunos mamíferos duermen durante el invierno?

Muchos animales de países fríos se esconden y duermen durante el invierno. Este sueño se llama hibernación. Las ranas, sapos, lagartijas, serpientes e insectos (como las mariposas) son animales que hibernan, también algunos mamíferos, como los murciélagos, los ratones, algunas ardillas y los osos. Todos ellos hibernan porque durante el invierno es difícil encontrar alimentos y podrían morir de hambre. Al dormir, su cuerpo se enfría y su corazón late más lentamente. Gastan poca energía y pueden vivir consumiendo la grasa que almacenaron antes de entrar en el sueño profundo.

Castor

Ardilla

Los dientes nunca les dejan de crecer

▶ Los roedores son animales con dientes grandes que usan para roer. Pueden romper nueces (como las ardillas) o tirar árboles pequeños (como los castores). Sus dientes nunca dejan de crecer y se desgastan con el uso.

Puerco espín

¿Qué es un roedor?

Los roedores son el grupo de mamíferos más común del mundo: incluye a las ratas, ratones, ratones de campo, ardillas, castores y puerco espines. Son animales pequeños o de tamaño mediano, con dientes frontales filosos diseñados para roer. Son muy numerosos porque se reproducen fácilmente y en grandes cantidades; muchos tienen varias camadas al año.

Murciélagos

Chotacabras*

Oso

Lirón

◀ Los animales que hibernan comen mucho antes de hibernar para poder mantenerse vivos todo el invierno. La única ave que se sabe que hiberna es el chotacabras* de América del Norte.

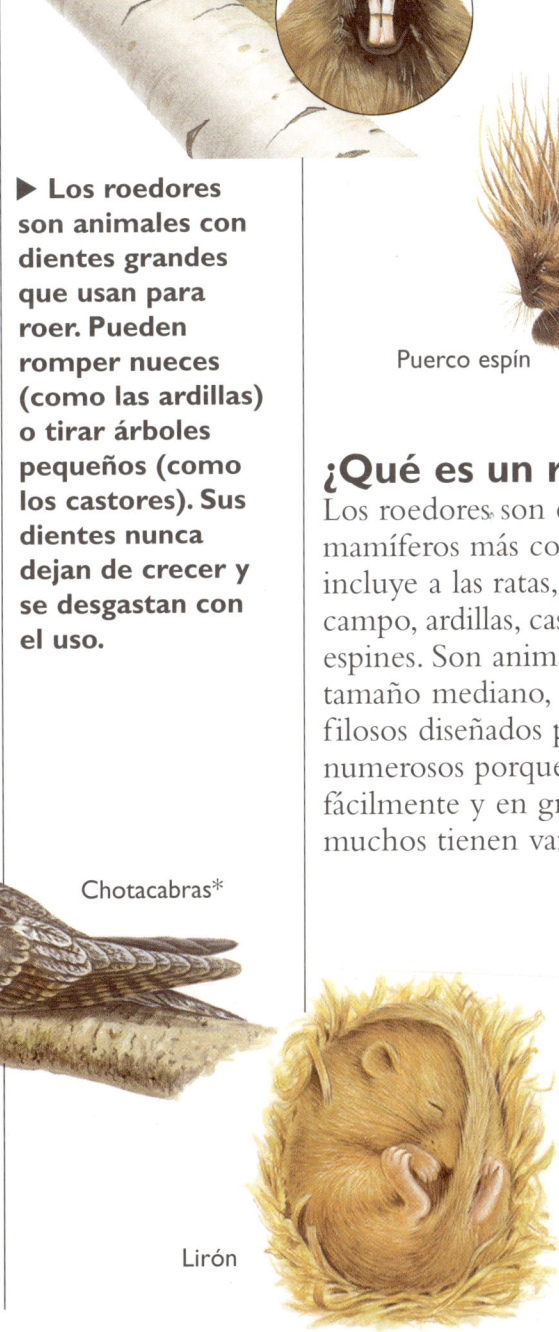

109

ANIMALES Y PLANTAS

¿Por qué los animales tienen pelo?

Lo tienen principalmente para mantenerse calientes, pero el pelo de algunos ha cambiado y les sirve además para otras funciones. Los erizos tienen pelo particularmente duro que les sirve de protección, mientras que el de otros animales puede ser de colores para poder ocultarse. El pelo erizado de algunos es muy sensible al tacto, como los bigotes de los felinos.

¿Qué es un marsupial?

Es un animal con una bolsa en el vientre, como los canguros o los koalas. Los marsupiales tienen consigo a sus crías cuando éstas son todavía muy pequeñas y parecen lombrices rosadas. Éstas trepan por el pelo de la madre hasta la bolsa, donde se alimentan de leche hasta que crecen lo suficiente para independizarse. Aunque casi todos los marsupiales viven en Australia, también hay unos en Nueva Guinea y en América.

▲ Un murciélago obtiene una imagen sonora a partir de los ecos que escucha. Caza de noche, orientado por el sonido, y persigue a insectos voladores como las mariposas nocturnas.

Los canguros utilizan los fuertes músculos de sus colas para mantener el equilibrio cuando saltan; de otra manera ¡podrían irse de boca!

◄ El wombat, el canguro y la zarigüeya son marsupiales de Australia. Llevan a sus crías en sus bolsas. También en América hay zarigüeyas y otros marsupiales.

Wombat
Canguro
Zarigüeya

¿Cómo se orientan los murciélagos en la oscuridad?

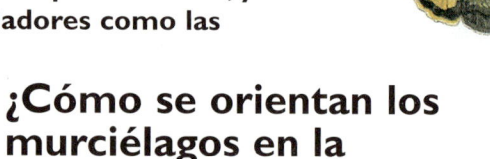

Los murciélagos usan el sonido para orientarse y para atrapar insectos en la oscuridad. Emiten sonidos muy agudos y ponen atención al eco que estos sonidos producen al rebotar contra los objetos que hay en su camino.

¿Por qué los antílopes pastan en grandes manadas?

Las llanuras abiertas ofrecen poca protección contra los depredadores*, por eso los antílopes que pastan en las llanuras buscan protegerse en manadas. Con tantos ojos, oídos y narices alerta, es casi imposible que un depredador ataque por sorpresa. Además, cuando muchos animales huyen en diferentes direcciones, los depredadores se confunden y así ellos pueden escapar.

¿Qué diferencia hay entre los cuernos y las astas?

La diferencia principal es que los cuernos son permanentes, mientras que las astas se cambian cada año.

ANIMALES Y PLANTAS

¿Cómo puedes diferenciar un elefante de África de uno de la India?

La diferencia más evidente es el tamaño de sus orejas. Los elefantes africanos tienen orejas más grandes, que les ayudan a mantenerse frescos en el calor de África. El elefante de la India es más pequeño, tiene el lomo* más curvo y colmillos más cortos. Los africanos viven en las llanuras, en estado salvaje y no es posible montarlos ni hacerlos trabajar. Los elefantes de la India son de las selvas del sur de Asia y son entrenados para levantar troncos y transportar carga.

¿Por qué huelen mal los zorrillos?

En realidad, los zorrillos por sí mismos no huelen mal, pero por medio de unas glándulas* especiales producen un líquido para defenderse. Éste huele tan mal que puede impedir que su víctima respire por un momento. Los zorrillos confían tanto en su arma defensiva que salen de noche para alimentarse (de insectos, animales pequeños y moras*), caminando de manera lenta y casi descarada. Sus vistosas franjas* blanco y negro sirven de advertencia a sus enemigos, y al sentir peligro levantan la cola para amenazar.

¿Por qué los perros entierran los huesos?

En estado salvaje, los perros y los zorros tienen una tendencia natural a almacenar cualquier resto de comida. Un zorro rojo que mata a otro animal y no puede comérselo todo, excava un hoyo y entierra el sobrante. Más tarde, cuando tiene hambre, va a buscarlos. La costumbre de los perros domésticos* de enterrar sus huesos es un impulso natural heredado de sus antepasados.

◀ **Los lobos viven en manadas y cazan en grupo. Este instinto se encuentra hasta en los perros domésticos*.**

▲ **El zorrillo se defiende arrojando un líquido desagradable contra su enemigo. Las franjas* del zorrillo son una advertencia: "¡déjenme en paz!"**

▼ **La onza es delgada y muy fuerte. Puede correr a gran velocidad distancias cortas, desplazándose a grandes saltos mientras persigue a su presa.**

¿Son parientes los perros domésticos* y los lobos?

Se cree que sí. Casi todos los científicos consideran que las razas caninas descienden de una especie salvaje: el lobo común de Europa y de Asia. Es posible que otras especies salvajes, como los chacales, hayan participado en el origen de los perros modernos, pero es poco probable. Los fósiles más antiguos de perros, encontrados en Europa y en Medio Oriente, tienen de 9 000 a 11 000 años de antigüedad. Quizá los perros fueron domesticados mucho antes de esta fecha.

¿Cuál es el mamífero más veloz?

La aerodinámica* onza (guepardo o cheetah), de piernas largas y cuerpo ligero, és el mamífero más veloz de la Tierra; alcanza velocidades de más de 100 km/h. Sólo puede correr a esta velocidad por tramos pequeños, porque carece* de resistencia para una cacería prolongada. Sus principales presas son liebres, antílopes pequeños y aves. La onza suele cazar sola o en pareja. Otros felinos pueden esconder sus garras, pero ella no.

ANIMALES Y PLANTAS

¿Por qué los tigres tienen franjas*?

El tigre es el felino más grande; suele cazar solo y al anochecer. Su piel de franjas le sirve de camuflaje* entre la vegetación mientras acecha a sus presas, que suelen ser venados, ganado salvaje o cerdos. Los tigres a menudo atacan a su víctima cuando ésta se detiene a beber agua en un depósito.

▲ El tigre es el felino más grande. Caza solo, a menudo esperando entre los arbustos. Las hembras cuidan celosamente a sus cachorros.

¿Cómo se han adaptado los monos a vivir en los árboles?

Los monos están adaptados a vivir en los árboles porque tienen los ojos en la parte frontal de la cara, lo que les permite calcular las distancias, y largos brazos con manos prensiles, o sea, que aprietan. Esto significa que pueden moverse con facilidad entre los árboles sin tener que bajar. Pasan con rapidez y sin dificultad entre las copas de los árboles, columpiándose entre las ramas o trepando en el denso* follaje* de la selva. Viven en grupos y se comunican por medio de aullidos, gritos y otros ruidos.

▼ El mono araña utiliza su fuerte cola, manos y pies para agarrarse de las ramas de los árboles.

¿Qué son los primates?

Los primates son los mamíferos más desarrollados: tienen cerebro grande y buen oído, tacto y vista. Existen 179 especies de primates clasificados en dos grupos: los prosimios o primates primitivos, donde se incluyen los lémures*, los aye-aye* y los gálagos*, y los primates superiores, donde están los monos, los simios y los seres humanos.

▲ El chimpancé es el simio más inteligente. Cuando es joven juega y puede aprender habilidades sencillas.

¿Qué diferencia hay entre los monos y los simios?

Los orangutanes, los gorilas, los chimpancés y los gibones son simios. Se parecen a los monos pero no tienen cola. Además, los simios caminan en posición más vertical que los monos, aunque de todas formas utilizan las cuatro patas.

Los animales usan el camuflaje* para protegerse de sus enemigos. Muchos son de colores para confundirse con su medio ambiente.

112

ANIMALES Y PLANTAS

LAS AVES

¿Cuántas especies de aves existen?

Hay cerca de 8 600 especies de aves que viven en casi todas partes del mundo, menos en la profundidad del mar. Son diferentes en tamaño, forma y color, pero tienen en común las plumas. Esto las hace únicas, pues ningún otro miembro del reino animal tiene plumas.

¿Todas las aves vuelan?

No todas las aves pueden volar. Los pingüinos no vuelan pero usan sus alas como aletas para nadar en el agua. Algunas especies de cormorán* también han perdido la capacidad de volar. Sus cuerpos se han adaptado tanto a nadar y sumergirse en el agua que las alas se han vuelto demasiado pequeñas para sostenerlos en vuelo. Algunas aves terrestres que no vuelan, como el emú* australiano, tienen fuertes patas. El emú puede recorrer grandes distancias y huir del peligro rápidamente. El kiwi de Nueva Zelanda tiene alas tan pequeñas que ni siquiera se ven bajo las plumas.

Casi todas las aves pueden doblar las alas cerca de sus cuerpos, pero los pingüinos no pueden hacerlo: las mantienen rígidas a los lados.

▼ El pingüino y el kiwi son aves que no vuelan: los pingüinos usan las alas para nadar y los kiwis caminan entre la maleza.

Kiwi

Pingüino

▲ El avestruz tiene patas largas y fuertes y puede correr a gran velocidad. Tiene alas pero no puede volar.

¿Cuál es el ave más grande?

El avestruz africano es el ave más grande: alcanza 2.5 m de altura y 135 kg de peso. Es demasiado grande para volar pero es la criatura más veloz que se mueve en dos patas. Alcanza velocidades de hasta 70 km/h.

¿Por qué las aves tienen plumas?

Hay dos razones principales para que las aves tengan plumas: mantenerlas calientes y ayudarles a volar. También les proporcionan un bello plumaje que las vuelve atractivas al sexo opuesto.

¿Por qué las aves se arreglan las plumas con el pico?

Las aves se arreglan para mantener su plumaje en buenas condiciones. Las aves se untan el pico con la grasa de una glándula* de su cuerpo y lo pasan por sus plumas como si fuera un peine.

113

ANIMALES Y PLANTAS

¿De qué están hechas las plumas?

Las plumas están hechas de una sustancia formada de proteínas que se llama queratina. Nuestro pelo y nuestras uñas son de esta misma sustancia, la diferencia está en la forma en que las plumas están elaboradas. La queratina es un material ideal para formar las plumas porque es ligera, fuerte y flexible.

¿Por qué las aves mudan su plumaje?

A las aves se les caen las plumas viejas y les salen otras nuevas. Casi todos los pájaros pierden pocas plumas al mismo tiempo para poder seguir volando y también mantenerse calientes. El plumaje de invierno es más pesado para mantener su cuerpo caliente. En la época de reproducción, el plumaje de las aves toma colores más brillantes.

¿Cómo vuelan las aves?

Casi todas las partes del cuerpo de las aves están diseñadas para volar. Las alas y la forma del cuerpo son aerodinámicas* y tienen huesos ligeros. Como el vuelo consume una gran cantidad de energía, tienen pulmones muy eficientes y un sistema digestivo que libera muy rápidamente la energía de los alimentos.

¿Cómo vuelan las aves sin cansarse?

Las aves consumen mucha energía cuando agitan las alas. Para reducir este consumo de energía, han desarrollado formas de vuelo en las que no baten las alas, como flotar o planear*. Cuando necesitan batirlas, como al despegar velozmente, su sistema respiratorio especial les suple* del oxígeno necesario.

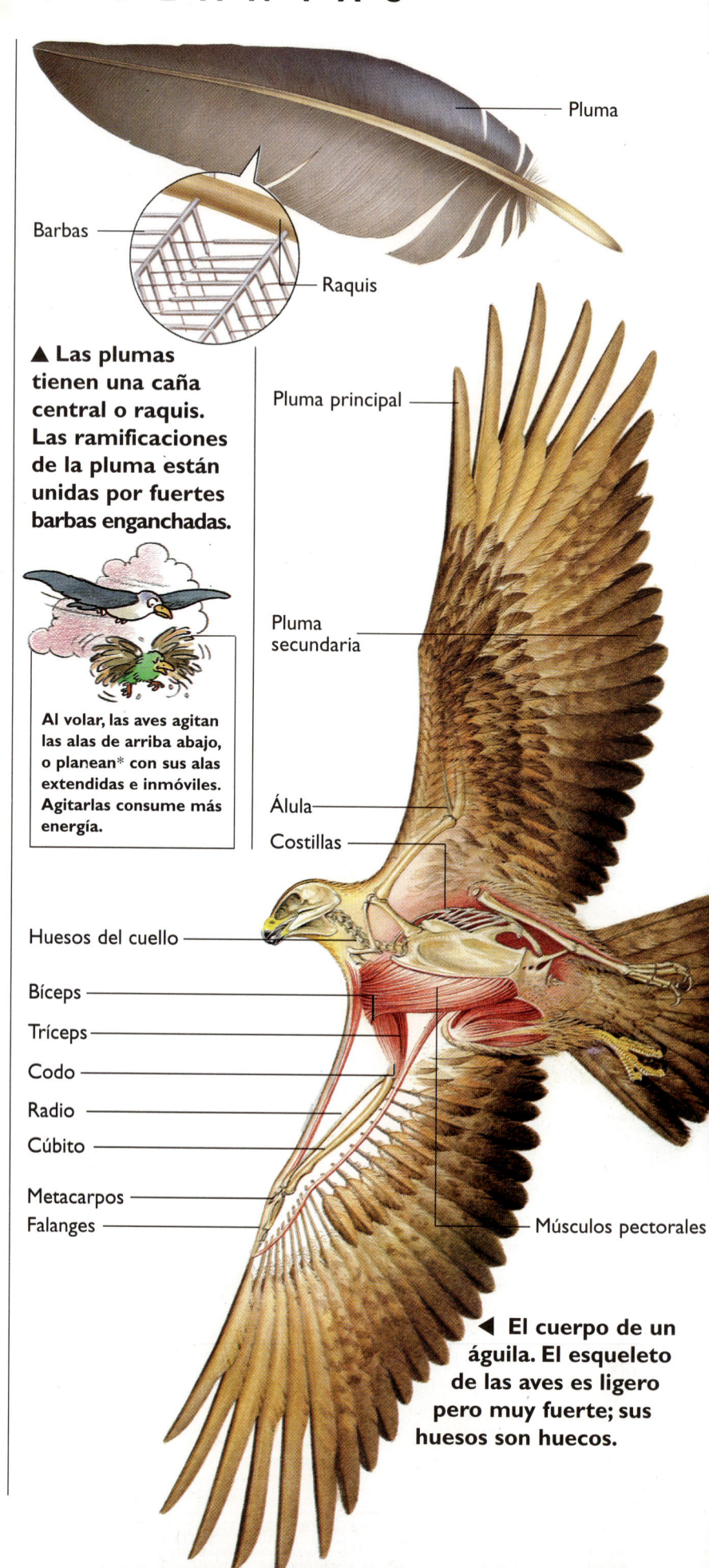

▲ Las plumas tienen una caña central o raquis. Las ramificaciones de la pluma están unidas por fuertes barbas enganchadas.

Al volar, las aves agitan las alas de arriba abajo, o planean* con sus alas extendidas e inmóviles. Agitarlas consume más energía.

◄ El cuerpo de un águila. El esqueleto de las aves es ligero pero muy fuerte; sus huesos son huecos.

114

ANIMALES Y PLANTAS

Pájaro carpintero (perfora)   Piquituerto (rompe nueces)   Cernícalo (rasga)   Espátula (detecta, cuela)   Ostrero (penetra)

¿Por qué las aves ponen huevos?

Ponen huevos porque sus antepasados reptiles así lo hacían, y les conviene mantener esta característica. Si las aves tuvieran a sus crías vivas (como los mamíferos) o anduvieran cargando los huevos en su cuerpo, no podrían volar a causa del peso. Por eso las aves ponen los huevos poco tiempo después del apareamiento*.

¿Por qué las aves hacen nidos?

Las aves hacen nidos para proteger sus huevos y crías del clima y de los depredadores*. Además, ayudan a mantener el calor del padre o la madre durante la incubación. Los nidos de las aves varían mucho en tamaño y forma; pueden ser enormes estructuras de ramas sueltas, o pequeños "tazones" forrados de pelo y plumas para guardar el calor.

¿Cómo salen del cascarón los polluelos?

Un polluelo picotea el cascarón con un diente especial que tiene en el pico, hasta que lo rompe y puede salir.

▶ **El pájaro carpintero perfora el árbol para hacer su nido. El pinzón hace su nido de musgo y plumas. Las cigüeñas construyen grandes nidos de ramas.**

▲ A veces puedes saber qué clase de alimento come un ave por la forma de su pico. Las aves también usan su pico como herramienta: aquí se muestran cinco tipos distintos.

INFORMACIÓN SOBRE LAS AVES

- Los avestruces ponen los huevos más grandes, con un peso de casi 1.7 kg.
- El ave más pequeña es el colibrí abeja de Cuba, que pesa menos de 1.6 gr.
- Según la especie, un ave tiene entre 940 y 25 000 plumas.
- El animal más veloz del mundo es el halcón peregrino. En picada llega hasta 300 km/h.
- El ave de alas más largas es el albatros: extendidas miden más de 3 m.

¿Por qué son tan diferentes los picos de las aves?

Son diferentes porque sirven para comer distintos tipos de comida. En general, las aves que comen semillas tienen picos cortos y fuertes, en forma triangular (como una cuña), para escoger y quebrar las semillas. Las que comen insectos tienen picos más angostos y puntiagudos que usan como pinzas para alcanzar a sus presas. Las que atrapan insectos voladores normalmente tienen picos cortos y bocas con aberturas anchas que usan como redes de pesca mientras vuelan. El pico de las aves carnívoras suele ser fuerte y en forma de gancho para rasgar la carne de sus presas.

¿Por qué las aves cantan?

Las aves cantan para atraer a otras de la misma especie o para dar una señal de alarma. Los machos cantan para atraer a las hembras; su canto también sirve para establecer su territorio y defenderlo. Las aves y sus crías se reconocen por la voz.

Cigüeña

Pájaro carpintero

Pinzón

ANIMALES Y PLANTAS

◀ Dos grandes somorgujos danzan para mostrar que forman una pareja. Muchas aves escogen nueva pareja (a veces más de una) en cada estación, mientras que otras forman una sola para siempre.

▶ La golondrina del Ártico es la campeona de vuelo de larga distancia. Su asombroso viaje la lleva a través del mundo y de regreso.

¿Por qué algunas aves bailan?

La danza es parte del rito* de apareamiento* de algunas aves. Los somorgujos con cresta realizan una elegante danza de cortejo en el agua para fortalecer su relación de pareja. A veces, su cortejo consiste en sacudir la cabeza y arreglarse mutuamente las plumas. El rito termina en un intercambio de algas: ambas aves salen del agua una de frente a la otra y se dan sus obsequios.

¿Por qué las aves emigran?

Las aves emigran conforme cambian las estaciones para encontrar mejores condiciones de vida y alimentos más adecuados en las diferentes épocas del año. Cada año, pájaros cantores, aves marinas, acuáticas y zancudas hacen viajes largos y difíciles desde el sitio donde se reproducen en el verano hasta donde habitan en el invierno. Así aprovechan las ventajas que traen los cambios de las estaciones: mejores climas y abundancia de alimento.

¿SABÍAS QUE...?

■ Los trepadores anidan bajo la corteza de los árboles. Encuentran un trozo de corteza suelto y hacen su nido detrás de él.

■ Los pájaros cantores pueden dormir sin caerse de las ramas donde se posan. Tienen tres dedos que apuntan al frente y otro hacia atrás, para sostenerse con firmeza.

■ Los arrendajos se posan contentos sobre los hormigueros. Las hormigas furiosas se trepan entre las plumas del ave y expulsan ácido fórmico irritante, que mata los piojos y las pulgas que pican al ave.

■ Los pájaros carpinteros utilizan las plumas rígidas de su cola como apoyo para trepar a los árboles.

■ Los búhos vuelan en silencio: el suave fleco de sus plumas amortigua el sonido del batir de sus alas.

¿Qué ave vuela del polo Norte al polo Sur (y de regreso)?

Las golondrinas del Ártico pasan meses volando sobre el mar. Durante el verano se reproducen en el Círculo Ártico, y luego se dirigen al sur, a la Antártida (o Antártica), para aprovechar ahí el verano. Recorren más de 35 000 km en su viaje redondo.

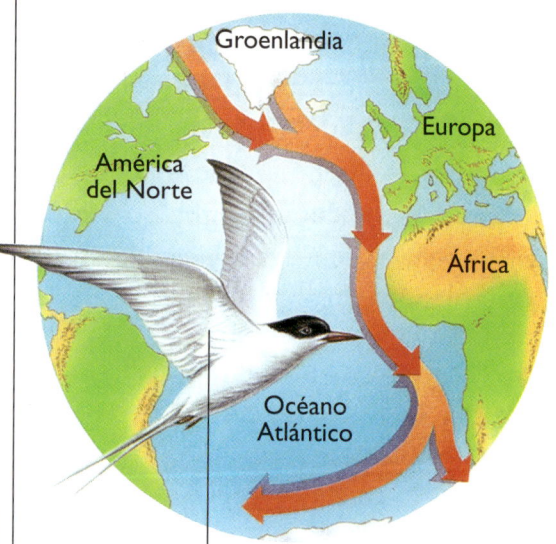

Golondrina del Ártico

¿Qué aves llevan agua en las plumas del pecho?

Algunos urogallos que viven en las zonas secas y desérticas de África y de Medio Oriente pueden cargar agua en las plumas. Los machos tienen plumas especiales en el pecho que absorben el agua como esponjas, así les llevan de beber a sus crías.

¿Por qué los pájaros carpinteros pican la madera?

Los pájaros carpinteros se alimentan de insectos que escarban en la madera y por debajo de la corteza. También hacen sus nidos en los árboles, donde perforan un hoyo si no encuentran uno apropiado. Algunos golpean con sus picos fuertemente en los árboles para llamar la atención de una posible pareja.

116

ANIMALES Y PLANTAS

Los Reptiles y los Anfibios

¿Qué es un anfibio?
Se puede decir que el anfibio representa una etapa intermedia entre un pez y un reptil. Casi todos los anfibios pasan la primera parte de sus vidas en el agua y la fase adulta en la tierra. Tienen la piel suave y húmeda y ponen sus huevos en el agua o en sitios muy húmedos. Viven en lugares húmedos como pantanos y ciénagas*, aunque no pueden sobrevivir en el mar.

¿Cuántos tipos de anfibios hay?
En comparación con los peces, los reptiles, las aves y los mamíferos, es pequeña la cantidad de especies vivas de anfibios. Se conocen unas 2 300 especies, que se pueden agrupar en tres categorías: anuros (anfibios sin cola: ranas y sapos); urodelos (anfibios con cola: tritones y salamandras); ápodos (sin patas, viven en madrigueras en el trópico: cecilia).

¿Qué comen las ranas y los sapos?
Todas las ranas y los sapos son carnívoros y, como regla, sólo comen presas vivas. En general, su dieta* está formada por insectos, arañas, babosas y lombrices. Las ranas y los sapos tienen unas lenguas largas y pegajosas que utilizan para atrapar a sus presas. Algunas ranas más grandes, sobre todo las cornudas y las ranas toro, pueden comer pequeños mamíferos, como ratones de campo o musarañas y otros anfibios.

Cecilia

Salamandra de fuego

▲ Hay anfibios en todo el mundo, menos en lugares muy secos o muy fríos. Casi todos tienen cuatro patas, menos los ápodos, que no tienen. El ajolote es un anfibio de los lagos mexicanos y norteamericanos que puede reproducirse en estado larvario*.

▶ El ciclo vital de la rana.

Tritón con cresta

Sapo

Rana común

Renacuajo

¿Cómo se convierten en ranas los renacuajos?
Cuando los renacuajos salen del huevo, se parecen poco a la rana o al sapo. Estas criaturas negras respiran a través de agallas*, nadan con una cola como de pez, y no pueden salir del agua. Luego les salen las patas traseras y después las delanteras, y sus colas desaparecen. Se forman sus pulmones y por fin salen del agua: ya se ven como ranas.

Rana adulta

Huevos fecundados

16 semanas de vida

Entre 2 y 3 días de vida

12 semanas de vida

6 días de vida

117

ANIMALES Y PLANTAS

¿Por qué algunas ranas sudamericanas tienen muchos colores?

Una cantidad asombrosa de ranas (cerca de 500 especies) vive en la copa de los árboles. Las ranas arborícolas (de los árboles) de América del Sur tienen colores brillantes para advertir a sus depredadores* que son muy venenosas. Todos los anfibios tienen unas glándulas* mucosas en la piel que los mantienen húmedos. En algunas ranas estas glándulas también producen un veneno mortal que puede paralizar instantáneamente a un ave o a un mono. Los indígenas sudamericanos usan las secreciones* de algunas ranas venenosas para envenenar las puntas de sus flechas.

¿Qué son los tritones y las salamandras?

Los tritones y las salamandras son anfibios de largo cuerpo cilíndrico, cola larga y dos pares de patas frágiles. Las salamandras tienden a ser más grandes y pasan menos tiempo en el agua que los tritones. A menudo, la gente confunde las salamandras con lagartijas, pero hay una forma segura de distinguirlas: la salamandra tiene cabeza redondeada y piel suave, al contrario de la cabeza puntiaguda y piel escamosa de la lagartija.

Tritón mármol

Los reptiles viven en casi todas partes, pero no les gusta el frío y por eso ninguno vive cerca de los polos.

▲ **Una rana venenosa. Los colores brillantes pueden significar que una rana es venenosa.**

▼ **Los tritones y las salamandras son muy parecidos pero las salamandras pasan más tiempo en tierra seca. Se reproducen en el agua como todos los anfibios.**

Un tipo de salamandra

¿En qué se distinguen los reptiles de los anfibios?

Los reptiles, a diferencia de los anfibios, solucionan la falta de agua: se les ha formado una piel seca, escamosa e impermeable. Sus huevos están protegidos por un cascarón áspero, esto les permite depositarlos en la tierra seca. Las 6 000 especies de reptiles que viven actualmente son supervivientes de una era* en que los reptiles dominaron el planeta. Se sabe la existencia de 16 ó 17 diferentes grupos, de los cuales sólo quedan cuatro: tortugas; cocodrilos y lagartos; serpientes y lagartijas; y un reptil que tiene su propio grupo, el tuátara.

¿Por qué casi todos los reptiles viven en climas cálidos?

Los reptiles tienen la sangre fría, es decir, toman el calor de su medio ambiente. Los reptiles son más activos en climas cálidos donde todo el año pueden encontrar las plantas e insectos que comen. Sin embargo, pueden pasar largos períodos sin comer, porque necesitan poca energía para mantenerse con vida. Cuando hace frío, su temperatura corporal baja y se vuelven muy lentos.

¿Qué es un tuátara?

El tuátara parece una lagartija grande, pero en realidad es un reptil único. Es el único sobreviviente de un numeroso grupo de reptiles (rincocéfalos) que surgió hace unos 200 millones de años y vivió antes que los dinosaurios. Es un animal fuerte, de movimientos lentos, con cabeza grande y espina dorsal primitiva. En la actualidad sólo sobrevive en algunas islas remotas de Nueva Zelanda.

118

ANIMALES Y PLANTAS

¿Por qué la tortuga verde viaja muy lejos para poner sus huevos?

Las tortugas verdes se alimentan en las costas tibias de todo el mundo, pero para poner sus huevos recorren cientos de kilómetros hasta la playa donde ellas mismas nacieron. Para poner sus huevos, las tortugas de las costas de Brasil pueden recorrer más de 2 000 km hasta la solitaria isla de Ascensión, en la mitad del Océano Atlántico. Esto se debe a que América del Sur alguna vez estuvo unida al África; al irse separando lentamente ambos continentes, se hizo más grande la distancia entre la Isla de Ascensión y la costa de Brasil. Las tortugas siguen yendo y viniendo, atravesando el océano.

¿Por qué las tortugas son tan lentas?

Las tortugas no tienen necesidad de ser veloces ¡porque cargan con su coraza*! A la primera señal de peligro, meten la cabeza y las patas en su caparazón* hasta que se encuentran a salvo y pueden salir de nuevo. Su estilo de vida lento también significa que pueden vivir con poca energía.

▼ Como todas las tortugas, la gigante no tiene dientes. Su hocico es como un pico que puede morder con fuerza hojas, fruta y pasto.

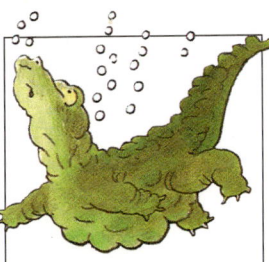

Los cocodrilos tragan piedras para estar muy pesados y poder sumergirse en el agua para cazar. El peso impide que floten.

▲ Las cobras son serpientes venenosas. Una cobra extiende partes de piel que tiene junto a la cabeza y forma una especie de capucha que atemoriza a sus enemigos antes de morderlos.

¿Qué diferencia hay entre un cocodrilo y un caimán?

Es fácil confundir un caimán con un cocodrilo, ya que ambos tienen el cuerpo con una coraza* y unas grandes y poderosas mandíbulas. La diferencia más evidente entre ambos es la forma de la cabeza. Un cocodrilo tiene el hocico más estrecho y puntiagudo, y cuando lo cierran, le sobresalen cuatro dientes de la mandíbula inferior, mientras que el hocico de un caimán es más ancho y redondeado.

¿Todas las serpientes son venenosas?

Existen unas 2 700 especies de serpientes, de las cuales sólo una tercera parte son venenosas. Este veneno se encuentra en unas glándulas* especiales que tienen en la cabeza, y que están conectadas con sus colmillos huecos. Al morder, el veneno sale por los colmillos de la serpiente y penetra en el cuerpo de su víctima.

Depósito de veneno
Colmillos

¿Cómo hacen ruido las víboras de cascabel?

La cola de una cascabel está formada por segmentos* duros en forma de cascabel, conectados entre sí. Cuando se siente amenazada, sacude la cola de modo que esas partes se frotan entre sí y producen el sonido del cascabel. Cada vez que cambia de piel se forma un nuevo segmento* del cascabel.

119

ANIMALES

¿Por qué las serpientes cambian de piel?

Debido al uso y desgaste natural, todos los animales cambian de piel, inclusive los humanos. La dura piel de una serpiente no crece conforme la serpiente se desarrolla, así que necesita mudarla de vez en cuando. Es como quitarse un traje que ya queda pequeño.

¿Cómo atrapan su alimento los camaleones?

Los camaleones son lagartijas de los árboles muy especializados; es famosa su capacidad de cambiar de color para confundirse con lo que les rodea. Atrapan a sus presas gracias a su lengua muy larga y pegajosa, que disparan con tal velocidad que pocos insectos logran escapar. Al ver una presa interesante, ambos ojos se mueven y miran por separado para que el camaleón tenga una imagen precisa de su víctima. Por eso el camaleón tiene la mejor vista "en redondo"* de todos los reptiles. Los camaleones cambian de color cuando se enojan o se alteran, o para ocultarse de sus enemigos. ¡Algunos se ponen negros de furia!

▶ **La piel vieja comienza a abrirse por la boca y la serpiente saca primero la cabeza, volteando la piel conforme sale de ella.**

Los camaleones son los amos del disfraz. Son capaces de cambiar de color para confundirse entre lo que les rodea... bueno, ¡casi!

▲ **La lengua pegajosa del camaleón ¡es más larga que su cuerpo! Sale disparada en un instante y se enrolla otra vez cuando ha atrapado al insecto.**

¿Lanza fuego el dragón de Comodo?

A diferencia de los monstruos fabulosos de los mitos populares, el dragón de Comodo no vuela ni lanza fuego. Este animal de cuerpo fuerte, cabeza grande y cola larga y gruesa es la lagartija más grande de todas. Vive en algunas islas de Indonesia y caza animales como venados y cerdos salvajes.

Dragón de Comodo

ANIMALES Y PLANTAS

Los Peces

Salida de agua por las agallas*

◀ Las agallas* tienen filamentos que son como plumas: éstos absorben el oxígeno del agua, que luego pasa a la sangre y recorre todo su cuerpo.

Vasos sanguíneos
Ingreso de agua por la boca
Filamentos de las agallas*
Arco de las agallas
Paso del agua
Sangre con abundante oxígeno
Sangre con poco oxígeno

Los caballitos de mar no son buenos nadadores: con su cola se prenden de las algas para que no se los lleve la corriente.

¿Cuántas variedades de peces hay?

Los peces son los vertebrados que más abundan. Se calcula que hay unas 20 000 variedades de peces; una tercera parte vive en agua dulce y las otras dos terceras partes en el mar. Los científicos clasifican los peces en tres grupos: peces sin mandíbula (unas 60 especies); tiburones y rayas (unas 600 especies); peces con huesos (más de 20 000 especies). Éstos últimos son los más numerosos y se encuentran en casi todas las aguas del mundo.

¿Cómo nadan los peces?

Casi todos los peces nadan con movimientos laterales: el impulso hacia el frente viene de una onda de contracción muscular que se extiende hacia la parte trasera del cuerpo. Los fuertes músculos laterales del cuerpo de los peces a veces constituyen hasta el 75% de su peso, y son la parte del pescado que nos gusta comer. Los peces usan las aletas como dirección, freno y sistema de equilibrio. Algunos peces también aletean para mantener su posición. El pez más gordo es el atún de aleta azul, puede nadar a 60 km/h.

¿Por qué los peces mueren fuera del agua?

Igual que todos los animales, los peces necesitan oxígeno para vivir. Éstos, a diferencia de los animales terrestres, sólo pueden obtener su oxígeno del agua. Cuando un pez es sacado del agua es separado de su fuente de oxígeno y muere si no regresa a ella. Los peces tragan agua por la boca, que pasa por sus agallas* o branquias rosadas y sale por las aberturas que tienen a los lados de la cabeza. El agua que pasa constantemente por las agallas les da oxígeno fresco.

▶ Los peces nadan usando sus músculos para ondear sus cuerpos. Toman más impulso cuando agitan la cola.

121

ANIMALES Y PLANTAS

¿Por qué los peces ponen tantos huevos?

Los peces ponen una gran cantidad de huevos porque es muy baja la posibilidad de que todos lleguen a la edad adulta. La mayor parte de los peces deposita decenas de miles de huevos y luego los abandona. Los depredadores* se comen muchos de esos huevos antes de que las crías, llamadas alevines, nazcan. Los peces que cuidan a sus crías, como los caballitos de mar y los espinosos, tienden a poner menos huevos.

¿Qué peces pueden volar?

El pez hacha (de América del Sur) y las especies relacionadas con él son los únicos peces del mundo de los que se sabe pueden volar en vez de planear*, como hacen otros peces llamados voladores. Sus largas aletas pectorales funcionan como alas, y cuando este pez vuela puedes oír su ruidoso batir de aletas. El pez hacha pocas veces vuela más de 2 m y sólo lo hace cuando se siente amenazado.

¿Por qué algunos peces nadan en grupo?

Un grupo de peces que vive y nada junto se llama banco o cardumen. Su forma puede variar de una especie a otra especie. Los arenques forman bancos como listones que a veces tienen varios kilómetros de longitud. Otros, como las sardinas de California, pueden formar bolas compactas cuando se espantan. La industria pesquera* depende de los bancos de peces porque es mucho más fácil atrapar grandes cantidades densamente agrupadas, que ejemplares solitarios y dispersos. Así, este método de protección que representa una buena defensa contra los animales cazadores pierde eficacia ante las grandes redes de los pescadores.

DATOS SOBRE LOS PECES

- Existen unas 250 variedades de tiburones.
- No todos los tiburones son grandes: los más chicos miden 15 cm.
- El pez vertebrado más grande es el pez remo, que puede crecer hasta 15 m.
- Los tiburones blancos, azules y martillo atacan a los humanos. También las barracudas y las morenas.
- Una hembra de bacalao puede poner hasta 9 millones de huevos, pero muy pocas crías llegan a ser adultas.
- Los peces planos, como la platija o pelaya, se recuestan de lado sobre el lecho marino.
- El pez pulmonado africano tiene agallas* débiles. Inhala aire en un par de pulmones simples.
- El pez piedra tiene 13 espinas venenosas en el lomo*. Este feo pez vive en el fondo del mar y es muy difícil encontrarlo.

¿En qué son diferentes los tiburones y las rayas de los peces con huesos?

Los tiburones y las rayas sólo viven en el mar y su esqueleto los distingue de otros peces porque está hecho de cartílago parecido al hueso pero más elástico y menos duro. Tienen la piel áspera, como papel de lija, y carecen* de aleta de protección sobre las agallas*, lo que las deja a la vista. La diferencia más importante es que no tienen vejiga* natatoria*: los tiburones y las rayas tienen que nadar para mantenerse a flote, de otra manera se hundirían hasta el fondo del mar.

¿Cuál es el pez más grande?

El pez más grande que existe es el tiburón ballena, que llega a medir hasta 18 m. Se alimenta de peces pequeños y plancton*, y usa un sistema de filtro.

▲ El tiburón ballena es un gigante amable. Este enorme pez pone huevos tan grandes como un balón de fútbol americano.

◄ Cuando un banco de peces nada, parece moverse como un solo pez. Coordinan sus movimientos con una asombrosa precisión.

122

ANIMALES Y PLANTAS

◀ La raya gigante cruza pacíficamente el océano. Se alimenta de plancton* muy pequeño, acercándolo a su boca con las dos aletas carnosas que tiene en su ancha cabeza.

¿Por qué a la raya gigante la llaman raya del diablo?

¡Basta mirarla para saber por qué! Sus anchas "alas", que en realidad son aletas pectorales, llegan a medir más de 6 m. Al batirlas se desliza sin esfuerzo por el agua como un fantasma. Los marineros creían que este pez de aspecto siniestro era de mala suerte, y los cazadores de perlas temían morir ahogados por las alas de la raya. Era inútil que se preocuparan porque las rayas gigantes son completamente inofensivas para los seres humanos. Principalmente comen plancton* y crustáceos*.

¿Qué tan feroces son las pirañas?

La ferocidad de las pirañas es legendaria. Sus mandíbulas filosas como navajas y forradas de grandes dientes triangulares y puntiagudos son movidas por grandes músculos. Estas temibles mandíbulas son capaces de arrancar un trozo de carne con la precisión de una navaja. Las pirañas cazan en grupo, a diferencia de la mayor parte de los peces depredadores*. Se cree que su agresivo comportamiento tiene que ver con la época de reproducción, cuando los machos cuidan los huevos. Hay pirañas en los arroyos y ríos de América del Sur, cualquier alteración del agua o pista de sangre las atrae. Información confiable cuenta que en menos de un minuto, algunas pirañas dejaron sólo los huesos de un roedor de 45 kg (como un agutí*).

¿Todos los tiburones son peligrosos?

Hay por lo menos 250 especies de tiburones en el mundo, de las que apenas unas 25 son consideradas de peligro para los humanos. Entre ellas están el gran tiburón blanco, el martillo y el tigre. El más grande de ellos, el tiburón blanco, tiene una reputación temible porque muchas veces ha atacado a personas. En zonas donde se sabe que hay tiburones, a menudo las playas tropicales cuentan con redes de protección en el mar.

◀ Los tiburones martillo son agresivos. El tener los ojos y fosas nasales tan separados quizá les ayude a detectar a sus presas.

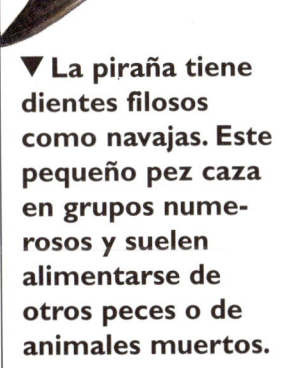

▼ La piraña tiene dientes filosos como navajas. Este pequeño pez caza en grupos numerosos y suelen alimentarse de otros peces o de animales muertos.

¿Por qué los salmones saltan río arriba en las caídas de agua?

Se sabe que los salmones llegan a saltar hasta 3 m tratando de volver a sus criaderos, corriente arriba. El salmón es un pez extraordinario. El animal adulto lleva muchos años en el mar alimentándose y creciendo, pero para reproducirse vuelve al río o corriente donde nació. Cuando han terminado de reproducirse, muchos salmones mueren por el cansancio del viaje.

123

ANIMALES Y PLANTAS

¿Cómo hacen sus nidos los espinosos?

El macho hace su nido con trozos de plantas acuáticas, uniéndolas con una secreción pegajosa de sus riñones. Una vez que hace un montón pequeño, cava un hueco en el centro para hacer un túnel y termina el nido. Con su vientre de color rojo brillante, el macho atrae a la hembra al nido para que deposite los huevos. Después, éste cuida el nido hasta que nacen las crías y están listas para independizarse. Los machos no aprenden esta conducta, pero todos la llevan a cabo.

¿Cómo producen electricidad algunos peces?

Unos 250 tipos de peces pueden producir choques eléctricos. Lo hacen para orientarse en aguas lodosas, y también para matar a sus presas. Los peces que producen más electricidad pueden generar choques de varios cientos de voltios, lo suficiente para aturdir a una persona. Tienen músculos especiales que funcionan como pilas.

▲ El caballito de mar macho cuida los huevos. Los mantiene en una bolsa que tiene en el cuerpo hasta que las crías nacen y se vuelven independientes.

▼ Los peces del fondo del mar tienen un aspecto extraño, con bocas enormes, estómagos que se estiran y carnadas* falsas para atraer a sus presas.

Rape o pejesapo

Anguila pelícano

Pez dragón

¿Qué tipo de animal es el caballito de mar?

El caballito de mar es un animal muy extraño: vive en el mar y su cabeza es como la de un caballo. Es muy pequeño, mide 15 cm de largo como máximo, su cola está enroscada y la utiliza regularmente para sujetarse, no tiene patas y nada verticalmente utilizando una aleta posterior. Esta aleta lo distingue, porque el caballito de mar es un pez muy particular.

¿Por qué se dice que el celacanto es un fósil viviente?

Los celacantos son peces grandes y pesados. Se creía que se habían extinguido hace unos 70 millones de años, pero en 1938 se pescó uno en las costas de Sudáfrica y ¡fue como haber encontrado un dinosaurio vivo! Estos animales se parecen mucho a sus ancestros fósiles. Sus aletas lobuladas son carnosas en la base y parecen el principio de unas patas. Los celacantos tienen crías completamente desarrolladas. Los científicos piensan que algunos de los primeros vertebrados que hubo en tierra parecían celacantos que caminaban sobre sus aletas.

¿Cómo viven los peces del fondo del mar?

El mundo del fondo del mar es negro y frío. La luz del Sol no penetra a más de 750 m de profundidad y, por lo tanto, no crece vegetación. El alimento es escaso y los peces que ahí viven son carnívoros. Para enfrentar estas difíciles condiciones, los peces del fondo del mar han desarrollado sistemas especiales que, en general, les dan una apariencia extraña y aterradora. Casi todos tienen grandes mandíbulas.

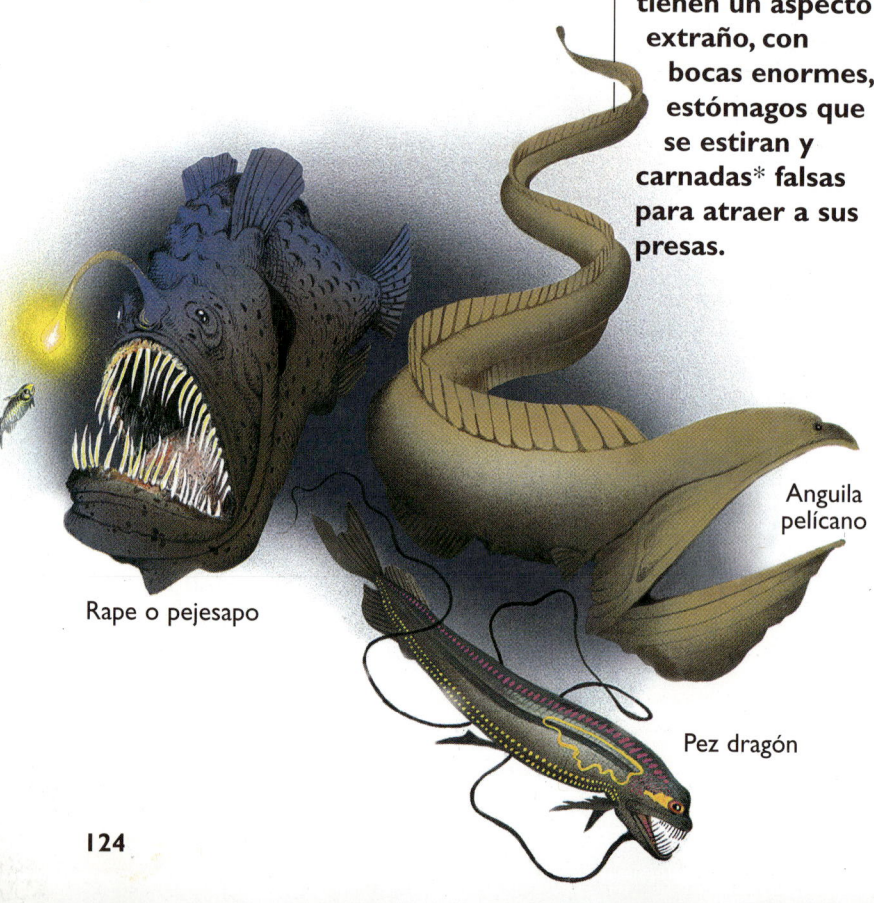

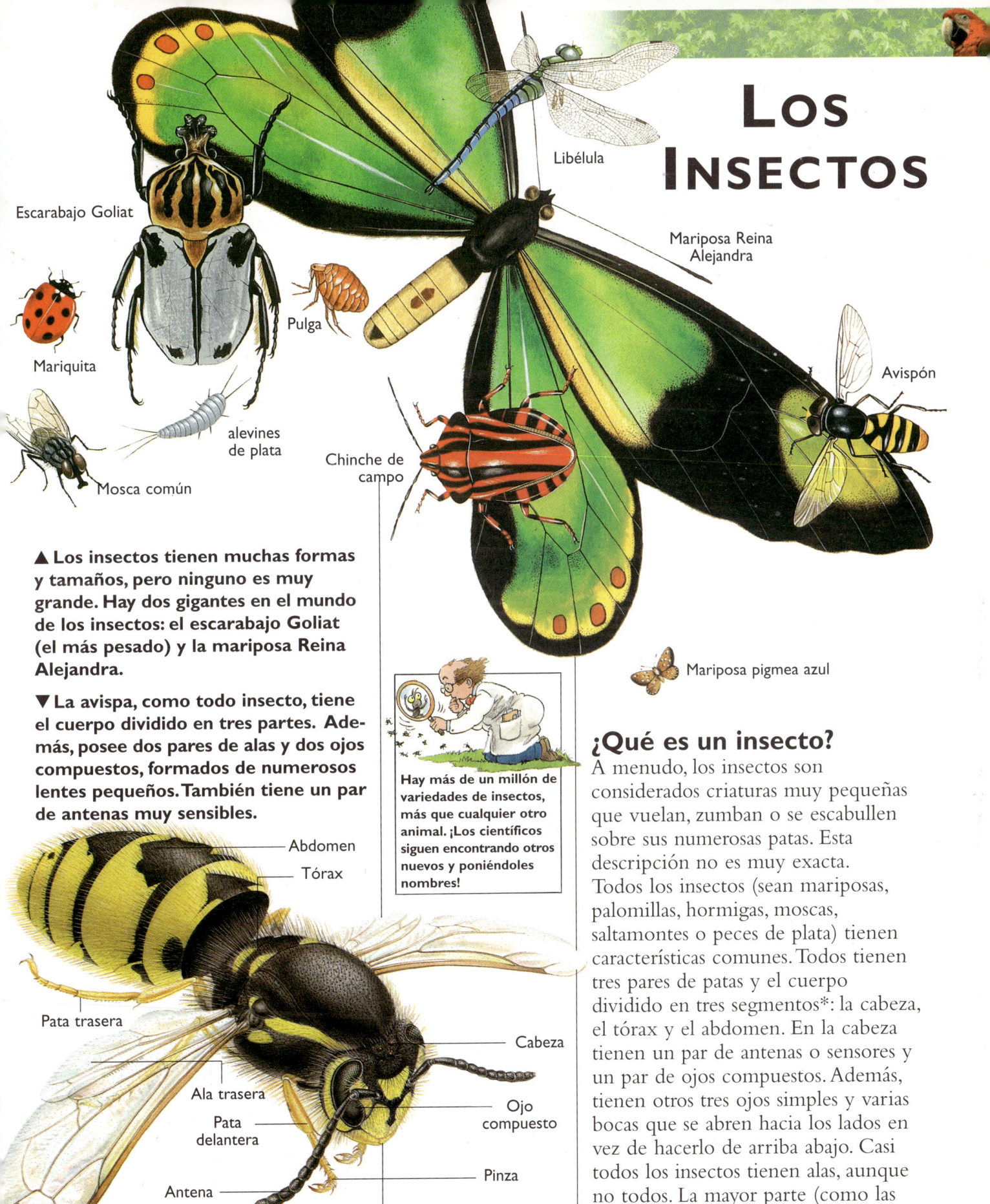

Los Insectos

Escarabajo Goliat
Mariquita
Pulga
Mosca común
alevines de plata
Libélula
Mariposa Reina Alejandra
Chinche de campo
Avispón
Mariposa pigmea azul

▲ Los insectos tienen muchas formas y tamaños, pero ninguno es muy grande. Hay dos gigantes en el mundo de los insectos: el escarabajo Goliat (el más pesado) y la mariposa Reina Alejandra.

▼ La avispa, como todo insecto, tiene el cuerpo dividido en tres partes. Además, posee dos pares de alas y dos ojos compuestos, formados de numerosos lentes pequeños. También tiene un par de antenas muy sensibles.

Abdomen
Tórax
Pata trasera
Ala trasera
Pata delantera
Antena
Ala delantera
Cabeza
Ojo compuesto
Pinza

Hay más de un millón de variedades de insectos, más que cualquier otro animal. ¡Los científicos siguen encontrando otros nuevos y poniéndoles nombres!

¿Qué es un insecto?

A menudo, los insectos son considerados criaturas muy pequeñas que vuelan, zumban o se escabullen sobre sus numerosas patas. Esta descripción no es muy exacta. Todos los insectos (sean mariposas, palomillas, hormigas, moscas, saltamontes o peces de plata) tienen características comunes. Todos tienen tres pares de patas y el cuerpo dividido en tres segmentos*: la cabeza, el tórax y el abdomen. En la cabeza tienen un par de antenas o sensores y un par de ojos compuestos. Además, tienen otros tres ojos simples y varias bocas que se abren hacia los lados en vez de hacerlo de arriba abajo. Casi todos los insectos tienen alas, aunque no todos. La mayor parte (como las avispas) tiene cuatro alas, las moscas sólo tienen dos.

ANIMALES Y PLANTAS

Ciclo vital de las mariposas

Huevos · Larva* · Crisálida* · Mariposa adulta

¿Cómo se desarrollan los insectos?

Conforme pasan del huevo a la edad adulta, los insectos sufren cambios llamados metamorfosis. Los hay de dos tipos: 1. metamorfosis incompleta, en la que algunos insectos (como los saltamontes) atraviesan por tres etapas en cada una de las cuales se parecen cada vez más al ejemplar maduro; 2. metamorfosis completa, como la de las mariposas, que pasan por cuatro etapas (el huevo, la larva*, la crisálida* y el insecto maduro). En las etapas intermedias de la metamorfosis completa, el insecto no se parece al ejemplar maduro. Al ver una oruga no te imaginarías que pueda convertirse en mariposa. En el interior del capullo se lleva a cabo una transformación extraordinaria y surge la mariposa.

¿Qué hormigas producen sus propios alimentos?

En América Central y del Sur hay una variedad de hormigas que, como las demás, son insectos "sociales", es decir, viven en grupos llamados colonias. Estas hormigas les quitan las hojas a los árboles y las usan como base para cultivar hongos en sus "jardines" subterráneos. Las obreras mastican las hojas y las comprimen. Así forman un suelo propicio* para los hongos, cuyo desarrollo fertilizan con sus excrementos. El hongo que se produce se utiliza para alimentar a toda la colonia.

▲ Las mariposas depositan huevos, de los que nacen las orugas. Cada oruga se hace su propio capullo y se convierte en crisálida*. Por fin, surge una mariposa madura.

La abeja reina produce hasta 3 500 huevos diarios durante varias semanas seguidas. ¡Es la única mamá de la colmena!

▶ Las abejas se cubren de polen mientras comen en las flores. El polen lo llevan a otras flores, quizá lejanas, y así las fecundan.

¿Cómo producen miel las abejas?

La miel se produce con néctar, el líquido azucarado que hay en las flores. Las abejas lo chupan con sus largas lenguas y lo almacenan en un estómago especial. Cuando este estómago se llena, las abejas vuelven a la colmena y le pasan el néctar ya procesado a otras abejas obreras. Éstas mezclan el néctar con secreciones* de sus bocas, antes de depositarlo en las celdillas del panal. Unos tres días después, esa mezcla se ha transformado en miel y la sellan con una capa de cera hasta que haya necesidad de consumirla. Las abejas usan la miel para alimentar a las crías o durante el invierno para que coma toda la colmena.

126

ANIMALES Y PLANTAS

Mariposa nocturna

Mariposa pavo real

¿Es diferente una mariposa común de una nocturna (o palomilla)?

Se piensa que las mariposas comunes tienen colores vivos y vuelan de día, mientras que las mariposas nocturnas son de cuerpo grueso y peludo, colores opacos y sólo vuelan de noche. Pero, en realidad, muchas nocturnas también son de colores vivos y vuelan de día: la Burnet de seis lunares y la Emperador son dos ejemplos. Para los científicos, la diferencia entre ellas consiste en la forma de sus antenas y en la unión entre sus alas delanteras y traseras. Las antenas de la mariposa son largas y delgadas, y en la punta tienen unos "botones", mientras que las de la mariposa nocturna son ligeras y delgadas. Al estar en reposo, casi todas las mariposas pliegan* las alas sobre el cuerpo, mostrando el diseño del revés, mientras que las nocturnas extienden las alas o forman un ángulo con ellas.

¿Cómo canta un saltamontes?

Los saltamontes producen su canto frotando las patas traseras contra las "costillas" de las alas delanteras. En la parte interior del fémur o "muslo" de las patas traseras hay una hilera de espigas que el animal frota contra las "venas" de las alas delanteras. Sólo los machos suelen cantar.

▲ **Las mariposas nocturnas parecen aviones: sus alas tienen forma de flecha o triángulo. Casi todas las mariposas pliegan sus alas al descansar.**

▼ **La termita reina deposita miles de huevos que el rey cuida. Las termitas soldado defienden el nido mientras las obreras recolectan alimentos.**

MARAVILLAS DE LOS INSECTOS

- Los insectos respiran por pequeños hoyos que tienen en el cuerpo.
- Muchos insectos pueden transportar objetos 20 veces más pesados que su cuerpo.
- Las orugas tienen entre 2 000 y 4 000 músculos: ¡seis veces más que tú!
- Un pequeño mosquito bate las alas más rápido que ningún otro insecto: más de 62 000 veces por minuto.
- La hormiga que encuentra comida deja un olor a su paso para que las otras puedan seguirla.

¿Por qué se les llama hormigas blancas a las termitas?

Las termitas son insectos de color pálido y cuerpo suave y, como las hormigas, viven en grandes colonias subterráneas. Ambas tienen un sistema de organización que determina las funciones de sus miembros. Pero sólo se parecen en eso. Las termitas tienen antenas rectas, mientras que las de las hormigas están dobladas. Las hormigas tienen "cintura" entre el tórax y el abdomen y las termitas no. Ambos insectos han evolucionado de manera parecida, pero las termitas son más cercanas a las cucarachas que a las hormigas.

Rey

Obrera

Reina

Soldado

¿Por qué unos insectos se llaman "hojas" y otros "ramitas"?

Es fácil saber por qué: casi no se distinguen de las ramas y hojas donde viven. Como son expertos del camuflaje*, reposan inmóviles todo el día y sus cuerpos alargados que parecen ramitas se confunden entre las ramas de alrededor. Sólo se mueven y comen de noche. También sus huevecillos parecen semillas de la planta donde habitan. Estos curiosos insectos viven principalmente en los árboles y arbustos de las regiones tropicales de Asia.

127

ANIMALES Y PLANTAS

Araña de jardín

◄ Esta araña de jardín siente que la libélula trata de escapar y se apura a envolverla en seda para almacenarla como alimento.

Libélula

▼ Las langostas y los cangrejos son crustáceos. Los cangrejos ermitaños usan las conchas de otros animales.

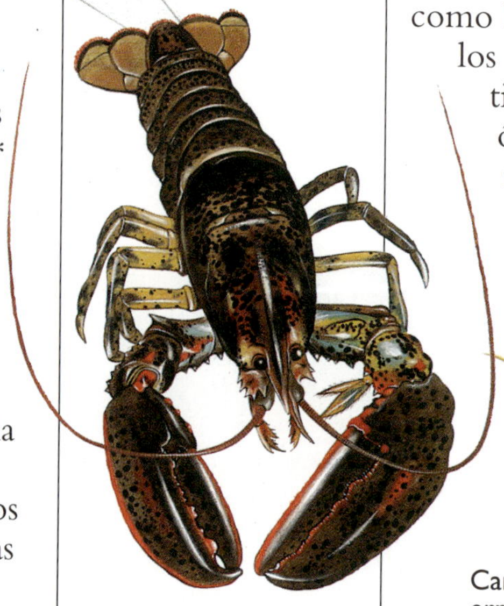

¿Las arañas son insectos?
Las arañas no son insectos, sino arácnidos*. Las arañas tienen ocho patas, no como los insectos, que tienen seis. Las arañas no tienen alas ni antenas, aunque el par de palpos* pequeños que tienen en la frente se pueden confundir con antenas. Normalmente, el cuerpo de una araña es peludo y está dividido en dos partes principales unidas por una pequeña cintura. Una parte es la unión de la cabeza y el pecho, y la otra es el abdomen. Todas las arañas tienen un par de colmillos venenosos con los que matan a su presa, y todas pueden producir seda, aunque no siempre la usan para hacer telarañas.

¿Todos los escorpiones tienen un aguijón* venenoso?
Los escorpiones son parientes de las arañas. El aguijón venenoso de un escorpión está en la punta de su cola larga y enroscada, que puede doblarse hacia un lado o arquearse sobre la espalda del animal. El veneno de algunos escorpiones es suave, mientras que el de otros puede ser mortal para los humanos. Los escorpiones cazan por las noches y viven en regiones calientes y secas.

Langosta

▼ El escorpión es pariente de la araña. Se defiende con su aguijón* y paraliza a su presa.

¿De verdad tienen cien patas los ciempiés?
Aunque "ciempiés" signifique literalmente cien patas, ninguno de estos animales tiene exactamente esa cantidad. Algunos tienen más, otros menos, pero los más comunes, los de jardín, tienen apenas 15 pares de patas. Los ciempiés prefieren vivir en lugares oscuros y húmedos, como debajo de troncos y piedras.

¿Qué son los equinodermos?
Son un grupo de animales con púas*, entre los que hay criaturas marinas como las diversas estrellas de mar y los erizos marinos. Normalmente tienen forma simétrica* y sus órganos están ordenados en múltiplos* de cinco. Por ejemplo, las estrellas de mar suelen tener cinco brazos, aunque algunas tienen hasta 50.

Cangrejo ermitaño

¿Qué son los crustáceos?
Alguna vez los han descrito como insectos que pueden respirar en el agua. En realidad, sí pertenecen al mismo grupo de los insectos (los artrópodos) e incluyen una enorme variedad de especies, la mayor parte de ellos vive en el mar. Todos los crustáceos tienen un caparazón* duro y dos pares de antenas; algunos tienen tenazas. A este grupo pertenecen los cangrejos, las langostas, los langostinos, los camarones, las pulgas acuáticas y los percebes.

128

ANIMALES Y PLANTAS

ANIMALES EN PELIGRO DE EXTINCIÓN

¿Por qué se extinguen los animales?

Cuando deja de existir una especie de animales, se dice que se ha extinguido. En la historia de la Tierra ha habido períodos de extinciones masivas*, como cuando desaparecieron los dinosaurios hace 65 millones de años. En los últimos 200 años, los humanos se han convertido en la amenaza más grave para los animales, porque los matan o destruyen sus hábitats* (lugares donde viven). Desde el año 1800, el hombre ha eliminado más de 300 especies animales. La velocidad con la que desaparecen las especies animales está aumentando. Hoy en día muchos cientos de especies corren grave peligro.

Antes se cazaba al caimán americano por su piel. Para 1960 se había convertido en una especie en peligro de extinción y se prohibió cazarlo. Afortunadamente su población ya está aumentando.

¿Cuál es la peor amenaza mundial para los animales?

La peor amenaza es la destrucción de su hábitat*: los bosques, las praderas, los arrecifes de coral, los pantanos y otros sitios donde viven. Casi todos los animales que se extingan en el siglo XXI lo harán porque hemos destruido sus hogares. Para reducir el daño necesitamos proteger sus hábitats*, no destruyéndolos para sembrar o construir. También hace falta restringir el aumento de la población humana.

¿Por qué se extinguió el dodo (o dronte)?

Esta ave que no podía volar vivía en la isla Mauricio en el Océano Índico. Era muy dócil* y no temía a las personas. Los marineros la mataban sin dificultad y almacenaban grandes cantidades de su carne en los barcos, hasta que se extinguió. En las islas lejanas no había depredadores* (como felinos) que persiguieran a las aves. Así que éstas, entre ellas el dodo, podían perder la capacidad de volar sin correr peligro. Pero cuando llegaron los marineros trayendo consigo gatos y ratas, el dodo se vio condenado. Las aves no voladoras que han sobrevivido tienen otros medios de defensa, como el avestruz cuyas fuertes patas le permiten escapar y patear a sus enemigos.

◀ **El mamut lanoso era pariente del elefante moderno. Lo cazaban tribus primitivas, lo que pudo haber contribuido a su extinción.**

▼ **El dodo (o dronte) no podía volar para huir de sus enemigos, como personas y gatos. Las ratas se comían sus huevos.**

ANIMALES Y PLANTAS

¿Dónde viven los lémures?
Los lémures sólo viven en Madagascar. Son un antiguo grupo de animales, parientes de los antepasados de los monos y simios. Son menos inteligentes que los monos y se han extinguido casi en todas partes del mundo, mientras que los monos evolucionaron y se apoderaron de sus hábitats*. Los lémures sólo sobrevivieron en Madagascar, porque los monos no llegaron nunca a esa isla.

Hoy en día sólo hay lémures en Madagascar. Parecen monos, pero en realidad son una especie menos avanzada.

¿Por qué la pesca del atún daña a los delfines?
Algunos tipos de delfines nadan con los bancos de atunes. En los mares de América del Norte, los pescadores localizan a los atunes gracias a los visibles delfines que nadan por arriba de ellos. Al pescar los atunes, los delfines también mueren en las redes. Para evitarlo, muchos pescadores ahora usan cañas de pescar en vez de redes.

¿De dónde vienen los adornos de coral?
Los adornos de coral provienen de arrecifes vivos que son dinamitados* o deshechos con barras de metal jaladas por barcos: así se rompen en pedazos pequeños que se pueden vender. Ambas maneras son muy destructivas. Un arrecife se tarda miles de años en crecer y es el hogar de miles de animales diferentes.

▶ La cría del koala va con su madre a todas partes. Pasa seis meses en la bolsa del vientre de la madre y otros seis meses prendida de su lomo*.

ANIMALES EN PELIGRO DE EXTINCIÓN

■ Los tigres de Asia están en peligro. Sus refugios en las selvas están desapareciendo y los cazadores ilegales los matan frecuentemente.

■ Los loros y otras especies de aves exóticas* se cazan ilegalmente y se venden como mascotas.

■ El agua contaminada del mar mata muchas especies de animales y aves marinas.

■ Los arenques y el bacalao, que alguna vez abundaron en los océanos, están escaseando porque se pescan en exceso para usarlas como alimento.

■ Muchas tortugas no logran llegar a las playas donde se reproducen porque ahí se han construido hoteles.

¿Por qué hay preocupación por los koalas?
Los koalas están en peligro porque los bosques australianos se están destruyendo. Si hay mucho alimento, los koalas sobreviven fácilmente. Lograron recuperarse del exceso de cacería que hubo entre 1900 y 1930, y hasta hace poco tiempo se estaban multiplicando en muchas zonas. Pero la destrucción cada vez mayor de los bosques los pone en peligro, como a muchas otras especies animales de Australia.

¿Qué es el comercio de especies salvajes?
Todos los años se caza o se mata a millones de animales salvajes. Algunos son atrapados vivos para su venta como mascotas. Las aves, los peces tropicales, las serpientes y los monos, entre otras especies, corren especial peligro. A muchos otros animales los matan por su piel. Casi todo este comercio es ilegal.

ANIMALES Y PLANTAS

¿Los gorilas son un bien nacional?

Sólo es posible salvar a las especies escasas si la población de sus lugares de origen saca provecho manteniéndolos vivos. En Rwanda, pequeño país del centro de África, los pobladores podrían atraer turistas interesados en ver a los gorilas de las selvas. Los países pobres que tienen una vida salvaje abundante podrían aprovechar la defensa de los animales y convertirla en atracción turística. Así podrían sumar a sus ingresos nacionales el dinero que gastaran los visitantes.

¿Cuántas ballenas azules sobreviven?

Hoy en día existen cerca de mil ballenas azules. Se trata de una cifra baja, muy peligrosa para un animal que se reproduce lentamente. Desde 1967, la ballena está completamente protegida de los cazadores, pero no se ha reproducido lo suficiente y sigue en peligro de extinción. Actualmente, casi todas las especies de ballenas están protegidas contra la cacería, aunque algunas personas siguen matándolas.

▶ Los gorilas tienen una fuerza enorme pero son muy pacíficos. Si nadie los molesta y los dejan vivir en la selva con su familia, no le hacen daño a nadie.

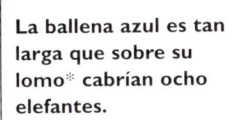

La ballena azul es tan larga que sobre su lomo* cabrían ocho elefantes.

▼ En algunos zoológicos viven unos cuantos pandas gigantes, pero es muy difícil que se reproduzcan en cautiverio*. En el zoológico de la Ciudad de México hay algunos.

◀ La ballena azul es el animal más grande que jamás haya existido: es más grande que cualquier dinosaurio. ¡Una sola puede pesar igual que 150 automóviles!

¿Por qué es tan escaso el panda gigante?

Quizá nunca hubo en China muchos ejemplares de esta especie. El panda consume cantidades enormes de bambú, así que el territorio propio de cada panda debe ser muy grande. Conforme han desaparecido los cañaverales* de bambúes para cultivar los campos, el hábitat* de los pandas ha ido desapareciendo. Incluso donde todavía hay bambúes, a veces se trata de zonas tan pequeñas que sólo pueden mantener a dos o tres pandas. Y como este animal no atraviesa el campo abierto, no puede llegar hasta otros grupos de pandas para encontrar pareja; es muy difícil que los grupos pequeños y aislados de pandas sobrevivan.

ANIMALES Y PLANTAS

¿Qué tipo de animal es el tigre de Tasmania?

El tigre de Tasmania no es un verdadero tigre, sino un mamífero marsupial, más cercano a los canguros y los koalas que a los tigres de la India. El primer europeo que llegó a Australia le llamó "tigre" por las franjas* de sus patas traseras. Este animal, también llamado tilacino, es una especie considerada extinta, aunque a veces aparecen informes de que algunos ejemplares viven en lugares lejanos de Tasmania. Antes el tilacino vivía en toda Australia.

¿Por qué está en peligro el elefante africano?

Algunas personas matan a los elefantes africanos para quitarles los colmillos, que son de marfil. Este material se usa para decorar y para hacer las teclas de los pianos. Para que el elefante pueda sobrevivir en estado salvaje se está tratando de obtener un sustituto* artificial del marfil. Los elefantes necesitan mucho espacio para vivir, y cuando entran en los campos agrícolas, destruyen los cultivos. El lugar más seguro para ellos son las reservas*, pero aun ahí los cazadores ilegales a veces los matan.

▼ **Quema de colmillos de elefante para tratar de impedir el comercio de marfil. La cacería ilegal para obtener marfil es la principal amenaza contra los elefantes.**

▶ **El rinoceronte negro es una de las especies que corre mayor peligro de extinción en el mundo. Lo matan para quitarle el cuerno.**

Las manadas de elefantes se multiplican tanto en algunas reservas y parques que se están convirtiendo en un peligro para muchos otros animales y vegetales de África.

¿Cómo se protege al rinoceronte negro?

El cuerno del rinoceronte tiene mucho valor en Asia porque sirve para hacer medicinas tradicionales y mangos para dagas rituales*. Debido a la cacería ilegal, hoy existen muy pocos ejemplares de todas las especies de rinocerontes. En algunas reservas nacionales de África, los guardabosques inmovilizan a los rinocerontes con dardos que tienen tranquilizantes y luego les amputan el cuerno. Esta operación aparentemente no perjudica al animal, pero así deja de ser atractivo para los cazadores clandestinos.

¿Cómo volvió el oryx a su hogar?

El oryx árabe es un antílope grande, cuya población se redujo peligrosamente por la falta de control de la cacería. A principios de la década de 1960 sólo quedaban entre 100 y 200 ejemplares. En 1962, tres ejemplares fueron capturados y mezclados con otros que había en los zoológicos, para hacer un rebaño de cría*. Luego, los ejemplares nacidos de ese rebaño fueron devueltos a su hábitat*.

ANIMALES Y PLANTAS
EL REINO VEGETAL

¿Cómo son las plantas más sencillas?

Los primeros vegetales aparecieron hace unos 3 000 millones de años; eran algas y diatomeas unicelulares. Eran muy pequeñas, en una gota de agua cabían 500 diatomeas.

¿Qué plantas abundan más?

Las plantas que florecen son el grupo más grande y el que más ha aumentado. Hay más de 250 000 variedades distintas. Entre ellas hay pastos, cactus, árboles, guisantes y vainas, trepadoras, papas, especias y muchas flores cultivadas y silvestres*. Todas estas plantas tienen flores que producen las semillas de la reproducción.

DATOS SOBRE LAS PLANTAS

- El vegetal más antiguo que se conoce es un clon de la creosota de California. Tiene unos 11 700 años de antigüedad.
- La planta que crece más rápidamente es el bambú. Llega a crecer hasta un metro diario.
- La welwitschia, un vegetal del desierto de Sudáfrica, vive más de 100 años pero sólo le salen dos hojas.
- En Sudáfrica existe una higuera silvestre*. Sus raíces miden 120 metros: son las más largas que se conocen.
- La planta más pequeña es una lenteja de agua australiana. Esta diminuta planta acuática apenas mide 6 mm de largo y 3 de ancho.

▼ Las plantas con flores dan color y perfume a los días de verano. Así se aseguran de que sus semillas se van a dispersar gracias a los animales o al viento.

¿Por qué las flores son de colores?

Las plantas con flores dependen de los insectos que transportan el polen de flor en flor. Por eso muchas flores tienen colores brillantes para atraer a los insectos. Normalmente, las plantas que florecen de noche tienen colores pálidos que resaltan en la oscuridad para que las mariposas nocturnas puedan verlas. Muchas flores despiden perfumes que atraen a los insectos que las polinizan*.

¿Por qué muchas plantas tienen flores?

Las flores ayudan a las plantas a reproducirse. La flor produce tanto las células* masculinas (polen) como las femeninas (óvulos). Los óvulos tienen que ser fecundados con polen de otra flor similar. Algunas plantas, como el acebo, tienen distintas flores masculinas y femeninas. La flor protege los óvulos mientras se transforman en semillas.

Amapola — Pétalos, Estambre, Estigma*

Centaura negra, Algarroba, Margarita, Caléndula, Ranúnculo, Trébol

ANIMALES Y PLANTAS

Amento

Raflesia

¿Todas las flores tienen pétalos?
No. Como el viento o el agua polinizan* algunas plantas, éstas no necesitan atraer insectos y por eso a veces sus flores no tienen pétalos. Muchas de estas plantas florecen a principios de la primavera, para que sus hojas no estorben el viento que pasa entre sus ramas. El amento del avellano no tiene pétalos, ni la gigantesca raflesia.

¿Todas las flores se cierran de noche?
Aunque muchas sí lo hacen, no todas las flores se cierran de noche o cuando hace frío. La margarita cierra sus flores cuando comienza a anochecer. El azafrán de primavera es todavía más sensible: se abre cuando brilla el Sol y se cierra cuando una nube tapa la luz. La acederilla cierra sus hojas por la noche. Algunas flores, como la prímula nocturna, se cierran de día y se abren de noche.

¿Los cereales tienen flores?
Sí, pero no son de colores brillantes porque no necesitan atraer insectos que las polinicen. Estas flores no tienen pétalos y cuando el polen está maduro, el viento simplemente lo lleva volando. Las personas obtienen un alimento muy importante de algunos cereales como el trigo, el maíz, la avena y la cebada. Los primeros agricultores descubrieron que las semillas de ciertas plantas silvestres* se esparcían con la misma facilidad que el polen. Los agricultores modernos han logrado producir cultivos con flores más cerradas para que las semillas o granos no se caigan.

◀ Algunos árboles tienen amentos*. Los granos de polen de los amentos masculinos vuelan a los femeninos y así las células* sexuales masculinas se mezclan con los óvulos. La gigantesca raflesia huele a carne podrida para atraer a las moscas.

▼ Los cactus absorben agua durante las lluvias y la almacenan en el tallo. Luego, los cactus van encogiéndose conforme usan el agua durante la estación seca.

¿Todas las plantas tienen hojas?
La mayor parte de las plantas sí tiene hojas, aunque a veces no parezca: el pasto y la hierba son hojas. Los champiñones y otros hongos no tienen hojas; tampoco las algas marinas o líquenes. Las hojas ayudan a las plantas a respirar y crecer.

¿Cómo sobreviven las plantas del desierto?
Las plantas del desierto, como los cactus, pueden vivir meses y hasta años sin agua. En su evolución* han desarrollado formas de almacenar la humedad en gruesos tallos, en hojas hinchadas o en las raíces. Las plantas del desierto pueden permanecer secas y parecer muertas durante años, pero al llover, florecen. Con la lluvia, los vegetales crecen, florecen, se polinizan* y producen semillas que se esparcen en unas cuantas semanas.

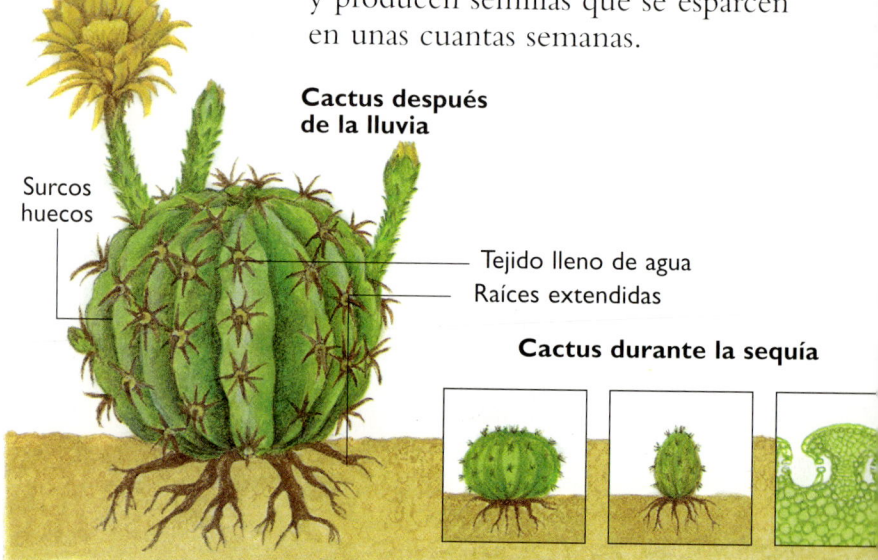

Cactus después de la lluvia

Surcos huecos

Tejido lleno de agua
Raíces extendidas

Cactus durante la sequía

134

ANIMALES Y PLANTAS

¿Por qué algunas plantas tienen "alas" y "paracaídas"?

El viento puede esparcir muy lejos las semillas de una planta; algunas semillas son muy ligeras y vuelan con facilidad. Los frutos del cardo y del diente de león tienen una corona de plumas vellosas que funciona como paracaídas cuando el viento se lleva las semillas. Los frutos de algunos árboles como el abedul, el arce y el fresno tienen alas que giran como una hélice de helicóptero y transportan las semillas.

¿Cuáles frutas explotan?

Las plantas esparcen sus semillas para que todas puedan formar una nueva planta. Una forma de esparcirlas es desde una vaina o cápsula que explote y las arroje. Las semillas del árbol laburno y las de otras plantas de la familia de los guisantes, arvejas o chícharos están en vainas. Cuando la vaina del laburno se seca, se abre por la mitad y las semillas caen en busca de un lugar para crecer. Nunca debes comer las semillas ni alguna otra parte del laburno, porque es venenoso.

◀ Las semillas de algunas plantas tienen paracaídas. El adorno de plumas del diente de león le permite navegar en el aire.

¿Por qué algunas plantas no tienen flores?

Los musgos y los helechos carecen* de flores porque no tienen semillas, en cambio, tienen esporas*. Las esporas de los helechos se forman en las hojas y caen. Luego producen una lámina en forma de corazón, llamada protalo, que da semillas masculinas y femeninas. Al fecundarse la semilla femenina, nace un nuevo helecho.

Marchantia polymorpha

▶ Hay unos 10 000 tipos de helechos (como el llamado "lengua de Adder") y unas 8 000 variedades de hepáticas, pequeñas plantas que crecen en sitios húmedos (como la *Marchantia polymorpha* y la *Pellia epiphylla*).

Lengua de Adder

◀ El pepino europeo escupe sus semillas en un chorro de agua que sale del fruto en forma de globo. La presión del agua expulsa las semillas.

Pellia epiphylla

135

ANIMALES Y PLANTAS

¿Por qué los hongos no son plantas verdaderas?

Los hongos no se consideran plantas porque carecen* de clorofila y no pueden producir su propio alimento, como las plantas verdes. En cambio, se alimentan de otros vegetales o comen materia muerta (por ejemplo, madera vieja). Los hongos producen sustancias que atacan la celulosa, o sea, el material de que están hechos los vegetales verdes. Así, los hongos pueden alimentarse de las células* de las plantas.

¿Por qué explotan los bejines?

Los bejines son hongos grandes y redondos que parecen globos. A la piel delgada del bejín le salen protuberancias* hacia dentro; cuando le cae una gota de lluvia, explota y deja escapar una nube de esporas*. De éstas nacen otros hongos.

▼ La mayor parte de los hongos desarrollan su cuerpo (la parte que se ve) durante el otoño. El resto del hongo es subterráneo o se aloja* en la madera. Algunos hongos son sabrosos como alimento, pero otros son venenosos.

Si cuelgas un alga marina fuera de casa ¡puede pronosticar el tiempo! Si se hincha, es que va a llover. Si se seca, habrá sol.

▼ Las algas marinas parecen plantas, pero en realidad no lo son. Algunas se pegan a las piedras, y otras flotan sobre el mar o justo debajo de la superficie del mar.

¿Por qué le sale moho al papel húmedo?

Los hongos crecen en cualquier cosa hecha de celulosa: alimentos, ropa, muebles y libros viejos. Las esporas* del moho y del mildiu (distintos tipos de hongos) pueden crecer dondequiera que haya humedad.

¿Qué plantas no tienen raíces, hojas ni flores?

Los líquenes son vegetales simples sin raíces, hojas ni flores. En realidad, son la combinación de un alga y un hongo que viven muy unidos; algunos salen como costras en las rocas, los árboles o los muros. Los líquenes crecen muy lentamente y llegan a ser muy viejos (hasta 10 000 años). Son de los seres vivos más viejos que se conocen y pueden sobrevivir en sitios muy secos, muy fríos o muy calientes para otras plantas.

¿Cómo sobreviven en el océano las algas marinas?

Las algas son muy resistentes. Las olas las golpean, y las que hay en las costas se mojan y secan constantemente conforme la marea sube y baja. Muchas algas de las costas tienen una especie de pie que las sujeta a las rocas.

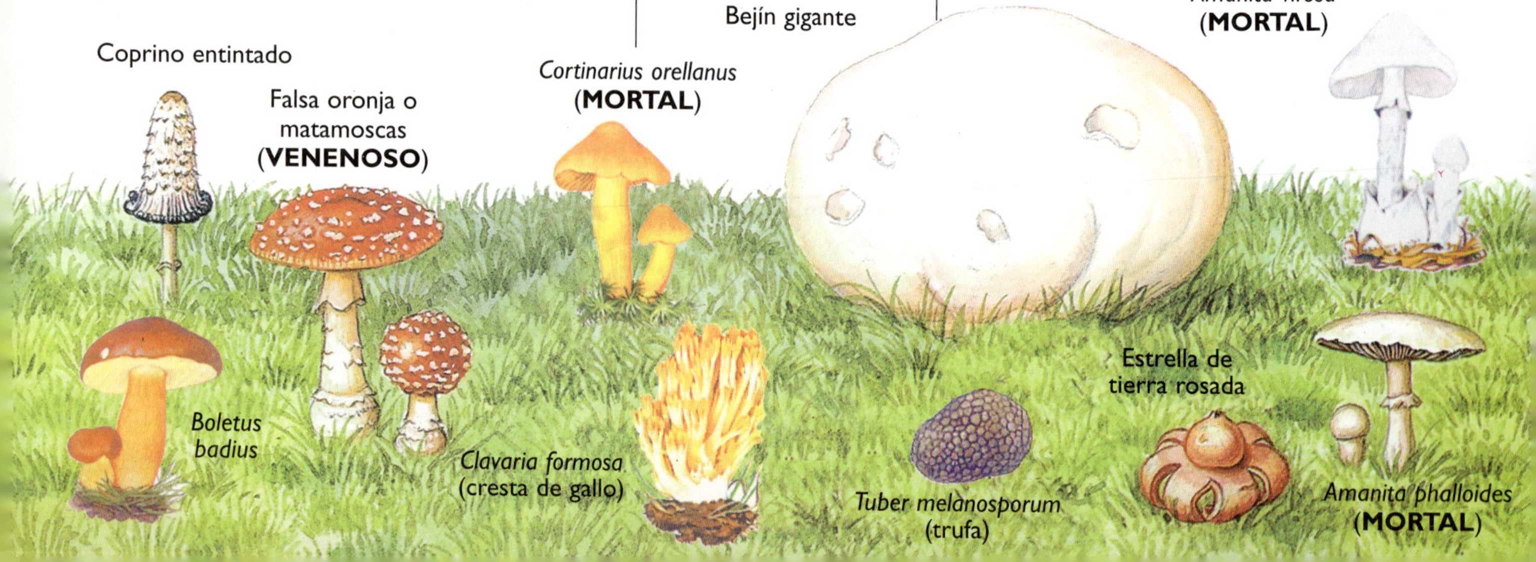

Coprino entintado

Falsa oronja o matamoscas (**VENENOSO**)

Cortinarius orellanus (**MORTAL**)

Bejín gigante

Amanita virosa (**MORTAL**)

Boletus badius

Clavaria formosa (cresta de gallo)

Tuber melanosporum (trufa)

Estrella de tierra rosada

Amanita phalloides (**MORTAL**)

ANIMALES Y PLANTAS

◀ Las algas marinas tienen ramas largas o follaje*. Algunas tienen pequeñas vejigas* o cámaras de aire para flotar.

Alga kelp gigante

Moco de pavo

Fuco vesiculoso

Alga roja

¿Por qué el fuco (alga oscura) tiene pequeñas vejigas*?

El fuco es una variedad muy común de alga oscura y crece en las rocas que se cubren de agua cuando sube la marea. Tiene tallos planos con pares de vejigas llenas de aire que la ayudan a flotar cuando el mar cubre las rocas. Hay otros tipos de algas que también tienen vejigas para flotar; si las oprimes, las vejigas estallan.

¿Qué son las algas kelp gigantes?

Son las algas marinas más grandes. Pueden alcanzar hasta 60 metros de longitud, y si muchas están juntas, forman un bosque submarino. Estas algas son un refugio ideal para muchos peces, langostas, caracoles y otras criaturas marinas. Hay muchos tipos de algas kelp gigantes y todas son de la variedad de algas pardas de los mares fríos. No existen en los mares tropicales.

¿Cuántos tipos de algas existen?

Existen 7 000 tipos de algas marinas: la mayor parte crece cerca de las costas, donde puede adherirse a las rocas o al lecho marino con su "pie" de sostén. Este sostén sujeta las hojas que se mecen en el agua. Casi todas las algas de color marrón o café viven en mares fríos, y pueden crecer mucho. Las algas rojas son más comunes en los mares cálidos. Las algas verdes y azules abundan tanto en los mares cálidos como en los fríos.

Boletus de Satán (**VENENOSO**)

Estrella de tierra con franjas*

Cystolepiota áspera

Hongo hediondo

Agárico

Lycoperdon perlatum

Políporo escamoso

Cantarela o rebozuelo

Fistulina hepática (hígado de buey)

Hongo yesquero de sangre

Hongo yesquero de varios colores

Manchas de hongos de coral

Amanita caesarea (oronja)

Colmenilla o morilla

ANIMALES Y PLANTAS

CÓMO CRECEN LAS PLANTAS

Luz solar

Oxígeno

Bióxido de carbono

Agua

Agua

¿Las plantas pueden vivir sin la luz del sol?

Todas las plantas verdes necesitan luz solar porque usan la energía del Sol para producir su alimento. Este proceso se llama fotosíntesis; ocurre sobre todo en las hojas y utiliza una sustancia llamada clorofila. Si se pone en la oscuridad a una planta verde, al poco tiempo pierde color, se marchita y muere. Los hongos que viven en otros vegetales o en materia muerta pueden vivir en la oscuridad.

¿Cómo se alimentan las plantas?

Las plantas se alimentan igual que las personas y los animales. Sin embargo, las plantas verdes pueden producir su propio alimento. Sus hojas absorben bióxido de carbono, y sus raíces y hojas toman del suelo minerales y agua. Con esto las plantas producen azúcares y almidones. Usan la energía de la luz solar para transformar el gas y el agua en alimento, que pueden almacenar para cuando les falte. Este proceso de producción de alimento se llama fotosíntesis; al realizarlo, se libera oxígeno que queda en el aire. Pero no todas las plantas producen su propio alimento, algunas se alimentan de otras plantas o de restos vegetales. Estas plantas son parásitas y se llaman saprófitas; algunas de ellas son las setas y los hongos venenosos.

◀ **Durante la fotosíntesis, las plantas aprovechan la energía solar para convertir el agua (de la tierra) y el bióxido de carbono (del aire) en glucosa. Las hojas liberan oxígeno.**

ANIMALES Y PLANTAS

¿Por qué los insectos son útiles para las plantas?

Los insectos son útiles para las plantas porque transportan el polen de flor en flor. Las plantas necesitan ser polinizadas* para producir semillas. Los colores brillantes de las flores, su aroma* y el dulce néctar que algunas producen atraen a los insectos. Algunas flores incluso se parecen a los insectos que tratan de atraer. Cuando éstos se acercan a buscar el néctar, se frotan contra los estambres y estigmas* de la flor y quedan cubiertos de polen. Al pasar a otra flor, dejan ahí el polen de la anterior.

¿Por qué las plantas necesitan agua?

Más del 90% de las plantas es agua. Sin ella, la planta no puede producir su alimento a través de la fotosíntesis. Además, el agua ayuda a mantener la firmeza de las células* vegetales, pues si les falta, se ponen débiles y se marchitan. Casi todos los vegetales necesitan tomar agua constantemente por las raíces.

▶ Cuando una abeja se para en una flor, mete la lengua para extraer el dulce néctar. Al mismo tiempo, se cubre del polen de los estambres, que luego deja en el estigma* de otra flor.

MÁS DATOS SOBRE LAS PLANTAS

- Las hojas de algunos lirios acuáticos gigantes de América del Sur miden 1.5 m de ancho.
- El cactus saguaro gigante del desierto estadounidense llega a medir más de 15 m de altura.
- Normalmente, las plantas necesitan luz solar. Pero hay algunas que viven en las profundidades del océano, donde no llega la luz.
- El gingko de China es la especie vegetal más antigua que sobrevive. Apareció hace unos 160 millones de años.
- El verdadero fruto de la manzana es su corazón, no la parte jugosa que se come.
- La raíz principal de una planta es la más difícil de arrancar del suelo.

◀ Los cactus se han adaptado a los desiertos. Aprovechan hasta la menor gota de humedad.

¿Por qué las plantas del desierto se esparcen?

Las plantas del desierto no crecen cerca unas de otras para no tener que competir por el escaso alimento y el agua. Por eso se dispersan. Normalmente tienen raíces largas que se extienden para buscar humedad. Cuando llueve, sus raíces absorben toda el agua que puedan captar del subsuelo. La planta la almacena en su tallo carnoso.

¿Cómo se mantienen frescas las plantas?

Una planta libera agua por los pequeños poros o estomas que tiene debajo de las hojas. Esto se llama transpiración. Al mismo tiempo, absorbe agua del suelo por las raíces. El agua que expulsa por las hojas la ayuda a mantenerse fresca. El paso de agua por las raíces y el tallo también lleva a la planta minerales vitales del subsuelo.

ANIMALES Y PLANTAS

¿Las plantas pueden reproducirse sin semillas?

Sí. Las plantas tienen muchas formas de reproducción, pueden dividirse en dos: les crecen brotes que producen nuevas células*, tienen esporas* (como los helechos), o bien se pueden reproducir por propagación vegetativa (como las frutillas o fresas). La planta tiene un tallo largo, llamado rastrero, del que salen las raíces. Si se corta ese tallo rastrero, la parte que ha echado raíces produce una planta nueva. De igual manera, si se corta el ojo o brote de una papa y se siembra, le salen raíces de las que nace una nueva planta de papa.

¿Por qué algunas plantas son parásitos*?

Algunas plantas, como la hiedra o las lianas tropicales, usan otras plantas como apoyo y así se ahorran la energía que gastarían en formar su propio tallo rígido. Sin embargo, producen su propio alimento. El muérdago en parte es parásito. Se alimenta un poco del árbol del que cuelga, perforándole la corteza con tubos que parecen raíces, pero también tiene hojas verdes para hacer su propio alimento. Otras plantas toman todos sus alimentos de la planta "huésped" y no producen ninguno. Éstas son las verdaderas parásitas.

¿Cómo suben las plantas trepadoras?

Las trepadoras escalan de distintas formas. Algunas, como la clemátide, son muy débiles y sus tallos torcidos trepan por otras plantas más fuertes. Cuando los tallos tocan otra planta, crecen más rápido de un lado y se enredan alrededor de esa planta. Algunas, como la hiedra, tienen pequeñas raíces en el tallo que las ayudan a sujetarse de los muros. Las arvejas o chícharos y los calabacines tienen pequeños aros enroscados que trepan alrededor de un punto de apoyo. La enredadera de Virginia tiene una especie de ventosas que se adhieren a los muros o a otras superficies. Las rosas trepadoras y las zarzas usan sus agudas espinas para prenderse de las superficies o de otras plantas.

¿Por qué flotan las hojas de los nenúfares?

Las grandes hojas del nenúfar o ninfea descansan sobre bolsas de aire; gracias a ello pueden flotar en el agua. Además, las hojas tienen tallos fuertes que las mantienen en posición vertical. Así, el nenúfar expone sus hojas a la luz necesaria para mantenerse vivo.

¿Por qué algunas plantas tienen espinas?

Las espinas de distintos tipos ayudan a las plantas a protegerse de los animales hambrientos. También pueden impedir que los insectos las perforen. Las vacas del campo se comen la hierba pero no se acercan a los cardos ya que tienen demasiadas espinas. A veces, las espinas son afiladas y se pegan al pelo de los animales, que las llevan consigo a otros pastos, donde caen a la tierra y pueden crecer de nuevo.

Las primeras plantas terrestres tienen poco más de 400 millones de años. En vez de ser blandas como las algas marinas de las que descienden, desarrollaron pequeños tubos para absorber agua, y tallos fuertes para mantenerse erguidas al aire libre. Pero, a diferencia de las plantas de hoy, no tenían hojas, raíces ni flores.

Madreselva
Lúpulo
Un tipo de arveja o chícharo
Hiedra
Zarzamora

◄ Algunas plantas se enredan en otras más fuertes conforme trepan. Otras trepadoras tienen pequeñas raíces o espinas con las que se adhieren.

ANIMALES Y PLANTAS

¿Por qué algunos hongos huelen mal?

Algunos hongos apestan* para atraer moscas. Aunque a nosotros el olor del hongo nos parece desagradable, a ellas les gusta. Las moscas se comen la baba que contiene esporas* y así se las llevan en las patas. Por eso, gracias a las moscas, los hongos pueden esparcirse en grandes espacios.

¿Por qué el musgo forma una alfombra suave?

El musgo nace de esporas. Cuando éstas crecen, producen un delgado hilo verde del que salen ramas; de las ramas surgen brotes y así nacen nuevas plantas de musgo. Como las plantas jóvenes crecen muy cerca unas de otras, juntas forman una especie de alfombra suave. Las hojas del musgo no son impermeables, y al crecer tan unidas conservan la humedad.

¿Cómo crecen los helechos?

Los helechos no tienen flores, así que no producen semillas. En cambio, debajo de las hojas tienen esporas que caen al suelo y forman una especie de discos muy pequeños. En ellos están las células* masculinas y femeninas, que se unen para formar nuevos helechos. Algunas especies se reproducen por rizomas*, es decir, tallos subterráneos.

▲ El hongo apestoso atrae a las moscas que buscan comida. Luego, cuando éstas se van, se llevan las esporas* del hongo.

▼ Bajo las hojas de los helechos están los esporangios, donde están las esporas. De una espora que es llevada lejos salen los protalos y de ahí nace un nuevo helecho.

¿Las plantas tienen reloj?

Muchas plantas conocen las épocas del año con asombrosa exactitud. Algunas florecen al mismo tiempo cada año. Como muchos animales, las plantas se preparan para el invierno almacenando alimento en sus tallos subterráneos y en las raíces. Su "reloj" anual funciona midiendo la duración del día y de la noche, que varía a lo largo del año.

¿Las plantas pueden comer insectos?

Ciertas plantas comedoras de insectos, como la llamada "rocío de sol" y la Venus atrapadora de insectos, viven en suelos pobres y normalmente lodosos. Ese suelo tiene pocos minerales para alimentar a la planta, así que ésta ha desarrollado formas de atrapar insectos como un alimento adicional. Las hojas de la planta rocío de sol están cubiertas de tentáculos pegajosos. En cambio, la Venus atrapadora captura insectos cuando éstos rozan uno de los pelos sensibles del borde de la hoja. Entonces se cierra una trampa que aplasta al insecto. Luego, la planta libera ácidos que descomponen el cadáver para obtener sustancias alimenticias.

¿Por qué los tallos crecen hacia arriba y las raíces hacia abajo?

Las plantas reaccionan ante la fuerza de gravedad de la Tierra. No importa cómo se siembre una semilla, la raíz siempre crece hacia abajo y el tallo hacia arriba, en busca de la luz.

Helecho · Esporangio · Protalo · Esporófito joven · Nuevo helecho

141

ANIMALES Y PLANTAS

NOMBRES DE LAS PLANTAS

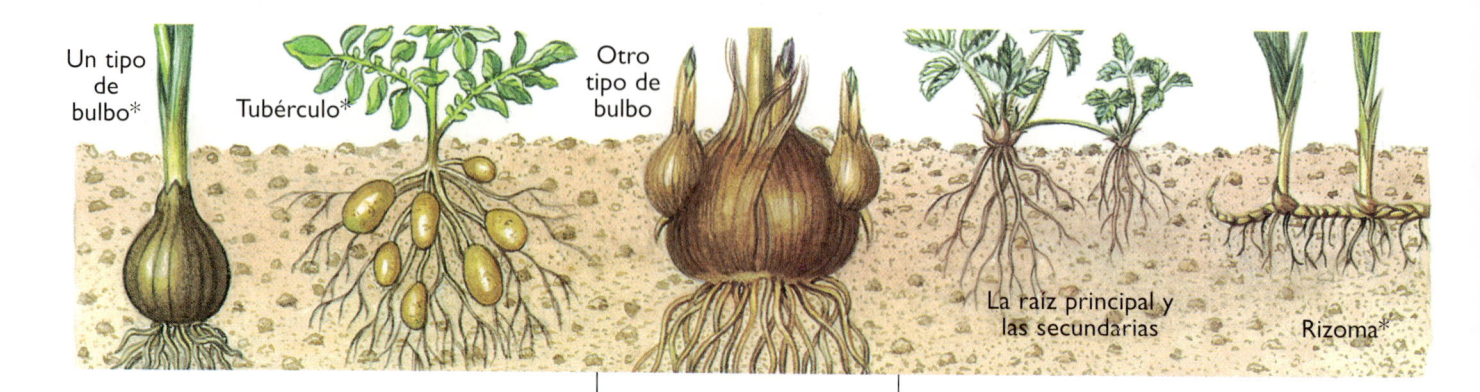

Un tipo de bulbo* Tubérculo* Otro tipo de bulbo La raíz principal y las secundarias Rizoma*

¿Qué diferencia hay entre los bulbos* y los tubérculos*?

Si en vez de semillas siembras bulbos y tubérculos también puedes obtener plantas. Ambos son partes subterráneas de una planta nueva: se forman bajo tierra, almacenando alimento para la planta que va a crecer. Los bulbos pueden ser tallos o tallos con hojas, y los tubérculos son un tallo o una raíz. Las cebollas son bulbos de la planta de cebolla, y la papa es un tubérculo de la planta de la papa. Los rizomas* son otro tipo de órgano vegetal subterráneo: crecen lateralmente y almacenan alimento. También producen brotes para que se formen plantas nuevas. Los lirios crecen de esta forma, así que una sola planta puede producir muchas otras pronto.

¿Cuáles son las plantas anuales, bienales y perennes*?

En un mismo año, una planta anual crece a partir de una semilla, florece, da fruto y muere. Una planta bienal sale de la semilla un año y al siguiente florece, da fruto y muere. Las plantas perennes crecen, florecen y dan frutos todos los años.

▲ Los tubérculos, los bulbos y los rizomas almacenan el alimento de las plantas. Estos órganos subterráneos también producen plantas nuevas.

¿Cuál es la planta cuyo nombre viene del persa?

"Tulipán" viene de la palabra persa que significa "turbante". Se pensaba que esta flor parecía un turbante, es decir, un adorno para la cabeza hecho de tela.

¿Qué son las hayas?

Las semillas triangulares color marrón o café del árbol de la haya son un buen alimento durante el invierno. Por ejemplo, los pájaros carboneros dependen de este fruto.

▼ Durante el otoño, las sabrosas semillas de la haya son un buen alimento para algunos animales, como las ardillas y los ratones.

142

ANIMALES Y PLANTAS

¿Por qué se llama así el trébol "pata de pájaro"?

El "pata de pájaro" es un trébol que se llama así porque las cápsulas donde están sus semillas parecen una pata de ave. La palabra "trébol" viene del latín y quiere decir "tres hojas". Como todos los tréboles, el pata de pájaro tiene tres hojas. A veces es posible encontrar tréboles de cuatro o más hojas. Algunas personas piensan que son de buena suerte.

¿Qué es la belladona?

Belladona es uno de los nombres que recibe una planta muy venenosa. La palabra belladona significa en italiano "mujer bella", y tal vez se llamó así porque contiene una sustancia medicinal llamada atropina. Si se ponen gotas de atropina en el ojo, la pupila se hace más grande. En una época, las mujeres utilizaban la belladona porque creían que les embellecía los ojos. Hoy en día, sólo la usan los médicos para examinar más fácilmente los ojos.

¿Qué flor mexicana tiene nombre de muerte?

A la flor cempasúchil también se le dice "flor de muertos" porque crece y se usa en la temporada de las fiestas cristianas de celebración de los muertos. Es una flor muy bonita y alegre de un brillante color amarillo o anaranjado, contrario a lo que podría esperarse por ser ofrenda para los muertos.

¿Qué hongos parecen soportes o repisas?

Algunos hongos del grupo de las basidiomicetes crecen en los árboles vivos o muertos. Parecen soportes o repisas* que salen de la corteza de los árboles.

▲ La belladona se ha usado como una planta medicinal desde hace cientos de años. Sin embargo, comer sus frutos puede ser mortal.

En 1768, el capitán **James Cook** llegó por primera vez a **Australia**. Desembarcó en un lugar que llamó **Botany Bay** en honor a la colección de plantas que ahí realizó Joseph Banks, un famoso naturalista que acompañó a Cook en la nave *Endeavour*. La bahía de Botany hoy en día está rodeada por el aeropuerto y los suburbios de Sydney.

¿Cómo obtuvo su nombre el "diente de león"?

Viene del francés *dent de lion*, que significa exactamente "diente de león". Este nombre especial se debe a la forma de sus hojas que se consideró muy parecida a los dientes de los leones.

¿Por qué se llama así el "hongo matamoscas"?

El hongo matamoscas es muy venenoso. Antes se usaba su jugo para hacer sustancias que mataran moscas o insectos. Su nombre científico, "agárico", viene del griego y se refiere a este tipo de hongo.

¿Por qué hay que evitar las oronjas verdes?

Las oronjas verdes son hongos muy venenosos. Es mejor que no toques los hongos silvestres* si no estás seguro de que no son peligrosos.

▼ La falsa oronja o matamoscas es uno de los hongos venenosos más dañinos. Su sombrero rojizo permite distinguirlo con facilidad y evitarlo.

ANIMALES Y PLANTAS

LAS PLANTAS Y LA GENTE

¿Cuáles son los alimentos más importantes?

Los alimentos básicos son aquellos que forman la mayor parte de la dieta* de las personas. En los países occidentales* la gente come una amplia variedad de alimentos, pero la mayoría consume alimentos como pan, papas, maíz, arroz o pastas. En África y en Asia las personas dependen de alimentos básicos como el arroz, la mandioca y el boniato o camote. Las personas más pobres a veces sólo comen alimentos básicos. Los niños requieren una gran diversidad de alimentos.

Un niño común de 12 años necesita unas 2 500 calorías de energía alimenticia diaria. Una porción de papas fritas proporciona 270 calorías, dos salchichas de cerdo, 400; un bistec a la parrilla, 520; una manzana, 70; una porción de lechuga, 5.

¿Cómo viven los pequeños campesinos?

Los pequeños campesinos tienen parcelas* de tierra donde cultivan diversos productos; a veces tienen una vaca o aves de corral. Esos campesinos producen lo necesario para alimentar a su familia durante un año. Cuando los años son buenos, puede sobrarles algo de producto para vender en el mercado local. Hoy en día muchos de estos campesinos se han dedicado a los "monocultivos", es decir, producen un solo cultivo para vender (como trigo o café), o crían una especie animal (como pollos o ganado). Los demás alimentos los tienen que comprar.

◀ Los carbohidratos se forman en las plantas verdes durante la fotosíntesis. Casi la mitad de nuestros alimentos debería contener carbohidratos, que son una fuente vital de energía.

Arroz, Granos de arroz, Papas, Papas fritas, Fideos, Pan, Pasta, Harina, Trigo

¿Qué es la mandioca?

La mandioca es una importante planta comestible que se cultiva en muchos países tropicales. Sus raíces parecen tubérculos* de la dalia y sirven para hacer harina, pan y tapioca*. Además, se usa para hacer pegamentos y explosivos. Esta planta contiene un veneno llamado cianuro para que no la dañen insectos como las langostas. Es necesario cocer la mandioca para quitarle el veneno. Existen muchas variedades de mandioca.

▼ La mandioca crece rápidamente y se encuentra en las zonas cálidas de África, Asia y América del Sur.

¿Por qué actualmente los agricultores pueden producir más alimentos?

En la misma superficie, un agricultor de hoy puede producir más alimentos que uno de hace 100 años. Esto es gracias a las semillas mejoradas (resistentes a las enfermedades) y a las sustancias químicas que enriquecen los suelos y eliminan las plagas de los cultivos. Los agricultores de hoy producen menos tipos de cultivos que los de antes. Una desventaja de la agricultura moderna es que muchas de las sustancias químicas llegan a los ríos y contaminan el agua.

144

ANIMALES Y PLANTAS

Fruto o vainas de cacao

◀ El chocolate se obtiene de las semillas del cacao. Éstas se tuestan y muelen para producir la cocoa en polvo.

Semillas molidas para producir cocoa en polvo

Semillas del cacao en su vaina

¿Qué son los cultivos comerciales?

Los agricultores que siembran un solo producto (como manzanas y bananas o plátanos) están produciendo lo que se llama un "cultivo comercial": luego de cosecharlo, lo venden. En algunos países, los agricultores dependen casi por completo de un solo cultivo —como el café, el cacao o el té— que se produce en enormes plantaciones agrícolas*. Muchas personas que antes tenían sus propias tierras ahora trabajan en las plantaciones y reciben un salario.

¿El chocolate crece en árboles?

El chocolate viene del árbol tropical del cacao que tiene su origen en Mesoamérica. Se sabe que los mayas y aztecas ya lo cultivaban antes de que los europeos comenzaran a establecerse en el Nuevo Mundo en el siglo XVI. El árbol del cacao tiene vainas alargadas en cuyo interior están las semillas con las que se prepara el chocolate. Hoy en día, estos árboles se cultivan en México, Brasil, África Oriental y Malasia.

▶ Las semillas maduras del café se cosechan a mano. Luego se secan y tuestan antes de venderse enteras o molidas.

DATOS SOBRE LA AGRICULTURA

■ Además de que son sabrosos, los porotos o frijoles enriquecen la tierra dándole nitrógeno que toman del aire.

■ Antes del siglo XIX, los agricultores sólo usaban abono animal y abono de origen vegetal para rehabilitar las tierras.

■ En el siglo XIX se comenzaron a utilizar fertilizantes* químicos.

■ En 1842 se descubrió un fertilizante llamado superfosfato, hecho de minerales.

■ El guano (excremento acumulado de las aves marinas) es un excelente fertilizante. También el guano de los murciélagos es muy bueno; se obtiene del suelo de las cuevas.

¿Por qué los agricultores usan fertilizantes*?

Los agricultores le ponen fertilizantes a la tierra para restablecer los elementos nutritivos que alimentan a los cultivos con el fin de que se desarrollen mejor. Algunos fertilizantes son orgánicos, hechos de abono animal, fangos residuales o de otros vegetales. Otros son de origen químico: los más comunes contienen nitrógeno, fósforo y potasio. Los fertilizantes fortalecen los cultivos y contribuyen a que aumente la producción mundial de alimentos.

¿Qué se cultiva en los campos inundados?

Las plantas del arroz se siembran en campos inundados porque necesitan mucha agua para desarrollarse. Estos campos están rodeados de bancos de lodo y canales de drenaje. El agua se drena cuando el arroz está listo para cosecharse. Hay un tipo de arroz, llamado de montaña, que puede cultivarse en las laderas de las montañas.

¿Qué ventaja tienen los porotos o frijoles?

Los porotos que comemos, también llamados frijoles o judías, son las semillas o vainas de diversas plantas. Son muy nutritivos: tienen muchas proteínas, carbohidratos y vitaminas.

ANIMALES Y PLANTAS

LOS ÁRBOLES

¿Por qué los árboles tienen corteza?

La corteza funciona como protección de la madera viva del árbol. Impide que éste pierda demasiada agua, y que muchos insectos y parásitos* ataquen su madera. La corteza también protege al árbol del frío o el calor excesivos. Consta de dos capas: la interna es de un material suave, vivo, parecido al corcho. La capa externa, la que podemos ver, es una cáscara dura y muerta.

¿Por qué algunos árboles producen una goma pegajosa?

La goma pegajosa o resina que muchos árboles producen les ayuda a protegerse de los insectos. También repara las lesiones que pueda sufrir el árbol, como cuando se le arranca una rama.

¿Qué son los árboles caducifolios?

Los árboles que pierden sus hojas en otoño se llaman caducifolios o de hoja caduca. Los que siempre se mantienen verdes y pierden hojas gradualmente durante todo el año, como las coníferas, se llaman perennes*. A diferencia de las coníferas, los caducifolios suelen tener hojas grandes. Todos los árboles de hoja caduca tienen flores, aunque a veces éstas no sean muy visibles. Las hojas de estos árboles son verdes durante el verano porque contienen clorofila. En otoño, las hojas dejan de recibir agua y se secan, por eso cambian de color antes de desprenderse.

▲ La corteza de un árbol común y corriente (arriba) y la de un abedul plateado. La corteza protege la madera viva del árbol.

▶ Las hojas de los árboles caducifolios se caen en otoño. Esto permite que el árbol conserve su agua en invierno, al sellar las "tuberías" de alimento. Los árboles de hojas perennes* las mantienen todo el año.

ANIMALES Y PLANTAS

DATOS SOBRE LOS ÁRBOLES

- Las secuoyas gigantes de California (en los Estados Unidos de Norteamérica) son los árboles más gruesos, pero los árboles de eucalipto y las secuoyas gigantes de Australia son aún más altos.

- Un tipo de pinos que crecen en el suroeste de los Estados Unidos tienen, según se cree, 4 600 años de antigüedad.

- El baobab del desierto puede almacenar en su tronco hasta 1 000 litros de agua.

- El bosque más grande del mundo abarca partes de Escandinavia y del norte de Rusia. Tiene una superficie total de 9 millones de km².

▼ Cada año crece una capa nueva de madera bajo de la corteza de un árbol y se forma un anillo. Si cuentas los anillos puedes saber qué edad tiene.

◄ Las raíces de los árboles absorben agua y minerales. Algunos árboles tienen la misma cantidad de raíces subterráneas como de ramas en su tronco.

¿Qué son las coníferas?

Los árboles se llaman coníferas cuando sus semillas vienen en conos y sus hojas son como agujas o escamas. Casi todas las coníferas son árboles perennes*: pierden y reemplazan sus hojas periódicamente, pero nunca todas al mismo tiempo.

¿Por qué las hojas de las coníferas parecen agujas?

Normalmente, las hojas de las coníferas parecen agujas y son muy resistentes porque no pierden mucha agua. Esto le permite al árbol crecer en lugares donde el agua no abunda en algunas épocas del año. Las coníferas crecen en partes muy frías del mundo y en las zonas altas de las montañas. También se desarrollan en lugares donde hay veranos calientes y secos pero inviernos húmedos.

¿Cómo se sabe la antigüedad de los árboles?

Si miras el tocón* de un árbol o cortas transversalmente un tronco, podrás apreciar una serie de anillos de madera de diferentes colores. Si cuentas estos anillos puedes saber la edad del árbol, porque cada año se forma una capa nueva de madera.

147

ANIMALES Y PLANTAS

¿Qué árbol se usa para hacer canastas?

Muchas canastas se fabrican con las delgadas ramas de sauce o de mimbre. Para conseguir madera blanca se elimina la corteza del árbol o a veces, las ramas se hierven con la corteza para teñirlas*. Las ramas se remojan para que sean flexibles al elaborar las canastas. Al secarse, adquieren firmeza pero siguen siendo flexibles, así que no se rompen fácilmente. La madera del sauce sirve para muchas otras cosas gracias a su ligereza y resistencia.

¿Qué es un árbol "desmochado"?

Si se poda un árbol caducifolio joven a una altura de unos dos metros del suelo, le crecerán brotes nuevos en la punta. Esto se llama desmochar. A veces, los sauces son desmochados a fin de que les salgan ramas adecuadas para hacer canastas.

¿Por qué el ganado no debe pastar cerca de los tejos?

Los agricultores impiden que las vacas, los caballos y las ovejas pasten bajo los tejos porque sus hojas, su corteza y sus frutos son venenosos. De manera natural, los animales no se alimentan de estos árboles, pero sí pueden comer algunas de sus partes que hayan caído al piso.

¿Por qué los árboles son los "pulmones" de la Tierra?

Los árboles desempeñan una función vital: mantienen la atmósfera de la Tierra en buenas condiciones para que los animales y las personas puedan respirar. Las hojas de los árboles absorben el bióxido de carbono del aire y a cambio producen oxígeno. Los humanos no podríamos vivir en la Tierra si el aire tuviera demasiado bióxido de carbono y faltara oxígeno.

INFORMACIÓN SOBRE LOS ÁRBOLES

- Las personas que visitan Madagascar pueden beber del "árbol del viajero" que almacena agua en los largos tallos de sus hojas.
- El árbol de tronco más grueso es una variedad de ciprés, llamado el Tule, que está en México. ¡Mide 12 metros de circunferencia!
- El ombú de Argentina es un árbol muy resistente. Necesita poca agua, su madera es tan húmeda que no se quema, y tan esponjosa ¡que es casi imposible cortarla!
- El cocotero del Océano Índico tiene las semillas más grandes entre todos los árboles. Los cocos de esta palmera pueden pesar hasta 20 kg.
- En un bosque petrificado de Arizona hay troncos de árboles prehistóricos que se convirtieron en piedra hace millones de años.

▼ La husera recibió este nombre porque su madera se usaba para fabricar husos. Sus flores son muy bonitas.

¿Qué diferencia hay entre las palmas y los demás árboles?

Las palmas son diferentes de los otros árboles porque no tienen ramas laterales. Además, las palmas no se hacen más gruesas, sino sólo crecen hacia arriba. Conforme sus hojas viejas caen, dejan marcas en el tronco, que pueden verse a lo largo de éste. Las hojas nuevas salen en racimos en la parte superior del tronco. Si ese racimo se corta, ya no salen más hojas y la palma muere. Asimismo, el tronco de la palma no tiene círculos de crecimiento como los otros árboles. Las palmas son muy útiles porque producen frutos para comer y las hojas sirven como material de construcción.

¿Por qué unos árboles se llaman "huseras"?

Las huseras crecen en Europa y en América del Norte, también se les llama boneteros o evónimos. La madera de este árbol servía para hacer husos, es decir, instrumentos en los que se enredaba la lana que se hilaba a mano. Este método para hilar* se sigue usando en algunas partes del mundo.

148

¿Por qué los banianos crecen tanto?

Los banianos son una especie de higueras de la India y Sri Lanka. A menudo, las aves dejan caer las semillas del baniano sobre otros árboles. Ahí las semillas germinan y les salen raíces que crecen hacia el piso. Luego se van formando ramas y soportes, a los que también les salen raíces cuando llegan al suelo. Así, el árbol sigue ramificándose. Después de un tiempo, muere el árbol en que el baniano estaba apoyado. Un solo baniano puede llegar a tener el tamaño de un bosque pequeño. En Sri Lanka hay un ejemplar del cual se dice que tiene 350 troncos grandes y ¡más de 3 000 pequeños!

◀ De las semillas dispersas de los banianos salen raíces nuevas y se forman pequeños bosques alrededor del árbol principal.

Los bonsáis se siembran en macetas poco profundas y no se les pone fertilizante*. Sus raíces y sus ramas se recortan conforme van creciendo, y las ramas se deforman con alambre para que el árbol adulto no mida más de 50 cm. Cuando ha crecido, parece un árbol viejo y nudoso.

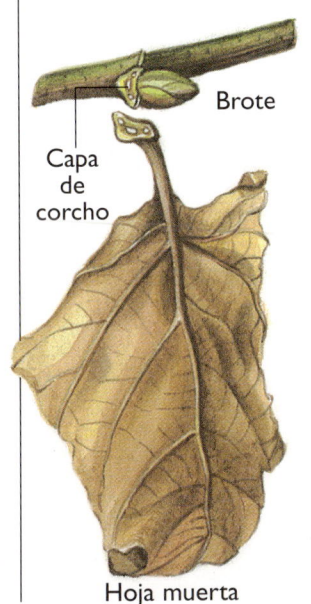

¿Por qué en otoño las hojas se ponen amarillas, rojas y marrones o cafés?

En el verano, las hojas de los árboles están muy ocupadas produciendo el alimento del árbol; contienen clorofila que las hace verse verdes. Al llegar el otoño, los tallos de las hojas se sellan y se acaba la clorofila. Las hojas pierden su color verde y se ponen amarillas, rojas o marrones antes de caer. Una vez que han caído, el árbol reposa hasta la siguiente primavera, consumiendo el alimento almacenado durante el verano. A algunos árboles no se les caen todas las hojas: se dice que tienen follaje perenne*. Casi todas las coníferas son de follaje perenne.

Brote
Capa de corcho
Hoja muerta

¿Qué es un arboreto?

Así como los zoológicos son conjuntos de animales vivos, los arboretos son conjuntos de árboles vivos. Los árboles de un arboreto han sido cultivados y mantenidos con el propósito de exhibir una diversidad de especies. Además, permiten estudiar los diferentes tipos de árboles sin tener que viajar a sus sitios de origen.

¿Qué son los bonsáis?

Un bonsái es un árbol sembrado en una maceta, como una planta. Se le cultiva así para que sea una perfecta miniatura de un árbol de tamaño natural. Los bonsáis son originarios de Japón, aunque hoy se producen en todo el mundo.

▲ Un bonsái. Para que los bonsáis tomen su forma característica hay que podarlos y atarlos con alambre, así se quedan enanos para siempre.

◀ Al caer las hojas en otoño, su tallo se sella para conservar el agua y evitar infecciones. El año siguiente saldrá un brote del lugar en donde estaba la hoja vieja.

149

ANIMALES Y PLANTAS

Plantas Insólitas

¿Qué tan raras pueden volverse las plantas?

Las plantas pueden especializarse y vivir solamente en un área limitada. Por ejemplo, sólo existe un árbol "café marrón" en el mundo. Crece en la Isla Rodríguez, en el Océano Índico. Para conservarlo, los científicos han tomado brotes de este árbol y los han sembrado en diferentes lugares.

¿A qué altura pueden vivir las plantas?

Muchos tipos de musgos, arbustos y flores silvestres* pueden vivir en lo alto de las montañas, en medio del frío, el viento y la nieve. Casi todas crecen muy cerca del piso, aferradas a las rocas y a la delgada capa del suelo. Se han encontrado plantas con flores a más de 6 000 m de altura en la cordillera del Himalaya, en Asia.

¿Cuáles son los seres vivos más grandes de la Tierra?

Los seres vivos más grandes son las secuoyas. Estos árboles gigantes crecen en California, Estados Unidos de Norteamérica. El ejemplar más grande mide 83 m de altura y tiene casi 35 m de circunferencia. Posiblemente tenga 2 000 años de antigüedad.

▶ La raflesia produce una enorme flor con cinco lóbulos* carnosos, sin tallo ni hojas.

▼ La secuoya gigante puede tener la altura de un edificio de 25 pisos. Los ejemplares más altos tienen más de 2 000 años de antigüedad.

¿Qué planta tiene las flores más grandes?

Las flores más grandes miden 1 m de diámetro y pertenecen a una planta llamada raflesia, del sureste de Asia. Huelen a carne podrida: es un olor desagradable para las personas pero atractivo para muchos insectos que acuden a ellas y las polinizan*. Este tipo de flores son parásitos* de los tallos y las raíces de los arbustos.

¿Qué planta da los frutos más grandes?

Los frutos más grandes posiblemente sean los de la nanjea, que crece en la India y en Sri Lanka. Cada uno puede llegar a pesar hasta 25 kg. Se trata de una fruta ovalada amarilla, con espinas y con pulpa* dulce o amarga de color marrón o café. La pulpa se puede comer cruda o se puede cocinar de distintas formas.

ANIMALES Y PLANTAS

▶ La creosota es la planta más vieja que se conoce. ¡Ya era antigua cuando se construían las pirámides de Egipto!

¿Qué planta tiene las hojas más largas?

En Madagascar existe una palma llamada rafia. Sus hojas llegan a medir más de 12 m de largo y se han encontrado árboles con hojas de más de 20 m de longitud y 2 m de ancho. La palmera de sombrilla tiene hojas un poco más pequeñas y con forma de abanico.

¿Qué planta vive más años?

La planta más antigua que se conoce es la creosota del desierto que crece en California. Se calcula que tiene 11 700 años de edad. Se cree que los pinos de Nevada, California y Arizona (Estados Unidos de Norteamérica) son los árboles más antiguos del mundo. El árbol vivo más viejo que se conoce tiene unos 4 600 años de edad.

¿Qué árboles crecen más rápidamente?

El eucalipto australiano puede crecer hasta 10 m anuales. Hay más de 600 variedades de eucaliptos y entre ellas están los árboles de madera dura más altos del mundo, que miden más de 100 m de altura. Los eucaliptos se cultivan en muchos países.

¿Cuál es el hongo más venenoso?

La oronja verde puede ser el hongo más venenoso del mundo: un trozo pequeño puede matar a una persona. Sus efectos dañinos se comienzan a sentir después de diez horas de haberlo ingerido. No hay remedio porque no existe antídoto* contra su veneno. Este hongo es venenoso para todos los animales.

PLANTAS ASOMBROSAS

■ Pocas plantas pueden sobrevivir en el frío del Ártico. Dos de ellas son la amapola amarilla y el sauce del Ártico.

■ En Arizona (Estados Unidos de Norteamérica) hay un rosal tan grande que está sostenido por postes y rejas. ¡Bajo sus flores caben 150 personas!

■ El fruto de mayor valor alimenticio en calorías es la palta o aguacate.

■ El trébol con más hojas que se haya visto tenía 14.

■ El árbol más grande del mundo es la secuoya gigante *General Sherman*, del Parque Nacional de las Secuoyas (Estados Unidos). Pesa 2 000 toneladas y con su madera podrían fabricarse 5 000 millones de fósforos o cerillas.

■ En el Himalaya, a 6 400 m de altitud, se han encontrado plantas con flores.

■ Las gramíneas son la especie más numerosa de plantas con flores.

¿Qué árbol crece más lentamente?

La cica cuyo nombre científico es *Dioon edule* puede ser la planta de crecimiento más lento. Uno de estos árboles estudiado en México entre 1981 y 1986 apenas creció 76 mm cada año. ¡Un ejemplar de 120 años apenas mide 10 cm de alto!

¿Qué planta tiene mandíbulas?

Unas cuantas plantas que crecen en sitios pantanosos donde hay pocos alimentos han incluido insectos en su menú. Digieren los cuerpos de sus presas como nutrición complementaria. Algunas especies, como la drosera, tienen tentáculos pegajosos. La tiraña tiene hojas pegajosas. La nepente atrapa los insectos en un embudo con forma de vasija. La planta carnívora más espectacular es la atrapamoscas: tiene hojas con espinas que se cierran como mandíbulas cuando algún insecto se posa sobre ellas.

¿Cuáles fueron los primeros cultivos?

Posiblemente las raíces, tubérculos* y bulbos* fueron las primeras plantas que se cultivaron. Hace 10 000 años ya se comían arvejas o chícharos y porotos o frijoles.

151

ANIMALES Y PLANTAS

CUESTIONARIO SOBRE ANIMALES Y PLANTAS

- ¿Qué hace que un animal "sea un animal"? (*pág. 105*)
- ¿Qué clase de animales eran los *Allosaurus*? (*pág. 106*)
- ¿Qué longitud tiene la ballena azul? (*pág. 107*)
- ¿De qué se alimentan los herbívoros? (*pág. 108*)
- ¿Por qué hibernan algunos animales? (*pág. 109*)
- ¿Cómo usan sus dientes los roedores? (*pág. 109*)
- ¿Cómo cazan los murciélagos a las mariposas nocturnas? (*pág. 110*)
- ¿Dónde ponen los canguros a sus bebés? (*pág. 110*)
- ¿Por qué los demás animales evitan a los zorrillos? (*pág. 111*)
- ¿Qué son los primates? (*pág. 112*)
- ¿Cómo usan sus alas los pingüinos? (*pág. 113*)
- ¿Por qué las aves consumen tanta energía? (*pág. 114*)
- ¿Por qué cantan los pájaros? (*pág. 115*)
- ¿Por qué las aves no se caen de las ramas? (*pág. 116*)
- ¿Por qué las ranas viven cerca del agua? (*pág. 117*)
- ¿En qué se distinguen las salamandras de las lagartijas? (*pág. 118*)
- ¿Qué les pasa a los reptiles cuando hace frío? (*pág. 118*)
- ¿Cuál es la víbora que tiene una especie de capucha detrás de la cabeza? (*pág. 119*)
- ¿Cuál es la lagartija que atrapa insectos con la lengua? (*pág. 120*)
- ¿Cómo respiran los peces en el agua? (*pág. 121*)
- ¿Por qué los peces viajan en grupo? (*pág. 122*)
- ¿Los tiburones ballena se comen a las ballenas? (*pág. 122*)
- ¿Las rayas del diablo se comen a las personas? (*pág. 123*)
- ¿Por qué algunos peces tienen electricidad? (*pág. 124*)
- ¿Todos los insectos tienen alas? (*pág. 125*)

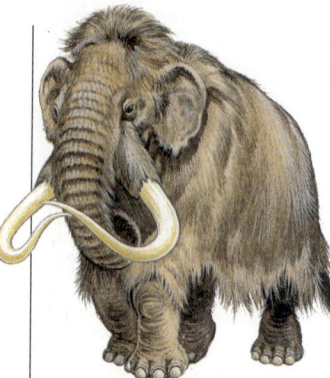

- ¿Por qué las hormigas son jardineras? (*pág. 126*)
- ¿Qué es el néctar? (*pág. 126*)
- ¿Por qué algunos insectos parecen palitos? (*pág. 127*)
- ¿Dónde está el aguijón del escorpión? (*pág. 128*)
- ¿Cómo era el mamut lanoso? (*pág. 129*)
- ¿Dónde viven los lémures? (*pág. 130*)
- ¿Qué comen los pandas gigantes? (*pág. 131*)
- ¿Qué es (o qué era) el tigre de Tasmania o tilacino? (*pág. 132*)
- ¿Cuándo comenzaron a existir plantas en la Tierra? (*pág. 133*)
- ¿Cómo almacenan agua los cactus? (*pág. 134*)
- ¿Por qué algunas semillas tienen forma de paracaídas? (*pág. 135*)
- ¿Los hongos son plantas? (*pág. 136*)
- ¿Por qué las olas no se llevan las algas marinas? (*pág. 137*)
- ¿Qué es la fotosíntesis? (*pág. 138*)
- ¿Las plantas pueden vivir sin agua? (*pág. 139*)
- ¿Qué son los estomas? (*pág. 139*)
- ¿Cómo viven las plantas parásitas? (*pág. 140*)
- ¿Qué plantas se reproducen por esporas? (*pág. 141*)
- ¿Qué es un bulbo? (*pág. 142*)
- ¿Qué es una oronja verde? (*pág. 143*)
- ¿Cuáles son los alimentos básicos? (*pág. 144*)
- ¿Por qué los agricultores usan fertilizantes? (*pág. 145*)
- ¿Por qué las hojas se ponen verdes? (*pág. 146*)
- ¿Qué significan los anillos de los árboles? (*pág. 147*)
- ¿Las palmas tienen ramas? (*pág. 148*)
- ¿Por qué las hojas cambian de color en otoño? (*pág. 149*)
- ¿A qué huele la flor más grande? (*pág. 150*)
- ¿Qué antigüedad puede llegar a tener una planta? (*pág. 151*)

CUERPO HUMANO

DATOS BÁSICOS DEL CUERPO HUMANO

¿De qué está hecho el cuerpo humano?

Casi dos terceras partes del cuerpo humano son agua. El resto es una mezcla extremadamente complicada de sustancias químicas. La mezcla de agua y sustancias químicas está organizada en estructuras llamadas células. Son diminutas pero se pueden ver con un microscopio. Las distintas partes del cuerpo están hechas de diferentes tipos de células: las del corazón, la piel, los huesos y la sangre. Las células del cerebro son de las más pequeñas.

▼ Así es el interior de las células. Básicamente todas contienen lo mismo, aunque su forma y tamaño varían.

¿Qué es una célula?

Las células son los elementos más pequeños del cuerpo. Tienen una pequeña capa externa llamada membrana, que permite la entrada del alimento y oxígeno y elimina los desechos. Gran parte de la célula es una sustancia gelatinosa llamada citoplasma*. El núcleo* controla la actividad que hay en el interior de la célula. Hay más de 50 000 billones* de células en el cuerpo humano. Hay células redondas, planas, tubulares y cuadradas. Las células del óvulo femenino son las más grandes, apenas lo suficiente para poder verlas sin microscopio.

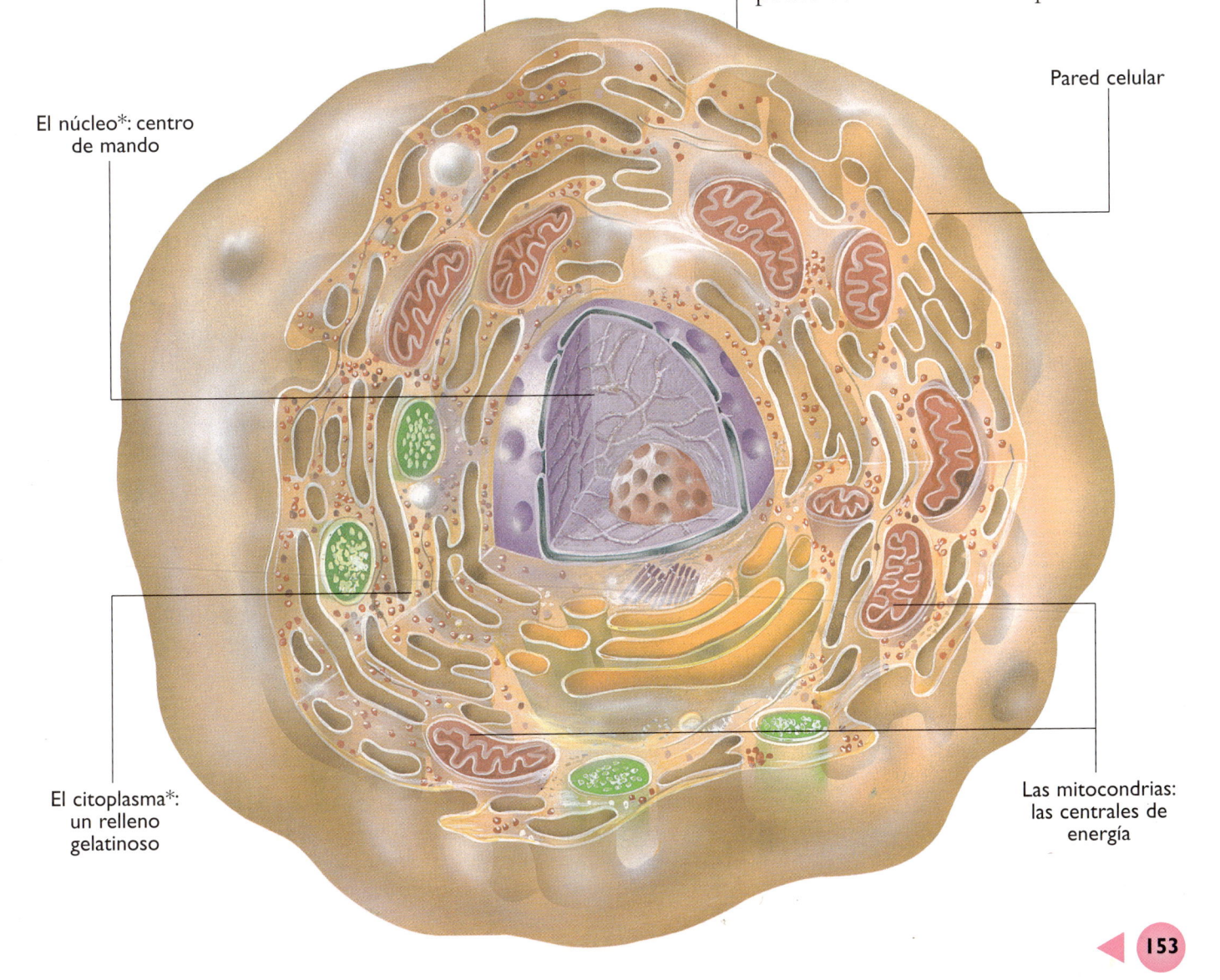

El núcleo*: centro de mando

Pared celular

El citoplasma*: un relleno gelatinoso

Las mitocondrias: las centrales de energía

153

CUERPO HUMANO

¿Qué ocurre en el interior de una célula?

Dentro del citoplasma* hay diminutas estructuras llamadas organelos, que tienen diferentes funciones. Por ejemplo, los materiales que sirven para el crecimiento y la restitución (o sea, las proteínas) están hechos de granos redondos llamados ribosomas, y están ordenados en una membrana plegada llamada retículo endoplásmico. Los organelos redondos, llamados lisosomas, contienen sustancias químicas que descomponen los compuestos dañinos, o desintegran las partes gastadas de la célula.

¿Todas las células son iguales?

Aunque todas las células tienen cosas en común, no tienen el mismo aspecto. Hay cientos de tipos de células en el cuerpo, cuya forma y tamaño depende de su función. Las células nerviosas son alargadas y estrechas para transmitir los mensajes a través de las distintas partes del cuerpo. La célula humana más grande es el óvulo de la mujer: mide cerca de 0.2 mm de ancho. Las células más pequeñas son los glóbulos rojos de la sangre, que miden menos de 0.01 mm de ancho. Las células del semen* o esperma* masculino son muy pequeñas: la cabeza del espermatozoide mide unos 0.005 mm de ancho.

¿Qué necesitan las células para vivir?

Una célula necesita tres cosas fundamentales: alimento, oxígeno y un medio húmedo con un cuidadoso balance de sustancias químicas, necesarias para que la célula pueda funcionar debidamente. La célula también elimina sus desechos en este ambiente húmedo.

La sangre proporciona alimento y oxígeno a las células y se lleva sus desechos. La sangre también ofrece el fluido en donde las células viven.

¿Qué es un órgano?

Es una estructura formada por diferentes tipos de tejido, organizados para desempeñar una función específica. Tenemos nueve sistemas* de órganos: los sistemas óseo y muscular sostienen, protegen y mueven el cuerpo; los sistemas nervioso y endocrino coordinan las acciones del cuerpo; el sistema circulatorio transporta la sangre; el respiratorio se ocupa de la respiración; el digestivo descompone los alimentos; el urinario elimina los desechos del cuerpo; el sistema reproductivo engendra niños.

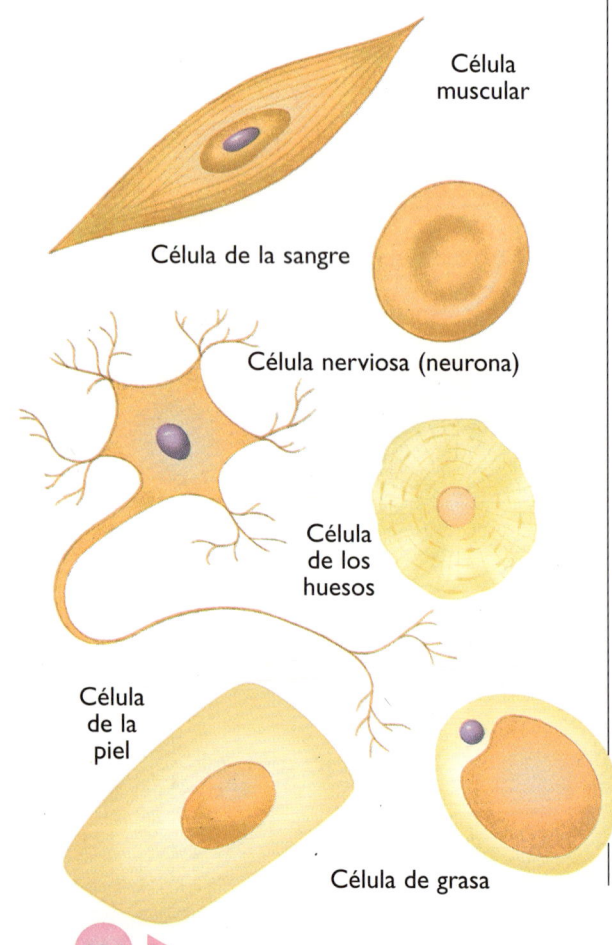

DATOS SOBRE LAS CÉLULAS

- ¡Hay más de 50 000 billones* de células en tu cuerpo!
- Hay varios cientos de tipos de células distintos.
- Algunas células de los intestinos sólo viven unos cuantos días.
- Muchas células del cerebro duran toda la vida.
- Tienes más glóbulos rojos que ningún otro tipo de célula: cerca de 30 000 billones*. Los glóbulos rojos se están formando constantemente en la médula* ósea.

La sangre tiene una sustancia llamada hemoglobina*: esta sustancia contiene hierro, y le da a la sangre el color rojo. Los insectos tienen sangre azul, verde o incolora, porque ésta no tiene hemoglobina.

Célula muscular
Célula de la sangre
Célula nerviosa (neurona)
Célula de los huesos
Célula de la piel
Célula de grasa

◀ Las diferentes células del cuerpo tienen distinto aspecto y función. Por ejemplo, las células de los músculos son alargadas y gruesas; consumen mucha energía. Las de los nervios tienen unas ramificaciones muy alargadas, por las que se transmiten las señales entre las distintas partes del cuerpo.

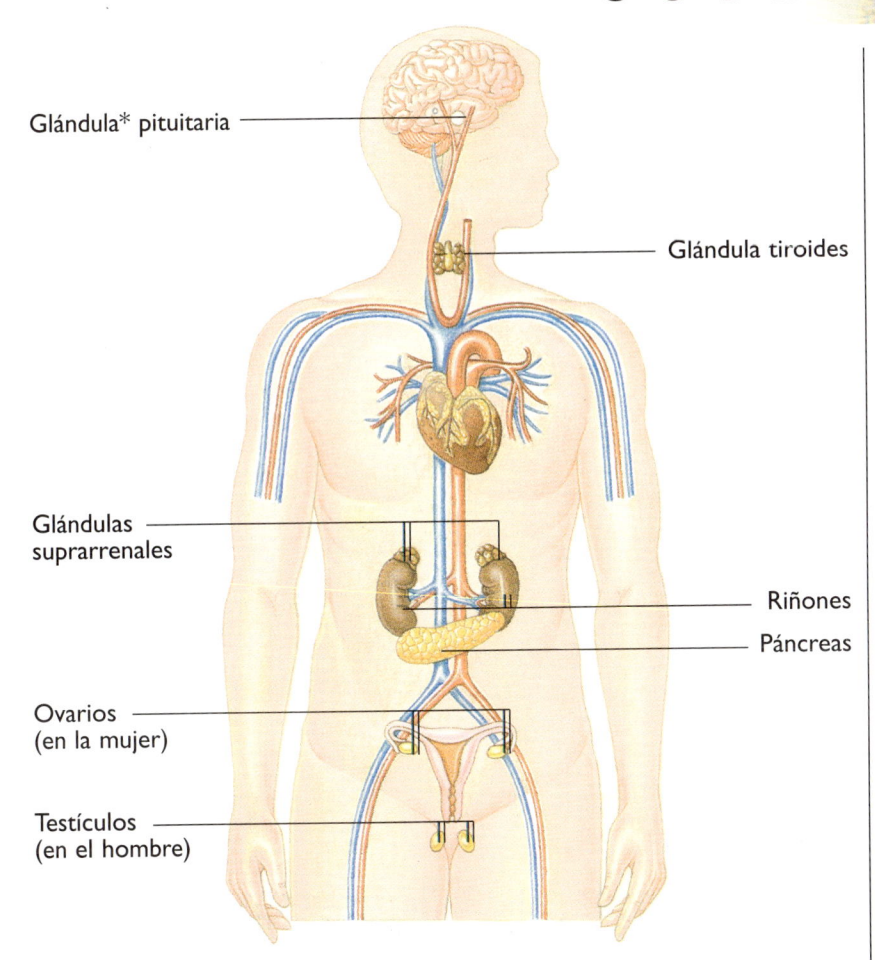

CUERPO HUMANO

¿Qué es el metabolismo?

"Metabolismo" es un concepto general que abarca toda la actividad interna del cuerpo. Esto incluye las reacciones químicas con que las células producen energía o los materiales necesarios para el crecimiento.

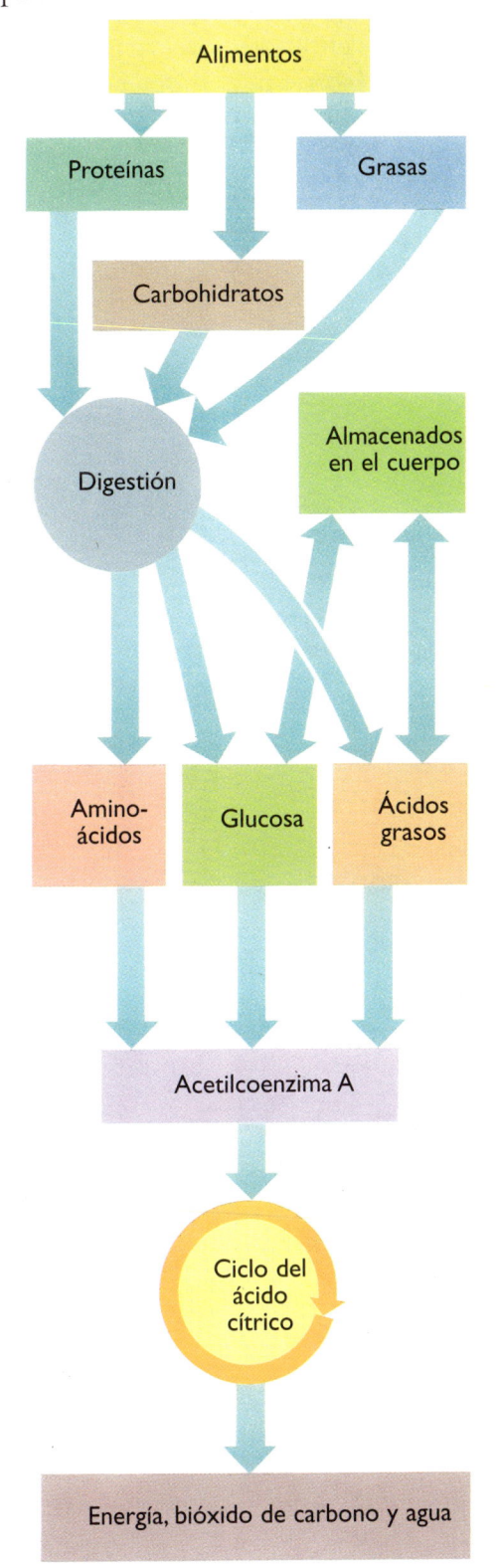

¿Qué son las glándulas*?

Las glándulas son órganos (pequeños o grandes) que producen un líquido necesario para que el cuerpo funcione bien. Algunos órganos importantes son glándulas, como el hígado y los riñones. Otras glándulas mucho más pequeñas en la piel producen el sudor.

¿Cómo afectan las glándulas al crecimiento?

La estatura está controlada por la hormona* del crecimiento, o sea, una sustancia química producida por la glándula pituitaria. El exceso de esta hormona hace que las personas sean muy altas, pero si falta, impide el crecimiento. Los niños con niveles anormales de esta hormona pueden recibir tratamiento para alcanzar una estatura normal. La glándula pituitaria es la más importante porque produce hormonas que afectan otras partes del cuerpo.

▲ Las glándulas* endocrinas están en el cuello, cabeza y tórax. Sirven para coordinar las actividades corporales mediante sustancias químicas llamadas hormonas*, que funcionan como mensajeros dentro del torrente sanguíneo*.

▶ Este diagrama* muestra algunas actividades del metabolismo: aquí puedes ver la transformación de los alimentos en energía.

155

CUERPO HUMANO
EL ESQUELETO Y EL MOVIMIENTO

¿Cuántos huesos tiene el cuerpo?

Un adulto tiene alrededor de 206 huesos. La cantidad puede variar porque algunas personas tienen dos costillas más, y otras tienen más huesos en las manos y los pies.

Los huesos sostienen las partes suaves del cuerpo. Sin ellos, seríamos un montón de órganos. También protegen los órganos vitales de un daño físico. Por ejemplo, el cráneo protege el cerebro y los ojos, y las costillas cuidan los pulmones y el corazón.

¿Cuál es el hueso más pequeño?

En el centro del oído hay un hueso muy pequeño llamado estribo: mide apenas 3 mm de largo y pesa sólo 3 mg. Transmite las vibraciones sonoras al oído interno.

Debajo de la piel del codo hay un nervio. Si te golpeas el codo, ese nervio envía al cerebro un mensaje y ¡sientes un dolor chistoso!

¿Cuál es el hueso más grande?

El fémur o hueso del muslo. Por su diseño* especial también es el hueso más fuerte. Un hombre de 1.80 m de estatura tiene un fémur de alrededor de 50 cm de largo, que equivale casi a un tercio de su estatura. Los huesos crecen junto con nosotros. Cuando naciste, tenías cerca de 350 huesos, ¡pero al terminar de crecer, apenas tendrás unos 200 huesos! Conforme creces, algunos de los huesos más pequeños se unen y forman otros más grandes.

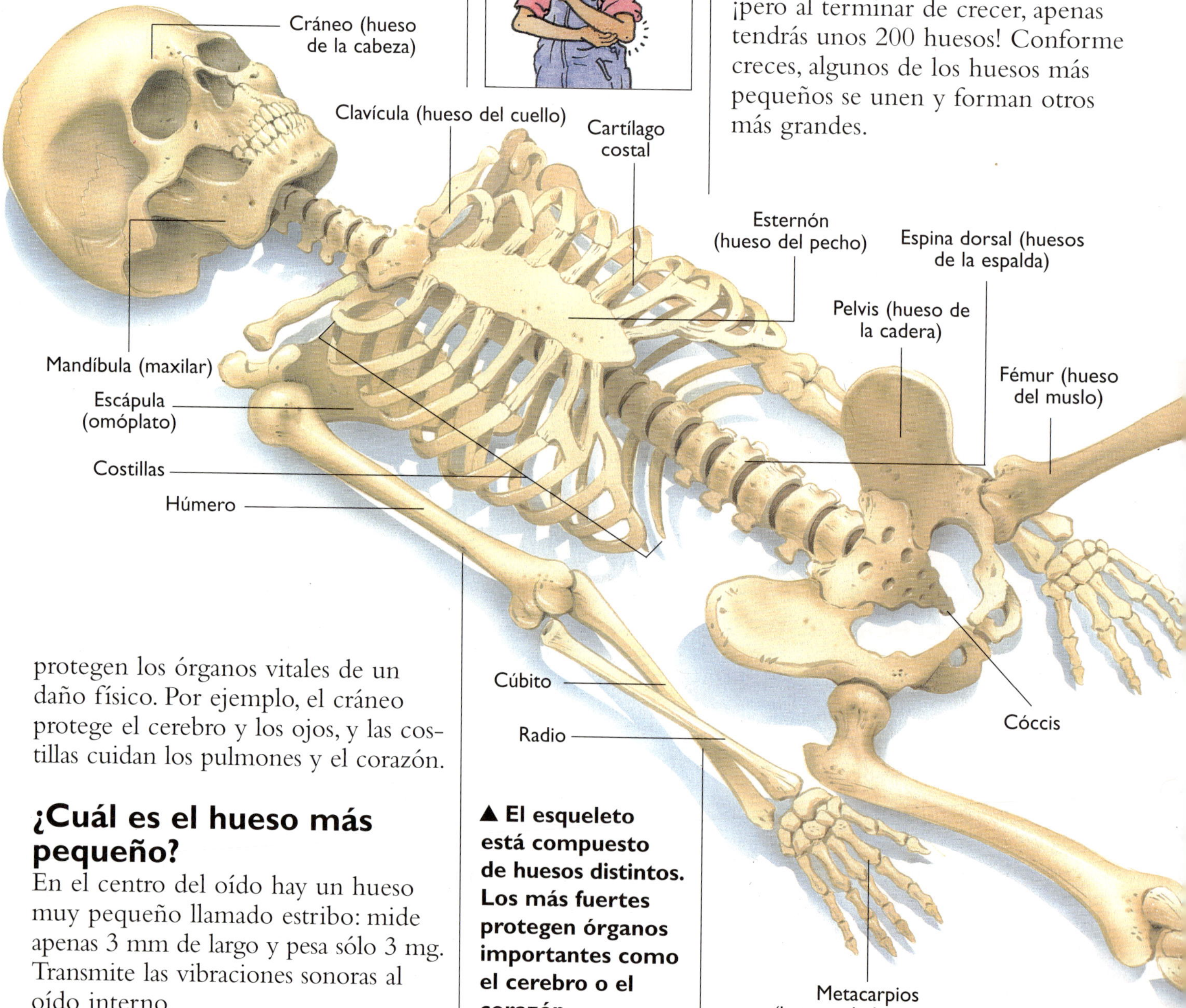

- Cráneo (hueso de la cabeza)
- Clavícula (hueso del cuello)
- Cartílago costal
- Esternón (hueso del pecho)
- Espina dorsal (huesos de la espalda)
- Pelvis (hueso de la cadera)
- Fémur (hueso del muslo)
- Mandíbula (maxilar)
- Escápula (omóplato)
- Costillas
- Húmero
- Cúbito
- Cóccis
- Radio
- Metacarpios (huesos de las manos)

▲ El esqueleto está compuesto de huesos distintos. Los más fuertes protegen órganos importantes como el cerebro o el corazón.

CUERPO HUMANO

¿Qué hay dentro de los huesos?

El hueso tiene una capa dura y muy fuerte llamada hueso compacto. La capa interna tiene muchos huecos y se llama hueso esponjoso. Éste también es fuerte pero más ligero, para reducir el peso general del esqueleto y facilitar el movimiento. En medio del hueso hay una cavidad llena de una sustancia llamada médula*. La de los niños es roja, pero con la edad, la médula de algunos huesos se va haciendo amarilla.

Periostio
Médula*
Hueso esponjoso
Hueso compacto
Conductos de Havers*
Tibia
Peroné
Tarso (hueso del tobillo)
Falanges (huesos de los dedos del pie)
Metatarso (huesos del pie)

▼ Los huesos tienen una capa exterior dura, llamada periostio. Debajo de ésta se encuentra el hueso compacto, donde el alimento y el oxígeno corren por los vasos sanguíneos de los conductos de Havers*.

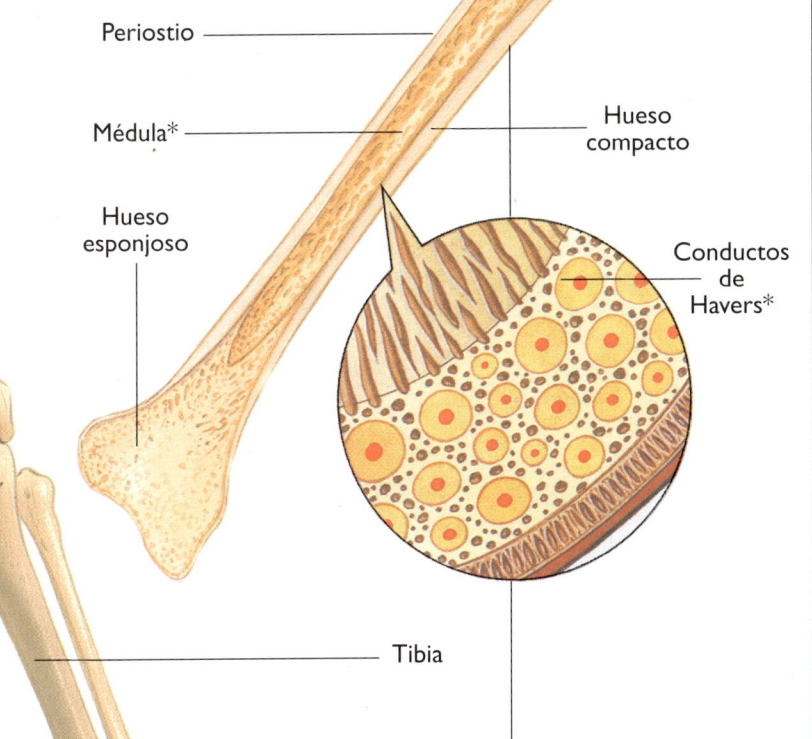

▶ Los huesos rotos se curan solos. Los médicos protegen la fractura con un recubrimiento de yeso* que impide que el daño sea mayor. Mientras tanto, las células especiales de reparación unen nuevamente el hueso roto.

¿Qué tan fuertes son los huesos?

Considerando su peso, los huesos tienen la fuerza del acero y son cuatro veces más fuertes que la misma cantidad de hormigón o concreto reforzado.

La parte fuerte del hueso está principalmente compuesta del mineral llamado fosfato cálcico. Por su interior pasan las fibras de una proteína llamada colágeno. El fosfato cálcico da fuerza a los huesos, y el colágeno les da flexibilidad. Al hervir un hueso de pollo, el colágeno se elimina y el hueso se hace quebradizo. Si se pone un hueso de pollo en un vinagre fuerte, el calcio se disuelve y el hueso se hace como de goma.

¿Cómo se reparan los huesos rotos?

Cuando un hueso se fractura o se rompe, las células de la zona lastimada crecen y se multiplican para cerrar la herida. Si dos extremos de un hueso roto se acomodan y se sostienen con un recubrimiento de yeso*, el hueso se repara. En los niños y en los adultos jóvenes, este proceso de reparación tarda 12 semanas o menos para los huesos de las piernas o de los brazos. Otras fracturas más complicadas, llamadas compuestas, pueden ser más graves. A veces, los médicos insertan unos clavos especiales en el hueso para unir las partes rotas.

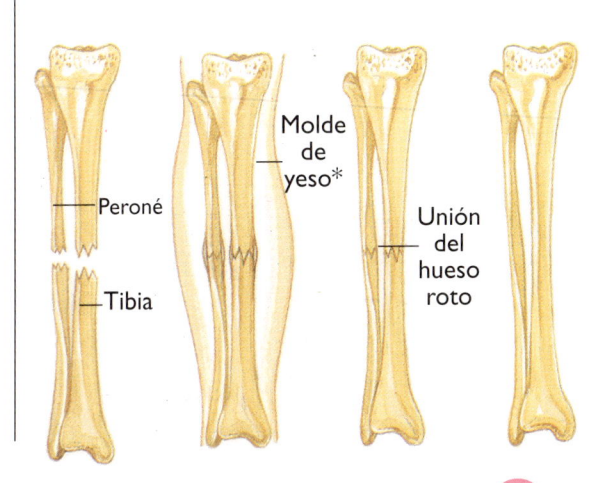

Peroné
Tibia
Molde de yeso*
Unión del hueso roto

157

CUERPO HUMANO

¿Dónde están las vértebras?

Las vértebras son los huesos de la espina dorsal. Son 33 y están organizadas en una cadena flexible que va desde el cuello hasta la parte inferior de la espalda (las últimas nueve vértebras están unidas). La estructura de las dos vértebras superiores (atlas y axis) es diferente de las demás: trabajan juntas y permiten volver la cabeza de lado y moverla de arriba a abajo. Entre cada par de vértebras hay un disco de cartílago que las protege. Si uno de los discos se sale de su lugar, puede doler mucho hasta que se vuelve a acomodar.

Vértebra atlas

Vértebra axis

▲ La vértebra atlas gira sobre la vértebra axis y esto permite que puedas mover la cabeza de un lado al otro.

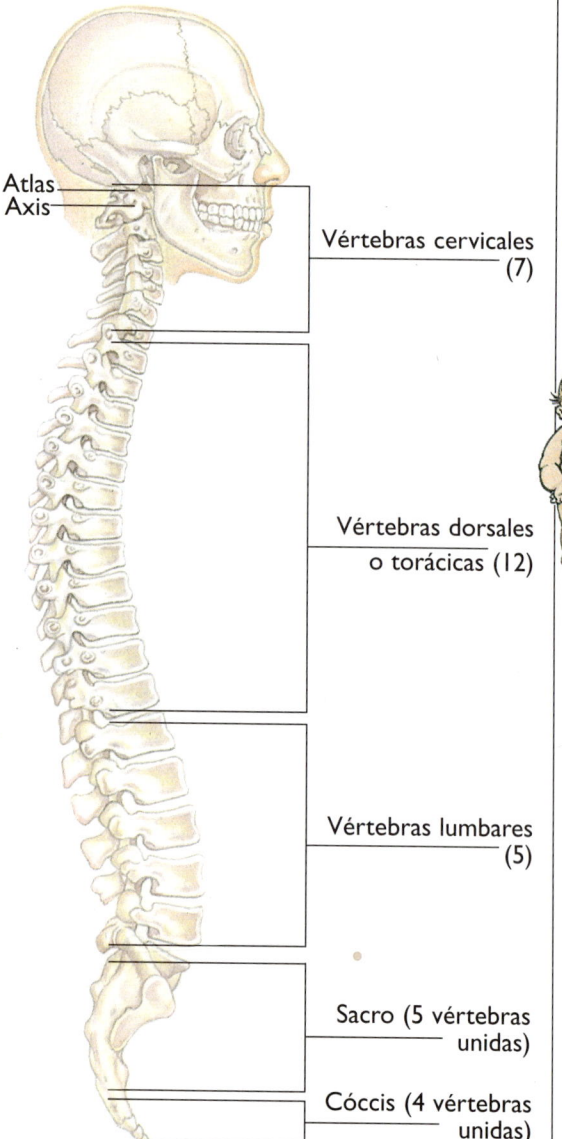

Atlas
Axis
Vértebras cervicales (7)
Vértebras dorsales o torácicas (12)
Vértebras lumbares (5)
Sacro (5 vértebras unidas)
Cóccis (4 vértebras unidas)

En parte, tus huesos están hechos de un mineral llamado calcio. Es parecido a la piedra, pero tus huesos tienen mucha vida: crecen contigo.

◀ La espina dorsal es una columna flexible formada por 33 vértebras. Gracias a los músculos y ligamentos se mantiene vertical y en forma de "S".

¿Para qué sirven las costillas?

Las costillas forman una caja de protección para los pulmones y el corazón. Puedes sentir tu caja torácica, que empieza en el hueso plano del centro de tu pecho y te rodea por los lados hasta la espina dorsal. Las costillas se abren y cierran cuando respiras, permitiendo que los pulmones se inflen y se contraigan*.

¿Cómo crecen los huesos?

En el feto* (el niño que aún no ha nacido), los huesos son de cartílago. Cuando por fin nace, casi todo el cartílago ya se ha convertido en hueso por un proceso llamado osificación. El cartílago sigue produciéndose en los extremos de los huesos, donde se forman las nuevas células óseas. Estas zonas de crecimiento desaparecen cuando el esqueleto alcanza su tamaño final. Sin embargo, los huesos todavía pueden modificar su forma y repararse a sí mismos.

¿Por qué las personas se encogen cuando envejecen?

Al envejecer, las almohadillas de cartílago que protegen los huesos de la espina dorsal se vuelven más delgadas: esto disminuye la estatura de las personas. Como los músculos se debilitan con la edad, la postura cambia y también por eso la persona se ve más pequeña. Los huesos tal vez sean más fuertes cerca de los 30 años de edad. Muchas personas (sobre todo mujeres) de más de 60 años tienen osteoporosis. Esto significa que los huesos pierden calcio y se hacen quebradizos. Comer suficientes verduras, leche y sus derivados debería proporcionar suficiente calcio a la mayoría de las personas, pero a veces los médicos recomiendan tomar aún más calcio.

CUERPO HUMANO

¿Qué es una articulación?

Una articulación es el punto donde se unen dos o más huesos. Puede ser fija (cráneo) o móvil (rodilla) y te permite girar y mover los huesos. Los músculos están pegados a los huesos y se mueven gracias a las articulaciones. Por lo general, sólo se mueve uno de los huesos de la articulación. Los ligamentos son fuertes tiras elásticas de tejido que mantienen los huesos unidos a las articulaciones.

¿Qué es el cartílago?

El cartílago es una sustancia escurridiza de color blanco azulado. Está en los extremos de los huesos y les permite moverse estando en contacto sin lastimarse. El cartílago es más resbaloso que el hielo. Amortigua bien los golpes ya que es flexible y cede cuando los huesos chocan. La rodilla tiene dos pedazos adicionales de cartílago, porque su articulación siempre está sometida a mucho esfuerzo.

▼ **Así funciona la articulación de la cadera.** El líquido sinovial lubrica la articulación para reducir la fricción entre ambos huesos.

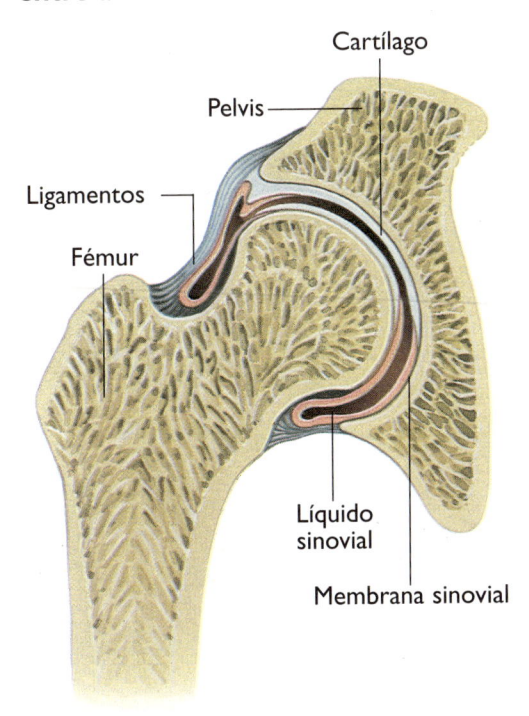

Cartílago
Pelvis
Ligamentos
Fémur
Líquido sinovial
Membrana sinovial

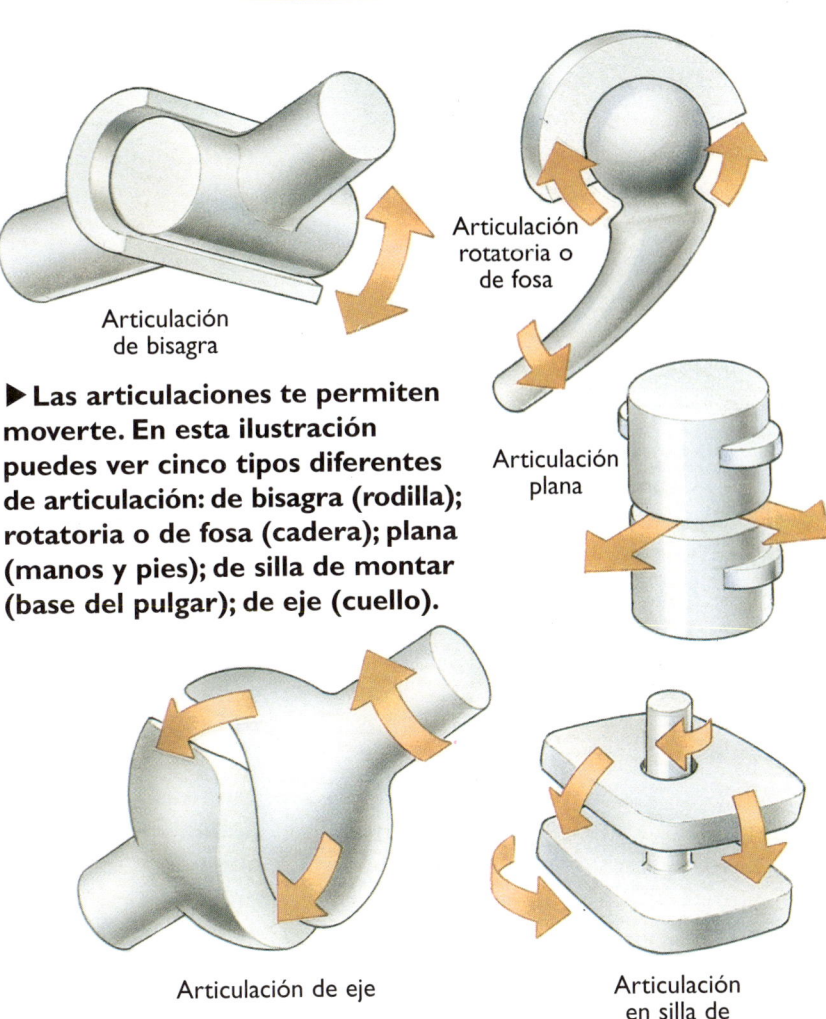

Articulación de bisagra
Articulación rotatoria o de fosa
Articulación plana

▶ **Las articulaciones te permiten moverte.** En esta ilustración puedes ver cinco tipos diferentes de articulación: de bisagra (rodilla); rotatoria o de fosa (cadera); plana (manos y pies); de silla de montar (base del pulgar); de eje (cuello).

Articulación de eje
Articulación en silla de montar

DATOS SOBRE LOS HUESOS

■ Los huesos son asombrosamente ligeros. Sólo representan el 12% de tu peso.

■ Las únicas articulaciones móviles de la cabeza son las que unen la mandíbula inferior al cráneo. Las caderas son las articulaciones más fuertes.

■ El cráneo tiene 29 huesos distintos.

■ Las articulaciones de bisagra funcionan como las puertas, permiten el movimiento en una sola dirección. Están en tus codos, entre los huesos de tus dedos y en tus rodillas.

■ La médula* que hay dentro de los huesos produce hasta 5 000 millones de glóbulos rojos diarios. También produce los blancos.

¿Cuántas articulaciones tenemos?

Tenemos más de 100. Hay cuatro tipos principales de articulaciones: las rotatorias, como las del hombro y la cadera, que permiten un movimiento libre en distintas direcciones; las de bisagra, como las de las rodillas y los codos, éstas sólo permiten moverse en una dirección, como si fueran puertas; las de sutura sólo unen los huesos, como en el cráneo o la pelvis, y son rígidas; las giratorias permiten girar e inclinarse y están entre las vértebras. Algunas articulaciones están lubricadas, no con aceite como los motores, sino con un líquido llamado sinovial que está encapsulado entre los huesos.

CUERPO HUMANO

¿Cómo nos ayudan a movernos los músculos?

Las articulaciones permiten que se mueva el esqueleto, pero los músculos producen ese movimiento al hacer que los huesos cambien de posición. Cuando mueves el codo esto sucede: los músculos bíceps y tríceps están unidos en un extremo a tu omóplato, y en el otro a un hueso del antebrazo. Cuando el bíceps se contrae* (encoge), el tríceps se relaja (extiende) y doblas el codo. Cuando el tríceps se contrae y el bíceps se relaja, la articulación del codo se estira junto con todo tu brazo.

¿De qué están hechos los músculos?

De miles de células llamadas fibras musculares, que se encogen cuando los músculos se contraen*. Estas células están unidas por un tejido llamado conectivo. La fuerza de los músculos varía porque no todas las fibras se encogen al mismo tiempo.

¿Cuántos músculos tienes?

Alrededor de 650, hay más de 50 sólo en la cara. Para reír utilizas 17 músculos, y más de 40 cuando frunces el ceño*.

▼ **Los músculos son haces* de fibras, con una especie de varillas que se deslizan una sobre la otra para encoger la fibra cuando el músculo se contrae*.**

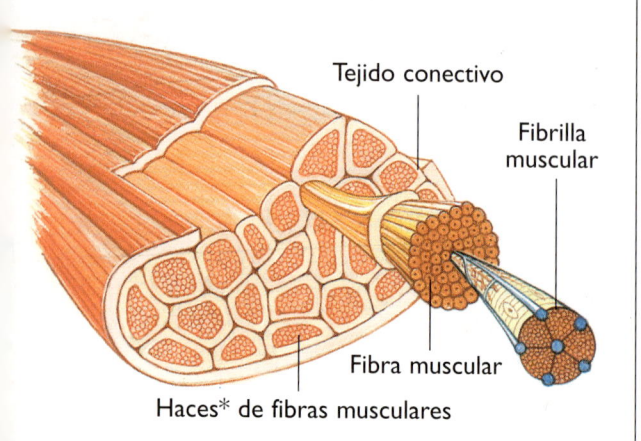

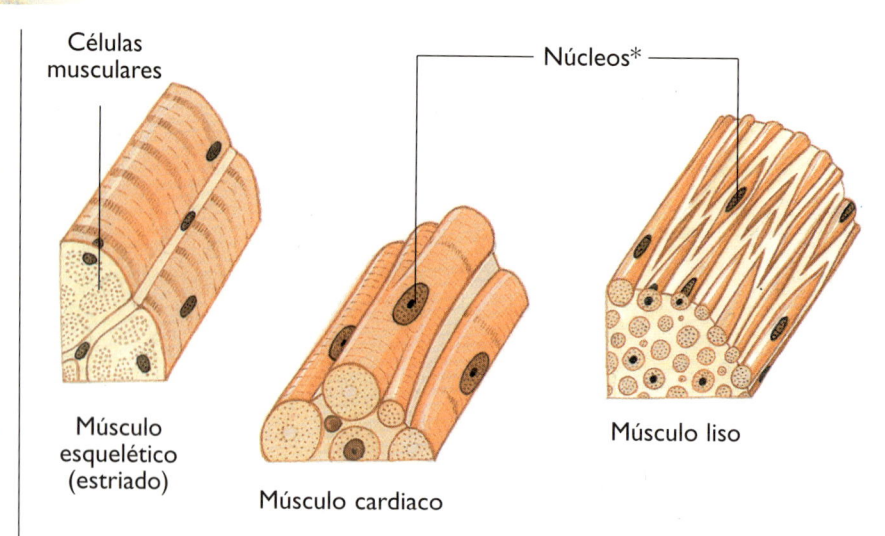

Tejido conectivo
Fibrilla muscular
Fibra muscular
Haces* de fibras musculares

Células musculares
Músculo esquelético (estriado)
Músculo cardiaco
Núcleos*
Músculo liso

▲ **Los tres tipos de músculos están formados por células distintas. Las células de los músculos esqueléticos (estriados) son más largas y tienen varios núcleos*; las de los músculos cardiacos y lisos tienen un solo núcleo.**

¿Hay varios tipos de músculos?

Hay tres tipos principales de músculos: estriados o esqueléticos, lisos y cardiacos. Los estriados pueden moverse voluntariamente. Los otros dos tipos tienen movimiento involuntario, es decir, funcionan automáticamente. Los músculos lisos transportan la comida por el aparato digestivo. El músculo cardiaco hace latir el corazón y nunca descansa.

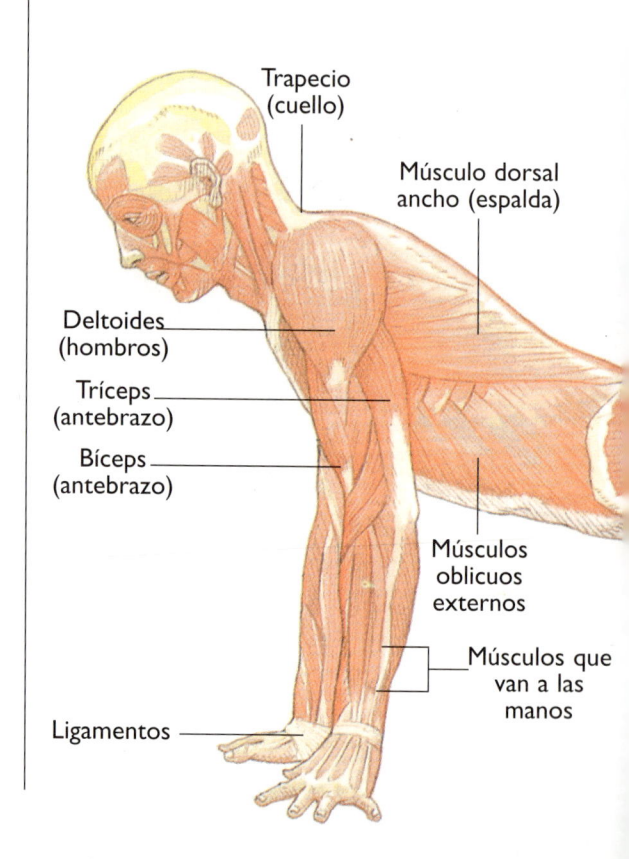

Trapecio (cuello)
Músculo dorsal ancho (espalda)
Deltoides (hombros)
Tríceps (antebrazo)
Bíceps (antebrazo)
Músculos oblicuos externos
Músculos que van a las manos
Ligamentos

CUERPO HUMANO

¿Por qué casi todos los músculos funcionan en parejas?

Los músculos sólo pueden tirar de algo o contraerse*, no son capaces de empujar. Mientras un músculo está relajado, otro músculo o la gravedad están tirando de él. Por eso casi todos están en pares y funcionan acoplados. Estos músculos se llaman antagonistas o contrarios.

¿Cuál es el músculo más fuerte?

El músculo más fuerte es el masetero, considerando las proporciones. Hay uno a cada lado de la boca: juntos le dan a la mordida una fuerza de aproximadamente 70 kg.

¿Cuál es el músculo más grande?

Es el *gluteus maximus*, que va de la nalga a la parte trasera del muslo. Sin embargo, las mujeres tienen un músculo que puede crecer increíblemente. Durante el embarazo, el útero o vientre aumenta su peso más de 30 veces: crece de 30 g a más de 1 kg.

Te da un calambre cuando tus músculos están cansados. Pisa con fuerza y estira o frota suavemente la pierna para que deje de dolerte.

DATOS SOBRE LOS MÚSCULOS

- Los músculos componen cerca del 40% del peso del cuerpo.
- Cuando caminas, usas unos 200 músculos diferentes.
- Aunque no te estés moviendo, algunas de tus fibras musculares tienen que contraerse* para mantenerte de pie o sentado.
- El músculo más pequeño es el *stapedius*, que está en el oído medio. Mide menos de 0.27 mm de largo.

Los músculos más grandes son aquéllos en los que te sientas.

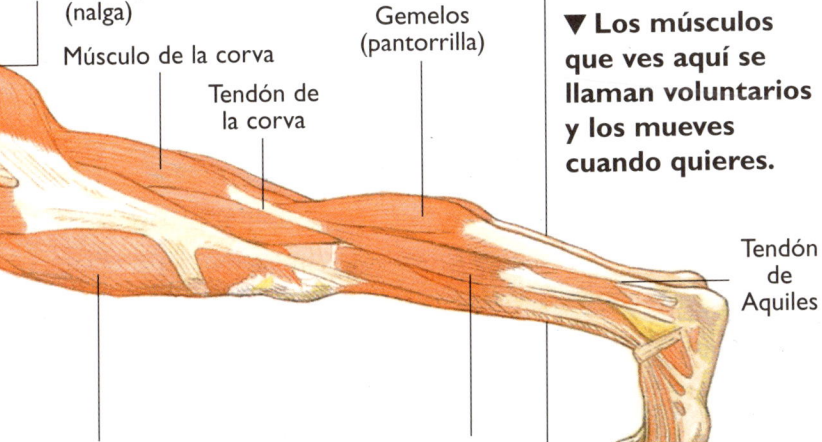

▼ Los músculos que ves aquí se llaman voluntarios y los mueves cuando quieres.

Glúteo mayor (nalga)
Músculo de la corva
Tendón de la corva
Cuádriceps
Gemelos (pantorrilla)
Sóleo (parte baja de la pierna)
Tendón de Aquiles

¿Cuál es el músculo más activo?

Se calcula que los músculos oculares (de los ojos) se mueven más de 100 000 veces al día. Muchos de estos movimientos ocurren durante el sueño. El músculo cardiaco (corazón) se contrae* constantemente unas 70 veces por minuto, mientras que el músculo liso de los intestinos siempre se está moviendo.

¿Por qué se cansan los músculos?

Cuando un músculo trabaja mucho, desintegra comida almacenada para producir parte de la energía que necesita. Esto lo hace sin usar oxígeno y se llama respiración anaerobia, la cual produce en el músculo una sustancia de desecho llamada ácido láctico que no le permite funcionar bien.

¿Por qué dan calambres?

Cuando se produce demasiado ácido láctico, los músculos se contraen* con fuerza y se siente dolor. Esto es un calambre. Ocurre cuando empiezas a ejercitar un músculo que usas poco, o si has estado sentado o de pie en una posición incómoda. La mejor forma de tratar los calambres es dar masaje al músculo y estirarlo con cuidado.

¿En qué nos ayuda el ejercicio regular?

El ejercicio te ayuda a verte bien, sentirte bien y estar saludable. También fortalece tus músculos y te ayuda a mantener un buen tono muscular. Puede mejorar tu figura y tu postura. Además, el ejercicio fortalece el músculo del corazón, ayuda a la circulación y alivia la tensión.

161

CUERPO HUMANO
LOS PULMONES Y EL CORAZÓN

¿Qué sucede cuando respiramos?

Al aspirar* tomamos aire por la nariz y por la boca. El aire es principalmente nitrógeno (79%), oxígeno (cerca de 21%) y bióxido de carbono (0.04%). Esta mezcla de gases recorre la tráquea y llega a dos tubos grandes llamados bronquios, que llevan el aire a los pulmones. De ahí, el aire se dirige a un sistema* de conductos más pequeños llamados bronquiolos, y por último, llega a millones de bolsitas de aire llamadas alvéolos* en el interior de los pulmones.

Cruza los brazos sobre el pecho y aspira*. Sentirás que tus pulmones se hacen más grandes al llenarse de aire.

▼ **Cuando aspiras*, tus pulmones se llenan de aire. El aire recorre la tráquea y pasa por los bronquios hasta llegar a los pulmones. La caja torácica protege los pulmones y el corazón.**

Cuando espiramos*, el aire recorre el camino inverso desde los alvéolos* hasta la nariz o la boca. Pero el contenido del aire ha variado. El aire que espiramos tiene mucho menos oxígeno que antes, y más bióxido de carbono y vapor de agua. El diafragma es un músculo grande que tenemos debajo de los pulmones. Éste se contrae* y se estira para inhalar* o exhalar* aire de los pulmones.

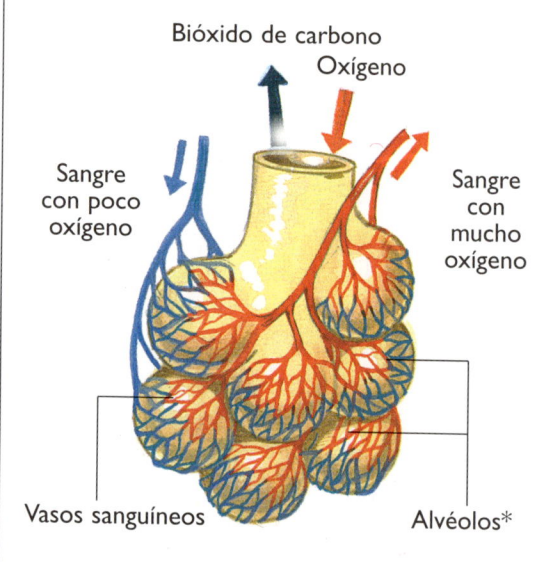

▲ **En los pulmones, el oxígeno del aire se intercambia por bióxido de carbono que la sangre desecha. La sangre lleva oxígeno a todas las células del cuerpo.**

¿Por qué respiramos más rápido cuando hacemos ejercicio?

Cuando haces ejercicio tus músculos trabajan más y necesitan más energía. Ésta la obtienen de los alimentos que se transforman durante la respiración. Al respirar consumes oxígeno, y cuando haces ejercicio respiras más rápido para dar a los músculos el oxígeno adicional que necesitan.

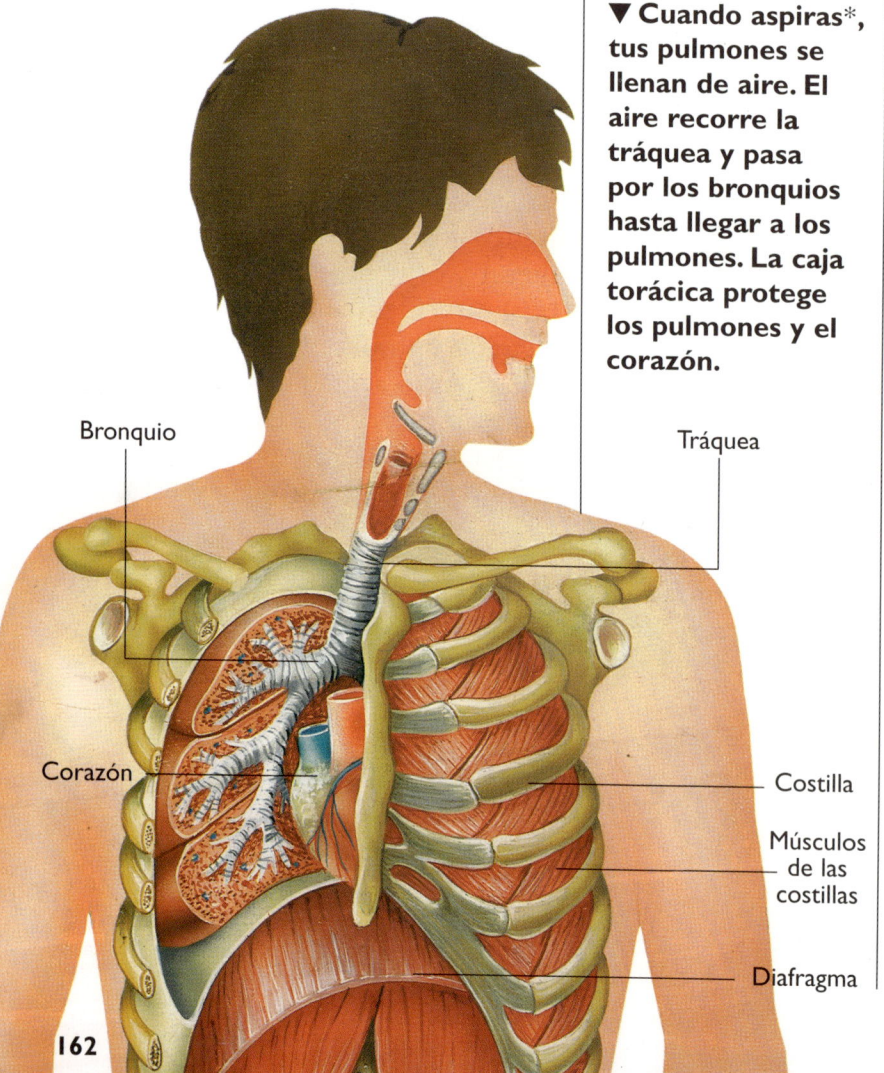

Bronquio
Corazón
Tráquea
Costilla
Músculos de las costillas
Diafragma

Bióxido de carbono
Oxígeno
Sangre con poco oxígeno
Sangre con mucho oxígeno
Vasos sanguíneos
Alvéolos*

CUERPO HUMANO

Cuando estamos sentados o de pie, sólo aspiramos* o espiramos* cerca del 10% del aire de los pulmones. Si hacemos mucho ejercicio, esa cifra aumenta hasta alrededor del 60%.

¿Por qué es mejor respirar por la nariz?

El aire que respiras por la nariz se entibia a una temperatura agradable para los pulmones. Además, se humedece y limpia con mayor eficacia* que el que aspiras* por la boca. Los vellos de la nariz filtran el polvo, y la mucosidad de la nariz atrapa alguna basura que hubiera podido entrar. Unos pelillos llamados cilios empujan esta basura a la garganta, donde se traga. Igual que la nariz, los conductos respiratorios de los pulmones tienen mucosidad y cilios que ayudan a limpiar el aire que entra.

¿Por qué es más difícil respirar en la cima de una montaña?

El aire es más ligero a mayor altura; esto quiere decir que al respirar absorbes mucho menos oxígeno de lo normal. Por eso es más difícil respirar en las montañas altas. Cuesta más trabajo hacer ejercicio ahí porque hay que respirar con mayor fuerza para recibir el oxígeno necesario.

¿Qué pueden mostrar unos rayos X del tórax?

Los médicos usan las radiografías o rayos X para ver si los pulmones están enfermos. Las infecciones* que producen bronquitis, pulmonía o tuberculosis, y las enfermedades más graves como el cáncer de pulmón, aparecen en las radiografías como manchas oscuras.

▶ Radiografía de los pulmones de una persona, donde se pueden ver las costillas y la columna vertebral. Los médicos usan las radiografías, entre otras cosas, para ver si hay señales de enfermedades pulmonares.

¿SABÍAS QUE...?

■ Al nacer tenemos los pulmones color rosa. Con el tiempo, se oscurecen porque respiramos aire sucio.

■ Una persona en reposo aspira* y espira* unas 13 veces por minuto. Aspiramos cerca de 500 cm³ de aire cada vez.

■ Los pulmones de un hombre adulto pueden alojar cerca de 6 litros de aire.

■ Los pulmones de las mujeres guardan cerca de 4.5 litros.

■ Antiguamente se creía que la respiración de una persona era su espíritu.

▲ Es casi imposible no bostezar cuando se tienen ganas de hacerlo. Los animales también bostezan.

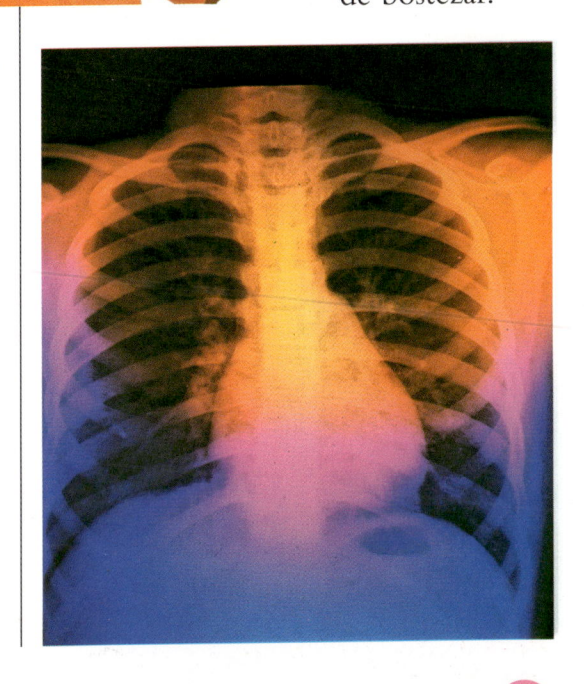

¿Por qué jadeamos* después de correr rápido?

Cuando jadeas después de una carrera, estás pagando una "deuda de oxígeno". El ejercicio que ayuda al cuerpo a absorber más oxígeno, también hace que se acumule ácido láctico (un producto de desecho). Cuando el ejercicio ha terminado, el hígado procesa este ácido usando oxígeno para descomponerlo. La "deuda de oxígeno" es la cantidad de este elemento que le hace falta al hígado para procesar el ácido láctico acumulado.

¿Por qué bostezamos?

El bostezo es una forma con la que el cuerpo obtiene más oxígeno para el cerebro y así nos hace sentir más animados. Cuando bostezamos tomamos aire lenta y profundamente, y luego lo espiramos*. Es más frecuente cuando estamos fatigados o aburridos, o en un lugar mal ventilado. El bostezo puede indicar que una persona necesita más aire. Beber algo o lavarse la cara con agua fría ayuda a dejar de bostezar.

163

CUERPO HUMANO

¿Qué sucede cuando tosemos?

Antes de toser, se cierran las cuerdas vocales y los músculos del pecho se ponen tensos. Enseguida, al aflojar las cuerdas vocales, el aire sale disparado de los pulmones. Toser es importante porque saca partículas que irritan tu garganta y conductos respiratorios.

¿Por qué estornudamos?

Estornudar es una forma de eliminar algo que está irritando las partes sensibles de la nariz. Los pulmones expulsan aire por la nariz y así ayudan a evitar que el polvo o el polen lleguen a los pulmones.

¿Qué produce un nudo en la garganta?

Se siente como un nudo, pero en realidad es la contracción* de los músculos de la garganta. Es un efecto secundario de la hormona* adrenalina* que liberamos cuando estamos tristes.

DATOS SOBRE LA GARGANTA

- La manzana de Adán es el abultamiento que está en el frente de tu garganta: lo forma la laringe.
- Dentro de la laringe hay dos bandas de cartílago llamadas cuerdas vocales.
- La gente ronca cuando tejidos suaves de la garganta se colapsan* durante el sueño profundo. Esos tejidos obstruyen parcialmente el paso del aire que entra y sale de los pulmones. Entonces se producen vibraciones que causan el ronquido.

▶ La sangre circula por el cuerpo. Las arterias llevan la sangre del corazón a las células del cuerpo, y las venas la traen de regreso.

El aire puede salir de tu cuerpo ¡a la velocidad de una motocicleta! Al estornudar, se expulsa el aire a unos 160 km/h.

◀ Si polvo o gérmenes entran a tu nariz, tu cuerpo te hace estornudar para librarte de ellos. Tus pulmones expulsan el aire cargado de partículas.

¿Cómo funciona la voz?

Cuando hablas o cantas, el aire de los pulmones pasa por tus cuerdas vocales y las hace vibrar. Si cierras casi por completo el espacio que hay entre las cuerdas vocales, produces un sonido agudo. Al abrir ese espacio, produces un sonido grave. Una espiración rápida produce una nota fuerte.

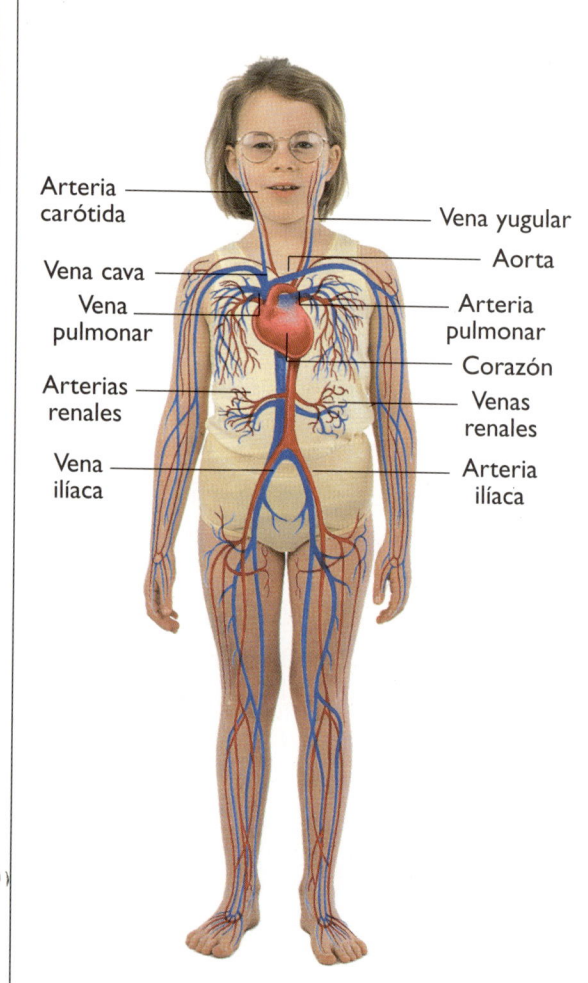

Arteria carótida
Vena cava
Vena pulmonar
Arterias renales
Vena ilíaca
Vena yugular
Aorta
Arteria pulmonar
Corazón
Venas renales
Arteria ilíaca

¿Qué es la circulación?

La circulación es el sistema* que transporta la sangre por todo el cuerpo. Consta de una bomba que es el corazón, y un sistema de tubos ramificados llamados vasos sanguíneos. Los hay de tres tipos principales: las arterias llevan la sangre que sale del corazón, y las venas llevan la sangre de vuelta al corazón. Por su parte, los capilares son pequeños vasos sanguíneos que conectan las arterias con las venas, y pasan por todo el cuerpo.

CUERPO HUMANO

Vena
Glóbulo rojo
Plaqueta
Glóbulo blanco
Alimentos
Plasma
Oxígeno
Bióxido de carbono y otros desechos

▶ La sangre contiene glóbulos rojos, blancos y plaquetas. Los glóbulos rojos transportan oxígeno, los blancos combaten las enfermedades, y las plaquetas detienen el sangrado cuando los vasos sanguíneos se lastiman.

▼ El corazón es una bomba muscular que funciona durante toda la vida.

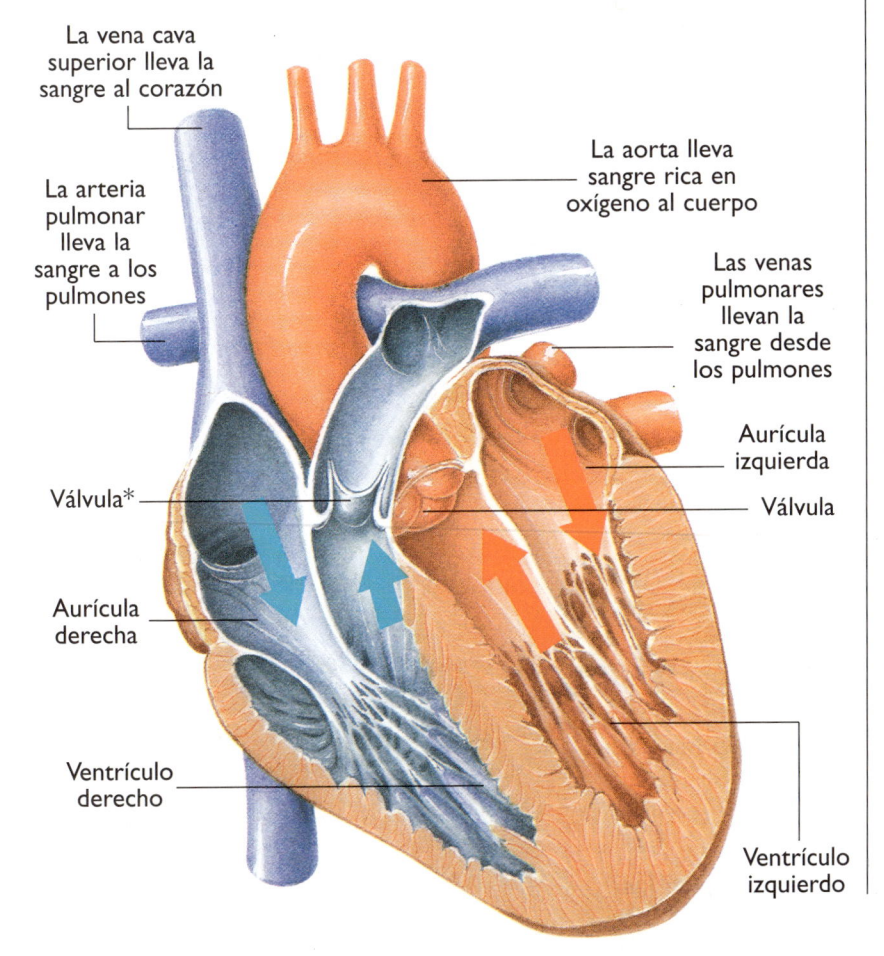

La vena cava superior lleva la sangre al corazón
La arteria pulmonar lleva la sangre a los pulmones
La aorta lleva sangre rica en oxígeno al cuerpo
Las venas pulmonares llevan la sangre desde los pulmones
Aurícula izquierda
Válvula*
Válvula
Aurícula derecha
Ventrículo derecho
Ventrículo izquierdo

¿Cómo circula la sangre por el cuerpo?

El corazón bombea la sangre por todo el cuerpo. Cuando se contrae*, empuja la sangre con gran presión hacia las arterias, éstas tienen gruesas capas musculares que soportan la presión. Conforme la sangre circula por el cuerpo, va perdiendo presión y corre más lentamente por las venas. Éstas son menos gruesas que las arterias y tienen válvulas* que funcionan en una sola dirección; así la sangre regresa al corazón.

¿Cómo funciona el corazón?

Cada lado del corazón tiene dos cámaras o secciones. Las superiores, llamadas aurículas, reciben sangre de las venas grandes. Cuando las aurículas se contraen*, mandan sangre a las cámaras inferiores o ventrículos. Entonces éstos se contraen y mandan la sangre por las arterias grandes. El ventrículo derecho manda sangre a los pulmones, y el izquierdo la envía por todo el cuerpo.

¿Cómo puedo medir mi frecuencia cardiaca?

La forma más fácil de medir tu frecuencia cardiaca es tomándote el pulso. Éste es un latido regular que se puede sentir bajo la piel en algunos puntos del cuerpo, como en la parte interior de la muñeca. La frecuencia cardiaca es el número de pulsaciones por minuto.

¿De qué está hecha la sangre?

La sangre está hecha de un líquido llamado plasma que contiene glóbulos rojos y blancos, y fragmentos de células denominados plaquetas. En el plasma hay otros miles de sustancias diferentes.

CUERPO HUMANO

¿Qué función tiene la sangre?

La sangre lleva sustancias útiles por todo el cuerpo y recoge los desechos. Participa en la comunicación interna del cuerpo porque lleva mensajeros químicos llamados hormonas* a determinados órganos. Además, impide que entren gérmenes al organismo (sella las heridas con sangre coagulada) y si entran, los ataca con glóbulos blancos. La temperatura corporal se puede controlar mandando más cantidad de sangre a la piel para calentarla, o menos, para refrescarla.

¿Qué hacen los glóbulos rojos?

Su principal función es llevar oxígeno por todo el cuerpo. La hemoglobina* que hay en los glóbulos rojos se combina con el oxígeno de los pulmones, el cual es llevado a todos los tejidos del cuerpo. La hemoglobina es muy eficiente* para transportar el oxígeno: permite que la sangre lleve 60 veces más oxígeno del que sería posible disolver en el plasma de la sangre. Los glóbulos rojos están repletos* de hemoglobina.

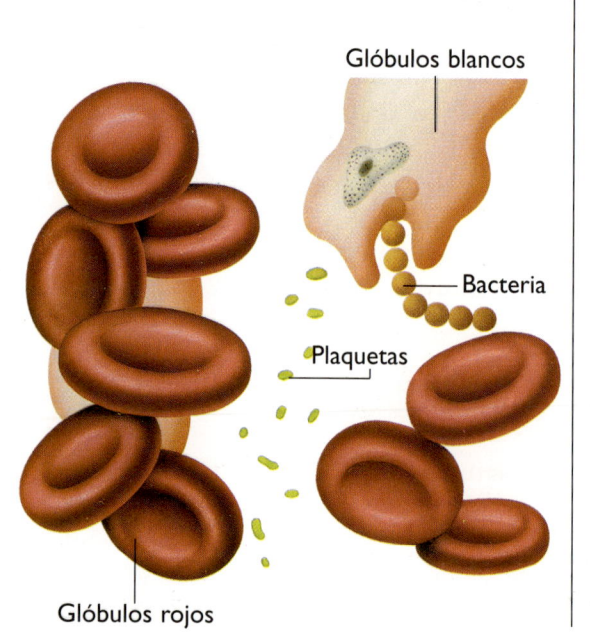

Un bebé tiene menos de un litro de sangre, lo que no basta para llenar un recipiente de leche. Cuando crece, tiene suficiente sangre para llenar uno de alrededor de 5 litros.

DATOS SOBRE EL CORAZÓN Y LA SANGRE

- La forma del corazón se parece un poco a los dibujos de "corazones enamorados".
- El lado izquierdo del corazón es más grande que el derecho.
- Los latidos del corazón son el ruido que producen las válvulas* al abrirse y cerrarse. Los médicos pueden escuchar este sonido colocando un estetoscopio* en el pecho del paciente.
- Existen cuatro tipos sanguíneos: A, B, AB y O.
- A una gota de sangre le toma cerca de un minuto llegar del corazón a los dedos de los pies y de regreso.

◀ Los glóbulos rojos parecen rosquillas o donas, y se encargan de llevar oxígeno a todo el cuerpo. Los glóbulos blancos combaten las bacterias dañinas. Las plaquetas detienen las hemorragias* y sellan las heridas.

Glóbulos blancos
Bacteria
Plaquetas
Glóbulos rojos

¿Qué hacen los glóbulos blancos?

Los glóbulos blancos ayudan a proteger al cuerpo de las enfermedades. Casi dos terceras partes de estos glóbulos son los fagocitos, que defienden al organismo comiéndose los gérmenes invasores. Los demás son los linfocitos: éstos producen unas sustancias llamadas anticuerpos que destruyen los gérmenes dañinos. Los glóbulos blancos son mucho más grandes que los rojos, pero existen en menor cantidad: tenemos cerca de 1 blanco por cada 600 rojos.

¿Qué parte del cuerpo recibe mayor cantidad de sangre?

Proporcionalmente, los riñones reciben más sangre que los demás órganos. Los riñones desempeñan una función vital porque filtran y limpian la sangre. Sin embargo, cuando uno hace mucho ejercicio, los músculos reciben más sangre: el cuerpo les da hasta cinco veces más sangre que cuando están en reposo. La sangre se desvía de otros órganos para dirigirse a los músculos. Sólo la sangre que va al cerebro se mantiene siempre constante.

¿Por qué una herida deja de sangrar?

Deja de sangrar porque rápidamente se forma un coágulo* que obstruye la herida y cierra los vasos dañados. En la herida y en sus bordes se juntan las plaquetas de la sangre como un sello fino. Las plaquetas y las células lastimadas producen sustancias que reaccionan con los elementos de la coagulación de la sangre y así se forman fibras. Los glóbulos quedan atrapados en ese conjunto de plaquetas y fibras y se forma un coágulo que tapa la herida.

166

CUERPO HUMANO

▶ Medir regularmente la presión arterial de las personas sirve para saber si el corazón y la circulación funcionan bien.

¿Qué hace la sangre con los gérmenes?

Cuando nos cortamos o raspamos la piel, se rompen vasos sanguíneos. La sangre sale y quita de la herida los gérmenes dañinos. Las plaquetas permiten que se forme un coágulo*, que luego se convierte en costra y sella la herida. Al mismo tiempo, los fagocitos (glóbulos blancos) llegan y se comen los gérmenes que iban a entrar en el cuerpo. Mientras tanto, otros glóbulos blancos llamados linfocitos producen sustancias químicas llamadas anticuerpos que eliminan los gérmenes y combaten las enfermedades.

¿Qué son los grupos sanguíneos?

Grupo sanguíneo es el nombre que se le da a los distintos tipos de sangre, que varían de persona a persona. Los dos sistemas* principales de clasificación de la sangre son el ABO y el Rhesus. El sistema ABO es el más común y tiene cuatro tipos: A, B, AB y O.

¿Qué es una transfusión de sangre?

Una transfusión es pasar sangre de una persona sana (donador) a otra que no tiene suficiente, por alguna enfermedad o herida. La sangre del donador debe ser del mismo grupo sanguíneo que la del receptor.

Los donadores dan su sangre voluntariamente para que los hospitales la guarden y la tengan lista para operaciones o urgencias. Los donadores pueden dar alrededor de 0.5 litros de sangre sin que les haga daño. Hay muchos donadores que dan sangre con regularidad.

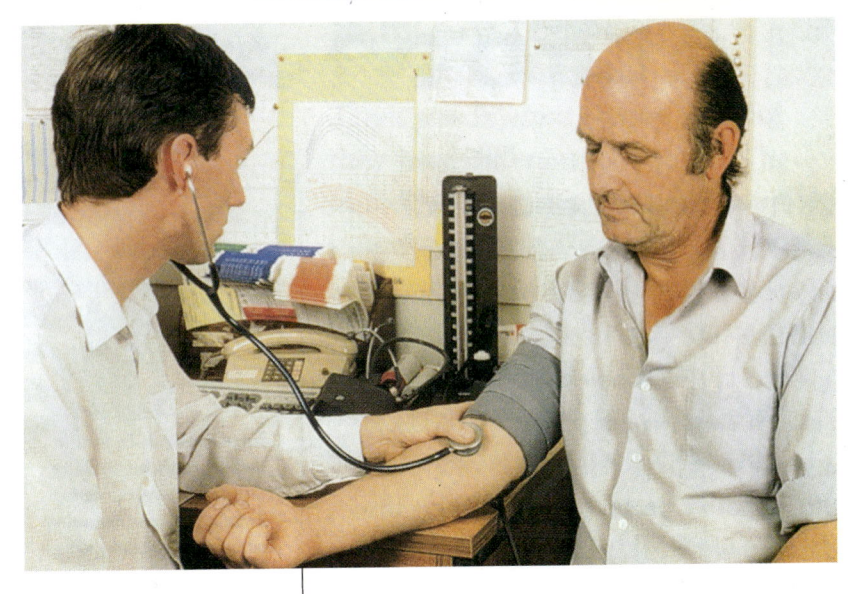

Casi todos los gérmenes son inofensivos, pero algunos te producen enfermedades si entran en tu cuerpo. Cuando esto pasa, tu sangre ataca los gérmenes y los destruye.

¿Qué es la presión arterial?

La presión arterial es la fuerza con la que el corazón bombea la sangre. Los médicos miden la presión arterial con un aparato especial. La primera lectura ofrece la presión de la sangre durante los latidos del corazón; la segunda presenta la presión que hay entre dichos latidos.

¿Qué es un infarto?

Los infartos ocurren cuando el corazón ya no puede cumplir con su labor. Suelen producirse por un coágulo* que obstruye la arteria coronaria por lo que algunas células del músculo cardiaco mueren al quedar privadas de alimento y oxígeno. Muchas personas se recuperan de los infartos.

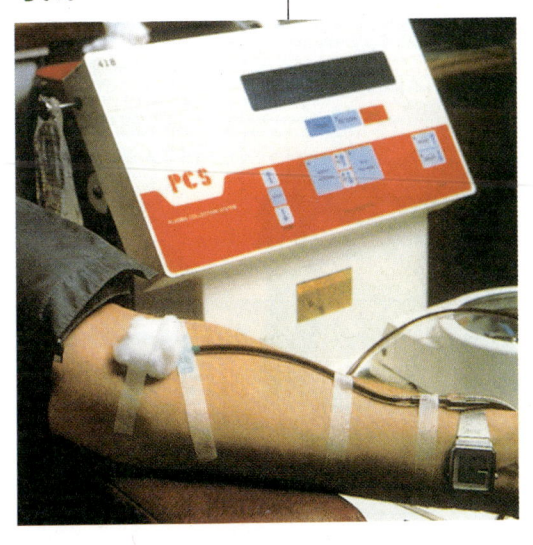

◀ Las personas que donan sangre se llaman donadores. Éstos acuden a los centros donde se les toma sangre del brazo. La sangre se almacena hasta que se necesite en alguna transfusión.

167

CUERPO HUMANO
ALIMENTOS Y DESECHOS

¿Por qué necesitamos alimentarnos?

Los alimentos contienen distintas sustancias que nuestro organismo necesita, pero que no están en una forma adecuada para que el cuerpo las pueda usar. Estas sustancias se desintegran durante la digestión. Primero, el alimento se mastica. Después, se descompone químicamente en el estómago y los intestinos por medio de ácidos y proteínas llamadas enzimas* digestivas.

El cuerpo te dice que necesita alimentos cuando te da hambre. El olor de la comida o sólo pensar en ella puede "hacerte agua la boca".

▼ El sistema* digestivo comienza en la boca. Los alimentos pasan por el estómago e intestinos y, por último, los desechos salen del cuerpo.

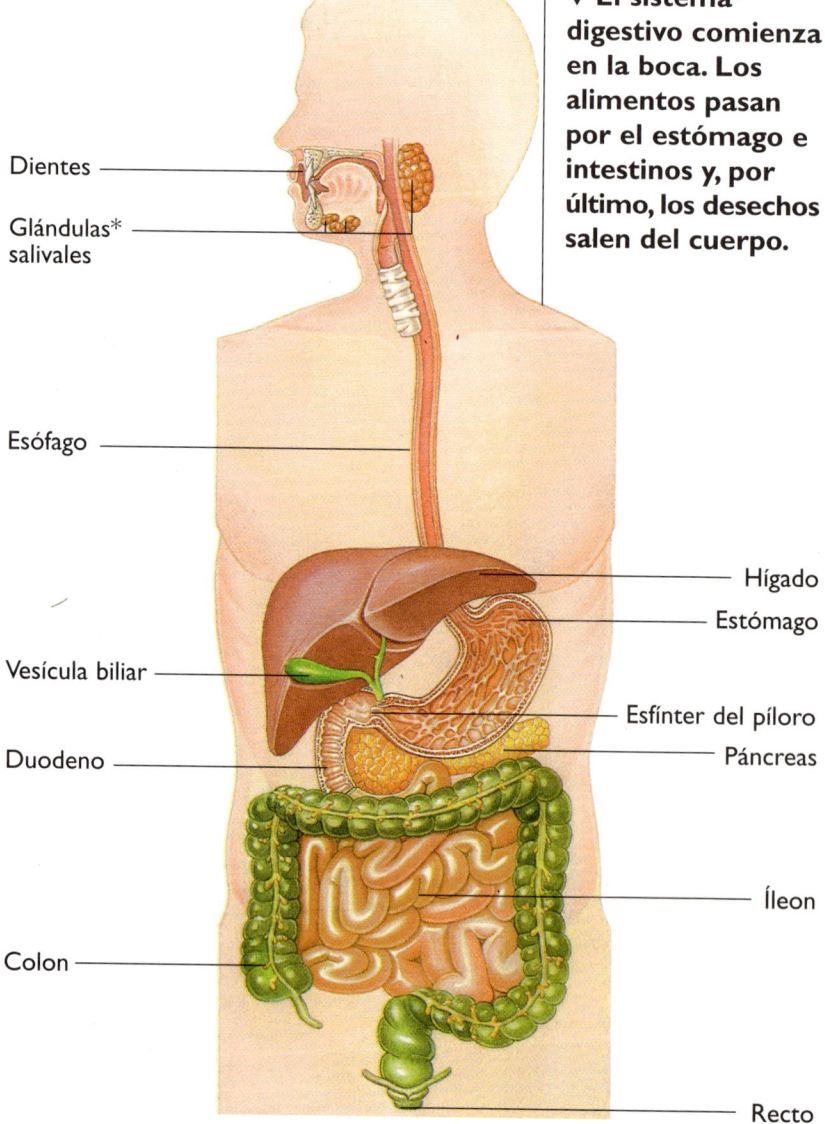

- Dientes
- Glándulas* salivales
- Esófago
- Vesícula biliar
- Duodeno
- Colon
- Hígado
- Estómago
- Esfínter del píloro
- Páncreas
- Íleon
- Recto

¿Qué alimentos nos dan energía?

Los alimentos que tienen carbohidratos son una buena fuente de energía. El azúcar y los almidones, que tienen el pan y las papas, son carbohidratos. Las grasas también nos dan energía. La mantequilla, manteca, margarina y los aceites tienen mucha grasa y es mejor consumirlos en pequeñas cantidades.

¿Por qué necesitamos vitaminas y minerales?

Aunque sólo necesitamos pequeñas cantidades de vitaminas y minerales, ambos son esenciales para muchas funciones del cuerpo. La falta de hierro, que es un mineral, hace que disminuyan los glóbulos rojos y causa anemia*. La vitamina B ayuda a que sanen las heridas y mantiene las encías sanas. El calcio y la vitamina D fortalecen los huesos. Ésta se encuentra en el pescado y en los quesos, y la piel la produce gracias a la luz del sol.

¿Qué es una dieta balanceada?

Una dieta balanceada es la que incluye los distintos tipos de alimentos que necesitas y en la cantidad correcta: ni demasiado, ni muy poco. Además, te proporciona la materia prima* y la energía necesarias para una vida sana y activa. La cantidad de alimentos que necesitas cada día depende de tu edad, tamaño y sexo, también del nivel general de tu actividad diaria. Un adolescente alto que practica muchos deportes necesita comer mucho más que una anciana pequeña. En general, los hombres adultos necesitan alimentarse más que las mujeres.

CUERPO HUMANO

◀ **Para estar sanos es importante tener una dieta balanceada que incluya algunos de estos alimentos: frutas, verduras, carbohidratos (para tener energía), fibras (ayudan a la digestión), grasas (dan energía) y proteínas.**

Grasas
Vegetales
Proteínas
Carbohidratos
Fibras

¿Por qué hay dientes de formas distintas?

Los dientes tienen formas diferentes según su función. Los incisivos de enfrente parecen cinceles*: sirven para morder y mordisquear. Los caninos, al lado de los incisivos, son puntiagudos y sirven para cortar los alimentos. Los premolares y los molares de la parte posterior trituran la comida.

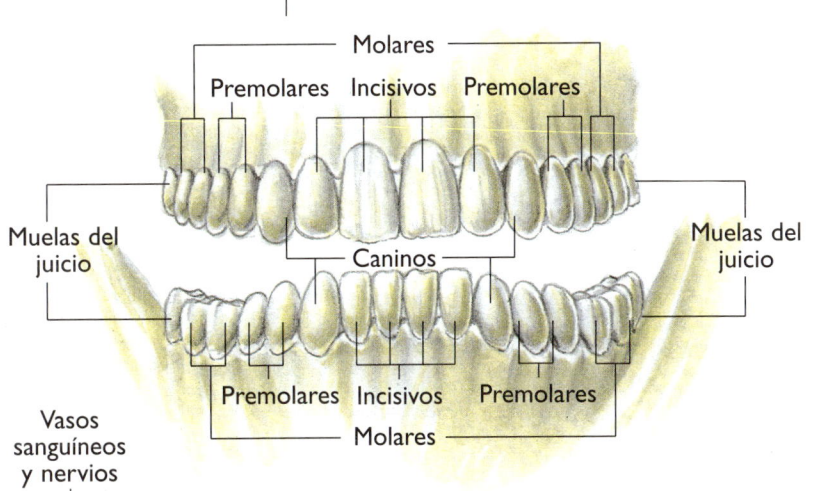

Molares — Premolares — Incisivos — Premolares — Muelas del juicio — Caninos — Muelas del juicio — Premolares — Incisivos — Premolares — Molares

Vasos sanguíneos y nervios
Esmalte*
Dentina
Pulpa
Mandíbula   Raíz

▲ **Algunos dientes son para cortar (incisivos), y otros para moler (muelas). Las muelas del juicio son las últimas en salir.**

¿Por qué nos da hambre?

El hambre es controlada por una zona del cerebro: cuando ésta recibe señales de determinadas partes del cuerpo que piden comida, sientes hambre. También algunas sensaciones como el dolor de estómago pueden producir ganas de comer.

¿Cuánta agua debemos tomar cada día?

Los adultos necesitan entre 1.5 y 2 litros de agua al día. Gran parte de ella se obtiene de los alimentos; por ejemplo, el pan tiene 40% de agua.

Sentimos sed cuando la cantidad normal de agua que hay en la sangre disminuye y la sangre se hace ligeramente más espesa*. Una parte del cerebro lo percibe y manda señales al cuerpo para avisar que necesitamos tomar líquidos.

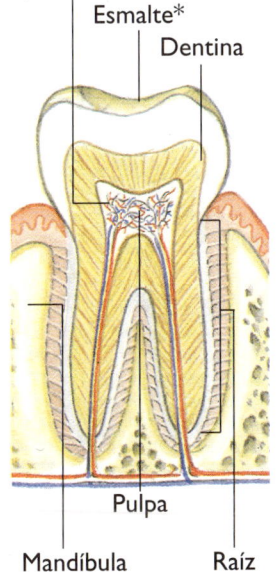

▲ **En el centro del diente hay un espacio lleno de nervios y vasos sanguíneos. Alrededor está la cubierta de dentina y encima una capa de esmalte* duro.**

¿De qué son los dientes?

Cada diente tiene una parte visible llamada corona y una raíz unida a un alvéolo* de la mandíbula. La parte exterior del diente, de color casi blanco, es el esmalte*: es la sustancia más dura del cuerpo. Debajo del esmalte está la dentina, parecida al hueso pero más dura.

¿Cómo salen los dientes?

Los dientes brotan de un tejido que cubre el hueso de las mandíbulas superior e inferior. Comienzan a salir antes de que el niño nazca, pero brotan de las encías aproximadamente 6 meses después del nacimiento.

CUERPO HUMANO

¿Por qué "se hace agua la boca"?

Saborear, oler o a veces sólo pensar en algún alimento hace que las glándulas* salivales envíen saliva por unos pequeños conductos que van a la boca. A veces mandan grandes chorros de saliva y la boca "se te hace agua". La saliva es un líquido incoloro, básicamente hecho de agua y con un poco de mucosidad. También tiene una enzima* que inicia la digestión al desintegrar los almidones (un tipo de carbohidrato).

¿Qué sucede cuando tragas?

Tragar es un proceso complicado. Al tragar, la lengua oprime el paladar y empuja el alimento o la bebida hacia arriba y hacia atrás. Al mismo tiempo, la parte blanda y superior de la boca sube y tapa los conductos nasales para que nada se vaya por la nariz. Por último, la epiglotis* baja y la laringe sube y se mueve hacia adelante. Así se cierra la tráquea y se abre el esófago. La comida o bebida es empujada a la garganta y baja por el esófago hacia el estómago.

¿Qué pasa en el estómago?

El estómago parece una bolsa, tiene paredes musculares y está cerrado por válvulas*. En él, los alimentos se mezclan, y reciben los ácidos y enzimas* digestivas. Los ácidos también destruyen casi todos los gérmenes que los alimentos pudieran tener. Ese alimento blando pasa poco a poco al intestino delgado.

Si regresa un poco de aire del estómago, produces un sonido llamado eructo. Las bebidas gaseosas a menudo provocan eructos.

MÁS DATOS SOBRE EL CUERPO

- A lo largo de su vida, una persona normal come unas 50 toneladas de alimentos y bebe más de 40 000 litros de líquidos.

- Cuando descansas, una cuarta parte de tu sangre está en el hígado. Al comenzar a moverte, parte de esta sangre de inmediato va a otros órganos.

- La indigestión es un dolor de estómago. Puede ocurrir cuando comes demasiado aprisa, o porque tu estómago produce demasiados ácidos.

- Si comes alimentos en mal estado, o comes demasiado, puedes vomitar. Los músculos del diafragma y del estómago se contraen* y expulsan por la boca el contenido del estómago.

- Cerca del 70% del cuerpo es agua. Podrías vivir 2 ó 3 semanas sin alimentos, pero después de 2 ó 3 días sin agua morirías.

¿Por qué el estómago a veces hace ruido?

El estómago y los intestinos son muy activos: el estómago mezcla los alimentos y los intestinos van empujando la comida procesada. Toda esta actividad hace que casi siempre el estómago haga ruidos. Cuando sientes hambre, tu estómago tiene poco líquido y mucho gas. Como hay muchos gases en el estómago, el ruido es más fuerte.

¿Qué hace el hígado?

El hígado tiene muchas funciones. Por ejemplo, controla la cantidad de alimentos digeridos que pasan a la sangre. Si el cuerpo recibe más comida de la necesaria, el hígado convierte en azúcar lo que sobra y lo almacena. También guarda algunas vitaminas y hierro, ayuda al cuerpo a liberarse de algunas toxinas* y limpia la sangre eliminando los glóbulos rojos muertos. El hígado también produce bilis*, que se guarda en la vesícula biliar antes de enviarse al sistema* digestivo para descomponer las grasas.

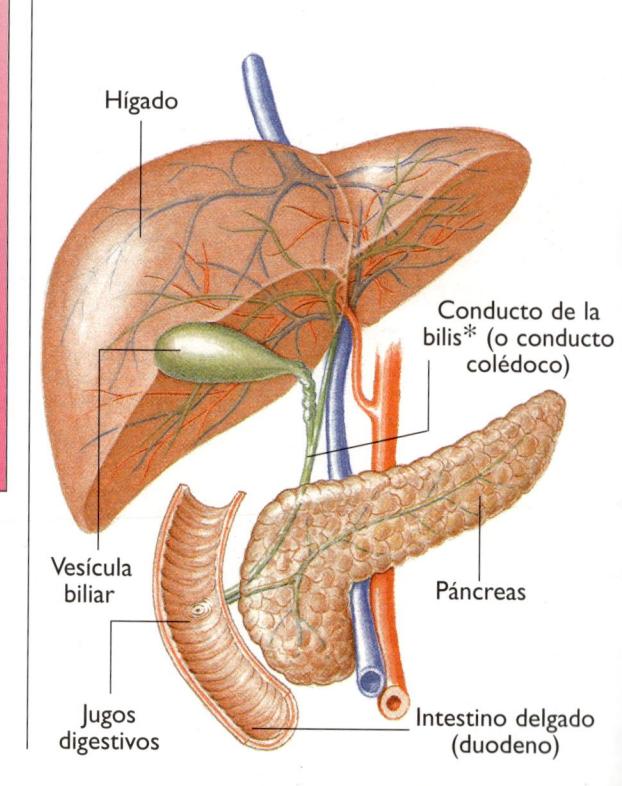

▶ El hígado es el órgano más grande del cuerpo. Su actividad produce suficiente calor para los órganos internos. El páncreas produce la hormona* insulina. La bilis* se almacena en la vesícula biliar.

Hígado
Conducto de la bilis* (o conducto colédoco)
Vesícula biliar
Páncreas
Jugos digestivos
Intestino delgado (duodeno)

CUERPO HUMANO

¿En cuánto tiempo se digiere un alimento?

Se necesitan casi 24 horas para digerir por completo un alimento común. La comida pasa cerca de cuatro horas en el estómago. Luego, permanece otras 6 horas en el intestino delgado, 6 ó 7 horas en el colon, y otras 6 ó 7 horas en el recto, antes de que los residuos se desechen en forma de heces (excremento o desperdicios sólidos).

¿Qué son las sustancias de desecho del cuerpo?

Los principales desechos orgánicos son el gas bióxido de carbono (producido durante la respiración), la urea* (de la descomposición del exceso de proteínas) y el agua y las sales que el cuerpo no necesita. Los órganos excretores* desechan los residuos. Estos órganos son los pulmones, los riñones, el hígado y la piel. Por ejemplo, los pulmones liberan el bióxido de carbono, y los riñones eliminan agua y otras sustancias, como las sales. Los desechos del hígado pasan al riñón y se eliminan en la orina, o se juntan en la bilis* y los intestinos los expulsan.

¿Para qué tenemos el apéndice?

Nadie sabe en realidad para qué sirve. El apéndice es un tubo que no tiene salida, está ubicado donde se unen los intestinos delgado y grueso. No participa en la digestión humana, aunque es importante para los animales que se alimentan de pastos. El apéndice a veces puede causar problemas si se infecta* e inflama: esto se llama apendicitis, y puede ser necesario quitar el apéndice en un hospital por medio de una operación. Las personas a quienes les quitan el apéndice no sienten ninguna diferencia.

Cuando vas al baño, tu cuerpo elimina agua que no necesita. Esta agua de desecho se llama orina. Normalmente es amarillenta.

¿SABÍAS QUE...?

■ La diarrea puede producirse por intoxicación con algún alimento o por una infección* del intestino. Es necesario tomar muchos líquidos para compensar el agua que se pierde con la diarrea.

■ Es posible tragar comida estando de cabeza, aunque no es buena idea hacerlo. Se puede hacer porque unos conjuntos de músculos empujan el alimento por el esófago.

■ Las paredes del estómago están revestidas de una mucosidad protectora para evitar que las enzimas* y los fuertes ácidos traten de digerir ¡al estómago mismo!

■ Los riñones filtran toda la sangre del cuerpo unas 300 veces al día.

■ Una persona puede vivir con un solo riñón. Si uno de los dos riñones está enfermo o dañado, puede eliminarse y el otro funcionará por ambos.

■ La orina es amarilla porque tiene sustancias que forma el hígado cuando descompone la hemoglobina* de la sangre usada.

▼ Tienes dos riñones. Estos órganos filtran la sangre, eliminan los desechos formados en el hígado (la urea*) y los mandan en forma de orina por el uréter*.

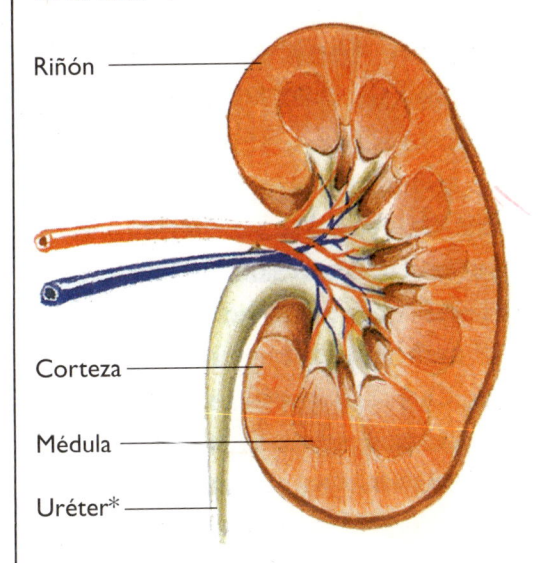

Riñón
Corteza
Médula
Uréter*

¿Qué hacen los riñones?

Los riñones son un par de filtros que trabajan mucho. Purifican la sangre llevándose los desechos y reteniendo las sustancias útiles. Los riñones producen la orina, el líquido que lleva los residuos filtrados de la sangre. La orina pasa por la vejiga, donde se almacena hasta salir del cuerpo por la uretra.

¿Cómo funcionan los riñones artificiales?

Los riñones artificiales filtran la sangre a través de un proceso llamado diálisis y así ayudan a personas con riñones que no funcionan bien. Un tubo transporta sangre de una arteria del brazo del paciente a la máquina, donde se bombea a través de una tubería hasta un recipiente de líquidos. Los residuos de la sangre se desechan a través de la tubería y se quedan en el líquido, y las sustancias que el cuerpo necesita regresan a la sangre. La sangre limpia regresa al paciente por un tubo conectado a una vena del brazo. La sangre necesita pasar por la máquina 20 veces o más.

CUERPO HUMANO
LA PIEL Y EL CABELLO

¿Por qué tenemos piel?
La piel es una cubierta impermeable y flexible que nos protege del mundo exterior y ayuda a impedir que entren gérmenes dañinos a nuestro cuerpo. También es sensible al tacto, al calor, al frío y al dolor, y nos permite percibir lo que está pasando en nuestro alrededor. Además, nos protege de los rayos dañinos del sol y usa parte de la luz solar para producir vitamina D. La piel tiene glándulas* sudoríparas, vello y pequeños vasos sanguíneos que ayudan a regular la temperatura del cuerpo.

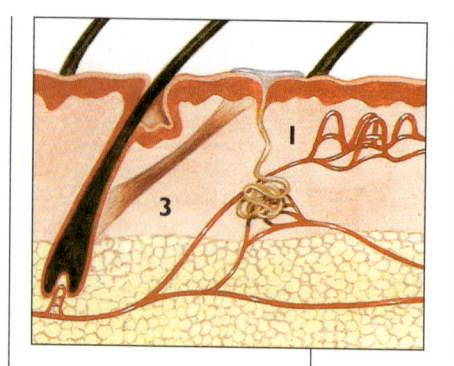

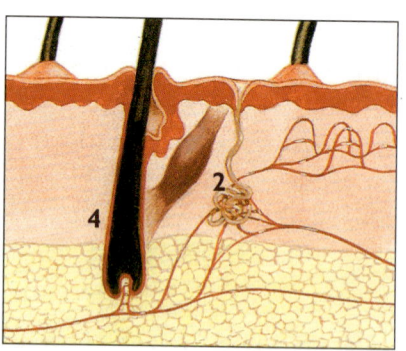

▲ Debajo de la piel están: (1) las glándulas* sudoríparas; los capilares de la piel que se abren (2) para que salga el calor, y cierran (3) para reducir la pérdida de calor; los músculos erectores del pelo (4) que ponen "la carne de gallina".

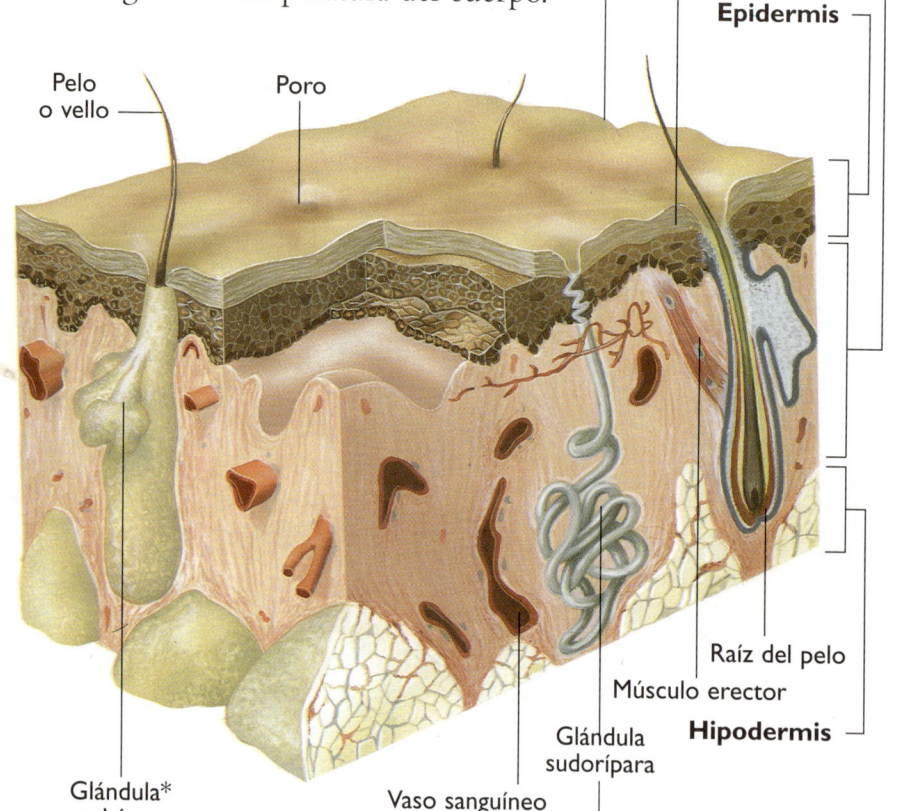

¿De dónde sale el sudor?
El sudor es un líquido salado que tiene pequeñas cantidades de sustancias de desecho. Unas glándulas* de la dermis producen el sudor, que sale a la piel por pequeños orificios llamados poros. Al secarse el sudor, el cuerpo se refresca. Hay muchas glándulas sudoríparas en las axilas, ingles*, manos, pies y la cara. Después de un tiempo, el sudor huele mal: es importante bañarse regularmente para eliminarlo.

Pelo o vello — Poro — Dermis — Estrato córneo — Epidermis — Raíz del pelo — Músculo erector — Glándula sudorípara — Hipodermis — Glándula* sebácea — Vaso sanguíneo

¿Por qué la piel de la gente puede ser de distinto color?
La melanina es una sustancia (o pigmento*) color marrón o café oscuro que protege la piel de los dañinos rayos ultravioleta del Sol. El color de la piel depende de la cantidad de melanina que hay en la epidermis.

▲ La piel tiene dos capas principales: una capa exterior resistente llamada epidermis, y debajo está la dermis. Las glándulas* sebáceas producen lubricantes para evitar que la piel se seque.

¿Por qué cambian de color los moretones?
Los moretones son manchas azules que aparecen en la piel cuando se rompen pequeños vasos sanguíneos, generalmente por un golpe. Al principio, los moretones son color violeta oscuro, luego van cambiando hasta que se ponen azules, verdes y amarillos antes de desaparecer. Los cambios de color se deben a que la sangre se está descomponiendo y reabsorbiendo, y también a que cuando la magulladura sana, el color normal de la piel se restablece.

CUERPO HUMANO

¿Cómo se cura sola la piel?

Las cortadas o lesiones de la piel se curan automáticamente. Si alguien se corta y comienza a sangrar, su piel pronto forma un coágulo* que detiene la hemorragia*. Al secarse el coágulo se hace una costra que impide la entrada de gérmenes a la herida. Debajo de la costra crecen nuevas células de piel en la lesión y cuando la piel está curada, la costra se cae.

¿Por qué se broncea la piel?

Bajo la fuerte luz del sol, la piel produce más melanina para protegerse de los dañinos rayos ultravioleta. Esta melanina se extiende por la epidermis en forma de pequeños puntos negros. Después, la piel se oscurece y se produce el bronceado. Todos los colores de piel se oscurecen por exposición al sol.

¿De qué están hechas las uñas?

Las uñas están hechas de células muertas que contienen queratina, una proteína que está en la capa exterior de la piel. Las uñas nacen de una zona llamada lecho ungueal, que crece en dirección horizontal a la piel. Conforme la uña crece, avanza sobre la superficie del lecho hacia la punta del dedo. La mayor parte de la uña es de color rosado, porque los vasos sanguíneos que hay debajo se transparentan.

DATOS SOBRE EL CABELLO

- Casi todos tenemos cerca de 100 000 cabellos sólo en la cabeza.

- Al envejecer, el cabello se hace gris porque le falta pigmento*.

- El cabello es muy fuerte. Una cuerda hecha de 1 000 cabellos podría sostener a un adulto.

- Una persona normal pierde de 50 a 100 cabellos diarios y constantemente los repone.

- Algunos hombres se vuelven calvos porque la hormona* testosterona parece afectar los folículos*. Así el cabello que se cae no vuelve a salir.

- La caspa es piel muerta que se cae del cuero cabelludo.

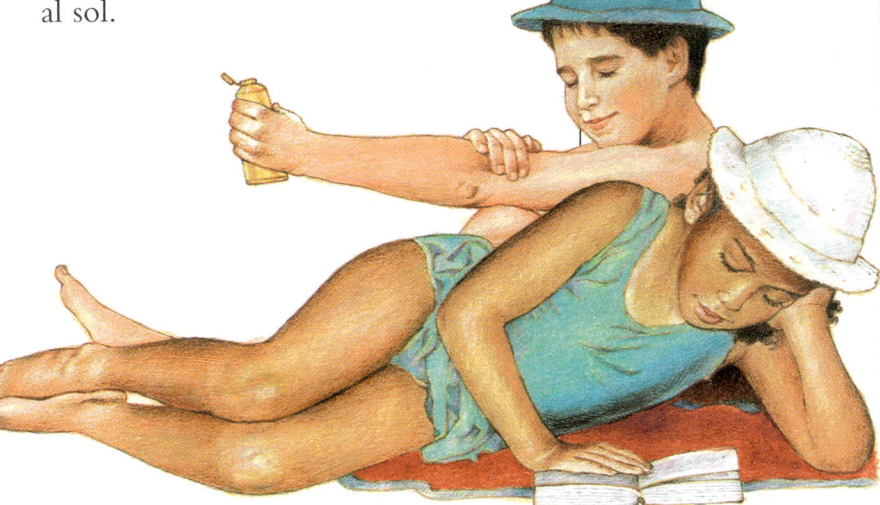

▲ **No importa si tu piel es oscura o clara: demasiado sol puede quemarte. Cuando estés bajo el sol, usa sombrero y ponte en la piel una capa de crema con filtro solar protector.**

¿Para qué sirve el vello?

El vello ayuda a impedir la pérdida de calor del cuerpo, porque mantiene una capa de aire tibio junto a la piel. El vello de la nariz filtra el polvo para mantener limpios los pulmones. El vello tiene dos partes: la raíz y el tallo. La raíz está metida en la piel, en un pequeño orificio llamado folículo* piloso*. El tallo contiene el pigmento* que le da su color al vello. Los vellos están hechos de queratina, la misma sustancia que hay en las uñas y en la piel.

¿Por qué hay cabello de distintos colores?

El color del cabello depende de la mezcla de pigmentos* que lo forman. Las células que producen el cabello pueden formar una mezcla de colores negro, rojo y amarillo. Por ejemplo, las personas de cabello oscuro tienen mucho pigmento negro, y las de cabello claro tienen más pigmento amarillo.

¿Por qué se riza el cabello?

Tener el cabello lacio, ondulado o rizado depende de la forma que tenga el folículo* del cual nace: si es redondo, el cabello sale lacio; si es ovalado, sale ondulado; si es plano, el cabello sale rizado*.

¿Por qué tenemos pestañas?

Las pestañas sirven para proteger nuestros ojos: impiden que el polvo y otras partículas del exterior lleguen a la delicada superficie del ojo y lo irriten. Sin embargo, las cejas tal vez sirvan más para hacer señales y para comunicarse sin hablar, que como protección para los ojos.

173

CUERPO HUMANO
LOS NERVIOS Y LOS SENTIDOS

¿Cómo se coordinan las acciones del cuerpo?

Las distintas actividades del cuerpo se relacionan por medio de la coordinación. El cuerpo depende de dos sistemas* para coordinar estas acciones. El sistema nervioso envía y recibe mensajes del cerebro en forma de señales eléctricas que viajan por los nervios. El sistema hormonal (endocrino) envía mensajeros químicos llamados hormonas* por todo el cuerpo; las hormonas viajan por el torrente sanguíneo* a través de las arterias.

¿Qué son las hormonas*?

Las hormonas son sustancias químicas que produce una parte del cuerpo y que afectan a otra parte. Por ejemplo, la hormona insulina se produce en el páncreas y afecta el funcionamiento del hígado y de otros tejidos.

Hay más de 30 hormonas. Son producidas en unas estructuras llamadas glándulas* endocrinas, que están en la cabeza, cuello y tórax. Las hormonas afectan de manera importante los principales procesos del organismo, desde nuestro crecimiento hasta el funcionamiento de nuestro sistema* reproductivo.

¿Cuál es la glándula* más importante?

La glándula pituitaria es la más importante, porque produce las hormonas* que regulan a casi todas las demás glándulas endocrinas. La estatura depende de la hormona del crecimiento producida por la pituitaria. Si hay un exceso de esa hormona, las personas pueden crecer demasiado, y si es escasa, puede impedir el crecimiento.

DATOS SOBRE EL CEREBRO

- El cerebro probablemente tenga 10 billones* de células nerviosas.
- Cada una de esas células puede tener hasta 25 000 conexiones con otras células.
- Se calcula que el cerebro puede almacenar hasta 100 millones de bits* de información durante la vida.
- El cerebro humano se está volviendo más pesado. En 1860 el cerebro común de los hombres pesaba 1 370 g; actualmente pesa 1 420 g.
- Los mensajes se transmiten por los nervios grandes a más de 90 m por segundo (cerca de 320 km/h).
- Los mensajes pasan mucho más lentamente por los nervios pequeños, como los del sistema* digestivo.

Los cerebros de las personas son de tamaños distintos. Tener un cerebro más grande no significa que la persona sea más inteligente, así como tener pies más grandes ¡no quiere decir que corras mejor!

Sin embargo, la mayoría de la gente alcanza una estatura parecida a la de sus padres y abuelos.

¿Cómo está formado el sistema* nervioso?

El sistema nervioso está formado por billones* de células nerviosas que transmiten mensajes eléctricos por todo el cuerpo. Tiene dos partes principales: el sistema nervioso central, que consta del cerebro y la médula espinal*, y el sistema nervioso periférico, formado por todos los nervios que van desde el sistema nervioso central hasta el resto del cuerpo.

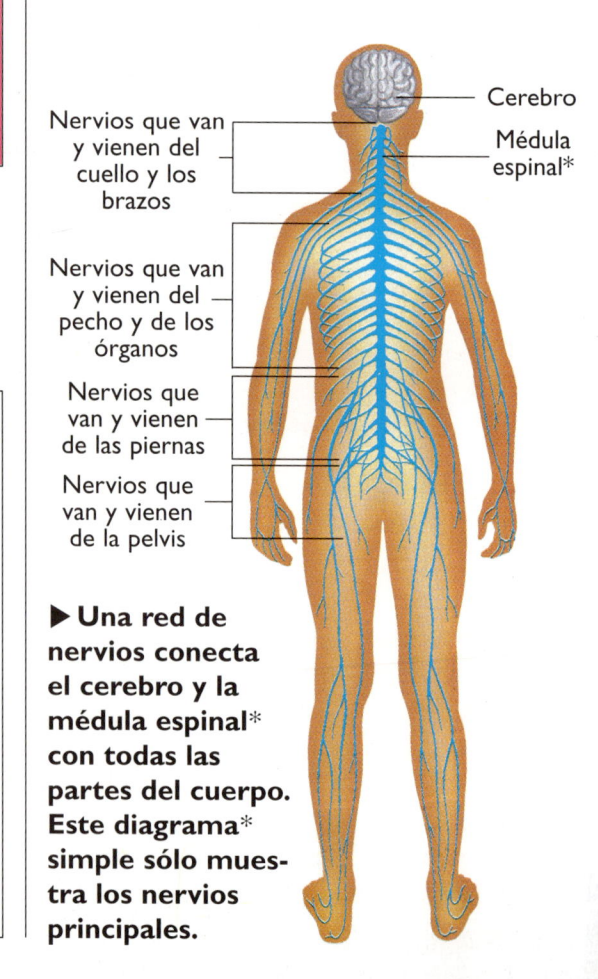

- Nervios que van y vienen del cuello y los brazos
- Nervios que van y vienen del pecho y de los órganos
- Nervios que van y vienen de las piernas
- Nervios que van y vienen de la pelvis
- Cerebro
- Médula espinal*

▶ Una red de nervios conecta el cerebro y la médula espinal* con todas las partes del cuerpo. Este diagrama* simple sólo muestra los nervios principales.

174

CUERPO HUMANO

¿Cuántos nervios tienes?

Hay 24 nervios grandes corriendo entre tu cerebro y los órganos de los sentidos y los músculos de tu cabeza. Se llaman nervios craneales e incluyen los de los ojos, la nariz y los oídos. Otros 62 llamados nervios espinales van desde la médula espinal* hacia el resto del cuerpo.

▼ **La neurona* común de un músculo tiene un centro de control en forma de estrella. El axón transmite los mensajes y las dendritas los reciben. Las neuronas* se comunican entre sí en las sinapsis.**

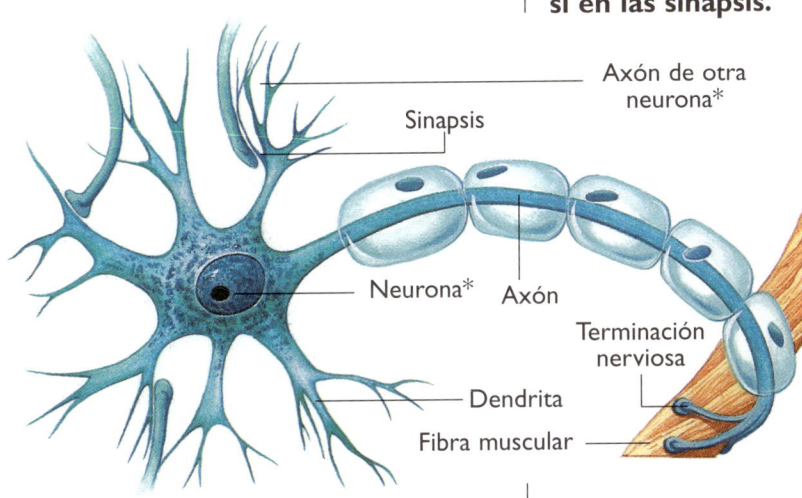

¿Qué son los reflejos?

Cuando reaccionas ante algo sin pensar, tu acción es un reflejo. Por ejemplo, si tocas algo caliente, retiras la mano bruscamente sin pensarlo. La médula espinal* regula prácticamente todos los reflejos y el cerebro casi no participa.

¿Cómo transmiten los nervios un mensaje?

Las neuronas* en realidad no se tocan. El mensaje tiene que ser transmitido por sustancias químicas, a través de una separación llamada sinapsis. Los impulsos nerviosos hacen que las terminales ramificadas de cada axón envíen sustancias químicas llamadas neurotransmisoras. Estas sustancias estimulan a la neurona adyacente* y se produce un nuevo impulso nervioso: así se transmite el mensaje.

- Axón de otra neurona*
- Sinapsis
- Neurona*
- Axón
- Terminación nerviosa
- Dendrita
- Fibra muscular

¿Cómo viajan los mensajes a través de los nervios?

Los nervios captan los mensajes en los extremos de sus dendritas. El mensaje, llamado impulso nervioso, recorre la célula en forma de pequeña corriente eléctrica. Cuando el mensaje llega al final del axón, pasa a la siguiente célula.

▼ **Constantemente usamos nuestros cinco sentidos: nos dicen lo que sucede y nos ayudan a comunicarnos.**

¿Cuáles son los cinco sentidos?

Los cinco sentidos son la vista, el oído, el olfato, el gusto y el tacto. Los órganos de los sentidos, como los ojos, tienen unas células especiales llamadas receptoras sensoriales. Estas células pasan la información del mundo externo a las neuronas, que luego transmiten el mensaje al cerebro. Los receptores sensoriales del ojo reciben la información en forma de rayos luminosos.

Oído

Gusto

Tacto

Olfato

Vista

CUERPO HUMANO

¿Cómo funcionan los ojos?

Los ojos son dos bolas duras de tejido que contienen una jalea transparente. En la parte del frente, cada ojo tiene una cubierta transparente llamada córnea. La parte de color del ojo se llama iris y rodea a la pupila. Ésta es un hoyo oscuro a través del cual la luz entra al ojo. Seis músculos conectan al ojo con los huesos de la cavidad ocular y lo mueven en todas direcciones. El nervio óptico va desde la parte trasera del ojo hasta el cerebro.

Los rayos de luz entran en el ojo y pasan por la pupila hasta el cristalino. La superficie curva del ojo y el cristalino pliegan los rayos y los enfocan para producir una imagen clara en la retina. Las células de la retina mandan mensajes por el nervio óptico hasta el cerebro.

DATOS SOBRE LOS OJOS

- Pestañeas aproximadamente 6 veces por minuto.
- El ojo humano puede detectar 10 millones de distintos tonos de colores.
- Ante una luz intensa, los músculos del iris contraen* la pupila para proteger la retina, que es muy sensible.
- Las lágrimas mantienen los ojos brillantes y húmedos; las produce una glándula* que está arriba del ojo.
- Las lágrimas tienen una sustancia química que mata los gérmenes.
- Dos milésimas de segundo después de que la luz llega a la retina ¡el cerebro ya se ha formado una imagen!
- Todos usamos un ojo más que el otro, así como hay personas que son diestras o zurdas.

¿Qué le da color a los ojos?

El color de los ojos lo produce un pigmento* llamado melanina. Los ojos pueden ser color marrón o café, azul, gris, verde o de algún tono combinado. El color depende de la cantidad de melanina que haya en el iris: los ojos color marrón tienen más que los azules.

¿Por qué vemos los colores?

Existen tres tipos de células llamadas conos; cada una es sensible a uno de estos tres colores: rojo, azul y verde. Los demás colores los vemos cuando funcionan combinaciones de estas células. Por ejemplo, cuando se estimulan al mismo tiempo conos rojos y verdes, vemos el color amarillo.

¿Es mejor tener dos ojos que uno?

Sí. Con dos ojos se ve una zona más amplia, y como tenemos los ojos ligeramente separados, éstos ven los objetos desde ángulos un poco distintos. El cerebro ajusta las dos imágenes para producir otra de tercera dimensión*, lo que ayuda a percibir mejor las distancias.

Etiquetas del diagrama: Vasos sanguíneos, Retina, Punto ciego, Imagen, Nervio óptico, Músculo del ojo, Músculo del cristalino, Cristalino, Iris, Córnea, Pupila, Rayos de luz

◀ Los rayos de luz pasan por la pupila y el cristalino los enfoca como una imagen invertida en la retina. Ésta es una capa de células sensibles a la luz, en la parte posterior del ojo. El cerebro endereza la imagen.

CUERPO HUMANO

¿Qué hace que los ojos lloren?

El llanto hace que los ojos se llenen de lágrimas cuando estamos alterados. Los ojos también lloran para eliminar una basura o algo irritante como el humo. Normalmente, las lágrimas se desechan con la misma velocidad con la que se producen. Sin embargo, si se forman más lágrimas de las que se desechan, éstas se juntan y nuestros ojos lloran.

¿Por qué algunas personas necesitan utilizar anteojos?

La gente necesita anteojos cuando el cristalino de sus ojos no enfoca bien los rayos de luz en la retina y la imagen que ven es borrosa. Usar anteojos puede ayudar a corregir la vista. También se pueden usar lentes de contacto, o sea, discos pequeños de plástico que se colocan en la superficie del ojo y funcionan como los anteojos para corregir la visión.

¿Cómo escuchan nuestros oídos?

El sonido son ondas de presión que viajan por el aire, los líquidos y los objetos sólidos. Cuando esas ondas llegan a nuestro oído externo, pasan por el conducto auditivo hasta el tímpano, que comienza a vibrar. Tres huesecillos del oído medio amplifican esas vibraciones. El estribo funciona como un pistón al transferir esas vibraciones al líquido del oído interno. Cuando este líquido se mueve, irrita unas células pilosas* especiales que hay en el caracol. Estas células transmiten señales por el nervio auditivo al cerebro, que las interpreta como sonido. El cerebro es capaz de concentrarse en los sonidos que decide escuchar y separar el resto.

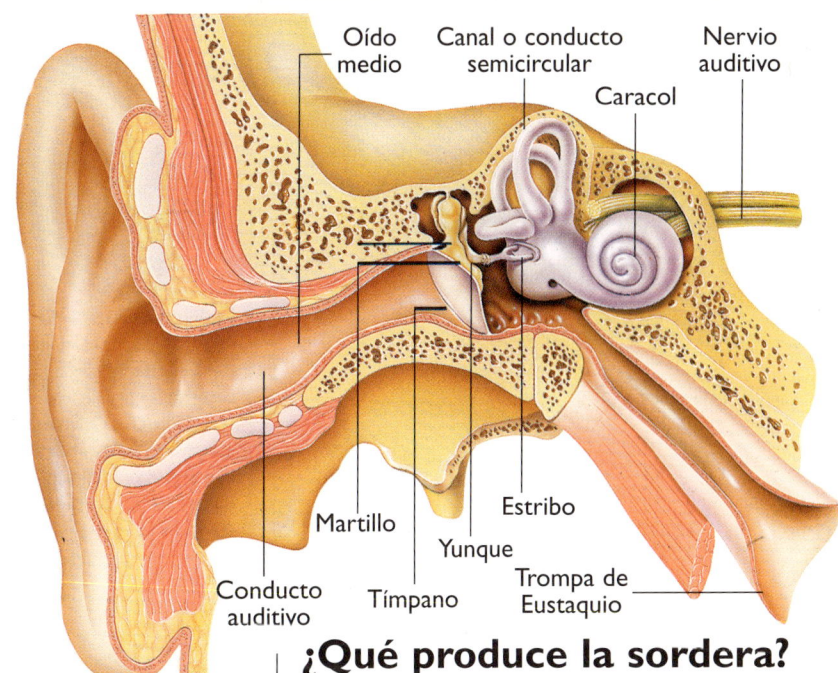

Oído medio · Canal o conducto semicircular · Nervio auditivo · Caracol · Martillo · Estribo · Yunque · Conducto auditivo · Tímpano · Trompa de Eustaquio

▲ La oreja ayuda a enviar el sonido al canal auditivo. El oído medio contiene tres huesecillos: el martillo, el yunque y el estribo. El caracol está en el oído interno.

Si te pones una concha de mar* en el oído, escucharás la sangre fluir en el interior de tu cabeza. Suena parecido al mar.

¿Qué produce la sordera?

Hay dos tipos de sordera. En el primero, los sonidos no llegan al oído interno. Puede ser causada por una obstrucción en el oído externo, ya sea por acumulación de cera de los oídos, o por alguna infección* del oído medio que impide que los tres huesecillos funcionen correctamente. En el segundo tipo de sordera los sonidos llegan al oído interno pero las señales eléctricas no se transmiten al cerebro. Un ruido que lesione el caracol puede causar este tipo de sordera.

¿Cómo interviene el oído en el equilibrio?

Encima del caracol, en el oído interno, hay tres diminutos canales semicirculares llenos de líquido: son los órganos del equilibrio. Contienen cantidades muy pequeñas de una sustancia arcillosa que está en contacto con las células sensoriales. Esa arcilla hace que las células manden señales al cerebro cuando nos movemos. Un canal detecta el movimiento vertical, otro el movimiento hacia el frente y hacia atrás, y el otro, el movimiento lateral. Así que no importa cómo te muevas, aun con los ojos cerrados el cerebro está informado.

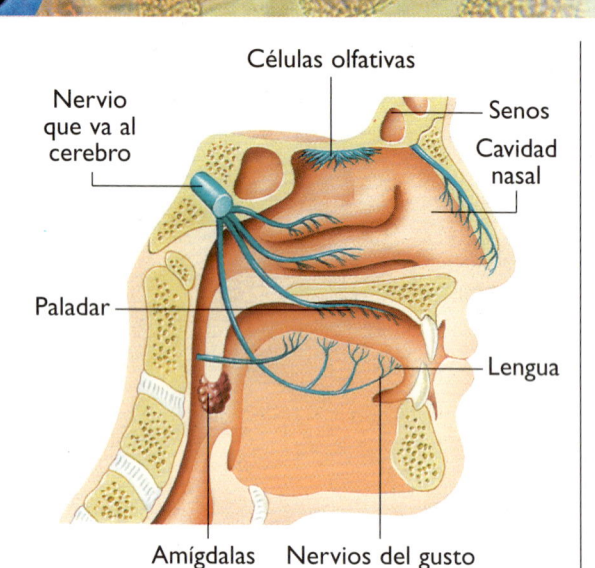

CUERPO HUMANO

Nervio que va al cerebro
Células olfativas
Senos
Cavidad nasal
Paladar
Lengua
Amígdalas
Nervios del gusto

▲ Las fibras nasales del olfato están en la parte superior de la cavidad nasal.

La lengua percibe los sabores y también sirve para hablar y cantar. Las papilas gustativas son pequeños brotes que mandan mensajes al cerebro para decir si lo que estás comiendo tiene buen o mal sabor.

¿Para qué sirve la nariz?

Evidentemente, la nariz es para oler y respirar. Dentro de ella hay millones de células olfativas que distinguen los olores. Además, la nariz limpia, entibia y humedece el aire que respiramos y le da un sonido agradable a la voz.

¿Cuántos olores podemos distinguir?

Casi todas las personas reconocen cerca de 4 000 aromas diferentes. Algunas tienen un olfato muy sensible, como los *chefs* o jefes de cocina, los catadores de vinos y los fabricantes de perfumes, y llegan a detectar 10 000 olores distintos.

¿Cómo obstruyen los resfríos o resfriados nuestro olfato?

Cuando nos resfriamos, las membranas nasales se defienden contra el virus produciendo grandes cantidades de mucosidad. Ésta obstruye la nariz e impide que las sustancias químicas del aire lleguen a las sensibles y delicadas células olfativas.

▶ Percibimos los cuatro sabores principales (dulce, salado, ácido y amargo) en distintas partes de la lengua.

DATOS SOBRE LOS SENTIDOS

■ Pon un dedo en tu lengua y trata de decir "¡hola!" ¿Ves cómo la lengua te ayuda al hablar?

■ La nariz, además de oler, ayuda a percibir los sabores. El aire lleva partículas diminutas de alimentos a la nariz, los nervios las detectan e informan al cerebro.

■ Tienes casi 10 000 papilas gustativas en la lengua.

■ Las papilas gustativas no duran para siempre. A los 60 años, la mayoría de las personas ya sólo tiene la mitad.

■ Las papilas gustativas sirven para detectar los venenos naturales de las plantas, que son muy amargos. Sin embargo, no pueden detectar los venenos químicos de sabor dulce o sin sabor.

¿Qué es el sabor?

El sabor es la combinación de cómo la lengua percibe las sustancias químicas de la comida y también cómo la nariz recibe su olor. El olfato es más importante cuando saboreas la comida. En la parte superior de la lengua hay conjuntos de células llamados papilas gustativas, que distinguen cuatro sabores: amargo, dulce, ácido y salado. El sabor de la comida es una combinación de estos cuatro sabores básicos.

Ácido
Amargo
Dulce y salado

¿Cómo la piel puede sentir las cosas?

La piel tiene cinco tipos de receptores distintos: sensibles al calor, frío, presión, textura y dolor. Estas células están conectadas a la médula espinal* y al cerebro mediante nervios sensoriales. Constantemente mandan señales de las condiciones de lo que nos rodea y de lo que sucede en la superficie de la piel. Los receptores de la presión ligera y del frío están cerca de la superficie; los receptores del calor y de la presión más fuerte están por debajo.

CUERPO HUMANO

◀ Las personas ciegas leen con el sistema Braille. Las yemas de los dedos son muy sensibles: un lector ciego capacitado puede leer un libro en Braille a la misma velocidad a la que leería las páginas impresas una persona que puede ver.

¿Cómo pueden leer los ciegos con los dedos?

A menudo, las personas ciegas desarrollan en compensación otros sentidos: el oído, el olfato y especialmente el tacto. Pueden aprender a leer mediante el tacto con el sistema Braille, que consta de perforaciones resaltadas en la superficie del papel, que representan el alfabeto y la puntuación. Los invidentes pueden leer alrededor de 100 palabras por minuto pasando las yemas de los dedos por las páginas.

¿Qué produce el dolor?

Cualquier estímulo con suficiente fuerza para lesionar los tejidos produce dolor, por ejemplo: una presión fuerte, una inflamación, espasmos musculares, y la presencia o ausencia de algunas sustancias químicas. También otros receptores sensoriales transmiten señales de dolor si el estímulo al que están respondiendo tiene suficiente fuerza. Por ejemplo, los receptores de la temperatura mandan una señal de dolor si la temperatura es demasiado caliente o fría. El dolor es útil: nos advierte que algo está mal e impide que nos hagamos daño.

El dolor te avisa si algo anda mal. Le advierte a tu cuerpo que tenga cuidado y se proteja. Sientes dolor cuando te tropiezas con algo porque tu cuerpo te está advirtiendo que te detengas: ¡hay algo en tu camino!

▶ Algunas partes del cuerpo tienen más células nerviosas que otras. Si el tamaño de las partes del cuerpo fuera proporcional a la cantidad de células nerviosas que contienen, ¡te verías así!

¿Cuáles son las zonas más sensibles del cuerpo?

Los labios son las partes más sensibles al tacto y a las texturas, mientras que la región lumbar es la menos sensible. Las zonas que sienten más la presión son las yemas de los dedos, y las que sienten menos son ¡las nalgas! Los labios y las yemas de los dedos son muy sensibles porque tienen más terminaciones nerviosas. Los dedos de las manos y de los pies tienen mucha sensibilidad porque sirven para investigar el mundo que nos rodea; los labios también son muy sensibles, como puedes ver en la figura de abajo.

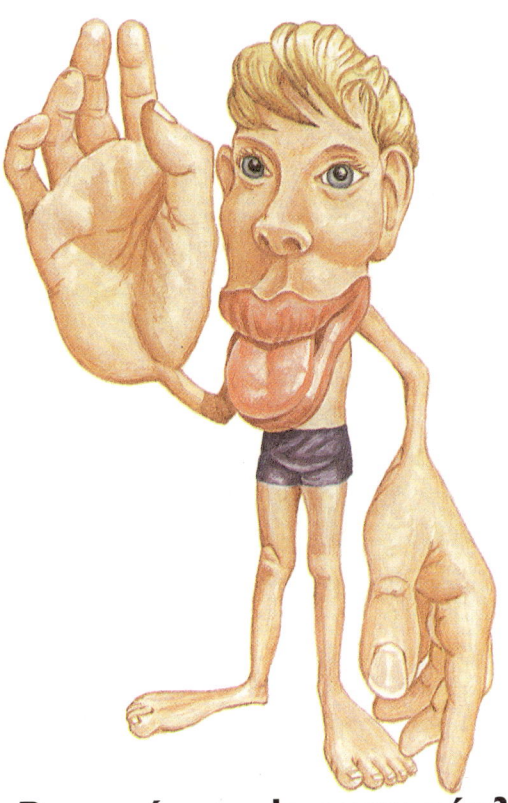

¿Por qué nos da comezón?

Se sabe poco del porqué sucede esto. A veces hay una causa evidente, como una costra o la picadura de un insecto. Cuando se estimulan los receptores del dolor puede sentirse comezón, pero ésta no se ha asociado específicamente a terminales nerviosas. Si piensas en algo que da comezón te pueden dar ganas de rascarte, pero el motivo es un misterio.

179

CUERPO HUMANO

LA REPRODUCCIÓN Y EL CRECIMIENTO

¿Cómo empieza la vida?
Los bebés comienzan a vivir cuando un óvulo de la mamá y un pequeño espermatozoide del papá se unen en el cuerpo de la madre. Esto se llama fecundación. El óvulo fecundado crece y se divide, y después de 9 meses nace un bebé.

¿De dónde vienen los óvulos?
Los óvulos se producen en los ovarios: son dos órganos con forma de almendra que hay en el cuerpo de la mujer. Más o menos una vez al mes a partir de la pubertad (entre los 10 y 14 años), y hasta los 45 ó 50 años, alternadamente cada ovario produce un óvulo.

¿De dónde vienen los espermatozoides?
Los órganos de reproducción masculinos son el pene y los testículos. El semen* o esperma* se produce en los testículos, y los espermatozoides se forman en unos pequeños conductos llamados túbulos seminíferos, luego son almacenados en otro tubo más largo y enrollado llamado epidídimo, que está envuelto en los testículos. El semen llega a la uretra del pene erecto* por dos tubos llamados conductos deferentes; de ahí pasa al cuerpo de la mujer. Los espermatozoides parecen renacuajos microscópicos, y uno solo puede fecundar el óvulo. La cabeza de cada espermatozoide tiene un núcleo* que se funde con el óvulo en el momento de la fecundación. La cola se queda fuera.

¿SABÍAS QUE...?

■ Cada testículo produce unos 50 millones de espermatozoides diariamente.

■ La menstruación sucede cada 28 días aproximadamente. El sangrado dura de 4 a 5 días.

■ Los espermatozoides se impulsan hacia el óvulo moviendo la cola.

■ Pueden liberarse 300 millones de espermatozoides, pero sólo unos cientos se aproximarán al óvulo y sólo uno podrá fecundarlo... si es que sucede la fecundación.

▼ Los órganos femeninos y masculinos de la reproducción. Durante la cópula*, el semen* pasa del pene a la vagina, llega al útero y viaja a las trompas de Falopio donde alcanza al óvulo.

¿Dónde ocurre la fecundación?
El semen* entra en el cuerpo de la mujer durante la relación sexual. El pene del hombre se pone duro y se introduce en la vagina de la mujer. El semen (líquido que contiene los espermatozoides) sale del pene en un chorro y entra a la vagina: en consecuencia puede fecundarse un óvulo. La fecundación ocurre en un conducto llamado trompa de Falopio, que conecta el ovario con el útero. El óvulo fecundado se desplaza al útero, donde el bebé se desarrolla.

¿Qué es el ciclo menstrual?
Las mujeres tienen un ciclo menstrual. Cada mes, uno de los ovarios libera un óvulo maduro y el recubrimiento del útero crece para recibir un óvulo fecundado. Si el óvulo no ha sido fecundado, ese revestimiento se rompe y se produce la menstruación que dura de 3 a 7 días. A todo el proceso se le llama ciclo menstrual y se lleva a

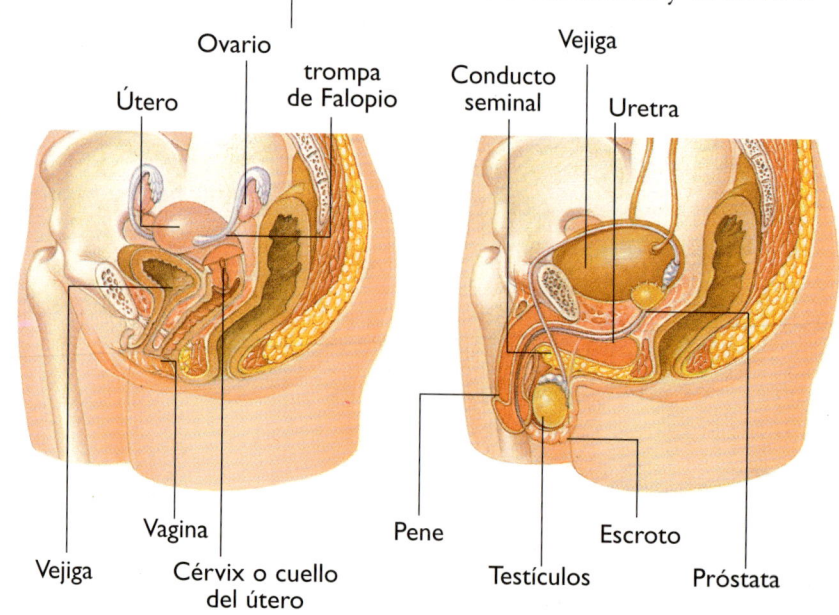

Útero — Ovario — trompa de Falopio
Vejiga — Vagina — Cérvix o cuello del útero

Vejiga — Conducto seminal — Uretra
Pene — Testículos — Escroto — Próstata

180

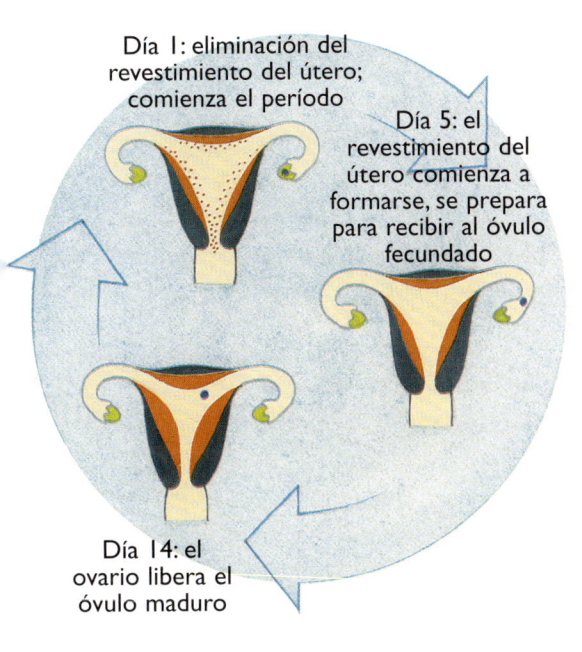

CUERPO HUMANO

Día 1: eliminación del revestimiento del útero; comienza el período

Día 5: el revestimiento del útero comienza a formarse, se prepara para recibir al óvulo fecundado

Día 14: el ovario libera el óvulo maduro

◀ La mujer comienza a tener períodos menstruales en la pubertad. Uno de los ovarios libera un óvulo cada mes. La fecundación de un óvulo es más probable entre los días 14 y 18 del ciclo.

¿A qué velocidad se desarrolla el embrión*?

El embrión crece muy rápidamente. Entre la cuarta y la octava semanas del embarazo se forman sus manos, pies y rasgos de la cara. A las ocho semanas ya tiene aspecto humano y sus órganos principales se están desarrollando.

¿Cuándo se le llama embrión* a un bebé?

Los bebés que todavía no nacen se llaman embriones, desde la fecundación hasta 8 semanas después. El embrión se forma de la bola de células que se aloja en el útero de la madre. Su vida depende de la placenta, que es un órgano con muchos vasos sanguíneos conectados al bebé a través del cordón umbilical. Por ese medio el bebé se alimenta.

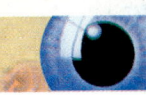

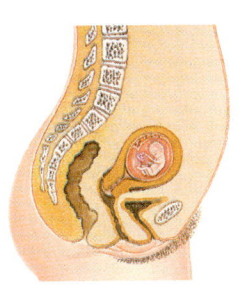

cabo aproximadamente en 28 días, aunque puede variar entre cada mujer. Algunas hormonas* de la pituitaria y de los ovarios regulan el ciclo.

COSAS DE LA VIDA

■ A las 4 semanas, el embrión* es del tamaño de un grano de arroz. Tiene cabeza y cola.

■ A las 16 semanas, la madre puede sentir los movimientos del bebé.

■ A las 20 semanas, el bebé ya tiene cejas y uñas.

¿Qué es la anticoncepción?

La anticoncepción es otro nombre del control de natalidad: se refiere a la variedad de métodos que impiden que la mujer se embarace. Los métodos de "barrera" impiden que los espermatozoides lleguen a los óvulos. Por ejemplo, el preservativo es una funda de caucho o hule que se coloca en el pene e impide que el semen* entre al útero. Las mujeres también pueden tomar píldoras anticonceptivas que impiden que los ovarios produzcan óvulos maduros.

¿Qué pasa cuando se fecunda un óvulo?

Si el óvulo es fecundado, su membrana externa se abulta y forma una especie de gelatina que impide la entrada de otros espermatozoides. El óvulo fecundado viaja por la trompa de Falopio hasta el útero. En este proceso comienza a dividirse, primero en 2 células, luego en 4, después en 8. Al llegar al útero es una bola de casi 100 células.

8 semanas

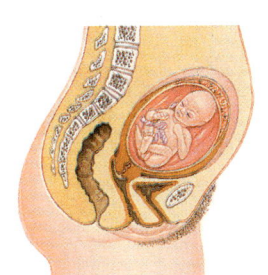

12 semanas

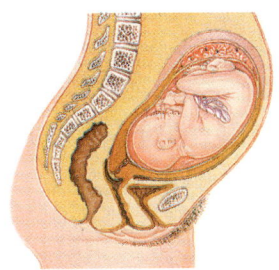

28 semanas

▶ El feto* crece en el útero de su madre; de ella recibe oxígeno y alimento por el cordón umbilical. A las 12 semanas ya tiene aspecto humano, dedos en manos y pies. A las 28 semanas está de cabeza. A las 38, está listo para nacer.

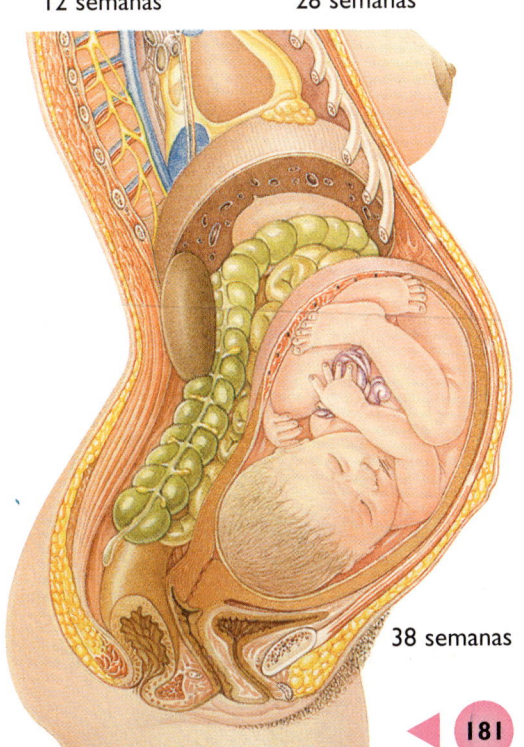

38 semanas

181

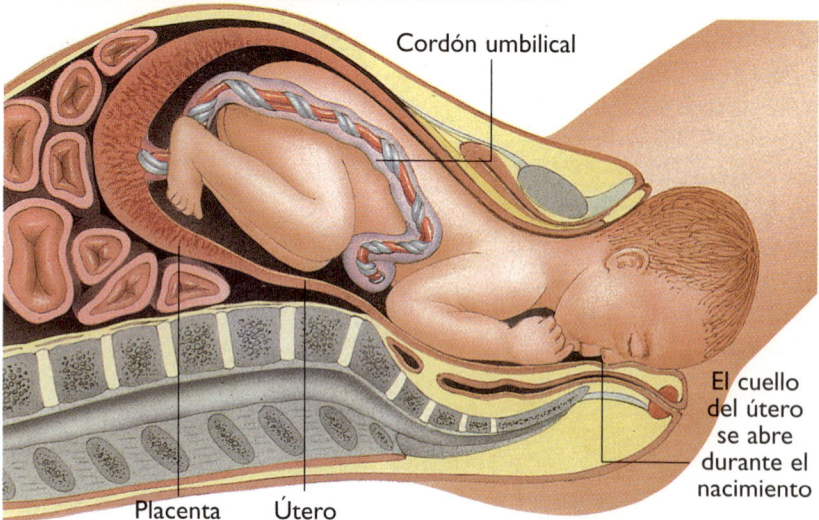

CUERPO HUMANO

Cordón umbilical

Placenta   Útero

El cuello del útero se abre durante el nacimiento

▲ Cuando un bebé está listo para nacer, el cuello del útero se abre y el bebé sale. Entonces comienza a respirar y se corta el cordón umbilical.

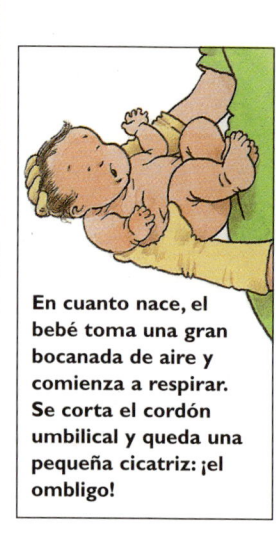

En cuanto nace, el bebé toma una gran bocanada de aire y comienza a respirar. Se corta el cordón umbilical y queda una pequeña cicatriz: ¡el ombligo!

◀ Los gemelos idénticos vienen del mismo óvulo y del mismo espermatozoide, que se divide y produce dos fetos* que al crecer son bebés iguales.

¿Qué pasa cuando nace un bebé?

Normalmente el nacimiento ocurre a las 38 semanas del embarazo. El proceso de nacer dura entre 6 y 12 hrs. La madre empuja con fuerza con sus músculos abdominales y el bebé pasa por el cuello del útero y la vagina, hasta salir al mundo.

¿Qué son los bebés gemelos?

Si los ovarios de la madre liberan dos óvulos y ambos son fecundados, se desarrollan dos fetos* en placentas distintas. Los gemelos idénticos tienen los mismos genes porque vienen del mismo óvulo y del mismo espermatozoide. El único óvulo fecundado se divide en una etapa inicial y produce dos fetos que se convierten en gemelos idénticos.

¿Qué es un nacimiento múltiple?

Cuando una mujer embarazada da a luz a más de dos hijos se le llama nacimiento múltiple. El mayor número de niños que se han producido en un nacimiento múltiple ha sido de 10.

¿Qué son los bebés de probeta*?

El primer bebé de probeta nació en Inglaterra el 25 de julio de 1978. Los bebés que nacen así se llaman de probeta, aunque no se desarrollan en ella. Se toman óvulos de la madre y se mezclan con el semen* del padre en un pequeño plato de cristal. Los óvulos son fecundados y los embriones* se mantienen vivos durante algunos días, antes de colocarlos en el útero de la madre. Este tratamiento ayuda a las personas que no pueden tener hijos naturalmente.

¿Qué puede sentir un recién nacido?

Un bebé tiene buen sentido del olfato, mucho mejor que el sentido del oído o la vista. Es por eso que primero aprende a reconocer a su madre por el olor.

¿Qué pasa en la primera semana de vida?

En esa primera semana los bebés sufren muchos cambios. Por ejemplo, la sangre que originalmente fluía por la arteria umbilical, ahora pasa por los pulmones, el hígado y el corazón. Un orificio que había entre ambos lados del corazón se cierra para que pueda funcionar bien. Los recién nacidos tienen muchos reflejos. Automáticamente vuelven la cabeza hacia el pecho de otra persona y cogen los objetos que les ponen en la palma de la mano.

CUERPO HUMANO

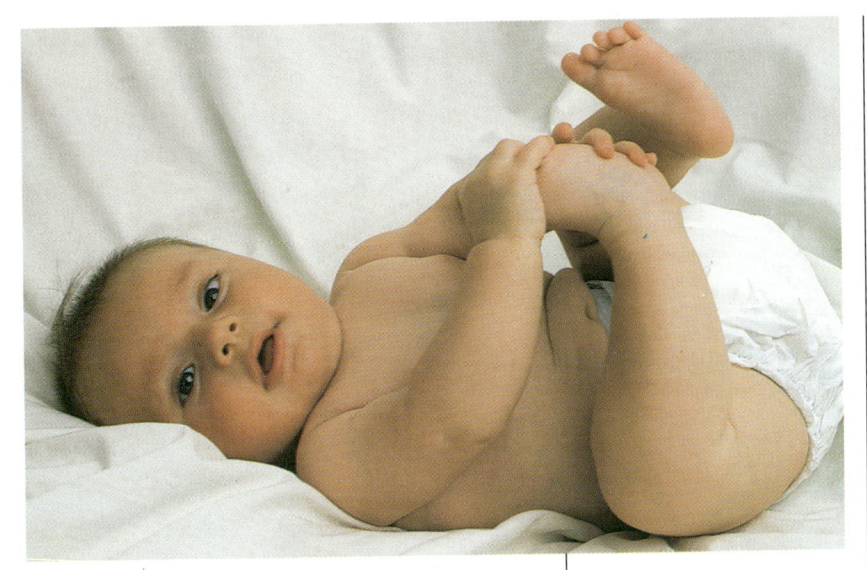

¿Cómo crecemos?
Casi todo nuestro crecimiento se debe al aumento de células de nuestro cuerpo. Éstas se dividen para formar otras células, y este proceso continúa hasta que hemos crecido por completo. La glándula* pituitaria produce una hormona* que regula el crecimiento. En la noche crecemos un poco más rápido porque aumenta el nivel de la hormona del crecimiento.

¿Qué es la pubertad?
Es el período de nuestra vida en que los órganos sexuales maduran y se producen otros cambios físicos, hasta convertirnos en hombres y mujeres.

En la pubertad, los ovarios de las niñas maduran y comienza su ciclo menstrual. Sus senos se desarrollan y sus caderas se hacen más anchas. Les sale vello en las axilas y en el pubis. Su voz se hace más grave. Niños y niñas pueden ponerse "gorditos".

En la pubertad, el pene y los testículos de los niños se hacen más grandes y comienzan a producir semen*. La forma de su cuerpo cambia y su tórax se hace más ancho. Puede comenzar a salirles barba y el vello del cuerpo se hace más grueso. Asimismo, empieza a nacerles vello en las axilas y en el pubis. Su laringe se desarrolla y la voz se vuelve más ronca o entrecortada.

¿Cómo empiezan los cambios de la pubertad?
La glándula* pituitaria que está ubicada en el cerebro da inicio a la pubertad tanto en los niños como en las niñas. Esta glándula estimula a otras para que produzcan hormonas* sexuales. En los niños, los cambios los provoca la testosterona, que se produce en los testículos. En las niñas, los estrógenos producidos en los ovarios causan los cambios.

¿Qué pueden hacer los bebés a los 3 meses?
A los 3 meses, los bebés pasan casi todo el tiempo acostados boca arriba. Pueden levantar un poco la cabeza, sonríen a sus padres y voltean hacia los ruidos. Pueden sujetar un sonajero o sonaja y tratan de coger los juguetes, pero sus movimientos no tienen control.

¿Cómo es un bebé a los 12 meses?
A esta edad, el bebé pesa el triple que al nacer. Gatea mucho y puede mantenerse de pie sujetándose de los muebles. Puede recoger con cuidado objetos entre el pulgar y los dedos, y ha aprendido a soltar las cosas. Ya reconoce su nombre y dice algunas palabras.

▲ Los bebés tienen una cabeza grande para alojar su cerebro. Necesitan un cerebro grande para aprender de su medio ambiente y responder a él.

DATOS SOBRE EL CRECIMIENTO

■ A los 6 meses de edad, los bebés han duplicado su peso y pueden estar sentados con apoyo.

■ Los niños crecen muy rápido durante los primeros 2 años de vida.

■ De los 3 a los 10 años, el crecimiento se hace más lento. En la pubertad hay un nuevo aumento repentino del crecimiento.

■ Los chicos pueden seguir creciendo hasta los 23 años.

■ Casi todas las niñas han terminado de crecer a los 20 años.

◀ A los 12 meses los niños ya se mantienen de pie y pueden dar unos pasos con ayuda.

183

CUERPO HUMANO

¿Cuándo estamos mejor físicamente?
Nuestro mejor momento se da entre los 20 y 30 años. Es cuando ya hemos dejado de crecer y tenemos mayor fuerza física.

¿Qué es envejecer?
Envejecer es un proceso natural en el que algunas de nuestras células poco a poco se hacen menos eficientes* y finalmente mueren. Todos pasamos por este proceso, pero su ritmo varía de persona a persona.

Los cinco sentidos y las defensas de nuestro cuerpo se deterioran conforme envejecemos.

¿La longevidad* es hereditaria?
Sí. La longevidad parece ser hereditaria, aunque sólo hasta cierto punto. Si olvidamos los accidentes, algunas familias son menos propensas* a las enfermedades y a los efectos del envejecimiento. Así que si tus abuelos han llegado a una edad avanzada, también tú podrías llegar.

Los científicos todavía no saben por qué las mujeres viven en promedio unos 8 años más que los hombres. En Occidente está aumentando la longevidad* de las personas. Alrededor del 13% de la población es mayor de 65 años.

▼ Nuestro aspecto y la forma de nuestro cuerpo cambian con la edad. Crecemos aproximadamente hasta los 20 años. Conforme envejecemos, tarda más la recuperación y sustitución de las partes lesionadas de nuestro cuerpo.

¿Qué son los cromosomas?
Los cromosomas son estructuras microscópicas con forma de filamento*, que están en el núcleo* de cada célula. Sólo son visibles cuando las células se dividen. Los cromosomas contienen la información necesaria para que la célula se desarrolle. Las células humanas normalmente tienen 46 cromosomas que vienen en 22 pares, más otro par especial que determina el sexo de la persona.

¿Qué son los genes?
Los genes son pequeñas secciones de los cromosomas. Los genes contienen un grupo de instrucciones que determinan las características de una persona, como el color de sus ojos. Cerca de la mitad de nuestros genes los heredamos de cada uno de nuestros padres.

6 años

4 años · 8 años · 15 años · 40 años · 60 años

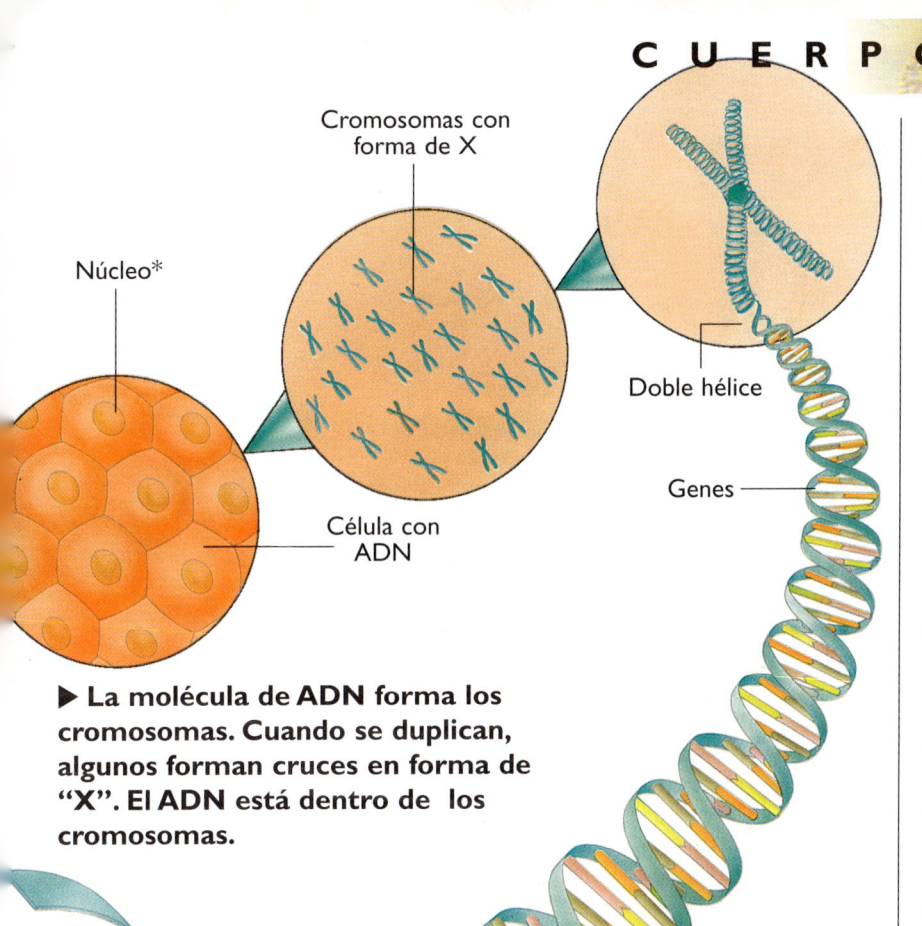

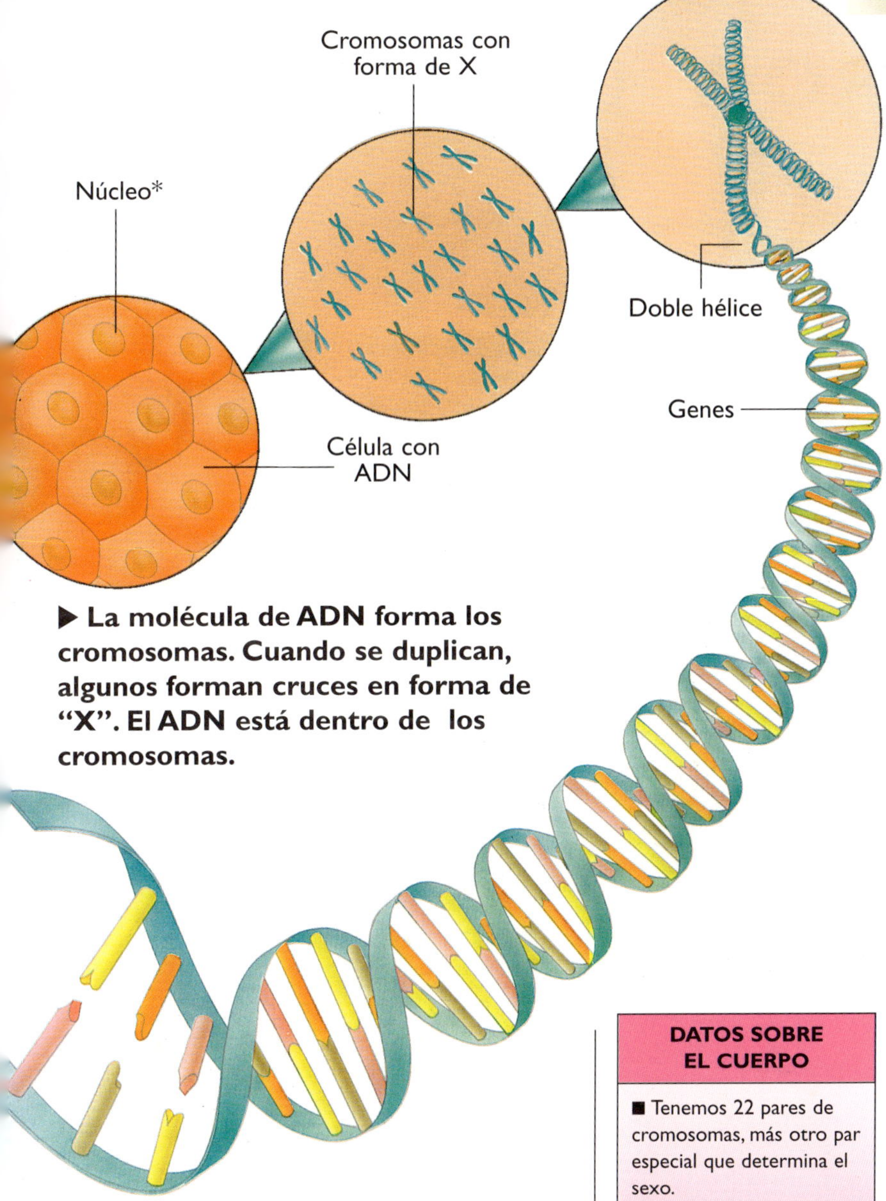

CUERPO HUMANO

Núcleo*

Cromosomas con forma de X

Doble hélice

Genes

Célula con ADN

▶ La molécula de ADN forma los cromosomas. Cuando se duplican, algunos forman cruces en forma de "X". El ADN está dentro de los cromosomas.

¿Qué es el ADN?
El ADN (ácido desoxirribonucleico) es la compleja sustancia química de la que están hechos nuestros genes y cromosomas. Contiene la información genética que pasa de una generación a otra. La molécula de ADN está en el núcleo* de la célula. Normalmente, los cromosomas parecen filamentos*, pero toman forma de "X" en las células que van a dividirse. El ADN consiste en dos filamentos largos entretejidos en espiral o doble hélice, como una escalera retorcida. La organización de los "peldaños" constituye el código genético.

DATOS SOBRE EL CUERPO

- Tenemos 22 pares de cromosomas, más otro par especial que determina el sexo.
- En promedio, las mujeres viven más que los hombres.
- Algunas enfermedades, como la hemofilia*, son hereditarias.
- No hay dos personas idénticas en aspecto ni en personalidad.
- La persona más anciana que se haya conocido vivió 121 años.
- Casi el 18% de nuestro cuerpo está hecho de carbón ¡que es el mismo material de los diamantes y de la punta de los lápices!
- Hay más hombres que mujeres con daltonismo*. 1 de cada 12 hombres tiene este defecto y sólo 1 de cada 250 mujeres lo tiene.

¿Qué características heredamos de nuestros padres?
Somos una mezcla de nuestros padres. El espermatozoide masculino y el óvulo femenino contienen 23 cromosomas cada uno, la mitad que cualquier otra célula. Cuando se unen ambos núcleos* para formar un óvulo fecundado, los cromosomas se combinan y suman 46 en total. La mitad de la información genética de todas las células viene del padre y la otra mitad de la madre. Heredamos rasgos como el color de la piel, el color del cabello y la forma general del cuerpo. Nuestras características pueden ser una combinación de ambos padres, o podemos parecernos más a uno de los dos.

¿Qué son los genes dominantes?
Dos genes, uno de cada padre, regulan casi el total de nuestros rasgos. A menudo no son idénticos. Por ejemplo, los genes que determinan el color de los ojos pueden ser distintos. Si tu padre te da un gen de ojos color marrón o café y tu madre uno de ojos azules, tendrás ojos color marrón porque este gen anula al de ojos azules. Al gen de ojos color marrón se le llama dominante.

¿Cómo se determina el sexo de un bebé?
Las mujeres tienen dos cromosomas X en el par vigésimo tercero (23) de cromosomas. Los hombres tienen uno X y otro Y. Todos los óvulos llevan un cromosoma X. Casi la mitad de los espermatozoides llevan uno X, y la otra mitad lleva uno Y. Si un espermatozoide Y fecunda el óvulo, el bebé tendrá un cromosoma X y otro Y y será niño. Si un espermatozoide X fecunda el óvulo, el bebé tendrá dos cromosomas X y será niña.

CUERPO HUMANO
EL CEREBRO Y LA MENTE

¿Qué aspecto tiene el cerebro?
Visto desde arriba, el cerebro parece una nuez gigantesca. Es arrugado, de color rosa-grisáceo y tiene la consistencia de un budín espeso.

¿De qué está hecho el cerebro?
El cerebro es una masa de más de 10 billones* de neuronas*. Están rodeadas y sostenidas por unas células que las nutren llamadas glías.

¿Qué función tiene el cerebro?
El cerebro es el órgano de mando y control del cuerpo. Envía y recibe mensajes de todos los órganos y tejidos de éste. Nos permite aprender, razonar y sentir. Además de nuestras acciones voluntarias o conscientes, también regula las actividades involuntarias como el latir del corazón y la digestión.

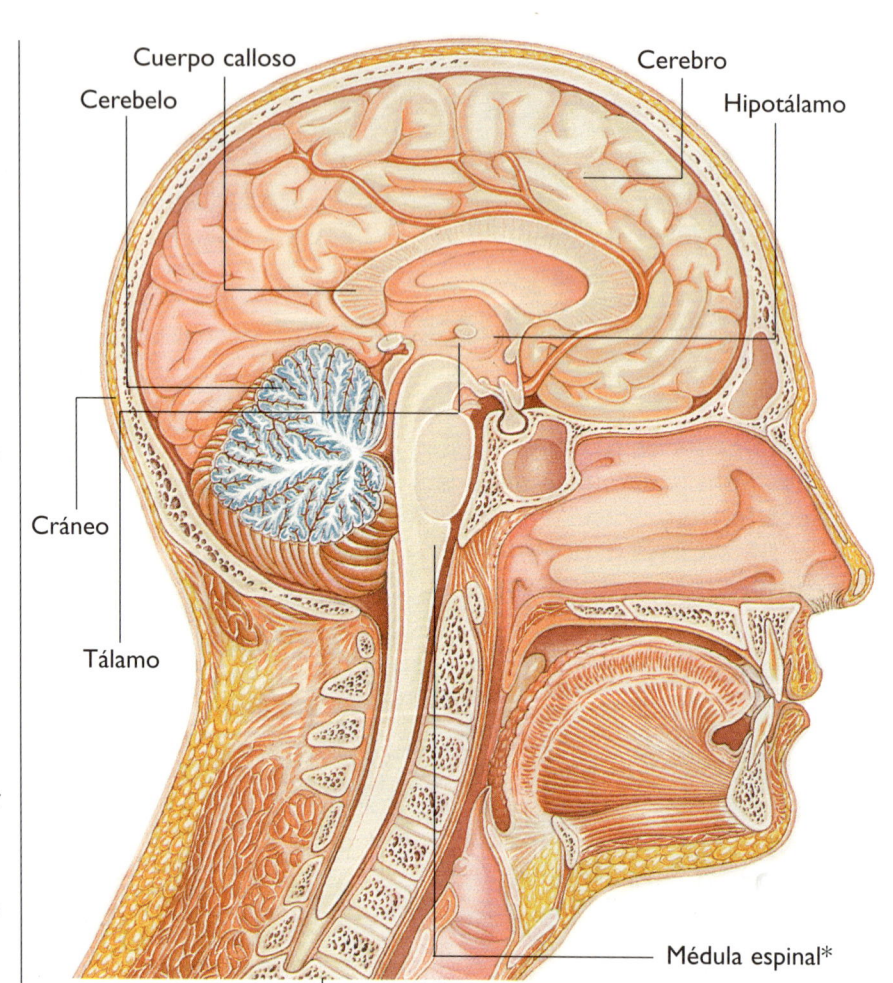

Cuerpo calloso — Cerebro — Cerebelo — Hipotálamo — Cráneo — Tálamo — Médula espinal

▲ Los huesos del cráneo protegen al cerebro. Su parte más grande regula la conciencia y también se llama cerebro.

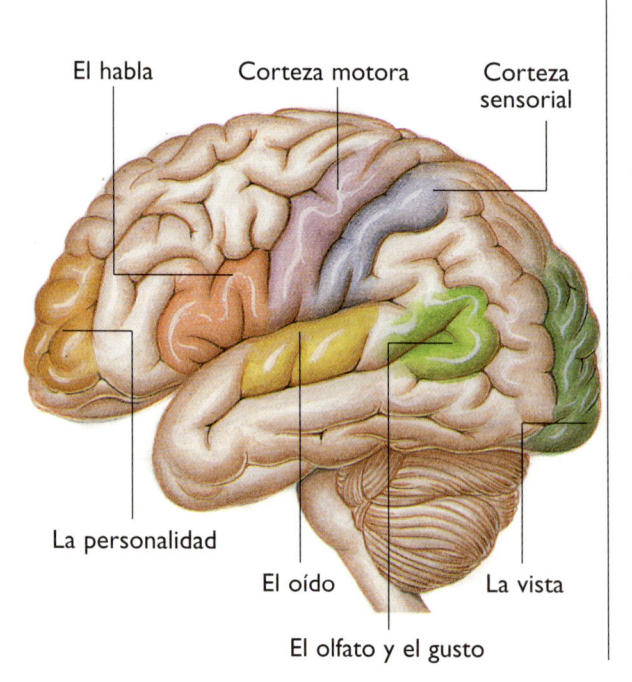

◀ Las diferentes partes del cerebro procesan distintos tipos de información.

El habla — Corteza motora — Corteza sensorial — La personalidad — El oído — La vista — El olfato y el gusto

¿Qué protege al cerebro?
El cráneo protege al cerebro de casi todas las lesiones físicas. Además, está protegido por tres capas de tejido que lo envuelven, llamadas meninges. La capa interna es una barrera cuya función es impedir la entrada de bacterias al cerebro. La capa media contiene el líquido cefalorraquídeo, que nutre y da oxígeno al cerebro, y además absorbe los golpes, amortiguando posibles daños. La capa externa reviste el cráneo, que está formado por varios huesos unidos.

CUERPO HUMANO

¿En qué se parecen el cerebro y una computadora?

Igual que las computadoras, el cerebro está formado por circuitos* que transmiten señales eléctricas, estos circuitos están hechos de neuronas*. Como en una computadora, algunos de los circuitos del cerebro forman una memoria para almacenar información, y otros sirven para elaborar la información que llega y responder a ella.

¿Cuáles son las partes principales del cerebro?

Las tres partes principales del cerebro son: la médula espinal* (debajo), el cerebelo (detrás) y el cerebro (en la parte superior). La parte más grande es el cerebro (cerca del 85% del peso de la masa encefálica), que nos da la inteligencia y las emociones. Nos sirve para pensar, sentir y recordar.

¿Por qué casi todas las personas son diestras?

El lado izquierdo del cerebro está conectado al lado derecho del cuerpo. Las neuronas* que transmiten mensajes desde el cerebro se cruzan en la base de éste. Las señales del lado izquierdo van al lado derecho del cuerpo y viceversa. El lado izquierdo del cerebro domina en casi todas las personas. Como este lado regula el movimiento del lado derecho del cuerpo, por eso la mayoría de las personas manejan mejor la mano derecha.

¿Tienen funciones distintas la mitad izquierda y la derecha del cerebro?

Sí. En la mayoría de las personas el lado izquierdo domina el habla, la escritura y el pensamiento lógico. El lado derecho se relaciona con la creatividad y lo artístico.

El cerebro es tan importante que una cuarta parte de la sangre que el corazón bombea llega a él. La capacidad de éste para almacenar información es extraordinaria. Una persona de 80 años es capaz de recordar a menudo y con gran precisión un acontecimiento de su primera infancia. Los científicos todavía no saben cómo los 10 billones* de neuronas* del cerebro logran realizar esta hazaña.

DATOS SOBRE EL CEREBRO

- El cerebro humano pesa aproximadamente 1.4 kg, o sea, cerca del 2.5% del peso corporal.
- A los 5 años, el cerebro de los niños ya alcanzó el 90% de lo que será su peso total.
- El cerebro tiene una forma similar a la de una coliflor.
- El cerebro tiene 10 billones* de neuronas*.
- El borde externo del cerebro, "zona del pensamiento", es del tamaño aproximado de la página de un diario o periódico, pero está muy comprimido.
- La materia gris es la parte del cerebro y de la médula espinal* que contiene los cuerpos de las neuronas*.

¿Es diferente el cerebro de las niñas que el de los niños?

Hay pruebas de que existe una ligera diferencia entre el cerebro de las niñas y el de los niños. En general, casi todos los niños se desempeñan mejor en actividades que exigen "habilidades espaciales", es decir, concebir la forma y posición de los objetos o figuras. Las niñas son mejores para usar las palabras y suelen aprender a leer antes que los niños.

¿Qué es la mente?

De la mente surgen nuestros pensamientos, recuerdos y sentimientos. Casi todo el mundo piensa que la mente está en el cerebro.

¿Cuántas cosas podemos recordar?

Es posible recordar una lista de aproximadamente siete cosas al mismo tiempo. Por eso casi todos tenemos problemas para recordar números telefónicos de más de siete cifras. Si los números están agrupados, se hace más fácil recordarlos porque la memoria puede retener unos siete "conjuntos" o grupos de información al mismo tiempo. La memoria está situada en más de una zona del cerebro.

¿Cómo aprendemos?

Se aprende de muchas formas distintas. Es posible que pronto olvidemos la información que aprendimos para un examen. Pero cuando aprendemos a hacer algo, como andar en bicicleta o nadar, podemos retenerlo para siempre. Gran parte del aprendizaje consiste en imitar a otras personas. Los animales así aprenden de sus padres. Los seres humanos también aprenden de la información que les transmiten, por ejemplo, de los libros.

CUERPO HUMANO

¿Qué es el instinto?
Un acto instintivo es algo que podemos hacer sin haberlo aprendido. Un recién nacido voltea la cabeza automáticamente para mamar del seno de su madre. Esta conducta instintiva le ayuda a sobrevivir, ya que necesita alimentarse enseguida y no puede permitirse usar tiempo en aprenderla.

¿Qué son los reflejos condicionados?
Los reflejos condicionados son los movimientos que inicialmente coordinamos conscientemente, pero que luego aprendemos a realizar automáticamente. Al aprender a jugar fútbol, nadar o andar en bicicleta se desarrollan muchos reflejos condicionados.

¿Qué es la inteligencia?
Los psicólogos (científicos que se encargan del estudio de la mente) no se ponen de acuerdo para definir la inteligencia. En pocas palabras, la inteligencia es la capacidad mental de razonar, de aprender y de entender. Hay muchas formas distintas de mostrar la inteligencia, desde escribir un cuento original hasta resolver un problema matemático. La inteligencia abarca muchas habilidades mentales, y casi todos desempeñamos unas mejor que otras.

▲ Un bebé chimpancé observa a un adulto explorar un nido de termitas con un palo. De este modo aprende a usar una herramienta sencilla.

Los delfines tienen una gran capacidad de aprender tareas complejas y de comunicarse entre sí. También es posible enseñarles a emitir sonidos parecidos a los de algunas palabras. Algunos expertos creen que pueden aprender los rudimentos* de un auténtico lenguaje humano.

◄ Para jugar bien ajedrez, un jugador necesita usar estrategias, es decir, debe anticipar posibles jugadas y calcular los resultados probables de cada una.

¿Por qué los seres humanos son tan inteligentes?
Los seres humanos somos más inteligentes que otros animales porque nuestro cerebro es más grande. Esto nos da mayores posibilidades de razonar y nos permite comunicarnos por medio del lenguaje. Así, el conocimiento puede extenderse rápidamente y pasar de una generación a otra. La capacidad de caminar erguidos* libera nuestras manos para poder elaborar herramientas que nos permiten hacer muchas cosas que los animales no hacen.

¿Cuál es el animal más inteligente?
Después de los seres humanos, los animales más inteligentes quizá sean los chimpancés o los delfines. Ambos tienen buena capacidad de resolver problemas y comunicarse.

¿La inteligencia se hereda?
Se ha comprobado que en cierta medida la inteligencia es hereditaria. Pero el medio ambiente en el que creces (cómo seas estimulado en el juego, la lectura y escritura), desempeña una función muy importante, ya que contribuye a que aproveches al máximo las aptitudes heredadas.

CUERPO HUMANO

¿Qué es la personalidad?

La personalidad describe las características particulares de los individuos, por ejemplo, si son inquietos o tranquilos, serios o alegres. La personalidad a veces se mide a partir de si alguien es extrovertido o introvertido. Casi todos somos un poco de las dos cosas.

¿De dónde vienen nuestros sentimientos?

En la vida cotidiana reaccionamos ante las imágenes, sonidos y olores que nos rodean. Nuestros sentimientos se originan en el cerebro y son una respuesta particular a nuestra experiencia. En ellos participan muchas zonas, en especial el hipotálamo y el cerebro. Los sentimientos surgen como resultado de señales nerviosas de los sentidos o de la corteza. Son una respuesta a nuestros pensamientos.

▼ Los bebés pueden reproducir todos los sonidos de todas las lenguas del mundo. Pero aprenden a seleccionar y emplear los que escuchan más a menudo.

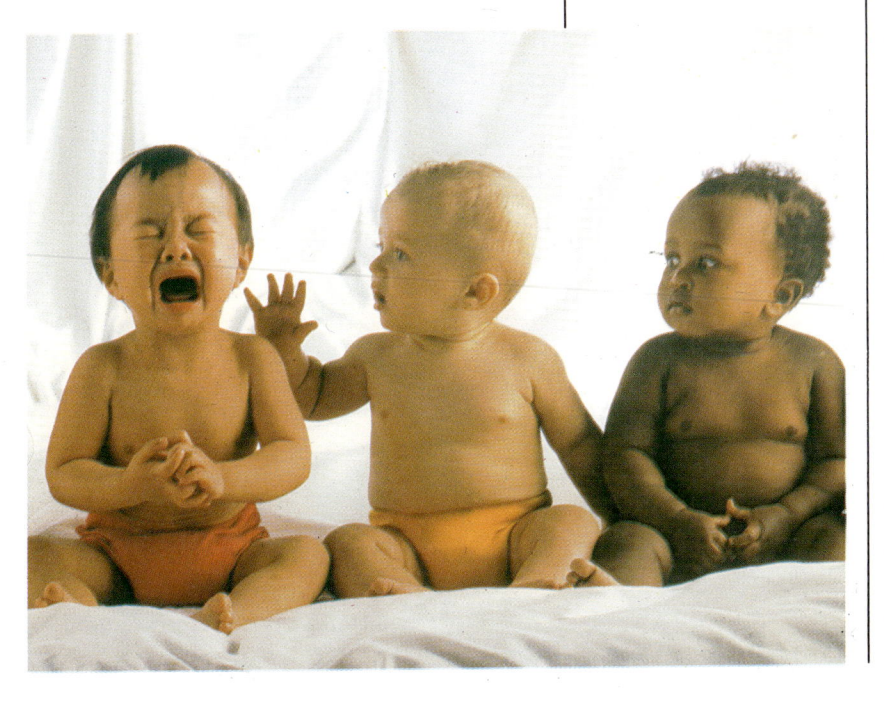

DATOS SOBRE EL LENGUAJE

- La lengua española tiene alrededor de 400 000 palabras.
- Las personas que hablan español usan un promedio de 2 000 palabras.
- En el mundo hay cerca de 5 000 lenguas. Las más comunes son el chino mandarín y el inglés.
- El Dr. Harold Williams (1876-1928) de Nueva Zelanda, hablaba 58 lenguas.

▲ A una persona extrovertida no le avergüenza presentarse en público, es sociable y le gusta relacionarse con la gente. A los extrovertidos como la estrella de rock Gary Glitter les gusta cambiar y actúan por impulso.

¿Cómo se comunican los bebés?

Los bebés comienzan a comunicarse por el llanto. Los padres pronto logran conocer los distintos tipos de llanto. Los bebés lloran diferente cuando tienen hambre que cuando están cansados o frustrados. La expresión de la cara también es importante. Los bebés de pocos meses de edad pueden comunicar su estado de ánimo sonriendo o frunciendo el ceño*.

¿Qué tan rápido aprendemos a hablar?

De bebés comenzamos a balbucear: estamos aprendiendo a reproducir los sonidos de nuestro idioma. Alrededor del primer año decimos nuestras primeras palabras. A los 2 años ya tenemos un vocabulario de varios cientos de palabras y podemos formar frases cortas. A los 3 años formamos oraciones y a los 4 hemos aprendido las reglas básicas de la gramática.

CUERPO HUMANO

¿Qué es el lenguaje corporal?

Es la comunicación no verbal, o sea, todo lo que decimos sin palabras. Esto incluye el tono de voz, la expresión facial, los gestos y movimientos de las manos y la postura. Los gestos de las manos pueden significar cosas diferentes en las distintas culturas. La señal con el pulgar hacia arriba en inglés quiere decir aprobación, en francés significa "cero" y en japonés, "dinero". En otros países es un gesto grosero.

¿Qué es el comportamiento social?

Es la forma en que actuamos con otras personas. En particular, es la conducta de alguien en un grupo, como la familia, un grupo de amigos o un grupo de la escuela. La presión social es la que un grupo de personas ejerce sobre un individuo para que se comporte de determinada manera. Por ejemplo, dentro de un grupo de amigos puedes sentirte presionado para disfrutar el mismo tipo de música y vestirte como los demás, o ir a los mismos lugares. A veces, es divertido pertenecer a un grupo, pero también es bueno tener ideas y valores propios.

DATOS SOBRE EL SUEÑO

- En promedio, casi todas las personas duermen unas 8 hrs diarias. De modo que ¡probablemente pases 20 años de tu vida durmiendo!
- El cuerpo crece y se recupera en períodos de 3 ó 4 hrs de sueño profundo, llamado sueño ortodoxo.
- Soñamos en la fase* del movimiento rápido de los ojos (REM por sus siglas en inglés), entre 2 y 3 hrs durante la noche.
- Durante el sueño REM nuestros ojos se mueven mucho bajo los párpados.
- Algunas personas que padecen un extraño estado llamado insomnio* total, pueden pasar muchos años sin dormir bien.
- Los bebés duermen casi todo el tiempo porque están creciendo rápidamente.
- Dormimos más cuando estamos enfermos porque el cuerpo necesita tiempo para reposar y recuperarse.

¿Por qué necesitamos dormir?

Nadie sabe bien por qué. Desde luego, cuando dormimos nuestro cuerpo descansa, y se cree que durante el sueño se reparan nuestros tejidos, se producen nuevas células y nos recuperamos de las actividades del día. El cerebro sigue muy activo durante el sueño; algunas personas piensan que el cerebro clasifica los acontecimientos del día, organizando la información nueva y relacionándola con la anterior. Esto puede ayudarnos a aprender de las nuevas experiencias. Los recién nacidos necesitan 16 hrs de sueño al día; las personas de 65 años sólo necesitan 6.

Algunas personas son sonámbulas*. Nadie sabe cuál es la causa del sonambulismo. Las partes del cerebro que controlan el movimiento y el habla se quedan despiertas. El sonámbulo puede hablar, sentarse y hasta caminar, pero cuando despierta no recuerda nada.

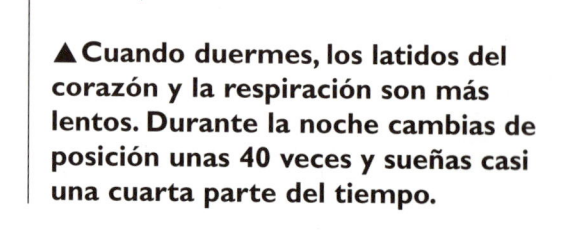

▲ Cuando duermes, los latidos del corazón y la respiración son más lentos. Durante la noche cambias de posición unas 40 veces y sueñas casi una cuarta parte del tiempo.

CUERPO HUMANO

¿Por qué soñamos?

Todos soñamos de noche, pero no recordamos la mayor parte de los sueños. Según el psicoanalista* Sigmund Freud, los sueños pueden revelar en forma disfrazada nuestros deseos y temores secretos. Otros sueños pueden ser simplemente la forma que usa el cerebro para clasificar y organizar los acontecimientos del día.

¿Qué es una ilusión óptica?

Una ilusión óptica es una imagen que el cerebro interpreta equivocadamente o de manera extraña. Por ejemplo, cuando ves la Luna llena en el horizonte, parece ser mucho más grande que cuando está en lo alto del cielo. Pero si midieras su dimensión con una regla sostenida con el brazo estirado, verías que en ambos casos mide lo mismo.

¿Qué produce las enfermedades mentales?

Hay muchas causas de enfermedad mental. Algunos factores sociales como las viviendas inadecuadas, el desempleo, los problemas familiares o la presión en la escuela o el trabajo pueden producir tensiones y luego enfermedades mentales. Se piensa que muchas de éstas se deben a un desequilibrio de las sustancias químicas del cerebro.

El retraso mental o la grave dificultad de aprendizaje no se debe confundir con la enfermedad mental. El retraso es el resultado de lesiones permanentes del cerebro que pueden obedecer (como en el síndrome de Down) a trastornos genéticos. Hasta la fecha, no es posible curar esas condiciones, pero las personas que tienen este tipo de retraso mental pueden lograr muchas cosas.

▶ Esta imagen es un ejemplo de ilusión óptica. El agua pareciera que fluye hacia arriba y hacia abajo. Pero no es posible, ¿o sí?

¿SABÍAS QUE...?

■ 4 de cada 5 sueños son a colores, pero las personas describen casi todos los sueños como si fueran en blanco y negro.

■ Los sueños pierden color al borrarse de la memoria. Si despiertas después de 10 min de haber soñado, no recordarás nada.

■ También los animales sueñan. A veces parece que los perros estuvieran cazando y emiten ruidos de emoción.

■ Los temores irracionales se llaman fobias.

■ Algunas personas le tienen miedo a los lugares abiertos (agorafobia).

■ A otras no les gustan los lugares cerrados (claustrofobia).

■ Algunas personas le tienen miedo a las arañas (aracnofobia), aunque sepan que son inofensivas.

Los sueños pueden causar miedo o tristeza, pero sólo pasan en la imaginación. Un sueño que provoca miedo se llama pesadilla. Es posible gritar durante el sueño y sentir que no podemos movernos hasta que despertamos bien.

¿Qué es la depresión*?

La depresión es la forma más frecuente de enfermedad mental. Una persona deprimida se siente muy triste y desesperada. Su autoestima* es muy escasa, a menudo no tiene apetito, no puede dormir ni trabajar bien. Muchas personas que padecen depresión pueden ser ayudadas con medicamentos antidepresivos y terapia* psicológica.

¿Las fobias se curan?

Una fobia es un profundo miedo irracional, por ejemplo, a los espacios abiertos, a las serpientes, a la altura o a los lugares cerrados. Una terapia puede ayudar a las personas a comprender lentamente su miedo y acostumbrarse a él. Alguien que, por ejemplo, tiene miedo a las arañas, gradualmente se puede acostumbrar a verlas de cerca y aún a tocarlas. Las aerolíneas toman muy en serio el miedo a volar y a menudo imparten cursos para ayudar a las personas a superarlo.

191

CUERPO HUMANO

La Salud y la Medicina

Béisbol · Ciclismo · Tenis · Gimnasia · Baloncesto

▲ Mantenerte en forma te ayuda a crecer fuerte y estar saludable. Hay muchas formas de disfrutar la actividad física, de manera individual o con amigos.

¿Qué necesitamos para estar en forma?

Practicar ejercicio regularmente contribuye al mejor funcionamiento del cuerpo. Para desarrollar un corazón y pulmones sanos, los expertos recomiendan hacer al menos 15 minutos de entrenamiento físico tres veces por semana. Nadar, correr, andar en bicicleta y hacer ejercicios aeróbicos nos ayudan a desarrollar resistencia física. Si tienes un problema especial de salud, necesitas consultar a tu médico antes de hacer este tipo de ejercicios.

¿Qué es la higiene?

La higiene es la ciencia de la salud y la limpieza. Una dieta balanceada, suficiente ejercicio, mantenerse limpios y acudir con frecuencia al dentista son fundamentales para estar sanos. La limpieza impide que los gérmenes se propaguen, y cuidar los dientes evita que se deterioren.

▼ Acudir al dentista es una forma de garantizar que tus dientes y encías estén sanos. Si el problema se encuentra a tiempo, puede ser solucionado.

CUERPO HUMANO

Vitaminas A, B, D, calcio y hierro.

Vitaminas A, C, E, K, calcio, yodo y potasio.

Vitaminas B, D, E, cinc y magnesio.

Vitaminas A, B, D, E, hierro, azufre y yodo.

¿Tomar muchas vitaminas hace daño?

En muchos casos no, pero hay excepciones. Tomar constantemente dosis* de vitamina D cien veces superiores a la cantidad recomendada puede producir insuficiencia* renal. Si una mujer embarazada toma cantidades excesivas de vitamina A, puede causar defectos al feto*. Si llevas una dieta balanceada no necesitas tomar píldoras de vitaminas.

¿Qué alimentos conviene evitar?

Debemos reducir el consumo de sal y de grasas animales porque incrementan el riesgo de padecer enfermedades cardiacas. Demasiada azúcar y grasas nos hacen engordar y ocasionan diabetes*, enfermedades del corazón y de los riñones.

▶ Comer demasiado puede hacer que una persona engorde. La gente trata de adelgazar reduciendo el consumo de carbohidratos y grasas. Una dieta balanceada y hacer ejercicio con regularidad también ayudan a bajar de peso.

▲ Los distintos alimentos contienen las diferentes vitaminas y minerales. Una dieta balanceada te da todas las vitaminas y minerales que necesitas.

▶ Lavarte los dientes después de cada comida y usar hilo dental te ayuda a mantener tus encías y dientes limpios y saludables.

¿Qué es un vegetariano?

Es alguien que no come carne roja. Casi todos los vegetarianos comen diariamente productos como huevos y leche, pero algunos evitan todos los productos de origen animal y sólo comen vegetales. La dieta* de un vegetariano contiene menos grasas que la de alguien que come carne.

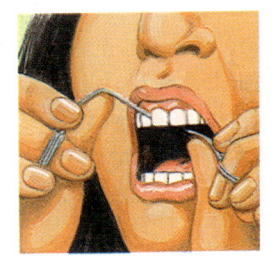

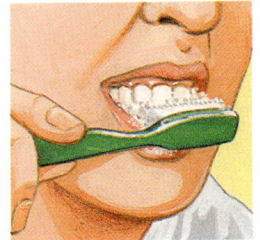

¿Por qué es tan importante lavarse los dientes?

Porque ayuda a eliminar el sarro* que los destruye. Para eliminar la mayor cantidad posible de sarro debes lavarte los dientes después de cada comida y limpiar el espacio entre ellos con hilo dental. Para saber si te lavas bien los dientes, usa unas pastillas especiales que muestran el sarro acumulado, pintándolo de rojo. A veces se añade flúor* al agua porque ayuda a fortalecer el esmalte* de los dientes de los niños.

CUERPO HUMANO

¿Qué es una enfermedad?
La enfermedad es una condición, más que una lesión, que impide que el cuerpo funcione adecuadamente. Algunas enfermedades son producidas por microorganismos llamados microbios que entran en el cuerpo y se alimentan y reproducen en él. Pueden lesionar el cuerpo o intoxicarlo si liberan sustancias tóxicas de desecho. Otras enfermedades se deben a alguna falla en alguno de los sistemas* del cuerpo.

¿Qué microbios producen enfermedades?
Los microbios que producen enfermedades se llaman gérmenes. Hay cuatro tipos principales: virus, bacterias, protozoarios y hongos.

¿Qué son las bacterias?
Son seres vivos unicelulares, más pequeños que las células de nuestro cuerpo. Las bacterias están en todas partes: en el aire, el suelo y en nuestra piel. Entre las enfermedades que producen están el cólera, el tétanos, la tuberculosis, la tosferina o tos convulsa, la tifoidea y casi todas las intoxicaciones por alimentos.

¿Qué son los virus?
Son los seres vivos más pequeños. Casi todos son unas 1 000 veces más pequeños que el punto de una "i". Realmente sólo viven al llegar a las células de otro ser vivo (organismo), donde comienzan a multiplicarse. Por sí solos, los virus no pueden alimentarse ni crecer, y no dan señales de vida.

▶ Las bacterias están en todos lados y la mayor parte de ellas no hacen daño, pero algunas sí. La bacteria *Salmonella* con frecuencia causa intoxicación por alimentos.

Mosca

Ratón

▲ Normas sencillas de higiene pueden evitar las enfermedades infecciosas*. Hay que proteger los alimentos de las moscas y los roedores, que dejan bacterias nocivas*.

¿Cómo se propagan las enfermedades?
Los gérmenes o agentes patógenos* se propagan de muchas formas. Los virus que producen los resfríos o resfriados y las gripes se difunden en las gotas de saliva que una persona infectada expulsa al toser, estornudar o espirar*. Otras enfermedades se contagian a través de los alimentos y bebidas, como la intoxicación por comida causada por la bacteria *Salmonella*. Algunos animales son portadores de enfermedades que contagian a las personas. Por ejemplo, las pulgas de las ratas negras llevan el germen que causó las pestes* en la Edad Media.

¿Cómo responde el cuerpo ante los gérmenes?
Lo hace de distintas formas. Si hay una herida en la piel, pronto se forma un coágulo* que la sella. La nariz, boca, vías respiratorias e intestinos están forrados de una mucosidad que impide el paso de los microbios. Las lágrimas, el sudor y la cera de los oídos los matan con sustancias químicas. Los fuertes ácidos del estómago matan casi todos los gérmenes que hay en los alimentos.

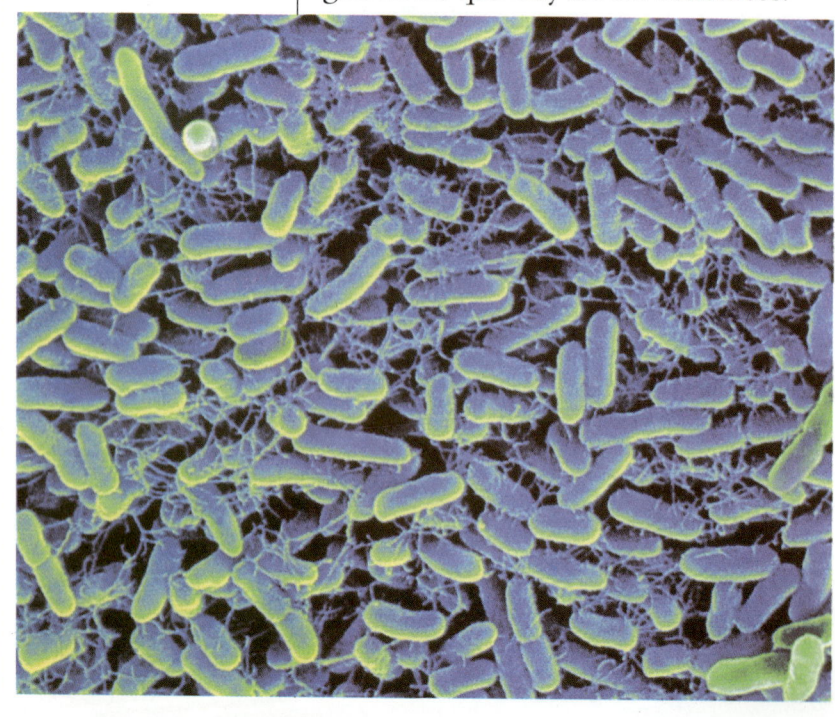

CUERPO HUMANO

◀ **El sistema* linfático es la defensa del cuerpo contra los gérmenes que están en el aire, agua, animales e insectos.**

☐ Vasos linfáticos
☐ Vasos sanguíneos

Ganglio linfático

Invasión de gérmenes en la piel

Vasos linfáticos

Glóbulos blancos

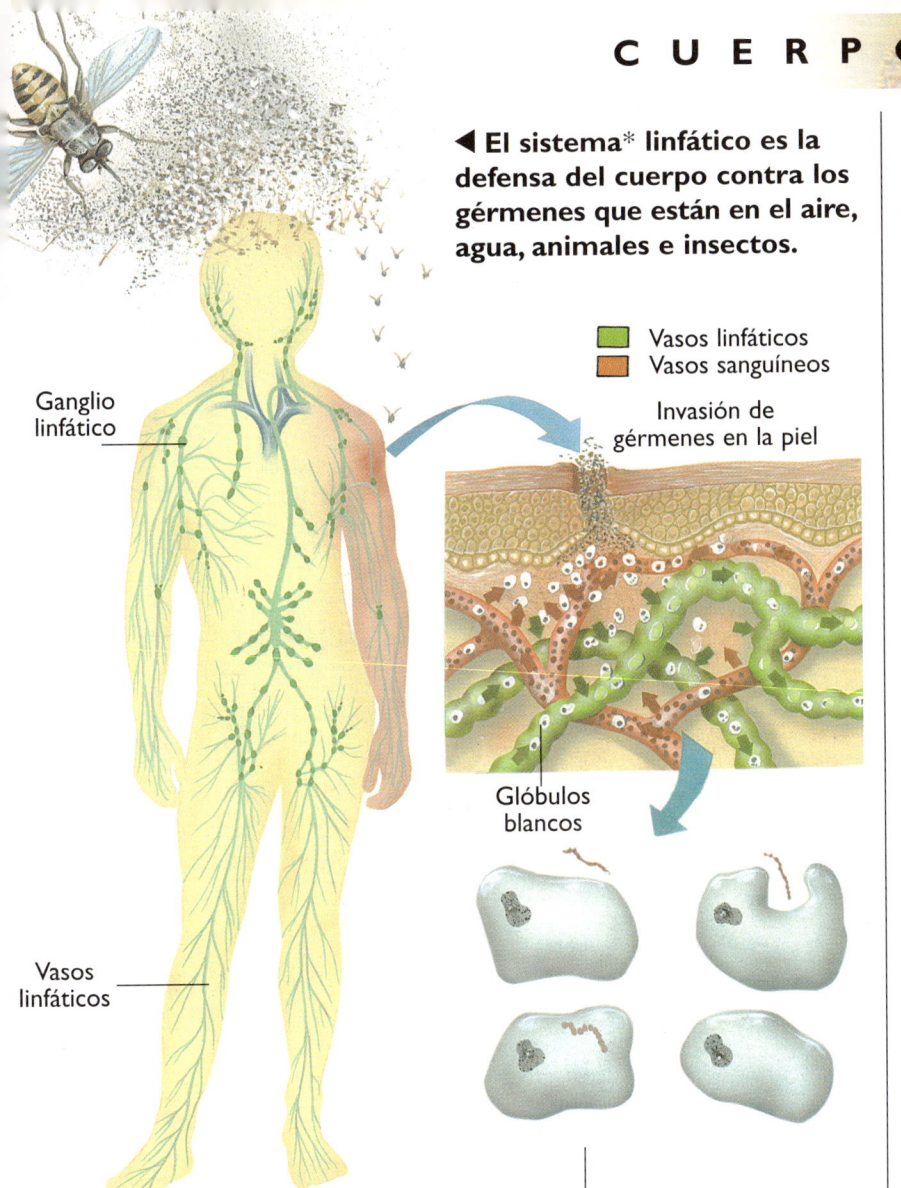

¿Qué son los anticuerpos?

El sistema* inmune es nuestra defensa contra las infecciones*. Dos tipos de glóbulos blancos reaccionan contra los gérmenes nocivos* y neutralizan* su acción. Los linfocitos producen anticuerpos que destruyen los microbios, y los fagocitos se los comen. Los anticuerpos son sustancias químicas que impiden que los gérmenes se multipliquen, o los hacen más lentos para que los fagocitos se los coman. Cuando los linfocitos derrotan a un germen, quedan listos para la próxima vez en que encuentren otro del mismo tipo y pueden producir más rápido el anticuerpo adecuado. Así es como nos hacemos inmunes a algunas enfermedades, de manera espontánea o gracias a las vacunas.

▲ **Los glóbulos blancos de la sangre combaten las enfermedades.**

▶ **Los médicos y enfermeras usan guantes e instrumentos esterilizados*. Se cubren boca y nariz para no espirar* ni aspirar* gérmenes.**

¿Quién fue el primer médico?

El primer médico conocido por su nombre fue Imhotep, un antiguo egipcio que vivió alrededor del año 2650 a.C. Después de su muerte, los egipcios lo adoraron como a un dios por sus poderes curativos.

¿Quién descubrió que los gérmenes producen enfermedades?

Luis Pasteur (1822-1895), un profesor francés de química, demostró que los gérmenes entran en las heridas y causan enfermedades. Así comprobó que los microbios no surgen de las heridas, como antes se creía.

¿Por qué los médicos usan batas y mascarillas en las operaciones?

Las batas y las mascarillas impiden que las bacterias y otros gérmenes del cuerpo o de la ropa del personal médico entren en la herida del paciente durante la operación. También se toman otras medidas de precaución. La ropa que usa el personal médico se esteriliza* para quedar libre de bacterias por completo. También la sala de operaciones se esteriliza e incluso el aire se limpia para eliminar a las bacterias.

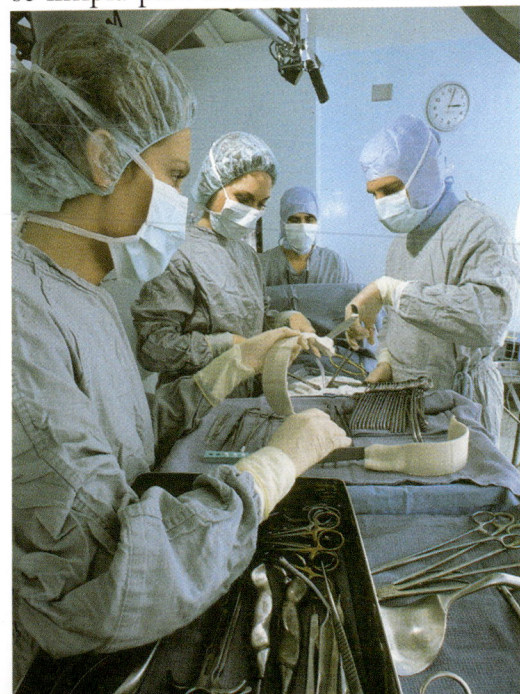

CUERPO HUMANO

¿Por qué la gente se opera?

Normalmente, en una operación se corta alguna parte del cuerpo para quitar tejidos lesionados o enfermos, como cuando se extirpan* las amígdalas o el apéndice. También se hacen operaciones de reconocimiento para encontrar la enfermedad del paciente. Otras operaciones sirven para que partes del cuerpo dañadas, sean sustituidas por otras artificiales como un hueso de la cadera o una válvula* del corazón. Las operaciones de emergencia pueden salvar la vida de alguien, por ejemplo, después de un accidente grave.

¿Qué hace el anestesista?

Un anestesista se especializa en dar medicamentos a los pacientes para que estén inconscientes o insensibles al dolor durante una operación. La anestesia* se inyecta momentos antes de operar. Si durante la operación hace falta aumentar la dosis* de anestesia, puede darse por inhalación* de gases. El anestesista también supervisa atentamente la respiración y el ritmo cardiaco del paciente.

¿Qué son los antibióticos?

Son medicamentos que matan las bacterias o impiden que se reproduzcan dentro del cuerpo. Se toman en forma de tableta o por inyección. Casi todos los antibióticos, como la penicilina, se obtienen de mohos*. Su efecto tarda algunos días en producirse.

¿Qué son los antisépticos?

Los antisépticos son sustancias químicas que matan a las bacterias. Se usan para limpiar las heridas o para ayudar en el tratamiento de infecciones* de la boca o la garganta. Muchos son tóxicos* si se beben.

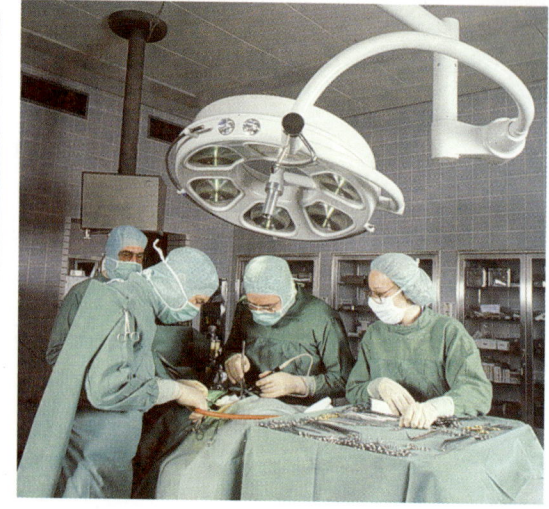

▶ La cirugía es segura gracias a los modernos métodos de asepsia (esterilización* para matar gérmenes) y a la anestesia*. Cada año hay nuevos avances.

DATOS SOBRE LA MEDICINA

■ La primera persona que abrió cadáveres para estudiar el cuerpo con detalle fue Vesalio (1514-1564), un médico nacido en la actual Bélgica, que enseñaba anatomía en Italia.

■ El médico inglés William Harvey (1578-1657) demostró que el corazón bombea la sangre por todo el cuerpo.

■ En 1771, Lady Mary Wortley Montagu, que había recorrido Oriente, introdujo en Inglaterra la vacuna contra la viruela. En China, la vacunación ya se conocía en el siglo X.

■ Una anestesia* antigua era el óxido nitroso o "gas de la risa". Los pacientes estaban conscientes ¡pero se reían!

■ En 1846, un dentista estadounidense llamado William Morton fue el primero en dar éter a sus pacientes como anestesia*.

■ En 1967, el cirujano Christian Barnard realizó el primer trasplante de corazón en Sudáfrica.

¿Cómo funcionan los rayos X?

Los rayos X son ondas de energía invisibles capaces de atravesar tejidos suaves, como la piel o los músculos, pero que chocan contra los tejidos más densos*, como los huesos. Los rayos X pasan a través del cuerpo y de una placa sensible a la luz: así se produce una imagen que muestra daños como las fracturas de huesos. La placa se oscurece donde los rayos X atraviesan el cuerpo, y se mantiene clara donde no lo hacen. Además de mostrar enfermedades o lesiones en los huesos, también detectan si hay líquido en los pulmones.

▼ Los rayos X son ondas de alta frecuencia que atraviesan casi todos los tejidos vivos, pero no los más densos como los huesos.

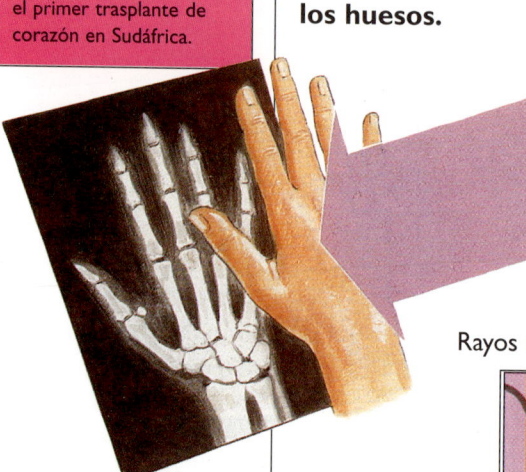

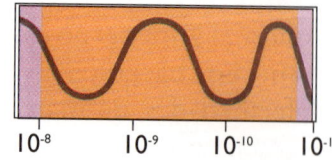

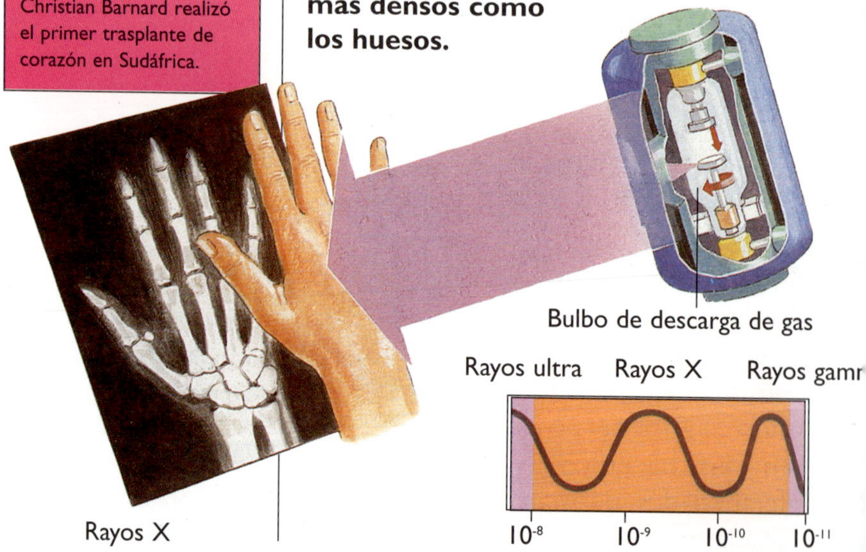

Rayos X

Bulbo de descarga de gas

Rayos ultra   Rayos X   Rayos gamm

10^{-8} 10^{-9} 10^{-10} 10^{-11}

CUERPO HUMANO

¿Qué es un T.A.C.?

Es una Tomografía Axial Computarizada*, es decir, una técnica de radiografía que toma imágenes de "rebanadas" del cuerpo del paciente. Se toman radiografías alrededor del cuerpo del paciente para explorarlo por todos lados. Un T.A.C. muestra los tejidos suaves y también los huesos. La computadora produce una imagen tridimensional* del cuerpo usando una serie de imágenes simples.

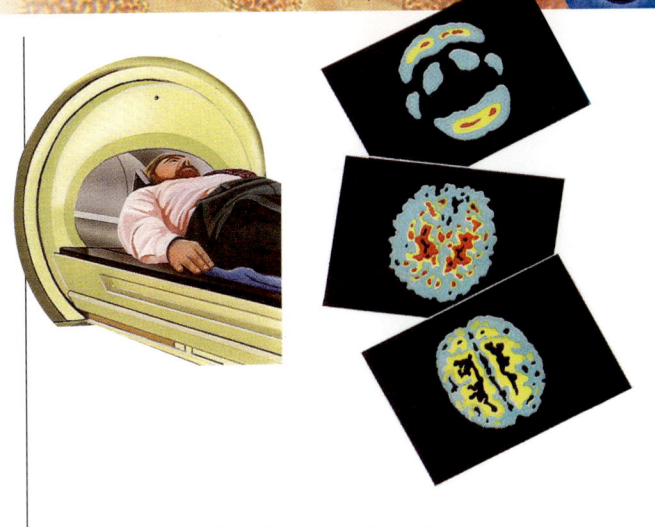

▶ Las radiografías de los pacientes sometidos a un T.A.C. se toman desde diferentes ángulos. Una imagen computarizada* muestra las secciones del cuerpo.

¿Qué partes del cuerpo pueden sustituirse por otras artificiales?

Una amplia variedad de partes artificiales pueden obtenerse hoy en día para sustituir los tejidos lesionados o enfermos. Entre ellas están: marcapasos* y válvulas* para el corazón, vasos sanguíneos y diversas articulaciones, por ejemplo, para la cadera o la rodilla.

¿Qué es la ingeniería genética?

La ingeniería genética es el proceso de añadir, eliminar o transferir genes individuales. Gran parte de esta labor se realiza con bacterias o virus, en los que se insertan genes humanos. El gen entonces hace que los microbios produzcan una sustancia particular que se puede extraer y usar. La insulina se produce de este modo.

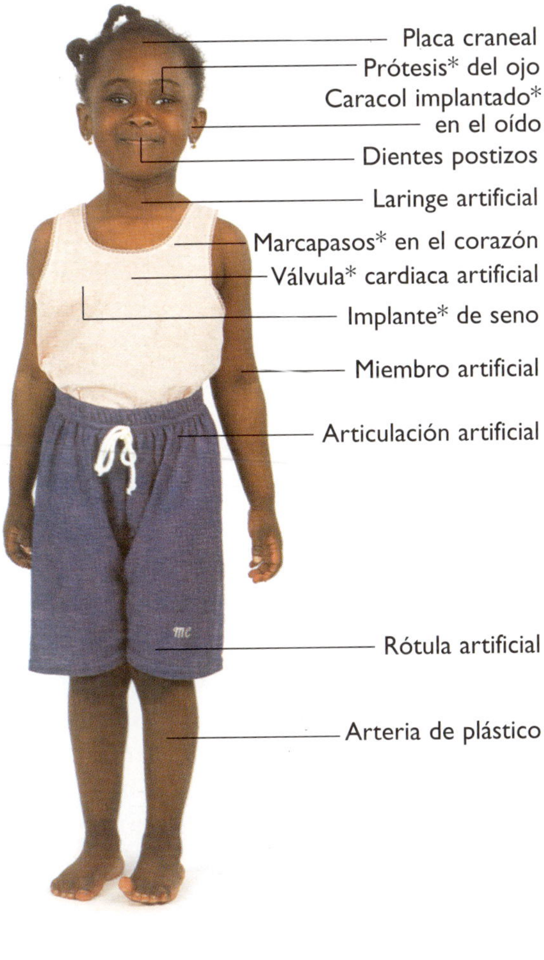

◀ Gracias a los milagros de la medicina moderna, esta niña podría conseguir diversas prótesis* durante su vida.

▶ Tres tipos de implantes*.

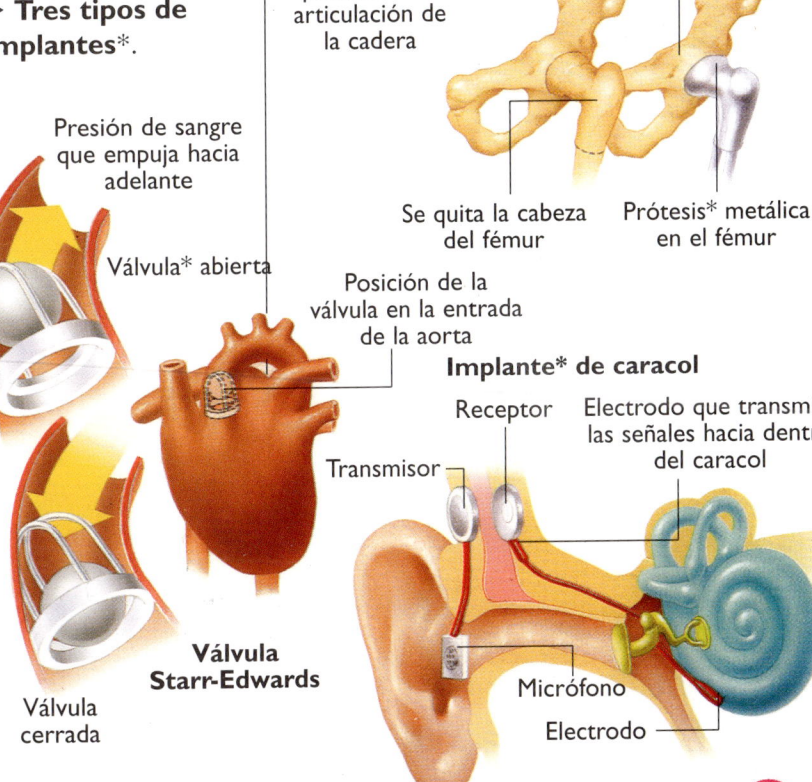

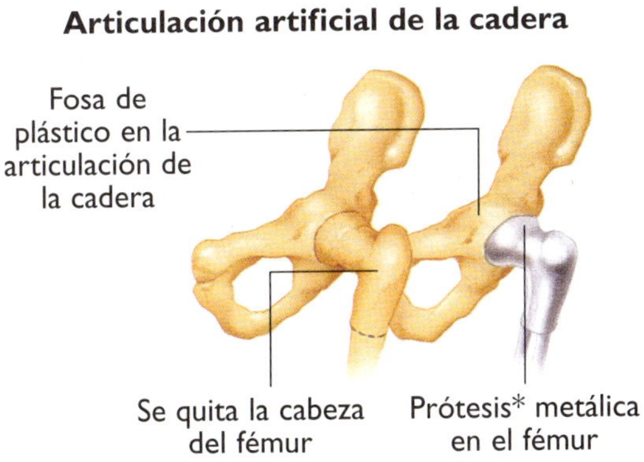

- Placa craneal
- Prótesis* del ojo
- Caracol implantado* en el oído
- Dientes postizos
- Laringe artificial
- Marcapasos* en el corazón
- Válvula* cardiaca artificial
- Implante* de seno
- Miembro artificial
- Articulación artificial
- Rótula artificial
- Arteria de plástico

Articulación artificial de la cadera
- Fosa de plástico en la articulación de la cadera
- Se quita la cabeza del fémur
- Prótesis* metálica en el fémur

Presión de sangre que empuja hacia adelante
Válvula* abierta
Posición de la válvula en la entrada de la aorta

Implante* de caracol
- Receptor
- Electrodo que transmite las señales hacia dentro del caracol
- Transmisor
- Micrófono
- Electrodo

Válvula Starr-Edwards
Válvula cerrada

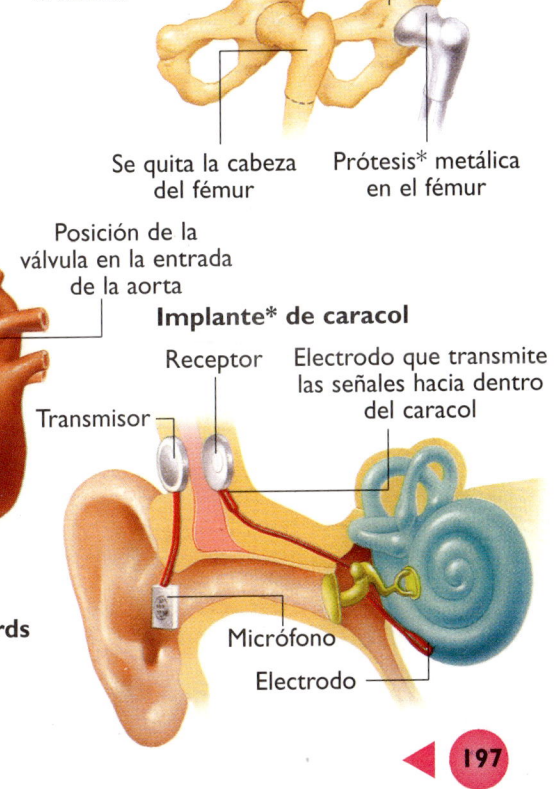

197

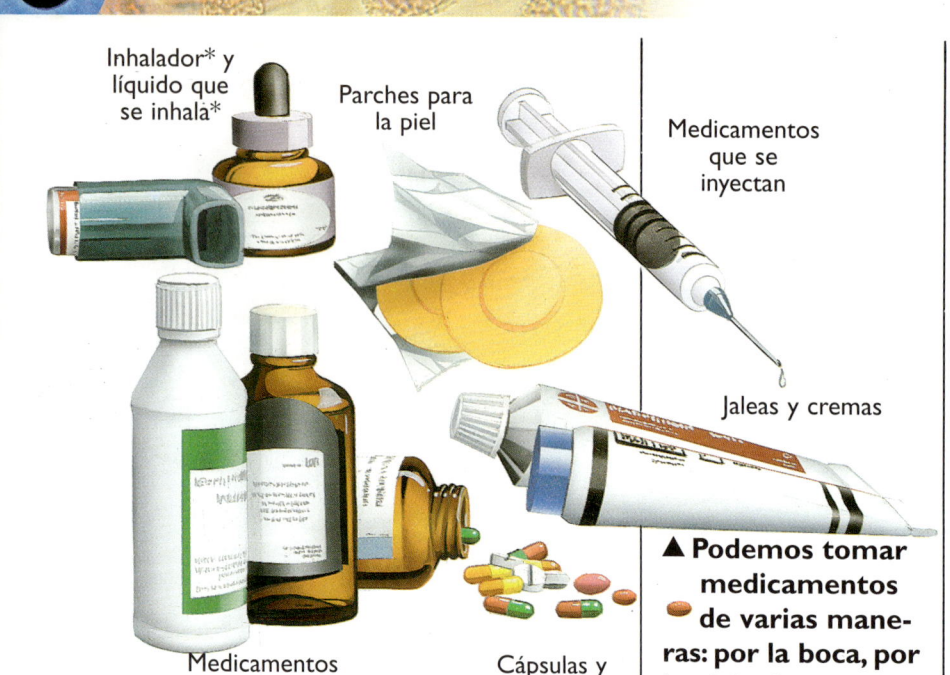

CUERPO HUMANO

Inhalador* y líquido que se inhala*

Parches para la piel

Medicamentos que se inyectan

Jaleas y cremas

Medicamentos líquidos

Cápsulas y tabletas

▲ Podemos tomar medicamentos de varias maneras: por la boca, por la piel o inyectados en el torrente sanguíneo*.

▶ Los diabéticos* no pueden generar energía a partir de los azúcares del cuerpo, porque no producen insulina. Tienen que inyectarse esta hormona*.

¿Qué son las drogas?
Son sustancias que alteran el funcionamiento de la mente o el cuerpo. Muchas drogas se usan a diario como medicamentos, con receta médica o sin que ésta se requiera. Algunas drogas, como la heroína y la marihuana, son ilegales.

¿Qué significa drogarse?
Quien emplea sustancias químicas con un fin distinto del original o en cantidades peligrosas está abusando de ellas. Las drogas se usan por los efectos temporales y placenteros que pueden producir, o como una forma de escapar de los problemas. Las personas a menudo se vuelven adictas o dependientes de las drogas y cuando no las toman, sufren síntomas* como calambres musculares, escalofríos o estremecimientos y dolor de cabeza. Esto sucede porque su cuerpo está acostumbrado a la presencia de la droga. La dependencia* de una droga dañina puede arruinar la vida de una persona. Los centros de rehabilitación pueden ayudar a los drogadictos a dejar las drogas.

DATOS SOBRE LOS MEDICAMENTOS

- El té, el café y algunas bebidas gaseosas contienen una droga llamada cafeína que crea hábito, igual que otros estimulantes.

- El alcohol también es una droga. Tomarlo en grandes cantidades daña el cuerpo y puede afectar el juicio, la coordinación y el comportamiento.

- La quinina fue el primer medicamento eficaz* contra la malaria. Se obtiene de la corteza del árbol Cinchona de Sudamérica.

- Muchas plantas contienen sustancias químicas que sirven como medicamentos para combatir enfermedades.

¿Para qué sirven los medicamentos?
En ocasiones, el cuerpo produce demasiado o muy poco de alguna sustancia química. Los doctores recetan medicamentos para restablecer el equilibrio químico del cuerpo. Si el corazón de una persona late muy rápido y tiene la presión alta, puede ser porque produce demasiada adrenalina*. Los medicamentos llamados inhibidores* de partículas beta impiden que la adrenalina llegue al corazón y cause problemas. Los medicamentos que los doctores recetan a un paciente nunca deben ser tomados por otra persona.

¿Por qué algunos niños necesitan medicamentos?
Algunos niños necesitan tomar medicamentos para combatir una enfermedad o para crecer adecuadamente. A veces tienen que ir con frecuencia al hospital y faltar a la escuela o dejar el deporte mientras están bajo tratamiento. Las personas que tienen cáncer y reciben quimioterapia (medicamentos que matan las células dañinas del cáncer) pueden sentirse mal y perder el cabello.

CUERPO HUMANO

¿Qué es la medicina alternativa?

La medicina alternativa o complementaria es un tipo de tratamiento que los médicos comunes no suelen usar. La medicina alternativa, por lo general, trata a las personas desde un punto de vista total, en vez de ocuparse de síntomas* o situaciones específicas.

¿Qué es la acupuntura?

La acupuntura es un antiguo tratamiento chino basado en la idea de que la energía recorre el cuerpo por canales llamados meridianos. Las enfermedades o el dolor se presentan donde se interrumpe el paso de esa energía. Para eliminar este obstáculo, el acupunturista introduce agujas en diversas partes del cuerpo, sin producir dolor y, en muchos casos, dando alivio. En China también se usa la acupuntura como anestesia*.

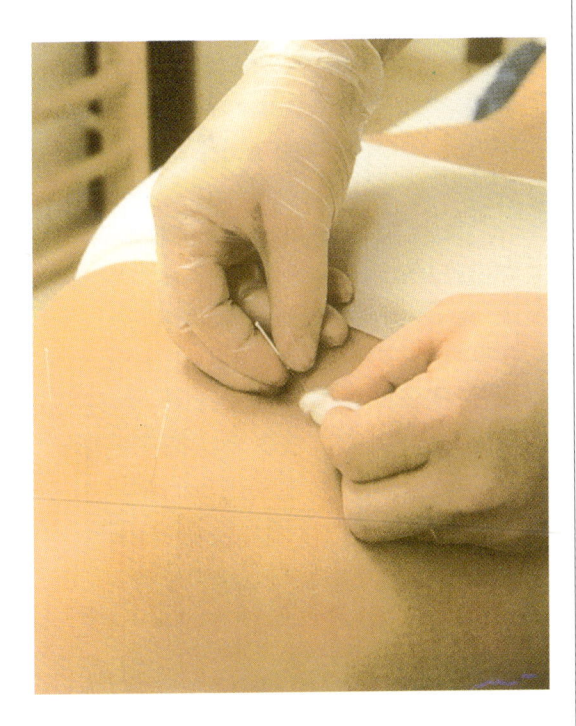

▲ En la acupuntura, se introducen agujas en el cuerpo en puntos exactos. Este antiguo tratamiento viene de China y hoy se está extendiendo en la medicina occidental moderna.

LA MEDICINA ALTERNATIVA

■ La reflexología se basa en la teoría de que todas las partes del cuerpo corresponden a ciertas zonas de las manos y de las plantas de los pies. Los reflexólogos dan masaje a estas zonas para ayudar a aliviar el dolor, reducir la tensión y mejorar la circulación.

■ La aromaterapia se usa para tratar problemas físicos y de tensión, frotando el cuerpo con aceites de esencias vegetales.

■ La quiropráctica es la manipulación de la espina dorsal y otras partes del cuerpo. Se basa en la idea de que los dolores, como los de espalda, se deben a problemas del sistema* nervioso.

■ Las hierbas medicinales se usan desde hace miles de años. Muchas plantas silvestres se recogen y otras se cultivan por sus sustancias medicinales. Los expertos en estas plantas se llaman herbolarios.

■ La medicina holística se funda en la idea de que hay muchos factores que afectan nuestra salud, entre otros: la genética, la nutrición, la familia, las relaciones, la tensión y el trabajo.

■ La homeopatía parte de la idea de que las sustancias que producen ciertos síntomas* en una persona sana, pueden curar esos mismos síntomas en alguien enfermo. Se suministran dosis* muy leves de dichas sustancias.

▶ La comida kosher es la que se elabora de acuerdo con la ley judía. A menudo, la carne se sala, y está prohibido cocinar y consumir productos lácteos con carne.

¿Qué son los trastornos de la alimentación?

En ocasiones, las personas se enferman porque dejan de comer, tal vez por temor a engordar. Algunos jóvenes tienen trastornos de la alimentación por temor a crecer o para llamar la atención. La anorexia nerviosa es un trastorno de la alimentación, quienes la padecen pueden tener hambre pero rechazan la comida. Las personas que sufren de una condición llamada bulimia comen muchísimo y con enorme deseo y luego se producen vómito.

¿Por qué algunas personas tienen dietas* especiales?

Las dietas especiales son necesarias para personas que padecen ciertas enfermedades. Por ejemplo, quienes tienen diabetes* deben limitar el consumo de azúcar. Otras personas son alérgicas* a algunos alimentos (como el maní o cacahuate, la leche, el trigo o el huevo) y evitan comerlos. También algunas religiones prohíben el consumo de algunos alimentos.

199

CUERPO HUMANO

CUESTIONARIO SOBRE EL CUERPO HUMANO

- ¿Qué proporción de tu cuerpo es agua? (*pág. 153*)
- ¿Cuál es la célula más grande del cuerpo? (*pág. 154*)
- ¿Qué glándula* regula el crecimiento? (*pág. 155*)
- ¿Cuántos huesos tenemos? (*pág. 156*)
- ¿Dónde está la médula* de un hueso? (*pág. 157*)
- ¿Cuántas vértebras tenemos? (*pág. 158*)
- ¿Qué tipo de articulaciones hacen trabajar las caderas y hombros? (*pág. 159*)
- ¿Dónde están los músculos bíceps? (*pág. 160*)
- ¿Qué son los bronquiolos? (*pág. 162*)
- ¿Cuántas veces aspiramos* en un minuto? (*pág. 163*)
- ¿Qué tan rápido es un estornudo? (*pág. 164*)
- ¿Qué células transportan el oxígeno? (*pág. 165*)
- ¿Cuántos grupos sanguíneos hay en el sistema* ABO? (*pág. 166*)
- ¿Qué es una transfusión de sangre? (*pág. 167*)
- ¿Por qué necesitamos alimentarnos? (*pág. 168*)
- ¿Qué dientes tienen forma de cincel? (*pág. 169*)
- ¿Cuál es el órgano más grande del cuerpo? (*pág. 170*)
- ¿Qué órganos purifican la sangre? (*pág. 171*)
- ¿Qué es la melanina? (*pág. 172*)
- ¿Por qué la gente se broncea al exponerse al sol? (*pág. 173*)
- ¿Cuánto pesa un cerebro común? (*pág. 174*)
- ¿Cómo viajan los mensajes por los nervios? (*pág. 175*)
- ¿Para qué sirven las lágrimas? (*pág. 176*) 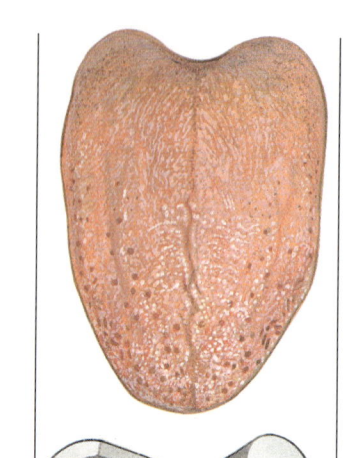 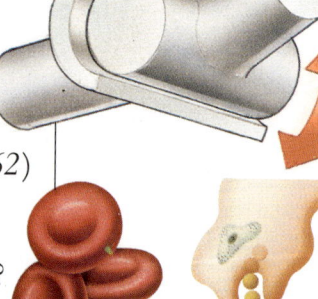 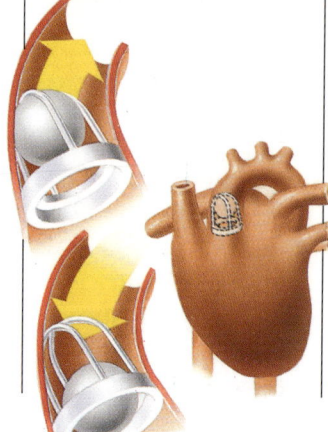
- ¿Para qué sirven los anteojos y los lentes de contacto? (*pág. 177*)
- ¿Dónde están las papilas gustativas? (*pág. 178*)
- ¿Qué es el sistema Braille? (*p. 179*)
- ¿Qué son los ovarios? (*pág. 180*)
- ¿Qué es un embrión*? (*pág. 181*)
- ¿Cómo se forman los gemelos idénticos? (*pág. 182*)
- ¿En cuánto tiempo crecemos completamente? (*pág. 183*)
- ¿De dónde vienen nuestros genes? (*pág. 184*)
- ¿Qué significa ADN? (*pág. 185*)
- ¿Por qué es tan importante el cráneo? (*pág. 186*)
- ¿Por qué las personas son zurdas o diestras? (*pág. 187*)
- ¿Por qué un bebé no necesita aprender a mamar del seno materno? (*pág. 188*)
- ¿Qué animales le siguen a los seres humanos en inteligencia? (*pág. 188*)
- ¿Por qué lloran los bebés? (*pág. 189*)
- ¿Cuánto tiempo de tu vida lo pasas durmiendo? (*pág. 190*)
- ¿Por qué los bebés necesitan dormir más que las personas mayores? (*pág. 190*)
- ¿Cómo nos engaña la vista? (*pág. 191*)
- ¿Por qué es bueno hacer ejercicio? (*pág. 192*)
- ¿Dónde puede acumularse el sarro*? (*pág. 193*)
- ¿Qué son los virus? (*pág. 194*)
- ¿Cómo combate tu cuerpo los gérmenes? (*pág. 195*)
- ¿Por qué los médicos recetan antibióticos? (*pág. 196*)
- ¿Cómo muestran las radiografías el interior del cuerpo? (*pág. 196*)
- ¿Qué clase de prótesis* podemos tener en el cuerpo? (*pág. 197*)
- ¿Por qué los curanderos chinos les clavan agujas a las personas? (*pág. 199*)

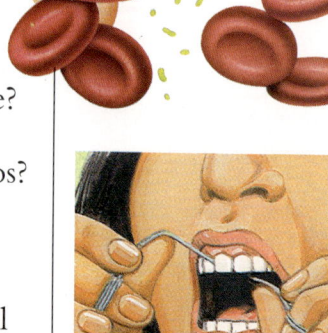

200

PUEBLOS Y PAÍSES

ÁFRICA

¿De qué tamaño es África?

Norteamérica cabría en África ¡y sobraría un área del tamaño de Europa! África tiene una superficie de 30 millones de km². Mide más de 8 000 km de longitud de norte a sur, y más de 6 000 km de ancho de este a oeste.

Casi toda África es una enorme selva: ¿cierto o falso?

Falso. Casi toda África es desierto (40%) o sabana (40%). Los bosques cubren menos de una quinta parte de la superficie de África. Casi todos los bosques africanos son selvas tropicales.

¿Dónde están las Montañas de la Luna?

El Macizo* de Ruwenzori está en la frontera entre Uganda y Zaire, en

▲ El mapa de África muestra la superficie cubierta de desierto. También hay praderas muy grandes. Las selvas están en el centro y el occidente de África.

África Central. Estas cumbres nevadas alcanzan más de 5 000 m de alto. El antiguo geógrafo Tolomeo las llamó Montañas de la Luna, y en el año 150 d.C. describió un mapa que mostraba el nacimiento del Río Nilo en esas montañas. Este río tiene fuentes distintas, incluyendo el Lago Victoria.

201

PUEBLOS Y PAÍSES

◀ Unos turistas caminan por la cresta* de una enorme duna de arena en el Desierto de Namibia. Éste es uno de los desiertos más secos de África.

¿El desierto de África es muy grande?
Casi el 40% de África es desierto. El Desierto del Sahara cubre gran parte del tercio septentrional o norte del continente. En el suroeste hay otros desiertos: el de Namibia y el de Kalahari.

¿Qué es la Gran Depresión (o Valle del Rift)?
Esta depresión es uno de los rasgos naturales más sobresalientes de África: es un conjunto de valles que atraviesa el oriente de África. Surgió como resultado de enormes movimientos volcánicos; "rift" significa "hendidura" en inglés. En algunas partes, estos valles tienen más de 1.5 km de profundidad y 40 km de ancho. En otras, la hendidura se ha llenado de agua y ha formado algunos de los grandes lagos africanos (el Mobutu Sese Seko, el Eduardo, el Nyasa y el Tanganica), al igual que el Mar Rojo.

¿Qué altura alcanzan las tierras de África?
En comparación con Asia o con Norteamérica, África es relativamente plana. El norte, el occidente y el centro del continente en general están por debajo de 600 m. Casi todo el norte de África es el altiplano del Sahara. Las tierras más altas de África están en el oriente, como la Gran Depresión o Valle del Rift, y en el sur, las llanuras de las Tierras Altas Orientales.

▲ Bienes y personas se transportan en barco por el Río Nilo. Este majestuoso río es "la vida" de Egipto y lo ha sido desde hace miles de años.

Como todos los ríos, el Nilo es difícil de medir porque su curso cambia constantemente. Tiene aproximadamente 6 670 km de largo.

▶ El Río Tugela se despeña en una serie de cascadas, formando una espectacular maravilla natural.

¿Cuáles son los ríos más grandes de África?
Los más grandes son el Nilo (que es el más largo del mundo), luego el Zaire (Congo), el Níger y el Zambezi.

¿Dónde están las Cascadas de Tugela?
Las Cascadas de Tugela son una serie de cinco saltos de agua del Río Tugela, en Sudáfrica. La caída más alta tiene 410 m de alto y las cinco juntas miden 947 m. Las Cascadas de Tugela son las segundas más altas del mundo.

202

PUEBLOS Y PAÍSES

¿Hay nieve en África?

La montaña más alta de África está en Tanzania, al oriente del continente. Es el Kilimanjaro o Uhuru ("Libertad") y tiene 5 895 m de alto. El Kilimanjaro es un volcán apagado. Aunque está muy cerca del ecuador, su cumbre siempre está cubierta de nieve.

¿Cuál es la isla más grande de África?

La isla de Madagascar, al sureste de África, tiene una superficie de 587 000 km². Es la cuarta isla más grande del mundo y está separada del continente por el Canal de Mozambique. Madagascar tiene fauna que no hay en ninguna otra parte del mundo, como los lémures y algunas aves raras. Casi toda su población vive de la agricultura.

▲ La cumbre nevada del Kilimanjaro puede divisarse desde lejos. La montaña se levanta por encima de la vasta* planicie donde vagan elefantes y muchos otros animales.

◀ El centro de Madagascar es un altiplano. Hay tierras bajas al este y al sur. Se han talado* muchos de los bosques naturales de la isla.

En la isla de Madagascar, el hombre que se va a casar le dice un sermón a su futura esposa. Si el sermón es malo, paga una multa y ¡comienza de nuevo!

¿Cuándo se pobló África por primera vez?

En África aparecieron por vez primera los seres humanos. Ahí los científicos han encontrado huesos y otros restos de criaturas parecidas a los humanos; estos restos son más antiguos que los descubiertos en cualquier otra parte. Esas criaturas vivieron hace más de 4 millones de años. Hace 2 millones de años, los primeros seres verdaderamente humanos que vivieron en África son llamados *Homo habilis* ("ser humano hábil"). Eran cazadores, recogían plantas y produjeron las primeras herramientas de piedra.

▼ Los *Australopitecus*, criaturas casi humanas, vivieron en África hace más de 4 millones de años y quizá usaron palos y piedras como herramientas.

203

PUEBLOS Y PAÍSES

◀ **Las Cataratas Victoria** son uno de los espectáculos más impresionantes del mundo. Al caer el agua en el cañón se levantan nubes de rocío.

los márgenes del Desierto del Sahara, así como en Etiopía y en el noreste de África.

▲ **La falta de agua es un grave problema en muchos países de África, como Etiopía. La población nómada* a menudo lleva agua consigo.**

¿Qué es el "humo que retumba"?

Cerca de la frontera entre Zambia y Zimbabwe, el Río Zambezi se despeña en las Cataratas Victoria. Se trata de la cascada más espectacular de África, con 108 m de alto y 1.5 km de extensión. Al caer el río, en las cataratas se eleva una gran nube de rocío y el estruendo del agua puede escucharse a lo lejos. El nombre africano de la cascada es *Mosi-oa-tunya*, que quiere decir "el humo que retumba".

¿Por qué hay sequías en África?

En África la lluvia es muy irregular. En algunas partes del continente, como en las selvas occidentales, llueve todo el año, pero en las zonas más áridas pueden pasar años sin que caiga una lluvia. Gran parte de África tiene una o dos estaciones de lluvia al año. Si en esas épocas no llueve, los cultivos no crecen y la población padece hambre. La sequía (falta de lluvia) ha producido hambrunas* en

En el Desierto del Sahara, la arena que acarrea el viento puede levantar la pintura de los automóviles, como si fuera un gigantesco papel de lija. ¡Por eso los camellos necesitan tener piel gruesa!

¿Qué es el harmatán?

El harmatán es un viento africano. Sopla del Desierto del Sahara rumbo al oeste y al sur, de diciembre a febrero. El harmatán es seco y frío a la vez, porque el desierto es más frío en esa época del año. Este viento lleva arena del Sahara a los países vecinos.

¿Por qué África es un continente caliente?

El ecuador pasa por el centro de África y sólo una décima parte del continente no está entre los trópicos. Las temperaturas son altas todo el año y hay poca diferencia entre el verano y el invierno. El Desierto del Sahara, al norte, es uno de los lugares más calientes del mundo.

204

PUEBLOS Y PAÍSES

¿Cuál es el país más grande de África?
El país más grande de África es Sudán. Tiene una superficie de más de 2.5 millones de km². Hacia el norte está el desierto, pero en el sur hay praderas abundantes. El Río Nilo crea una gran zona pantanosa conocida como el Sadd.

¿Cómo sobreviven los bosquimanos en el desierto?
Los habitantes del suroeste de África son los bosquimanos o "san". Algunos todavía recorren el Desierto de Kalahari, donde hay poca agua y pocos árboles. Los bosquimanos son hábiles cazadores y caminantes; recogen sus alimentos, como insectos, raíces y moras. Pueden encontrar agua potable en el subsuelo: en las raíces y en la arena húmeda. Son capaces de vivir en tierras muy hostiles, donde otras personas pronto morirían de sed y de hambre. Como muchos africanos, los bosquimanos están abandonando sus tradiciones.

¿Qué hombres africanos usan velos?
Los tuareg son nómadas* del norte de África. Viven en el Desierto del Sahara o en sus alrededores. Los tuareg son bereberes, un pueblo que vive ahí desde mucho antes de que los árabes se establecieran en el norte de África. Son musulmanes, pero en vez de que las mujeres se cubran el rostro, son los hombres tuareg quienes lo hacen. Antes eran saqueadores y comerciantes por todo el Sahara, pero ahora casi todos han abandonado su viejo estilo de vida en el desierto.

¿Cómo viven los nómadas* del norte de África?
Algunos africanos mantienen su estilo tradicional de vida, como los nómadas de la región del Sahara y del noreste de África. Caminan por el desierto con sus rebaños de camellos, ovejas y cabras. No tienen morada* fija, sino que siempre están desplazándose en busca de pastizales frescos para sus animales.

¿El Sahara alguna vez fue verde?
Hace cerca de 10 000 años, el Sahara tenía mayor humedad que hoy. Donde ahora sólo hay rocas y arena hubo lagos y arroyos. Crecían árboles y pasto, y abundaban elefantes, jirafas y antílopes. Hace unos 6 000 años el clima comenzó a cambiar y el Sahara se fue secando. Las personas y los animales tuvieron que irse conforme las tierras verdes se fueron convirtiendo en desierto. El Desierto del Sahara sigue creciendo.

DATOS SOBRE ÁFRICA

- Superficie: 30 313 000 km².
- Población: alrededor de 730 millones de personas.
- Núm. de países: 53.
- Río más largo: el Nilo, 6 670 km.
- Lago más largo: el Victoria, 64 484 km².
- Montaña más alta: el Kilimanjaro (Tanzania), 5 895 m sobre el nivel del mar.
- País más extenso: Sudán.
- País más poblado: Nigeria.
- Ciudad más grande: el Cairo (Egipto).
- La nación más antigua de África es Etiopía, que ha sido independiente desde hace unos 2 000 años.

▼ Los nómadas* del desierto, como los tuareg, se desplazan constantemente con sus rebaños. Saben dónde encontrar agua y alimentos.

PUEBLOS Y PAÍSES

◀ Benín es famoso por su arte, como este relieve de bronce de un rey y dos súbditos arrodillados. Los artistas africanos han influido en la obra de artistas occidentales modernos, como Pablo Picasso.

¿En qué otro país africano, además de Egipto, hay pirámides?

Sudán es un enorme país seco del noreste africano. En Meroë, al este de Jartum, están las ruinas de unas pirámides edificadas hace más de 2 000 años. Entre los años 592 a.C. y 350 d.C., Meroë fue un reino poderoso. Sus habitantes adoraban a los dioses del antiguo Egipto.

¿Quiénes vivían en Benín?

Los bini vivían en África Occidental, al sur del Río Níger, en Benín. Hace 400 años produjeron bellos objetos de marfil, madera y bronce. A partir del año 1000 d.C. aproximadamente, poderosos estados africanos como Benín, Kanem-Bornu y Songhair dominaron extensos territorios en África Occidental.

¿Qué país del norte de África es célebre* por sus productos de piel?

Es Marruecos, en África del norte. Antiguas ciudades como Fez y Marrakech tienen curtidurías donde la piel de las cabras se trata y se tiñe. Casi todos los marroquíes son pobres y tienen pequeñas parcelas donde crían ovejas, vacas y cabras. Marruecos es un antiguo reino islámico y casi toda su población es de origen árabe, pero una tercera parte son bereberes. Desde el siglo XVII reina en Marruecos la dinastía Alawi.

▲ Estas pirámides en ruinas están en Meroë, al oriente de Jartum, en Sudán. La población de Meroë había visto y admirado las pirámides de Egipto, al norte.

◀ En una curtiduría marroquí, los trabajadores remojan y tratan pieles de animales para convertirlas en cuero. ¡Curtir es un negocio que ensucia mucho y huele mal!

206

PUEBLOS Y PAÍSES

¿Qué países comparten la presa de Kariba?

Este sistema hidroeléctrico se terminó en 1959, con la creación de una presa en el Río Zambezi. Esta presa aporta energía a la industria del cobre de Zambia y también a Zimbabwe. Al hacer la presa del Zambezi se creó un lago artificial, el Kariba.

¿Dónde está la Montaña de la Tabla?

La Montaña de la Tabla es el accidente* geográfico más importante de Sudáfrica. Lo primero que muchos turistas ven en Sudáfrica es la Ciudad de El Cabo y detrás, la Montaña de la Tabla.

¿Dónde se puede visitar una mina de oro debajo de una ciudad?

En Johannesburgo, Sudáfrica. La ciudad surgió con el auge del oro a fines del siglo XIX y hoy es un centro comercial. Los visitantes pueden recorrer una mina de oro debajo de la ciudad, y conocer un museo que muestra cómo era la vida durante el auge del oro.

▼ Vista de Ciudad del Cabo desde Signal Hill. Al fondo, la Montaña de la Tabla. Los visitantes pueden subir por un cable transportador.

► La presa de Kariba se construyó para proporcionar energía a Zambia y Zimbabwe. Detrás de la presa está el Lago Kariba.

LA RIQUEZA DE ÁFRICA

- África exporta petróleo, oro, diamantes y otros minerales como el cobalto.
- Sudáfrica es el primer país productor mundial de oro.
- En África se cultiva trigo, cacao, mandioca, almendras de palma, vainilla, boniatos o camotes, bananas o plátanos, café, algodón, caucho o hule, azúcar y té.
- ¡Los africanos crían dos terceras partes de los camellos de todo el mundo!
- Los africanos crían una tercera parte de las cabras del mundo y también grandes cantidades de ganado vacuno y ovejas.
- En África está una cuarta parte de los bosques del mundo.
- Cerca del 40% de los productos manufacturados de África se produce en Sudáfrica.

¿Cuál es la ciudad más grande de África?

El Cairo, capital de Egipto, es la ciudad más grande de África. Es una ciudad bulliciosa y llena de polvo, con multitudes apresuradas y muchos taxis que hacen sonar sus bocinas. Los modernos hoteles y los edificios de oficinas se elevan al lado de las antiguas mezquitas y de las viviendas de la gente pobre de la ciudad. En el Cairo viven unos 6.5 millones de personas.

▲ El Cairo es la ciudad más grande de África. Ha crecido velozmente en la época moderna, y tiene muchos edificios nuevos que contrastan con los bazares y los cafés tradicionales.

207

PUEBLOS Y PAÍSES

ASIA

▶ Asia es el continente más grande de la Tierra. Ahí está Rusia, que es el país más grande, además de China y la India, que son los países más poblados.

¿De qué tamaño es Asia?

Asia es el continente más grande. Tiene 44 millones de km² de superficie: es más grande que Norteamérica y Sudamérica juntas y cuatro veces más grande que Europa. Las costas de Asia miden cerca de 130 000 km de longitud, o sea, más del triple de la circunferencia del mundo.

Algunas montañas se hacen más pequeñas porque con el tiempo se erosionan. El Himalaya está creciendo, empujado por el movimiento de la corteza terrestre*.

¿Cuáles son los accidentes* geográficos de Asia?

Los accidentes naturales de Asia son muy diversos, desde las montañas más elevadas (el Himalaya), hasta ríos muy largos (como el Yang Tse Kiang), lagos tan grandes como mares (el Caspio) y desiertos (como el de Gobi). Hay selvas cálidas, bosques fríos, praderas y tundras nevadas.

PUEBLOS Y PAÍSES

¿Cuáles son los puntos más altos y más bajos de Asia?

Asia tiene las cimas más altas y las mayores profundidades de la Tierra. El Monte Everest (más de 8 800 m sobre el nivel del mar) es la cima más elevada. Las costas del Mar Muerto (casi 400 m bajo el nivel del mar) son el punto más bajo del mundo.

¿Dónde están los cañones más profundos de Asia?

Los cañones más profundos tallados por ríos son los del Indo, el Brahmaputra y el Ganges, que corren por la India y Pakistán. En algunos sitios, esos ríos forman cañones de más de 5 km de profundidad.

¿Asia tiene más personas que los otros continentes?

Sí. Además de abarcar una tercera parte de la superficie terrestre del planeta, Asia tiene más de tres quintas partes de la población mundial. Más de 3 500 millones de personas viven en los 49 países asiáticos.

▲ ¡En el Mar Muerto puedes flotar mientras lees el diario! El agua tiene mucha sal y sostiene el peso de las personas.

DATOS SOBRE ASIA

- Superficie: 44 380 400 km².
- Población: 3.5 millardos* de personas.
- Núm. de países: 49.
- Río más largo: Yang Tse Kiang, de 6 300 km.
- Lago más grande: Mar Caspio, 438 695 km².
- Montaña más elevada: el Everest, 8 848 m sobre el nivel del mar.
- País más grande: Rusia (aunque una parte está en Europa).
- País más poblado: China.
- Ciudad más grande: Tokio (Japón), donde viven 8 millones de personas.

¿En qué país se hablan más lenguas?

En la India existen 14 lenguas importantes y otras 160 secundarias. También hay 700 dialectos (variedades locales o regionales). El hindi es la lengua oficial de la India y muchos hindúes también hablan inglés.

¿Dónde está el Paso de Jaybar?

Está en el noroeste de Pakistán. Esa zona escarpada y accidentada* es la ruta que va por las montañas hacia Afganistán.

¿Qué es el Tonlé Sap?

Es un gran lago de Camboya, en el sureste asiático. Durante las inundaciones del verano cubre unos 10 000 km². Está formado por las aguas del Río Mekong, el más grande del sureste de Asia (4 500 km) y el quinto más largo del continente.

▼ El Tonlé Sap es un gran lago de Camboya. La gente de la región usa los lagos y los ríos como vías de transporte y para pescar.

209

PUEBLOS Y PAÍSES

Escaladores de todo el mundo acuden al Himalaya para subir al Everest y a las otras cimas.

¿Cuántas islas hay en Japón?
Japón es un conjunto de islas con forma de arco, con alrededor de 1 900 km de extensión. Hay cuatro islas principales: Hokkaido, Shikoku, Kyushu y Honshu, que es la más grande. Además, hay cerca de 3 000 islas pequeñas.

¿Cuál es la montaña más alta de la India?
Al norte de la India se eleva el majestuoso Himalaya, la cordillera más alta del mundo. Las cumbres más altas, inclusive el propio Everest, están en Nepal, pero también la India tiene cimas imponentes. La montaña más alta de este país es el Nanda Devi, con 7 817 m de altura.

Algunas personas llaman al Tíbet "el techo del mundo" por su lejanía y su gran altura. El Tíbet antes era un país libre, pero hoy está bajo dominio de China.

¿Cuál es la montaña más famosa de Japón?
Japón tiene más de 160 volcanes, de los cuales un tercio están activos. El más célebre* es el Fujiyama o Monte Fuji: es el más alto de Japón (3 776 m). La última vez que este volcán de

¿Dónde está el Techo del Mundo?
Se le llama Techo del Mundo a una región al norte de la India donde coinciden varias cordilleras majestuosas. Ahí están las montañas más altas de todo el mundo, incluyendo los picos del Himalaya, el Tien Chan, el Kuen Lun, el Karakoram y los Pamir.

▼ Mapa del archipiélago del Japón.

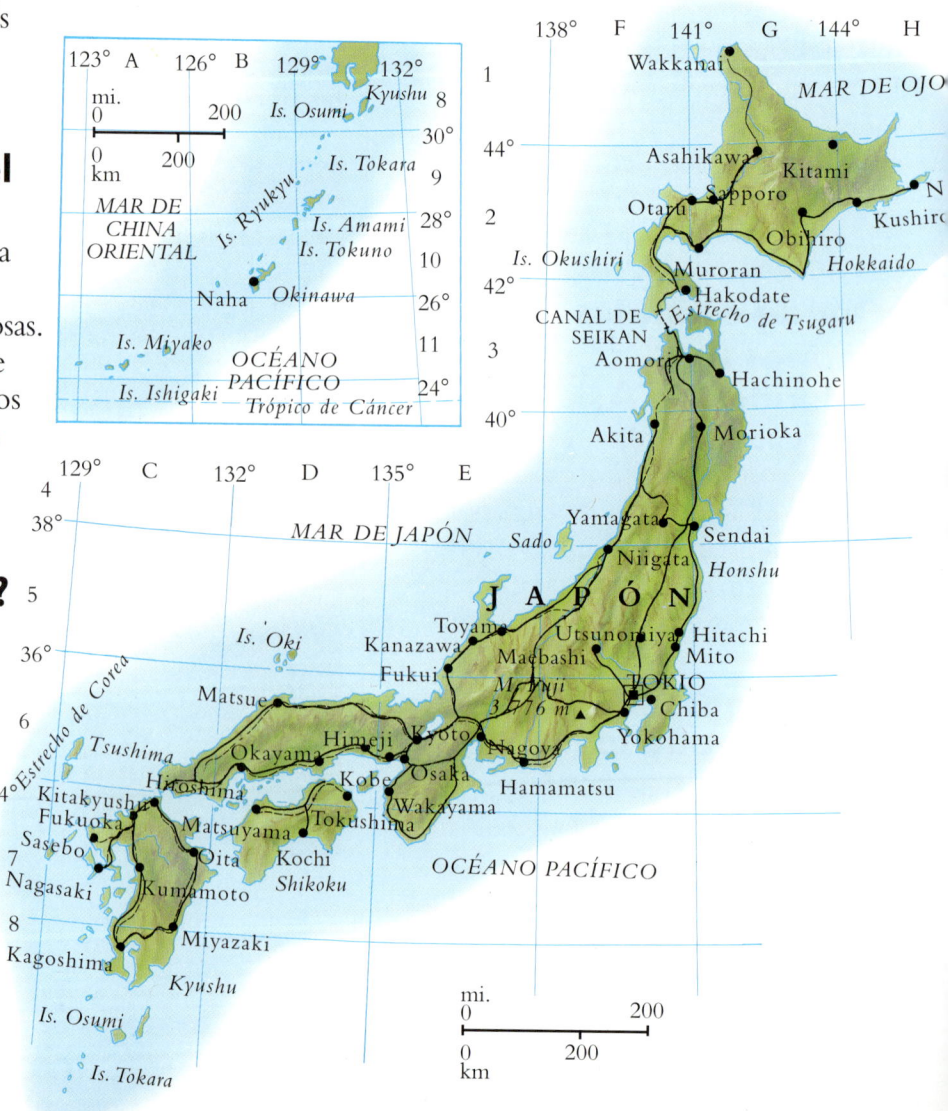

¿En dónde viven las personas más longevas*?
Todos los países tienen algunas personas de excepcional longevidad*: 100 años o más. En Japón la esperanza de vida (o sea, los años que un bebé puede aspirar a vivir) es de 77 años. Es una cifra más alta que las correspondientes a EU o Europa. En algunos países pobres de África, la esperanza de vida es apenas de 45 a 50 años.

210

PUEBLOS Y PAÍSES

▲ **El Monte Fuji está coronado de nieve que se derrite en el verano. La cumbre a menudo está oculta por nubes.**

forma cónica hizo erupción fue en 1707. Para los japoneses, el Fujiyama es una montaña sagrada. Todos los años, miles de personas ascienden a su cumbre en peregrinación* espiritual.

¿Qué son las Maldivas?

Son una cadena de islas coralíferas bajas del Océano Índico; algunas de ellas pertenecen a la India. El resto forma la República de las Maldivas, un país aparte. Son más de 2 000 islas, pero sólo 200 son suficientemente grandes para ser habitadas.

¿Dónde está Angkor Vat?

Angkor Vat, un templo de Camboya, es el edificio religioso más grande del mundo. Lo construyeron los khmer del sureste asiático en el siglo XII, en honor de un dios hindú. Luego, los budistas añadieron otras construcciones al templo. Angkor Vat fue abandonado en el siglo XVI. La construcción de madera se pudrió y el templo de piedra fue invadido por la selva. En el decenio de 1860, un francés descubrió las ruinas.

¿SABÍAS QUE...?

■ Los países asiáticos más pequeños son tan diminutos como Bahrein, que abarca apenas 695 km².

■ Aunque China tiene más de un millardo* de habitantes, casi todo el país está cubierto de desiertos o montañas poco pobladas.

■ Las principales religiones del mundo comenzaron en Asia: el judaísmo, el cristianismo, el islamismo, el hinduismo y el budismo.

■ Los asiáticos hablan muchas lenguas. Sólo en la India hay cientos de dialectos locales.

■ Entre los países más prósperos de Asia están Arabia Saudita, rica en petróleo, y los países productores gigantes: Japón, Corea, Taiwán y Singapur.

■ Indonesia tiene 13 000 islas, más que cualquier otro archipiélago del mundo.

▼ **Las Maldivas son una serie de arrecifes del Océano Índico, al sur del subcontinente indio. En el mapa se muestran sólo los más grandes.**

Canal del Octavo Grado
Atolón* Ihavandiffulu
Atolón Tiladummati
Atolón Makunudu
Atolón Miladummadulu
Atolón Malosmadulu
Atolón Fadiffolu
Canal Kardiva
Atolón Male
OCÉANO ÍNDICO
I. Wilingili
I. Male
Atolón Ari
Atolón Male Meridional*
Atolón Felidu
LAS MALDIVAS
Atolón Nilandu
Atolón Mulaka
Atolón Kolumadulu
Atolón Haddummati
Canal de un grado y medio
OCÉANO ÍNDICO
Atolón Suvadiva
Ecuador
Canal Ecuatorial
Atolón Addu
I. Gan

211

PUEBLOS Y PAÍSES

¿Dónde está Siberia?
Al oriente de los Montes Urales está Siberia, un territorio de 14 millones de km² que llega hasta el Océano Pacífico. Siberia es una región de vastos* bosques, ríos y llanuras heladas. Ahí están los sitios poblados más fríos del mundo, donde en invierno la temperatura puede llegar a –67°C.

▼ El trineo tirado por renos es un buen medio de transporte en Kamchatka, Siberia, donde los inviernos son largos y fríos.

¿Cuál es el río más largo de Asia?
El Chang Jiang o Yang Tse Kiang, de China. Desemboca en el Mar de China Meridional*.

¿Cuál es la ciudad asiática sagrada para tres religiones?
Jerusalén es una ciudad sagrada para las personas de tres religiones: los judíos, los cristianos y los musulmanes. Jerusalén estuvo repartida entre Israel y Jordania hasta 1967, y a partir de entonces Israel posee toda la ciudad. Para los judíos, Jerusalén es la antigua capital hebrea, donde el rey Salomón construyó su templo. Para los cristianos, es la ciudad donde Jesucristo predicó y fue crucificado. Los musulmanes creen que Mahoma subió al cielo desde una roca de Jerusalén.

Algunas ciudades de Asia están muy pobladas. Muchas personas viven en edificios muy altos, porque es una forma de apretar varias casas en un espacio pequeño.

¿Cuáles son los ríos llamados "cuna de la civilización"?
Las antiguas civilizaciones crecieron cerca de los ríos. Éstos constituían rutas comerciales y daban agua para la agricultura. En Asia surgieron muchas grandes civilizaciones. Los ríos Tigris y Éufrates de Mesopotamia (hoy Irak) acogieron las civilizaciones de los sumerios y babilonios hace más de 5 000 años. El valle del Río Indo de Pakistán fue el centro de otra gran civilización antigua, famosa por sus ciudades.

¿Cuál es la isla más grande de Asia?
La isla de Borneo es la más grande de Asia. Sus 736 000 km² están repartidos en tres países: Malasia, Indonesia y Brunei. Borneo es una isla montañosa cubierta en gran parte por un denso* bosque tropical, aunque las empresas madereras constantemente talan* árboles.

▲ La Cúpula de la Roca en Jerusalén es un templo musulmán o lugar santo. Esta ciudad es sagrada para los musulmanes, los cristianos y los judíos.

PUEBLOS Y PAÍSES

▲ Dubai es uno de los Emiratos Árabes Unidos con mucho petróleo. En esta tienda se puede comprar oro.

¿Cuáles son los países más ricos de Asia?

La riqueza de los países se mide de modos distintos. Una forma es calcular la riqueza media por persona, o sea, suponer que la riqueza de un país pudiera dividirse por partes iguales entre toda su población. Los países productores de petróleo del Oriente Medio, como los Emiratos Árabes Unidos, tienen poca población pero una enorme riqueza debido a la venta del crudo*.

¿Cuál es la única ciudad situada entre dos continentes?

Estambul, en Turquía, está en Europa y en Asia. Está construida sobre ambas orillas del Bósforo, el estrecho que separa ambos continentes, y a veces se le llama "la puerta de Asia". Esta gran ciudad ha tenido tres nombres. La fundaron los antiguos griegos y se llamaba Bizancio; luego los romanos le pusieron Constantinopla en el año 330 d.C. En 1453, los turcos tomaron la ciudad y la llamaron Estambul. Es la ciudad más grande de la moderna Turquía.

La estación de nafta o gasolina más grande del mundo está en Jeddah, Arabia Saudita. ¡Tiene más de 200 surtidores o bombas!

▼ Niños japoneses aprenden caligrafía escribiendo con pincel y tinta.

¿Por qué Bahrein es una isla verdaderamente desierta?

Llueve muy poco en la pequeña isla de Bahrein, en el Golfo Pérsico. Durante muchos meses del año no se alcanza a ver ni una nube y al año llueven menos de 100 mm de agua. Aunque casi todo es desierto, Bahrein es un país rico porque exporta petróleo.

¿Cómo se aprende a escribir en chino?

En China, y también en Japón, escribir puede ser un arte. En ocasiones, las personas escriben las palabras lenta y bellamente, usando pincel en vez de bolígrafo. Para escribir en chino se pueden usar unos 50 000 símbolos. Por suerte, los niños sólo tienen que aprender 5 000.

213

PUEBLOS Y PAÍSES

¿Dónde está la muralla más grande del mundo?

La Gran Muralla China es la construcción más larga que jamás se haya realizado. Tiene unos 2 400 km de longitud y se construyó alrededor del año 210 a.C. para impedir que los invasores entraran por las fronteras del norte de China.

◀ La Gran Muralla China se construyó uniendo partes de murallas viejas con una muralla nueva. Miles de trabajadores participaron en la construcción.

¿Qué ciudad tiene los trenes interurbanos más abarrotados*?

Japón tiene un sistema ferroviario muy eficiente, con trenes eléctricos de alta velocidad y el túnel para ferrocarril más largo del mundo: el Túnel de Seikan (54 km de largo). La gente que trabaja en Tokio abarrota los trenes interurbanos. Estos trenes se llenan tanto que hay trabajadores ferroviarios llamados "apretadores", que empujan a los pasajeros para ayudarlos a entrar. Tokio es una ciudad muy grande y las personas acuden desde los suburbios* a trabajar en las oficinas, tiendas y fábricas.

¿Cuándo se hizo comunista Corea del Norte?

Corea del Norte es un país comunista donde todas las fábricas y estancias o granjas, y aun los automóviles, pertenecen al gobierno. Corea del Norte y Corea del Sur eran un solo país desde el siglo XIV hasta 1910, cuando Japón invadió Corea. La ocupación terminó en 1945, cuando Japón fue derrocado en la Segunda Guerra Mundial. Después Corea se dividió y en 1948 la parte del norte se volvió un estado comunista. Desde la Guerra de Corea (1950-1953) hay tensiones entre el Norte y el Sur. Corea del Sur tiene una economía de libre mercado y muchas personas ganan altos salarios en las fábricas.

◀ En Tokio, Japón, el personal ferroviario empuja a los pasajeros para que entren a los trenes durante las horas pico.

PUEBLOS Y PAÍSES

◀ El Parque de Buda en Laos es famoso por sus estatuas. Está cerca de Vientiane, capital del país.

¿Dónde está y qué es el Parque Buda?

El Parque de Buda está a unos 20 km de Vientiane, la capital de Laos. Se trata de un sitio creado en la década de 1950 para honrar las religiones budista e hinduista: el parque tiene esculturas de ambas religiones. Muchas personas de Laos son budistas, aunque en los años de 1970 el país tuvo un gobierno comunista.

¿Dónde están las ruinas de Mohenjo-Daro?

Están en Pakistán. Mohenjo-Daro fue un importante centro de la civilización del Indo que floreció hace unos 4 000 años. Fue una de las primeras ciudades planificadas: sus calles siguen una cuadrícula y tienen un buen sistema de drenaje.

¿Dónde viven algunas personas en casas sostenidas con pilares?

Muchos isleños de Indonesia y las Filipinas viven en embarcaciones o en casas de madera sostenidas con pilares encima del agua. Las Filipinas son más de 7 000 islas tropicales. ¡Indonesia tiene más de 13 000!

▶ Muchas personas consideran al Taj Mahal el edificio más bello del mundo. Los turistas de muchos países acuden a admirarlo.

MÁS DATOS SOBRE ASIA

- En Japón, como en China, las personas comen con palillos.
- El béisbol es el deporte más popular de Japón.
- En algunas ciudades asiáticas se puede tomar un taxi de pedales; es un carro tirado por un conductor que va en bicicleta.
- La música de la India tiene un sonido diferente al occidental porque usa una escala distinta.
- En Bali, las bailarinas narran relatos sin palabras, con sus movimientos.
- Entre los animales más raros de Asia están el panda gigante, el leopardo de la nieve y el rinoceronte de la India.

¿Dónde está el Taj Mahal?

Este bello mausoleo* está en un jardín en las afueras de la ciudad de Agra, en la India. El emperador mogol Shah Yahan mandó construir el Taj Mahal en memoria de su esposa favorita, Mumtaz Mahal. Se construyó desde la década de 1630 hasta 1650.

¿Por qué la gente se baña en el Río Ganges?

Mucha gente de toda la India acude al Río Ganges para bañarse en sus aguas. Visitan la ciudad santa de Varanasi para rendir culto en los 1 500 templos de la ciudad y para mojarse en sitios específicos del Ganges, llamados *ghats*.

¿Dónde está Singapur?

Singapur es un pequeño país isleño del sureste asiático que quiere decir "la ciudad de los leones". Singapur surgió de una pequeña aldea de pescadores alrededor de 1820 y se ha convertido en uno de los principales centros comerciales y financieros de Asia.

¿Cuál es la ciudad más grande de Asia?

Tokio, en Japón, ha crecido tanto que ahora forma con Yokohama, una ciudad vecina, una gran zona metropolitana de más de 11 millones de habitantes.

PUEBLOS Y PAÍSES

NORTEAMÉRICA, MÉXICO, CENTROAMÉRICA Y EL CARIBE

▶ Entre los accidentes* geográficos de esta zona del continente están las Montañas Rocosas o Rocallosas, los Grandes Lagos, las Grandes Llanuras y algunos ríos como el Mississippi.

¿Dónde comienza y dónde termina Norteamérica?

Norteamérica se extiende desde Alaska, en el norte, hasta los Estados Unidos de Norteamérica, al sur. Comprende Canadá, Groenlandia, y EU. Esta parte del continente mide más del doble que toda Europa.

216

PUEBLOS Y PAÍSES

¿Cuál es el país más grande de Norteamérica?

Canadá, que tiene una superficie de más de 9 970 610 km². Estados Unidos es más pequeño, con una superficie de 9 529 063 km². Sin embargo, en Canadá sólo viven 26 millones de personas, en comparación con los más de 250 millones de habitantes de los EU.

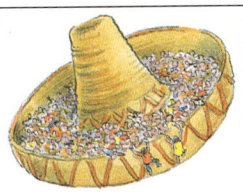

En la Ciudad de México hay más habitantes que en ninguna otra parte del mundo. La ONU* calcula que para el año 2000 habrá más de 25 millones de personas en la Ciudad de México.

◀ Julianehaab es un puerto del sur de Groenlandia. El 80% de la isla está cubierta de hielo.

▼ Este mapa muestra los diferentes climas por regiones de Norteamérica, México, Centroamérica y el Caribe, desde el polar al norte, hasta el tropical al sur.

¿Groenlandia forma parte de Norteamérica?

Groenlandia es territorio autónomo de Dinamarca, un país europeo. Pero geográficamente, esta enorme isla forma parte de Norteamérica.

¿Cuál es la ciudad más grande de Norteamérica?

Es Nueva York, en los Estados Unidos, con una población de 14 millones de personas. La Ciudad de México, con más de 20 millones de habitantes, es la ciudad más grande del continente.

¿Cuál es el país más pequeño de Centroamérica y el Caribe?

De los 20 países independientes de Centroamérica y el Caribe, el más pequeño es San Cristóbal y Nevis, un país isleño del Caribe. Sus islas tienen en conjunto una superficie de 269 km² y apenas 44 000 habitantes. En esa misma región hay otros países insulares* más pequeños todavía, pero no son independientes.

¿Cómo es el clima de Norteamérica, México, Centroamérica y el Caribe?

Esta región tiene todos los tipos de clima. El extremo norte está cubierto de hielo todo el año. El interior tiene inviernos fríos y veranos calientes o frescos. El sudeste es cálido y húmedo, mientras el sudoeste es más bien seco con grandes gamas de temperaturas y zonas desérticas. En el extremo sur, en Centroamérica, hay bosques tropicales calientes y húmedos.

Regiones climáticas

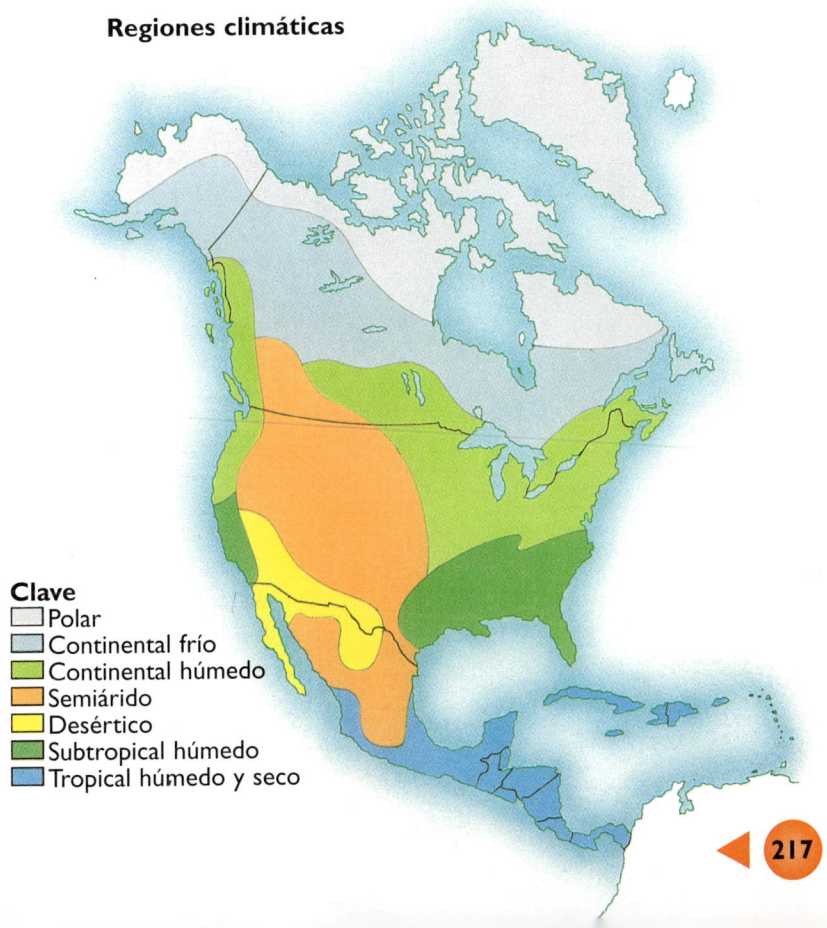

Clave
- Polar
- Continental frío
- Continental húmedo
- Semiárido
- Desértico
- Subtropical húmedo
- Tropical húmedo y seco

217

PUEBLOS Y PAÍSES

¿Cuál es el lugar más caliente de Norteamérica?
La temperatura más alta que se haya registrado en Norteamérica se tomó en el Valle de la Muerte, en California: fue de 57°C en 1913.

¿Dónde están las Cascadas de Yosemite?
Las Cascadas de Yosemite son las más altas de Norteamérica: miden 739 m. Están en el Parque Nacional de Yosemite, en Sierra Nevada, California.

▲ Los pioneros* tuvieron dificultades para atravesar el Valle de la Muerte debido al calor y a la falta de agua.

▶ La gente que visita los pantanos de los Everglades puede pasear en bote para admirar a los caimanes y otras especies animales.

◀ Las Cascadas de Yosemite, en California, donde un arroyo de la montaña cae en dos partes formando una cascada.

¿Cuál es la frontera más larga del mundo?
La frontera entre Canadá y los Estados Unidos mide unos 6 400 km de longitud: es la más larga del mundo. Esos confines* se delimitaron en el siglo XIX, cuando los Estados Unidos (recién independizados) se extendían por los territorios occidentales y Canadá seguía bajo dominio británico. Hoy en día, ambos países son buenos vecinos y tienen muchas cosas en común. Los estadounidenses son mucho más numerosos que los canadienses.

¿Qué son las Tierras Baldías?
Las Tierras Baldías de Norteamérica son una zona de colinas empinadas y hondonadas* atravesadas por torrentes de agua. Los suelos son delgados y poca vegetación puede crecer ahí; el clima suele ser seco. Tormentas repentinas producen inundaciones que se llevan el suelo y erosionan las rocas. Hay un Parque Nacional de Tierras Baldías en Dakota del Sur, en los EU, con un espectacular paisaje rocoso.

PUEBLOS Y PAÍSES

¿Qué son los Everglades?

Son unos pantanos subtropicales del sur de Florida, en el extremo sureste de los Estados Unidos. Los Everglades abarcan una superficie de más de 7 000 km². En algunos sitios crece una variedad dentada de juncias que alcanza casi 4 m de alto. En el resto de la zona hay pantanos salados y árboles de mangle. Nadie vivía en esa zona pantanosa hasta la década de 1840, cuando los indígenas seminolas se refugiaron ahí. Algunos de los pantanos se han desecado para la agricultura y otra parte es un parque nacional, donde los visitantes pueden contemplar tortugas, caimanes y una gran variedad de aves. Como todos los pantanos, los Everglades necesitan protección para defender su flora y fauna.

DATOS SOBRE NORTEAMÉRICA, MÉXICO, CENTROAMÉRICA Y EL CARIBE.

- Superficie: 24 211 000 km².
- Población: 458 000 000 de habitantes.
- Núm. de países: 23.
- Río más largo: el Mississippi, 3 779 km.
- Lago más grande: el Lago Superior, 82 103 km².
- Montaña más elevada: el Monte McKinley (Alaska), 6 197 m sobre el nivel del mar.
- País más extenso: Canadá.
- País más poblado: Estados Unidos.
- Ciudad más poblada: la Ciudad de México (México) con una población de 20 millones en 1996.

▶ El Canal de San Lorenzo es una de las principales rutas de transporte de Norteamérica: por ahí pasan mercancías y materias primas.

Un caimán de Florida a veces puede confundirse con un tronco flotante, ¡hasta que abre la boca! Pero si no los molestan, los caimanes son inofensivos.

¿Qué es el Escudo Canadiense?

No se trata de un arma sino de la mayor formación geológica de Canadá. Abarca la mitad del país, y es una zona rocosa de casi 600 millones de años de antigüedad. Tiene colinas redondas, muchos lagos y, al sur, espesos bosques de coníferas. Más hacia el norte hace demasiado frío para los árboles. El Escudo Canadiense es una importante región minera.

¿Dónde pueden internarse tierra adentro los buques marinos?

Por el Canal de San Lorenzo, los grandes buques pueden transportar su carga desde el Océano Atlántico tierra adentro hasta los Grandes Lagos. Así, recorren una distancia de más de 3 500 km. El canal está formado por partes profundas y anchas del cauce del Río San Lorenzo y sus canales. Se inauguró en 1959.

¿Cuál es el estado más grande de EU?

Alaska, con una superficie de 1 519 000 km². Alaska es cuatro veces más grande que Alemania.

219

PUEBLOS Y PAÍSES

Monte Rainer, 4 392 m, Cordillera de las Cascadas, Washington
Monte McKinley, 6 194 m, Cordillera de Alaska
Monte Logan, 5 951 m, San Elías, Canadá
Monte Shasta, 4 317 m, Cordillera de las Cascadas, California
Monte Whitney, 4 418 m, Sierra Nevada, California
Pico Pikes, 4 301 m, Frente Montañoso, Colorado
Mauna Loa, 4 169 m, Hawai
Monte Hood, 3 426 m, Cordillera de las Cascadas, Oregón
Monte Santa Elena, 2 530 m, Cordillera de las Cascadas, Washington
Pico Lassen, 3 187 m, Cordillera de las Cascadas, California

Las islas de Hawai forman parte de los Estados Unidos, aunque están en el Océano Pacífico. Altas montañas volcánicas surgen del mar y forman las islas.

▲ Las montañas más altas de Norteamérica. También se incluye el Mauna Loa, de Hawai (uno de los 50 estados de EU).

¿Cuál es la montaña más alta de Norteamérica?

El Monte McKinley, de la Cordillera de Alaska, está al noroeste del continente. Tiene dos cimas, la más alta con 6 194 m de alto. Ahora, la montaña recibe el nombre de William McKinley, el presidente número 25 de los EU. Su nombre original era Denali, que quiere decir "la alta".

¿Dónde están las Rocosas?

Las Montañas Rocosas o Rocallosas son la cordillera más larga de Norteamérica. Miden 4 800 km de largo desde Canadá hasta los Estados Unidos. Casi todas las montañas de esa cordillera se formaron hace millones de años debido a los movimientos de la corteza terrestre*.

¿Qué se conoce como el "gran lodoso"?

El Río Missouri es el segundo más largo de los Estados Unidos. Lleva grandes cantidades de barro o lodo, por eso recibe el sobrenombre de "gran lodoso". El nombre en lengua americana autóctona* quiere decir "ciudad de las grandes canoas".

▼ Este barco de vapor con ruedas hidráulicas del Mississippi tiene el fondo plano para que no se atore en los bancos de arena. Los barcos de vapor transportaban pasajeros y carga por el río, pero hoy en día pasean a turistas.

¿Qué tiene de raro el Monte Rushmore?

El Monte Rushmore es un acantilado de granito en las Montañas Negras de Dakota del Sur, EU. En esa roca se han tallado enormes esculturas de las cabezas de algunos presidentes de los EU: George Washington, Thomas Jefferson, Theodore Roosevelt y Abraham Lincoln. La cabeza de Washington es tan alta como un edificio de cinco pisos. En esa escala, un cuerpo completo mediría más de 140 m de alto.

¿Dónde está el Canal de Panamá?

El Canal de Panamá atraviesa el Istmo de Panamá (un istmo es una franja estrecha de tierra). El canal mide 80 km de largo y se inauguró en 1914. Las excavaciones comenzaron en 1881, pero se abandonó después de

PUEBLOS Y PAÍSES

ocho años porque muchos trabajadores murieron de malaria, fiebre amarilla y otras enfermedades. A principios del siglo XX, los EU se hicieron cargo de la obra con la recién formada República de Panamá. Los buques que usan el canal se ahorran una gran travesía marina alrededor de Sudamérica, para pasar del Océano Atlántico al Pacífico. Panamá gobierna sobre el canal.

¿Qué son las Antillas?
Son un grupo de islas del Mar Caribe. Hay dos grupos principales: las Antillas Mayores (Cuba, Jamaica, La Española y Puerto Rico) y al oriente las Antillas Menores. Éstas últimas son más pequeñas e incluyen las islas de Sotavento y de Barlovento que forman una curva hacia el sur.

¿Cuál es la isla más grande de las Antillas?
Cuba, la isla más occidental de las Antillas Mayores, es la más grande. Enseguida viene La Española, que está dividida entre dos países: Haití al oeste, y República Dominicana al este de la isla.

▼ Los nativos* americanos elaboraban mocasines de piel y pipas decoradas con tejidos de colores.

¿Dónde viven los chippewas?
Los chippewas son un grupo de norteamericanos autóctonos* que viven en Dakota del Norte y Minnesota, EU. Originalmente vivían alrededor del Lago Superior, tanto en los EU como en Canadá. Se piensa que el nombre de Manitoba (una provincia de Canadá) viene de la palabra chippewa *manitou* que significa "gran espíritu".

¿Qué son los mocasines?
Los mocasines son un tipo de calzado tradicional hecho por nativos* de Norteamérica. Los pobladores de los bosques orientales hacían los mocasines de una sola pieza de piel y a menudo los decoraban. Hoy, los artesanos siguen produciendo estos objetos tradicionales para los turistas.

¿Qué nativos* americanos son famosos por sus textiles?
Los navajos del suroeste de los EU producen textiles de lana de muchos colores. Son la segunda tribu más grande de los EU, después de los cherokees. Son exitosos en la agricultura y los negocios y ganan dinero con la minería de carbón, la explotación de la madera, las manufacturas, los textiles tradicionales y otras artesanías.

▶ Cuba es una isla larga y estrecha que por la costa norte tiene al Océano Atlántico. EU sigue teniendo ahí una base militar, en la Bahía de Guantánamo.

221

PUEBLOS Y PAÍSES

¿Dónde está el Capitolio?
Para los estadounidenses, el Capitolio de Washington D.C. es uno de los edificios más conocidos del país. Es la sede* del Congreso de los Estados Unidos.

¿Qué ciudades de los EU tienen los rascacielos más altos?
Chicago y Nueva York compiten desde hace muchos años por los rascacielos. Nueva York ostenta las torres gemelas del *World Trade Center* y el *Empire State Building*, mientras que Chicago (que reclama el título de sede* de los rascacielos) tiene todavía la Torre de Sears, el segundo edificio más alto del mundo.

¿Dónde es común ver taxis amarillos?
Las personas que acuden a Nueva York pueden pasear por la ciudad en alguno de sus célebres* taxis amarillos. O pueden utilizar alguna de las tres líneas del tren subterráneo metropolitano. Además, Nueva York tiene dos de las estaciones ferroviarias más conocidas del país: la Gran Terminal Central y la Estación Pennsylvania. Miles de pasajeros de los suburbios* acuden a diario a la ciudad.

El presidente de los Estados Unidos vive en la Casa Blanca, en Washington D.C. Este edificio adquirió su color después de que las tropas británicas lo quemaron en 1814: las paredes manchadas de humo se pintaron de blanco.

▼ Un inuit. El nombre *esquimal* también se refiere a los inuit y es una palabra americana autóctona* que significa "los que comen carne cruda".

◄ La plaza de *Times Square* en Nueva York es una de las vistas célebres* de la ciudad, con sus luces brillantes y sus taxis amarillos.

¿En qué parte de Norteamérica se habla más francés que inglés?
En la provincia canadiense de Quebec. Casi todos los quebequenses son francocanadienses. Montreal, la ciudad más grande de Quebec, tiene más personas de habla francesa que ninguna otra ciudad del mundo después de París, Francia.

¿Por qué acude la gente a ver la estampida de Calgary?
Es uno de los espectáculos de vaqueros en rodeo más emocionantes del mundo. Se celebra cada mes de julio en Calgary, una ciudad de Alberta, Canadá. Una muchedumbre llena la plaza para presenciar la famosa carrera de carretas, que es uno de los principales espectáculos de la fiesta.

¿Dónde viven los inuit?
Los inuit son un pueblo que vive en el Ártico canadiense. Ahí casi todo el suelo está cubierto de nieve durante el invierno. Tradicionalmente, los inuit eran cazadores y pescadores, pero el mundo moderno les ha traído cambios, inclusive la explotación de petróleo y gas natural. Actualmente, muchos inuit tienen empleos comunes o fabrican artesanías para el turismo. Ellos quieren tener más control de sus antiguas tierras.

¿Dónde se almacena el maíz en pirámides?
En México. Silos con forma de cono que parecen más bien pirámides, sirven para almacenar la cosecha anual de maíz. En México, los aborígenes* cultivaban el maíz como producto alimentario básico hace unos 7 000 años y este grano sigue siendo un alimento importante: es la base de muchos guisos de la cocina mexicana.

PUEBLOS Y PAÍSES

◀ El Chac Mool o mensajero de los dioses, escultura encontrada en Chichén Itzá y usada en los sacrificios.

¿Dónde está Chichén Itzá?
Chichén Itzá fue una antigua ciudad del actual Yucatán, México, construida por los mayas hace 1 000 años. Las ruinas de esta ciudad incluyen una alta pirámide de piedra caliza con un templo en la parte superior, y una vasta* plaza o explanada donde había un baño de vapor y un campo para jugar a la pelota. Hoy esas ruinas son un importante sitio arqueológico y un centro de atracción turística.

¿Dónde se celebra el Día de los Muertos?
El Día de los Muertos es una fiesta mexicana que se celebra todos los años el 2 de noviembre o Día de Todos los Santos. Las personas recuerdan a sus amigos y parientes muertos llevándoles flores, velas y alimentos al cementerio.

DATOS SOBRE NORTEAMÉRICA
- El deporte más popular de México es el fútbol. A los mexicanos también les gustan las corridas de toros.
- Un plato predilecto en Newfoundland, Canadá, es una especie de empanada de aleta (de pescado, no de foca).
- Los primeros pobladores de Norteamérica llegaron de Asia hace más de 30 000 años.
- Los primeros europeos que se sabe llegaron a Norteamérica fueron los vikingos, alrededor del año 1000.
- Los Estados Unidos de Norteamérica son el cuarto país más grande del mundo en superficie, después de Rusia, Canadá y China.
- El ave nacional de EU es el águila calva que figura en el Gran Sello, símbolo oficial de este país.

▼ Esqueletos de papel maché hechos a mano en México para celebrar el Día de los Muertos. ¡También los esqueletos llevan sombrero!

¿Dónde está Centroamérica?
Centroamérica es la estrecha franja de tierra que une México y Sudamérica. Se extiende desde Guatemala y Belice, al norte, hasta Panamá, en el sur. Hay siete países en Centroamérica, de los cuales Nicaragua es el más grande.

¿Quién construyó las pirámides en Centroamérica?
La maya fue la principal civilización autóctona* del sur de México y gran parte de Centroamérica. Los mayas construyeron grandes pirámides escalonadas que tenían un pequeño templo en la parte superior. Fundaron ciudades como Tikal, en la actual Guatemala, y Copán, en Honduras. La época de oro de la civilización maya fue del año 250 al 900 d.C.

¿De dónde viene el nombre del Mar Caribe?
El Mar Caribe está al este de Centroamérica. Su nombre viene de los caribes, un pueblo que vivió en algunas de las Antillas menores y en Sudamérica entre los años 1000 y 1500 d.C. Cuando Cristóbal Colón llegó a América en 1492, los marineros españoles llamaron a ese mar, Mar Caribe.

¿Dónde es una industria importante la producción de puros o habanos?
Cuba es famosa por sus puros o habanos, que los fabricantes enrollan a mano. Reciben el nombre de habanos por La Habana, capital de Cuba. Este país ha tenido un gobierno comunista desde 1959, cuando Fidel Castro derrocó* al dictador Fulgencio Batista.

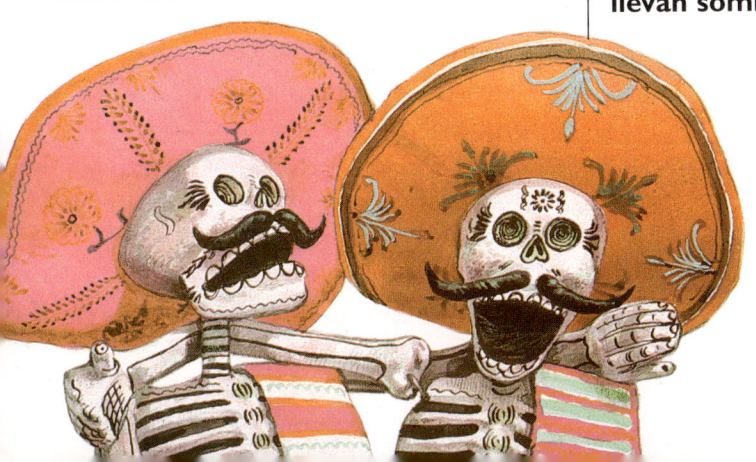

223

PUEBLOS Y PAÍSES

SUDAMÉRICA

¿Sudamérica está al sur de Norteamérica?
Sudamérica en realidad está al sudeste de Norteamérica y no precisamente al sur. Nueva York, en la costa oriental de Norteamérica, está más hacia occidente que Valparaíso, Chile, de la costa occidental de Sudamérica.

¿De qué tamaño es Sudamérica?
Sudamérica tiene una superficie de casi 18 millones de km², aproximadamente el doble de Canadá. En Sudamérica está la selva tropical más grande del mundo (en la cuenca del Río Amazonas) y la Cordillera de los Andes.

¿Dónde está el Cabo de Hornos?
El Cabo de Hornos está en el extremo sur de Sudamérica. La mayor parte de Sudamérica está en el trópico, pero el Cabo de Hornos está a menos de 1 000 km de la Antártida o Antártica.

¿Quiénes son los nativos* americanos?
Cuando Cristóbal Colón atravesó el Océano Atlántico para llegar a América en 1492, creyó que había encontrado una nueva ruta a Asia. Llamó "indios" a las personas que encontró porque pensó haber llegado a las Indias de Asia. La población autóctona* de América se había establecido en Norte y Sudamérica miles de años antes de que Colón llegara. Se les siguió llamando "indios", pero es más exacto decirles "nativos americanos" o "indígenas".

▲ Los accidentes* geográficos de Sudamérica incluyen el Río Amazonas y la selva tropical de la cuenca del Amazonas, las Pampas* y la cordillera de los Andes, que se extiende por el occidente del continente.

En el Desierto de Atacama, en Chile, no había llovido durante 400 años. De pronto, en 1971, llovió torrencialmente. ¡Qué sorpresa para los pobladores!

224

PUEBLOS Y PAÍSES

¿Cuáles son los ríos más importantes de Sudamérica?

Hay cuatro majestuosos sistemas fluviales en Sudamérica. Son el Magdalena, el Orinoco, el Amazonas y el Paraná-Paraguay.

¿Por qué es tan importante la cuenca del Río Amazonas?

Una cuenca es el lugar donde desembocan los ríos que forman parte del río principal. La cuenca del Amazonas recibe agua de más de mil ríos, a esta región se le llama la Amazonia y abarca la mitad del territorio de Brasil, varias regiones de Perú, Ecuador, Colombia, Venezuela, las Guyanas y Bolivia. Esta cuenca es muy importante porque permite que se desarrolle a su alrededor la selva más extensa del mundo. En ella se encuentra una inmensa variedad de especies vegetales que la vuelven casi impenetrable. La selva que rodea el Amazonas es la región que produce más oxígeno en el planeta.

¿Por qué Quito no es tan tropical?

Quito es la capital de Ecuador. Está apenas a 25 km al sur del ecuador, por lo que debería ser calurosa. Pero está a casi 3 000 m sobre el nivel del mar, así que tiene un clima templado, porque a mayor altura, el clima es más fresco.

¿Dónde está la Patagonia?

La Patagonia es una región desértica desolada* del extremo sur de Argentina. Cuando los exploradores españoles llegaron ahí en el siglo XVI, conocieron a los indígenas que llenaban sus botas de pasto para mantener calientes los pies. El nombre de Patagonia se refiere a los "pies grandes".

▶ La Paz, Bolivia, es la capital nacional más alta del mundo.

DATOS SOBRE SUDAMÉRICA

- Superficie: 17 817 000 km².
- Población: 323 000 000 de habitantes.
- Núm. de países: 12.
- Río más largo: el Amazonas, 6 448 km.
- Lago más grande: el Maracaibo, 13 512 km².
- Montaña más alta: el Aconcagua (Argentina), 6 959 m sobre el nivel del mar.
- País más grande: Brasil.
- País más poblado: Brasil.
- Ciudad más grande: São Paulo (Brasil).

▶ Los glaciares bajan de los Andes. Este glaciar visto desde un mirador está en la Patagonia.

¿Cuál es la capital más alta del mundo?

La Paz, la capital de Bolivia, está a 3 600 m sobre el nivel del mar. Situada en las alturas de los Andes, es la capital más alta del mundo. Lhasa, en el Tíbet, está unos 50 m más alto, pero el Tíbet no es un país independiente.

¿Cuál es el lago más grande de Sudamérica?

Sudamérica tiene menos lagos grandes que otros continentes. El más grande es el Maracaibo, de Venezuela: mide 13 512 km². Este lago tiene debajo valiosas reservas petroleras y es una transitada vía de navegación.

PUEBLOS

¿De qué tamaño es la selva del Amazonas?

La selva del Amazonas es una de las maravillas de la naturaleza. La cuenca del Río Amazonas, donde crece esa selva, tiene una superficie de cerca de 7 millones de km^2. Es más del triple de la superficie que ocupa México. Aunque la tala* y las quemas han destruido gran parte del bosque, sigue siendo por mucho el mayor del mundo. Los ecologistas tratan de proteger de la destrucción la mayor parte posible de lo que queda del bosque.

¿Cómo es la cuenca del Amazonas?

La cuenca del Amazonas de los llanos centrales de Sudamérica está compuesta por cuatro regiones. Una de ellas es la selva tropical, y las otras son las praderas de Llanos (al norte), el chaparral del Gran Chaco y las praderas de la Pampa* (al sur).

¿Dónde viven los gauchos?

Los gauchos son los vaqueros de las llanuras del Río de la Plata. El ganado deambula* en las tupidas praderas de Brasil, Uruguay y Argentina. Los gauchos eran jinetes que capturaban ese ganado salvaje; hoy en día, trabajan en las estancias o granjas.

▶ La flora y la fauna de la selva amazónica son de una abundancia asombrosa. Cada capa de la selva está colmada de vida, desde el suelo oscuro hasta las copas de los árboles iluminadas por el sol.

▼ Los gauchos cuidan enormes rebaños en las praderas cubiertas de pasto. Montan caballos resistentes y muy bien adiestrados.

Liana

Mono

Rana

¿Por qué Sudamérica es un continente joven?

Sudamérica tiene más de 200 millones de habitantes. Su población se ha triplicado desde hace 50 años. Muchas personas tienen familias numerosas y cerca de la tercera parte de los sudamericanos son menores de 15 años.

¿Cuál es la ciudad más grande de Sudamérica?

São Paulo, en Brasil, con una población superior a los 7 millones de habitantes es la ciudad sudamericana más grande, aunque no sea la capital del país. Brasilia, una ciudad nueva con 400 000 habitantes, situada en el centro del país, sustituyó a Río de Janeiro como capital del país en 1960.

¿Los minerales abundan en Sudamérica?

Sí, esta parte del continente tiene grandes reservas de metales como el cobre, mineral de hierro, plomo, cinc y oro. Venezuela es el principal productor de petróleo de Sudamérica. Bolivia tiene minas de estaño, y Guyana, Surinam y Brasil extraen bauxita (que es el mineral de aluminio).

¿Qué hace el Cotopaxi?

El Cotopaxi hace erupción de vez en cuando porque es uno de los volcanes activos más grandes del mundo. En los últimos 400 años, ha hecho erupción 25 veces, la última en 1975. Este volcán está en Ecuador y tiene 5 897 m de alto.

¿Dónde está el punto más bajo de Sudamérica?

Está en la costa este de Argentina. La Península de Valdés está a unos 40 m por debajo del nivel del mar.

MÁS DATOS SOBRE SUDAMÉRICA

- En gran parte de Sudamérica hay poca gente, pero algunas ciudades se están poblando rápidamente, como São Paulo, y muchos de sus habitantes pobres viven en barriadas o ciudades perdidas.

- Las costas de Perú y el norte de Chile son dos de los sitios más secos de la Tierra.

- El Cabo de Hornos está en el extremo de Sudamérica, a sólo 970 km de la Antártida o Antártica.

- En casi toda Sudamérica se habla español, menos en Brasil, donde se habla portugués.

- El Amazonas tiene el 20% del agua dulce del mundo.

- El Titicaca en Bolivia es el lago navegable más alto del mundo. Está a 3 821 m sobre el nivel del mar.

Tucán

Aras o guacamayas

Mariposas

Hormigas

227

PUEBLOS Y PAÍSES

¿Por qué en Sudamérica hay lugares con nombre holandés?

En la costa noreste de Surinam la lengua oficial es el holandés porque Surinam fue una colonia holandesa. En Sudamérica casi todas las personas hablan español o portugués, que son las lenguas de quienes se establecieron y conquistaron gran parte del continente a fines del siglo xv. En la Guayana Francesa se habla francés, y en la Guyana, inglés.

¿Dónde está el clima más caliente de Sudamérica?

En el Gran Chaco, en Argentina, la temperatura puede llegar hasta 43°C. Casi toda Sudamérica tiene su estación más cálida en enero, que es un mes de verano al sur del ecuador.

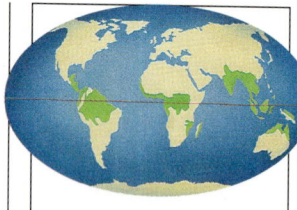

La selva del Amazonas es más grande que los bosques tropicales similares de África y Asia. Se extiende a ambos lados del enorme Río Amazonas.

El clima
- Subpolar: inviernos muy fríos
- Montañoso: la altura afecta al clima
- Templado/marino: templado y húmedo
- Subtropical: caliente con inviernos templados
- Tropical: caliente con abundantes lluvias
- De estepa: caliente y seco
- De sabana: caliente con estación seca
- Árido: caliente y muy seco

¿Dónde desemboca el Orinoco?

Este río sudamericano atraviesa Venezuela y desemboca en el Atlántico. Marca la frontera entre Venezuela y Colombia.

▲ Mapa de las regiones climáticas de Sudamérica. La mayor parte del continente tiene clima caliente y abundantes lluvias.

¿Dónde está la Montaña Pan de Azúcar?

La ciudad brasileña de Río de Janeiro es famosa por sus playas de arena blanca, por su carnaval y por dos montes que la distinguen: el Pan de Azúcar (404 m de alto) y el Corcovado (704 m de alto). El Pan de Azúcar tiene una curiosa forma de huevo, y en la cima del Corcovado hay una estatua de Cristo que tiene 30 m de alto.

▲ La estatua de Cristo sobre Río de Janeiro, con el monte Pan de Azúcar al fondo.

¿Dónde está el mejor puerto natural de Sudamérica?

A pesar de sus extensos litorales*, Sudamérica tiene pocas bahías adecuadas para funcionar como puertos. El mejor puerto natural está en Río de Janeiro, en Brasil.

¿Dónde está la cordillera más larga del mundo?

Los Andes abarcan una superficie de más de 7 000 km en el oeste de Sudamérica. Forman la cordillera más larga del mundo (sin contar las montañas submarinas). El Aconcagua, de Argentina, es la cima más alta (6 960 m).

PUEBLOS Y PAÍSES

¿Dónde está Machu Picchu?
La ciudad incaica de Machu Picchu, en las montañas de Perú, no fue encontrada por los invasores españoles que conquistaron el imperio incaico en los siglos XVI y XVII. Actualmente, las ruinas de Machu Picchu son uno de los monumentos más impresionantes de los antiguos incas.

¿Dónde está la cascada más alta del mundo?
Las Cascadas del Ángel se despeñan por un arrecife del Monte Auyantepui del sureste de Venezuela. Estas cascadas son las más altas del mundo, con una caída total de 979 m. El primer extranjero que vio esas cascadas fue un piloto estadounidense llamado Jimmy Angel en 1935.

¿Quién escuchaba con avaricia historias sobre El Dorado?
El Dorado era un legendario rey indígena: se decía que era tan rico que se cubría con polvo de oro. Los relatos sobre El Dorado alentaron a los exploradores españoles de los siglos XVI y XVII a atravesar Centroamérica rumbo al sur, en busca de oro. Encontraron oro, pero no conocieron a El Dorado.

▲ Las ruinas de la ciudad fortificada de Machu Picchu fueron descubiertas en 1911 por un arqueólogo estadounidense.

▲ Kamayura del Amazonas.

¿Dónde viven los kamayura?
Los kamayura son uno de los numerosos pueblos autóctonos* americanos que viven en las selvas sudamericanas. Los kamayura viven en Brasil, son pescadores y cazadores; han conservado intacto* su estilo de vida durante miles de años hasta el siglo XX.

¿Qué países latinoamericanos producen café?
El café es un importante cultivo en Brasil, Colombia, Ecuador y Guatemala. Los granos de café se exportan a todo el mundo.

¿En qué país las mujeres llevan sombreros característicos?
En los Andes de Perú las mujeres aún llevan vestidos tradicionales, con chales y sombreros que parecen bombines*. Los hombres llevan sombreros bordados y orejeras.

◀ Empolvado de oro, El Dorado realizaba una travesía ritual en una balsa. Esta pequeña balsa de oro conmemora una ceremonia mágica hoy olvidada.

PUEBLOS Y PAÍSES

EUROPA

¿Dónde se unen Europa y Asia?

Europa forma parte de la masa continental de Asia, porque no hay mar que las separe. Al este, diversas barreras naturales trazan los confines* entre Europa y Asia. Entre esas barreras están los Montes Urales, el Río Ural y el Mar Caspio. Como Europa y Asia están unidas, a veces se nombra a ambas con el término Eurasia. Europa es menor que los demás continentes, después de Australia.

▲ **El mapa muestra que el agua rodea el continente por tres costados. Entre sus accidentes* geográficos hay cordilleras, como los Pirineos, los Alpes, los Cárpatos y los Urales. Entre los ríos de Europa están el Danubio, el Rin y el Volga.**

¿Cuál es el río más largo de Europa?

El río más largo de Europa es el Volga. Recorre 3 531 km a través de Rusia y desemboca en el Mar Caspio.

¿Por qué en Europa Occidental no hay hielo en invierno?

Aunque gran parte de las costas de Noruega están en aguas árticas, no suelen helarse en invierno. Noruega, como el resto del noroeste de Europa, tiene inviernos más templados que

PUEBLOS Y PAÍSES

otros lugares de Norteamérica que están muy al norte. Esto se debe a que el agua cálida de la Corriente del Golfo fluye por el Atlántico. Esa cálida corriente oceánica entibia los vientos que vienen del mar y atraviesan Europa Oriental. Por eso los inviernos de las comarcas litorales* (como el Reino Unido) son templados y el mar no se congela.

¿Dónde está Escandinavia?

Escandinavia es una región del norte de Europa. Incluye cuatro países, aunque no todos están en la Península Escandinava: Dinamarca (el que está más al sur), Noruega, Suecia e Islandia (una isla del Océano Atlántico). En ocasiones, también se incluye Finlandia.

¿Dónde está Laponia?

Laponia es la parte de Escandinavia que está al norte del Círculo Polar Ártico. No se trata de un país: toma su nombre de los lapones, un pueblo que tradicionalmente recorría esta zona con sus rebaños de renos.

▼ Los lapones aún crían rebaños de renos; este pueblo valiente los usa para tirar de los trineos por la nieve.

▶ La Selva Negra de Alemania nos recuerda que alguna vez, gran parte de Europa Occidental estuvo cubierta por densos* bosques.

DATOS SOBRE EUROPA

- Superficie: 10 534 600 km².
- Población: 713 000 000 de habitantes.
- Núm. de países: 47.
- Río más largo: el Volga, 3 531 km.
- Lago más grande sin contar el Mar Caspio (frontera entre Europa y Asia): el Ladoga, de Rusia, 17 703 km².
- Montaña más alta: Monte Elbrus, 5 633 m sobre el nivel del mar.
- País más grande: Rusia (con una parte en Asia).
- País más poblado: Rusia.
- Ciudad más grande: Moscú (Rusia), 8 957 000 de habitantes.

¿Dónde está la Selva Negra?

La Selva Negra, o *Schwarzwald* (en alemán), es un bosque de coníferas y región montañosa; está al suroeste de Alemania. Ahí surge el Danubio y por el occidente pasa el Rin. La Selva Negra, con sus árboles de follaje* oscuro, es lo que queda de bosques mucho más grandes que antes cubrían casi todo el norte de Europa.

¿Por qué es tan importante el Mar Mediterráneo?

El Mediterráneo ha sido una zona comercial durante miles de años. La civilización se difundió por ese mar desde Egipto y Mesopotamia. Grecia y Roma adquirieron poder y más adelante, ciudades italianas como Venecia se enriquecieron por el comercio mediterráneo. Hoy en día, sigue siendo un mar importante para el comercio, en especial por los pozos petroleros del Medio Oriente. También es una importante zona turística, sobre sus costas soleadas hay puertos dinámicos, aldeas pintorescas y modernos complejos turísticos.

PUEBLOS Y PAÍSES

◀ **Italia tiene forma de bota. El norte es más frío que el sur y está más industrializado. Las islas de Sicilia y Cerdeña forman parte de Italia.**

¿Toda Italia tiene clima cálido?

Algunas partes de Italia tienen clima mediterráneo, con inviernos templados y veranos cálidos y secos. En el sur, sobre todo en Sicilia, puede hacer mucho calor. Pero hay zonas al norte de Italia, alrededor del Valle del Po y en los Alpes, donde los inviernos son fríos.

¿Qué altura tiene la cordillera de Escocia?

Las montañas más altas de Gran Bretaña son la cordillera de Escocia. Son una formación muy antigua y la erosión las ha desgastado durante muchos millones de años: ahora tienen forma redondeada y suave. La montaña más alta, Ben Nevis, apenas mide 1 343 m de alto.

▼ **Cannes es un sitio tranquilo, salvo por su célebre* festival cinematográfico.**

¿Dónde está la Costa Azul?

En el sur de Francia los veranos son secos y cálidos y suele haber muchos días de sol en el invierno. Por eso, los franceses llaman "costa del cielo azul" o *Côte d'Azur* a una parte de su costa mediterránea.

PUEBLOS Y PAÍSES

¿Qué país le ha ganado al mar casi la mitad de su territorio?

Los Países Bajos. Este nombre obedece a que esta parte de Europa es muy plana y baja. Con unos muros llamados diques se impide el avance del mar y mediante bombas y un sistema de canales se extrae el agua de ese terreno. Así, grandes extensiones de pantano "se ganaron" al mar y se convirtieron en fértiles tierras agrícolas.

¿Qué países comparten la Península Ibérica?

España y Portugal. Esta península cuadrada está en el extremo suroeste de Europa.

▲ A los Países Bajos también se les llama Holanda. Su capital es Amsterdam.

¿Dónde esta La Camarga?

La Camarga es el delta o desembocadura del Río Ródano, en el sureste de Francia. Se trata de un pantano plano y solitario formado por sedimentación, con varios estanques poco profundos. Tiene una gran variedad de aves; antes, la región fue célebre* por sus manadas de caballos salvajes y sus toros de lidia. Actualmente, los agricultores cultivan vid y arroz.

¿Cuántos países forman las Islas Británicas?

Dos: el Reino Unido y la República de Irlanda. El Reino Unido está formado por la Gran Bretaña (Inglaterra, Gales y Escocia) y por Irlanda del Norte.

◀ Este mapa muestra los principales accidentes* geográficos y ciudades del Reino Unido. Su capital es Londres.

233

PUEBLOS Y PAÍSES

¿Dónde está el Río Po?
Está en Italia: atraviesa la extensa planicie de Lombardía, al sur de los Alpes. Es el río más largo de Italia.

¿Dónde están los Montes Cárpatos?
Están en el centro de Europa. Forman parte de la frontera entre Eslovaquia y Polonia, y se extienden hacia Rumania. Son más bajos que los Alpes (su cumbre más alta es de 2 655 m) y tienen menos lagos, glaciares y cascadas. ¡Se dice que en los Cárpatos de Rumania vivió el legendario Conde Drácula!

¿Cuál es la tierra de los mil lagos?
Finlandia, en el noroeste de Europa, tiene unos 60 000 lagos y miles de islas. Sin embargo, el mayor lago europeo de agua dulce no está en Finlandia: es el Ladoga, en Rusia.

¿Dónde está San Petersburgo?
El emperador Pedro el Grande hizo de esta ciudad la capital de Rusia en 1712. En 1914 se cambió su nombre a Petrogrado, y en 1924 se le llamó Leningrado en honor al dirigente comunista soviético Lenin. En 1991, después de la caída del comunismo, recuperó su antiguo nombre de San Petersburgo.

¿Cuánto mide el río más largo de Gran Bretaña?
Los ríos de Gran Bretaña no son muy largos. El Severn, de unos 350 km, es el más largo. El Támesis, un poco más corto, mide 346 km.

▶ Finlandia es un país de Escandinavia. Laponia está al norte de Finlandia.

¡Atravesar Rusia en tren lleva ocho días! Cuando los niños de Moscú (al oeste) van a la escuela, los de Vladivostok (al este) regresan a casa. Rusia es tan grande que una parte está en Europa y otra en Asia.

DATOS SOBRE EUROPA

- La Ciudad del Vaticano, en Roma, Italia, es el Estado más pequeño del mundo.
- Cerca de una octava parte de la población mundial vive en Europa.
- Después de Rusia, Ucrania es el país más grande de Europa. Luego sigue Francia.
- El nombre de Europa es el de una antigua princesa de la mitología griega.

¿Dónde están los Balcanes?
Los Balcanes son una cordillera del sureste de Europa. Los países balcánicos son Albania, Grecia, Rumania y Bulgaria. Al oriente de los Balcanes está el Mar Negro y al sur, el Mediterráneo. Gran parte de esta región es silvestre y montañosa.

¿Dónde está el Canal de Corinto?
Está al sur de Grecia. Es el canal que une el Golfo de Corinto con el Mar Egeo. Se inauguró en 1893 y es el más profundo que jamás se haya construido. Sus muros miden 459 m de alto.

234

PUEBLOS Y PAÍSES

◀ **La Torre de Pisa es una curiosidad mundial. ¡El problema para los ingenieros es cómo mantenerla entera, aunque inclinada!**

¿Por qué está inclinada la Torre de Pisa?

La Torre de Pisa es uno de los sitios sobresalientes de Italia. Es un campanario de mármol construido en Pisa entre 1173 y 1360. Por desgracia, los constructores eligieron un terreno demasiado blando para sostener tanto peso de piedra, y pronto la torre comenzó a inclinarse. Pese a los esfuerzos realizados por enderezarla, ya tiene una inclinación de cinco metros y los ingenieros estudian cómo impedir que se derrumbe.

¿Por qué en Amsterdam las casas son altas y estrechas?

Amsterdam es una ciudad de los Países Bajos, también llamados Holanda. En el siglo XVII, las tierras para construir eran muy escasas y los precios muy altos, así que los comerciantes de la ciudad construyeron casas angostas pero altas. Esto sigue siendo una característica de los numerosos canales de esta atractiva y antigua ciudad.

¿Por qué es famosa Florencia?

Florencia es una ciudad de Italia con bellos edificios antiguos, pinturas y esculturas. Es un tesoro artístico y arquitectónico. Turistas de todo el mundo llegan ahí para admirar las galerías de arte, los museos y las iglesias, entre ellas la catedral llamada Duomo. Florencia tiene un famoso puente antiguo, el *Ponte Vecchio*, que cruza el Río Arno: se construyó en 1345.

▲ **El David, del escultor Miguel Ángel, es uno de los tesoros artísticos de Florencia.**

¿Dónde hay iglesias de estacas?

En Noruega. Las iglesias son construidas con madera, y se llaman así por las cuatro estacas de madera, o postes de las esquinas, en cuyo derredor están construidas. Entre los años 1000 y 1300 se construyeron iglesias sobre estacas por toda Noruega, poco después de que los vikingos que vivían ahí se convirtieron al cristianismo.

¿Dónde está Venecia?

Venecia es una elegante ciudad italiana de islas y canales. Alguna vez fue una rica ciudad-Estado, cuyos gobernantes eran conocidos como *dux*. Venecia es una ciudad única donde las personas viajan en góndolas en vez de hacerlo en automóviles y tiene célebres* palacios e iglesias. Su carnaval anual tuvo su esplendor en el siglo XVIII y todavía hoy las personas se ponen disfraces de aquella época durante el carnaval. Las inundaciones periódicas son un peligro para los edificios y para las obras de arte de la ciudad.

◀ **Esta iglesia de estacas en Noruega tiene casi 1 000 años de antigüedad. La construyeron los vikingos.**

235

PUEBLOS Y PAÍSES

Australasia y el Pacífico

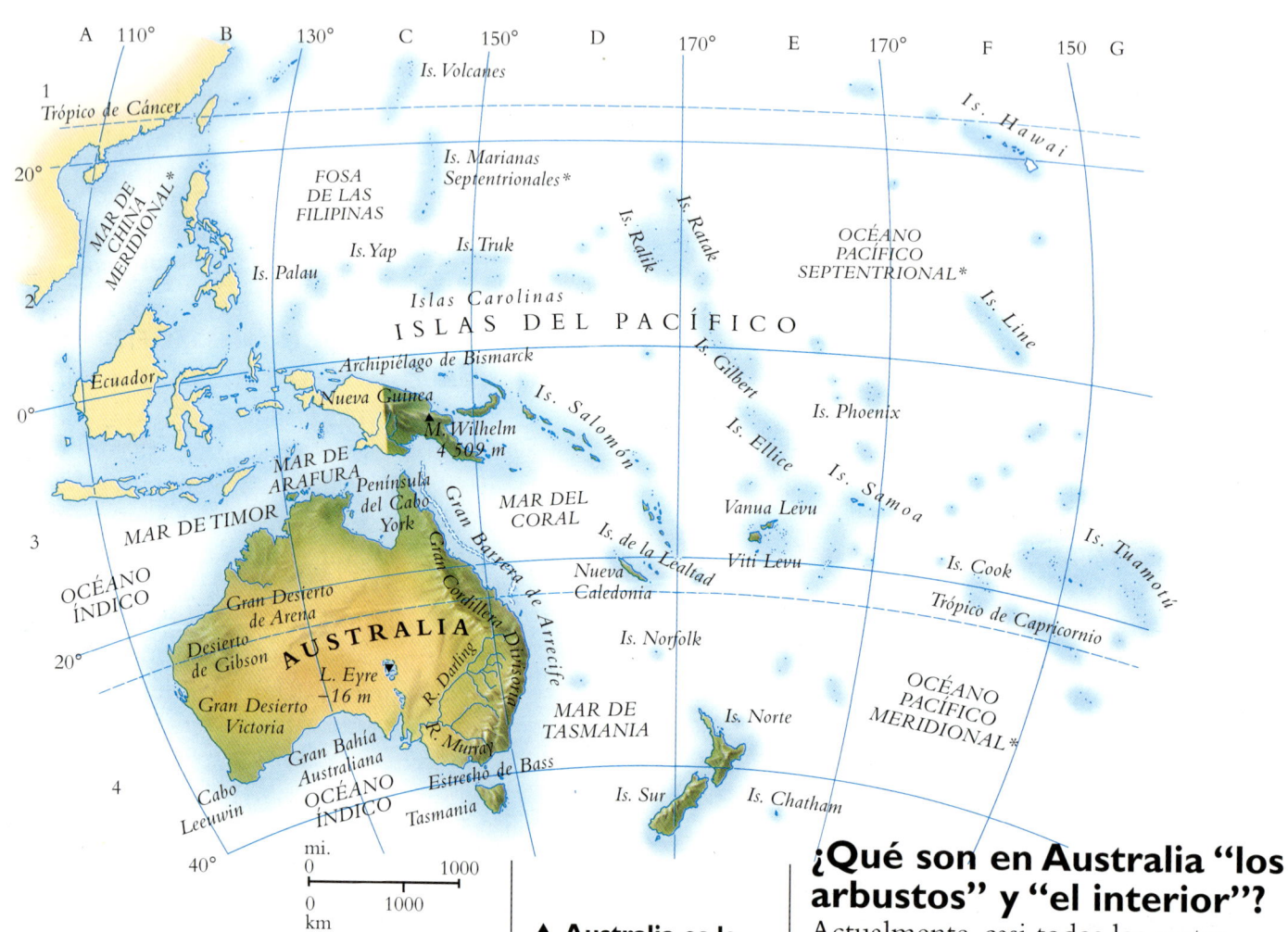

▲ Australia es la superficie terrestre más grande de la región de islas del Pacífico, que contiene miles de islas.

¿Dónde está Australasia?
Australia, Nueva Zelanda, las islas vecinas del Océano Pacífico y Papúa Nueva Guinea forman Australasia. Por su gran tamaño, Australia a veces se considera un continente por sí solo. Sin Australia, las islas se llaman Oceanía. Esta zona cubre gran parte del Océano Pacífico, desde los cálidos mares del norte del ecuador hasta las aguas heladas que rodean la Antártida o Antártica.

¿Qué son en Australia "los arbustos" y "el interior"?
Actualmente, casi todos los australianos viven en ciudades grandes o pequeñas. Al campo lo llaman "los arbustos" y al vasto* interior del país, casi vacío, lo denominan "el interior". En esas regiones hay pueblos mineros y agrícolas pero no hay ciudades grandes. Casi todas las estancias o granjas de esa región son de vacas o de ovejas y las llaman "stations". Hay algunas enormes, de más de 2 500 km²: son más grandes que ciudades como Londres o Nueva York. Los estancieros o granjeros usan camiones y helicópteros y escuchan la radio para estar en contacto con el mundo exterior.

236

PUEBLOS Y PAÍSES

¿Dónde está Tasmania?

Tasmania es una isla que está a casi 200 km de la costa sur de Australia. El Estrecho de Bass la separa del continente. Tasmania era parte de Australia hasta hace unos 12 000 años, pero se convirtió en isla cuando el mar subió y llenó lo que hoy forma el Estrecho de Bass.

¿Qué lago de Australia desaparece?

Los mapas de Australia muestran el Lago Eyre al sur del país, aparentemente muy grande. Pero casi todo el año ese lago está seco. Prácticamente todo el tiempo es un lecho de sal y sólo se llena cuando en raras ocasiones llueve mucho. La sal forma una costra de más de cuatro metros de espesor*.

La chumbera o nopal fue llevado a Australia, rebasó los jardines y se extendió en una superficie de miles de km. Por último, las orugas de la polilla Cactoblastis la destruyeron.

▶ El lecho del Lago Eyre es una gruesa capa de sal. En la superficie del lago, que suele estar seco, se acumula sal de distintas formas.

¿Cuál es el río más largo de Australia?

Los ríos de Australia decepcionaron a los primeros exploradores, que esperaban encontrar grandes corrientes que fluyeran del centro del país. Los ríos más largos de Australia son el Murray (2 589 km) y su tributario, el Darling (2 740 km).

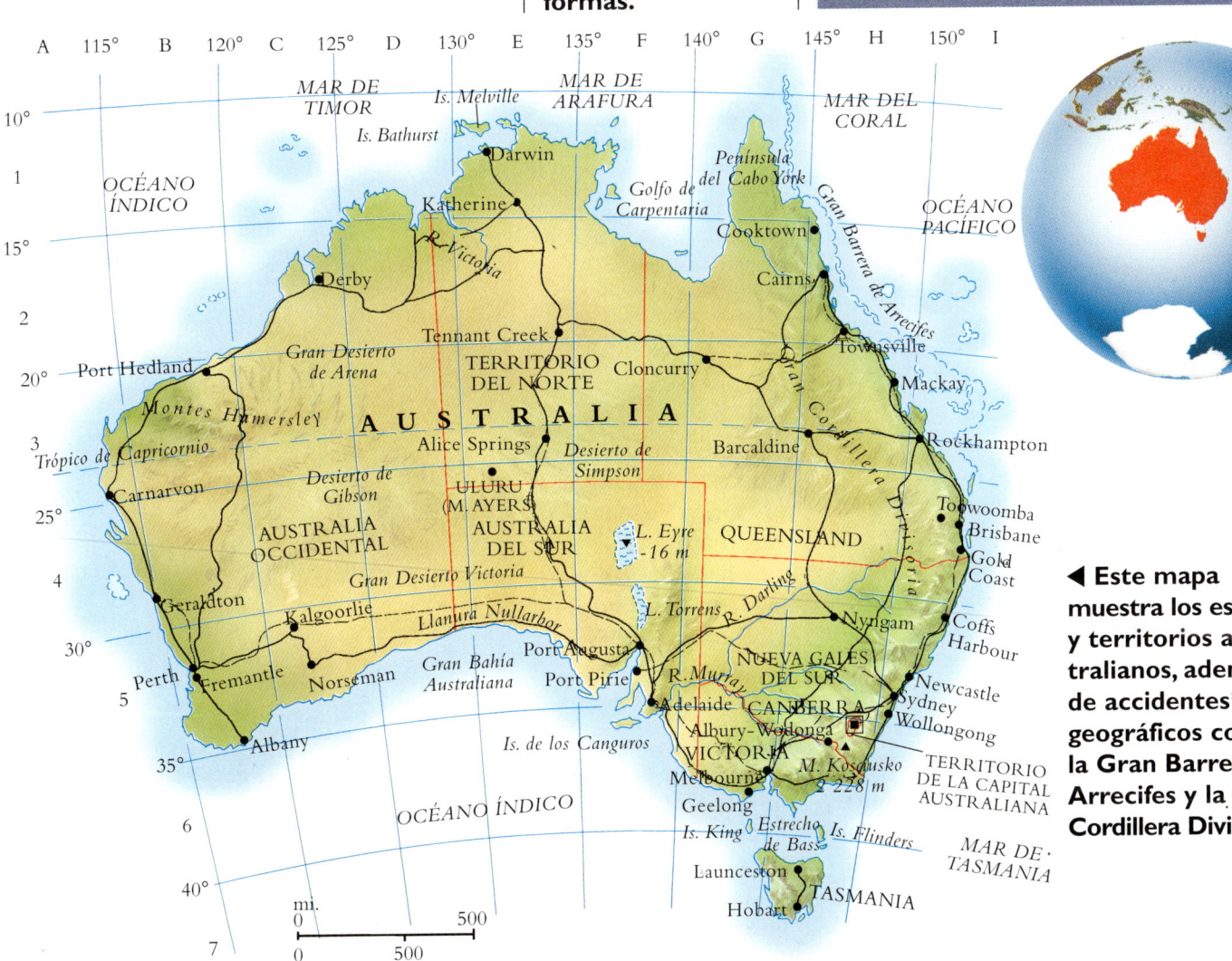

◀ Este mapa muestra los estados y territorios australianos, además de accidentes* geográficos como la Gran Barrera de Arrecifes y la Gran Cordillera Divisoria.

237

PUEBLOS Y PAÍSES

¿Por qué Sydney (en Australia) se llama así?

En 1778, unos marineros y unos convictos británicos llegaron a una bahía del sur de Australia. La llamaron Sydney, nombre de un vizconde, ministro del gobierno británico. Hoy en día, Sydney es la ciudad más grande de Australia y su puerto es célebre* por su puente y su teatro de la ópera (centro de bellas artes).

¿Hay deportes de invierno en Australia?

El Monte Kosciusko del sureste de Australia es la montaña más alta del país. Es un pico de la cordillera de las Montañas Nevadas de los Alpes Australianos y mide 2 228 m de alto. En invierno se cubre de nieve y se puede esquiar en él.

¿Dónde están las Cascadas de Sutherland?

Son algunas de las muchas cascadas impresionantes de Nueva Zelanda. El agua cae 580 m desde una montaña cerca de *Milford Sound*, en la Isla del Sur. Son las quintas más altas del mundo.

▲ El kiwi es una extraña ave de Nueva Zelanda. Vive en madrigueras y sale de noche a buscar larvas y gusanos para comer.

Territorio sin registrar

Aunque el mundo occidental no conocía Australia, ya aparecía en antiguos mitos. La *Terra Australis* incluso aparecía en antiguos mapas como un gran territorio redondo, antes de que los europeos lo hubieran visto.

◀ Aunque en casi toda Australia hace demasiado calor para que haya nieve, el Monte Feathertop, una de las cumbres del sur de la Gran Cordillera Divisoria, es suficientemente alto para tener nieve.

▶ Cascada en *Milford Sound*, una entrada del mar en la costa occidental de la Isla del Sur, Nueva Zelanda.

¿Dónde se llama "kiwis" a las personas?

A menudo se llama "kiwis" a los neozelandeses. El kiwi, un ave que no vuela, se ha convertido en uno de los símbolos nacionales de Nueva Zelanda. En ese país hay muchas plantas y animales únicos en el mundo y también algunas de las variedades vegetales más antiguas que se conocen.

¿En dónde hay más ovejas que personas?

Una de las industrias más importantes de Nueva Zelanda es la cría de ovejas. En ese país hay alrededor de 71 millones de ovejas, o sea, más de 20 veces el número de personas. Australia tiene todavía más ovejas, unos 135 millones, en comparación con sus 18 millones de habitantes. La industria de la lana se inició en Australia a fines del siglo XVIII, cuando los pobladores que llegaron de Gran Bretaña introdujeron los merinos (una variedad de ovejas que producen lana fina).

PUEBLOS Y PAÍSES

Un géiser cercano a Rotorua, en Nueva Zelanda, arroja vapor y rocío. La energía volcánica produce estos chorros de agua caliente.

¿Dónde está Oceanía?
Oceanía es el nombre de miles de islas del Océano Pacífico, aunque no todas las islas de este océano forman parte de Oceanía. Indonesia, las Filipinas y Japón pertenecen a Asia. Australia a veces se considera un continente aparte, o se incluye con las cercanas islas de Oceanía bajo el nombre de Australasia.

¿Dónde producen vapor las rocas de Nueva Zelanda?
La Isla del Norte de Nueva Zelanda es una región de rocas volcánicas. El calor del interior de la Tierra calienta el agua subterránea, que sale en forma de géiseres, chorros de vapor y burbujeantes aguas termales.

¿Por qué unas islas del Pacífico son altas y otras son bajas?
Las islas altas del Pacífico (como las Fiji) se formaron por actividad volcánica del lecho del Océano, que empujó las montañas hacia arriba. Las islas bajas, como Tuvalu, son arrecifes de coral y atolones*; casi todas son pequeñas y algunas son tan bajas que las olas las cubren fácilmente.

DATOS SOBRE AUSTRALASIA
- Superficie: 8 510 000 km².
- Población: 27 000 000 de habitantes.
- Núm. de países: 11.
- Río más largo: el Murray (Australia), 2 589 km.
- Lago más grande: el Eyre (Australia), 9 583 km².
- Montaña más alta: el Monte Wilhelm (Papúa Nueva Guinea), 4 509 m sobre el nivel del mar.
- País más grande: Australia.
- País más poblado: Australia (más de 18 millones de personas).
- Ciudad más grande: Sydney (Australia).
- En Australia viven muchos marsupiales. Estos animales con bolsa ventral (del vientre*) incluyen canguros, koalas, zarigüeyas, wombats, topos marsupiales y osos hormigueros.
- Los murciélagos fueron los únicos mamíferos que llegaron a Nueva Zelanda antes de que la gente llevara vacas, ovejas y otros animales domésticos.

En las aguas tibias y cristalinas que rodean las islas del Pacífico crecen arrecifes de coral. Muchos peces y plantas viven en el coral o en su derredor, donde están protegidos y encuentran abundante alimento.

¿Cuál es la isla más grande del Pacífico?
Nueva Guinea es la isla más grande del Pacífico y la tercera más grande del mundo: mide 777 000 km² de superficie. Nueva Guinea y Nueva Zelanda juntas forman más del 80% de la superficie terrestre de las islas del Pacífico. Muchas de estas islas son diminutas.

Las Islas Palau de Micronesia, vistas desde el aire. En el océano hay miles de islas dispersas.

¿Cuántas islas hay en el Pacífico?
Nadie sabe con exactitud cuántas hay: tal vez haya hasta 30 000. Algunas son islotes diminutos o atolones* de coral que apenas sobresalen del agua.

PUEBLOS Y PAÍSES

¿Dónde está Polinesia?

Las islas del Pacífico forman tres grupos principales: Melanesia, en el Pacífico suroeste; Micronesia, en el Pacífico noreste y Polinesia, en el centro y sur del Pacífico. Polinesia quiere decir "muchas islas" y es el grupo más numeroso. Polinesia abarca desde la Isla de Midway, al norte, hasta Nueva Zelanda, al sur, o sea, más de 8 000 km.

¿Dónde arrojan bumeráns las personas?

El bumerán es un trozo de madera que se arroja; algunos tienen una forma especial para que regresen a quien los lanza. Sobre todo los usan los aborígenes* o nativos* de Australia. Otros sirven para cazar: aturden o matan a los animales.

¿Por qué es misteriosa la Isla de Pascua?

La Isla de Pascua está en el Océano Pacífico, 3 540 km al occidente de Chile. Es famosa por sus colosos de piedra: estas enormes estatuas fueron elaboradas con hachas por personas que vivieron en la Isla de Pascua, pero luego se fueron de ahí. La razón exacta por la que esas estatuas fueron construidas es un misterio. Probablemente las tallaron, después del año 400 d.C., personas que llegaron de Sudamérica o de Polinesia por mar. En el siglo XVIII, después de una guerra en la isla, muchas de ellas se destruyeron.

▶ Una de las misteriosas cabezas de piedra encontradas en la Isla de Pascua. Alrededor de 600 estatuas como ésta fueron talladas en piedra volcánica.

Marineros polinesios exploraron el vasto* Océano Pacífico Sur en canoas de madera. Los antepasados de los maoríes llegaron en canoa a Nueva Zelanda hace unos 1 000 años.

▲ Un escudo y un bumerán elaborados por los aborígenes* de Australia.

¿Dónde hablan lenguas diferentes los pobladores de aldeas vecinas?

En Papúa Nueva Guinea se hablan muchas lenguas. Casi toda la gente vive en aldeas pequeñas en lo alto de las montañas o perdidas en el bosque. Algunas aldeas remotas están tan apartadas entre sí que sus lenguas son muy distintas. ¡La gente necesita traductores para hablar con sus vecinos del otro lado de la montaña!

¿Cómo viven los pobladores del Mar del Sur?

Las islas del Pacífico son pequeñas y están aisladas; sus pobladores viven sobre todo de la agricultura, la minería y el turismo. Los isleños tradicionalmente han vivido de la pesca y el comercio marino.

¿Dónde están las Islas "Amables"?

Tonga, un reino insular* de Polinesia, recibió este nombre del capitán y explorador británico James Cook. Llegó ahí en 1773 y fue recibido cordialmente.

¿Qué es la lengua franca?

En el Pacífico se habla mucho la lengua inglesa aunque no sea original del lugar, y en algunas islas se habla francés. En Melanesia, algunos hablan la lengua franca (una mezcla de inglés y vocabulario local).

¿Qué isla del Pacífico pertenece a los EU?

Hawai. Estados Unidos se apropió de la isla en 1898 y en 1959 la convirtió en un estado. Dos de los volcanes de Hawai siguen activos.

240

PUEBLOS Y PAÍSES

EL GOBIERNO

¿Qué son las Naciones Unidas?

La Organización de las Naciones Unidas, comúnmente llamada la ONU* (*UN* por sus siglas en inglés), es un grupo de países unidos en 1945 para tratar de fomentar la paz mundial. La ONU tiene 184 países miembros y su sede* está en Nueva York, EU. En ocasiones envía ejércitos especiales para tratar de resolver conflictos entre países. La ONU también tiene agencias u organizaciones internacionales, que se ocupan de problemas sociales y económicos internacionales alrededor del mundo.

¿Qué es la Comunidad Británica de Naciones?

La Comunidad Británica de Naciones o *Commonwealth* en inglés, es una asociación de naciones que antes formaban parte del Imperio Británico. El monarca inglés es el jefe de la Comunidad, pero los países integrantes son independientes y se gobiernan ellos mismos.

¿Qué es una república?

Una república es una nación donde el electorado (las personas que pueden votar*) tiene el poder de gobernar su país a través de dirigentes electos. Suele llamársele presidente al jefe de la república.

▲ Tropas canadienses llegan en misión de paz por parte de la ONU a Sarajevo, una de las ciudades devastadas por la guerra de la antigua Yugoslavia.

¿Cuántos estados hay en los Estados Unidos?

Los Estados Unidos de Norteamérica son una república federal que consta de 50 estados. Casi todos están reunidos en Norteamérica pero Alaska está separada del resto por Canadá y Hawai es un grupo de islas del Océano Pacífico. La bandera estadounidense tiene 50 estrellas: cada una representa un estado.

▶ La bandera de los EU tiene 50 estrellas y 13 barras (una barra por cada una de las primeras colonias británicas).

241

PUEBLOS Y PAÍSES

¿Qué hacen los embajadores?
Los embajadores son personas designadas por un país para que lo representen ante otro país. Los embajadores trabajan en las embajadas. Mantienen relaciones con los gobernantes y con otras personas importantes del país, en nombre del gobierno de sus propios países.

¿Qué es un dictador?
Un dictador es un gobernante que tiene poder absoluto sobre la población de un país. Los países gobernados por dictadores viven en un sistema de dictadura, en el que normalmente hay un solo partido político oficial y no se admite la oposición*. Las dictaduras por lo general están gobernadas por el ejército.

¿Qué es la Unión Europea?
Es una organización entre algunos países europeos. La Unión nació en 1957 con el nombre de Comunidad Económica Europea, también conocida como Mercado Común. Sus integrantes tratan de que el comercio entre ellos sea más libre; además, la Unión tiene Tribunales y un Parlamento Europeo. También hay planes para la creación de una moneda única.

▲ El coronel Muammar Gadaffi gobierna Libia desde 1969 como presidente con poderes absolutos.

▼ Los comercios de lujo como *Tiffany's*, de Nueva York, atraen a clientes ricos.

◄ Diseño propuesto para las monedas y billetes del nuevo sistema monetario de la Unión Europea.

¿Qué países conforman la Unión Europea?
La Unión Europea tiene 15 integrantes. De acuerdo con la fecha de su ingreso son: Alemania, Francia, Italia, Bélgica, los Países Bajos, Luxemburgo (todos en 1957); el Reino Unido, Irlanda, Dinamarca (1973); Grecia (1981), España (1986); Portugal (1987); Austria, Suecia y Finlandia (1995).

¿Cuánto gana un país?
El Producto Nacional Bruto (PNB) o Producto Bruto Interno (PBI) es la cantidad de dinero que un país gana en un año, restándole los gastos, por ejemplo, de las importaciones y del pago de deudas. Si se divide entre el número de habitantes se obtiene la cifra *per cápita* (por persona).

¿La gente se está haciendo más rica?
Algunas personas sí, otras no. Tomando al mundo en conjunto, el ingreso medio por persona se ha duplicado desde 1950. Pero mientras que hoy un estadounidense es tres veces más rico que en 1950, los etíopes no han mejorado. La riqueza del mundo está repartida desigualmente.

PUEBLOS Y PAÍSES

◀ Los lingotes* de oro se guardan en cajas fuertes bien vigiladas. Desde la antigüedad, el oro tiene mucho valor y sigue usándose como medida de riqueza.

Todos los países tienen un himno nacional. Es una canción especial que se entona como muestra de respeto a un país y su historia.

¿Qué país tiene más oro que los demás?

Los Estados Unidos de Norteamérica tienen aproximadamente una cuarta parte de las reservas mundiales de oro. Están almacenadas en lingotes* en la base militar de *Fort Knox*, en Kentucky, en condiciones de estricta seguridad.

¿Cuál es el país más rico?

Desde el punto de vista del PNB o PBI *per cápita* (por persona), Suiza es el país más rico, con una cifra de 35 000 dólares. El país más pobre tal vez sea Mozambique, donde el PNB *per cápita* es inferior a 100 dólares.

¿Cuál es el banco más grande del mundo?

Es el Banco Mundial o Banco Internacional de Reconstrucción y Fomento, fundado en 1945. Es un organismo de la ONU y presta dinero a los países para proyectos importantes como agricultura o programas de irrigación para ofrecer agua potable.

¿SABÍAS QUE...?

■ La moneda de varios países americanos se llama "peso". Entre ellos están México, Argentina, Chile y Colombia.

■ La moneda de muchos países aparte de los EU se llama dólar.

■ Sólo la moneda de Japón se llama yen, y sólo la de Polonia se llama zloty.

■ Los primeros que usaron billetes de papel fueron los chinos, en el siglo IX.

■ En Brasil, el 20% de la población más rica gana 28 veces más que el 20% más pobre.

■ Hay más de 170 países independientes.

■ Los antiguos griegos fueron los primeros en practicar la democracia o gobierno del pueblo.

¿Qué es el comunismo?

El comunismo es un sistema económico y de gobierno basado en las ideas del filósofo alemán Karl Marx (1818-1883). La idea central del comunismo es que el gobierno debe hacerse cargo de la mayor parte de las empresas y de la propiedad, en bienestar del pueblo. En la práctica, los Estados comunistas en general no han sido democráticos y han estado mal administrados. En la década de 1990, entre los países más importantes ya sólo China mantenía un gobierno comunista.

¿Qué es el federalismo?

Cuando se unen estados autónomos y acuerdan aceptar un gobierno central único en algunas cuestiones, se forma una federación. Entre los países con sistema federal de gobierno están México, Brasil, Argentina, Venezuela, EU y Canadá.

¿Cuál es la democracia más grande del mundo?

Es la de la India, que tiene más de 500 millones de electores*. Las elecciones que ahí se llevaron a cabo en 1996 son las más numerosas que se hayan celebrado en un país democrático.

¿Qué país elige a su rey?

Se trata de Malasia: el rey de ese país es el único monarca electo del mundo. Otros países tienen reyes, reinas, sultanes, jeques u otros gobernantes que heredan el cargo, lo que significa que todos son de la misma familia. El primogénito* de un gobernante hereditario suele ser el sucesor, pero también puede ser que el hijo varón mayor sea quien tome el cargo.

243

PUEBLOS Y PAÍSES

RELIGIONES Y COSTUMBRES

¿Qué religión cristiana tiene más fieles?

La Iglesia Católica Romana tiene más fieles que ninguna otra religión cristiana. Los católicos romanos consideran al Papa sucesor de San Pedro, el apóstol señalado por Jesús para dirigir la Iglesia. El centro de la Iglesia Católica Romana es la Ciudad del Vaticano en Roma, Italia. Desde ahí, el Papa gobierna la Iglesia.

▲ El Estado Vaticano, en Roma, es el centro de gobierno de la Iglesia Católica Romana. Ahí está la gran Basílica de San Pedro.

◄ Shiva es un importante dios del hinduismo. Para los hinduistas, Shiva es al mismo tiempo el creador y el destructor. En muchos países de Asia hay estatuas de Buda, el fundador del budismo.

Shiva

Buda

El edificio religioso más grande es el Angkor Vat, un templo hinduista del siglo XII, en Camboya. Es 60 veces más grande que la Basílica de San Pedro, en Roma.

¿Qué religión enseña que la gente regresa a la Tierra después de morir?

Algunas religiones enseñan que cuando alguien muere, su alma o espíritu entra en otro cuerpo, sea humano o animal. Esto se llama reencarnación. Los budistas y los hinduistas, que viven sobre todo en la India, piensan que su conducta en esta vida determina cómo renacerán. Algunos piensan que es posible reencarnar muchas veces hasta que el alma está lista para ir al cielo.

¿Qué religión sigue las enseñanzas del Corán?

El Corán es el libro sagrado del Islam. En el Islam hay un dios llamado Alá, y se cree que el Corán es la palabra de Alá revelada a Mahoma por el Ángel Gabriel. Los seguidores del Islam son los musulmanes. Por lo menos un millón de musulmanes acuden en peregrinación* cada año a la ciudad sagrada de La Meca. En esta ciudad de Arabia Saudita nació Mahoma y los musulmanes tratan de visitarla al menos una vez en su vida.

PUEBLOS Y PAÍSES

¿Quién fue Buda?
Buda, o "el Iluminado", es el título que se le da a Siddartha Gautama, un santo de la India que vivió en el siglo VI a.C. Se dice que Buda meditaba bajo un árbol cuando entendió la causa y el remedio del sufrimiento. Los seguidores de Buda se llaman budistas. Viven sobre todo en el sureste asiático, en China y Japón.

¿Quién es el jefe de la Iglesia Anglicana?
El rey o la reina de Gran Bretaña son los jefes de la Iglesia Anglicana. Cuando Enrique VIII se peleó con el Papa porque quería divorciarse, declaró que el rey sería el jefe de la Iglesia Anglicana; luego, esto se volvió una ley.

¿Qué es un rabino?
El rabino es un líder espiritual y funcionario especialmente ordenado que decide en cuestiones de leyes y rituales de la religión judía. Es la autoridad religiosa de una comunidad. El rabino celebra los matrimonios y todas las ceremonias religiosas de una comunidad.

▼ Antes de celebrar su *bar mitzvah*, los niños judíos son instruidos por el rabino. El *bar mitzvah* marca el inicio de la edad adulta.

En el año 803 se terminó de tallar una estatua de Buda en unos arrecifes cercanos a Leshan, en China. ¡La estatua es tan grande que dos personas caben sentadas en una uña del pie!

DATOS SOBRE LA FE

■ Los judíos fueron los primeros que creyeron en un dios único: lo llamaron Jehová o Yahvé.

■ El taoísmo, una antigua religión china, tiene muchos dioses. Algunos son personas famosas y otros son antepasados.

■ Los hindúes celebran un animado festival de primavera llamado Holi: encienden fogatas y la gente se arroja polvos de colores.

■ Los árboles de Navidad conmemoran los antiguos festivales de mediados del invierno, que se han convertido en parte de la Navidad.

¿Qué se celebra en *Halloween*?
En *Halloween*, el 31 de octubre, los niños de los EU y de otros países se disfrazan de brujas, fantasmas, esqueletos o monstruos espantosos. Esta celebración viene de una antigua fiesta pagana* que se convirtió en la fiesta cristiana del Día de Todos los Santos (1º de noviembre). Ese día se celebra una misa de cuyo nombre viene la palabra *Halloween*. En muchos países cristianos sigue celebrándose el Día de Todos los Santos.

▲ En el carnaval de Río de Janeiro, las personas llevan impresionantes disfraces durante el desfile.

¿Por qué hay desfiles en tiempo de carnaval?
El Martes de Carnaval señala el inicio de la Cuaresma, un período en que muchos cristianos ayunan o sacrifican algo (como comer chocolates). Antiguamente, el carnaval era una celebración en que las personas dejaban de comer carne desde el inicio de la Cuaresma. Actualmente se realizan desfiles de carnaval y la gente se pone atractivos disfraces.

245

PUEBLOS Y PAÍSES

¿Por qué hay huevos de Pascua?

Los cristianos se regalan huevos en Pascua como símbolo de la renovación de la vida. Originalmente, la Pascua era una fiesta pagana* de primavera para celebrar el fin del invierno. Los cristianos la tomaron y asociaron la Pascua con la resurrección o renacimiento de Cristo.

Los niños latinoamericanos y los franceses celebran el 6 de enero, cuando se dice que los tres Reyes Magos de Oriente llevaron regalos al Niño Jesús.

◀ El Viernes Santo los cristianos recuerdan la muerte de Cristo. En Ecuador, México, Guatemala y otros países se hacen desfiles con retablos* conmemorativos.

▼ Los chinos bailan con dragones de colores para celebrar el Año Nuevo.

¿Qué son los días "del santo"?

En el calendario cristiano, algunos días se asocian con santos. Por ejemplo, ciertos países tienen días de celebración del santo nacional o santo patrón, como San Patricio (en Irlanda) o San David (en Gales).

¿Qué es el *Yom Kippur*?

Es una festividad judía. Se trata de un día de ayuno y arrepentimiento por los errores cometidos. También se llama Día de Expiación.

¿Qué religión celebra el *Diwali*?

El hinduismo. El festival de *Diwali* es una ocasión alegre en que se hace una fiesta con velas y regalos. Es un festival de Año Nuevo dedicado al dios Visnú y a la diosa Lakshmi.

¿Quién le pone a los años nombres de animales?

El Año Nuevo chino se inicia en enero o febrero. El calendario chino por tradición se inició en el año 2637 a.C., en él los años forman ciclos de 60 y reciben nombres de animales. La secuencia de los 12 animales del calendario es así: Rata, Buey, Tigre, Liebre, Dragón, Serpiente, Caballo, Oveja, Mono, Gallo, Perro, Cerdo. Por ejemplo, 1999 es el año del Conejo.

PUEBLOS Y PAÍSES

¿Qué celebran los mexicanos en septiembre?

En la madrugada del 16 de septiembre de 1810, el cura Miguel Hidalgo llamó al pueblo mexicano a luchar contra el gobierno español. Fue derrotado en 1811, pero el movimiento iniciado por él continuó en muchos lugares del país. En 1821, después de numerosas batallas y acuerdos, el virrey* español aceptó la independencia mexicana. Hoy en día, el 15 de septiembre los mexicanos celebran con fuegos artificiales, música y comida tradicional.

¿El cumpleaños de Buda es un festival?

En Japón, el Festival de las Flores es una fiesta de muchos colores que celebra el nacimiento de Buda. En Sri Lanka y en Tailandia, los budistas celebran *Wesak* o *Vesakhapuja*, para conmemorar no sólo el nacimiento de Buda, sino su iluminación y su muerte. El budismo ha desaparecido en gran medida de la India, su país de origen.

¿Qué es el Ramadán?

Es el mes en que los musulmanes llevan a cabo un riguroso ayuno. El fin del Ramadán está marcado por un día llamado el *Eid*: se va a la mezquita a pronunciar rezos especiales de agradecimiento, y en las casas se ofrecen grandes comidas con la familia y los amigos.

▲ Los musulmanes rezan todos los días (a veces cinco ocasiones al día) y lo hacen en dirección a La Meca.

¿Qué acostumbran comer los argentinos?

El ganado vacuno abunda en las pampas* argentinas, así que el consumo de carne es muy común. Entre los guisos típicos están el asado de carne cocinada a las brasas, las empanadas y los alfajores (postre hecho de pan cubierto con dulce de leche o chocolate).

¿Qué es el Día de Acción de Gracias?

Es una fiesta nacional de los EU y Canadá. Se celebró por primera vez en 1612, cuando los peregrinos* de Plymouth agradecieron a Dios la primera cosecha de trigo. Para esa ocasión, las familias se reúnen y disfrutan de un banquete.

MÁS DATOS SOBRE LA FE

- Desde 1941, el Día de Acción de Gracias se celebra en EU el cuarto jueves de noviembre.
- Para los cristianos de las iglesias ortodoxas, la Pascua es más importante que Navidad.
- El primer día hábil después de Navidad, o sea, el 26 de diciembre, se celebra en algunos países y la gente se da regalos.
- Los escoceses celebran la víspera* del Año Nuevo.
- El 14 de febrero, día de San Valentín ¡es un éxito para los fabricantes de tarjetas de felicitación!

▲ Los japoneses celebran el cumpleaños de Buda con flores.

247

PUEBLOS Y PAÍSES

CUESTIONARIO SOBRE PUEBLOS Y PAÍSES

- ¿En qué valle se formaron los lagos más grandes de África? (*pág. 202*)
- ¿Cuál es la montaña más alta de África? (*pág. 203*)
- ¿Cómo se llaman en lengua africana las Cataratas Victoria? (*pág. 204*)
- ¿Dónde viven los bosquimanos? (*pág. 205*)
- ¿Por qué eran famosos los pobladores de Benín? (*pág. 206*)
- ¿En qué país está la ciudad más grande de África? (*pág. 207*)
- ¿Qué son el Huan Ho y el Yang Tse Kiang? (*pág. 208*)
- ¿En qué país está el Lago Tonlé Sap? (*pág. 209*)
- ¿En qué océano están las Islas Maldivas? (*pág. 211*)
- ¿Qué rey construyó el templo de Jerusalén? (*pág. 212*)
- ¿Por qué son tan ricos los Emiratos Árabes Unidos? (*pág. 213*)
- ¿Cuál es la estructura más grande que se haya construido? (*pág. 214*)
- ¿Qué nombre de ciudad significa "ciudad de los leones"? (*pág. 215*)
- ¿Cuál es la ciudad más grande de EU? (*pág. 217*)
- ¿En qué estado de los EU está el Valle de la Muerte? (*pág. 218*)
- ¿En qué año se inauguró el Canal de San Lorenzo? (*pág. 219*)
- ¿Qué rostros están tallados en el Monte Rushmore? (*pág. 220*)
- ¿Qué artesanía hace famosos a los navajos? (*pág. 221*)
- ¿En qué ciudad está la Torre de Sears? (*pág. 222*)
- ¿Por qué los mexicanos hacen esqueletos de papel maché? (*pág. 223*)
- ¿Quién llamó "indios" a los pobladores autóctonos* de América? (*pág. 224*)

- ¿En qué país sudamericano está la Patagonia? (*pág. 225*)
- ¿Qué son los llanos y las pampas*? (*pág. 226*)
- ¿Qué país sudamericano produce más petróleo? (*pág. 227*)
- ¿Dónde está Río de Janeiro? (*pág. 228*)
- ¿Quién construyó Machu Picchu? (*pág. 229*)
- ¿Dónde desemboca el Río Volga? (*pág. 230*)
- ¿De qué son los rebaños de los lapones? (*231*)
- ¿Cuál es la montaña más alta de Gran Bretaña? (*pág. 232*)
- ¿Qué significa el nombre de Países Bajos? (*pág. 233*)
- ¿Qué ciudad europea se llamaba antes Leningrado? (*pág. 234*)
- ¿Dónde está el famoso puente llamado *Ponte Vecchio*? (*pág. 235*)
- ¿En el interior de Australia, qué son las "*stations*"? (*pág. 236*)
- ¿Qué sabor tiene el Lago Eyre? (*pág. 237*)
- ¿Qué ave es el símbolo de Nueva Zelanda? (*pág. 238*)
- ¿Cuál es la tercera isla más grande del mundo? (*pág. 239*)
- ¿Para qué sirven los bumeráns? (*pág. 240*)
- ¿Por qué la bandera de EU tiene 13 barras? (*pág. 241*)
- ¿Qué está almacenado en *Fort Knox*? (*pág. 243*)
- ¿En qué país está el Vaticano? (*pág. 244*)
- ¿En qué fecha se celebra el *Halloween*? (*pág. 245*)
- ¿Quién es el santo nacional de Irlanda? (*pág. 246*)
- ¿En qué mes celebran los estadounidenses el Día de Acción de Gracias? (*pág. 247*)

HISTORIA

PRIMICIAS*

¿Cuándo se hizo el primer viaje alrededor del mundo?

En 1519 cinco barcos salieron de España. Tres años después, uno de ellos volvió: le había dado la vuelta al mundo. El marinero portugués Fernando de Magallanes (1480-1521), dirigía la expedición. Igual que casi toda la tripulación, Magallanes no llegó con vida al final del viaje. Después de cruzar el Pacífico, fue asesinado durante una pelea con pobladores de Filipinas.

¿Quién fue el primer marinero europeo que llegó a la India?

El portugués Vasco de Gama, en 1498. Fue el primer marinero europeo que tocó esas tierras, iba dirigido por un piloto árabe.

¿Dónde estaba el paso nordoccidental?

En el siglo XVI, muchas personas ya sospechaban que la Tierra era redonda. Una nave debía llegar a Asia navegando hacia el occidente y atravesando el Océano Atlántico. Aun después de haber encontrado América, muchos marineros trataron en vano de encontrar un paso nordoccidental. El primer viaje se hizo apenas en 1906, cuando el barco *Gjöa* (de Roald Amundsen) navegó de oriente hacia occidente, al norte de Canadá.

▲ **Mapa del viaje histórico de Magallanes. Sus barcos rodearon la punta de Sudamérica y atravesaron el Océano Pacífico. Los supervivientes finalmente atravesaron el Océano Índico de regreso a sus hogares.**

Nosotros no podemos volar como las aves. Los músculos de nuestros brazos son muy débiles. Pero antes de que se inventaran los aviones, la gente trató en vano de imitar a los pájaros.

¿Quién voló por primera vez con motor?

Los globos sólo vuelan adonde los lleva el viento. En 1852, el aviador francés Henri Giffard (1825-1882) trató de poner un motor en un globo. Su "nave aérea" era un globo lleno de hidrógeno y con forma de cigarrillo. Lo movía un pequeño motor de vapor.

¿Quién construyó el primer avión que voló bien?

A fines del siglo XIX muchos inventores trataron de construir una máquina con alas y hélices que volara con su propia fuerza. Los primeros aviadores, como Otto Lilienthal de Alemania, demostraron que un planeador* podía llevar una persona. Orville y Wilbur Wright (de EU) construyeron sus propios planeadores y les pusieron un motor hecho por ellos mismos. En 1903 realizaron los primeros vuelos controlados en un aparato más pesado que el aire.

◀ **Los hermanos Wright construyeron el aeroplano Flyer. Solamente voló 12 segundos en su primer viaje.**

HISTORIA

¿Quién hizo el primer vuelo entre Francia e Inglaterra?

En 1909 el piloto francés Louis Blériot (1872-1936) aterrizó cerca de Dover, Inglaterra. Fue el primer vuelo entre Francia e Inglaterra. Sin mapa ni brújula, Blériot se perdió entre la bruma; su motor se calentó demasiado pero una lluvia lo enfrió y dispersó la bruma. Al ver los precipicios de Dover abajo, Blériot descendió y aterrizó agitadamente después de volar 37 minutos.

¿Quién usó primero un equipo de buzo?

Jacques Cousteau (1910-1998), un oficial de la marina francesa, quería nadar libremente bajo el agua. Para lograrlo, inventó con su grupo de trabajo el equipo de buzo, que eran tanques de oxígeno en la espalda y aletas* para los pies. Cousteau demostró que se podía explorar el fondo del mar y trabajar en él.

¿Quiénes salieron por primera vez al Espacio?

El ruso Yuri Gagarin fue la primera persona que salió al Espacio (1961). En 1968 tres astronautas de EU volaron alrededor de la Luna en el *Apolo 8*. Fueron los primeros en salir del campo de gravedad de la Tierra.

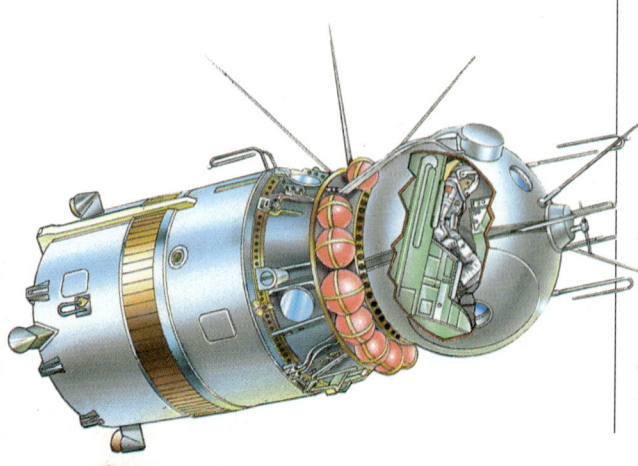

▲ Louis Blériot cruzó el Canal de la Mancha en un avión que él mismo diseñó y construyó. Su vuelo lo hizo célebre* en Francia e Inglaterra.

En 1958 el *Nautilus*, de EU (el primer submarino nuclear), viajó del Estrecho de Bering a Islandia atravesando directamente por debajo del polo Norte. La travesía duró cuatro días.

▶ Los primeros exploradores en llegar al polo Sur fueron dirigidos por el noruego Roald Amundsen. Usaron perros *huskies* para tirar de sus trineos, y llegaron al polo Sur en diciembre de 1911.

◀ El cosmonauta ruso Yuri Gagarin le dio una vuelta a la Tierra en su nave *Vostok*.

¿Quién llegó primero al polo Norte?

Los exploradores estadounidenses Frederick Cook y Robert Peary afirmaron haber llegado al polo Norte, el primero en 1908 y el otro en 1909. Pero quizá no dijeron la verdad y regresaron sin haber llegado al polo. La primera persona que sin duda llegó al polo Norte fue el explorador estadounidense Richard Byrd con su copiloto Floyd Bennett, ellos sobrevolaron en avión el polo el 9 de mayo de 1926. El primer explorador que recorrió el polo Norte sobre el hielo fue Ralph Plaisted, de Estados Unidos. Llegó hasta ahí el 19 de abril de 1968.

HISTORIA

¿Quién atravesó Australia por primera vez?

El centro de Australia es un desierto y resulta peligroso atravesarlo por tierra. Los primeros que realizaron esa travesía de sur a norte, fueron Robert Burke, William Wills, Charles Gray y John King entre 1860 y 1861. Durante el viaje de regreso, los exploradores sufrieron hambre, sed, agotamiento y enfermedad. No encontraron a otros miembros de la expedición y Gray, Burke y Wills murieron; King vivió con los aborígenes* hasta que fue rescatado.

¿Quién cruzó primero el Canal de la Mancha nadando?

Matthew Webb, capitán de la marina británica, fue el primero en atravesar nadando el Canal de la Mancha que separa Inglaterra y Francia (mide 34 km en línea recta). Fue en 1875 y tardó 21 h 45 min.

▶ El neozelandés Edmund Hillary y el nepalés Tenzing Norgay fueron los primeros en escalar el Everest, o *Chomo Lungma*, como lo llaman los tibetanos.

PRIMERAS EXPLORACIONES

- Roald Amundsen, de Noruega, dirigió en 1911 la primera expedición que llegó al polo Sur.
- De 1979 a 1982 unos exploradores fueron de Londres al polo Sur, al polo Norte y de vuelta a Londres: más de 56 000 km.
- El viaje más largo que se hizo nadando fue de 2 938 km río abajo por el Mississippi (1930). El nadador pasó 742 h en el agua.
- El primer marinero europeo que conoció el Océano Índico fue Bartolomeu Diaz, de Portugal, que en 1487 navegó al extremo sur de África.
- Chile fue descubierto en 1539, pero su colonización comenzó hasta la década de 1540, porque los indios araucanos resistieron la entrada de los españoles.

◀ Los exploradores usaban camellos para atravesar Australia. Estos animales del desierto sobreviven al calor y la sequía que hay en ese país.

¿Quién hizo el primer vuelo transatlántico sin escalas?

Los pilotos británicos John Alcock y Arthur Brown atravesaron por primera vez el Océano Atlántico el 14 y 15 de junio de 1919. El vuelo duró casi 16 h 30 min; Brown tuvo que arrastrarse a las alas del avión para quitar el hielo que ahí se estaba formando. Alcock murió en un accidente aéreo unos meses después.

¿Quién navegó solo alrededor del mundo?

Un marinero estadounidense, el capitán Joshua Slocum, hizo el primer viaje solitario alrededor del mundo en un pequeño velero llamado *Spray*. Le tomó tres años y dos meses, entre 1895 y 1898. Slocum no sabía nadar. Volvió a intentarlo en 1909 y nadie lo volvió a ver.

¿Quién escaló el Everest por primera vez?

Hasta 1953 muchas personas habían intentado sin éxito escalar la montaña más alta del mundo. El 29 de mayo de ese año, dos miembros de una expedición de la Comunidad Británica* llegaron a la cima.

HISTORIA

LOS EXPLORADORES

¿Quién encontró América, creyendo que era Asia?

El primer explorador europeo que se sabe llegó a América fue Cristóbal Colón. Nació en Italia pero realizó sus exploraciones para los españoles. En 1492 zarpó de España hacia las Islas Bahamas, cerca de las costas de Norteamérica. Colón estaba buscando una nueva ruta para llegar a la India (nombre que se daba en aquel tiempo a una región de la actual China) y creyó haber llegado allá. Por eso llamó "indios" a las personas que encontró.

¿Quién atravesó el Pacífico en balsa?

En 1947 un grupo de científicos dirigidos por Thor Heyerdahl (nacido en Noruega en 1914) atravesó el Océano Pacífico en una balsa de diseño antiguo llamada el *Kon-Tiki*. La expedición demostró que los pobladores de las Islas del Mar del Sur podían haber llegado ahí en balsa desde Sudamérica.

¿De dónde viene el nombre de América?

América recibió su nombre en honor al explorador italiano Amerigo Vespucci, quien vivió de 1451 a 1512. Él exploró las islas del Caribe y las costas orientales de gran parte de Sudamérica. Realizó su primer viaje después de que Cristóbal Colón llegó a tierras americanas. A diferencia de Colón, Vespucci creía que se había descubierto una nueva tierra. El continente recibió el nombre de América en honor a él.

Cristóbal Colón

▲ Colón zarpó con tres pequeñas carabelas para cruzar el Atlántico. La travesía al Nuevo Mundo duró más de 60 días.

En la época de Colón muchas personas creían que el mundo era plano. Ellos temían que sus barcos navegaran demasiado lejos al oeste y ¡cayeran por la orilla!

▶ Marco Polo seguía las antiguas rutas comerciales que atravesaban Asia hasta llegar a China. Los viajeros iban en caballos y camellos por las montañas y desiertos.

¿Adónde viajaba Marco Polo?

Marco Polo y su familia fueron los más grandes viajeros de la Edad Media. Él nació en Venecia, Italia. Su padre y su tío eran comerciantes y habían viajado a China, donde conocieron al emperador Kublai Kan. En 1271 volvieron a emprender el viaje acompañados por Marco y no regresaron hasta 1295. En todo ese tiempo recorrieron China y el sur de Asia, y estaban muy sorprendidos por todo lo que habían visto.

HISTORIA

¿Quién llamó a un gran país con el nombre de un pueblo?

Fue el explorador francés Jacques Cartier y el país es Canadá. Aunque no fue el primer europeo que llegó ahí, Cartier fue el primero que exploró gran parte del territorio canadiense. Desde 1534 hizo tres viajes a Canadá. Cartier trató de encontrar el nombre autóctono* del territorio, sin embargo, los indígenas creyeron que les preguntaba por su aldea y respondieron "kanada", que significa "pueblo".

▲ Los mexicas de México creyeron que Cortés era un dios de piel pálida y lo recibieron con ofrendas*.

¿Quiénes fueron los conquistadores?

Los conquistadores fueron los invasores españoles que dominaron las civilizaciones autóctonas* de Centro y Sudamérica en el siglo XVI. Los conquistadores buscaban los tesoros y el oro de los indígenas y destruyeron sus civilizaciones. Los conquistadores más famosos son Hernán Cortés, que saqueó México, y Francisco Pizarro, que destruyó el Imperio Inca de Perú. Los españoles destrozaron gran parte de la forma de vida de los pueblos que conquistaron.

▶ Francisco Pizarro y sus hombres emprendieron la conquista del antiguo Imperio Inca.

¿SABÍAS QUE...?

■ Magallanes tenía 277 hombres a su mando cuando zarpó en 1519, y de ellos sólo un barco y 19 hombres volvieron en 1522, tras el viaje histórico alrededor del mundo.

■ El primer europeo que llegó al Océano Pacífico fue el español Vasco Núñez de Balboa.

■ En 1513, Balboa cruzó Panamá desde la costa atlántica y vio el Pacífico.

■ Los europeos habían estado en Norteamérica antes que Colón. En el año 1000 d.C., el vikingo Leif Ericsson navegó desde Groenlandia hasta Newfoundland.

¿Quién fue Francisco Pizarro?

Fue uno de los más importantes conquistadores de América. En 1523 realizó una expedición por la costa oeste de Sudamérica. Durante este viaje encontró el Imperio Inca y lo bautizó con el nombre de Perú. Luego regresó a España a solicitar apoyo a los reyes para la conquista de estos territorios. En 1531 organizó otra expedición a Perú y se entrevistó con Atahualpa, el emperador de los incas, para pedirle que aceptara el dominio de la Corona Española* y la religión cristiana. Atahualpa se negó y Pizarro lo hizo prisionero. El Imperio Inca fue derrotado y Pizarro compartió con sus hermanos Hernando, Gonzalo y Juan el dominio de los territorios invadidos.

¿Quién exploró el Río Amazonas?

En 1541 el soldado español Francisco de Orellana descubrió el Río Amazonas y lo navegó hasta su desembocadura. Al volver a España, narró historias fantásticas de indios cargados de oro y mujeres parecidas a las amazonas* de la mitología griega. Quizá ese sea el origen del nombre, tanto del río como de la región. Antes del descubrimiento del Amazonas, Orellana había participado en otras exploraciones a tierras americanas; murió en una de las expediciones al Amazonas.

253

HISTORIA

¿Quién fue Ibn Battuta?

Ibn Battuta fue un gran viajero árabe que visitó muchos lugares en el siglo XIV. Naufragó, atravesó el Desierto del Sahara y lo recibieron reyes y princesas. Fue a Egipto, África, Persia (hoy Irán), India, Rusia, Mongolia y China. Visitaba cualquier lugar donde hubiera otros musulmanes, incluyendo España (que en esa época estaba ocupada por muchos moros*). Ibn Battuta fue un sabio siempre curioso de ver cosas nuevas; sus viajes duraron 30 años.

Ibn Battuta fue tan famoso que dondequiera que iba era bien recibido. Escribió un libro de gran éxito sobre sus viajes a muchas tierras.

¿Dónde exploró Álvar Núñez Cabeza de Vaca?

Este viajero español del siglo XVI recorrió parte del actual México, el territorio de Florida, Texas y el Golfo de México. Como otros exploradores de la época, contó relatos fantásticos sobre los tesoros y riquezas incalculables de las nuevas tierras. Cuando regresó de sus expediciones, fue deportado* a España.

¿Cuándo llegaron los vikingos a América?

Probablemente América fue vista por primera vez en el año 986 d.C. por el vikingo Bjarni Herjolfsson, pero el primero en llegar a ella fue Leif Ericsson en el año 1000 d.C. Leif llegó a la costa del Labrador y fue al sur hasta una tierra donde crecían uvas silvestres: la llamó *Vinland* (tierra de uvas). Los vikingos trataron de establecerse ahí pero los indígenas los expulsaron.

▼ Los vikingos que llegaron a *Vinland* ("tierra de uvas") esperaban que fuera un buen lugar para establecerse y construir nuevos hogares.

¿Quién fue Juan de Grijalva?

El español Juan de Grijalva fue uno de los primeros europeos que recorrió el oriente de México. Él llamó Nueva España a los territorios que iba encontrando y trazó el mapa de la hermosa Isla de Cozumel, en Yucatán. Sus exploraciones abrieron el paso a la conquista de Hernán Cortés y sus soldados. Fue asesinado por indígenas durante una de sus expediciones.

▲ El vitral de una catedral muestra a David Livingstone, explorador y luchador contra el esclavismo en África Central.

¿Quién fue David Livingstone?

En el siglo XIX, África no había sido explorada a fondo por los europeos. El misionero escocés David Livingstone fue un gran explorador de África que contribuyó a terminar con el malvado comercio de esclavos. En 1866 Livingstone se lanzó a buscar el nacimiento del Nilo. No se supo de él hasta que una expedición dirigida por Henry Morton Stanley lo encontró cerca del Lago Tanganica, en 1871. Aunque estaba enfermo, Livingstone siguió explorando hasta su muerte, en 1873.

HISTORIA

¿Quién fue Alejandro de Humboldt?

Humboldt (1769-1859) fue un viajero y científico alemán cuya obra fue un ejemplo para otros geógrafos. Estudió ingeniería, pero en 1799 se fue a Sudamérica. Lo acompañaba su amigo, el botánico francés experto en plantas Aimé Bonpland (1773-1858). Humboldt y Bonpland se abrieron paso en la selva del Amazonas y escalaron los Andes.

¿Dónde exploraron Lewis y Clark?

De 1804 a 1806, Meriwether Lewis y William Clark, dos oficiales del ejército de EU, recorrieron su país para realizar algunos de los primeros mapas. Dirigieron una expedición desde San Luis río arriba por el Missouri y cruzaron las Montañas Rocosas. Luego exploraron el Río Columbia hacia el oeste (el Océano Pacífico) y volvieron al este. Lewis y Clark trazaron mapas de gran parte del nuevo territorio del oeste, abriendo camino para los futuros pobladores de California y otros territorios.

▶ El batiscafo *Trieste* realizó una inmersión sin precedente* en 1960: llevaba dos tripulantes en la cabina que está debajo del enorme flotador.

¿SABÍAS QUE...?

- Marco Polo tenía 17 años cuando hizo el largo y difícil viaje de Europa a China.
- David Livingstone fue el primer europeo que vio las Cascadas Victoria de África.
- Livingstone y otros exploradores buscaron el nacimiento del Río Nilo.
- En 1863 John Hanning Speke demostró que el nacimiento del Nilo era el Lago Victoria.
- Lo más lejos que han llegado los exploradores es a la Luna. Las primeras personas que la tocaron fueron los astronautas Neil Armstrong y Edwin Aldrin, de EU (1969).
- Quizá los primeros europeos que llegaron a las Montañas Rocosas fueron los hermanos franceses Vérendryes, en la década de 1740.
- Sacagawea (nombre que significa "mujer ave") fue capturada cuando era niña y vendida a un traficante de pieles. Luego, Lewis y Clark la contrataron.

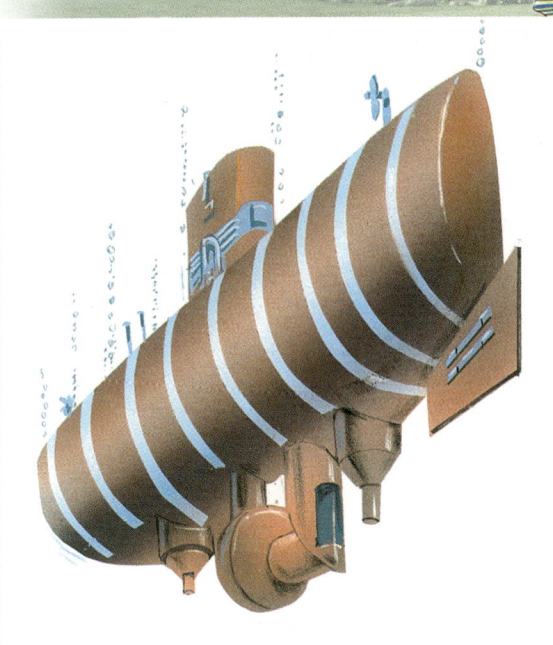

¿Dónde exploró Jacques Piccard?

El científico suizo Jacques Piccard se sumergió en la parte más profunda del Océano Pacífico: usó un aparato especial de buceo llamado batiscafo. Con el oficial de la marina estadounidense Don Walsh, realizó una inmersión sin precedente* de 10 910 m en la Fosa de las Marianas, el valle más profundo del lecho marino.

¿Quién fue el primero que atravesó la Antártida o Antártica?

En 1957 y 1958, una expedición de la Comunidad Británica* atravesó la Antártida o Antártica. Usó tractores para la nieve en vez de trineos tirados por perros, como hacían los antiguos exploradores. El científico británico Vivian Fuchs guió la expedición; el viaje duró 99 días.

◀ Meriwether Lewis y William Clark recibieron ayuda de una shoshoni* llamada Sacagawea. Ella era la intérprete cuando encontraban a otros nativos americanos.

HISTORIA

GOBERNANTES Y DIRIGENTES

¿Quién fue Julio César?

Cayo Julio César, un brillante general romano y escritor, fue gobernante de Roma. Nació en el año 100 a.C. y pertenecía a una familia romana de aristócratas*. Llegó a gobernar Roma y fue famoso por sus grandes éxitos como soldado. Conquistó la Galia (hoy Francia) y dos veces llegó a Gran Bretaña.

En el año 49 a.C. César volvió a Roma y se nombró dictador. Hizo campaña en Egipto donde se enamoró de la reina Cleopatra. Aunque gobernó Roma con inteligencia, tenía enemigos envidiosos de su éxito. En el año 44 a.C. lo asesinaron, afirmando que pensaba convertirse en rey de Roma.

▲ Moctezuma II sometió el área mesoamericana, pero sus ansias de dominio desintegraron la confederación mexica.

Cuando Mahoma huía de La Meca hacia Medina, se ocultó de sus perseguidores en una gruta. Mientras estaba dentro, una araña tejió su tela en la entrada. Al ver intacta la telaraña, los perseguidores de Mahoma pensaron que no podía estar en la gruta.

Se fue por ahí

◀ Julio César fue el general romano más exitoso. Sus enemigos políticos temían que se volviese todopoderoso y lo asesinaron.

¿Quién fue Moctezuma II?

Moctezuma II (1466-1520) fue el emperador y sumo sacerdote que extendió el dominio de los pueblos mexicas, en México. Llegó hasta Centroamérica pero no logró dominar a los tlaxcaltecas. A pesar de sus numerosas victorias militares, la confederación mexica no era internamente fuerte, así que los españoles dirigidos por Hernán Cortés la pudieron conquistar.

¿Quién fue Mahoma?

Mahoma fue el fundador de la religión islámica. Sus seguidores, los musulmanes, lo llaman el Profeta de Dios. Mahoma nació en La Meca, hoy parte de Arabia Saudita, cerca del año 570 d.C.

En 595 d.C. Mahoma se casó con Jadiya, una viuda rica, y llevó una vida pacífica como comerciante en La Meca. Cuando tenía cerca de 40 años tuvo una visión del Arcángel Gabriel, quien lo llamaba a predicar la palabra de Dios. Comenzó a hacerlo en el año 613 d.C. En el año 620 Jadiya murió. Para entonces Mahoma tenía

HISTORIA

muchos enemigos y tuvo que huir; se refugió en el oasis de Yathrib, hoy Medina, ciudad del profeta.

Para el año 630 d.C., Mahoma había establecido su nueva religión; murió en el año 632. Sus enseñanzas quedaron registradas en el Corán, el libro sagrado del Islam, como revelaciones de Dios.

▶ Esta ilustración medieval muestra a Guillermo el Conquistador y a los siguientes tres reyes normandos: Guillermo II, Enrique I y Esteban.

▲ Los musulmanes creen que el Arcángel Gabriel fue el mensajero de Alá (Dios). Esta ilustración muestra al arcángel.

▼ Estatua de Carlomagno. Dirigió el imperio más poderoso de Europa.

¿Quién fue Carlomagno?

Carlomagno fue rey de los francos (franceses) del año 771 al 814 d.C. Gobernó gran parte de Europa Occidental y trató de revivir el Imperio Romano. En la Navidad del año 800, el Papa León III lo coronó Emperador de Occidente. Carlomagno fue un gran admirador del conocimiento, fomentó la literatura y las artes en la corte franca y fundó una escuela en Aachen (hoy Alemania). Fue un gobernante inteligente. Su imperio, después llamado el Sacro Imperio Romano, perduró en diversas formas por casi 1 000 años.

¿Quién fue Guillermo el Conquistador?

Guillermo, Duque de Normandía (en Francia) conquistó Inglaterra en el año 1066 d.C. Guillermo tenía un poco de derecho sobre el trono inglés. Se dice que el rey sajón Eduardo el Confesor se lo había prometido, porque no tenía heredero*. Pero a la muerte del rey, los ingleses eligieron como rey al conde sajón Harold Godwinesson. Guillermo invadió Inglaterra, derrotó y asesinó a Harold y a los sajones en la Batalla de Hastings.

¿Quién fue Saladino?

Saladino fue el mayor general sarraceno (musulmán) de la época de la Tercera Cruzada. Nació en el año 1138 d.C. y se convirtió en sultán* de Siria y de Egipto. En 1187 Saladino capturó la ciudad sagrada de Jerusalén. Cuando las noticias de su victoria llegaron a Europa, se proclamó la Tercera Cruzada.

257

HISTORIA

¿Quién fue Atahualpa?

Atahualpa (1500-1533) fue el último emperador de los incas, el imperio prehispánico más importante de Sudamérica. Por conflictos internos de poder entre él y su hermano Huascar, su imperio se debilitó y los españoles lograron conquistarlo. El conquistador español Francisco Pizarro tomó prisionero a Atahualpa y lo mandó matar, dando un fuerte golpe al Imperio Inca.

¿A quién se le llamaba el Rey Sol?

Luis XIV de Francia fue conocido como el Rey Sol. Se convirtió en rey en 1643, cuando tenía cinco años de edad. Era conocido como el Rey Sol porque su corte era muy espléndida. Tuvo un palacio magnífico y mandó hacer los jardines de Versalles, cerca de París. Fue rey de Francia durante 72 años y murió en 1715.

▲ **El Imperio Inca fue uno de los más importantes de América prehispánica. Las ruinas de Machu Picchu dan testimonio de su pasado esplendoroso.**

¿Quién mandó construir el Taj Mahal?

El Emperador Shah Yahan mandó construir uno de los edificios más bellos del mundo, el Taj Mahal, en Agra, al norte de la India. Se necesitaron 20 000 trabajadores y unos 18 años (entre 1630 y 1648) para terminar el edificio, y fue la tumba de Mumtaz Mahal, una de las esposas del monarca. Ella era la favorita de Shah Yahan, pero murió dando a luz. A la muerte del rey, lo enterraron junto a ella, bajo una gran cúpula blanca de 24.4 m de altura.

▼ **El rey Luis XIV gobernaba Francia desde el palacio de Versalles. Aprobó los planes de la lujosa construcción y de las costosas diversiones que se celebraban ahí.**

HISTORIA

¿Qué rey de Inglaterra tuvo seis esposas?

Fue el rey Enrique VIII. En 1509 se casó con Catalina de Aragón; se divorció de ella en 1533 y se casó con Ana Bolena. En 1536 hizo decapitar a Ana Bolena y tomó por esposa a Jane Seymour, quien murió al año siguiente. Su cuarta esposa fue Ana de Cleaves, se casó con ella en 1540 y seis meses después se divorciaron. Ese mismo año, el monarca se casó con Catalina Howard, y menos de dos años después la mandó decapitar. Su sexta esposa, Catherine Parr, quedó viva cuando el rey murió.

GRANDES GOBERNANTES

- Salomón (del año 1015 a.C. a 977 a.C. aproximadamente), rey de Israel. Fue famoso por su sabiduría.
- Alfredo el Grande (849-899), rey de Sajonia Occidental, en Inglaterra. Combatió a los vikingos, promulgó buenas leyes y fomentó la educación.
- Gengis Kan (1162-1227), conquistador mongol, fundador del imperio territorial más grande del mundo.
- Felipe II (1527-1598), rey de España y de las colonias* americanas. Sus dominios fueron muy extensos.
- Abraham Lincoln (1809-1865), presidente de EU. Se opuso a la esclavitud y llevó a los estados del norte a la victoria en la guerra civil.

◀ Enrique VIII quería desesperadamente un heredero* varón que gobernara después de él. Si una esposa no lograba darle uno, o si lo disgustaba por alguna cosa, se deshacía de ella.

¿Qué hizo el Virrey* de Mendoza?

En el siglo XVI Antonio de Mendoza fue designado por la Corona Española* para gobernar algunos territorios conquistados de América. Fue el primer virrey de la Nueva España, es decir, la primera persona que gobernó en nombre del rey español esa región que corresponde al actual México y algunas regiones de América Central. Fue un gobernante eficiente durante 15 años y estableció el régimen político y económico que iba a perdurar durante la Colonia*, o sea, hasta la independencia de los territorios sometidos. Luego fue virrey de Perú, pero sólo duró dos años en el cargo pues murió en 1552.

¿Quién fue el primer presidente de EU?

El primer presidente de EU fue George Washington, quien condujo el ejército estadounidense a la Guerra de Independencia desde 1789 hasta 1797. Washington nació en Virginia en el año de 1732. Era agrimensor*, combatió a los franceses y a los indios y luego se convirtió en terrateniente*. Cuando estalló la guerra entre Gran Bretaña y sus 13 colonias* americanas, Washington fue nombrado comandante en jefe del ejército americano. Al ganar la guerra, ayudó a redactar la Constitución de EU.

▼ George Washington había luchado en el bando de los británicos. Luego los combatió para conquistar la independencia de EU. Fue elegido presidente del país después de la guerra.

HISTORIA

¿Quién fue José Martí?
José Martí (1853-1895) fue un intelectual y político cubano que luchó por la independencia de su país. Fue autor de numerosas obras en prosa y poemas. Martí comenzó su trabajo literario y político desde la adolescencia y a lo largo de su vida relacionó ambas actividades. Escribió las ideas fundamentales de la revolución cubana, entre las que destacan la democracia, la igualdad de razas y la de clases. Él habló de los peligros del imperialismo* estadounidense.

¿Quién se coronó emperador de Francia?
Napoleón Bonaparte (1769-1821) fue un soldado corso –de la isla de Córcega– que se coronó emperador de Francia en 1804. En 1815, los ejércitos británico y prusiano lo derrotaron en la Batalla de Waterloo, y fue enviado al exilio* a la isla de Santa Elena en el Atlántico sur.

¿Quién quiso que el mar lo obedeciera?
El rey Canuto de Dinamarca y Noruega llegó a ser rey de Inglaterra en el año 1016. Trató de hacer que las olas lo obedecieran y ordenó a la marea regresar, para así demostrar a la gente que su poder era ilimitado.

¿Quién fue "El Libertador"?
Simón Bolívar (1783-1830) fue un militar venezolano que luchó por la independencia de Hispanoamérica. Dirigió muchas batallas para liberar varios países americanos, entre ellos Colombia, Venezuela y Bolivia. Por su importante labor política y militar se le llamó "El Libertador".

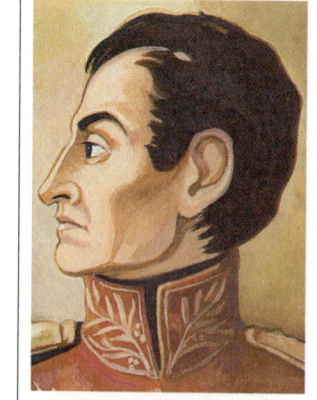

Simón Bolívar

▲ Pintura de Napoleón (hecha por Jacques-Louis David) donde aparece como un héroe guerrero. Napoleón llegó al poder como defensor de la Revolución Francesa contra los enemigos extranjeros. Luego tomó otras partes de Europa bajo el dominio francés.

¿Quién fue el rey David?
Fue uno de los más importantes reyes de Judá e Israel, que vivió en tiempos del Antiguo Testamento*. Siendo un joven pastor venció en batalla al gigante Goliat. Cuando gobernó Israel, construyó su palacio en Jerusalén y por eso a ésta se le llama la "Ciudad de David". Tomó por esposa a Betsabé, una mujer casada, y con ella tuvo un hijo, Salomón, que también sería rey de Israel. Alcanzó fama porque derrotó a muchos enemigos de los judíos. David es un personaje muy importante de la Biblia: fue un valiente guerrero y líder judío, tuvo una profunda fe en Dios y escribió muchos Salmos*.

¿Quién fue el Benemérito* de las Américas?
Benito Juárez (1806-1872) fue un notable político mexicano. Promulgó las Leyes de Reforma que confirmaron la nacionalización* de los bienes de la Iglesia, la creación del registro civil* y la separación entre la Iglesia y el Estado. Fue Ministro de Justicia de la Nación y dos veces fue presidente de México. Su mentalidad moderna y su sentido de la justicia le dieron el título de "Benemérito de las Américas". Una de sus frases célebres es: "Entre los individuos como entre las naciones, el respeto al derecho ajeno es la paz."

Benito Juárez

260

HISTORIA

◀ Franklin Roosevelt fue famoso por sus programas de radio para el pueblo estadounidense. Propuso llamar "Naciones Unidas" a los aliados durante la Segunda Guerra Mundial.

▲ Martin Luther King luchó valientemente por los derechos civiles.

¿Quién fue elegido cuatro veces presidente de EU?

Franklin D. Roosevelt fue elegido presidente de EU en cuatro ocasiones: 1932, 1936, 1940 y 1944. Murió en 1945 habiendo sido presidente por 12 años, lo que nadie había logrado. Roosevelt fue un hombre extraordinario. Aunque a causa de la polio no podía caminar sin ayuda, gobernó el país durante la depresión de los años 30 y durante la Segunda Guerra Mundial.

¿Quién dirigió a Alemania a la Segunda Guerra Mundial?

Fue el militar alemán Adolfo Hitler, quien en 1933 llegó al poder en su país a la cabeza del Partido Nacional Socialista. A él y a sus partidarios se les llamó nazis (abreviación de "nacional socialistas"). Establecieron una dictadura en Alemania, masacraron a sus enemigos y buscaron invadir otros países europeos. Esto provocó el comienzo de la Segunda Guerra Mundial, durante la cual murieron millones de personas en los campos de concentración*, entre ellos más de seis millones de judíos.

DATOS SOBRE EL PAPA

■ Karol Wojtyla nació en 1920, en Wadowice, un pueblo de la provincia de Galitzia, Polonia.

■ Fue elegido en 1978 y se convirtió en el primer Papa que no era de origen italiano. Tomó el nombre de Juan Pablo II.

■ En 1981 un hombre trató de matarlo disparándole dos veces.

■ Wojtyla se ha convertido en un Papa muy reconocido por su lucha a favor de los derechos del hombre y por sus numerosos viajes por todo el mundo.

¿Quién comandó a Gran Bretaña en la Segunda Guerra Mundial?

El dirigente británico durante la Segunda Guerra Mundial fue Winston Churchill, que vivió de 1874 a 1965. Churchill llegó a ser primer ministro en 1940, poco después del inicio de la guerra. Para entonces, Alemania había invadido la mayor parte de Europa, así que Gran Bretaña estaba prácticamente sola frente al enemigo. El ejército británico luchó con fuerza bajo el poderoso mando de Churchill y el país no fue invadido. En 1941 la URSS y EU se unieron a la guerra, que terminó cuatro años después.

¿Qué país gobernó Charles de Gaulle?

Charles de Gaulle fue el máximo dirigente francés de este siglo. Nació en 1890 y llegó a ser general a principios de la Segunda Guerra Mundial. Cuando los alemanes ocuparon Francia, De Gaulle se negó a colaborar con ellos. Salió del país y dirigió la resistencia francesa desde el exterior de Francia. De Gaulle volvió después de la guerra y fue presidente de Francia de 1945 a 1946 y de 1958 a 1969.

¿Quién fue Martin Luther King?

Martin Luther King hijo dirigió el movimiento de defensa de los derechos civiles en EU. Hijo de un ministro* bautista*, King fue mundialmente célebre* por su campaña para lograr igualdad de derechos entre los estadounidenses negros y los blancos. Comenzó sus protestas en 1955, con un sabotaje* de autobuses en Montgomery, Alabama, porque obligaban a los negros a sentarse en los asientos traseros. King creía en las protestas pacíficas.

261

HISTORIA

LA ANTIGÜEDAD

¿Qué es Stonehenge?

Stonehenge es un antiguo monumento, al sur de Inglaterra. Fue construido en varias etapas entre 1750 y 1500 a.C. Tal vez se usaba como templo o para observar los movimientos del Sol y la Luna y hacer calendarios.

¿Por qué se construyeron las pirámides de Egipto?

Las pirámides se construyeron como tumbas para los faraones (gobernantes) del antiguo Egipto y tenían cámaras* donde se guardaban los restos de los faraones. Después, los tesoros de esas cámaras fueron robados. La Gran Pirámide de Gizeh es la más grande: cuando se construyó, alrededor del año 2600 a.C., medía 146.5 m de altura.

▼ Las siete maravillas del mundo son mencionadas por escritores de la Antigüedad. Los viajeros que las visitaban se asombraban por su tamaño y magnificencia*. Entre todas, las pirámides son las más antiguas y por mucho, las más grandes.

¿Cuáles fueron las siete maravillas del mundo?

Las siete maravillas fueron monumentos de la Antigüedad considerados los más extraordinarios que se hayan construido. La Gran Pirámide de Egipto es la única que todavía se conserva. Las otras seis eran: los Jardines Colgantes de Babilonia, el Templo de Diana en Éfeso, el Mausoleo de Halicarnaso, la Estatua de Zeus en Olimpia, el Faro de Alejandría y el Coloso de Rodas (una estatua que estaba en la entrada de ese puerto). No hay imágenes confiables de las seis maravillas perdidas, sólo descripciones de historiadores y viajeros.

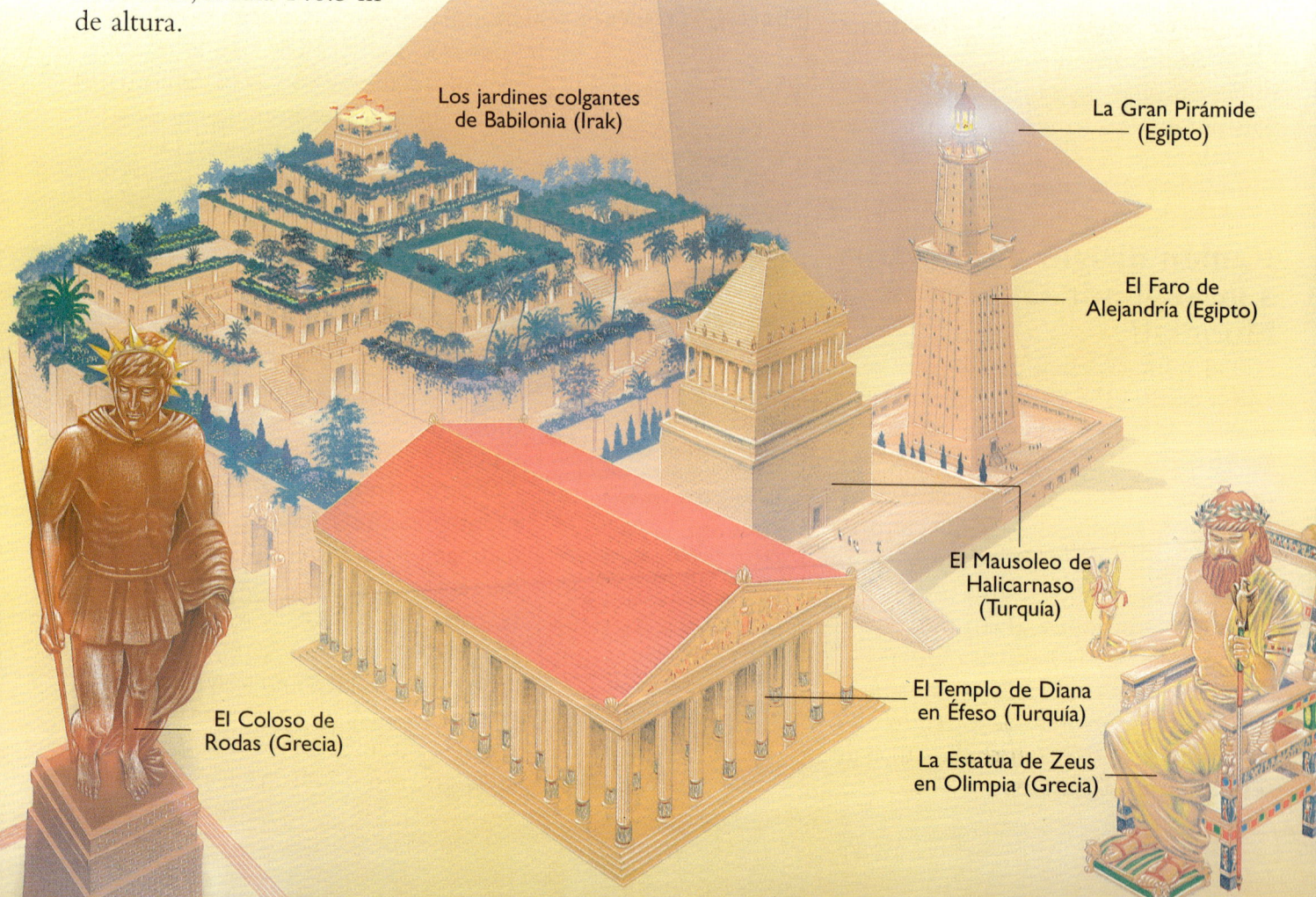

Los jardines colgantes de Babilonia (Irak)

La Gran Pirámide (Egipto)

El Faro de Alejandría (Egipto)

El Mausoleo de Halicarnaso (Turquía)

El Templo de Diana en Éfeso (Turquía)

La Estatua de Zeus en Olimpia (Grecia)

El Coloso de Rodas (Grecia)

HISTORIA

◀ **Alejandro Magno guió su ejército hasta la India. En su corta pero brillante vida nunca perdió una batalla.**

▼ **Cleopatra vivió con gran esplendor en Egipto. Era descendiente de uno de los generales de Alejandro Magno.**

¿Quién fue Cleopatra?

Cleopatra nació en el año 69 a.C. y fue una bellísima reina de Egipto. El dirigente romano Julio César, fascinado por ella, la hizo reina. A la muerte de César, su sucesor Marco Antonio se enamoró de Cleopatra y dejó a su mujer Octavia. Esto provocó una lucha con Octaviano (hermano de Octavia) por el control de Roma. En el año 31 a.C., Octaviano venció a Marco y Cleopatra en una batalla. Derrotado, Antonio se suicidó. Poco después Cleopatra se quitó la vida, quizá dejándose morder por una serpiente venenosa.

¿Quién fundó la antigua ciudad de Alejandría?

El emperador griego Alejandro Magno fundó la ciudad de Alejandría, Egipto, en el año 331 a.C. A través de sus conquistas, Alejandro levantó un gran imperio que se extendía desde Grecia hasta la India y Egipto y era tan grande como EU. Ese imperio llevó la civilización griega al mundo antiguo y Alejandría se convirtió en el centro del conocimiento.

¿Quién fue el primer emperador romano?

Augusto, que vivió del año 63 a.C. hasta el 14 d.C., fue el primer emperador de la antigua Roma. Antes de él, Roma era una república gobernada por cónsules* electos. Luego de la muerte de Julio César, Augusto (que se llamaba Octaviano) compartió el poder con Marco Antonio pero después lo derrotó. En el año 27 a.C. declaró que a partir de entonces Roma sería un imperio y él su primer emperador. Adoptó el nombre de Augusto y bajo su gobierno Roma llegó a su máximo esplendor. El mes de agosto se llama así en honor a este emperador.

¿SABÍAS QUE...?

■ El filósofo griego Aristóteles fue tutor* de Alejandro Magno.

■ Cleopatra se casó con dos de sus hermanos y compartió con ellos el trono.

■ Tuvo hijos gemelos con Marco Antonio y un hijo con Julio César.

■ El Muro de Adriano tenía portales donde los soldados vigilaban la entrada y salida de las personas de la Bretaña romana.

¿Por qué los romanos construyeron un muro a través de Inglaterra?

El Muro de Adriano es una construcción famosa del norte de Inglaterra. Es un muro enorme de 118 km de largo que atraviesa el país de costa a costa. Lo construyó el emperador romano Adriano entre el año 123 y 138 d.C., para impedir que los saqueadores escoceses invadieran Inglaterra, que era entonces una provincia del Imperio Romano.

263

HISTORIA

¿Quién llevó elefantes por los Alpes?

Aníbal dirigió el ejército de Cartago contra Roma y usó elefantes para atemorizar a sus enemigos. Tomó por sorpresa a los romanos, atravesando los Alpes con sus elefantes en el año 218 a.C. Al llegar a Italia, Aníbal acosó durante años a los romanos pero no logró derrotarlos.

▼ El ejército de Aníbal y sus elefantes atravesaron los Alpes.

¿Cuándo floreció el Imperio Maya?

Llegó a su esplendor al sur de México y parte de América Central entre los años 250 y 800 d.C. Los mayas celebraban elaboradas ceremonias religiosas, construyeron grandes ciudades de piedra y crearon un sistema de escritura pictográfica. Las grandes ciudades mayas fueron abandonadas en el siglo IX y nadie sabe por qué.

¿Quién fue el primer emperador chino?

Durante 260 años, los estados del oriente de China combatieron entre sí por el control de todo el territorio. Finalmente Ch'in, uno de los estados más occidentales, ganó la lucha. Su dirigente fue el príncipe Cheng, conocido como el "Tigre de Ch'in". Al vencer, Cheng se proclamó Shih Huang-ti, que significa "el primer emperador". Él mandó construir la Gran Muralla China para defenderse de los invasores del norte.

¿Quiénes fueron los incas?

Los incas fueron un pueblo que vivió entre las montañas de Perú, quizá desde hace 4 000 años. Los incas comenzaron a construir su imperio alrededor del año 1200 d.C. Los reyes incas Pachacuti y su hijo Topa Inca extendieron su imperio del año 1438 hasta 1493; en esta época llegó a abarcar gran parte de lo que hoy son Ecuador, Bolivia, Chile y Argentina.

¿Quiénes fueron los celtas?

Los Celtas fueron un grupo de pueblos que vivieron en Europa Central en el siglo VI a.C. Eran guerreros y agricultores; muchos emigraron a Occidente. Su lengua sobrevive en el galés*, el gaélico* y el bretón*.

Los mayas de Centroamérica mascaban chicle. La goma que llamaban así la obtenían del árbol del zapotillo. El chicle se sigue usando para elaborar la goma de mascar.

▶ El gobernante inca Pachacuti dirigió al ejército para extender su imperio.

HISTORIA

¿Cuándo se fundó la dinastía Han?

La dinastía Han derrocó a la dinastía Ch'in en el año 202 a.C. y gobernó China durante más de 400 años. Durante este tiempo el Imperio Chino se extendió. Los sabios de la dinastía Han estudiaban matemáticas elevadas y astronomía. En ese período se inventó el papel y los mercaderes Han visitaban Persia y Roma.

▼ Los antiguos chinos construyeron grandes ciudades. La gente del campo llevaba vegetales y animales para vender en el mercado. Los viajeros de Occidente se maravillaban de las ciudades chinas y de su organización.

▲ Vikingos en batalla marina. Sus barcos de madera eran veloces y fáciles de manejar.

¿Quiénes fueron los vikingos?

Los vikingos fueron piratas de Escandinavia. Eran atrevidos y hábiles navegantes que cruzaban los mares europeos en sus largas embarcaciones. Los barcos tenían grandes velas cuadradas pero también usaban remos. Desde el año 793, los vikingos de Noruega saquearon Inglaterra. Comenzaron a establecerse ahí a fines del siglo IX. Otros vikingos atacaron Francia y se establecieron ahí. Se les llamó normandos, de donde viene el nombre de Normandía. Otros vikingos llegaron a España, Sicilia, Italia y Rusia, dejando su huella.

¿Quién fue Atila?

Atila fue dirigente de los hunos, un grupo de tribus guerreras de Asia Central que aterrorizó Europa en el siglo V. Atila obligó a los gobernantes del Imperio Romano Oriental a pagarle una gran cantidad anual para dejarlos en paz. Luego condujo un gran ejército de hunos hacia Galia (hoy Francia). En el año 451, los romanos lo derrotaron en *Châlons-sur-Marne* y murió dos años después.

¿Quién fue Confucio?

Fue un filósofo chino que vivió hace casi 2 500 años. Su verdadero nombre era K'ung ch'iu y luego se llamó K'ung-fu-tzu, que significa "gran maestro Kung". En los países occidentales es llamado Confucio.

¿SABÍAS QUE...?

■ Los vikingos eran temidos guerreros. También eran soldados mercenarios*.

■ Mucho de lo que conocemos de la antigua China se lo debemos a sus tumbas. Ahí se han encontrado modelos de arcilla de las casas, soldados y caballos.

■ El Sacro Imperio Romano duró hasta principios del siglo XIX, pero después de la Edad Media nunca volvió a ser poderoso.

■ Confucio creía en el orden, la familia y el buen gobierno. Sus ideas influyeron mucho en la vida de los chinos.

■ Los hunos fueron una de las numerosas tribus "bárbaras" que atacaron el Imperio Romano. Los romanos los consideraban incivilizados.

¿Qué fue el Sacro Imperio Romano?

El Sacro Imperio Romano fue un grupo de pequeños estados alemanes contiguos*, poderosos en la Edad Media. Trató de ser un segundo Imperio Romano de estados cristianos. Este imperio fue fundado por Carlomagno. En Roma, el día de Navidad del año 800 d.C. Carlomagno fue coronado por el Papa como primer emperador del Sacro Imperio.

265

HISTORIA

ACONTECIMIENTOS FAMOSOS

¿De qué país se expulsó a los judíos?

En 1391, comenzó a destruirse la tolerancia religiosa* que por siglos caracterizó a España. La gente, enojada por la plaga, las guerras civiles y la crisis económica, culpó absurdamente a los judíos: empezó a perseguirlos y a matarlos. Ellos contribuyeron de manera fundamental a la cultura y a la economía españolas, pero los Reyes Católicos decidieron lograr la uniformidad religiosa a toda costa. En 1483, la Inquisición* se estableció en España, que con torturas y muerte fue acorralando a los judíos. Por fin, en 1492 se les ordenó hacerse cristianos: de lo contrario, debían abandonar España. Algunos aceptaron volverse conversos* pero muchos miles fueron expulsados.

▶ **Disfrazados de indios, los colonos arrojaron el té británico al agua. Esto dio inicio a la Guerra de Independencia de EU.**

¿Qué guerra comenzó con una fiesta de té?

En 1773, cuando EU era todavía una colonia* británica, se aprobó la Ley del Té en Gran Bretaña. Esta ley permitía a la Compañía de las Indias Orientales mandar té directamente de Londres a América sin emplear a los mercaderes americanos. En Boston, un grupo de americanos patriotas abordó los barcos cargados de té y lo tiró por la borda. Este evento se conoce como la Fiesta del Té de Boston y así comenzó la Guerra de Independencia.

Los judíos destacaron en España como poetas, traductores, filólogos, legisladores, médicos y comerciantes, entre otros oficios. Enriquecieron enormemente la cultura española ¡y luego fueron expulsados!

▲ **Montados sobre fuertes caballos, los soldados normandos atacan a sus enemigos. Esta escena es parte del enorme Tapiz de Bayeux, que muestra la invasión de Inglaterra por parte del Duque Guillermo de Normandía (Guillermo el Conquistador), en el año 1066. El tapiz ilustra los antecedentes de la invasión y la derrota de las tropas inglesas.**

¿Cuál fue la Guerra de la Triple Alianza?

Fue una guerra en la que Brasil, Argentina y Uruguay (la Triple Alianza), se aliaron en contra de Paraguay (1864-1870). Las principales causas del conflicto fueron los problemas de dominio territorial. La única consecuencia positiva de esta guerra fue que años más tarde, en 1888, la esclavitud se abolió en Brasil.

¿Qué fue la Reconquista?

Durante ocho siglos, los musulmanes ocuparon parte de la Península Ibérica. Ahí desarrollaron su cultura y dejaron muchos testimonios de ella tanto en la lengua española como en la arquitectura, la música y las costumbres. La Alhambra, en Granada, es un magnífico ejemplo de la presencia musulmana en la península. En 1492, los Reyes Católicos expulsaron a los moros* de Granada, como parte de la política de expansión de la Corona Española*, que ese mismo año llevó a Colón al Nuevo Mundo.

HISTORIA

¿Qué desató la Guerra Civil de EU?

En 1861, once de los estados del Sur de EU dejaron la Unión Americana antes que aceptar como presidente a Abraham Lincoln, quien era apoyado por los estados del norte del país. La principal discrepancia* entre la Unión y la Confederación (los estados del sur) era el esclavismo. El Sur lo defendía mientras que el Norte, más industrializado, se oponía. La Guerra Civil duró desde abril de 1861 hasta 1865, cuando el Norte salió victorioso. Se abolió la esclavitud y los estados del sur se reincorporaron a la Unión Americana.

¿Cuándo se formaron las nuevas naciones americanas?

Entre 1810 y 1830 muchas colonias* americanas se independizaron de la Corona Española* y se convirtieron en países independientes. Las tres regiones principales donde se organizaron movimientos de independencia fueron Río de la Plata, Nueva España y Nueva Granada. Fue un período de gran agitación intelectual, política y social.

▲ Durante la Gran Guerra, había carteles que instaban* a los hombres a entrar en el ejército. Muchos murieron en las trincheras* de Francia y Bélgica.

¿A qué se llamó la Gran Guerra?

La Primera Guerra Mundial (1914-1918) se llamó la Gran Guerra porque hasta entonces nunca habían participado tantos países en un conflicto armado. Tampoco habían muerto tantas personas en una guerra, ni se habían destruido tantos edificios. Pero la Segunda Guerra Mundial (1939-1945) fue mucho más grande y destructiva.

¿Cuál fue la Guerra de los Cien Años?

Francia e Inglaterra estuvieron en guerra de 1337 a 1453, y Francia venció. Este período es mayor de 100 años pero se le conoce como la Guerra de los Cien Años.

Estados Independientes
- Paraguay 1811
- Provincias Unidas del Río de la Plata 1816
- Chile 1818
- Gran Colombia 1819–1830
- México 1821
- Perú 1821
- Brasil 1822
- Provincias Unidas de América Central 1823
- Bolivia 1825
- Uruguay 1828

◀ América Latina en 1830. Este mapa muestra los nuevos estados independientes con sus fechas de independencia.

HISTORIA

▲ El descontento contribuyó al comienzo de la Revolución Francesa. En París una multitud atacó la prisión de la Bastilla y liberó a los prisioneros.

¿Qué acontecimiento celebra la Torre Eiffel?

La Torre Eiffel, diseñada por Alexandre Eiffel, fue construida para la Exposición de París de 1889. Esta exhibición celebraba los cien años del inicio de la Revolución Francesa que comenzó el 14 de julio de 1789, cuando una muchedumbre enojada atacó la Bastilla, una prisión de París, y destruyó el edificio piedra por piedra. El aniversario de la destrucción de la Bastilla es la fiesta nacional de Francia.

¿Qué barco "inhundible" se hundió en su primer viaje?

Fue el buque británico *Titanic*. En esa época, era el barco más grande y los expertos creían que era imposible que se hundiera. Pero la noche del 14 de abril de 1912, durante su primer viaje, chocó contra un iceberg en medio del Océano Atlántico y se hundió. De las más de 2 200 personas que había a bordo, se ahogaron 1 500.

▶ Acompañado de su esposa, el presidente de EU John F. Kennedy paseaba por las calles de Dallas saludando a la gente. Momentos después, un asesino le disparó. Hoy en día sigue discutiéndose quién lo mató.

En la década de 1780 los franceses se enojaron por un nuevo impuesto a la sal, la cual usaban para conservar la carne. Ese impuesto la encareció* demasiado.

¿Quién fue baleado en un teatro de Washington en 1865?

Abraham Lincoln, el decimosexto presidente de EU, fue baleado el 14 de abril de 1865 en el Teatro Ford, de Washington. Murió al día siguiente. Le disparó un actor fracasado llamado John Wilkes Booth, que quería matar a Lincoln porque los Estados Confederados habían sido derrotados en la Guerra Civil.

¿Cuándo fue asesinado el presidente Kennedy?

El presidente John F. Kennedy (de EU) fue asesinado por un pistolero en Dallas, Texas, el 22 de noviembre de 1963. El Presidente viajaba en un automóvil convertible abierto.

¿Cómo fueron los primeros años de las naciones americanas?

Los primeros años después de la independencia en Latinoamérica fueron una época de constantes conflictos entre dos grupos que querían gobernar con distintas maneras de pensar: conservadores y liberales. Los conservadores defendían el mantenimiento del orden y de una forma de vida muy parecida a la que se desarrolló durante la Colonia*

268

HISTORIA

española, también defendían el gobierno monárquico*. Por otro lado, los liberales eran republicanos, o sea, creían que cada pueblo debía elegir a sus gobernantes. A veces, los liberales se oponían a la influencia de la iglesia en los asuntos públicos; sus ideas se inspiraban en la Revolución Francesa, en el sistema político inglés y en el de EU.

▼ El 6 de junio de 1944, en el "Día D", las tropas de los Aliados* entraron a Francia. Esa enorme invasión aérea, marina y terrestre ha sido la más grande de la historia.

¿Qué pasó en Pearl Harbor?

La mañana del 7 de diciembre de 1941, bombarderos japoneses atacaron la base naval de EU en Pearl Harbor, Hawai. Destruyeron seis buques de guerra, dañaron otros 12 y destruyeron 174 aviones. Los japoneses atacaron mientras sus oficiales estaban en Washington negociando las causas del conflicto entre Japón y EU. El ataque a Pearl Harbor llevó a EU a la guerra contra Japón y sus aliados: Alemania e Italia.

¿Qué imperio gobernó Gengis Kan?

Gengis Kan fue el dirigente de los mongoles, un grupo guerrero de las llanuras de Asia Central. Él fue uno de los más grandes conquistadores de la historia. Dirigió un gran regimiento de caballería contra China en 1211, entró en Rusia en 1223 y también amenazó con invadir Europa del Este. Gengis Kan creó un Imperio Mongol. Su nieto Kublai Kan gobernó China.

¿Cuándo comenzó la Segunda Guerra Mundial?

Comenzó el 1º de septiembre de 1939 cuando Alemania invadió Polonia. El 3 de septiembre, Gran Bretaña y Francia declararon la guerra a Alemania. Australia, Nueva Zelanda, India, Canadá y Sudáfrica apoyaron a Gran Bretaña. Para 1940, Alemania había invadido gran parte de Europa; Japón e Italia se unieron a Alemania. Italia invadió Yugoslavia, Grecia y parte del Norte de África. Alemania también atacó Rusia en 1941, año en que EU entró en la guerra. En 1944, los Aliados* invadieron Europa Occidental mientras Rusia atacaba desde el Este. Alemania fue derrotada en mayo de 1945. Japón se rindió en agosto de ese mismo año.

▼ Los guerreros mongoles de Gengis Kan combatían a caballo. Eran jinetes y luchadores expertos.

269

HISTORIA

¿De qué época es la Armada Invencible?

La Armada Invencible fue una flota invasora de galeones* llenos de soldados enviados por España para atacar Inglaterra en 1588. España era entonces la máxima potencia europea. La flota inglesa luchó contra la Armada en varias batallas en el Canal de la Mancha, causándole un daño importante. Los barcos que quedaban quisieron regresar a España, pero los fuertes vientos y el mar agitado empujaron a los galeones contra las rocas de las costas inglesas, hundiendo a muchos y dispersando a otros. Fue una derrota importante.

¿Cuándo llegaron a América los peregrinos*?

En 1620, un grupo de puritanos* salió de Inglaterra en un barco llamado *Mayflower*. Llevaban el propósito de establecerse en América; zarparon desde Plymouth, en Devon, y llegaron a Massachusetts, EU. Los peregrinos, como fueron llamados, fundaron la segunda colonia* inglesa de EU. Fueron el primer grupo de personas que acudió a América buscando libertad religiosa. Los que sobrevivieron el primer invierno dieron gracias con un festejo. Ese fue el primer Día de Acción de Gracias.

▲ **Los grandes galeones* de la Armada Invencible fueron hundidos por pequeños barcos ingleses en la batalla de Gravelines, en el Canal de la Mancha.**

¿Cuándo se convirtió Francia en una república?

En 1792, después de la revolución que derrocó a la monarquía. La Revolución Francesa comenzó en 1789 como un movimiento para hacer más democrático el gobierno de Francia, pero pronto se hizo más radical y violenta. Las personas acusadas de ser enemigas de la república fueron ejecutadas. En 1799, un soldado llamado Napoleón Bonaparte tomó el poder y pronto se autonombró emperador.

◀ **Los peregrinos* recibieron ayuda de los americanos nativos para construir casas y cultivar la nueva tierra.**

HISTORIA

¿Cuándo fue la Revolución Rusa?

En 1917, los revolucionarios obligaron al zar (emperador) de Rusia a entregar el poder supremo. Un grupo de comunistas extremistas llamados bolcheviques arrebató el poder a los políticos liberales demócratas. Su líder fue Vladimir Lenin (Vladimir Ilyich Ulyanov). Para 1921, Lenin había convertido a Rusia en un estado comunista, el más grande de la recién creada Unión de Repúblicas Socialistas Soviéticas.

¿Quién llevó a India hacia la independencia?

Mohandas Karamchand Gandhi (1869-1948) fue el líder más influyente del movimiento que obtuvo la independencia india del dominio británico en 1947. Gandhi fue un abogado que predicó una política sin violencia mientras hacía una campaña por la liberación de India. Después de la independencia, Gandhi trató de contener el conflicto que se desató entre los hindúes y los musulmanes de ese país. Fue asesinado en 1948 por un hindú que no aceptaba la tolerancia religiosa* de Gandhi.

GRANDES ACONTECIMIENTOS

- Grecia luchó por su libertad contra Turquía entre 1821 y 1829.
- Las colonias* españolas de Sudamérica se independizaron entre 1810 y 1830.
- 1848 se conoce como el Año Europeo de las Revoluciones.
- En 1860, Giuseppe Garibaldi guió un ejército victorioso desde Sicilia a través del sur de Italia, para unirse al ejército de Vittorio Emmanuele, del norte. Cuando tomaron Roma, Italia se unificó.
- Fidel Castro dirigió la Revolución Cubana de 1959 que derrocó al dictador Fulgencio Batista.
- En 1900 sólo dos países africanos eran realmente independientes: Etiopía y Liberia. Para la década de 1990, todos los principales territorios africanos eran independientes.
- La primera revolución socialista de la historia fue la Revolución Mexicana, comenzó en 1910.

◄ Gandhi realizó en Sudáfrica la primera protesta sin violencia. Llevó sus ideas a la India e inspiró a personas que protestaban en todo el mundo.

► Nelson Mandela, de Sudáfrica, con la Reina Isabel II de Gran Bretaña. Mandela ganó prestigio por su valor y sus cualidades de estadista*.

¿Cuándo se reunificó Alemania?

Después de la Segunda Guerra Mundial (1939-1945), Alemania fue dividida por los Aliados* que la derrotaron. Alemania Oriental quedó bajo el comunismo y dominio ruso; Alemania Occidental fue reconstruida por las democracias occidentales y se convirtió en un país libre y próspero. En 1961, la construcción del Muro de Berlín simbolizó la división entre ambas naciones. En 1989 se inició la caída del comunismo en Europa del Este. Cayó el gobierno de Alemania Oriental, el Muro de Berlín fue destruido y en 1990 Alemania volvió a ser un solo país con un gobierno democrático.

¿Quién fue el primer presidente negro de Sudáfrica?

Desde la década de 1950, los sudafricanos fueron clasificados según su raza. Los blancos gobernaban y los negros tenían pocas libertades. Nelson Mandela, dirigente del Congreso Nacional Africano, fue encarcelado de 1962 a 1990 por oponerse al gobierno. Fue liberado al caer el viejo sistema político y en 1994 fue elegido como el primer presidente negro de Sudáfrica.

HISTORIA

¿Cómo Vivía la Gente?

¿Cuándo tuvieron las ciudades el primer desagüe adecuado?

En la antigua India, en China y en Roma se construyeron buenos sistemas de suministro de agua; también había baños públicos. La ciudad de Mohenjo-Daro, en Pakistán, se construyó hace cerca de 4 000 años. Tenía tuberías para transportar agua limpia y alcantarillado para llevarse la sucia.

¿Cuándo se hicieron los primeros ladrillos?

Se hicieron hace más de 6 000 años; se fabricaban con barro húmedo y se secaban al sol. Comenzaron a producirse en las riberas del Cercano Oriente y en Mesopotamia. Los ladrillos modernos quizá no son muy distintos de los antiguos en cuanto al tamaño. Los constructores de Babilonia decoraban sus ladrillos para formar imágenes en los muros o mosaicos. Después, los ladrillos se endurecían cociéndolos al horno, como se hace con la cerámica. Las casas de ladrillo eran más resistentes que las de madera.

Los constructores de ladrillos de la Antigüedad amasaban con los pies el barro del río hasta darle una consistencia pegajosa. Le añadían paja desmenuzada para hacer más fuerte la mezcla y usaban moldes de madera para formar los ladrillos.

▶ Las ruinas de Mohenjo-Daro, una de las primeras ciudades con las calles organizadas en cuadrícula y con desagüe adecuado.

▼ La gente de Babilonia (hoy Irak) construyó con ladrillos Zigurats* o templos con forma de pirámides.

¿Cuándo apareció el primer alfabeto?

El primer alfabeto en el que los sonidos eran representados por símbolos nació hace unos 3 500 años. De él nacieron el alfabeto hebreo y el fenicio, dos de los más antiguos. Los griegos y los romanos mejoraron la variante fenicia. La palabra "alfabeto" viene de las dos primeras letras del alfabeto griego: *alfa* y *beta*.

HISTORIA

¿Cuándo aparecieron los supermercados?

El primer gran almacén que ofreció un extenso surtido de productos se inauguró en París en 1860. Los primeros supermercados que vendían todo tipo de productos en una sola tienda se abrieron en EU en la década de 1930. En algunos lugares, los supermercados han llevado a la quiebra* a las tiendas pequeñas.

¿Cuándo se usaron lámparas de aceite?

La grasa arde y quizá al ver esto un habitante de las cavernas hizo la primera lámpara de aceite. La grasa y el aceite animal dieron luz a la gente durante miles de años, hasta se inventó un mejor tipo de lámpara de aceite. En 1784 el suizo Aimé Argand la inventó: tenía una pantalla de cristal para proteger la flama y daba una luz mucho más brillante. En el siglo XIX muchos hogares sólo contaban con lámparas de queroseno*. Más tarde se introdujeron las lámparas de gas y las eléctricas.

¿Cuándo se hicieron alfombras por primera vez?

Las primeras cubiertas para el piso eran alfombras o tapetes tejidos de junco. Los conocimientos textiles se usaron más tarde para hacer alfombras y tapetes de lana. Los tapetes más finos tenían muchos diseños y un gran valor. En tumbas de Asia se han encontrado tapetes de hace más de 2 000 años.

¿Cuándo comenzaron a usarse los cubiertos para comer?

En el siglo XIX se fabricaron por primera vez cuchillos y tenedores baratos. Antes sólo los ricos los usaban y la mayoría de la gente comía con los dedos. En la Edad Media, los viajeros llevaban consigo sus cuchillos. A los invitados sólo se les daba un cuchillo cuando comían con personas ricas. Los tenedores eran todavía menos usados, al menos hasta el siglo XVIII.

¿Cuándo comenzó a congelarse la comida?

Antes de que hubiera congeladores, la gente conservaba el hielo del invierno en almacenes de roca. Los romanos hacían helados. En 1834, Jacob Perkins inventó un método para hacer hielo artificial. Para la década de 1850, buques con refrigeración transportaban carne congelada a través de los océanos: en Europa se podía comer carne de Australia o América. En la década de 1920, cuando la gente comenzó a comprar congeladores para las casas, se comenzó a vender comida congelada, como pescado y vegetales.

¿SABÍAS QUE...?

- En la ciudad de Ur (hoy Irak), cerca del año 4000 a.C. se construyó un arco de ladrillos.
- Los romanos usaban lámparas de petróleo.
- En la década de 1680 se usaban lámparas de aceite en las calles de Londres.
- Hasta el siglo XVIII las alfombras se tejían a mano, hasta que se inventaron las máquinas para fabricarlas más rápidamente.
- Hasta el siglo XV pocas personas usaban platos para comer. Comían ayudándose con una gruesa rebanada de pan.
- Los romanos usaban en la mesa tenedores de dos picos.
- Los viajeros del siglo XVIII llevaban un tenedor, una cuchara y una jarra en un estuche especial.

▼ En las fiestas medievales, los comensales* comían con las manos y los sirvientes servían a cada persona los distintos guisos. Los huesos se arrojaban a los perros.

273

HISTORIA

¿Cuándo la gente leyó un periódico por primera vez?

En la Edad Media, las noticias de guerra o de la muerte de un rey tardaban días en llegar a las distintas partes del país: pregoneros* anunciaban las noticias a la población. En el siglo XVI, con la invención de la imprenta, la gente comenzó a leer boletines y folletos informativos. El primer periódico impreso se llamó el *Corante*. Se publicó en Londres en 1621 y contenía noticias de Francia, Italia, España y otros países europeos.

¿Cuándo se abrieron los primeros bancos?

Desde la aparición de la moneda, hace unos 2 500 años, la gente la ha usado comercialmente. La palabra "banco" viene del italiano y se refiere a los bancos para sentarse. En la Edad Media, los cambistas y mercaderes hacían sus negocios en el mercado sentados en bancos. El primer gran banco nacional fue el Banco de Inglaterra, que se inauguró en 1694. La Reserva Federal de EU es el banco central de ese país, y fue creada a través de una ley aprobada en el Congreso en 1913.

▶ Un pregonero* de las colonias* americanas en el siglo XVII. El tambor advertía a la población que el pregonero anunciaría las últimas noticias.

PRIMERAS VECES

■ Antes del siglo XIX no había comida enlatada. La primera se vendió en la década de 1820.

■ Es curioso que no se haya inventado un buen abrelatas antes de la década de 1860, o sea, ¡40 años más tarde! Las latas se abrían con un cincel y a martillazos.

■ En la década de 1650 una nueva moda invadió Europa: tomar café. La gente se reunía en los cafés para conversar y hablar de negocios.

■ El primer periódico con imágenes se llamó *Civic Mercury*. Apareció en 1643.

■ En 1858, Ferdinand Carré inventó la primera nevera o refrigerador moderno.

■ El primer plástico lo inventó un estadounidense en la década de 1860: buscaba un sustituto para el marfil de las bolas de billar.

◀ Los sumerios, un pueblo de la antigua Mesopotamia, usaban distintas fichas de barro como éstas (derecha) para cambiar sus productos.

¿Dónde se usaron por primera vez estampillas?

En el siglo XVIII casi todos los países europeos tenían alguna forma de servicio postal. La correspondencia se transportaba a caballo o en diligencia*.

En 1840 se usó por primera vez una estampilla en Inglaterra. Pronto los demás países del mundo comenzaron a producirlas. Así era más fácil y económico enviar cartas.

¿Cuándo se comenzaron a usar billetes?

En la Antigüedad se usaban como dinero conchas, piedras, cuentas, dientes y hasta ganado. Las primeras monedas se hicieron de oro y de plata. El dinero de papel llegó después, primero se usó en China y después en Europa, en el siglo XVII.

Fichas sumerias de cambio

HISTORIA

¿Cuándo se formaron los primeros sindicatos o gremios*?

Los primeros sindicatos tal vez fueron agrupaciones de trabajadores de distintos oficios, como carpinteros o zapateros, durante el siglo XVII. Los sindicatos modernos nacieron cuando hombres, mujeres y niños trabajaban en las fábricas creadas durante la Revolución Industrial del siglo XIX.

¿Quién inició la enfermería moderna?

Los soldados británicos heridos durante la Guerra de Crimea (1854-1856) llamaban a Florencia Nightingale, la enfermera responsable de su hospital, con el nombre de "la señora de la lámpara". Hoy se le considera la fundadora de la enfermería moderna.

¿Cuándo se fundó la Cruz Roja?

En 1859, austríacos y franceses lucharon en la Batalla de Solferino, en el norte de Italia. Los heridos estaban tirados en el calor ardiente y un joven banquero suizo, Henri Dunant, fue testigo de ese sufrimiento. Dunant sugirió que se creara en todos los países una asociación para atender a los soldados heridos. En 1863 se fundaron las primeras organizaciones de la Cruz Roja en Ginebra, Suiza. En EU, la Cruz Roja se fundó en 1881, con la ayuda de Clara Barton. Hoy, esta organización opera en todo el mundo. En los países musulmanes, tiene como símbolo una luna creciente roja y en Israel, una Estrella de David roja.

▶ Los sindicatos o gremios* tenían banderas e imágenes que mostraban su función. Representaban a los trabajadores unidos luchando por justicia y por mejores condiciones de vida.

Florencia Nightingale

En 1794, durante la Revolución Francesa, se usó por vez primera un globo con fines bélicos: unos observadores franceses dispararon desde un globo un cañón contra el ejército austríaco.

¿Cuándo se usaron los primeros aviones de guerra?

En 1911 Italia arrebató Libia a Turquía en la Guerra de Trípoli y usó aviones para arrojar bombas. En la Primera Guerra Mundial (1914-1918) los dos bandos usaron aviones, primero para vuelos de reconocimiento y luego para arrojar bombas pequeñas y atacar blancos en tierra. Tanto los ejércitos de tierra como la marina usaron aviones. Gran Bretaña formó el primer ejército de aviación, la Aviación Real, en 1918.

◀ **Monedas antiguas.** Al principio, las monedas chinas tenían forma de cuchillo pero después casi todas fueron redondas. Las viejas monedas españolas se partían en "ocho pedazos".

Antigua moneda griega de plata de cuatro dracmas

Monedas chinas

Monedas españolas y un fragmento de otra

275

HISTORIA

ARQUITECTURA, PINTURA Y ESCULTURA

¿Cuándo comenzaron a usarse las columnas?

Las columnas sirven para sostener el techo de los edificios. Los antiguos egipcios las usaron en sus templos y tumbas ya desde el año 2700 a.C. Las había de estilos distintos, con una gran variedad de decorados.

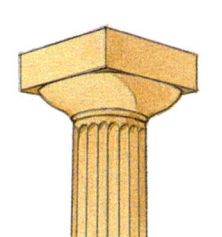

¿Cuándo comenzó a usarse el arco?

La gente de Mesopotamia usó el arco por primera vez hace 5 000 años. Ellos construían con ladrillos y crearon formas como el arco, en vez de los techos egipcios horizontales con grandes losas de piedra. Los etruscos introdujeron el arco en Europa, más o menos a partir del año 750 a.C. Gracias a los etruscos, los romanos aprendieron a hacer arcos y luego los perfeccionaron.

¿Cuándo se construyeron los primeros teatros?

Los antiguos griegos construyeron los primeros teatros alrededor del siglo V a.C. Se sabe que el teatro de Dionisio, en Atenas, se fundó alrededor del año 500 a.C. Ahí cabían unos 18 000 espectadores.

▶ Los romanos fueron magníficos constructores. Levantaron grandes templos, teatros y fuertes de piedra. También hicieron puentes y acueductos* con altos arcos.

◀ Los tres órdenes clásicos o tipos de columnas son (desde la izquierda): el dórico, el jónico y el corintio. La diferencia está en la decoración de la parte de arriba.

En las casas egipcias el mejor lugar para dormir era el techo. Ahí estaba más fresco que en el interior de la casa. Como los techos eran planos ¡nadie se caía!

▼ Los griegos veían obras en teatros al aire libre, a menudo en las laderas de las colinas. Los actores hacían representaciones en espacios abiertos y el coro cantaba o comentaba las acciones.

HISTORIA

¿Qué eran los acueductos?
Los antiguos romanos construían túneles, diques y grandes estructuras parecidas a puentes llamadas acueductos, usadas para llevar a las ciudades el agua de ríos y lagos. Algunas de estas impresionantes proezas* de la ingeniería todavía se conservan. Un buen ejemplo de acueducto romano es el *Pont du Gard*, en Francia. Se construyó alrededor del año 19 a.C. y mide 270 m de largo.

¿Cuándo tuvieron por primera vez cúpulas las construcciones?
Las primeras aparecieron durante la antigüedad en el Medio Oriente, la India y la zona del Mediterráneo. Al principio eran montículos sólidos con forma de esfera, o sólo se usaban en edificios pequeños. Los romanos llegaron a construir grandes cúpulas. Uno de los primeros edificios con una cúpula es el Panteón de Roma. El emperador Adriano lo mandó construir en el año 124 d.C. Esta gran cúpula medía 43.3 m de diámetro y fue la más grande del mundo durante 1 300 años. En la parte superior tiene un "ojo" abierto para permitir el paso de la luz y el aire. Para hacer más ligero el edificio hay espacios entre sus muros.

▲ El Panteón de Roma se construyó poniendo anillos de hormigón o concreto uno sobre otro. La cúpula se volvía más delgada hacia la punta.

¿Dónde está el Partenón?
El Partenón es un bello templo griego situado en una colina de la Acrópolis, en Atenas. El gobernante Pericles mandó construir el Partenón en honor de la diosa Atenea en el siglo V. Es uno de los edificios antiguos más famosos del mundo.

▼ El Partenón es uno de los más grandiosos edificios griegos que está en una colina desde donde se ve Atenas.

¿Quién fue Francisco de Goya?
Fue un importante pintor español (1746-1828) autor de muchas obras al óleo*, grabados y dibujos que reflejan la vida y los acontecimientos de su época. Entre sus pinturas más conocidas están *La maja desnuda*, los retratos de personajes famosos y sus obras con motivo de la guerra de independencia española. Ha sido considerado el último gran pintor clásico y al mismo tiempo el primero de los pintores modernos.

HISTORIA

¿Dónde se hicieron las primeras esculturas?

Las esculturas más antiguas se hicieron en la Edad de Piedra, hace unos 30 000 años. Se trata de pequeñas figuras femeninas llamadas "venus". Se han encontrado estas figuras de la Edad de Piedra en toda Europa y Asia Occidental. Los escultores de la Edad de Piedra también hacían figuras de animales.

¿Cuándo se pintaron las primeras acuarelas?

El uso de la acuarela en la pintura tiene una larga historia. Se sabe que ya se usaba en los antiguos rollos egipcios de papiro y en las primeras pinturas chinas.

▲ Terracota o figura de barro de una mujer conocida como la Venus de Malta. Fue hecha entre los años 3400 y 300 a.C. y se encontró en la isla de Malta.

¿Cuándo se usó por primera vez la perspectiva?

La perspectiva es un método de dibujo que da la impresión de profundidad y distancia. Las leyes de la perspectiva se hicieron y aplicaron inicialmente en el siglo XV en Italia. El arquitecto italiano Brunelleschi creó los principios de la perspectiva, éstos se basan en que los objetos parecen más pequeños mientras más cerca están del horizonte.

¿Cuándo se hicieron famosas en el mundo las estampas japonesas?

Los grabados japoneses del estilo llamado *ukiyo-e* fueron conocidos en Europa en la segunda mitad del siglo XIX. Desde entonces han influido en la obra de muchos artistas. El *ukiyo-e* surgió en los siglos XVI y XVII para el gusto popular. Algunas de las obras más conocidas en Europa son los paisajes de Hokusai.

¿Quién pintó durante cuatro años acostado de espaldas?

Uno de los artistas más grandiosos fue Miguel Ángel, quien vivió en Italia de 1475 a 1564. Fue pintor y escultor, y su pintura más grandiosa cubre el techo de la Capilla Sixtina del Vaticano, en Roma. Representa escenas de la Biblia: la Creación, la historia de Noé y el diluvio, los apóstoles, entre otras. Miguel Ángel la pintó solo, acostado de espaldas en los andamios*. Le llevó 4 años, de 1508 a 1512.

◀ Los magníficos frescos o murales de la Capilla Sixtina son obra del artista italiano Miguel Ángel.

HISTORIA

¿Qué pintor se ató al mástil de un barco?

El pintor británico Joseph Turner, que vivió de 1775 a 1851, es célebre* por sus paisajes. En sus pinturas hay maravillosos efectos de colores que captan el juego de la luz, por ejemplo, en un atardecer o en una tormenta. Para ver cómo se veía realmente una tormenta marina, una vez Turner se ató al mástil de un barco que navegaba entre la tormenta.

¿Quién se hizo autorretratos durante 40 años?

A muchos artistas les gusta pintarse a sí mismos. Los autorretratos más reveladores son los del artista holandés Rembrandt van Rijn, quien vivió de 1606 a 1669. Sus pinturas captan la expresión de las personas y sugieren sus profundos sentimientos. Entre los mejores retratos de Rembrandt están los autorretratos que realizó durante 40 años.

¿Quiénes fueron los impresionistas?

Fueron un grupo de pintores franceses de fines del siglo XIX. En vez de pintar la realidad tal como se ve, plasmaban su propia impresión de ella. Sus obras tienen contornos y pinceladas fuertes y muchas veces son de colores claros. De esta forma, trataban de captar la calidad de la luz de una escena. Los impresionistas más conocidos son Claude Monet, Edouard Manet, Camille Pissarro, Edgar Degas y Pierre Renoir.

¿Quién fue Van Gogh?

El pintor holandés Vincent van Gogh (1853-1890) es célebre* por sus vivos paisajes, retratos y naturalezas muertas*. Pintó sus obras con grandes pinceladas de colores fuertes. Una de sus obras más conocidas es *Girasoles*. Durante su vida, Van Gogh sólo vendió una pintura y murió siendo pobre.

¿Quién fue Picasso?

El artista español Pablo Ruiz y Picasso (1881-1973) tal vez fue el pintor más famoso del siglo XX. Usó muchos estilos diferentes e influyó en otros pintores de su época. Picasso pasó mucho tiempo de su vida en Francia. Con Georges Braque, desarrolló un estilo diferente para pintar llamado Cubismo.

▼ Autorretrato de Van Gogh (1889). Tiene una venda en la cabeza porque se cortó una oreja durante una crisis de enfermedad mental. Muchos artistas se han pintado a sí mismos.

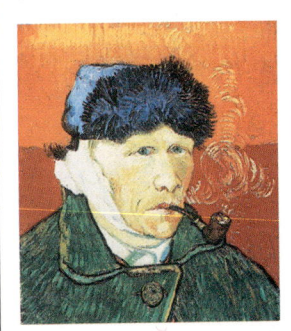

¿SABÍAS QUE...?

■ Entre los primeros artistas que pintaron al óleo* están los pintores flamencos Hubert y Jan Eyck, de principios del siglo XV.

■ Una de las pinturas más famosas del mundo es la *Mona Lisa* de Leonardo da Vinci, pintada alrededor del año 1500.

■ En 1905, un grupo de pintores franceses fue llamado "fauvista" (fiera salvaje) por la violencia y distorsión de sus pinturas. Entre ellos estuvieron Henri Matisse y André Derain.

◀ Retrato de dos chicas hecho por Renoir alrededor del año 1895.

▼ Picasso, aquí en su casa de Cannes en 1960, vivió muchos años y produjo muchas obras. Fue pintor, escultor y artista gráfico, pero también hizo una cerámica maravillosa.

HISTORIA

LA LITERATURA Y EL TEATRO

¿Quién escribió La Ilíada y La Odisea?

La Ilíada y *La Odisea* son dos poemas épicos* griegos que narran el sitio* de la ciudad de Troya y lo que sucedió después. Tradicionalmente se dice que fueron escritos por Homero, un cantante ciego de la isla griega de Quíos. Se sabe muy poco de él y los historiadores ni siquiera están seguros de que estos grandes poemas sean obra de una misma persona.

¿Quién fue Virgilio?

Fue un famoso escritor romano nacido en Italia en el año 70 a.C. Se llamaba Publio Virgilio Marón y su obra más famosa es *La Eneida*. Es un poema épico* que habla de la caída de Troya y de las aventuras de un guerrero llamado Eneas quien guía a sus seguidores a Italia, donde se establecen y fundan la nación romana. Virgilio también escribió sobre las actividades agrícolas y la vida en el campo. Su obra fue leída en toda Europa cuando el latín era la lengua que aprendía toda la gente.

▲ En *La Odisea* de Homero, Odiseo es atado al mástil para que el dulce canto de las sirenas no llevaran su barco al desastre.

En la antigüedad, pocas personas sabían leer. Escuchaban a los pregoneros* y disfrutaban las historias de dioses y diosas, héroes y monstruos.

¿Quién contaba las historias de Las Mil y Una Noches?

Una princesa árabe llamada Sherezada. La historia dice que su marido, un rey cruel, mandaba matar a todas sus esposas. Sherezada lo engañaba contándole un cuento distinto cada noche, pero se detenía cuando llegaba a la parte más interesante. Si el rey quería conocer el desenlace, tenía que dejarla vivir otro día. Esto duró 1001 noches, hasta que el rey abandonó su malvado plan. Las historias son tradicionales de muchas partes de Asia y se escribieron en árabe cerca del año 1000 d.C.

▲ El cuento de Aladino y la lámpara maravillosa es una de las fascinantes historias de *Las Mil y Una Noches*.

¿Quién escribió La Divina Comedia?

Fue Dante Alighieri, un escritor italiano nacido en Florencia en 1625.

280

HISTORIA

◀ Pintura del siglo XIX que representa a Dante y Beatriz, su "mujer ideal". En su gran poema, *La Divina Comedia*, Dante describe una visita al Cielo guiado por Beatriz.

La Divina Comedia es una de las obras más importantes de la Europa Medieval porque Dante escribió en italiano, su propia lengua, y no en latín, que en esos tiempos era la lengua de la cultura y el conocimiento. Es un maravilloso poema en tres partes, que describe el paso por el Infierno, el Purgatorio y, finalmente, el Cielo.

¿Quién escribió para adultos y es leído por niños?

Jonathan Swift fue un escritor irlandés que publicó en 1726 *Los viajes de Gulliver*. Esta novela es un fuerte ataque alegórico* contra la hipocresía de la gente y de la sociedad británica, pero con el tiempo, su estilo imaginativo e ingenioso la convirtieron en una obra clásica de la literatura infantil. Por otro lado, Antoine de Saint-Exupéry fue un escritor y piloto francés que murió durante la Segunda Guerra Mundial. Utilizó su avión para explorar el mundo y para descubrir la solidaridad entre los hombres en momentos de dificultad. Escribió obras relacionadas con el mundo de los aviones en las que habla de los valores humanos, como en *El Principito*, que niños y adultos leen hoy en día.

¿SABÍAS QUE...?

- Safo fue una célebre* poeta de la Antigüedad. Vivió en una isla del Mar Egeo entre 610 y 580 a.C.
- Las fábulas son cuentos cortos con moraleja*. Abundan en la literatura tradicional.
- Muchas fábulas se atribuyen a un esclavo griego llamado Esopo. Pero es probable que Esopo ni siquiera haya existido.
- Los cuentos de hadas son muy viejos. En 1697, el escritor francés Charles Perrault hizo las primeras colecciones de cuentos de hadas europeos.
- Un gran poema épico* de la India es *El Ramayana*, que narra las aventuras del rey Rama. Fue escrito alrededor del año 300 a.C.
- La primera novela importante fue *La historia de Yenyi*, escrita por una dama de la corte japonesa alrededor del año 1010.

¿Realmente existió Robinson Crusoe?

La historia de Robinson Crusoe, un marinero que naufragó, es una obra del periodista inglés Daniel Defoe. Fue escrita en 1719 y desde entonces ha sido muy popular. Defoe se inspiró en narraciones verdaderas sobre el mar y los marineros, en particular en la historia de Alexander Selkirk, un conocido sobreviviente de un naufragio. Para que su historia fuera más realista, Defoe incluyó muchos detalles sobre las aventuras de Crusoe.

¿Quién creó al monstruo Frankenstein?

Fue la escritora inglesa Mary Shelley (1797-1851), esposa del poeta Percy Bysshe Shelley. La historia del científico Frankenstein y del monstruo que creó con restos humanos se publicó en 1818. En esa historia, el monstruo finalmente destruye al científico.

▼ El monstruo del doctor Frankenstein, obra de Mary Shelley, ha aparecido en muchas películas y en televisión.

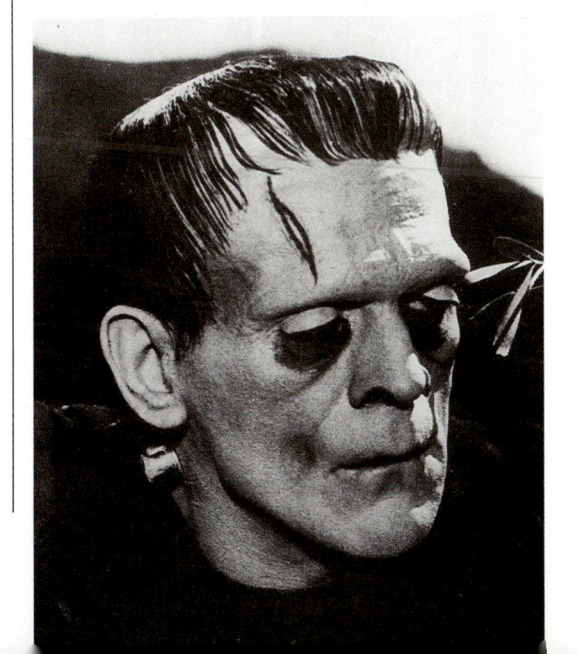

HISTORIA

¿Quién fue Moby Dick?

Moby Dick fue una gran ballena blanca, su historia fue escrita por el novelista estadounidense Herman Melville, quien vivió de 1819 a 1891. Es una novela emocionante que habla sobre la cacería de ballenas en el siglo XIX, pero también contiene otros significados más profundos y simbólicos. Melville había navegado en barcos balleneros* y había vivido muchas aventuras, hasta experimentó un naufragio y participó en un motín* espectacular.

¿Quién fue Ana Frank?

Fue una joven judía que vivió durante la Segunda Guerra Mundial. Su familia sufrió la persecución nazi contra los judíos. Para protegerse, tuvieron que vivir escondidos muchos meses en Holanda; en ese tiempo, Ana tenía 14 años y escribió un diario. Finalmente, Ana y su familia fueron descubiertos y hechos prisioneros. Ella murió en el campo de concentración* de Bergen-Belsen en 1945 y tiempo después se publicaron sus escritos: *El diario de Ana Frank*.

¿Quién es el autor de *El jorobado de Nuestra Señora de París*?

El escritor francés Victor Hugo (1802-1885) fue poeta, dramaturgo y novelista. Uno de los poemas más importantes que escribió es *Los rayos y las sombras*. Sus novelas más famosas son *El jorobado de Nuestra Señora de París* y *Los miserables*, en esta obra se cuenta la historia de un preso prófugo* que trata de llevar una vida honesta. Hugo estuvo exiliado* de Francia durante algún tiempo por sus opiniones políticas. En sus obras escribía sobre el deseo de la libertad personal y social.

Hans Andersen narró la historia de un emperador chino que amaba el canto del ruiseñor. Cuando el ave escapó, el rey mandó construir un pájaro mecánico en lugar del original.

LIBROS FAMOSOS

■ En *Los viajes de Gulliver*, de Jonathan Swift (1667-1745), Gulliver tiene extrañas aventuras entre gigantes, personas minúsculas y caballos que hablan.

■ El escritor francés Alejandro Dumas (1803-1870) escribió las emocionantes aventuras de *Los tres mosqueteros*.

■ Las primeras historias de detectives fueron escritas por el escritor estadounidense Edgar Allan Poe (1809-1849).

■ El escritor mexicano Juan Rulfo (1918-1986) fue autor de sólo dos obras, ambas extraordinarias: *El llano en llamas* y *Pedro Páramo*.

■ El verdadero nombre de Lewis Carroll era Charles Lutwidge Dogson (1832-1898). Fue el autor de *Alicia en el país de las maravillas*.

▶ El jovial Sr. Pickwick, de *El club Pickwick* (obra de Charles Dickens) celebra una de sus numerosas aventuras.

¿Quién fue Hans Christian Andersen?

Fue un escritor danés que hizo cuentos para niños, como *El Patito feo* y *La sirenita*. Hans Andersen nació en 1805 y murió en 1875. Sus historias son relatos populares, aunque distintos de los que realizaron los hermanos Grimm. En vez de tratarse de gigantes y brujas, muchos de los cuentos de Andersen son amables y reflejan su propia vida solitaria y triste.

¿Por qué es tan popular Charles Dickens?

Muchos lectores consideran a Charles Dickens el más grande de todos los novelistas ingleses. Entre sus libros, los favoritos son *El club de Pickwick*, *Cuentos de Navidad* y *Oliver Twist*. Dickens nació en 1812. Pasó los primeros años de su vida en la pobreza y en sus novelas escribió sobre esas difíciles experiencias.

HISTORIA

¿Quién escribió los primeros relatos de ciencia ficción?

Fue Julio Verne (1828-1905), un escritor francés. En su imaginación, anticipó los viajes espaciales en cohetes, la invención del submarino y de la televisión.

¿Quién fue Mark Twain?

Fue un escritor estadounidense, su verdadero nombre era Samuel Langhorne Clemens. Vivió de 1835 a 1910, y sus libros más conocidos son *Las aventuras de Tom Sawyer* y *Las aventuras de Huckleberry Finn*. Su seudónimo* significa "marca dos" (*mark two*), y lo tomó de una frase que gritaban los tripulantes de los barcos mientras medían la profundidad del Río Mississippi.

¿Quién escribió las primeras tragedias?

La tragedia es una clase de teatro que se desarrolló en la antigua Grecia. Entre los escritores de la tragedia griega están Esquilo (525-456 a.C.), Sófocles (496-406 a.C.) y Eurípides (484-406 a.C.). En las obras de teatro griego un coro se unía a los actores en los escenarios al aire libre, el coro cantaba y comentaba la acción de la obra. Las primeras obras de teatro griegas tenían finales tristes. Más tarde, Eurípides comenzó a escribir obras con finales felices y así inició una nueva corriente de este teatro.

¿Quién fue el máximo dramaturgo inglés?

William Shakespeare (1564-1616) es el más grande dramaturgo de Inglaterra y uno de los más grandes del mundo. Nació en Stratford-on-Avon pero se mudó a Londres para participar en el teatro como actor, escritor y director. Sus obras abarcan muchos temas e incluyen comedias, como *El sueño de una noche de verano*, y tragedias como *Hamlet*. Sus obras se representan en todo el mundo.

¿Qué monja fue una escritora famosa?

Sor Juana Inés de la Cruz, quien nació en México en 1651. Era una mujer con una gran inteligencia que decidió ser monja para estar sola y así poder estudiar con libertad. Sus obras son muy extensas y variadas, en ellas habla de temas filosóficos y amorosos; uno de sus poemas más importantes es *Primer sueño*. Su gran deseo por aprender le trajo problemas con las autoridades religiosas, pues en esa época las mujeres no podían dedicarse al estudio. Ha sido una de las más importantes escritoras y poetisas de hispanoamérica.

▼ Las obras de Shakespeare se representaban en los animados teatros al aire libre de Londres, como el *Globe*. Todos los actores eran hombres, incluso los que representaban papeles femeninos.

DATOS SOBRE LA BIBLIA

- La Biblia es una colección de libros de autores distintos. Su nombre viene de una palabra griega que significa "muchos libros".
- La Biblia hebrea se compone del Antiguo Testamento* (que narra la historia del pueblo judío desde la creación del Universo hasta el siglo I).
- La Biblia cristiana abarca el Antiguo Testamento* y también el Nuevo Testamento, éste comienza con el nacimiento de Jesucristo y termina con el Apocalipsis.
- El Antiguo Testamento está formado por 45 libros. El Nuevo Testamento por 27.

283

HISTORIA

MÚSICA, BAILE Y CINE

¿Cuándo comenzaron a usarse instrumentos musicales?

Los instrumentos musicales se han usado desde la Prehistoria. Los más antiguos eran objetos como caracolas* y huesos en forma de tubo. La música acompañaba al baile y las ceremonias religiosas. Las civilizaciones antiguas, como las de Mesopotamia, Egipto, India, China y Grecia, comenzaron después a escuchar música por placer.

¿Cuándo aparecieron las orquestas modernas?

Las primeras orquestas aparecieron a principios del siglo XVII como parte de la ópera italiana. Había en ellas casi todos los instrumentos conocidos en esa época, menos los tambores. En el siglo XVIII, los compositores de Alemania comenzaron a escribir música para cuatro diferentes grupos de instrumentos de la orquesta: maderas (flautas y oboes), metales (cornos y trompetas), percusiones (tambores) y cuerdas (violines, violonchelos y contrabajos). Éstos son la base de las orquestas.

¿Dónde se escribió música por primera vez?

Se escribió en el antiguo Egipto, en Mesopotamia y en Grecia. Los expertos creen haber encontrado música escrita de Sumeria: un himno que tiene entre 5 000 y 3 000 años de antigüedad. La primera música escrita que ha llegado completa hasta nosotros es la escrita en el siglo IX.

▲ **Orquesta del siglo XVII. Los músicos tocan instrumentos de cuerdas, metales y un órgano.**

¡Se canta mejor en la tina de baño! Esto es porque la voz resuena contra los muros y el agua, produciendo sonidos muy ricos y fuertes.

▶ **Canción escrita en la Edad Media. Las notas musicales se escriben en el pentagrama (las líneas) y las palabras se ponen debajo.**

¿Cuándo se representó la primera ópera?

Alrededor del año 1600 se puso música a las obras de teatro. En 1597 se produjo la primera obra de teatro que se sabe tuvo música y con personajes que cantaban, pero esa música no se conserva. En Italia, en el año 1600, se llevaron a escena las dos primeras óperas que se conservan. Monteverdi fue el primer gran compositor de ópera. Su obra *Orfeo* se representó por primera vez en 1607.

HISTORIA

¿Cuándo se puso en escena el primer ballet?

El ballet que conocemos se desarrolló en el siglo XIX, fue a partir de formas antiguas de danzas que se realizaban en la corte y bailes de escenario. En 1661, el rey francés Luis XIV fundó una escuela real de baile. A fines del siglo XIX y a principios del XX, el ballet ruso era el más famoso del mundo.

¿Quién fue Pavlova?

Anna Pavlova fue una célebre* bailarina rusa. Fue famosa por sus solos* de ballet, en especial al representar *La muerte del cisne*. Pavlova nació en San Petersburgo (Rusia) en 1882 y viajó con la famosa compañía *Ballets Rusos* de Sergei Diaghilev. Murió en 1931.

¿Quién fue Johann Sebastian Bach?

Bach fue un compositor alemán nacido en 1685 de una familia en la que todos eran músicos. Bach comenzó como organista de una iglesia y escribió mucha música religiosa. Mientras trabajaba como director musical para un príncipe alemán, escribió algunas de sus mejores obras musicales: *Los conciertos de Brandeburgo*. Otra gran obra de Bach es *La pasión según San Mateo*.

▶ El joven Mozart asombraba a todos con su gran talento musical. Llegó a ser uno de los mejores compositores del mundo.

◀ Cuando Pavlova bailaba *La muerte del cisne* conmovía y fascinaba al público.

▼ Johann Sebastian Bach al teclado, con algunos de sus numerosos hijos y su segunda esposa, Ana Magdalena.

¿Cuándo comenzó Mozart a componer?

¡Cuando apenas tenía cinco años de edad! Wolfgang Amadeus Mozart (1756-1791) fue un genio musical austríaco. Cuando era un niño prodigio, viajó por Europa mostrando su destreza en el clavicordio y el violín. Es autor de conciertos, sinfonías y de muchas grandes óperas, entre ellas *Las bodas de Fígaro*, *La flauta mágica* y *Don Giovanni*. Aunque tenía un gran talento, murió tan pobre y tan solo que en sus funerales únicamente estaba el enterrador.

285

HISTORIA

¿Qué famoso compositor no podía escuchar su música?

Ludwig van Beethoven (1770-1827) fue uno de los más grandes compositores del mundo, aunque estuvo sordo durante muchos años. Beethoven nació en Alemania y estudió música con Mozart y con Joseph Haydn. Comenzó a perder el oído a los 32 años, pero siguió escribiendo música porque podía oír los sonidos con su mente. Entre sus numerosas grandes obras están las sinfonías y el concierto *Emperador*.

▲ La música de Elvis Presley tuvo éxito en todo el mundo. Presley también actuó en varias películas.

▲ La orquesta *Creole Jazz Band* de King Oliver, alrededor de 1920. El músico arrodillado al frente es Louis Armstrong.

¿Cuándo nació el jazz?

El estilo de música llamado jazz nació en los estados del sur de EU, pero tiene sus raíces en la música africana y en la música popular estadounidense, incluyendo las canciones religiosas llamadas *spirituals*. La casa del jazz es Nueva Orléans, en Louisiana, donde músicos negros formaron bandas a principios del siglo XX.

¿Quién fue Elvis Presley?

Elvis Presley fue una de las primeras superestrellas del rock. Se hizo famoso entre 1950 y 1960 con canciones como *El hotel de los corazones rotos* y *El rock de la cárcel*. También grabó canciones de amor y tradicionales. Presley nació en 1935 en Tennessee, EU y murió en 1979, pero su música se sigue vendiendo.

¿Cuándo ocurrió la Beatlemanía?

Los Beatles fueron un grupo de cuatro músicos de Liverpool, Inglaterra, que se volvieron famosos en la década de 1960. Todos sus admiradores llevaron la "beatlemanía" a la cumbre. Los Beatles eran John Lennon (1940-1980), Paul McCartney (nació en 1942), George Harrison (nació en 1943) y Ringo Starr (nació en 1940 y su nombre verdadero es Richard Starkey). En la década de 1970, los Beatles se separaron para seguir cada uno su carrera como solista. John Lennon fue asesinado en Nueva York en 1980.

▼ Afuera del Palacio de Buckingham, fanáticas de los Beatles trataban de ver a sus ídolos, quienes recibían un reconocimiento por parte de la reina de Inglaterra.

La música no siempre se escribe. Los músicos de jazz componen música conforme tocan. Esto se llama "improvisación".

HISTORIA

DEPORTES

◀ En las carreras romanas de cuadrigas, los conductores guiaban equipos de cuatro caballos en una pista llamada hipódromo. El público hacía apuestas.

¿Dónde había carreras de cuadrigas*?

Antiguamente, las carreras de cuadrigas eran frecuentes en Egipto y en Roma. En Roma, los carros tirados por caballos competían en pistas de forma elíptica*. Los espectadores se exaltaban tanto que quienes apoyaban a los perdedores a veces armaban disturbios.

▼ Justa medieval en la que los caballeros trataban de derribarse con sus lanzas.

Se han usado todo tipo de animales para hacer carreras. ¡Se han hecho carreras de avestruces y de caracoles!

¿Qué deportes se practicaban en la Edad Media?

La cacería con perros y halcones domesticados fue un pasatiempo frecuente entre la nobleza. Los caballeros practicaban sus aptitudes para el combate en peleas ficticias llamadas *justas*. El tiro al blanco con arco y flecha también era popular.

¿Dónde se practican las luchas de sumo?

En Japón. Los luchadores de sumo suelen ser hombres muy gordos. Esta forma de lucha se practica desde 1624 y todavía es muy popular en Japón.

¿Cuántos años tiene el esquí?

Hace miles de años la gente usaba esquíes para andar por la nieve. El esquí moderno se inició a mediados del siglo XIX.

HISTORIA

¿Desde cuándo se conoce la patineta?

La patineta comenzó a usarse en California, EU, en la década de 1930. Los entusiastas del surfing* pusieron ruedas a algunas tablas y probaron las técnicas del surf en tierra. Las patinetas modernas son de fibra de vidrio, metal, plástico o madera. Los expertos realizan peligrosas hazañas con sus patinetas.

¿Quién inventó el béisbol?

El béisbol se parece a un viejo juego inglés llamado *rounders*, que se jugaba en EU en el siglo XVIII. Las reglas fueron cambiando poco a poco y algunos aficionados del béisbol atribuyen a Abner Doubleday (1839) la invención de la versión moderna de este deporte. Las reglas se establecieron en 1845.

▼ Un jugador de béisbol balancea el *bate* para anotar un *hit*.

◀ Para jugar con la patineta se necesitan protectores para las rodillas y los codos.

▼ En la Edad Media, el juego de pelota era muy rudo y tenía pocas reglas. En 1314, un rey inglés prohibió este deporte porque provocaba muchas peleas.

¿Dónde se jugó baloncesto por primera vez?

En 1891, un canadiense llamado James Naismith inventó el baloncesto. Era un maestro que vivía en Massachusetts, EU. Le pidieron que creara un deporte en equipos que los estudiantes pudieran jugar bajo techo en invierno. Al principio se usaban balones de fútbol.

◀ En el baloncesto, los participantes saltan para lanzar el balón o dejarlo caer en la canasta. Los jugadores más altos tienen ventaja.

¿Cuándo se comenzó a jugar fútbol?

En el siglo XIV muchas personas peleaban por el balón al jugar fútbol. Se le consideraba un juego "indigno e inútil". Las reglas del fútbol soccer y americano se establecieron en el siglo XIX, cuando los universitarios y los trabajadores se interesaban mucho por los juegos en equipos. Así se crearon los equipos profesionales.

288

HISTORIA

▲ Un equipo de rugby salta para tomar la pelota. En este juego, cada equipo tiene 15 jugadores.

¿Dónde se comenzó a jugar rugby?
En 1823, un joven de la *Rugby School* de Inglaterra no respetó las reglas del fútbol: tomó el balón con las manos y corrió con él. Así comenzó un nuevo juego, el rugby (llamado así en honor a la escuela), en el que además de patear el balón, se le puede tomar con las manos.

¿Cómo se convirtió la gimnasia en un deporte moderno?
La gimnasia es una forma de acrobacia que ha existido desde tiempos muy antiguos. A fines del siglo XVIII, las escuelas alemanas comenzaron a enseñar gimnasia en sus programas de educación física. La gimnasia ha sido un deporte olímpico desde que iniciaron los Juegos Olímpicos modernos en 1896. Hay ejercicios para hombres y mujeres, y se otorgan puntos como calificación.

INFORMACIÓN DEPORTIVA
- En las pinturas rupestres* hay imágenes de arqueros.
- Los primeros Juegos Olímpicos modernos se celebraron en 1896.
- El juego de pelota más veloz es la pelota vasca, donde la bola alcanza velocidades de hasta 300 km/h.
- La primera competencia moderna de salto de caballo se celebró en Londres en 1869.
- Los holandeses jugaban hockey sobre hielo en el siglo XVI, pero el hockey moderno se inició en Canadá en la década de 1850.
- Los romanos celebraban carreras de remo, pero es casi seguro que antes de eso se celebraban carreras de botes.
- El primer país que organizó formalmente carreras de natación fue Japón, cerca del año 35 a.C.

▼ El ágil Muhammad Ali quizá ha sido el boxeador más famoso de todos los tiempos. Él predecía los resultados de sus peleas en rima.

¿Qué era el pugilato*?
Era una pelea a puñetazos por dinero. El boxeo es uno de los deportes más antiguos, se practica desde la época de griegos y romanos. En Londres, en el siglo XVIII, hombres llamados púgiles peleaban en un cuadrilátero y el público hacía apuestas. Los peleadores no llevaban guantes y se daban muchos golpes, hasta que uno de los dos no podía continuar.

¿Quién jugó bolos antes de ir a una batalla?
En el siglo XIV los bolos estuvieron prohibidos por un tiempo porque el rey temía que se perdiera el interés en la arquería. Pero este juego sigue siendo popular. Se cuenta que en 1588, Sir Francis Drake jugaba bolos mientras esperaba el momento de zarpar para ir a la lucha contra la Armada Invencible.

¿Quién es Muhammad Ali?
Muhammad Ali (Cassius Clay) fue el primer boxeador que tuvo el título mundial de peso completo tres veces (1964-67, 1974-78, 1978-79). Nació en Kentucky, EU, en 1942. En 1967 le retiraron el título mundial porque se negó, por motivos religiosos, a ir a la Guerra de Vietnam.

HISTORIA

¿Dónde se celebraron por primera vez los Juegos Olímpicos?

Los Juegos Olímpicos modernos se celebraron en Atenas, Grecia, en 1896, después de que el francés Pierre de Coubertin propuso que los antiguos juegos olímpicos griegos se revivieran para promover la paz mundial.

¿Cuándo se celebró la primera Copa Mundial de Fútbol?

Fue en 1930, Uruguay ganó la copa venciendo a Argentina 4-2 en la final. La palabra *soccer* viene de la contracción del inglés "assoc." (de fútbol asociación).

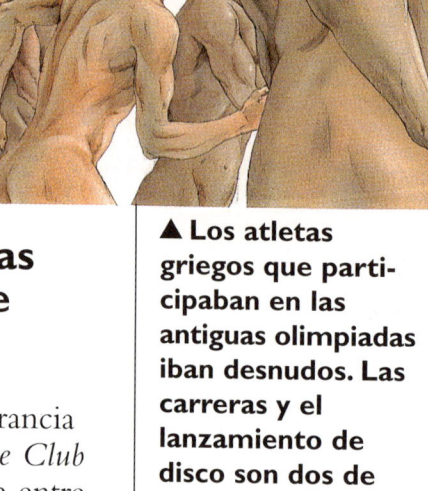

¿Dónde se hicieron las primeras carreras de automóviles?

Las carreras organizadas de automóviles se iniciaron en Francia en 1895, cuando el *Automobile Club* de Francia celebró una carrera entre París y Burdeos. Iniciaron la carrera 22 conductores, pero sólo la terminaron nueve.

¿Cuándo se organizó la primera carrera de Indianápolis?

Esta famosa carrera se celebró por primera vez en 1911 en EU. Las velocidades que alcanzan los automóviles de carreras vencedores hoy en día son más del doble que las del automóvil vencedor de 1911: aquél corría a 120 km/h. Esta carrera se lleva a cabo en la pista de 4.02 km de Indianápolis. Los participantes tienen que darle 200 vueltas a la pista.

▲ Los atletas griegos que participaban en las antiguas olimpiadas iban desnudos. Las carreras y el lanzamiento de disco son dos de los juegos que practicaban.

El juego de pelota era un ritual muy importante para los antiguos mesoamericanos. Representaba la lucha entre la oscuridad y la luz.

¿Cuándo se inventaron los patines de ruedas?

Los primeros patines de ruedas los inventó Joseph Merlin, de Huy, Bélgica, en 1760. Se dice que entró patinando y tocando el violín en un salón de baile, y chocó. En 1863, James Plimpton de Nueva York presentó la versión moderna de los patines de cuatro ruedas.

¿Cuál era el juego de los antiguos mesoamericanos?

El *tlachtli* era un juego parecido al moderno baloncesto. Fue muy importante para los habitantes de Mesoamérica, ya que era un ritual más que un simple juego. Los jugadores debían meter una pelota de caucho o hule dentro de aros de piedra; para conseguirlo podían usar los codos, las rodillas y las caderas. El campo de juego se construía frente al templo y era de forma rectangular. Alrededor tenía asientos para el público.

¿De dónde viene el nombre de maratón?

Esta palabra tomó su nombre de la ciudad griega llamada Maratón. Hace honor a la carrera de un mensajero llamado Feidípides, que en el año 490 a.C. corrió desde Maratón hasta Atenas. Feidípides llevaba noticias de la victoria en batalla de Atenas sobre los persas. La distancia entre ambos puntos es de casi 40 km, pero el moderno maratón comprende 42.195 km. Esta carrera se realiza en las calles de las ciudades y no en una pista, así que cada ruta es distinta.

MITOS, LEYENDAS Y HÉROES

¿Quién fue Hércules?

Heracles (llamado Hércules por los romanos) fue el héroe más popular de la Antigüedad; sobre todo, fue famoso por su fuerza. Hércules realizó doce trabajos o pruebas. El rey que lo desafió pensó que ningún hombre sería capaz de cumplirlos, pero Hércules llevó a cabo todos. Luchó contra fieras salvajes y monstruos de muchas cabezas, capturó caballos devoradores de hombres y cazó aves antropófagas*. Limpió los establos de 3 000 bestias desviando el curso de un río, sostuvo el mundo sobre su espalda y visitó el mundo de los muertos.

¿Quién fue Helena de Troya?

Los griegos decían que era la mujer más bella del mundo. Helena era hija de Zeus, el rey de los dioses. Su belleza provocó la guerra entre Grecia y Troya porque Paris, príncipe de Troya, raptó a Helena. Melenao, su esposo, quiso vengarse y condujo un ejército griego contra Troya acompañado de su hermano Agamenón. La guerra duró 10 años.

▼ Atenea era la diosa guardiana de Atenas; ella era amada y temida. La gente acudía a su templo para ofrecer alimentos y bebidas a su enorme estatua.

¿Qué diosa le dio su nombre a una gran ciudad?

La antigua ciudad griega de Atenas se desarrolló alrededor de una colina llamada la Acrópolis. Ahí había un templo para Atenea, la diosa guardiana de la ciudad. Ella era la hija predilecta de Zeus, padre de los dioses de la antigua Grecia. Según la leyenda, Atenea nació de la cabeza de su padre, pero ya totalmente desarrollada, después de que él se había tragado a la madre de la joven.

¿Quién vivió en Camelot?

En la Edad Media, los trovadores* contaban historias de caballeros valientes. No hubo mejores ni más valientes caballeros que el rey Arturo y sus caballeros de la Mesa Redonda, que salían del castillo en Camelot. Si en realidad existió Camelot, probablemente fue una fortaleza del occidente de Gran Bretaña. El verdadero rey Arturo quizá haya vivido alrededor del año 500 d.C. y combatía a invasores extranjeros.

Los soldados romanos "tomaban prestados" los dioses de los países que conquistaban. ¡Creían que los diversos dioses los protegerían de sus enemigos!

HISTORIA

¿Quién fue Rolando?

Un poema francés del año 1100 aproximadamente cuenta la historia de Rolando, uno de los caballeros más nobles que servía a Carlomagno, rey de los francos. El auténtico Rolando fue prefecto* de Bretaña y luchó con el ejército de Carlomagno contra los árabes de España. En el año 778, las tropas victoriosas volvían a Francia, pero una emboscada* los esperaba en las montañas. La retaguardia fue asesinada, incluyendo a Rolando.

¿Quién fue El Cid?

El héroe nacional de España es Rodrigo Díaz de Vivar, mejor conocido como El Cid Campeador ("El Señor Victorioso"). Nació en España alrededor del año 1040, cuando España estaba dividida entre los moros* (árabes) y los reyes españoles. El Cid se hizo soldado mercenario*: él y sus hombres peleaban a favor de quienes los contrataran. A veces luchaban con los moros, otras veces con los españoles. El Cid nunca fue derrotado y reinó en Valencia desde 1094 hasta su muerte, en 1099. Sus hazañas se narran en el *Cantar de mío Cid*.

¿Quién fue Guillermo Tell?

La historia de Guillermo Tell es una leyenda. Pero alrededor del año 1300 quizá existió un hombre que, como héroe nacional, ayudó a liberar a los suizos del dominio austríaco. El historiador cuenta la manera en que el gobernador austríaco Gessler ordenó a los suizos de Altdorf inclinarse ante un poste con un sombrero. Tell se negó a hacerlo y fue arrestado. Gessler le ofreció a Tell su libertad si disparaba una flecha a una manzana colocada en la cabeza de su propio hijo, y Tell lo hizo.

FECHAS IMPORTANTES

- 4 a.C., nacimiento de Jesucristo.
- 476 d.C., caída del Imperio Romano de Occidente.
- 570, nace el profeta Mahoma.
- 1066, Guillermo de Normandía conquista Inglaterra.
- 1492, Colón llega al Nuevo Mundo.
- 1588, los ingleses derrotan a la Armada Invencible.
- 1620, los peregrinos* zarpan rumbo a América.
- 1666, gran incendio en Londres.
- 1776, los colonos estadounidenses declaran la independencia.
- 1789, Revolución Francesa.
- 1816, independencia de Argentina.
- 1818, independencia de Chile.
- 1821, independencia de México.
- 1917, Revolución Rusa.
- 1939-1945, Segunda Guerra Mundial.
- 1969, el hombre llega a la Luna.

¿Quién fue Tupac Amaru?

Tupac Amaru (1544-1572) fue un importante rey inca de Perú. Los españoles lo decapitaron en 1572, con lo que esa dinastía* llegó a su fin. Después, José Gabriel Condor-canqui Tupac, tataranieto* de Tupac Amaru, dirigió una importante rebelión indígena (1780). Aunque fue ejecutado, el movimiento rebelde continuó dos años más. En el siglo XX, grupos guerrilleros de Uruguay, Argentina y Perú han usado el nombre de Tupac Amaru (tupamaro) en recuerdo de aquellos indígenas.

¿Quiénes fueron Anne Bonny y Mary Read?

Los mares del Caribe eran favoritos de los piratas en los siglos XVII y XVIII. Había pocas mujeres piratas en alta mar, sin embargo, Anne Bonny y Mary Read eran tan rudas como los hombres piratas. Ambas mujeres habían huido al mar con el capitán pirata John Rackham. Mary Read fue capturada y murió de fiebre en prisión. Anne Bonny también fue capturada pero no se sabe qué le sucedió después.

▼ Las piratas Anne Bonny y Mary Read eran un caso muy extraño. Casi todos los piratas eran hombres, como "Calico" Jack Rackham.

HISTORIA

¿Quién fue Moisés del desierto?

Fue el gran profeta, libertador y legislador del pueblo judío. Él fundó el monoteísmo*. Cuando nació, su madre lo protegió de la muerte, pues se había dado la orden de matar a los recién nacidos: lo puso en una canasta y lo colocó en el río. Moisés fue rescatado por la hija del faraón egipcio. En ese tiempo, los israelitas eran esclavos del faraón, pero Dios ordenó a Moisés sacarlos de ahí. Siguiendo las instrucciones divinas, alzó la mano y el mar se abrió en dos, así que el pueblo pudo pasar a pie, como por tierra seca. Recibió de Dios las Tablas de la Ley (los Diez Mandamientos). Tras 40 años en el desierto, guió a los judíos a Canaán, la tierra prometida por Dios.

▲ Moisés fue un gran héroe judío. Su historia está en el Antiguo Testamento, en los libros de Éxodo y Deuteronomio.

¿Qué volcanes protagonizan una historia de amor?

El Popocatépetl y el Iztaccíhuatl, dos volcanes de México. Dice la leyenda que Popocatépetl era un valiente guerrero enamorado de la hermosa Iztaccíhuatl. Para probar su amor, el joven fue a la guerra; la muchacha oyó rumores de que su amado había muerto en batalla y murió de tristeza. Cuando el muchacho regresó, la encontró tendida y con gran pena se sentó a observarla hasta que la nieve lo cubrió. El Popocatépetl tiene forma triangular y el Iztaccíhuatl parece una mujer dormida.

▼ El Popocatépetl y el Iztaccíhuatl son dos volcanes de México que se encuentran cercanos entre sí. Actualmente el Popocatépetl se encuentra activo.

¿Quién fue Pocahontas?

Pocahontas vivió en Virginia, EU, cuando los primeros colonizadores ingleses llegaban a Norteamérica. Su tribu capturó al dirigente de los extranjeros, el capitán John Smith. Cuando iban a matarlo, Pocahontas rogó a su padre que salvara la vida de ese hombre. Después se casó con un colonizador llamado John Rolfe. En 1616, Rolfe la llevó a Inglaterra, donde conoció al rey y a la reina. Pocahontas murió poco antes de embarcarse para volver a Virginia.

¿Quién fue Jerónimo?

La tribu de Jerónimo, los apaches chiricahuas, vivía en Arizona, al sureste de EU. Nació en 1829 y su verdadero nombre fue Gogathlay ("el que bosteza"). Jerónimo luchó contra los mexicanos y contra los estadounidenses para defender las tierras de los apaches. En 1874, el ejército de EU trasladó a los apaches a una reserva* desierta, pero Jerónimo y una pequeña banda de guerreros siguieron luchando. Jerónimo escapó del ejército de EU hasta 1886.

Jerónimo

HISTORIA

¿Quién fue la difunta Correa?

Esta mujer, mitad realidad y mitad leyenda, supuestamente vivió en San Juan, Argentina, durante la independencia del país. Se llamaba Deolinda Correa y era una soldadera* que acompañaba a su marido a las batallas. Cuando le prohibieron acompañarlo, continuó siguiéndolo a pie, cargando a su pequeño hijo. Sufrió hambre y sed y finalmente murió. Días después, unos campesinos la encontraron muerta, pero su hijo aún mamaba leche del pecho de la difunta Correa.

▲ Mientras los indios tuvieron cautivo a Boone, lo forzaron a muchas pruebas. Tuvo que correr entre dos filas de guerreros armados con palos.

¿Quién fue Espartaco?

En el Imperio Romano, los esclavos hacían casi todo el trabajo. Algunos recibían buen trato, pero muchos no. En el año 71 a.C. hubo una rebelión de esclavos dirigida por un gladiador* llamado Espartaco. Los esclavos esperaban huir a sus tierras de origen, pero fueron derrotados después de dos años. Espartaco fue uno de los muchos que murieron en batalla.

▼ Una escena de la película *Espartaco* muestra al gladiador conduciendo su ejército de esclavos en batalla.

¿Quién fue Daniel Boone?

En el siglo XVIII, los colonizadores blancos comenzaron a avanzar hacia el oeste del territorio estadounidense. Uno de los primeros en hacerlo fue el cazador Daniel Boone (1734-1820). Como otros exploradores, Boone vivía de la caza de animales salvajes. Pero también estableció colonias*, una de las cuales se llamó Boonesborough en su honor. Su esposa y su hija fueron las primeras mujeres blancas que vivieron en Kentucky, EU.

¿Quién fue Ned Kelly?

En el siglo XIX, en Australia había muchos salteadores* de caminos. Ned Kelly fue el último y el más famoso. Nació en 1855 y con su hermano formó una banda que asaltaba a los terratenientes ricos y robaba caballos. Las aventuras de estos bandidos adquirieron fama y los agricultores admiraban a Ned Kelly como si fuera un Robin Hood australiano. Al final, se le acabó la suerte. La banda fue atrapada en Glenrowan por unos soldados. Todos los bandidos murieron, menos Ned Kelly que vestía una armadura hecha en casa, él fue herido y capturado. Después lo sometieron a un juicio y fue ejecutado en 1880.

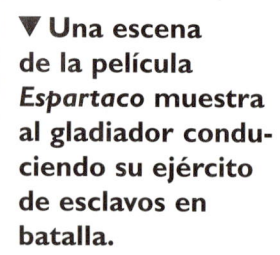

294

HISTORIA

¿Quién fue Davy Crockett?

Davy Crockett nació en Tennessee, EU, en 1786. Tuvo pocos estudios y pasó gran parte de su vida en la sierra, cazando osos y luchando contra los indios. Luego se dedicó a la política y fue elegido para el Congreso de EU. Perdió en las elecciones de 1835 y fue a Texas para ayudar a los pobladores a luchar por su independencia (en esa época, Texas pertenecía a México). En 1836, Davy Crockett fue uno de los 200 defensores de la misión de Álamo contra el ejército mexicano. En una de las batallas más famosas de la historia de EU, todos los defensores murieron.

¿Quién fue el verdadero Robin Hood?

Durante más de 600 años se han contado historias del fugitivo Robin Hood, que "robaba para ayudar a los pobres". El auténtico Robin Hood puede haber sido sajón; quizá perdió sus tierras después de que los normandos conquistaron Inglaterra en 1066. Algunas historias dicen que vivía en el Bosque de Sherwood, en Nottinghamshire, en la época del Rey Ricardo I (1157-1199). Dos o más fugitivos pueden ser la base de este personaje legendario.

◀ Retrato de Davy Crockett. Su fama como explorador lo ayudó a llegar al Congreso de EU.

▼ Robin Hood con dos fugitivos de su banda, el fraile Tuck y Little John.

¿SABÍAS QUE...?

■ Un indio pawnee adoptó a Daniel Boone como hijo.

■ Después de rendirse, Jerónimo vivió en Oklahoma, EU. Murió en 1908.

■ Muchos lugares en el norte de Inglaterra tienen nombres en honor a Robin Hood.

■ El hermano de Jesse James, Frank, fue sometido a juicio y liberado. El resto de su vida fue agricultor.

■ Espartaco nació en la actual Bulgaria.

▲ A pesar de sus crímenes, Jesse James se convirtió en héroe popular del sur de EU.

¿Quién fue Jesse James?

Jesse James fue uno de los fugitivos más famosos del oeste estadounidense. Era de Missouri y peleó a favor del Sur en la Guerra Civil de ese país. Al final de la guerra, el Sur fue derrotado, y Jesse y su hermano Frank volvieron a dedicarse al crimen asaltando bancos y ferrocarriles. Luego se ofreció una gran recompensa a quien capturara a James, vivo o muerto. En 1882 uno de sus cómplices llamado Robert Ford lo asesinó y cobró la recompensa.

¿Quién fue Amelia Earhart?

Amelia Earhart, de los Estados Unidos, fue la primera mujer en cruzar el Océano Atlántico en avión como pasajero (en 1928) y ella también fue la primera mujer en pilotear sola un vuelo a través del Atlántico (en 1932). En 1937, Amelia desapareció mientras volaba sobre el Océano Pacífico.

HISTORIA

CUESTIONARIO SOBRE HISTORIA

- ¿Qué inventó Henri Giffard? (*pág. 249*)
- ¿Adónde viajó Yuri Gagarin? (*pág. 250*)
- ¿Qué hizo Matthew Webb por primera vez? (*pág. 251*)
- ¿De dónde viene el nombre de América? (*pág. 252*)
- ¿Quién fue Francisco Pizarro? (*pág. 253*)
- ¿Quién navegó hasta Vinland? (*pág. 254*)
- ¿Qué científico escaló los Andes? (*pág. 255*)
- ¿Dónde nació Mahoma? (*pág. 256*)
- ¿Qué país conquistó Guillermo de Normandía? (*pág. 257*)
- ¿Para qué se construyó el Taj Mahal? (*pág. 258*)
- ¿Cuál de sus esposas sobrevivió a Enrique VIII? (*pág. 259*)
- ¿Quién fue el Libertador? (*pág. 260*)
- ¿Qué presidente de EU llevó a su país a la Segunda Guerra Mundial? (*pág. 261*)
- ¿Cuál de las Siete Maravillas del Mundo aún existe? (*pág. 262*)
- ¿Cómo se llamaban los dos romanos que amó Cleopatra? (*pág. 263*)
- ¿Quién era Aníbal? (*pág. 264*)
- ¿En qué país gobernó la dinastía Han? (*pág. 265*)
- ¿Qué tiraron por la borda los colonos de Boston? (*pág. 266*)
- ¿En qué siglo se independizaron de España muchas colonias americanas? (*pág. 267*)
- ¿Qué le pasó al Titanic? (*pág. 268*)
- ¿Dónde estaba Pearl Harbor? (*pág. 269*)
- ¿Qué país mandó a la Armada Invencible a invadir Inglaterra? (*pág. 270*)
- ¿Quién dirigía a los bolcheviques en Rusia? (*pág. 271*)
- ¿Dónde estaba la antigua ciudad de Mohenjo-Daro? (*pág. 272*)
- ¿Comían helados los antiguos romanos? (*pág. 273*)
- ¿Por qué se llaman así los bancos? (*pág. 274*)
- ¿Qué ayudaron a fundar Henri Dunant y Clara Barton? (*pág. 275*)
- ¿Cómo eran los teatros griegos? (*pág. 276*)
- ¿Qué tenía de especial el Panteón de Roma? (*pág. 277*)
- ¿Qué se cortó Van Gogh? (*pág. 279*)
- ¿En qué país nació Virgilio? (*pág. 280*)
- ¿Robinson Crusoe fue una persona real? (*pág. 281*)
- ¿Quién escribió una novela sobre una gran ballena blanca? (*pág. 282*)
- ¿Cuál fue el seudónimo* de Samuel Langhorne Clemens? (*pág. 283*)
- ¿Quién fue el primer gran compositor de óperas? (*pág. 284*)
- ¿Quién empezó a componer música a los cinco años de edad? (*pág. 285*)
- ¿Qué ciudad se conoce como la casa del jazz? (*pág. 286*)
- ¿Dónde se pueden ver las luchas de sumo? (*pág. 287*)
- ¿Qué deporte inventó Abner Doubleday en 1839? (*pág. 288*)
- ¿Con qué otro nombre se conoce a Cassius Clay? (*pág. 289*)
- ¿Cuántos trabajos tuvo que desempeñar Hércules? (*pág. 291*)
- ¿Quién es el héroe nacional de España? (*pág. 292*)
- ¿Quién fue Moisés del desierto? (*pág. 293*)
- ¿Dónde murió Davy Crockett? (*pág. 295*)

Glosario General

Abarrotar (llenar): Ocupar totalmente un espacio o lugar.

Aborigen: Originario del suelo en que vive; se dice del habitante que vive primero en un lugar, en contraposición a quienes después llegaron a vivir ahí.

Acantilado calizo: Un **acantilado** es una costa rocosa cortada casi verticalmente, y **calizo** se refiere a rocas formadas de carbonato de cal, un compuesto que proviene de la época en que el mar cubría grandes extensiones de tierra. Es decir, un **acantilado calizo** es una costa rocosa con piedras que están formadas de carbonato de cal.

Accidente geográfico: Lo que altera la uniformidad del terreno, por ejemplo, con elevaciones o depresiones bruscas.

Acueducto: (ver pág. 277).

Adrenalina: Hormona que acelera el ritmo cardiaco y estimula el sistema nervioso central.

Adyacente: Colocado junto a otra cosa; próximo.

Aerodinámico: Se refiere a la forma del cuerpo de algunos animales, la cual reduce al mínimo la resistencia del aire. Por eso, los animales **aerodinámicos** son muy veloces.

Agallas: Órgano respiratorio de muchos animales acuáticos.

Aglomeraciones: Reunión o amontonamiento de algo, por ejemplo, de minerales que forman rocas, o de rocas que forman meteoritos.

Agrimensor: Persona que se dedica a medir la superficie de las tierras.

Aguijón: Órgano puntiagudo con que pican algunos insectos; punta, espina o dardo de algunos animales.

Agutí: Roedor de cuerpo esbelto, coloración amarillento-verdosa y cola corta, propio de América Central y Meridional.

Aleación: (ver pág. 64).

Alegórico: Se dice de algo que representa otra cosa.

Alergia: Sensibilidad anormal a determinadas sustancias que produce ciertos fenómenos fisiológicos como inflamación de los ojos, estornudos o comezón.

Aletas: Calzado en forma de aleta de pez, generalmente de caucho o hule, que se pone en los pies para nadar con mayor facilidad.

Aliados: Conjunto de naciones que lucharon contra Alemania y contra los países que se unieron a ella, en las dos guerras mundiales. En la Primera Guerra, las potencias aliadas fueron el Imperio Ruso, Francia y Gran Bretaña. En la Segunda Guerra, el grupo de los aliados lo formaron Gran Bretaña y la Comunidad Británica de Naciones, Francia, EU y la URSS, entre otros.

Alojarse: Hospedarse; hacer su casa un animal dentro de una cosa.

Alvéolo: En el pulmón, es una especie de saquito en el que termina cada una de las últimas ramificaciones de los bronquios. También se llama así la cavidad de los maxilares, en la que se encaja un diente.

Amazona: Mujer guerrera de algunas mitologías, como la griega; mujer que monta hábilmente a caballo.

Amento: Espiga de flores muy pequeñas, a menudo de forma alargada.

Amotinarse: Alzarse de manera desordenada una multitud en contra de la autoridad.

Andamio: Armazón colocado en la parte alta de un edificio.

Anemia: Disminución de los glóbulos rojos en la sangre o de su contenido en hemoglobina. Puede ocurrir a consecuencia de hemorragias o enfermedades.

Anestesia: Privación total o parcial de la sensibilidad del cuerpo o de alguna de sus partes, que se provoca por una enfermedad o de manera artificial.

Antídoto: Sustancia que se ocupa para combatir algún mal.

Antropófago: Que come carne humana.

Antiguo Testamento: (ver página 283).

Apareamiento: Hecho de juntarse dos animales para reproducirse.

Apestar: Arrojar o despedir olor muy desagradable.

Arácnido: Tipo de animales invertebrados de cuerpo dividido en anillos, sin antenas, con cuatro pares de patas y cefalotórax (parte del cuerpo formada por la unión de la cabeza y el tórax), como la araña y el escorpión.

Arenisca: Roca sedimentaria formada por granitos de cuarzo.

Aristócrata: Miembro de la clase de los nobles, es decir, de las personas que por nacimiento o por decisión de un rey, gozan de ciertos privilegios y tienen ciertos títulos especiales.
Armadura: (ver **caparazón**).
Aroma: Perfume, olor agradable.
Aspirar: Introducir el aire exterior a los pulmones.
Atolón: (ver pág. 21).
Aurora boreal: Fenómeno luminoso que se produce en el cielo de las regiones polares.
Autóctono: Originario del país que habita o del lugar en el que se encuentra.
Autoestima: Consideración y afecto que una persona tiene de sí misma.
Aye-aye: Extraño primate de Madagascar, del tamaño de un gato, dientes afilados para roer, nariz corta y orejas grandes. Es un animal nocturno.
Ballenero: Que se dedica a cazar ballenas.
Bautista: Miembro de la Iglesia Bautista (protestante) que pone especial énfasis en el bautismo en agua, siguiendo el ejemplo de Jesucristo.
Benemérito: Digno de ser premiado o recompensado.
Bilis: Líquido viscoso, amargo y amarillento, segregado por el hígado.
Billón: Un millón de millones.
Binario (dígito): Se dice del sistema de numeración que tiene por base el número dos.
Bit: Es la unidad de información más pequeña que se emplea para medir la capacidad de memoria de una máquina electrónica de gran capacidad, como una computadora.
Blindaje de hormigón: Conjunto de piezas que protegen contra las radiaciones electromagnéticas y nucleares. El blindaje se compone de piedras pequeñas, grava, arena y cemento.
Bolsa del vientre (materno): Las hembras de algunos animales tienen una bolsa en el vientre: se llama marsupio. Los canguros y los koalas tienen marsupios y por eso se les llama marsupiales.
Bombín: Sombrero de pañolenci o fieltro con forma de hongo, de copa baja y redondeada.
Brea: Sustancia viscosa obtenida por destilación de ciertas maderas.
Bretón: Lengua derivada de la céltica, hablada por los bretones en Gran Bretaña.
Bulbo: Órgano vegetal con numerosas hojas carnosas que crece debajo de la tierra, por ejemplo la cebolla.

Cadena alimenticia: (ver pág. 107).
Cadena de montaje: Conjunto de puestos de trabajo que colaboran en la fabricación de un producto. Su característica particular es la reducción del esfuerzo de los trabajadores y del tiempo que toma el proceso de producción industrial.
Cámara: Aposento o habitación que tiene una importancia o solemnidad especial.
Campo de concentración: Durante una guerra, terreno en el que prisioneros de los países enemigos, presos políticos y gente común, quedan recluidos bajo vigilancia militar o policial.
Campo electromagnético: Región del espacio en la que existen fuerzas magnéticas y eléctricas.
Camuflaje: Forma en que se disfraza u oculta algo.
Cañaveral: Terreno poblado de cañas.
Caparazón: Cubierta dura y sólida que protege las partes blandas de diversos animales.
Caracola: Caparazón de un caracol marino de forma espiral.
Carbono 14: Radiactivo que se forma en la atmósfera y con el que se calcula la edad de un objeto o resto antiguo.
Carcomer: Ir gastando o irse gastando poco a poco una cosa.
Carecer: Tener falta o privación de alguna cosa.
Carnada: Cebo para pescar o cazar.
Cartógrafo: Persona que hace mapas y cartas geográficas.
Cautiverio: Período en el que se está preso o privado de libertad.
Célebre: Que tiene fama o renombre; famoso.
Celosía: Enrejado.
Célula: Elemento generalmente microscópico que compone el cuerpo de todo ser vivo.
Ceño (fruncir el): Arrugar la frente o entrecejo.
Chotacabras: Ave de costumbres nocturnas, que se alimenta de insectos.
Ciénaga: Pantano; lugar lleno de barro que se forma en el fondo de los lagos, ríos, etc.
Cincel: Herramienta que se usa para labrar piedras y metales.
Circuito: Conjunto de conductores eléctricos por donde pasa una corriente.
Citoplasma: Parte de la célula que contiene el núcleo.
Coágulo: Masa de sustancia cuajada o espesa.

Código de barras: Conjunto de líneas y números que se pone sobre las mercancías y, al ser leídos ópticamente por una computadora, dan información específica del producto que lo posee, por ejemplo: el precio o el nombre de la empresa que lo fabrica.

Colapso: Paralización repentina de las fuerzas vitales o de las paredes de una víscera.

Colonia, la: Período de la historia americana desde la conquista de América hasta que las colonias se independizaron de los países europeos.

Colonias: Territorios ocupados y administrados por una potencia extranjera de la que dependen en lo político, económico, cultural, etc.

Comensal: Cada una de las personas que comen en una misma mesa.

Complejo: Que se compone de diversos elementos; difícil.

Comunidad Británica: (ver pág. 241).

Concha de mar: Envoltura dura que protege el cuerpo de algunos animales marinos.

Conductos de Havers: Conductos que nutren los huesos largos del cuerpo.

Confín: Término que divide las poblaciones, provincias, etc., y señala los límites de cada una; último punto al que alcanza la vista.

Cónsul: Agente diplomático en una ciudad extranjera.

Contiguo: Que está junto a otra cosa.

Contraer: Encoger, estrechar, reducir a menor volumen o extensión.

Converso: Se refiere a los árabes y judíos convertidos al cristianismo, en especial entre los siglos XVI y XVII.

Cópula: Unión sexual de dos individuos de distinto sexo.

Coraza: Caparazón.

Cormorán: Ave del tamaño de un ganso, de color gris oscuro. Se alimenta de peces.

Corona Española: Reino o monarquía española.

Corroer: Desgastar lentamente una cosa.

Corteza continental: Zona superficial de la Tierra, de un espesor de 35 km bajo la superficie de los continentes.

Corteza oceánica: Zona superficial de la Tierra, de un espesor de 10 km bajo la superficie de los océanos.

Corteza terrestre: (ver pág. 9).

Cresta: La cima o parte más alta de una ola. También se le llama a la carnosidad que tienen algunos animales.

Crisálida: Estado transitorio entre la larva y el insecto adulto. Los insectos en este estado parecen momias embalsamadas, envueltas en una hoja o en un capullo de seda. Después de un tiempo, la larva ya convertida en mariposa rompe la envoltura que la cubre y abre sus alas.

Crudo (petróleo): Se le dice al petróleo que se encuentra en estado natural, antes de ser refinado.

Crustáceos: (ver pág. 128).

Cuadrante: Cuarta parte de una circunferencia o círculo.

Cuadriga: Carro tirado por cuatro caballos enganchados de frente.

Curvas de nivel: Líneas imaginarias que unen puntos de la misma altitud, y que se usan para representar en un mapa el relieve de un terreno.

Daga ritual: Arma de hoja corta usada en ceremonias o actos generalmente religiosos, que siguen normas estrictas.

Daltonismo: Defecto en la visión de los colores que consiste en no percibir algunos o en confundir unos con otros.

Deambular: Caminar o pasear sin un fin determinado.

Densidad: Relación entre la masa y el volumen de un cuerpo; calidad de denso.

Denso: Compacto, apretado; espeso.

Dependencia: Necesidad imperiosa de continuar consumiendo cierta droga para disipar las molestias que provoca la abstinencia o privación de ella.

Deportar: Expulsar del país a una persona por motivos políticos o como un castigo.

Depredador: (ver pág. 108).

Depresión: Estado de abatimiento del ánimo o de la voluntad; tristeza; decaimiento del sentimiento del valor personal por pesimismo y por la inhibición de las funciones síquicas.

Derrocar: Hacer que una persona pierda su empleo, poder o dignidad por medios violentos. Asimismo, derrocar a un gobierno es cambiarlo por otro de manera violenta.

Desfiladero: (ver pág. 32).

Desolador: Que causa gran tristeza o aflicción.

Diabetes: Enfermedad provocada por la falta de insulina. Se caracteriza por exceso de azúcar en la sangre y se manifiesta por una abundante eliminación de orina.

Diagrama: Figura que representa gráficamente una cosa.

Dieta: Régimen de comidas que debe mantener una persona para estar sana.

Diligencia: Carruaje antiguo que servía para transportar viajeros.

Dinamitado: Despedazado con dinamita.

Dinamo: Máquina que transforma la energía mecánica en energía eléctrica.

Dinastía: Serie de soberanos o reyes de una misma familia.

Discrepancia: Diferencia, desigualdad; hecho de estar en desacuerdo.

Diseño: Trazo o delineación de una figura o cosa.

Dócil: Obediente, que se educa con facilidad.

Doméstico (animal): Animal que se cría en la compañía del hombre, a diferencia del animal que se cría de manera salvaje.

Dosis: Cantidad o porción de algo.

Duna: Colina formada por un montón de arena.

Eficaz: Que tiene la virtud de producir el efecto deseado; activo, poderoso para obrar.

Elector: Persona que vota en unas elecciones.

Electrodo: Extremo de cada uno de los conductores fijados a los polos de un generador eléctrico.

Elíptico, a: Que tiene forma de una curva cerrada, parecida a un óvalo.

Emboscada: Ataque por sorpresa.

Embrión: En los humanos, organismo en vías de desarrollo entre la concepción y la octava semana de embarazo. Cuando el espermatozoide se une al óvulo y ocurre la fecundación, se forma una célula única llamada cigoto o huevo. Ésta se divide muchas veces y forma el embrión, que se implanta en la matriz o útero y se nutre por medio de la placenta. A partir de la octava semana se le llama feto.

Emú: Ave corredora de gran tamaño y plumaje color marrón o café, parecida al avestruz.

Encarecer: Aumentar el precio de algo, hacerlo más caro.

Enzima: Sustancia soluble producida por las células vivas, que provoca o acelera una reacción o proceso del metabolismo.

Epicentro: Punto donde un sismo o temblor de tierra produce el mayor daño en la superficie terrestre. Es decir, es el lugar donde las ondas sísmicas se sienten con mayor intensidad.

Epiglotis: Cartílago que cierra la glotis. La glotis es el espacio que hay en la laringe entre las cuerdas vocales.

Era: Subdivisión de los tiempos geológicos.

Erecto: Derecho, rígido.

Erguir: Levantar y poner derecha una cosa.

Esmalte: Sustancia dura y blanca que recubre los dientes.

Espeso, sa: Sustancia fluida que tiene mucha densidad, por ejemplo la miel.

Espesor: Grosor que tiene un cuerpo sólido.

Espirar: Expulsar el aire aspirado.

Espora: Célula reproductora que no necesita ser fecundada, pero que se divide a sí misma repetidamente hasta formar un nuevo individuo.

Estadista: Político o persona que ejerce un alto cargo en la administración de un país.

Estado larvario: Relativo a las larvas de los animales y a su grado de desarrollo, (ver **larva**).

Esterilizar: Destruir los microbios o gérmenes patógenos de un medio.

Estetoscopio: Instrumento que sirve para escuchar los sonidos que se producen en el interior del cuerpo.

Estigma (de flor): Parte superior del pistilo.

Evolución: Serie de transformaciones sucesivas de los seres vivos.

Excretor: Que arroja el excremento, la orina, el sudor, etc.

Exhalar: Despedir gases, vapores u olores.

Exiliado: Persona que vive en el exilio, es decir, apartado de su país, generalmente por motivos políticos.

Exótico, ca: Extraño y singular.

Extirpar: Seccionar o quitar una parte del organismo en una operación quirúrgica.

Fase: Cada uno de los cambios sucesivos de un fenómeno en evolución.

Fertilizante: Abono natural o artificial que aumenta la fertilidad del suelo.

Feto: (ver pág. 158).

Filamento: Cuerpo que tiene forma de hilo.

Filólogo: Persona que se dedica al estudio de una lengua a través de los documentos escritos que la dan a conocer.

Finito: Que tiene fin.
Flúor: Sustancia gaseosa, de color amarillo verdoso; ataca a casi todos los metales.
Folículo: Órgano pequeño en forma de saco.
Follaje: Conjunto de hojas de un árbol.
Follaje perenne: Conjunto de hojas de un árbol que duran más de dos años.
Forma simétrica: Se refiere a la forma en que las partes de un cuerpo están distribuidas de manera regular respecto a una línea o plano.
Franja: Lista o tira.
Fricción: (ver pág. 84).
Gaélico: Grupo de dialectos célticos de Irlanda y Escocia.
Gálago: Pequeño mamífero primate de África, también conocido como prosimio. Es carnívoro y con un olfato muy desarrollado.
Galeón: Antiguo barco de vela.
Galés: Lengua céltica del país de Gales.
Gases inertes (o raros): Son los elementos del grupo 0 de la tabla periódica: Helio, Neón, Argón, Kriptón, Xenón y Radón. Se les llama así por su falta de actividad química. La molécula de todos ellos está formada por un solo átomo, carecen de color, y sus puntos de fusión y ebullición son muy bajos.
Gladiador: Luchador en el circo romano.
Glándula: Órgano que produce o segrega ciertas sustancias, las cuales cumplen diversas funciones importantes en el organismo de un animal o de un ser humano, como las glándulas salivales que producen la saliva, (ver pág. 155).
Gremio: Conjunto de personas que tienen el mismo oficio o profesión.
Guillotina: Máquina que servía para decapitar a los condenados a muerte.
Hábitat: Territorio que tiene las condiciones adecuadas para la vida de una especie animal o vegetal.
Haces: Plural de haz, o sea, una porción de cosas atadas.
Hambruna: Escasez de alimentos; hambre severa y generalizada.
Hemofilia: Enfermedad hereditaria que se caracteriza por la dificultad de la sangre para coagularse, por lo que una herida pequeña puede sangrar en exceso.
Hemoglobina: Proteína de los glóbulos rojos de la sangre, que transporta el oxígeno y le da color rojo.

Hemorragia: Flujo de sangre de cualquier parte del cuerpo; puede ser producido por un accidente o enfermedad.
Heredero: Que hereda o puede heredar de acuerdo con la ley o por un testamento; se dice de toda persona que recibe los bienes de un difunto.
Hilar: Convertir las fibras textiles en hilo.
Hipocentro: Región del interior de la corteza terrestre donde tiene su origen un sismo o temblor.
Hondonada: La parte más honda o profunda de un terreno.
Hora pico: Se refiere a la hora del día en que se produce la mayor aglomeración en la circulación urbana, normalmente porque los trabajadores van a su trabajo o regresan a su casa.
Hormona: (ver pág. 174).
Imperialismo: Intento de dominio político y económico de un país poderoso hacia otros países y estados.
Implante: Aparato o sustituto de un órgano que se coloca en el cuerpo para ayudar a su correcto funcionamiento.
Imprevisible: Que no se puede prever o saber de antemano.
Industria pesquera: Conjunto de empresas que se dedican a la pesca comercial.
Inestable (elemento): Se dice del elemento cuyo equilibrio químico puede ser destruido por una mínima perturbación, o de la combinación química que puede descomponerse espontáneamente.
Infección: Invasión del organismo por microbios patógenos.
Inflamable: Que se quema o arde con facilidad.
Infrarrojo: Radiación electromagnética usada en fotografía, calefacción terapéutica, armas, etc.
Ingle: Pliegue de flexión entre el muslo y el abdomen.
Inhalador: Aparato que sirve para efectuar inhalaciones, es decir, para aspirar gases y vapores medicinales.
Inhalar: Aspirar gases y vapores.
Inhibidor: Sustancia que bloquea o retrasa una reacción química, suspendiendo permanente o temporalmente una actividad del organismo, esto ocurre mediante la acción de un estímulo adecuado.

Inquisición: Tribunal establecido en el siglo XII que castigaba, incluso con la muerte, los delitos contra la fe católica y reprimía a los herejes. Su nombre viene de "inquirir", o sea, preguntar sobre la herejía y buscar la desviación de lo que se considera la fe verdadera. Desapareció en el siglo XIX.

Insomnio: Dificultad para conciliar el sueño.

Instar: Insistir en una petición o súplica; urgir.

Insuficiencia: Disminución de la calidad o cantidad del funcionamiento de un órgano.

Insular: Isleño, de una isla.

Insurgente: Persona que se levanta o se subleva contra la autoridad.

Intacto: Que no ha sido tocado, alterado o dañado.

Jadear: Respirar con dificultad.

Jerga: Lenguaje especial entre personas de una misma clase o profesión.

Larva: Animal en estado intermedio de desarrollo, antesde alcanzar la forma y organización de la edad adulta.

Lémur: (ver pág. 130).

Leucemia: Cáncer de la sangre, que se caracteriza por un aumento del número de glóbulos blancos en la médula ósea, bazo y ganglios. Es una enfermedad muy grave.

Lingote: Barra o pieza de metal bruto fundido.

Litoral: Costa de un mar o país; relativo a la costa.

Lóbulo: Parte inferior carnosa de la oreja. También se llama así a cada una de las partes redondeadas del borde de algo.

Lomo (de animal): Espinazo o columna vertebral de los cuadrúpedos o animales de cuatro patas.

Longevidad: Prolongación de la vida hasta una edad muy avanzada.

Longevo: Viejo, de edad muy avanzada.

Macizo montañoso: Grupo de alturas de relieve o montañas, que parecen como una sola.

Magnificencia: Calidad de excelente o admirable.

Manto terrestre: Parte de la Tierra comprendida entre la corteza y el núcleo o centro.

Manubrio o manivela: Tubo de formas diversas con el que se dirige una bicicleta.

Marcapasos: Aparato eléctrico que regula el ritmo del corazón.

Masa rocosa: Conjunto de rocas que forman un relieve del terreno.

Masivo: Que actúa o se hace en gran cantidad.

Materia prima: Producto básico que se usa para fabricar otros.

Mausoleo: Monumento funerario muy lujoso.

Mechero Bunsen: Utensilio de gas provisto de mecha para dar lumbre.

Médula: Sustancia que está en el interior de los huesos de los seres vivos; la **médula espinal** es la parte del sistema nervioso central que recorre el interior de la columna vertebral.

Melcocha: Miel concentrada y caliente, que al enfriarse queda muy blanda y flexible.

Mercenario: Soldado que sirve a un gobierno, incluso extranjero, a cambio de un pago.

Meridional: Que pertenece o se refiere al Sur.

Millardo: Conjunto de mil millones.

Ministro: Persona que ejerce un ministerio o función especialmente noble y elevada, ya sea en la religión o en la política; miembro del gobierno y jefe de uno de los grandes departamentos en que se divide la administración de un país.

Moho: Hongo que se desarrolla sobre materia orgánica.

Monárquico: Se refiere a la forma de gobierno en la que un monarca o rey gobierna el estado; partidario de esta forma de gobierno.

Monoteísmo: Religión que sólo admite un Dios.

Mora: Fruto de la morera y del moral; zarzamora. Es de figura ovalada, formada por varios globulillos carnosos, blandos y agridulces.

Morada: Casa; lugar donde se vive habitualmente.

Moraleja: Enseñanza que se deduce de un cuento o fábula.

Moro: Individuo de la población musulmana del sur de España, en especial la que habitó ahí entre los siglos VIII y XV.

Motín: Levantamiento desordenado contra la autoridad.

Múltiplo: Número que contiene a otro exactamente dos o más veces.

Nacionalización: Ocurre cuando el Estado toma las propiedades y bienes que pertenecen a alguna persona o empresa privada.

Nativo: Perteneciente al país o lugar donde se nace o se está.

Naturaleza muerta: Pintura que representa animales muertos, frutos, objetos, flores, etc.

Neurona: Célula nerviosa.

Neutralizar: Debilitar o anular el efecto de una acción con otra opuesta.
Nocivo: Perjudicial, que hace daño.
Nómada: Se refiere a la persona que no tiene una morada fija.
Noria: Máquina y conjunto de instalaciones para elevar agua o para sacarla de un pozo.
Núcleo: Parte central o fundamental de una cosa.
Número atómico: Número de orden que corresponde a un elemento en la clasificación o tabla periódica, igual al número de protones del núcleo.
Ofrenda: Cosa que se ofrece en señal de gratitud, en especial a Dios o a los santos.
Óleo: Pintura hecha con colores disueltos en aceite secante.
ONU: (ver pág. 241).
Oposición: Grupo o partido contrario a la política del gobierno.
Órbita: (ver pág. 46).
Óseo, a: De los huesos o que se relaciona con ellos.
Pagano, a: Que no es cristiano.
Países occidentales: Conjunto de países de varios continentes, cuyas lenguas y culturas tuvieron su origen en Europa Occidental.
Palpo: Pequeño apéndice u órgano móvil que tienen muchos animales invertebrados alrededor de la boca, para tocar y detener lo que comen.
Pampa: Llanura extensa con vegetación pero sin árboles, propia de algunas zonas de América Meridional.
Pararrayos: Aparato que protege de las descargas eléctricas de los rayos cuando hay tormenta.
Parásito: Cualquier animal o vegetal que vive obteniendo su alimento de otro ser vivo.
Parcela: Porción pequeña de terreno.
Partículas alfa: Átomos de helio, de carga eléctrica positiva, que provienen de una desintegración o reacción nuclear.
Patógeno: Que produce enfermedad.
Peregrinación: Ir a un santuario o lugar santo por devoción o para cumplir una promesa.
Peregrino: Se dice en especial de los inmigrantes ingleses que en diciembre de 1920 fundaron la colonia Nueva Plymouth en Nueva Inglaterra, EU. Habiendo huido de Inglaterra por motivos religiosos, los peregrinos redactaron el *Mayflower Compact,* en el que establecían que su forma de gobierno se basaría en la voluntad de los colonos y no en las disposiciones de la monarquía inglesa.
Periscopio: Tubo equipado con un sistema óptico que permite a un submarino sumergido observar la superficie del mar por medio de prismas y espejos, (ver pág. 74).
Perpendicular: Línea que forma un ángulo recto con otra. Cualquier cosa que forma un ángulo recto con otra línea o plano.
Peso atómico: Masa relativa de los átomos de los distintos elementos.
Peste: Enfermedad grave que se contagia a muchas personas y animales y que produce gran cantidad de muertes.
Pigmento: Sustancia colorante producida por un ser vivo animal o vegetal.
Piloso: Relativo al pelo o vello; cubierto de pelos.
Pintura rupestre: Pintura realizada sobre las rocas, en especial los prehistóricos.
Pioneros: Se dice de las personas que exploran o colonizan tierras desconocidas, por ejemplo, las primeras personas que llegaron a poblar América del Norte procedentes de Inglaterra.
Plancton: Conjunto de pequeños organismos animales y vegetales que viven en el mar o en aguas dulces.
Planeador: Avión sin motor que vuela usando las corrientes de aire.
Planear (volar): Volar un ave con las alas extendidas, sin moverlas.
Plantación agrícola: Cultivo extensivo de vegetales útiles al hombre, en particular los que están destinados a su alimentación.
Plegar: Hacer pliegues o dobleces en una cosa, o doblar una cosa sobre otra.
Poema épico: Género de poesía que narra las hazañas de un héroe o un pueblo.
Polinizar: Llegar o hacer que llegue el polen desde el estambre donde se ha producido, al estigma o abertura de la flor.
Precedente: Acción o hecho anterior en el tiempo.
Precursor: Que anuncia, empieza o divulga algo.
Prefecto: Gobernador de un departamento francés.
Pregonero: Persona que divulga en voz alta y en un lugar público una noticia, aviso o hecho para darlo a conocer a todos.

Primicias: Primer fruto de algo o noticia que se da a conocer por primera vez.
Primogénito: Se dice del hijo que nace primero.
Probeta: Recipiente de cristal que se usa en los laboratorios.
Procedente: Que tiene su origen o proviene de un determinado lugar.
Proeza: Hazaña, acción valerosa o heroica.
Prófugo: Que huye de la justicia.
Propenso: Que tiene tendencia o inclinación hacia algo.
Propicio: Favorable, adecuado.
Prótesis: Órgano artificial con el que se sustituye la falta de otro órgano similar del cuerpo. Por ejemplo, existen prótesis de dientes, brazos y ojos.
Protuberancia: Abultamiento.
Proyección cartográfica: Superficie plana donde se proyecta o representa la Tierra, o partes de ella.
Psicoanalista: Persona que se dedica a estudiar el significado inconciente de la conducta de las personas.
Púa: Cuerpo rígido, delgado y puntiagudo.
Pugilato: Lucha de púgiles, es decir, boxeadores.
Pulpa: Carne sin huesos; parte blanda de las frutas.
Puritano: Miembro de ciertas comunidades inglesas que quisieron volver a la pureza del cristianismo primitivo; se dice también de quien profesa o profesaba una moral rigurosa.
Queroseno: Hidrocarburo obtenido como producto intermedio entre la nafta o gasolina y el gasóleo.
Quiebra: Fracaso, acción de arruinarse un negocio.
Radiactivo: Que emite o despide radiaciones. En otras palabras, se dice del cuerpo cuyos átomos se desintegran de manera espontánea, propagando energía en forma de ondas o partículas.
Reacción en cadena: Fenómeno que se produce al bombardear el núcleo de un átomo y que da lugar a nuevos núcleos que, a su vez, bombardearán otros núcleos y así sucesivamente.
Reacciones químicas: Fenómeno que se produce entre dos cuerpos químicos en contacto y que forma sustancias nuevas.
Reacción termonuclear: Gran desprendimiento de energía obtenida por la fusión o unión, a temperaturas muy elevadas, de varios núcleos atómicos ligeros.

Rebaño de cría: Conjunto de animales que son alimentados y cuidados para que crezcan sanos y fuertes, y después se reproduzcan.
Régimen: Sistema de gobierno de un estado o país.
Registro civil: Lugar donde se hacen constar ante una autoridad los nacimientos, matrimonio, muertes, y otros hechos relativos al estado civil de las personas.
Remoto: Lejano, apartado; poco probable.
Repisa: Estante; elemento de construcción voladizo.
Repleto: Muy lleno.
Reserva: Parque nacional; terreno reservado de manera exclusiva para la crianza, protección y reproducción de animales y plantas.
Retablo: Construcción vertical pintada y con esculturas, que se encuentra en la parte de atrás del altar de las iglesias.
Rito de apareamiento: Costumbre, acto repetido de una manera invariable que siguen dos animales para reproducirse.
Rituales: Conjunto de normas que se dictan para la realización de una ceremonia religiosa.
Rizo: Mechón de pelo en forma de onda o anillo.
Rizoma: Tallo horizontal y subterráneo de ciertas plantas.
Rotación: Movimiento de un cuerpo alrededor de un eje real o imaginario.
Rotatorio: Que da vueltas.
Rudimentos: Conocimientos básicos de una ciencia o profesión.
Sabotaje: Daño que se hace a algo como señal de lucha o rebelión.
Saliente: Que sale; parte que sobresale de una cosa.
Salmo: Cántico que contiene alabanzas a Dios.
Salteador: Ladrón que roba en los lugares despoblados o caminos.
Sarro: Placa amarillenta que se deposita en el esmalte de los dientes.
Secreción: Sustancia segregada o producida por cierta glándula del cuerpo de los seres vivos.
Sede: Lugar donde tiene su domicilio una entidad política, económica, literaria, deportiva, etc.
Segmento: Parte cortada de una cosa.
Semen o esperma: Líquido que segregan las glándulas reproductoras masculinas y que contiene los espermatozoides, que son las células sexuales masculinas.

Sepia o jibia: Molusco de caparazón interna parecido al calamar.

Septentrional: Que pertenece o se refiere al Norte.

Seudónimo: Nombre que toma una persona, por lo general un artista, para ocultar su verdadero nombre.

Shoshoni: Originario de Shoshón, pueblo amerindio de Norteamérica de lengua uto-azteca.

Silvestres (musgos, arbustos, flores, hongos): Cualquier tipo de planta que crece o se cría en el campo sin necesidad de cultivarla.

Síntoma: Fenómeno que permite reconocer un trastorno, una lesión o una enfermedad.

Sistema: Conjunto de elementos relacionados entre sí con un mismo fin; conjunto de diversos órganos de naturaleza similar, que intervienen en alguna de las principales funciones del cuerpo.

Sitio: Operación de rodear una plaza o fortaleza para apoderarse de ella.

Soldadera: Mujer que acompaña al soldado en las batallas.

Solos: Parte de una obra de danza que interpreta un solo bailarín o bailarina cuando está dentro de un grupo.

Sonámbulo: Persona que tiene un sueño anormal en el que camina dormido.

Suburbio: Barrio situado en los alrededores de una ciudad.

Sultán: Príncipe o gobernador de un país musulmán.

Suplir: Completar lo que falta en una cosa; remediar la carencia que se tiene de algo.

Surfing: Deporte que consiste en mantenerse en equilibrio sobre una plancha y dejarse llevar por una ola.

Sustituto: Persona o cosa que puede tomar el lugar de otra.

Tala (bosques): Cortar los árboles desde su base o pie.

Tapioca: Sustancia comestible compuesta de granos de almidón, obtenida de la mandioca.

Tataranieto: En relación a una persona, lo que es de los abuelos de sus abuelos.

Teñir: Dar a una cosa un color distinto mediante un tinte.

Terapia: Tratamiento o curación de una enfermedad.

Tercera dimensión: Que tiene o simula tener tres dimensiones: longitud, extensión y volumen o profundidad.

Terrateniente: Propietario de grandes extensiones de tierra, en especial para la agricultura.

Tierra firme: Parte sólida del planeta en contraposición al mar; superficie externa del planeta Tierra; suelo, piso.

Timón: Pieza móvil con la que se dirigen los barcos, aviones, cohetes y otros vehículos.

Tocón: Parte del tronco de un árbol que queda unida a la raíz cuando el árbol es cortado.

Tolerancia religiosa: Respeto a la libertad de creencia de los demás, a sus formas de pensar y actuar, y a sus opiniones en asuntos religiosos.

Tomografía axial computarizada: Toma de una serie de cortes radiográficos que se unen en una computadora para formar imágenes que son auténticos "cortes en rebanadas" del cuerpo.

Torpedo: Proyectil explosivo que lanzan los submarinos.

Torrente sanguíneo: Curso de la sangre en el aparato circulatorio.

Tóxico: Que es venenoso.

Toxina: Sustancia tóxica que elabora un organismo vivo y que es dañina para el hombre y los animales infectados.

Transbordador espacial: Nave espacial capaz de realizar muchos viajes entre la Tierra y una órbita alrededor de ella. También se le llama lanzadera espacial (ver pág. 54).

Transmisión de cadena: Mecanismo que consiste en una cadena y engranajes o piezas que encajan una en otra. Se emplea para poner en movimiento una bicicleta o motocicleta, (ver pág. 100).

Traslapar: Sobreponer una cosa a otra, cubriendo una parte de la que está debajo. Por ejemplo, poner una fotografía sobre el borde de otra de manera que juntas formen una fotografía mayor.

Trinchera: Zanja defensiva que permite disparar desde un lugar cubierto al enemigo.

Trovador: Poeta de la Edad Media, de la antigua provincia francesa de Provenza.

Tubérculo: Porción engrosada de un tallo subterráneo, como la papa.

Tubo de rayos catódicos: Tubo en el que los rayos catódicos (electrones emitidos por el cátodo o polo negativo de un tubo) producen una imagen visible cuando son proyectados sobre una superficie fluorescente. Se emplea en los aparatos receptores de televisión y en las pantallas de las computadoras.

Turbina: Máquina que transforma la fuerza del agua en energía.

Turboalternador: Grupo generador de electricidad, formado por un generador de corriente eléctrica alterna y una turbina.

Tutor: Profesor privado que antiguamente se encargaba de educar y orientar a los hijos de una familia.

Urea: Sustancia de desecho que se halla en la orina.

Uréter: Cada uno de los dos conductos que transportan la orina desde los riñones hasta la vejiga.

U.R.S.S.: Conjunto de 15 repúblicas que se unieron a partir de la Segunda Guerra Mundial y adoptaron el nombre de Unión de Repúblicas Socialistas Soviéticas. En 1991 se disolvió y las repúblicas se independizaron.

Válvula: Pliegue de algunos vasos sanguíneos que impide el retroceso de sangre que circula por el cuerpo, obligándola así a circular en un solo sentido.

Vasto, ta: Muy grande o extenso.

Vejiga: Bolsa en forma de saco llena de aire, gas o algún líquido; vesícula, cavidad cerrada que en algunas plantas acuáticas funciona como flotador.

Vejiga natatoria: Bolsa llena de aire que muchos peces tienen en el abdomen y que les ayuda a mantener el equilibrio dentro del agua.

Virrey: Hombre que representaba al rey y gobernaba en su nombre territorios alejados llamados Virreinatos, en particular, las colonias americanas conquistadas por la Corona Española en el siglo XVI.

Virreinato: Región gobernada por un virrey.

Víspera: Día anterior a otro determinado; tiempo anterior a un suceso.

Vista "en redondo": Capacidad de mover los ojos en todas direcciones de manera conjunta o de manera independiente uno del otro.

Votar: Dar uno su voto, es decir, expresar la opinión o preferencia hacia un candidato en unas elecciones.

Yeso: Masa a la vez sólida y blanda que, mezclada con agua, se endurece cuando se seca; es utilizada para inmovilizar miembros del cuerpo que se fracturan.

Zigurat: Torre escalonada de ladrillo, coronada por un templo en la cima. Fue una construcción típica de la civilización de Mesopotamia.

Zigzaguear: Moverse o extenderse formando una línea quebrada.

ÍNDICE ALFABÉTICO

Los números de página que aparecen en cursivas corresponden a las ilustraciones.

A

Abbans, Marques de Jouffroy d' 101
abejas 72, 93, 126, *126*
aborígenes 240, *240*, 251
a.C., antes de Cristo 89
Acción de Gracias 247, 270
aceleradores de partículas 67
acero 64, 93, *93*, 97
ácido clorhídrico 63, *63*, 64
ácido láctico 161, 163
ácidos 64
ácido sulfúrico 64
acimutal, proyección *15*
Aconcagua 23, 225, 228
acuarelas 278
acueductos 276, 277
acupuntura 199, *199*
ADN 185, *185*
Adriano, Emperador 263, 277
    Muro de Adriano 263
aeronaves 65, *65*
aerosol 98
Afganistán 209
África 201-207, *201*, 254
agallas 117, 121, *121*
agricultura 93, 144-145, 151, 212
agua 11, 35, 205
    cuerpo humano 153
    elementos del 63
    estados del 62, *62*
    hielo 81, *81*
    lluvia 26, *26-27*
    marina 32
    moléculas 58
    oasis 20
    olas 30
    plantas 139
    potable 32, *204*
agua de mar 31, 32
agua, hacerse la boca 170
aire 24, 25, 28
aislantes 67, *67*
alas
    de las aves 114, *114*, 115
    de los insectos 125-127
Alaska 216, 219, 241
Albania 234
albinos *26*
Alcock, John 251
Aldrin, Edwin 53
aleación 64
Alejandría 263
Alejandro Magno 263, *263*
Alemania
    reunificación 271
    Segunda Guerra Mundial 261, 269
    Selva Negra 231, *231*
    Unión Europea 242
alérgicos 199
alfabetos 272
Alfa Centauro 39
algas 133, 134
algas marinas (tipos) 136, 137
algas pardas 137
Ali, Muhammad 289, *289*
alimentos
    ácidos orgánicos 64
    almacenamiento 98, *98*
    cadena alimenticia 107, *107*
    congelados 98, 273
    cuerpo humano 168-171, *168-171*
    gustos 178
    sistema digestivo 154
    trastornos alimentarios 199
    vegetales 138, 144-145, *144-145*
    y la salud 193
almidones 168
Alpes 17, 230, 232, 264, *264*
aluminio 65
Amables, Islas 240
Amazonas, río 32, 224-225, 227, 253
Amazonas, selva 226, *226*
amento 134, *134*
América *ver* Centroamérica; América del Norte; América del Sur,
América del Norte (o Norteamérica) 216-222, *216*
    exploradores 252, 254, 255
    Grandes Lagos 33
    mapas 15
    peregrinos, colonizadores 270
    praderas 22
    ver Canadá; México; Estados Unidos de América
América del Sur (o Sudamérica) 224-229, *224*
América Latina 258
amonites *106*
Amsterdam 233, 235
Amundsen, Roald 249
Análoga o analógica, grabación 78, *78*
Andersen, Hans Christian 282
Andes, cordillera 17, 224, 225, *225*, 228, 255
Andrómeda, galaxia de 52, 91
anestesia 196
anfibios 106, 107, 117-118, *117-118*
Ángel, Cataratas del 33, *33*, 229
Angkor Vat 211, *244*
ángulos, geometría 86
Aníbal 264, *264*
anillos, de los planetas 46, *46*
animales 105-132, *105-132*
    aves 113-116, *113-116*
    depredadores 108
    en peligro de extinción 129-132, *129-132*
    especies 107
    evolución *105*
    extinción 34, *34*, 129
    fósiles 106
    insectos 125-128, *125-128*
    mamíferos 109-112, *109-112*
    medio ambiente 34-36
    peces 121-124, *121-124*
    que planean 108
    reptiles y anfibios 117-120, *117-120*
    tiempo (ciclo) biológico 90
anorexia nerviosa 199
Antártida o Antártica
    exploradores 255
    golondrinas del Ártico 116
    icebergs 17, 21
    noche y día 12
    Polo Sur 11, 21, *21*
    temperatura 28
antibióticos 196
anticoncepción 181
anticuerpos 166, 167, 195
Antigüedad 262-265
antigüedad, métodos para establecer la 89
Antiguo Testamento 260, 283, 293
Antillas 221
antílopes 110, 132
Antonio, Marco 263
antisépticos 196
año 87
año bisiesto 87
años luz 39, 90
apéndice 171
ápodos 117, *117*
aprendizaje 187
Arabia Saudita 211, *213*, 244
arábigos, números 86
arañas 106, 107, 128, *128*, 191
árboles 146-149, *146-149*
    bosques 22
    fechar 147, *147*
    hojas 134, 149, *149*
árboles desmochados 148
arboreto 149
arco iris 27, *27*, 73
arcos 276
arena 20
Aristóteles 263
Argand, Aimé 273
Argentina 225, 226, 227, 228, 264, 266, 292
argón 25, 70
Arlandes, Marqués de 102
Armada Invencible 270, *270*, 289, 292
armas nucleares 59
Armstrong, Louis *286*
Armstrong, Neil 53, 255
arqueólogo 89
arquitectura 276-277, *276-227*

Arrecife Great Barrier
(de la Gran Barrera) 21
arrecifes de coral 21, *21*,
130, 239, *239*
arroz 145
arte 278-279, *278-279*
arterias 164, *164*, 165
Ártico 12, 21, 22, 25, 26,
28
Ártico, Océano 11
articulación de la cadera
159
articulaciones 159, *159*
Arturo, Rey 291
ascensores 97
Asia *208-215*, 208, *230*
astas 110
astenosfera 9
asteroides 46, *46*, 49, *49*
astrolabio 88
astronautas 53. 55, *55*,
84, *84*, *250*, 255
astronomía
asteroides 49, *49*
astrónomos 38, 39, 91
cometas 46, 48-49,
49, 106
estrellas y galaxias 38,
39, 50-52, *50-52*
exploración del
espacio 53-55, *53-55*
Luna 31, 42-43, *42-43*
planetas 44-48, *44-48*
Sol 40-41, *40-41*
universo 38-39, *38-39*
Atacama, desierto de *224*
Atahualpa 258
ataque cardiaco *ver* infarto
Atenea 291, *291*
Atenas 277, *277*, 291
Atila 265
Atlántico, Océano
Corriente del Golfo 231
exploradores 249
huracanes 29
primer vuelo a través
del 251
Titanic, naufragio 268
atmósfera 24-26, *24-26*
aire 25, *25*
color 25, *25*
capas 24, *24*
atolones 21, *21*
átomos 57-60, *57-59*, 61, 67
atún 121, 130
Augusto, emperador 263
auroras 26, *26*
auroras boreal y austral 26,
26

capa de ozono 25
contaminación 36, *36*
estrellas que titilan 51
Venus 44, *44*, 46, *46*,
47, *75*
Australasia 236-238, *237-238*, 239
Australia 236-238, *237-238*, 239
aborígenes 222, 240
Comunidad Británica
de Naciones o
Commonwealth 241
deportes de invierno
238, 289
exploradores 251, *251*
Lago Eyre 237, *237*
"los arbustos" y "el
interior" 236
Ned Kelly 294
ríos 237
Australopithecus 92, 203
Austria 242
automóviles 96, *96* 100-101,
100-101, 290
avalancha 18
aves 107, 108, 113-116,
113-116
aves que cantan y bailan
115, 116
avestruces 20, 113, *113*,
115, 129
aviones
aviones de despegue
vertical 102, *102*
aviones de guerra 275
avión supersónico 77
avispas 125, *125*
barrera del sonido 77
invención de los 95, 102
motores a reacción
77, 83, *83*, 101-102,
101-102
planeadores 102
aztecas 87, 253, 256, *256*,
290.
azúcar 168, 170, 193, 199

B

Babilonia 87, 88, 91, 212,
262, *262*, 272, *272*
Bach, J. S. 285, *285*
Bacon, Roger *93*
bacterias
almacenamiento de
los alimentos 141
antibióticos 196
cirugía 195

enfermedades 194, *194*
fertilidad de los
suelos 35
ingeniería genética 197
Bahrein 211, 213
Balboa, Vasco Núñez de
253
Balcanes 234
Bali 215
ballena azul 107, 131, *131*
ballenas 107, 131, *131*
ballet 285, *285*
baloncesto 288, *288*
balsas 101, 252
bambú 131, 133
Banco Mundial 243
bancos 274
banianos 149, *149*
Banks, Joseph 143
barcos 101
de vapor 101, *220*
flotantes 83
hidrodeslizador 101, *101*
navegación 88, *88*
sonar 77, *77*
timones 101
Barnard, estrella 39
barrera del sonido 77
basalto 31
básculas 94
bases 64
Bass, Estrecho de 237
Bastilla, Día de la 268
basura 37, *37*
baterías 68, *68*, 79
batiscafos 255, *255*
Batista, Fulgencio 223, 271
bauxita 65
Beatles 286, *286*
bebés 78, *78*, 166, 180, 181-
183, *181-183*, 185,189,
189
Becquerel, Henri 59
Beethoven, Ludwig van
286
béisbol 288, *288*
bejines 136
Bélgica 242
Belice 223
belladona 143, *143*
Bell, Alexander Graham
98, 103, *103*
Benin, pobladores de 206,
206
Ben Nevis 232
Benz, Karl 100, *100*
Berlín, muro de 271
Bessemer, Sir Henry 93
Biblia 85, 93, 260, 278, 283

bicicletas 100
bienales, plantas 142
Big Bang 38, *38-39*, 91, *91*
bilis 170, 171
billetes (moneda) 242, *242*,
274
biológico, tiempo 90
biosfera 10
bióxido de carbono
atmósfera 25, 65
calentamiento del
planeta 36
extinguidores de
incendios 65, *65*
formación de cavernas 16
plantas 138, *138*, 148
respiración 162, *162*
Bizancio 213
Blériot, Louis 250, *250*
Bohr, Niels 58
Bolívar, Simón, 260, *260*
Bolivia 225, *225*, 227, 264
bolos 289
bombillas 70, *70*
Bonny, Anne 292, *292*
Bonpland, Aimé 255
bonsáis 149, *149*
Boone, Daniel 294, *294*, 295
Booth, John Wilkes 268
Borneo 212
Bósforo 213
bosques 22, 147, 207, 212,
217
selvas 22, 24, 35, 201,
224, 226, *226*, 228, 231
bosquimanos 205
bostezar 163, *163*
Botany Bay 143
bóveda de la selva 22
box 289, *289*
Boyle, Robert 62
Brahmaputra, Río 209
Braille 179, *179*
Brasil 226, 227, *228*, 229,
243, *245*
Brasilia 227
bronce 64
broncearse 26, *26*, 173, *173*
Brown, Arthur 251
brújulas 13, 69
Brunei 212
Brunelleschi, Filippo 278
buceo 97, *97*, 250, *250*, 255
Buda 244, 245, *245*, 247,
247
budismo 211, 215, 244,
244, 245, 247
búhos 116
bulbos 142, *142*, 151

Bulgaria 234
bulimia 199
Burke Robert 251
bumerán 240, *240*
buzo, equipo para 97, *97*, 250
Byrd, Richard 250

C

caballeros 287, *287*, 291
caballitos de mar *121*, 124, *124*
cabello(pelo) 110, 114, 172, 173
Cabeza de Vaca, Álvar Núñez 254
Cabo, Ciudad del 207, *207*
Cabo de Hornos 224, 227
cacao 145, *145*
cactus 134, *134, 139*
caducifolios, árboles 146, *146*, 147, *147*
café *145*, 198, 229
caimanes 119, *129*, 219
Cairo 205, 207, *207*
calambre 161, *161*, 198
calcita 17
calcio 157, 158, *158*, 168
calefacción 94
calendario juliano 87
calendarios 87, *87*, 89, 246
calentamiento del planeta 36, 37
calor 79, 80, *80*, 84
calorías *144*, 151
camaleones 120, *120*
cámaras 74, *74*, 103
cámaras de cine 103
Camarga 233
Camboya 209, *209*, 211, *244*
Camelot 291
campos magnéticos 69, *69*
  de la Tierra 13, *13*
campesinos (pequeños) 144
camuflaje *112*, 127
Canaán 293
Canadá 216
  Acción de Gracias 247
  frontera 218
  nombre 253
  Paso Nordoccidental 249
  Quebec 222
  superficie 217
cangrejos 128, *128*
canguros 110, *110*
Cannes 232
canoas 101, *101*, 240

Canuto, Rey de Dinamarca 260
cañón 209
cañones 95, *95*
caparazón, de las tortugas 119
Capitolio 222
carbohidratos *144*, 168, *169*
carbón 80
carbono 64, *64*
carbono, método para fechar 89
cardumen (peces) 122, *122*
Caribe, Mar del 216, 217, 221, 223, 292
Carlomagno, emperador 257, *257*, 265, 292
carnaval 228, 245, *245*
carnívoros 108
Cárpatos, Montes 234
carreras de automóviles 290
Cartago 264
Cartier, Jacques 253
cartílago 122, 158, 159
cascabel, serpiente de 119
Caspio, Mar 33, 208, 209, 230
Castro, Fidel 223, 271
cataratas (cascadas) 33, *33*, 202, *202*, 204, *204*, 218, 229, 238, *238*, 255
caucho o hule 67, *67*, 84, 290
cavernas 16, *16*, 17
ceguera o ciegos 41, 179, *179*
cejas 173, 181
celacantos 124
Celsius, Anders 80
celtas 264
células
  crecimiento 183
  cuerpo humano 153-154, *153-154*
  envejecimiento 184
  neuronas 174, 175, *175*
  óvulos 154, 180, 181, 182, 185
celulosa 136
centrales eléctricas 36, 60, *60*, 70, *70*, 79
centro de la Tierra 9, *9*, 10
Centroamérica *216*, 217, 219, 223
cereales 93, 134
cerebelo *186*, 187
cerebro 169, 174, *174*, 175, 176, 177, 183, 186-91, *186*, 187, 188, 189

cero 85
"cero absoluto" 80
Chernobil 60
Chicago 222
Chichen Itzá 223, *223*
Chile 23, 224, 227, 243, 251, 264, 292
chimpancés 112, *112*, 188, *188*
China 209, 211, 215
  Año Nuevo 246, *246*
  ciudades 265, 272
  comunismo 243
  dinastía Han 265
  escritura 213
  Gran Muralla China 214, *214*, 264
  instrumentos musicales 284
  primer emperador 264
  ríos 212
  sismos 19
  viajes de Marco Polo 252, *252*
chippewas 221
chocolate 145, *145*
Churchill, Winston 261
ciclones 29
ciclo (o tiempo) biológico 90
cielo, color del 25
ciempiés 128
ciencia
  átomos 57-60, *57-9*
  descubrimientos e inventos 92-98, *92-98*
  electricidad, magnetismo y electrónica 66-71, *66-71*
  elementos y materia 61-65, *61-65*
  energía y movimiento 79-84, *79-84*
  espacio y tiempo 85-91, *85-91*
  luz y sonido 72-78, *72-78*
  transportes y comunicaciones 99-103, *99-103*
ciencia ficción 283
cigarros puros, habanos 223
cinc 63, *63,64*
cine 103
circuitos
  eléctricos 68, 69, 70
  integrados 71, *71*
citoplasma 153, *153*, 154
Ciudad de México 19, 36, 217, *217*, 219

ciudades 36, *36*, 272
Clark, William 255, *255*
Cleopatra 256, 263, *263*
clima 26-29
  América del Norte (Norteamérica) 217, *217*
  América del Sur (Sudamérica) 228
  calentamiento del planeta 36, 37
clorofila 136, 138, 146, 149
cobras 119
cobre 64, 67
cocodrilos 118, 119, *119*
códigos de barras 71, *71*
codos 85, 156, 159, 160
cohetes 54, 55, 95
colágeno 157
Colombia 228, 229
colonias
  hormigas 126
  termitas 127
Colorado, Río 23
colores
  arco iris 73, *73*
  cabello 173
  flores 133
  luz 72, *72*
  ojos 176
  piel 172
  primarios 72
  vista 176
Colón, Cristóbal 15, 223, 224, 252, *252*, 266
columnas 276, *276*
comanches 87
combustibles fósiles 79, 80
comercio de animales salvajes 130
cometas 46, 48-9, *49*, 106
comezón 179
comodo, dragón de 120, *120*
Commonwealth *ver* Comunidad Británica de Naciones
comunicación 94, 103, *103*, 189, 190
Comunidad Británica de Naciones 241
comunismo 214, 234, 243, 271
comportamiento, social 190
compuestos químicos 63, 64
computadoras 71, 187, *197*
Concorde 77
conducción 80, *80*
conductores, de electricidad 67

Confucio 265
congelamiento 80, 81
coníferas 146, 147, *147*, 149, 231
conquistadores 253, *253*, 258, 269
conservadores 268-269
constelaciones 51, *51*
contaminación 36, *36*, 130
contar 85-89, *85-89*
continentes 11, 16, *16*, 201, 208, 216, 224, 230, 236
convección 80, *80*
Cook, James 143, 240
Copérnico, Nicolás 41
cópula 180
corazón 158, 160, 161, 164-5, *165*, 166, 182
cordón umbilical 181, 182
Corea del Norte 214
Corea del Sur 214
Corinto, Canal de 234
cormoranes 113
Corán, el 244, 257
córnea 176
corrientes 30, *30*
Corriente del Golfo 30, *30*, 231
cortadas (hemorragias) 166, 167, 173
cortejo, aves 116, *116*
Cortés, Hernán 253, *253*, 256
corteza de los árboles 146, *146*
corteza terrestre 9, *9*, 10, 208, 220
cosechadoras 96
cosechar 96
Costa Azul 232
Cousteau, Jacques 97, 250
costillas 158
Cotopaxi, volcán 227
cráneo 186, *186*
cráteres, de la Luna 42, *42-43*
crecimiento humano 183-184, *183-184*
creosota 133, 151, *151*
Crimea, Guerra de 275
cristales 58, 62, *62*
cristianismo 211, *212*, 244-247
Crockett, Davy 295, *295*
cromosomas 184, 185, *185*
cronómetros 88
crustáceos 128

Crusoe, Robinson 281
Cruzadas 257
Cruz Roja 275
cuadrigas 287, *287*
Cuaresma 245
cuarzo 10, 20, 90
Cuba 221, *221*, 223, 254, 260 271
cuchillos y tenedores 273
Cuenca del Amazonas 226
cuerdas vocales 164
Cugnot, Nicolás 99
cuernos 110, 132
cuerpo humano 153-99, *153-99*
  alimentos y basura 168-171, *168-171*
  cerebro y mente 186-91, *186-91*
  cultivos comerciales 145
  esqueleto y movimiento 156-61, *156-61*
  glándulas 155, *155*
  piel y cabello 172-173, *172-173*
  pulmones y corazón 162-167, *162-167*
  reproducción y crecimiento 180-185, *180-185*
  salud y medicina 192-199, *192-199*
  sistema nervioso y sentidos 174-179, *174-179*
cuñas 81

D

dados 86, *86*
da Gama, Vasco 249
Daguerre, L. J. M. 74
Daimler, Gottfried 100
Dalton, John 58
Dante 280-281, *281*
Danubio, Río 230, 231
danza 285, *285*
  aves 116, *116*
Darling, Río 237
David, Rey 260
d.C. 89
decibeles 76
dedos 85, 173, 179, *179*
"deuda de oxígeno" 163
Defoe, Daniel 281
Degas, Edgar 279
de Gaulle, Charles 261
delfines 130, 188, *188*

deltas 32, 233
democracia 243
deportes 287-90, *287-90*
depredadores 108
depresión 191
derechos civiles, movimiento 261
dermis 172, *172*
derrumbes 16
descubrimientos 92-98, *92-98*
desechos del cuerpo humano 171
desfiladeros 23, 32,
desiertos 20, *20*, 213, 251, 254, 293
  África 20, *20*, 201
  Atacama 224
  erosión 35
  plantas 134, 139
desplazamiento continental 16, *16*
deuterio 59, 60
Día de Muertos 223, *223*
diafragma 162, 170
diamantes 64, *64*, 67, 207
diatomeas 133
día y noche 12, 87
Dickens, Charles 282, *282*
dictadores 242
dientes 109, *109*, 169, *169*, 192, 193, *193*
dientes caninos 169
dientes de león 143
dieta balanceada 168,169, 192, 193
dieta especial 199
Difunta Correa, la 294
Dinamarca 217, 231, 242
dinamos 69, *69*, 70
dinero 274, *274*
dinosaurios 49, 106, 129
Dionysius Exiguus 89
dirigentes 256-61
discos compactos (CD) 78, 103
Divina Comedia, La 280-281
Diwali 246
dodo 129, *129*
dolor 179, *179*
Drácula, el Conde 234
Drake, Sir Francis 289
dramaturgia 283
Draper John 53
drogas y medicamentos 34, 196, 198, *198*, 199
Dubai 213
Dunant, Henri 175
dunas 20, *20*, 202

E

Earhart, Amelia 295
Eastman, George 74, 103
eclipses 41, *41*, 43
ecos 77, 110
ecosistemas 34, *34*
Ecuador 225, 227, 229, *246*, 264
ecuador 9, 11, *11*, 28, 29, 204
Edad del Hierro 93
Edad de Piedra 81, 99, 278
Edad Media 93, 194, 252, 273, 274, 287, *287*, 288, 291
edificios
  arquitectura 276-277, *276-277*
  rascacielos 97
Edison, Thomas Alva 78, 96, 103
Eduardo el Confesor 257
Egipto *94*, *202*, 231, 263
  arquitectura 262, 276
  Cairo 207, *207*, 205
  carreras de carros 287
  música 284
  pirámides 262
Einstein, Albert 59, 90
eje, de la Tierra 12, *12*, 13
ejercicio 161, 162, 163, 192, *192*
Elbrus, Monte 23, 231
El Dorado 229, *229*
electricidad *37*, 60, 66-8
  aislantes 67
  centrales eléctricas *68*, 70, 79
  central hidroeléctrica 70, *70*, 207, *207*
  circuitos 68
  conductores 65, 67
  estática 67, *67*
  pilas 68, *68*
  superconductores 67
electromagnetismo 69
electrones 57, *57*, 58, 66, *66*, 67, 68
electrónica 71, *71*
elefantes 111, 132, *132*, 264, *264*
elementos 57, 60, 61, *61*, 63, 64, 65
elementos químicos 57, 61, *61*
elevadores 97
embajadores 242

embarazo 161, 181-182, *181-182*, 193
embarcaciones 83, 101, *101*, 215, 265
embriones 181, 182
emigrar 116
Emiratos Árabes Unidos 213
energía 30, *34*, 79-80, *79-80*
   alimenticia 168
   atómica 59, *59*
   cadenas alimenticias 107, *107*
   cinética 79
   electricidad 66-68, *66-68*, 70, *70*
   hidráulica 70, *70*, 207, *207*
   luz 72
   músculos 161, 162
   nuclear 59-60, *59-60*, 79, *79*
   plantas 138, *138*
   potencial 79
   radiante 79, *79*
   sonido 76
energía química 79, *79*
enfermedades 194-195, 199
enfermedad mental 191
enfermería 275
engranajes 82
ENIAC 71
Enrique VIII, rey de Inglaterra 245, 259, *259*
envejecer 184, *184*
enzimas 168, 170, 171
epidermis 172, *172*, 173
equilibrio del cuerpo 177
equinodermos 128
Eratóstenes 14, 86
erosión 35, *35*
eructo *170*
Escandinavia 23, 147, 231, 265
escarcha 28
Escocia 232, 233, 247
escorpiones 128, *128*
escribas *94*
escritura 94, *94*, 213, *213*
Escudo Canadiense 219
escultura 278
Eslovaquia 234
esófago 170
espacio
   exploración del 53-55, *53-55*, 90
   medición 90
   universo 38-39, *38-39*
   ver también astronomía

España 233, 242, 249, 252, 253, 259, 265, 266, 270, 292
Española, La 221
Espartaco 294, *294*
especies 107
espectro 73, 75
espectro electromagnético 75
espejos 73, *73*, 74
esperanza de vida 210
esperma 154, 180
espina dorsal 158, *158*
espinas 140
esporas 135, 136, 140, 141, *141*
esqueletos
   aves *114*
   cuerpo humano 154, 156-159, *156-159*
esquiar 287
Esquilo 283
estaciones 12, *12-13*
estaciones espaciales 55
estados de la materia 62
Estados Unidos de América 216-223,
   bandera *241*
   Capitolio 222
   ciudades 222
   estados 241
   gobierno 243
   Guerra Civil 267
   oro 243
   presidentes 261, 268
   Segunda Guerra Mundial 269
estalactitas y estalagmitas *16*, 17, *17*
Estambul 213
estampillas 274
estaño 64
estómago 168, *168*, 169-171, 194
estornudar 164, *164*
estratosfera 24, *24*, 25
estrellas 39, 50-52, *50-52*
   constelaciones 51, *51*
   distancia 50
   edad de las 91
   enanas blancas 41
   estrellas gigantes rojas 41
   formación de las 50
   galaxias 38-39, 50-52
   la más brillante 50
   la más próxima 39, 50
   luz 72
   supernovas 51
   titilar 51
   Vía Láctea 52, *52*

viajes espaciales 90
estrellas fugaces 24, 48, *48*
Etiopía 204, 205, 271
eucalipto, árboles de 147, 151
Euclides 86
Éufrates, Río 212
Eurípides 283
Europa 230-235, *230-235*
evaporación 62, *62*, 98
Everest, Monte 23, *23*, 209, 210, 251, *251*
Everglades *218*, 219
evolución *105*
exosfera 24
exploradores 252-255
extinción 34, *34*, 129, 130-132
extrovertidos *189*
Eyre, Lago 237, *237*, 239

F

Fahrenheit, Gabriel 80
fallas, terremotos 19
Feathertop, Monte *238*
fecundación 180, 181
federalismo 243
feldespato 10
felinos 112, *112*
fenicios 272
ferrocarriles 84, 99, *99*, 214, *214*
fertilidad, de la tierra 35
fertilizantes 96, 145
feto 158, *181*, 182
Fibonacci, Leonardo 86
fibra, en los alimentos *169*
fibra óptica 76, *76*
Fiesta del Té de Boston 266, *266*
Fiji 239
Filipinas 215, 239, 249
Finlandia 231, 234, *234*, 242
fiordos 23
Florencia 235, *235*
flores 133-134, *133*, 139, 150, 151, 247, *247*
flotar 48, 83, *209*
fobias 191
fonógrafos 78, *78*
Ford, Henry 96
Fosas de las Marianas 31, 255
fósiles 106, *106*, 111
fotoelectricidad 70
fotografía 53, 74, *74*, 75, *75*, 103

fotones 72
fotosíntesis 138, *138*, 139, 144
Fox Talbot, W. H. 74
fracturas de huesos 157, *157*
Francia 234
   Camarga 233
   Costa Azul 232
   General de Gaulle 261
   Guerra de los Cien Años 268
   Napoleón Bonaparte 260, *260*
   república 270
   Rey Sol 258, *258*
   Toma de la Bastilla 268, *268*
   Torre Eiffel 268
   Unión Europea 242
francos 257
Frank, Ana 282
Frankenstein 281, *281*
Franklin, Benjamin 66, *66*
frecuencias, sonido 77
Freud, Sigmund 191
fricción 80, 82, 84, *92*, 99
frijoles 145, 151
frío 20, 21, *21*, 25, 28, 80, 98
fruta 135, 150, 151, 169, *169*
Fuchs, Vivian 255
Fuji, Monte 210-211, *211*
fuego 92, *92*
   extinguidores 65, *65*
   fuegos artificiales 65, *65*
fusibles 70
fútbol 288, *288*, 290

G

Gabor, Dennis 76, *76*
Gabriel, Arcángel 256, *257*
Gadaffi, coronel Muammar *242*
Gagarin, Yuri 53, *53*, 250, *250*
galaxias 38-39, 41, 50, *52*, 91
Galileo Galilei 53, *53*, 83
ganado 148
Gandhi, Mohandas 271, *271*
Ganges, Río 209, 215
gas 65, *65*
   combustible 80
   motores de avión 83, *83*
gases 62
   aerosoles 98
   aire 25, *25*
gauchos 226, *226*

Gay-Lussac, Joseph Louis 25
gemelos 182
generadores *69*, 70, *70*
genes 182, 184, 185
genes dominantes 185
Gengis Kan 259, 269, *269*
gérmenes 166, 167, 170, 173, 192, 194-195, *194-195*
geografía 14-15
geometría 86
gestos de las manos 190
géisers 18, 239, *239*
Giffard, Henri 249
gimnasia 289
giroscopios 84, *84*
glaciaciones 23
glaciares 16, 17, *17*, 23, 33, *225*
glándulas 155, *155*
globos 25, 62, 65, 83, 102, *102*, 249, 275
glóbulos blancos 159, 165, *165*, 166, *166*, 167, 195
glóbulos rojos 165, *165*, 166, *166*, 168, 170
gobernantes 256-261
Gobi, Desierto de 20, 208
Goliat 260
golondrinas del Ártico 116, *116*
Goodhue, Lyle D. 98
gobierno 241-243
Golfo Pérsico 213
gorilas 112, 131, *131*
Goya, Francisco de 277
grabación, de sonido 78, *78*
grabación digital 78, *78*
grafito 64
Gran Bretaña 232, 234, 261 *ver también* Reino Unido
Gran Cañón 23, *23*, 32
Gran Chaco 228
Gran Depresión o Valle del Rift 202
Grandes Lagos 33
Gran Guerra o Primera Guerra Mundial 267, *267*
granito 10
Gran Muralla China 214, *214*, 264
grasas 168, *169*, 170, 193
gravedad 83
   ingravidez 55, 84, *84*
   Luna 42, 43
   péndulos 83

Sistema Solar 44, 45, 84
   universo 38
   y los vegetales 141
Gray, Charles 251
Grecia 231, 234
   Alejandro Magno 263, *263*
   guerra con Turquía 271
   juegos olímpicos *290*
   música 284
   Partenón 277
   teatros 276, *276*
   tragedias 283
   Unión Europea 242
Greenwich 14
   hora meridiano 89
Gregorio XIII, Papa 87
Groenlandia 216, 217, *217*
grúas, construcción 82
grupos sanguíneos 166, 167
Guatemala 223
guepardos 111, *111*
Guillermo el Conquistador, Rey de Inglaterra 257, *257*
gusto *175*, 178, *178*, 186
Guyana 227, 228
Guyana Francesa 228

H

hábitat, destrucción del 129, 131
Haití 221
Halley, cometa 48, *49*
Halley, Edmund 48
Halloween 245
hambre *168*, 169, 170
harmatán 204
Harrier 102, *102*
Harrison, John 88
Hastings, Batalla de 257
Hawai *220*, 240, 241, 269
haya 142, *142*
helechos 135, *135*, 141, *141*
Helena de Troya 291
helicópteros 102
helio 25, 40, *40*, 59, 65, *65*, 79
Hemisferio Norte 11, *11*
Hemisferio Sur 11, *11*
hemisferios, Tierra 11, *11*
hemoglobina 154, 166, 171
hemorragia 166, 173
hepáticas, plantas 135
herbívoros 108
Hércules 291
herencia, genética 185
heridas 166, 167, 173, 194-196

herramientas 92, *92*
Herschel, Sir William 53, *53*
Heyerdahl, Thor 252
hibernación 109, *109*
hidrógeno
   átomos 57, 58
   bombas de, 59
   en el agua 59, 63
   en el Sol 40, *40*, 79
   globos 65, 83, 249
   isótopos 60
   reacción química 63, *63*
hidrodeslizador 101, *101*
hielo 11, 62, *62*, 217, 230
   Antártida o Antártica 21
   avalancha 18
   comida congelada 98, *98*, 273
   desiertos de, 20
   escarcha 28
   glaciares 17, *17*, 23, 33, *225*
   iceberg 81, *81*
   Marte 47
   Polo Norte 250
   Polo Sur *250*
hierro (metal) 63, *63*, 64, 83, 93, *93*
hierro (vitamina) 168, 170, *193*
hígado *168*, 170, *170*, 171, 174
higiene 192, 194
Hillary, Edmund 251, *251*
Himalaya 17, 23, 150, 208, *208*, 210, *210*
hinduismo 211, 215, 244, *244*, 245, 246
hipotálamo *186*, 189
Hitler, Adolfo, 261
hojas 134, 136, 138, *138*, 140, 141, 149, *149*, 151
   árboles 146-147, *146-147*, 148
   insectos llamados "hojas" 127
Holanda *ver* Países Bajos
hologramas 76, *76*
hombres prehistóricos 92, *92*, 203, *203*
Homero 280, *280*
Homo sapiens 107
hongos 134, 136, *136*, 137, 138, 143
   con forma de repisa 143
   enfermedades 194
   apestoso 141, *141*
   matamoscas *136*, 143, *143*

   nutrición 138
   oronja verde 151
   venenos 143, 151
hormigas 116, 125, 126, 127
hormonas 155, 164, 166, 170, 173, 174, 181, 183, *198*
huesito del codo 156
huesos *ver* esqueleto
huevos
   anfibios *117*
   aves 115, 129, *129*
   insectos 126, *126*
   peces 122, 124
   reptiles 118
   tortuga 119
Hugo, Victor 282
hule o caucho 67, *67*, 84, 290
Humboldt, Alexander von 255
humus 35
hunos 265
huracanes 28, 29, *29*
huseras 148, *148*
husos horarios 89, *89*
Huygens, Christian 72
Hyatt, John Wesley 98

I

Ibn Battuta 254, *254*
icebergs 17, 21, 81, *81*, 268
Iglesia Anglicana 245
Iglesia Católica Romana 244
iglesias 235, *235*
iglesias de estacas 235, *235*
Ilíada, La 280
ilusiones ópticas 191, *191*
imán 13, 68, 69, *69*
imanes 68-69, *69*
Imhotep 195
Imperio Británico 241
Imperio Maya 87, 223, 264, *264*
Imperio Romano 292, 294
   Aníbal 264
   arquitectura 276, *276*, 277
   Augusto 263
   calefacción central 94
   calendario 87
   carreras de carros 287
   Espartaco 294
   Julio César 256, *256*
   mitos y leyendas 44
   muro de Adriano 263
implantes 197, *197*

impresionistas 279
incas 229, *229*, 253, 258, 264, *264*
incisivos 169, *169*
independencia de colonias americanas 267
India
   democracia 243
   desfiladeros 209
   exploradores 249
   Gandhi 271
   lenguas 209
   montañas 210
   monzón 27, *27*
   música 284
   Taj Mahal 215, *215*, 258
Indianapolis, carrera de 290
Indo, Río 209, 212
Indonesia 211, 212, 215, 239
inercia 82, *82*, 83
infarto 167
infrarrojos, rayos 75, *75*
ingeniería genética 197
ingravidez 55, 84, *84*
Inquisición española 266
insectos 108, 125-128, *125-128*
   abejas 72, 115, 126, *126*, 139, *139*
   antepasados 106
   aves que se alimentan de 115
   hormigas 116, 125, 126, 127
   insectos llamados ramita 127
   mariposa 126
   mariposas diurnas y nocturnas 127, *127*
   metamorfosis 126, *126*
   plantas que se alimentan de 141, 151
   polinización de las plantas 133, 134, 139, *139*, 150
   saltamontes 127
   termitas 127, *127*
   y flores 133, 139
instintos 188
insulina 170, 174, 197, 198
inteligencia 187, 188, *188*
intestinos 161, 168, *168*, 170, 171, 194
inuit 222, *222*
inventos 92-98, *92-98*
invertebrados 106, 107
invierno 12
Io, luna de Júpiter *45*
ionosfera 24

Irlanda 233, *233*, 242, 246
Isabel II, Reina de Gran Bretaña 271
Islam y los musulmanes, el 89, 211, 212, 244, 247, *247*, 254, 256- 257
Islandia 18, 231
islas 21
Islas Británicas 21, 233, *233*
isótopos 60
Italia 232, *232*, 234, 235, *235*, 242, 278
Iztaccíhuatl 293, *293*

J

jadear 163
James, Jesse 295, *295*
Janssen, Zacarías 74
Japón 209, 239
   budismo 245, 247, *247*
   dinero 243
   escritura 213, *213*
   esperanza de vida 210
   ferrocarriles 214, *214*
   grabados 278
   islas 210
   montañas 210-211, *211*
   Segunda Guerra Mundial 269
   sumo, luchas 287
   Tokyo 214
   volcanes 21
Jaybar, Paso de 209
jazz 286, *286*
Jefferson, Thomas 220
Jerónimo 293, *293*
Jerusalén 212, *212*
Jesucristo 89, 212, 244, 246, *246,* 292
jirafas 107, *107*
Johannesburgo 207
Jorobado de Nuestra Señora de París, El 282, *282*
Juárez, Benito 260, *260*
judaísmo 211, 245
judíos 212, 245, *245*, 246, 261, 266, 283, 293
juegos olímpicos 289, 290, *290*
Julianehaab 217
Julio César 87, 256, *256*, 263
Júpiter 44-47, *44, 46,* 53

K

Kalahari, Desierto de 202, 205
kamayura 229, *229*

Karakoram 23
Kariba, presa del 207, *207*
Kelly, Ned 294
Kennedy, John F. 268, *268*
Kilimanjaro, Monte 23, 203, *203*, 205
King, John 251
King, Martin Luther hijo 261, *261*
kiwi 113, 238, *238*
koalas 110, 130, *130*, 239
Kodak, cámaras 74, 103
Kosciusko, Monte 23, 238
Kublai Kan 252, 269

L

labios 179, *179*
ladrillos 272, *272*
Ladoga, Lago 231, 234
lagartijas 108, 109, 118, 120
lagos 26, 30, 33, 208, 209, *209, 216*, 219, 225, 227, 231, 234, 237, *237*
lágrimas 176, 177, 194
lámparas de petróleo 66, 273
langostas 128, *128*
La Paz 225, *225*
Laos 215
Laponia 231, *231*
laringe 164, 170, 183
larvas 126, *126*
lásers 75, 76
latitud 11, 14, *14*, 88
latón 64
lava *18*, 19, *42*
Lavoisier, Antoine 63
Lawes, John Bennet 96
Leif, Ericsson 253, 254
lémures 108, 112, 130, *130*
lengua franca 240
Lenin 234, 271
Lenoir, Etienne 100
lengua 170, 178, *178*
lenguaje corporal 190
lenguas 189, 209, 211, 240
lentes 73, 74, *93*, 177
lentes de contacto 177
Leonardo da Vinci 95, 279
Lewis, Meriwether 255, *255*
leyendas 291-295, *291-295*
liberales 268-269
Liberia 271
Libertador, El 260, *260*
ligamentos 159
Lilienthal, Otto 249
Lincoln, Abraham 220, 259, 267, 268
linternas *68,* 79

líquenes 22, 134, 136
líquidos 62
Lippershey, Hans 73
literatura 280-283
litosfera *9*
Livingstone, David 254, *254*, 255
llanto 177, 189
lluvia 26, *26-7,* 27, 35, 36, *36,* 204, 228
lluvia ácida 36, *36*
lobos 111, *111*
locomotoras 99, *99*
longevidad 210
longitud 14, *14*
Los Ángeles 36, *36*
Louisiana 286
Luis XIV, Rey de Francia 258, *258,* 285
Lumière, hermanos 103
Luna 42-3, *42-3, 45,* 48, *49*
   astronautas en la 53, 54, 55, 250, 255, 292
   calendario 87, 262
   cráteres 53
   eclipses 41, *41*
   fotografías de la 53
   gravedad 84, *84*
   mareas terrestres 31
   órbita *12*
   sonido 77
Luxemburgo 242
luz 72-76, *72-75*
   astronomía 38, 39
   del Sol 25, 26, 27, 138, 139, 168, 172, 173
   fotoelectricidad 70
   ondas luminosas 72
   reflexión y refracción 73
   velocidad de la 72, 90
   vista 176, *176*

M

Machu Picchu 229, *229, 258*
Madagascar 34, 130, *130,* 148, 151, 203, *203*
Magallanes, Fernando de 249, *249*, 253
magma 19
magnetita 69, *69*
Mahoma, el Profeta 89, 212, 244, 256-7
Maiman, Theodore H. 75
Maldivas 211, *211*
mamíferos 107, 108, *108*, 109-112, *109-112*
mamuts 129

manadas 110, *111, 132*
Mancha, Canal de la 250, 251, 270, *270*
Mandela, Nelson 271, *271*
mandioca 144, *144*
Manet, Edouard 279
mantarrayas (*ver* rayas 121, 122, 123, *123*)
mantarraya gigante (*ver* raya gigante 123, *123*)
manto, de la Tierra 9, *9*, 10, 18
manzana de adán 164
mapas 11, 14, *14*, 15, *15*, 89, *89*
máquinas 81-82, *81-82*
máquina voladora 249
Maracaibo, Lago 225
maratones 290
Maravillas del Mundo 262, *262*
Marckus, Siegfried 100
Marco Polo 252, *252*, 255
Marconi, Guglielmo 103
Mar del Sur 240, 252
mareas 30, 31, 33, 43, 90
mares de arena 20
marfil 132, *132*
mariposas nocturnas 127, *127*, 133
mares cálidos 21, 137, 236
mares fríos 137
marineros 15, 129, 88, 223, 249, 251
mariposas *125*, 126, *126*, 127, *127*
marismas 33
Mar Muerto 209, *209*
Mar Rojo 202
Marruecos 206, *206*
marsupiales 110, *110*
Marte 44-47, 44-49, 53, 54
Martí, José 260
Marx, Karl 243
matamoscas, hongo 143, *143*
matemáticas 85-87
materia 57, 61-65, *61-65*, 67, 79
Maxwell, James Clerk 72, 75
Mayflower 270
McCormick, Cyrus Hall 96
McKinley, Monte *23*, 219, 220
Meca 89, 244, 247, 256, *256*
mecanismo 79, 88
medicina 194-199, *194-199*
medicina alternativa 199
médicos 195, *195*, 196

medidas 85, *85*
medidas corporales 85, *85*
medio ambiente 34-37
Mediterráneo, Mar 15, 231-234
médula espinal 174, *174*, 175, 178, *186*, 187
médula ósea 157, 159
médula raquídea 186
Mekong, Río 209
Melanesia 240
melanina 26, *26*, 172, 173, 176
Melville, Herman 282
memoria
 cerebro 187
 computadoras 71
meninges 186
menstruación 180-1, *181*, 183
mente 187-91
Mercator, Gerardus 15
Mercator, proyección de 15, *15*, 89
mercurio (metal) 61, 67
Mercurio (planeta) 44-47, *44*, *46*, *47*, 53
meridianos 14
Merlin, Joseph 290
Meroë 206, *206*
Mesopotamia 94, 212, 231, 272, *274*, 276, 284
mesosfera 24, *24*, 25
metabolismo 155, *155*
metales *61*, 62, 63, *63*, 64-65, 80, *93*
metamorfosis de los insectos 126, *126*
metano 37, *37*
meteoritos 9, 10, 48, 106
meteoroide 48, *48*
meteoros 48
México 223
 árboles 148, 151
 chocolate 145
 ciudad de 36, 217, 219
 clima 217
 fiestas 246
 gobierno 243
 historia 87, 247, 253, *253*, 254, 256, 258, 260, *260*, 264, 267, 269, 283, 290, 292
 moneda 243
 pirámides 222, 223, *223*
microbios 194, 195
Micronesia *239*, 240
microondas 75, *75*
microprocesadores 71

microscopios 57, 74, 84, 108, 153
microscopios electrónicos 57, 74
Midway, Isla de 240
miedos 191
miel 126
Mil y Una Noches, Las 280, *280*
minerales 61, 105
 África 207
 agua de mar 31
 América del Sur 227
 en el suelo 35, 138, 139
 en los alimentos 168, 193
 origen de los metales 93, *93*
 plantas 138, 139, 140, 147
 rocas 10, 20, 31
Mississippi, Río 219, *216*, *220*, 251
Missouri, Río 220, 255
Moby Dick 282
mocasines 221, *221*
Moctezuma II 256, *256*
Mohenjo-Daro 215, 272, *272*
moho 136
Moisés del desierto 293, *293*
moléculas 58, 62, 80, *80*
moluscos 108, *108*
monedas 275
Monet, Claude 279
mongoles 259, 269, *269*
monos 112, *112*
montaje, líneas de 96, *96*
montañas
 aire 163
 erosión 35, *35*
 más altas 23, *23*, 203, *203*, 208, *208*, 209, 210, 219, 220, *220*, 225, 231, 232, 238, 239, 251, *251*
 nieve 17
 submarinas 31
 Sudáfrica 207, *207*
Montañas de la Luna (África) 201
Monteverdi, Claudio 284
Montgolfier, hermanos 102, *102*
Montreal 222
monzón 27, *27*
moretones o cardenales 172
Morse, clave 103
Morse, Samuel 103
Moscú 231, *234*
motor, vehículos de 100, 101, 102, 249

motores 99, 100
 a reacción 77, 83, *83*
 de combustión interna 100, *100*
 de vapor 95, *95*, 99
 motores eléctricos 69
movimiento 82-83
Mozambique 243
Mozart, W. A. 285, *285*, 286
muda
 aves 114
 serpientes 120, *120*
muelas 169, *169*
murciélago 108, 109, 110, *110*, 239
Murray, Río 237, 239
músculos 160-161, *160-161*
 corriente sanguínea 166
 cuerpo humano 154, 158, *158*, 159, 162, 164, 170, 175, 176, 182, 249
 ejercicio 161, 162, 166
 insectos 127
 peces 121, 123, 124
musgos 22, 135, 141, 150
música 284-286, *284-286*
musulmanes (ver Islam)
Muybridge, Eadweard 103
mitos 291-5, *291-5*

N

nacimiento 108, 109, 182, *182*
nacimientos múltiples 182
naciones americanas 267
Naciones Unidas (ONU) 241, *241*, 243
Namibia, Desierto de 202, *202*
Nanda Devi 210
nanjea 150
Napoleón I, Emperador 260, *260*, 270
nariz 163, 173, 178, *178*, 194
natación
 buceo 97, *97*, 250,
 Canal de la Mancha 251
 historia 289
 peces 121, *121*
nativos americanos 221, *221*, 224, 229, 255, 270
navajos 221
navegación 74, 88, *88*, 249, 251, *252*, 265, 279, 282
naves espaciales 54-55, *54-55*, 84, *84*, 90
nazis 261, 282
nebulosas 50, *50*, 51

néctar 126, 139
nenúfares 140
Nepal 210
Neptuno 44-47, *45, 46*
neumáticos 84, 96
neuronas 175, *175*, 186, 187, *187*
neutrones 57, *57,* 59
nevera o refrigerador 25, 98, *98*, 274
Newcomen, Thomas 95
Newton, Isaac 72, 73, 83
neutonios 84
Nicaragua 223
nidos
   aves 115, *115*
   pez espinoso 124
   termitas *127*
Niepce, Joseph 74, 103
nieve 17, 18, 98, 203, 222, *222*, 287
Níger, Río 202
Nigeria 205
Nightingale, Florencia 275, *275*
Nilo, Río 32, 202, *202*, 205, 254, 255
ninfeas 140
nitrógeno 25, *25*, 65, 145, 162
Noble, Richard 101
nómadas *204*, 205, *205*
Norgay, Tenzi *251*
norias 82
normandos *257*, 265
Noruega 230-231, 235, *235*, 265
nubes 26, *26-27*, 27, 28, *28*, 37
núcleo
   átomos 57, *57*, 58, 59
   células 153, *153*
   de la Tierra 9-11
nudo en la garganta 164
Nueva España 254, 259
números 85-86
números perfectos 86
números primos 86
Nueva Guinea 110, 236, 239
Nueva York 97, *97*, 217, 222, *222*, 224, 241, *242*
Nueva Zelanda 236, 238-239, *238, 239*

O

oasis 20
Oceanía 236, 239
océanos 11, 31

corrientes 30, *30*
fondo del océano 31, *31*
mareas 31, 43, 90
olas 30
Océano Índico 29, 31, *31*, 211
Océano Pacífico 31, *31*, *236*, 239-240, *239-240*
   atolones de coral 21, 239, *239*
   exploradores 252, 253, 255
   tifones 29
Odisea, La 280, *280*
Oersted, Hans Christian 69
oído 76, 77, 156, 161, *175*, 177, *177*, 197
ojos 161, *175*, 176-7, *176*
ojos llorosos 177
Old Faithful, géiser 18
olfato, sentido del *175*, 178, *178*, 182
ombligo 182
omnívoros 108
ondas
   de luz 72
   de radio 75, *75*
   olas del mar 30
ópera 284
operaciones 195-196, *195-196*
órganos excretores 171
órbitas *12*, 39, 42, *42,* 44, *44*, 45, 46, 49
   de la Tierra 10
   de los planetas 44, 46, 48
organelos 154
órganos 154, 156, *156*
Oriente Medio 213, 231
orina 171, *171*
Orinoco, Río 225, 228
oro 61, 207, 227, 229, *229*, *243, 243,* 253, 274
oronja verde o falsa oronja, hongo 143, 151
orquestas 284, *284*
orugas 126, *126* , 127
oryx 132
osteoporosis 158
otoño 12, 29, *136*, 149
ovarios 180, *180*, 181, 182, 183
ovejas 207, 238
óvulos 153, 154, 180, 181, 182, 185
oxidación 63, *63*
oxígeno *10*, 61
   árboles 148
   atmósfera 24, 25, *25*

átomos 58, 63, *63*
   en el agua 63
   en la sangre 166
   en las células 154
   músculos 161
   peces 121, *121*
   plantas *138*
   respirar 162, *162*, 163
ozono 25
   capa de 25, 26

P

Pachacuti 264, *264*
Países Bajos 233, *233*, 235, 242
pájaros carpinteros *115*, 116
paisajes 20-23
Pakistán 209, 212, 215, 272
palancas 81, *81*
Palau 239
palmas 148, 151
Panamá 223
Panamá, Canal de 220-221
páncreas *170*, 174
pandas 131, *131*
Pangea 16, *16*
Pan de Azúcar, Monte 228, *228*
pantanos 33, *33,* 233
Panteón, de Roma 277, *277*
papel 37, 94, *94,* 265
papel indicador 64
Papúa Nueva Guinea 236, 239, 240
papiro *94,* 278
paracaídas *102,* 135, *135*
Paraguay 266
parásitos, vegetales 138, 140, 150
pararrayos 66, 67
París 268, 273
Parkes, Alexander 98
Parque de Buda 215, *215*
parques nacionales 35
parsecs 90
Parsons, Sir Charles 101
Partenón 277, *277*
partículas atómicas 57, 66, 79
Pascal, Blas 86
pascua 246, *246,* 247
Pascua, Isla de 240, *240*
Paso Nordoccidental 249
Pasteur, Louis 195
Patagonia 225, *225*
patines de ruedas 290
patineta 288, *288*
Pavlova, Anna 285, *285*

Pearl Harbor 269
Peary, Robert 250
peces 121-124
   antiguos 106, *106*
   bancos 122, *122*
   caballitos de mar 124, *124*
   del fondo del mar 124, *124*
   eléctricos 124
   huevos 122
   los más grandes 122, *122*
   nado 121, *121*
   nidos 124
   pirañas 123, *123*
   respiración 121, *121*
   salmón 123
   tiburones y rayas 121, 122, 123, *123*
   variedades 107, 121
   voladores 122
Pedro el Grande, Emperador 234
Pedro, San (Basílica) *244*
péndulos 83
pene 180, *180*, 181, 183
Península Ibérica 233
perennes, plantas 142
periódicos 274
periscopios 74, *74*
Perkins, Joseph 98
perros 77, 108, *111*
personalidad 185, 189
perspectiva 278
Perú 227, 229, 253, 264
pesca 130
peso 84
pesos y medidas 85
pestañas 173
pestañear 176
pestes 194
petróleo 37, 60, 66, 70, 80, 96, 100, 227, 273
pez hacha 122
pilares 215
pilas secas 68, *68*
Picasso, Pablo *206,* 279, *279*
Piccard, Jacques 255
picos 115, *115*
piel 172-173, *172-173*
   broncear 26, *26,* 173, *173*
   curtiduría *206,* 206
   sentidos 178
   serpientes 120
pigmentos 173, 176
pingüinos 113, *113*
pinturas 278-279, *278, 279*
pirámides 206, *206,* 222, 223, 262, *262*
pirañas 123, *123*

piratas 265, 292, *292*
Pisa 235, *235*
Pisarro, Camille 279
pistolas 95
pituitaria, glándula 155, *155*, 174, 181, 183
Pizarro, Francisco 253, *253*, 258
placenta 181, 182
Plaisted, Ralph 250
planeadores 102, 249
planetas 10, 13, *13*, 38, 39, 41, 44-49, *44-49*, 53, 84, 91
planos inclinados 81
plantas 105, *105*, 133-151, *133-151*
  algas 133, 136-137, *136-137*
  árboles 146-149, *146-149*
  crecimiento 138-141, *138-141*
  flores 133-134, *133-134*
  fósiles 106
  hojas 134, 151
  marcas o récords 150-151
  medio ambiente 34-35
  nombres 142-143, *142-143*
  polinización 133, 134, 139, *139*, 150
  reloj biológico 141
  semillas 133, *133*, 134, 135, *135*, 142, *142*, 144, 145, *145*, 147, 149, *149*
  tiempo o ciclo biológico 90
  tundra 22, *22*
  y la atmósfera 24
  y las personas 144-145, *144-145*
plantas anuales, bienales o perennes 142
plantas tratadoras que eliminan la sal del agua 32
plantas trepadoras 140, *140*
plaquetas 165, *165*, 166, *166*, 167
plasma de la sangre 165, *165*
plásticos 55, 67, *67*, 98, *98*, 274
plata 61, 65
plataforma continental 31
Plimpton, James 290
plumas 113-114, *114*, 115, 116
Plutón 44-48, *45*, *46*

Pocahontas 293
Po, Río 232, 234
poleas 82, *82*
polen *126*, 133, 134, *134*, 139
Polinesia 240, *240*
polinización 133, 134, 139, *139*, 150
Polonia 234, 243, 269
Polo Norte 11, *11*, 13, 28, 250, *250*
Polos 36
  de la Tierra 10
  magnéticos 68, 69
Polo Sur 11, *11*, 13, 21, *21*, 26, 28, 250, 251
pólvora 95
Poniatoff, A. 103
Popocatépetl, volcán 293, *293*
porotos o frijoles 145, 151
Portugal 233, 242
portulanas, cartas 15
Poulsen, Valdemar 78, *78*
praderas 22
pregoneros 274, *274*, 280
presión arterial 167, *167*
Presley, Elvis 286, *286*
primavera 12
primates 112
Primera Guerra Mundial 267, 275
prímulas 134
Principito, El 281
probabilidad 86, *86*
probeta, bebés de 182
propagación vegetativa 140
proteínas 145, 154, *169*
protones 57, *57*, 66, 67
protozoarios 108, 194
Próxima Centauro, estrella 39
proyección cenital 15
proyecciones, de los mapas 15, *15*, 89, *89*
pterosaurio 108
pubertad 180, *181*, 183
puerco espín 109
pulmones 156, 158, 162-164, *162-164*, 166, 171, 173, 182, 192
pulso 165

Q

quasares 52, *52*
Quebec 222
queratina 114, 173
Quito 225

R

rabino 245, *245*
radar 75, *75*
radiación 59, 60, 72
  calor 80, *80*
  espectro electromagnético 72, 75
radio 75, 103
radiactividad 59, 60, 91
radiografía de tórax 163, *163*
raflesia 134, 150, *150*
raíces 136, 138, 139, 140, 141, *147*, 151
Ramadán 247
ranas 117, *117*, 118, *118*
rascacielos 97, *97*, 222
raya gigante 123, *123*
rayas 121, 122, 123, *123*
rayos cósmicos 75, *75*
rayos gamma 75, *75*
rayos ultravioleta 25, 26, 75, *75*, 172, 173
rayos X 75, *75*, 163, *163*, 196, *196*
reacciones químicas 63, *63*, 105, 155
Read, Mary 292, *292*
reciclar 37, *37*
Reconquista 266
reencarnación 244
reflejos condicionados 188
reflejos humanos 175, 182, 188
reflejos luminosos 73
refracción 73
refrigeradores o neveras 98, 274
Reino Unido 231, *231*, 233, *233*, 242
relámpagos 28, *28*, 66, *66*, 105
relatividad, teoría de la 90
religiones 211, 244-247
reloj biológico de las plantas 141
relojes 88, *88*, 89, 90, *90*
relojes atómicos 90, *90*
relojes de agua 88, *88*
relojes solares 88, *88*
Rembrandt 279
renacuajos 117, *117*
Renoir, Pierre 279, *279*
reproducción humana 180-183, *180-183*
  vegetal 140
reptiles 107, 118-120, *118-120*

República Dominicana 221
repúblicas 241
resfríos o resfriados 178, 194
resina 146
respiración 154, 161, 162-163, *162*, 171, *190*
retina 176, *176*, 177
Revolución Francesa *260*, 268, *268*, 270, *275*, 292
Revolución Industrial 36, 275
Revolución Rusa 271, 292
reyes (gobierno) 243
Reyes Católicos 266
Rin, Río *230*, 231
rinocerontes 132, *132*, 215
riñones 155, 166, 171, *171*, 193
Río de Janeiro 227, 228, *228*, 245
Río de la Plata 267
ríos 16, 32-33, *32*, 81, 202, *202*, 209, 212, *212*, 225, 234, 237
riqueza 242-243, *242-243*
rizomas 141, 142, *142*
Robin Hood 295, *295*
rocas 10
  composición de la Tierra 9, *9*
  erosión 35, *35*
  fósiles 106, *106*
  meteoros, meteoroides, estrellas fugaces 48, *48*
  Rocket, locomotora 99, *99*
Rocosas o Rocallosas, Montañas 216
roedores 109, *109*, 194
Roemer, Olaf 72
Roentgen, Wilhelm 75
Ródano, Río 233
Rodeo de Calgary 222
roncar 164
Roosevelt, Franklin D. 261, *261*
Roosevelt, Theodore 220
Ross, Acantilado de 21
Rozier, Pilatre de 102
ruedas 82, 84, 92, *92*, 99, 100, *100*, *101*, 220, 290
rugby 289, *289*
Rumania 234
Rushmore, Monte 220
Rusia 208, 209, 231, 234, *234*, 271
Rutherford, Ernest 58, *59*
Ruwenzori, Macizo de 201

S

Sahara, Desierto del 20, 202, 204, *204*, 205, 254
Sacro Imperio Romano 257, 265
Sadd 205
Saint-Exupéry, Antoine 281
sal 31, 32, 62, *63*, 193, *209*, 237, *237*, 268
Saladino 257
salamandras 117, *117*, 118, *118*
saliva 170, 194
salmón 123
Salomón, Rey 212, 259, 260
saltamontes 126, 127
salud 192-199, *192-199*
sangre 154, 164-167, *164-167*, 170, 171, 182, 187, 196
sangre, donadores 167, *167*
sangre fría, animales de 118
San Cristóbal y Nevis 217
San Lorenzo, Canal de 219, *219*
San Petersburgo 234
Santos, Día de Todos los 223, 245
São Paulo 227
sapos 117, *117*
saprófitas, plantas 138
sarracenos 257
satélites 54, *54*, 103
Saturno 44-46, *45*, *46*, 48, 53
sauces 148, 151
Savery, Thomas 95
secuoyas 147, 150, *150*, 151
sed 169
Segunda Guerra Mundial 261, 267, *267*, 269, *269*, 271, 281, 282, 292
Selkirk, Alexander 281
Selva Negra 231
selvas 22, 24, 35, 201, 224, *224*, 226, *226*, *227*, 228, 229
semen 154, 180-183
semillas 133-135, *135*
sensores u ojos electrónicos 70
sentidos 175-179, *175-179*, 182
sentimientos 187, 189
serpientes 118, 119-120, *119-120*
sequía 204

Severn, Río 234
sexo, de los bebés 185
Shah Yahan, Emperador 215, 258
Shelley, Mary 281
Sherezada 280
Siberia 212, *212*
Sicilia 232, *232*, 271
Siemens, Werner von 99
Siete Maravillas del Mundo 262, *262*
silbatos para perros 77
silicio 61
simios 112, *112*
sindicatos o gremios 275, *275*
Singapur 211, 215
Sirio 50
sismos 19
sistema circulatorio 154, 164-165, *164-165*
sistema digestivo 154, 168-171, *168-171*
sistema decimal 85
sistema endocrino 154, *155*, 174
sistema inmune 195
sistema linfático 195, *195*
sistema métrico 85
sistema nervioso 154, 174-175, *174-175*
sistema respiratorio 154, 162-163, *162*
Sistema Solar 38, 40, 41, 44-46, *44-46*, 84
sistema urinario 154
Slocum, capitán Joshua 251
Smith, capitán John 293
smog 36, *36*
Sófocles 283
Sol 39, 40-41, *40-41*, 50
   atardeceres 25, *25*
   eclipses 41, *41*
   energía 79, *79*
   energía nuclear 59
   formación 10, 40, 44
   gravedad, fuerza de 84
   luz 72, 73
   manchas solares *40*, 41
   planetas 10
   rayos infrarrojos 75
   Sistema Solar 44-46, *44-46*
sólidos 58, 62
sonambulismo 190
sonido 76-78
   eco 77, *77*
   frecuencias 77, *77*
   grabación 78, *78*

   oído 177
   ultrasonido 78, *78*
soñar 190, 191
sordera 177
Speke, John Hanning 255
Sputnik satélite 54
Sri Lanka 247
Stanley, Henry Norton 254
Stephenson, George 99, *99*
Stonehenge 262
submarinos 60, *60*, 74, *74*, 97, *97*
Sudáfrica 207, *207*, 269, 271, *271*
Sudán 205, 206, *206*
sudor 155, 172, *172*, 194
suelos 35
sueño profundo 109
sueño humano 164, 190, *190*, 191, *191*
Suecia 231, 242
Suiza 243, 275
Sumeria 212, 284
sumerios 94, 274, *274*
superconductores 67
Superior, Lago 33, 219, 221
supermercados 71, 273
supernovas 51
Surinam 227, 228
Sutherland, Cascadas de 238
Swift Jonathan 281
Sydney *143*, 238, 239

T

Tabla, Montaña de la 207, *207*
tabla periódica *61*
tacto *175*, 179
Tailandia 247
Taj Mahal 215, *215*, 258
tallos de las plantas 141
Támesis, Río 234
Tanzania 203, 205
taoísmo 245
tapetes o alfombras 273
Teatro Ford (Washington) 268
teatros 276, *276*, 283
Techo del Mundo 210
tejos 148
telarañas 128, *128*
teléfonos 66, 76, *76*, 103, *103*
telescopios 53, 73
televisión 66, 103
   ondas de 75, *75*
Tell, Guillermo 292
temperatura
   clima 26, 28

   del Sol 41
   grados centígrados 80
termitas 127, *127*
termosfera 24, *24*, 25
testículos *155*, 180, *180*, 183
textiles *221*
Thomson, Sir Joseph John 58
Thrust 2, automóvil a reacción 101, *101*
Tibet *210*
tiburón ballena 122, *122*
tiburones 121, 122, *122*, 123, *123*
tiempo o ciclo biológico 90
Tierra 9-13, 16-19, *16-19*
   antigüedad 10
   atmósfera 24-26, *24-26*, 148
   biosfera 10
   campo magnético 13, *13*
   como planeta 44-48, *44*, 45, 46, *46*
   Ecuador 11, *11*
   eje 12, *12*, 13
   en constante transformación 16-19, *16-19*
   estaciones 12, *12-13*
   forma 10
   formación 10, *10*
   gravedad 83, *84*
   hemisferios 11, *11*
   medidas 14
   polos 11, *11*
   tamaño 9
   sismos o temblores 9, 16, 18, 19, *19*
   trópicos 11, *11*
   vida, origen de la 105
tierra 11
tiempo 87-91
   cápsulas de 90
Tierras Baldías 218
tifones 29
tigre de Tasmania 132
tigres 105, 112, *112*, 130
Tigris, Río 212
tilacino *34*, 132
timones 101
Titanic 268
Titicaca, Lago 227
Tlachtli 290, *290*
Tokio 209, 214, *214*, 215
Tolomeo 14, 201
Tomografía Axial Computarizada 60, 197, *197*
Tonga 240

Tonlé Sap 209, *209*
tormentas 28, 29, *29*
tornados 29, *29*
Torre Eiffel 268
tortugas 118, 119, *119*, 130
toser 164, 194
tragar 170, 171
tragedias teatrales 283
transbordador espacial 54, *54-55*
transfusiones de sangre 167
transpiración vegetal 139
transporte 99-102, *99-102*
trastornos de la alimentación 199
tréboles 143, 151
trenes 84, 99, 214, *214*
trenes eléctricos 99, 214, *214*
trineos 99, *212, 231, 250*
Trópico de Cáncer 11
Trópico de Capricornio 11
trópicos 11, *11*
troposfera 24, *24*
tuaregs 205, *205*
tuátara 118
tubérculos 142, *142*, 151
Tugela, Cascadas de 202, *202*
tulipanes 142
tundra 22, *22*
Tupac Amaru (grupos guerrilleros) 292
turba *33*
turbinas de vapor 101
Turner, Joseph 279
Turquía 213, 271
Tuvalu 239
Twain, Mark 283

U

Ucrania 60, 234
Uganda 201
ultrasonido 78, *78*
Unión Europea 242, *242*
universo 10, 38-39, *38-39, 91, 91*
uñas 173, 181
Urales, Montes 230, *230*
uranio 10, 57, 59, 60, 70
Urano 44-46, *45, 46*, 53
urogallo 116
URSS (Unión de Repúblicas Soviéticas Socialistas) 261, 271
Uruguay 226, 266, 290, 292
útero 161, 180, *180, 181-182, 181-182*

V

vacío 76, 77
Valle de la Muerte 20, 28, 218, *218*
valles profundos 32
Van Gogh, Vincent 279, *279*
vapor 62, 70
vapor de agua *25*, 26, 62, *62*, 65, 162
Varanasi 215
vasos capilares 164
vasos sanguíneos *162*, 164, *164-165*, 167, 172, 197
Vaticano, Ciudad del 234, 244, *244*
vegetarianos 193
vejiga *171, 180*
velas 93
vello 183
velocidad
    de escape 54
    de la luz 72, 90
    onzas o guepardos 111
venas 164, *164*, 165
Venecia 231, 235
venenos
    arañas 128
    escorpiones 128
    hongos 143, *143,* 151
    plantas 135, 143, *143,* 144, 148, 178
    serpientes 119, *119*
Venezuela 225, 227, 228, 229, 260, 267
Venus 44-47, *44, 46*, 53, 54, *75*, 91
venus (figurillas) 278, *278*
verano 12
Verne, Julio 283
vértebras 158, *158*
Vespucci, Amerigo 252
Vía Láctea 39, 52, *52*, 91
Viajes de Gulliver, Los 281
viajes, husos horarios 89, *89*
vibraciones, sonoras 76
Victoria, Cataratas 204, *204*, 255
Victoria, Lago 33, 201, 205, 255
vida, comienzo de la 105
vídeos, grabación en 103
vidrio, reciclar *37*
vientos 27, *27*, 28, 204
Vikingo, sonda espacial 48, 54
vikingos 223, 235, 254, *254*, 265, *265*
Vinson, Macizo *23*

Virgilio 280
Virrey Mendoza 259
virus 194, 197
vista *175*, 176-177, *176*, 179
vitaminas 168, 170, 193, *193*
volcanes 16, 18, *18*, 19, 21, *21*, 31, 33, 37, 45, 47, 75, 210, 227, 240, 293, *293*
Volga, Río 230, 231
Volta, Alessandro 68
voz 164, 178, 183
vuelo
    animales 108
    aves 113, 114, *114*
    aviones 102, *102*
    peces voladores 122

W

Washington D.C. 222, *222*, 268
Washington, George 220 259, *259*
Watt, James 95, *95*
Webb, Matthew 251
Whittle, Frank 102
Wilhelm, Monte 239
Wills, William 251
Wright, hermanos 102, 249, *249*

Y

Yang Tse Kiang, Río 208, 209, 212
Yellowstone, Parque de 35
Yokohama 215
Yom Kippur 246
Yosemite, Cascadas de 218, *218*

Z

Zaire 201
Zaire, Río 202
Zambezi, Río 202, 204, 207
zorrillos 111, *111*
Zworykin, Vladimir 103

Esta obra se terminó de imprimir y encuadernar en septiembre de 1999
en Gráficas Monte Albán, S.A. de C.V., Fraccionamiento
Agro-Industrial La Cruz, Querétaro, Qro.

La edición consta de 5 000 ejemplares